KB071476

*Understanding*
*Physical, Health, and Multiple Disabilities (2nd ed.)*

# 지체, 건강 및 중복 장애 학생에 대한 이해

Kathryn Wolff Heller · Paula E. Forney · Paul A. Alberto
Sherwood J. Best · Morton N. Schwartzman 공저
박은혜 · 강혜경 · 이명희 · 김정연 · 표윤희 · 임장현 · 김경양 공역

학지사

역자 서문

 예비 특수교사를 위한 교재 중 지체 및 중복 장애에 대한 책은 그리 많지 않으며, 건강장애 역시 마찬가지다. 의학 분야의 교재를 찾아 읽으려 하면, 교사에게 필요한 내용 이상으로 의학적 전문성이 높은 경우가 많다. 이 책은 미국 내 지체, 중복 및 건강 장애 분야의 대표 저자들이 학생의 교육을 위해 협력하는 의사, 물리치료사, 행동분석 전문가 등 다른 전문 분야의 저자들과 함께 다양하고 심도 있는 정보를 제공하고 있다.

 장애 유형별로 일반적인 특수교육 교재에서 다루는 것보다 한 차원 깊게 들어가 원인 및 진행과정에 대해 설명하고 있으며, 이는 해당 장애를 가진 학생을 교사가 좀 더 잘 이해하는 데 도움이 될 것이다. 척수성 근위축증(14장), 불치성 질환을 가진 아동(15장)에 대한 부분 등은 기존의 교재에서 찾아보기 어려운 내용이다. 에이즈, 사이토메갈로 바이러스 등과 같은 감염성 질환의 특성과 감염 예방에 대한 부분, 낭포성 섬유증 등은 국내에서는 아직 특수교육 현장에서 자주 접하기 어려운 학생이기에 번역에서 제외하였다. 이 부분에 대한 내용은 원서를 참고하기 바란다.

 1장에 나오는 전문가 팀 협력에 대한 부분은 과거부터 여러 분야의 전문가가 협력해야 교육 및 재활의 효과가 극대화되는 지체 및 중복 장애 학생의 교육에서 매우 중요하게 다루어지는 내용이다. 특히 이 내용은 현재 지체 및 중복 장애 학생을 위한 치료 지원이 학교교육과 연계되지 못하고 바우처 중심으로 외부기관에서 진행되는 국내 현실에 시사하는 바가 크다. 보조공학(8장), 건강관리(19장) 등의 분야도 지체, 중복, 건강 장애 학생이 적절히 교육받기 위해서 필수적인 부분으로 설명되어 있으며, 4장에서는 지체장애 학생의 운동 특성을 이해하는 데 기초가 되는 운동발달에 대해 상세히 설명하고 있다.

여러 대학에서 지체장애, 중도 중복장애, 건강장애를 가르치는 이들이 모여 여러 차례 번역모임을 가지며 번역의 통일성과 정확성을 높이기 위해 노력했으나, 여전히 미흡한 점이 남아 있을 것이다. 이러한 점에 대해서는 독자 여러분의 폭넓은 양해와 지적을 부탁드린다. 이 책이 특수교사와 예비 특수교사가 지체, 건강 및 중복 장애 학생을 더욱 잘 이해하고 가르치는 데 도움이 되길 바란다.

끝으로 이 책의 출판을 맡아 주신 학지사 김진환 사장님과 다소 복잡한 내용의 교정을 충실히 검토해 준 학지사 김경민 차장님께 기꺼이 감사의 말씀을 전한다.

2012년 8월
역자 일동

저자 서문

　이 책은 다양한 지체, 건강 및 중복 장애의 특성과 교육적 시사점에 관하여 설명하고 있다. 물론 각 학생은 자신만의 개별적인 특성이 있지만, 학교 관계자는 학생의 독특한 필요에 맞추어 주고, 적절한 교육을 제공하기 위하여 학생의 장애에 대해 이해하고 있어야 한다. 지체, 건강 및 중복 장애 학생을 잘 교육하기 위해서는 전문가 팀이 필요하므로 이 책도 여러 전문가가 함께 집필하였다. 저자들의 배경은 교육학, 의학, 간호학, 물리치료, 중증건강장애 학생의 부모, 중증지체장애 학생의 조부모 등이다.

　이 책은 다섯 부분으로 되어 있다.* I부는 책 전체의 기초를 놓는 역할을 한다. 1장은 지체, 건강 및 중복 장애에 대한 개관이며 가장 좋은 교육서비스를 제공하기 위해 팀으로 함께 일하는 것에 대해 설명한다. 2장에서는 지체 및 건강 장애 수행모델 (Physical and Health Disabilities Performance Model) 맥락에서의 지체, 건강 및 중복 장애 학생의 학습과 행동 특성에 대해 개괄적으로 설명한다. 학생이 중도 지적장애를 가진 경우에 나타내는 독특한 학습 및 행동 특성은 3장에 별도로 기술되어 있다. 4장은 일반적인 운동발달과 비전형적인 운동발달, 중재 접근 및 들어 올리기와 자세 잡기의 고려사항 등 운동 발달에 대한 전반적인 내용을 보여 준다.

---

* 역주: 본래 원서는 여섯 부분으로 되어 있으나 감염성 질환에 대한 부분은 번역에서 제외하였으므로 저자 서문에서도 내용 조정함.

I부 이후에는 '지식에서 실제 적용으로'라는 장들과 특정 장애에 대한 장들이 나온다. '지식에서 실제 적용으로'에 해당하는 장은 책의 각각의 섹션의 마지막 장이며 해당 섹션에 맞는 실제적 정보를 제공한다. 예를 들어 II부 '신경운동장애'에는 보조공학 고려사항에 대한 '지식에서 실제 적용으로'의 장이 있다. 특정 장애에 대한 장에서는 학령기 아동에게 자주 나타나는 주요 지체, 건강 및 중복 장애에 대해 설명한다. 각 장은 비슷한 구조로 되어 있으며, 원인, 특성, 진단, 치료, 진행과정, 교육적 시사점 등으로 구성되어 있다. '교육적 시사점'에서는 신체 및 감각적 요구, 의사소통 요구, 학습 요구, 일상생활 요구, 행동 및 사회적 요구의 충족에 대해 설명한다.

II부 '신경운동장애'에서는 뇌성마비, 외상성 척수손상, 이분척추, 외상성 뇌손상에 대해 설명한다. 보조공학에 관한 '지식에서 실제 적용으로'의 장에서는 여러 유형의 보조공학에 대한 설명과 함께 평가와 훈련에 대한 내용도 포함한다. III부 '정형외과적, 근골격계 및 감각 장애'는 척추측만증, 고관절 탈구, 소아 류머티즘 관절염, 다발성 관절구축, 골형성부전증, 시각장애, 청각장애 및 농–맹에 대해 설명한다. '지식에서 실제 적용으로' 장에서는 교실환경에서의 교수 적합화 필요를 파악하는 것과 특히 '지체, 건강 및 중복 장애 학생을 위한 교실에서의 교수 적합화 점검표'에 대해 강조하였다. IV부 '퇴행성 및 불치성 질환'에서는 근이영양증, 척수성 근위축증에 대한 장과 '퇴행성 및 불치성 질환에 대처'라는 장이 있다. V부 '주요 건강장애'에서는 간질, 천식, 당뇨 등과 같이 흔히 볼 수 있는 질환에 초점을 두고 있다. '지식에서 실제 적용으로' 장에서는 개별화 건강계획 및 학생의 장애 점검 관련 내용과 혈우병, ADHD, 레트 증후군 등의 다양한 기타 장애에 대해 언급한다.

개괄 차례

차례

제2부　신경운동장애

제5장　뇌성마비  145

제6장 **외상성 척수 손상과 이분척추  179**

## 제8장  보조공학에 대한 고려사항    249

## 제11장   시각 손상, 청각 손상과 농-맹   333

# 제 1 부

# 지체, 건강 및 중복 장애의 영향

# 제1장 장애의 이해와 효과적인 팀 접근

*Kathryn Wolff Heller and Paula Forney*

만약 아동이 발작을 일으키면 어떻게 해야 하는가? 소아 류머티즘 관절염을 가진 학생을 돕기 위해서는 어떠한 적합화(adaptation)가 필요한가? 근이영양증을 가진 아동이 자신이 죽어 간다고 말한다면 무어라 해야 하는가? 농-맹 장애 아동은 완전히 귀가 안 들리고 전혀 보이지 않는 것인가? 교사는 자신의 교실에서 교육받고 있는 지체장애, 건강장애 또는 중복장애를 가진 학생을 가르칠 때 이러한 질문을 매일 하게 된다. 이러한 질문의 대답을 알면 장애학생의 요구를 더 잘 충족시킬 수 있다.

지체장애, 건강장애 혹은 중복장애를 이해하기 위해서 교사는 이러한 장애의 특성과 교육적 영향에 대해서 알아야 한다. 때로 교사는 중도(severe)의 지체나 중복장애 학생에게 제공할 적합화에 대해 준비해야만 한다. 또 어떤 때에는 교사가 학생의 고통에 대한 징조나 표시를 알아볼 수 있어야 하며 건강장애가 있는 학생에게 해 주어야 할 것을 알고 있어야 한다. 모든 학생을 위한 건강한 환경을 유지하기 위해 감염성 질환을 포함해 적절한 감염 통제 절차를 어떻게 실시하는가를 알아야 하는 것처럼, 질병의 과정과 죽음에 관련된 문제를 다루는 방식을 아는 것도 퇴행성 및 불치성 질환을 가진 학생을 다룰 때 종종 필요하다. 장애 유형과 상관없이, 교사는 팀 접근법을 사용하여 이런 다양한 쟁점을 처리함으로써 그 효과를 극대화할 수 있다.

이 장에서는 지체장애, 건강장애 및 중복장애를 가지고 있는 학생의 요구를 위해 교사가 익숙해져야 하는 분야에 대해 안내할 것이다. 이는 여러 유형의 장애와 자주 보는 용어에 관한 개요로 시작한다. 정보를 얻기 위한 자료와 다양한 팀 모델도 다루어질 것이다.

## ① 장애의 특징과 종류

지체, 건강 및 중복 장애의 원인은 다양하다. 그중 가장 흔한 원인은 염색체와 유전자 결함, 기형 발생 원인(즉, 감염과 태아 기형을 유발하는 약물 같은 외적 요인), 조산, 임신 합병증과 후천적 요인(예: 외상, 감염, 혹은 출생 후 질병 발생)이 있다(Heller, 2006). 뇌성마비와 같이 어떤 장애는 그 원인이 다양하며, 어떤 경우에는 지체, 건강 또는 중복 장애에 관한 정확한 원인을 모를 때도 있다.

지체, 건강 또는 중복 장애를 가진 개개인의 특징은 크게 다르다. 심지어 같은 손상을 가진 사람도 받는 영향이 다르다. 장애의 심각성은 눈으로 식별 가능한 신체적 장애부터 알아차릴 수 없는 손상까지 그 범위가 다양하다. 신체적 장애에 상관없이, 장애 학생의 지적 능력은 천재적 지능을 가진 사람에서부터 최중도(profound)의 지적장애가 있는 사람까지 그 범위가 매우 넓다고 볼 수 있다(예: 매우 중도의 지체장애를 가진 학생이 천재적인 지능을 가지고 있을 수 있음). 학생은 또한 각자 가장 적합한 학교 교육과정의 유형이 다른데(예: 일반 교육과정, 수정 교육과정 혹은 기능적 교육과정), 필요한 서비스의 종류에 따라서(예: 일반교육만 제공할 것인지 또는 특수교육적 지원을 할 것인지), 그리고 최적의 배치에 따라서(예: 일반학급 또는 도움반 배치)도 다르다.

## 1) 연방정부의 정의

지체, 건강 및 중복 장애를 갖게 되는 몇 가지 질병과 장애가 있다. 미국의 연방정부는 교육 목적에 따라 장애를 몇 가지 영역으로 나누어 분류체계를 만들었다. 지체, 건강 및 중복 장애는 정형외과적 손상, 다른 건강적 손상, 중복장애, 그리고 외상성 뇌손상의 4개 영역으로 나누어진다([그림 1-1] 참조). 이러한 영역이 실제 장애 상태 혹은 장애 정의와 다르더라도, 미국의 각 주(州) 교육부는 이러한 영역을 자주 사용한다. 그러므로 학교 관계자는 자신이 속해 있는 주의 정의에 익숙해져야 한다.

## 2) 지체, 건강 및 중복 장애의 분류

**표 1-1** 지체, 건강 및 중복 장애에 대한 연방정부의 분류

| 장애 | 정의 |
| --- | --- |
| 정형외과적 장애 (OI) | 정형외과적 장애는 반드시 장애 아동의 교육적 수행을 현저하게 저해할 수 있을 정도로 심각해야만 한다. 이 용어에는 선천성 이상에 의해 발생된 손상(예: 변형된 발, 특정 부위의 결여 등), 질병으로 발생된 손상(예: 척수성 소아마비와 골격 결핵), 그리고 그 외의 다른 원인에 의해 발생된 손상(뇌성마비, 절단, 골절이나 화상)이 포함된다. |

| | |
|---|---|
| 기타 건강장애<br>(OHI) | 건강장애는 갖고 있는 힘, 생명력, 경각심이 제한되어 있기 때문에 나타나는데, 이는 주변 환경의 자극에 대해 높은 경각심을 갖다가, 교육 환경에 대해서는 극히 제한적인 경각심을 갖는 것으로 나타나기도 한다. 건강장애는 (1) 천식, 주의력결핍 또는 주의력결핍 과잉행동장애, 당뇨, 간질, 심장병, 혈우병, 그리고 납 중독, 백혈병, 신장염, 류머티즘 발열, 그리고 겸상빈혈세포와 같은 만성 혹은 심한 건강 문제에 의해 (2) 학생의 교육적 수행에 불리한 영향을 주는 장애도 포함한다. |
| 중복장애 | 중복장애는 동시에 존재하는 장애(예: 정신지체, 시각장애 같은)를 말한다. 이는 여러 장애 중 하나의 장애만을 위해서 특수교육 프로그램을 조정할 수 없을 만큼 교육적 요구가 아주 많은 장애의 조합을 말한다(이 용어는 농-맹을 포함하지 않음). |
| 외상성 뇌손상 | 외상성 뇌손상(TBI)은 외부의 물리적인 힘에 의해 뇌에 부상을 입어서 전부나 일부 혹은 둘 다 수반되는 심리사회적 기능장애를 일으킴으로써 아동의 교육적 수행에 불리한 결과를 가져오게 되는 것을 말한다. 이 용어는 또한 개방성 또는 폐쇄성 두뇌 손상에도 적용되며, 이 손상은 하나 혹은 그 이상의 범위에 영향을 준다. 인지, 언어, 기억, 주의 집중, 논리, 추상적 사고, 판단력, 문제 해결력, 감각, 개념, 운동능력, 심리사회적 행동, 신체기능, 정보처리 과정, 그리고 말하기에 이르기까지 그 범위는 매우 다양하다. 이 용어는 선천적이거나 퇴행성, 혹은 출생 시(분만) 외상으로 생긴 뇌손상은 포함하지 않는다. |

출처: 34 C.F.R. 300.7[c], 1999.

학교체계 안에서 자주 만나는 신체, 건강 혹은 중복 장애의 여러 유형을 공부할 때에는 다르게 분류하는 것이 필요하다. 서로 다른 증상을 의학적 특징과 교육적 영향에 따라 분류하는 방법 중 하나는 증상을 여섯 개의 주요 영역으로 나누는 것이다.

① 신경운동장애
② 정형외과적 및 근골격계 장애
③ 감각장애
④ 퇴행성 및 불치성 질환
⑤ 주요 건강장애
⑥ 전염성 질환[1]

각각의 이러한 영역은 이 책의 중요한 부분을 구성하고 있다. (그러나 예외로 감각

---

1) 역주: 이 번역서에서는 전염성 질환에 대한 부분은 포함하지 않았다. 이에는 에이즈와 같은 후천적 감염, 거대세포 바이러스와 같은 선천적 감염 등이 포함된다.

장애는 정형외과적, 근골격 장애를 포함한 영역에 포함되어 있다. 이는 감각장애의 많은 경우가 중복장애로서 동시에 발생하는 경우가 많기 때문이다.)

### 신경운동장애

신경운동장애는 신경과 근육에 영향을 미치는 장애를 포함한다. 이 부류에서 쉽게 찾아볼 수 있는 손상에는 뇌성마비, 이분척추, 척수 손상이 있는데, 이 책의 II부에서 이에 대한 자세한 내용을 볼 수 있다. 외상성 뇌손상 또한 이 부류로 분류되는데, 상태는 뇌의 어느 부분이 손상되었는지에 따라 다르다(예: 인지, 운동, 감각 또는 행동).

신경운동장애를 가진 학생은 몇 가지 기능(예: 운동기술 혹은 인지적 기술 그리고 지각기술 혹은 언어적 기술)에 심한 문제를 보일 수 있다. 또한 보통 부가적인 손상도 갖는다(예: 시각장애와 지적장애를 동반하는 뇌성마비, 지각장애를 갖는 이분척추, 혹은 외상성 뇌손상과 함께 나타나는 척수 손상 등). 교사는 이렇게 신경운동장애와 함께 일어나는 복합적인 증상에 대비해야 하며, 또한 다양한 교육적 접근방법을 준비해야 한다([그림 1-1] 참조). 보조공학의 필요성 또한 이에 포함되는데, 보조공학은 II부 마지막에 있는 '실행을 위한 지식'의 장에서 다룬다.

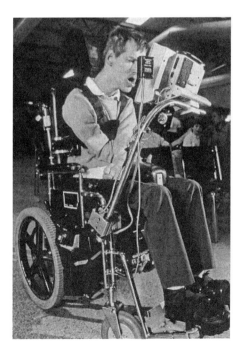

**그림 1-1** 이 학생은 중도 경직형 뇌성마비와 시각장애를 갖고 있으며, 의사소통을 위해서 보완대체 의사소통 도구를 사용하고 있다.

## 정형외과적, 근골격계 및 감각 장애

이 책의 III부에서 다룰 두 번째 영역은 정형외과적, 근골격계, 그리고 감각 장애를 말한다. 이러한 증상은 단독으로 생길 수도 있고(예: 골형성부전증), 또는 다른 증상이 함께 나타날 수도 있다(예: 어떤 소아 류머티즘 관절염의 경우 시각장애를 동반하고, 뇌성마비와 함께 척추측만과 고관절 탈구와 같은 증상이 나타날 수 있음). 이러한 조건을 가진 학생, 특히 다른 장애를 함께 가진 학생은 보통 학급에서의 적합화가 많이 필요한데, III부 마지막에 있는 '실행을 위한 지식'의 장에서 더 자세하게 다룬다.

## 퇴행성 및 불치성 질환

퇴행성 및 불치성 질환은 실질적으로는 다른 장애 영역에도 포함될 수 있지만(예: 신경운동장애 혹은 건강장애), 근이영양증, 척수성 근위축증, 낭성 섬유증과 같은 증상을 가진 학생을 위해서는 특별히 더 고려할 점이 있다. 퇴행성 질환을 가진 학생은 점차로 기능을 잃게 되고, 불치성 질환을 가진 학생은 죽음 또는 죽음의 과정에 관련된 문제를 직면하게 된다. 교사는 학생을 위한 적합화 사항뿐 아니라 이런 질병을 가진 학생을 지원하고 관련 문제에 대처하는 방법도 이해해야 한다. 퇴행성 및 불치성 질환을 어떻게 다루는지에 대한 자세한 설명은 이 책 IV부의 마지막에 나와 있다.

## 건강장애

몇몇 장애 유형은 신체적 외형만으로는 잘 구별되지 않지만 학생의 기능에 매우 심각한 영향을 끼칠 수 있다. 이러한 건강장애는 V부에서 다루고 있으며, 이는 다른 건강장애의 연방정부 정의에 있는 대부분의 증상(예: 당뇨, 천식, 발작장애, 주의력결핍 과잉행동장애 등)을 포함한다. 교사는 어떻게 이러한 증상을 점검해야 하는지를 알아야 하고, 만약의 사태에 대비해 어떤 행동을 취할지를 알고 있어야 한다. 이것은 점검하고 개별화 건강관리계획을 작성하는 것에 대해 다루고 있는 '실행을 위한 지식'의 장과 개별적인 각 장에서 다루어질 내용이다. 이 마지막 장은 암, 혈우병, 겸상세포빈혈, 만성 신부전과 같은 다른 건강장애에 대한 적절한 정보도 다루고 있다.

### 3) 용어

교사는 이 교재에서 사용된 용어 혹은 연방정부 차원의 정의에 있는 용어 외에도 지체 및 중복 장애 학생을 묘사하는 여러 용어를 접했을지도 모른다. 어떤 용어는 지체와 건강 장애를 가진 학생의 특정한 특성을 묘사하기 위한 노력의 일환으로 쓰이기도 한다. 어떤 용어는 매우 부적절하며, 장애인에게 모욕적이기도 하다.

가장 자주 접하는 용어는 손상(impairment), 장애(disability), 불이익(handicap)이라는 용어다. 손상은 신체의 특정한 부위의 기능에 비정상적 결과를 가져오는 심리적, 생리적, 그리고 해부학적 구조 및 특정한 증상의 존재를 말하는 용어다(예: 시력에 영향을 끼치는 백내장을 가진 사람을 시각 손상을 가지고 있다고 말할 수 있다). 장애는 손상 때문에 발생하는 (정상이라고 정의 내릴 수 있는 범위에 포함되지 않는) 능력의 감소 또는 상실이다(예: 시각 손상을 가진 사람은 출력물을 읽을 때 장애가 있다). 불이익이라는 용어는 개인의 활동을 제한함으로써 개인에게 불리한 영향을 끼치는 손상 혹은 장애를 의미한다(Beadles, 2001; Florian et al., 2006). 불이익이라는 용어는 자기 지각(perception) 혹은 다른 사람의 지각에 기초해 있고, 개인의 특성보다는 상황에 초점을 맞춘다(Best, 2005).

손상, 장애, 불이익은 같은 증상을 말할 때 쓰이기도 하지만, 그 용어의 쓰임에 따라 매우 다른 뜻을 가질 수도 있다. 기도가 수축하는 천식이라는 장애를 갖고 있지만 이를 매우 잘 통제하고 있는 사람의 예를 들어 보자. 높은 장기 결석률이나 낮은 학업 수행률로 이어지는 천식이 한 달에 여러 번 일어난다면, 이것은 장애가 된다. 천식이 도질 수 있는 가능성 때문에 다른 사람이 천식이 있는 사람을 농구 시즌 내내 벤치에 앉힌다면, 그것이 정당화될 수 있건 없건 천식은 불이익으로 작용하는 것이다(Best, 2005).

이 책에서는 학업을 방해하지 않을 증상(즉, 손상)과 점점 증상이 진행되어 학생의 수행에 영향을 미치는 경우(즉, 장애)에 대해 이해하는 것이 중요하기 때문에 손상과 장애라는 말을 사용할 것이다. 불이익이라는 용어는 지각에 의존하기 때문에 사용하기에 적합한 단어는 아니다.

장애인을 지칭할 때는, '사람을 우선시하는(people first)' 언어를 사용하는 것이 중요하다. 사람을 우선시하는 언어란 그 사람이 무엇인지가 아니라 그 사람이 무엇을 갖고 있는지를 묘사하는 언어다. 장애를 가진 사람은 어쩌면 예술가일 수도 있고, 친구, 학생 혹은 사람을 묘사하는 다른 많은 어떤 것일 수도 있다. 그러므로 '장애를 가진 학생(student with disability)'은 괜찮지만 '장애가 된 학생(the disabled student)'이라는 용어는 사람들에게 쓰기에 부적절하다.

　다른 부정적인 용어 역시 지양해야 한다. 예를 들면 '휠체어를 사용하는 학생'이라고 말하는 것은 적절하지만 '휠체어에 제한되어 있다(confined to wheelchair)' 또는 '휠체어에 묶여 있다(she's wheel chair bound)'고 말해서는 안 된다. "그는 불구야."라고 말하는 것보다는 "그는 지체장애가 있어."라고 말하는 것이 더 적절하다. 단어를 잘못 사용하면 그 개인을 평가 절하함과 동시에 태도에서도 장벽이 더욱더 강화된다. 말의 힘을 과소평가해서는 안 된다. 그러므로 항상 개인을 지원할 수 있는 존중적인 용어를 반드시 써야 한다. 장애가 있는 학생과 상호작용을 할 때, 성인(또한 아동)은 '스프레드(spread)'라고 알려진 징후에 연루되어서는 안 된다. '스프레드'의 개념은 정형화되는 장애의 서로 관련이 없는 단면을 과잉 일반화하는 것을 말한다(Kirshbaum, 2000). '스프레드'의 예로는 중도 지체장애를 가진 학생을 보면서 지적장애가 있을 것이라고 가정하거나, 시각장애를 가진 사람에게 목소리를 높여서 말하거나, 보완대체 의사소통 도구를 사용하는 청소년에게 말을 할 때 어린아이 취급을 하는 것 등이 있다. 이러한 부정적인 행동은 다른 사람의 지각에 영향을 끼치며, 학생에게 부정적인 환경을 만든다.

## 4) 학생의 장애에 대해서 배우기

　교사는 학생의 다양한 장애에 대해 할 수 있는 한 최대한 많이 배워야 한다. 이 책과 같은 교과서를 공부하는 것 이외에도, 교사는 반드시 부가적인 자원을 사용해야 한다. 전통적으로 사용되는 자원은 책, 논문, 기관 자료, 인터넷에서 찾을 수 있는 자료다. 인터넷에서 찾을 수 있는 정보는 많지만, 교사는 인터넷에서 찾은 자료가 항상 정확하지는 않을 수 있다는 점을 고려해야 한다.

　희귀 증상을 가진 학생을 가르칠 기회는 그리 드물지 않다. 그러나 그 증상에 관련된 자료를 찾으려 노력하는 것은 어려울 수 있다. 희귀 증상을 전문으로 하는 기관 중 하나가 '국립희귀질환기구(National Organization for Rare Disorder)' (www.rarediseases.org)다. 이 기구는 특정 희귀 질환에 관해 이해하기 쉬운 설명과 질환에 관련된 다른 기구의 목록을 제공한다. 정보를 얻는 다른 좋은 자원은 보통 학생의 부모다.

학생이 가진 다양한 증상에 대해 충분히 이해하는 것이 교사에게 매우 중요하지만, 그 증상이 학생 개인에게 어떤 영향을 끼치는지 확실하게 이해하는 것 또한 매우 중요하다. 두 명의 학생이 똑같을 수 없을뿐더러, 어떤 학생의 손상은 의학 서적에 묘사되어 있는 것과는 다르게 그들에게 영향을 미칠 수 있다. 부모는 아동을 가장 잘 알며, 증상에 대해 매우 귀중한 정보를 갖고 있고, 그것이 어떻게 아동에게 영향을 미치는지 잘 알고 있다. 장애 아동은 또한 교사가 알아야만 하는 손상에 대한 특정 관점과 중요한 정보를 알고 있다. 교사는 학생뿐만 아니라 학부모와도 라포(rapport)를 형성해야 하며, 그들에게서 배워야 한다.

부모와 함께 아동에 대해 대화를 할 때 교사는 긍정적 태도를 갖기 위해 노력해야 하고, 그들의 자녀와 자녀의 장애에 대해 가족이 갖고 있는 지식과 통찰을 존중해야 한다. 교사는 "제레미의 발작이 어떻게 나타나고, 발작이 일어나면 어떻게 대처하시나요?", "셸리의 뇌성마비에 관해서 제가 꼭 알아야 할 점은 무엇인가요?", "댄의 천식에 대해서 말씀해 주세요.", 혹은 "벤의 근위축증에 관한 의사의 소견은 어땠나요? 그 의견에 대해서 어떻게 생각하세요?"와 같은 질문을 할 수 있다. 그 아동 전반에 대해서 좀 더 정확한 통찰을 갖고자 한다면, 교사는 "일어나서 잘 때까지 마리오의 하루는 어떤가요?"라고 물어볼 수도 있다. 학교환경에서 학생에 관해서 다루어져야 할 개방형 질문을 할 때 전혀 예상할 수 없었던 문제나 걱정거리가 생기기도 한다.

교사가 부모가 말하는 것을 확실하게 이해하려면 매우 적극적인 듣기 기술을 가져야 한다. 이것은 교사가 부모가 무엇을 느끼고 있는지와 전달하고자 하는 바가 무엇인지를 이해하려고 노력할 때 사용하는 능력으로, 귀를 기울여서 메시지를 듣고 자신이 들은 바를 부모에게 자신의 언어로 다시 정리해서 말해 주는 것이다. 이는 교사가 부모가 말하는 것을 듣고 이해하고 있다는 확신을 부모에게 심어 주고 명확하게 한다(Hornby, 2000).

듣는 동안, 교사는 기대했던 것보다 부모가 장애에 대해 다른 관점을 가지고 있다는 것을 알게 되기도 한다. 이는 개인적 관점, 종교적 믿음, 또는 문화적 요소(교육, 문화 변용, 사회경제적 지위, 지리적 위치와 같은 맥락적인 변수의 배경 안에 있는) 같은 다른 많은 요소 때문일 수 있다. 중도장애의 경우, 원인론적 특성 혹은 장애의 중대성은 그 장애에 붙은 표찰의 정도와 마찬가지로 크게 다를 수 있다. 예를 들면, 특정 집단을 나타내는 어떤 문화적 패턴은 다음과 같은 양상을 보인다. 어떤 아시아인 집단에서는 장애가 영적인 보상 혹은 보복이라고 여길 수 있다. 어떤 미국의 원주민인 인디언 사이에서는 장애가 몸에 있는 영혼의 완전함에 대한 강조라고 생각하고, 몽(Hmong)족 사이에서는 간질과 같은 증상은 영혼의 반영이라고 여겨진다 (Fadiman, 1997; Harry, 2002).

그러므로 교사는 학부모와 함께 한쪽이 다른 한쪽에게 일방적으로 정보를 전달하는 방식이 아니라 서로가 더욱 새로운 정보를 얻게 되는 정기적인 쌍방향 의사소통을 실시 및 발전시켜야 한다(Christenson & Sheridan, 2001). 학부모와 학생을 제외하고, 교사가 학생과 그의 장애를 잘 이해하도록 도와줄 수 있는 몇몇 사람이 있을 수 있다. 이런 사람은 대부분 교육 팀의 한 부분이므로, 교사는 그들과 팀으로서 협력할 줄 알아야 한다.

## ② 교육 팀의 구성원

협력적 교육 팀의 구성은 교육 서비스를 받을 학생 개인의 교육적 요구에 따라서, 그리고 학생이 시간이 지남에 따라 변화를 요구하면서 달라진다. 팀의 핵심 구성원은 학생의 교육 프로그램의 설계 및 매일의 실행에 직접적으로 관여하는 사람들이다. 예를 들면, 중복장애가 있는 중학생의 경우 핵심 팀 구성원은 학생 본인, 가족 구성원, 특수교사 및 일반교사, 물리치료사 혹은 작업치료사, 언어치료사, 교실 특수교육보조원, 지역 작업장 대표자 등이다.

지원 팀 구성원은 자문가로서의 서비스를 제공하는데, 그들의 역할은 학생의 매일의 교육 프로그램을 직접적으로 담당하는 것은 아니다. 지원 팀 구성원으로는 심리학자, 사회복지사, 시각전문교사, 청능사(audiologist), 영양사, 간호사, 방향정위(orientation) 및 이동 전문가, 외과의사 등이 있다. 어떤 경우에는 학생이 강한 감각적 혹은 의학적 요구를 갖기도 하는데, 이런 때에는 앞서 언급한 지원 팀의 구성원

그림 1-2 특수교사가 점자가 있는 촉각 책을 시각장애 학생에게 보여 주고 있다.

이 핵심 팀의 구성원으로 합류하기도 한다. 예를 들면, 학생이 시각 손상을 갖고 있다면 시각전문교사([그림 1-2] 참조), 방향정위 및 이동 전문가가 핵심 팀에 합류하기도 한다([그림 1-3] 참조).

모든 팀 구성원이 학생의 교육 프로그램에 중요하지만, 실질적 측면에서는 협력적 접근을 위해 학생의 프로그램에 지속적으로 그리고 매일 참여하는 사람들을 핵

그림 1-3 방향정위 및 이동 전문가(O&M)가 학생의 이동을 돕고 있다.

심 팀으로 분류해야 한다. 핵심 팀 구성원의 수가 커질수록 팀의 효율적인 조화를 이루기 위한 노력이 줄어드는 경향이 있는데, 그것은 모든 팀의 구성원이 서로 간에 의사소통을 하기 위해서 따로 낼 수 있는 시간이 줄어들기 때문이다.

학생의 요구가 변함에 따라 개별 팀 구성원의 참여 정도도 이런 요구에 맞게 변화되어야 한다. 예를 들면, 중도 지체장애 유아가 특수교육 프로그램에서 통합 유치원으로 옮기고자 할 때, 그 팀은 처음 몇 주 동안 아동에게 필요한 가장 기본적인 신체적 필요가 무엇인지를 결정해야 한다. 따라서 작업치료사(OT)와 물리치료사(PT)가 처음 몇 주 동안에는 교실에서 교사와 함께 일하며, 학생의 자세 잡기, 다루기, 일상생활 활동(예: 음식 먹기, 화장실 사용) 등에서 교사를 보조하며 학생을 따라다녀야 한다([그림 1-4] 참조).

학교에서의 처음 몇 주 동안은 일상적인 것에 관여하다가, 작업치료사와 물리치료사는 점점 그들의 조언 비중을 교실에서 줄여 나가도록 해야 한다. 이 시기에는 언어치료사가 교실에서 머무는 시간을 점차 늘리면서 학생의 의사소통 체계를 점차 넓혀 나가야 한다. 일과는 담임교사의 권한을 지나치게 침해하지 않는 범위 내에서, 또 전체 교육 팀에 의해 결정된 활동과 기능적 교실 일과 안에서 학생의 우선적 요구에 맞추어 수정한다.

모든 팀 구성원은 기본적인 역할과 책임이 있다. 각 학생의 교육 프로그램 결정

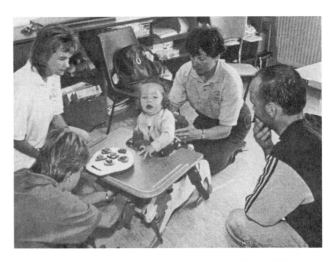

**그림 1-4**    물리치료사가 교사와 보조원에게 뇌성마비 유아를 수정된 의자에 정확하게 자세 잡아 앉히는 법을 보여 주고 있다.

에 참여해야 하고, 교육 프로그램 문제해결 방안에 기여해야 하고, 학생의 능력이나 요구를 잘 이해하기 위한 특정 지식이나 기술을 공유해야 한다. 그리고 다른 팀 구성원이 잘 기여하게 돕고, 학생의 교육과 지역사회 통합이 잘 이루어지도록 실제적인 지원도 해야 한다(Orelove, Sobsey, & Silberman, 2004; Rainforth, 2002).

또한 각 전문 영역은 고유의 지식과 기술을 갖고 팀에 참여한다. 이러한 전문 영역에서 맡게 되는 특정한 역할과 전문적인 분야는 〈표 1-2〉에 자세히 제시되어 있다. 각 전문 분야의 고유한 지식과 기술이 있지만, 서로 겹치는 지식과 기술 영역도 있다. 또한 같은 전문 분야 내에서도 각자의 훈련 프로그램과 임상 경험이 다르기 때문에 꼭 똑같은 지식과 기술을 가지는 것도 아니다. 학생의 교육 팀에 누가 들어갈지 결정할 때에는 필요한 지식과 기술로 교육 팀 전체에 기여할 수 있는 잠재적인 팀 구성원이 학생의 요구와 맞는 사람인지를 그 직함에 상관없이 살펴보아야 한다.

**표 1-2** 팀 구성원과 전문가로서의 영역의 예

| 팀 구성원 | 역할 |
|---|---|
| 특수체육 교사 (APE) | • 정규 체육교육 프로그램에의 학생 참여를 높이기 위한 적합화를 제공한다.<br>• 특수하게 고안된 체육교육 프로그램을 제공한다. |
| 청능사 | • 청각 손실의 유형과 정도를 파악하고 사용될 도구의 매뉴얼을 제시한다. |
| 가족 구성원과 학생 | • 학생에 대한 최상의 지식을 가지며 학생의 미래에 가장 중요한 집단이다. |
| 일반학급 교사 | • 일반교육 교육과정에 대해 중요한 정보를 팀에 전달하며, 이 교육과정에 학생의 참여를 증진한다. |
| 중재자 | • 농-맹 장애 학생에게 직접적인 도움을 제공한다.<br>• 전문적인 지식과 기술(예: 수화)을 갖고 있다. |
| 간호사 | • 학생의 의학적 증상에 관한 정보를 팀에 전달한다.<br>• 전문화된 의학적 절차를 실행한다(예: 튜브 공급, 도뇨관 삽입); 교육 팀과 의학 공동체 사이의 연락책을 담당한다. |
| 작업치료사 | • 최적의 신체적 기능, 특히 소근육운동 기술, 시각-운동 기술, 자조활동을 증진한다.<br>• 학습환경에 필요한 수정을 촉진하는 도구를 만들거나 제공한다. |
| 방향정위 및 이동 지도사 (O&M 지도사) | • 시각기능에 전문적인 훈련을 받았고, 집, 학교 및 지역사회와 같은 특정한 장소에서의 운동과 이동에 관여한다. |
| 보조원 (교사 보조) | • 학급에서의 일상에 매우 중요한 역할을 맡고 있으며, 학생에 대해 중요하고도 개인적인 지식을 갖고 있다. |

| 개인 돌봄 도우미 | • 장애 학생의 신체적, 건강적 요구를 지원한다. |
|---|---|
| 물리치료사(PT) | • 최적화된 신체기능, 특히 대근육운동 기술과 이동에 관련된 가장 중요한 정보를 제공한다.<br>• 학습환경에 필요한 수정사항이 가능해지도록 하는 도구를 만들거나 그에 관련된 제안을 한다. |
| 심리학자 | • 학급 프로그램에 대한 평가 결과를 해석하고, 학생의 지적 그리고 적응 능력을 평가한다.<br>• 학생의 부정적인 행동을 경감하는 전략을 고안하기도 한다. |
| 사회복지사 | • 서비스에 대한 접근을 용이하게 하고 학교와 지역사회 프로그램 간의 연결통로가 된다. |
| 언어병리학자 | • 의사소통, 언어, 구술 영역에 관한 것을 가르친다.<br>• 보완대체 의사소통 도구를 사용하여 가르치거나 도구를 추천한다.<br>• 구강 근육과 먹이기 기술의 전문가다. |
| 특수교육 교사 | • 장애 학생을 위한 특수교육에 대한 특화된 지식과 기술을 제공한다.<br>• 특정 장애 내용에 대해 교수를 제공한다(예: 보조공학 사용)<br>• 교수법을 특수하게 한다.<br>• 수정을 제공하고 실행한다. |

## ③ 팀 모델

팀이 만들어지고 운영되는 방법은 장애 학생의 교육적 과정과 성과를 결정한다. 몇 가지 서로 다른 팀 모델이 책에 소개되었으며, 점점 더 협조체계가 확립되는 위계를 보여 준다(Effgen, 2005; Orelove et al., 2004). 이러한 모델—다학문적, 간학문적, 초학문적, 협력적 모델—은 〈표 1-3〉에 요약 및 설명되어 있다.

### 1) 다학문적 팀 모델

다학문적 팀 모델(multidisciplinary team model)은 의학적 접근에서 하나의 특정 영역 문제에 대한 서비스 전달체계로부터 발전하였다. 이 접근법에서는 각각 다른 분야의 전문가가 개별 학생과 일하며 자신의 전문 분야에 대해 평가한다. 학생 요구를 우선 순위화하려는 공식적인 노력은 없고 전문 분야 사이의 중복은 고려하지

| 표 1-3 | 팀 상호작용 모델 | | | |
|---|---|---|---|---|
| | 다학문적 | 간학문적 | 초학문적 | 협력적 |
| 진단 | 팀원은 분리된 진단을 수행한다. | 팀원은 분리된 진단을 수행한다. | 팀원과 가족은 함께 진단을 수행한다. | 필요한 가장 적은 수의 서비스 제공자는 가족과 함께 학생에게 요구되는 환경과 학습 기회 전반에 걸친 진단에 참여한다. |
| 부모/교사 참여 | 부모/교사는 팀원과 개별적으로 만난다. | 부모/교사는 팀 전체 또는 팀의 대표와 만난다. | 부모/교사는 전체, 활동하는 모든 팀원과 만난다. | 부모, 교사, 다른 서비스 제공자는 같은 팀원이다. |
| 서비스 계획 | 팀원은 분리되고 세분화된 훈련계획을 개발한다. | 팀원은 분리되고 세분화된 훈련계획을 개발하지만 그것을 서로 공유한다. | 팀원과 부모/교사는 우선순위, 필요, 자원에 기초하여 함께 계획을 세운다. | 팀원과 부모/교사는 활동 상황에서 학생의 기능이 더 좋아지도록 하는 것에 중점을 두고 성과/목표를 개발한다. |
| 서비스 계획 책무성 | 팀원은 그들의 세부 훈련계획에 책임을 진다. | 팀원은 그들 계획의 일부에 관해 다른 사람과 정보를 공유한다. | 팀원은 함께 책임을 지고 서비스 책임자가 어떻게 주된 계획을 실행하는지에 대한 책임이 있다. | 팀원은 함께 책임을 지고 서비스 책임자가 어떻게 주된 계획을 실행하는지에 대한 책임이 있다. |
| 서비스 계획 실행 | 팀원은 그들의 세부 훈련계획에 책임을 진다. | 팀원은 계획을 실행하고 가능한 다른 부분과는 통합한다. | 주된 서비스 제공자는 가족과 함께 계획을 실행한다. | 팀원은 활동 상황에서 더 효과적인 계획 실행을 위해 주된 서비스 제공자에게 코칭을 제공한다. |
| 의사소통 분야 | 비형식적이다. | 때때로 특정 사례를 지원한다. | 팀원 간의 정보, 지식, 기술 교환을 위한 정기적인 팀미팅을 한다. | 정기적인 팀미팅. 팀원 간의 반응을 위한 지속적인 상호작용과 계획된 미팅 이상의 정보 공유가 나타난다. |
| 지침에 대한 철학 | 팀원은 다른 훈련 정보의 중요성을 안다. | 팀원은 이해할 수 있는 서비스 계획의 한 부분으로 제공되는 서비스에 대해 공유하고 책임질 의지가 있다. | 팀원은 공동 서비스 계획 실행을 위해 전통적인 훈련을 가르치고 배우고 일한다. | 가족, 교사, 서비스 제공자는 활동 상황과 학습 기회를 통한 학생의 참여를 증진하기 위해 꼭 필요한 전문성 발전을 위한 배움과 코칭에 참여한다. |
| 직원 역량 개발 | 독립적이고 세분화된 훈련을 한다. | 내부적으로 독립적이고 대외적으로 독립적인 훈련을 한다. | 훈련 영역을 넘나드는 배움을 위한 팀미팅과 팀 형성을 위한 중요한 요소다. | 팀원은 기술과 지식에서의 차이를 일치시키고 훈련 영역을 넘나드는 전문성을 개발하기 위한 팀 발전계획을 지속적으로 실행한다. |

출처: Woodruff and McGonigel(1998)의 허락하에 발췌 게재함. Woodruff, G., & McGonigel, M. J. (1998). Early intervention team approaches: The transdisciplinary model. In J. B. Jordan, J. J. Gallagher, P. L. Huntington, & M. B. Karnes (Eds.), *Early childhood special education: Birth to three* (pp. 63-182). Reston, VA: Council for Exceptional Children and the Division for Early Childhood.

않는다. 학생과 함께 일하는 전문가는 보통 개별적으로 일하기 때문에 그들이 팀에 소속되어 있지 않다고 생각한다.

이 모델에서는 각각의 전문가가 특정 전문 분야에 관련된 학생의 진단을 수행한다. 진단은 보통 개별적으로 이루어지며 학생의 자연스러운 환경 밖에서 이루어진다(예: 치료실 및 교실). 어떤 사람도 모든 분야 혹은 여러 분야에서 전문가가 될 수 없기 때문에 어떤 분야의 평가도 학생의 전 분야를 책임질 수 없다. 그러므로 부정확하고 불완전하고 혹은 중복된 진단 결과가 증가한다. 이러한 평가에 근거한 추천은 또한 각 분야에 국한되는 경향이 있어 다른 분야와 충돌하고, 교사가 종합하여 적용하는 것을 매우 어렵게 한다. 예를 들어, 말-언어병리학자는 물리치료사가 아동에게 어렵다고 생각하는 동작 유형을 사용한 의사소통 도구 사용을 추천할 수 있다. 다학문적인 모델에서는 학생의 문제에 대한 주기적이고 분리된 중재를 통해 매일의 일상에서의 수행을 의미 있는 방법으로 자동으로 일반화할 수 있을 것이라고 가정한다. 중재는 관련없는 상황, 맥락, 활동에서 이루어질 때 일반화가 잘 되지 않는다. 교육에서 관련 서비스에 관한 법적 명령 우선순위에서 치료 지원은 때로 지속적이지 않는데, 그 이유는 학생이 개선될 능력이 없어서이기보다 고립되고 비맥락적이고 간헐적인 서비스가 학생의 잠재력을 일깨우지 못하기 때문이다(Heron & Harris, 2001). 다학문적 팀 모델에서의 직접적이고 분리된 치료 접근은 종종 문제가 있는데, 이는 다양한 일상 환경과 활동에서 학생의 기능적 성과를 성취하기 위한 전문가 사이의 협력보다 특정 영역적이며 비맥락적인 학생의 기술에 중점을 두기 때문이다.

## 2) 간학문적 팀 모델

간학문적 팀 모델(interdisciplinary team model)은 다학문적 팀 모델보다 다소 높은 평가를 받는다. 간학문적 접근은 진단과 프로그램 목표 실행에 있어서 다학문적 접근과 비슷하다. 이 접근은 아직도 분야별로 이루어지며 다른 팀원과는 별도로 수행된다. 그러나 간학문적 모델은 다른 팀원 사이의 정보 공유를 격려하고, 공식적인 상호작용과 의사소통 구조도 제공한다. 중재 프로그램 결정은 집단의 합의에 의해 이루어지며, 팀원 간의 공식적인 의사소통 방법은 학생을 위한 서비스를 조정하는 역할을 하는 팀의 리더나 사례관리자에게 위임해서 이루어진다.

그러나 다학문적 모델에서처럼 프로그램 진단, 계획, 실행과 같은 실제는 여전히 분리되어 있다. 앞에서 설명한 분리된 서비스 전달 모델은 간학문적 모델에서도 모든 본질적인 문제를 나타낸다.

### 3) 초학문적 팀 모델

처음에 초학문적 팀 모델(transdisciplinary team model)은 다양한 전문가가 투입되는 것을 견디기 어려워하는 고위험 유아의 복합적인 요구에 부응하기 위해 도입되었다. 이 모델에서는 기본적으로 아동의 복합적 요구는 서로 관련이 있고, 아동은 고립된 상황에서는 기술을 수행할 수 없다고 인식한다. 오히려 기술은 각각의 기능을 가지며 환경적 요구에 대한 반응으로 발생한다.

초학문적 팀 모델의 특징은 전문 영역 간에 서로 정보와 기술을 공유하는 것이다. 직접 중재 접근을 사용하는 다학문적, 간학문적 모델에 반해 초학문적 모델은 간접적 혹은 통합적 접근을 사용하는데, 이는 한 사람이나 두 사람(대개 교사)이 주된 프로그램 제공자로서 행동하고 다른 팀원은 자문가로서 역할을 수행한다(Snell & Janney, 2000). 이 모델에서 모든 팀원은 정보를 제공하고 중재방법을 서로 가르치는데, 그럼으로써 개별 학생에 대한 프로그램 적용의 일관성을 증진한다.

#### 통합된 치료
초학문적 팀 모델의 중요한 추가 요소는 통합된 치료(integrated therapy) 접근[2]이다. 통합된 치료 접근의 기본 가정은 (a) 학생 능력에 대한 진단은 자연적인 환경(예: 집, 교실, 활동 현장)에서 가장 잘 이루어질 수 있다. (b) 학생은 일상생활에 관련되고 자연적 상황에서 일어나는 기능적 활동을 통해 가장 잘 배운다. (c) 학생에 대한 지원은 자연적 학습 기회가 발생하고 학생이 기능하는 실생활 상황과 환경에서 이루어져야 한다. (d) 학습 성과는 자연적 환경에서 확인되어야 한다(Orelove et al.,

---

2) 역주: 가정·학교·지역사회환경에서 아동의 참여를 촉진하고, 이러한 자연스러운 맥락 내에서 아동 또는 학생의 목표에 어떻게 작용하는지 다른 사람에게 보여 주기 위해 치료사가 아동에게 서비스를 제공할 때 아동과 많은 시간을 보내는 사람들과 상담·협력하는 접근법이다.

2004). 이러한 실제 생활 상황에서 치료 서비스를 제공함으로써, 맥락에 관련된 일반화의 기술은 우연적이기보다는 계획에 의해 생기며, 치료 서비스는 학급활동과 경쟁하는 것이 아니라 오히려 학급활동을 지원해야 한다.

통합된 치료 접근에 의해 증명된 것처럼, 초학문적 팀 접근법의 몇 가지 주요 개념이 있다. 이러한 개념은 다음과 같은 것을 포함한다. (a) 모든 팀원의 공유된 목표―모든 팀원(학생과 가족 포함)은 개인의 개별화교육계획(individualized education plan: IEP)에 기술된 일련의 목표를 함께 발전시키고 실행하는 데 초점을 맞춘다. (b) 역할 방출―각 훈련의 역할은 더 유연해지고, 누군가의 훈련에 관련된 몇 가지 기능은 다른 훈련이나 다른 팀원에 의해 적절하게 '방출'되거나 수행된다. (c) 학생의 요구에 의해 서로 간에 새로운 기술을 가르치고 배우는 적극적이며 상호적인 학습과정이 점차 결정된다.

### 4) 협력적 팀 모델

협력적 팀 모델(collaborative team model)은 최근 장애 학생의 교육적 지원에서 본이 되는 실행 모델이다. 협력적 팀 모델과 다른 모델 사이의 가장 큰 차이점은 협력적 팀원이 자신의 관점을 팀으로 가져오는 동안 이러한 관점을 다른 팀원과 정기적인 상호작용을 통해 계획하면서 그것이 발전하고 변한다는 데 있다. 이것은 각 팀원의 전문성에서 공유되는 지식을 증가시킬 뿐 아니라 그 지식을 학생에 대한 협력적 평가, 계획, 실행에 사용하게 한다.

협력적 팀 모델은 다음과 같이 정의될 수 있다.

① 팀의 구성원은 학생의 요구에 기초하되 핵심 팀 구성원이 학생의 학습을 지원하기 위해서 특정 시간에 필요로 하는 사람이다.
② 기능적 맥락 안에서 학습 기회를 제공하는 최상의 방법에 관한 개념을 공유한다.
③ 회의와 문서화된 의사소통을 통해 정보와 전문성을 공유한다.
④ 팀원으로서 함께 일하는 과정에는 다음과 같은 것이 있다. 대면 상호작용(팀미팅 포함), 학생과 다른 팀원의 지원에 초점을 맞춘 공유된 가치의 위임, 집단

상호작용(예: 문제 해결, 갈등 관리)에 필요한 대인관계 기술에 대한 위임, 개별
목표와 집단 목표를 달성하기 위한 다른 팀원의 책임감.
⑤ 학생의 목표, 목적, 실행전략은 집단 합의에 의해 결정한다.

### 코칭 접근법

코칭 접근법(coaching approach)은 협력적 팀을 달성하기 위한 한 방법이다.
Hanft, Rush와 Shelden(2004)은 코칭을 체육, 경영, 교육 분야에서 발달된 하나의
과정으로 묘사한다. 그들은 더 나아가 코칭을 자발적이고 비판단적이고 협력적인
코치와 학생 두 사람 사이의 학습 파트너십으로 묘사한다(예: 가족 구성원과 전문가
또는 두 전문가).

코칭 접근법에는 몇 가지 중요한 요소가 있다. 코칭은 (a) 개인 혹은 팀이 이미 알
고 있는 것이 무엇인지와 어떤 새로운 배움이 필요한지에 관한 대화, (b) 특정한 맥
락 안에서 개인의 수행을 향상하는 것, (c) 기술/지식의 향상, 증거(연구) 기반의 실
제 수행, 새로운 접근법에 대한 실험, 어려운 과제의 해결, 그리고 관계를 만들어
가는 과정이다(Hanft et al., 2004).

코칭 접근법에는 두 가지의 우선 목표가 있다. 하나의 목표는 학생의 학습을 증
진하기 위해 그들이 이미 하고 있는 것을 깨우치도록 지원하는 것이다. 다른 하나
의 목표는 코치가 없을 때 지속적으로 학생의 학습 기회를 만들도록 도와주는 것이
다. 〈표 1-4〉는 코칭 과정의 다섯 가지 구성 요소(시작, 관찰, 행동, 반영, 평가)와 학
습자를 지원할 때 사용할 수 있는 코칭 과제와 질문의 예, 그리고 학생에 대한 긍정
적인 성과를 명확히 보여 준다.

| 표 1-4 | 코칭 과정의 요소 |
| --- | --- |
| **시작** | |
| 코치는 다음 활동을 도움으로써 학습자의 목표에 초점을 둔다. | |

코치는 다음 활동을 도움으로써 학습자의 목표에 초점을 둔다.
• 학습자의 우선순위에 초점을 두고 코치와 학습자 사이의 유대관계를 세분화
• 학생 그리고/또는 코칭 파트너의 능력과 요구하는 성과를 명료화
• 특정한 중재전략의 효과
• 학생의 그리고/또는 학습자의 진전 증거를 정하기

질문의 예
- 무엇이 (부모, 교사, 물리치료사 등으로서 당신의 역할 안에서) 당신을 도울 수 있나?
- 당신/학생에게 도움이 되는 지원은 무엇인가?
- 일하는 것(또는 노력하는 것)에서 무엇을 추구하였는가?
- 무엇이 학생(또는 당신)이 배우고 있다는 것을 당신에게 나타내 주는가?

## 관찰과 행동

코치는 다음과 같은 정보를 요구하여 자료를 수집한다.
- 학생 활동, 기술, 행동
- 학습자의 상호작용, 전략, 결정

코치가 사용할 수 있는 것
- 직접관찰, 오디오테이프, 비디오테이프, 발전 기록
- 이야기하기, 대화, 인터뷰
- 시범, 지도된 실천, 모델링

## 반영

코치는 돕는 것을 통해 학습자의 지각과 행동을 강화한다.
- 행동/사건의 효과를 요약
- 얻어 낸 결과를 비교
- 학생의 행동과 학습자의 결정/행동 사이의 관계 분석
- 새로운 정보 적용과 코칭 과정의 반영

질문의 예
- 당신이 ~을 했을 때 어떤 일이 일어났는가?
- 어떤 일이 일어났을 때 당신은 영향을 주기 위해 무엇을 했는가? 이것이 어떻게 달랐는가?
- 다음에는 어떤 변화를 주고 싶은가?
- 이러한 과정을 통해 당신은 무엇을 배웠는가?

## 평가

코치는 혼자건 혹은 학생과 함께건 코칭 상황의 효과를 점검해야 한다.
- 코칭 상황의 강점과 약점을 검토
- 코칭 관계에 대한 효과를 분석
- 의도된 성과를 내었는지 그렇지 않은지와 관련해 코칭 과정의 지속 또는 종료를 결정

질문의 예
- 나는 코칭 과정에 변화를 주어야 하나?
- 나는 의도된 성과를 성취하기 위해 학습자를 돕고 있나?
- 나는 코치로서 계속 일해야 하나, 아니면 특성화된 기술을 가지고 있는 팀 동료가 필요한가?

출처: Rush, Shelden, and Hanft(2003)에서 발췌함. Rush, D. D., Shelden, M. L., & Hanft, B. E. (2003). Coaching families and colleagues: A process for collaboration in natural settings. *Infants and Young Children, 16*(1), 41.

## ④ 협력적 팀워크 촉진 전략

여기에서는 교육적으로 효과적인 실제인 협력적 팀워크를 촉진하는 전략에 대해 설명한다. 이는 이 접근법을 계획하고 실행하는 데 있어 지침으로 사용될 수 있다. 교육 상황에서 교육 서비스의 협력적 팀 모델을 선택할 때 가장 큰 영향을 받는 세 가지 주된 영역은 진단, 교수목표의 개발, 교수와 치료 지원의 실질적인 전달체계다.

### 1) 진단

학생에 관한 초기 진단 자료를 얻기 위해 교육 팀이 사용하는 방법은 학생에 대한 추후 프로그램에 영향을 미칠 것이다. 그러므로 교육 팀은 시작부터 평가과정을 공유해야만 한다. 평가 자료는 학생의 자연적인 환경에서 얻어져야 한다. 학생을 진단할 때 얻을 수 있는 정보에는 몇 가지 종류가 있는데, 이는 적절한 프로그램 개발에 중요하다.

#### 배경 정보

학생에 대한 중요한 배경 정보는 학생 그리고/또는 그의 가족, 이전 혹은 현재 서비스 제공자와 학생의 교육적 파일에서 하나 또는 그 이상의 팀원에 의해 얻어져야 한다. (a) 현재와 이전의 교육목표, (b) 특별한 학습 특성 또는 선호도, (c) 요구되는 기술에 대한 학생, 가족, 전문가의 우선순위, (d) 학습활동에 대한 학생의 선호도, (e) 교육 자료, 강화와 선호도 사용, (f) 학생이 사용하는 의사소통의 종류, (g) 좋아하거나 주기적인 가족활동, (h) 의학적 문제와 예방 등 학생에 관한 귀중한 자료는 이러한 과정을 통해 얻어질 수 있다. 얻어진 배경 정보는 팀원이 공유해야 한다.

#### 학생 관찰

전통적으로 진단은 전문 영역별로 실시되는데, 학생의 현재 신체적 상태나 발달 영역 안의 특정한 개별 기술(의사소통 혹은 운동 기술과 같은)을 수행하는 능력에 관한 진단 결과를 각각 도출한다. 협력적 팀 모델에서 팀원은 함께 계획을 짜고 진단을 수행하는데, 이는 학생의 일상생활의 자연적인 환경에서 이루어진다. 이런 종류의 진단에 의해 수집된 자료는 팀이 학생의 연령에 맞고 기능적이며 의미 있는 목표를 계획하는 것을 가능하게 하며, 학생의 일상생활의 다른 면과도 통합될 수 있게 한다.

생태학적 목록으로도 불리는 협력적 진단방법은 다음 단계로 진행된다.

① 학생이 현재 기능하거나 가까운 미래에 기능할 것 같은 환경을 결정한다.
② 요구되는 활동과 기술이 그러한 환경에서 수행하는 데 필수적인지 결정한다.
③ 여러 분야의 진단에 대해 관여해야 할 전문가를 결정한다. 예를 들어, 식당에서 주문하고 외식하는 기술에 대해서는 말-언어병리학자가 이 활동에 관련된 학생의 의사소통 요구를 결정하기 위해 얼마나 음식을 잘 주문할 수 있는지에 관한 진단을 하도록 지정될 것이다. 작업치료사 또한 학생의 스스로 먹기에 관한 진단을 하기 위하여 관여될 것인데, 이는 자리 배치 혹은 수정된 도구 영역에서 어떤 필요한 중재를 결정하기 위함이다.
④ 실제 환경적인 진단 수행
 - 임명된 팀원은 학생과 함께 자연적 환경으로 간다.
 - 팀원은 자연적 활동 수행 동안 학생의 반응을 기록(녹화)한다.
 - 팀원은 추후 진단과 잠재적으로 요구되는 수정 또는 중재가 필요한 활동을 주목한다.

### 전문 분야별 구체적 정보

특정 학생에 대한 필요한 모든 정보가 여기에서 언급된 관찰적 진단방법을 통해서 얻어질 수 있는 것은 아니다. 때로 팀 구성원은 그들 각자의 전문 분야의 다소 전통적인 진단전략을 사용해야 하기도 한다. 이러한 종류의 정보 예를 들어 보면, 물리치료사의 경우 근긴장도와 관련된 구체화된 진단을 해야 할 때도 있다. 하지만 진단의 주된 목적이 적절한 교육 목표를 결정하는 데 쓰여야 하므로, 이런 종류의 정보조차도 대개는 자연적 상황에서 얻어질 수 있으며 또 그래야만 한다.

협력적인 진단에는 교육 팀원 사이에 부가적인 토론 시간과 학생과의 직접적인 추가 접촉이 필요하다. 이는 문제 해결, 자문, 그리고 팀 구성원 사이의 훈련이 이루어지도록 하기 위한 것이다.

## 2) 교수목표의 개발

진단과정이 완료되면, 협력적 팀은 학생에게 가르칠 기술을 우선 순위화하고 공동으로 목표를 작성한다. 학생에게 가르칠 기술을 우선 순위화하는 것은 어려울 수 있다. 이때 학생과 가족의 선호도뿐 아니라 이러한 기술이 교육적, 사회적, 직업적 참여와 발달에 필수적인가를 고려해야 한다.

학생의 개별화교육계획(IEP)은 학생과 그 가족을 포함한 모든 팀원에 의해 이루어진다. 각 학생의 개별화 교육에 대한 목표와 목적은 교실 내에서의 물리적인 배치, 하루 일과, 교수 자료와 전략의 선택을 결정한다. 협력적 팀 모델에서는 개별화 교육계획에 각 분야별로 나누어 기술하지 않는다. 그러한 개별적 접근은 현실 세계에서 기능적이지 않은 목표를 촉진하고 학교와 지역사회 환경의 여러 영역에 관련되어 있는 중요 목표를 배제한다. 대신에 팀은 교육적으로 적절한 환경을 선택하여 그 안에서 구체적인 활동목표가 이루어지도록 교육목표를 개발한다. 그 목표는 '이 교육활동이 학생의 삶에 어떤 변화를 가져올 수 있는가'에 대한 질문에 답할 수 있어야만 한다. 예를 들어, 중복장애를 가진 초등학생의 경우 분리된 치료실에서 '학생의 정중선 조정과 균형 발달'에 관련된 물리치료 훈련의 목표를 택하는 대신, 자신의 쟁반을 스스로 식사하는 곳으로 옮기는 데 필요한 능력에 관련된 목표를 발달시킬 것이다.

## 3) 수업과 치료지원 전달체계

앞서 언급된 바와 같이, 협력적 모델에는 통합된 치료 접근이 사용되었다. 이러한 접근의 일반적인 특징은 각 전문 영역의 계획과 기술이 공유된 목표에 적용되는 것이다. 치료적 지원은 기능적인 교수활동 안에서 모든 팀원에 의해 실행된다.

## 요약

이 장에서는 이 책에서 설명할 다른 여러 종류의 장애에 관해 정의하였다. 용어에 대한 안내와 장애에 대한 지식을 얻는 것에 관해 설명하였으며, 더불어 몇몇 팀 모델과 협력적인 팀워크를 촉진하기 위한 전략을 논의하였다.

## 참고문헌

Beadles, J. J. (2001). How to refer to people with disabilities: A primer for laypeople. *Review, 33,* 4-7.

Best, S. (2005). Definitions, supports, issues, and services in schools and communities. In S. J. Best, K. W. Heller, & J. L. Bigge (Eds.), *Teaching individuals with physical or multiple disabilities* (pp. 3-29). Upper Saddle River, NJ: Pearson Merrill/Prentice Hall.

Christenson, S. L., & Sheridan, S. M. (2001). *Schools and families: Creating essential connections for learning.* New York: Guilford Press.

Effgen, S. K. (2005). *Meeting the physical therapy needs of children.* Philadelphia: F. A. Davis.

Fadiman, A. (1997). *The spirit catches you and you fall down: A Hmong child, her American doctors, and the collision of two cultures.* New York: Farrar, Straus & Giroux.

Florian, L., Hollenweger, J. Simeonsson, R., Wedell, K., Riddell, S., Terzi, L., et al. (2006). Cross-cultural perspectives on the classification of children with disabilities: Part I. Issues in the classification of children with disabilities. *Journal of Special Education, 40,* 36-45.

Hanft, B. E., Rush, D. D., & Shelden, M. L. (2004). *Coaching families and colleagues in early childhood.* Baltimore: Brookes.

Harry, B. (2002). Trends and issues in serving culturally diverse families. *Journal of Special Education, 36,* 131-139.

Heller, K. W. (2006). Persons with physical disabilities, health disabilities or traumatic brain injury. In R. M. Gargiulo (Ed.), *Special education in contemporary society* (pp. 562-615). Belmont, CA: Thompson Learning.

Heron, T. E., & Harris, K. C. (2001). *The educational consultant: Helping professionals, parents, and students in inclusive classrooms* (4th ed.). Austin, TX: PRO-ED.

Hornby, G. (2000). *Improving parental involvement*. New York: Cassell.

Kirshbaum, M. (2000). A disability culture perspective on early intervention with parents with physical or cognitive disabilities and their infants. *Infants and Young Children, 13*(2), 9-20.

Orelove, F. P., Sobsey, D., & Silberman, R. K. (2004). *Educating children with multiple disabilities: A collaborative approach* (4th ed.). Baltimore: Brookes.

Rainforth, B. (2002). The primary therapist model: Addressing challenges to practice in special education. *Physical and Occupational Therapy in Pediatrics, 22*, 29-51.

Snell, M. E. J., & Janney, R. (2000). *Teachers' guides to inclusive practices: Collaborative teaming*. Baltimore: Brookes.

**제2장**

# 지체, 건강 및 중복 장애 학생의 학습 및 행동 특징

*Kathryn wolff Heller*

지체, 건강 및 중복 장애 학생은 낮은 학업성취를 보일 위험이 있다. 이는 특정 장애의 직접적인 결과일 수도 있고, 장애에 대한 학생의 반응 때문일 수도 있다. 학생의 사회적, 물리적, 공학적, 학습적, 태도적 환경은 학생이 얼마나 잘 수행할 수 있을지에 영향을 미칠 수 있다.

교사는 지체, 건강 및 중복 장애가 학업성취와 관련된 학생의 학습 및 행동 기능에 어떻게 영향을 미칠 수 있는지를 명확히 이해하는 것이 중요하다. 이러한 이해를 통해 교사는 학생의 요구를 충족하기 위해 어떤 중재를 제공해야 할지 더 명확히 알 수 있다. 이 장은 지체 및 건강 장애가 학생 수행에 미치는 영향을 이해하기 위한 기초를 제공하고자 한다. 이 장의 내용을 다양한 지적 능력을 가진 지체, 건강 혹은 중복 장애 학생(지적장애와 우수아 포함)에게 적용할 수 있지만, 중등도(moderate), 중도(severe), 최중도(profound)의 지적장애를 가진 학생을 위한 추가 고려사항은 3장에서 설명할 것이다.

## ① 지체 및 건강 장애 수행 모델

지체 혹은 건강 장애 학생을 교육할 때, 학생의 수행에 영향을 미칠 수 있는 중요한 세 가지 영역은 (a) 장애 유형, (b) 장애의 기능적 영향, (c) 심리사회적 및 환경적 요인이다. 세 가지 영역은 상호작용하며, 지체 및 건강 장애 수행 모델([그림 2-1] 참조)을 구성한다.

학생의 수행은 장애 유형과 심각성 정도에 따라 다양할 수 있다. 그러나 개별 학생이 가진 장애의 기능적인 영향이 다양하기 때문에, 동일 유형의 장애를 가진 학생도 다르게 수행할 수 있다. 비록 기능적인 영향이 동일할지라도 심리사회적 및 환경적 요인이 다양하고, 이러한 다양성은 학생의 행동 간에 차이점을 만들어 낼 수 있다. 지금부터는 학생의 성취를 향상하기 위한 몇 가지 전략과 수행에 영향을 미치는 지체 및 건강 장애 수행 모델의 구성 요소에 대하여 설명할 것이다.

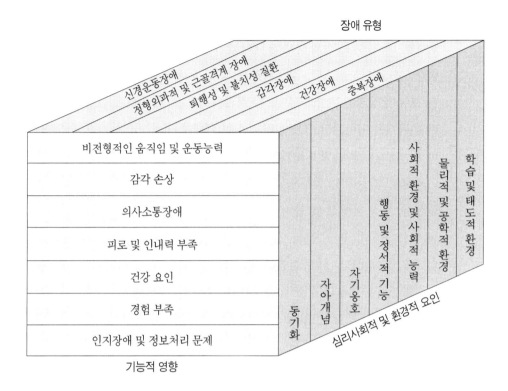

장애 유형

신경운동장애
정형외과적 및 근골격계 장애
퇴행성 및 불치성 질환
감각장애
건강장애
중복장애

비전형적인 움직임 및 운동능력

감각 손상

의사소통장애

피로 및 인내력 부족

건강 요인

경험 부족

인지장애 및 정보처리 문제

기능적 영향

동기화

자아개념

자기옹호

행동 및 정서적 기능

사회적 환경 및 사회적 능력

물리적 및 공학적 환경

학습 및 태도적 환경

심리사회적 및 환경적 요인

**그림 2-1** '지체 및 건강 장애 수행 모델'은 학생 성취에 영향을 미칠 수 있는 다른 변인 상호 간에 영향을 미친다.

## ② 장애 유형 및 학생의 수행

지체 및 건강 장애 수행 모델의 첫 번째 주요 영역은 장애 유형이다. 병과 질환을 분류하는 데는 많은 방법이 있지만, 여기서는 1장과 이 교재에서 소개한 분류체계를 사용할 것이다. 이 체계에서 장애는 (a) 신경운동장애, (b) 정형외과적 및 근골격계 장애, (c) 퇴행성 및 불치성 질환, (d) 감각장애, (e) 건강장애(전염성 질환 포함), (f) 중복장애로 구분된다.

신경운동장애는 뇌성마비, 이분척추와 같이 신경적인 충동(nervous impulse)이 근육에 영향을 미치는 질환을 말한다. 신경운동장애는 몇 가지 기능 영역(예: 운동 움직임, 인지기능, 언어기술)에 영향을 미칠 수 있는 질환과 매우 관련이 있으며, 종종 부수적인 장애(예: 시각장애, 간질, 뇌수종)도 포함한다.

정형외과적 및 근골격계 장애는 단독으로 나타날 수 있는 장애(예: 소아 류머티즘 관절염), 혹은 다른 장애와 함께 나타날 수 있는 장애(예: 뇌성마비와 함께 나타나는 척추측만증)로 나누어진다. 정형외과적 및 근골격계 장애만을 단독으로 보이는 학생은 보통 정상적인 지능을 갖는다. 정형외과적 및 근골격계 장애가 다른 장애를 수반할 때에는 일상적인 기능에 더욱 심한 영향을 미치는 경우가 종종 있다(예: 뇌성마비 학생의 자세 잡기, 앉기 능력과 움직임에 강한 영향을 주는 심각한 척추측만증).

퇴행성 및 불치성 질환은 결국 죽음에 이르거나 기능의 퇴화를 초래하는 질환을 말한다. 비록 퇴행성 및 불치성 질환은 다른 장애 영역(예: 신경운동장애 혹은 건강장애)으로 분류될 수 있으나, 이러한 질환은 종종 추가로 고려해야 하는 심리사회적인 요인을 보이므로 따로 분류한다.

감각장애는 보통 시각장애, 농, 난청, 농-맹을 말한다. 그러나 다른 감각체계(예: 촉감각 손실)도 포함할 수 있다. 감각장애는 정보의 수용을 방해하므로 학습에 영향을 미칠 수 있다. 감각장애는 그 자체로도 발생할 수 있지만, 지체 혹은 건강 장애를 유발하는 맥락에서 감각장애가 논의될 것이다.

건강장애는 주의 집중과 지구력에 영향을 미치는 만성질환을 포함한다. 건강장애는 천식, 당뇨, 주의력결핍 과잉행동장애와 같은 질환을 포함한다. 이 모델은 AIDS와 같은 전염병 또한 포함한다. 만약 건강장애가 지체장애와 함께 나타난다면 수행에 또 다른 영향을 미칠 수 있다.

중복장애는 학습하고 활동하는 학생의 능력에 영향을 미치는 두 가지 혹은 그 이상의 장애가 복합적으로 나타나는 것을 말한다. 중복장애가 그것을 구성하는 특정 장애 유형을 설명하면서 다루어질 수는 있지만, 본 모델에서는 분리된 범주가 필요하다. 두 가지 혹은 그 이상의 특정 장애가 결합된 중복장애로 인해 학업성취는 매우 달라질 수 있다. 다른 장애 간의 상호작용은 새로운 문제를 야기하는데, 산술급수적인 효과가 아니라 오히려 기하급수적인 효과가 나타날 수 있다.

장애의 심각성과 그것이 학생에게 어떻게 영향을 미치는가는 학업 수행에 영향을 줄 수 있다. 지체 혹은 건강 장애가 미치는 영향의 정도는 '지체 및 건강 장애 수행 모델'의 두 번째 영역인, 장애의 기능적인 영향에 달려 있다. 다음은 이에 대한 설명이다.

# ③ 학습 및 수행에 영향을 미치는 장애의 기능적 영향

'지체 및 건강 장애 수행 모델'에서 설명한 다양한 장애 유형과 관련된 몇 가지 기능적인 영향이 있다. 이러한 영향이 모든 장애 혹은 학생에게서 나타나는 것은 아니다. 그러나 지체 혹은 건강 장애 학생을 교육할 때는 이러한 영향을 고려해야 한다. 지체 및 건강 장애에서 나타나며, 학생의 학습 및 수행에 영향을 미칠 가능성이 있는 일곱 가지 기능적인 영향에는 (a) 비전형적인 움직임 및 운동능력, (b) 감각 손실, (c) 의사소통장애, (d) 피로 및 인내력 부족, (e) 건강 요인, (f) 경험 부족, (g) 인지장애 및 정보처리 문제가 포함된다.

## 1) 비전형적인 움직임 및 운동능력

신경운동장애, 정형외과적 장애, 근골격계 장애, 퇴행성 질환을 가진 대부분의 학생은 운동체계의 비정상성으로 인해 비전형적인 움직임 혹은 운동능력을 보인다. 비전형적인 움직임이란 균형이 맞지 않고 불필요한 움직임, 통제되지 않은 움직임, 제한된 범위의 동작, 힘과 속도가 감소된 움직임, 활동의 부족, 그리고 운동성 관련 문제와 같이 정상과 다르게 수행되는 움직임을 말한다. 비전형적인 운동능력은 어떤 과제(예: 먹기, 머리 빗기, 연필 사용하기, 책 펴기)를 수행하게 하는 운동기술이 지체되고 결여되거나 혹은 특이한 운동기술을 보이는 것을 말한다.

비전형적인 움직임 혹은 운동능력은 학습 및 수행의 여러 가지 측면에 영향을 미칠 수 있다. 과제를 수행하거나 적극적으로 참여함으로써 학습이 이루어진다(Lefrancois, 2000). 중도의 운동장애를 가진 학생에게는 그러한 학습 형태가 이루어지지 못할 수 있다. 예를 들어, 흡입기를 사용하는 뇌성마비와 천식을 가진 학생은 실제적인 과제 수행보다 오히려 관찰과 교육을 통해서 학습해야 하는 경우가 많다. 이것은 많은 학업 과제에 적용될 수 있다(예: 수 세기를 위한 구체물 조작 혹은 과학 실험). 교사는 적절한 수정방법과 교수전략(예: 과제를 부분으로 나누기, 시범 보이기, 학생이 다음 단계에 대하여 대답하기)을 사용해야 한다.

적절한 수정을 한다 하더라도 비전형적인 운동 움직임 혹은 운동능력은 학업성취에 영향을 미칠 수 있다. 예를 들어, 중도의 경직성 사지 뇌성마비 학생은 연필이나 표준 키보드를 사용하는 데 필요한 운동 조절력이 부족한 경우가 많기 때문에 문장을 쓰기 위해서 스크린 키보드와 스캐닝 프로그램을 사용해야 한다. 학생의 능력에 따라 달라지겠지만, 그들은 분당 5개 단어를 쓰는 타이핑 속도를 보일 수 있고, 인내력과 피로 관련 문제로 매우 긴 문장은 입력하기가 어려울 수 있다. 이러한 운동 관련 문제는 주어진 시간 내에 더 적은 쓰기 과제를 하게 할 뿐 아니라, 학생이 과제를 완성하는 데 걸리는 시간 때문에 과제를 교정하는 방법을 배울 기회가 적어진다(Heller, 2006). 학생이 과제를 잘 배울 수 있도록 교사는 충분한 시간을 제공함과 동시에 과제의 양을 수정할 필요가 있다(보조공학과 수정에 관한 더 많은 정보는 8장과 12장 참조).

## 2) 감각 손상

감각장애, 몇몇 유형의 지체장애나 중복장애 학생은 감각 손상을 보인다. 이것은 시각 손상, 농 혹은 난청, 농-맹, 촉감각 결핍(척수 손상과 같은), 혹은 다른 감각 손상(예: 고유 감각 혹은 후각 결핍)일 수 있고, 부분적 감각 손상 혹은 전체적 감각 손상일 수 있다.

감각 손상은 학습과 수행에 영향을 미칠 수 있다. 활동을 볼 수 없거나 말하는 것을 들을 수 없는 것은 분명 학생 수행에 영향을 미칠 것이며, 촉감각 부족과 같은 좀 더 섬세한 감각 손상조차 어떤 사물이나 개념(예: 얼음의 차가움 혹은 종이의 부드러움)을 인식하는 데 영향을 미칠 수 있다. 또한 감각 손상은 운동능력에도 영향을 미칠 수 있다(운동 발달에 대한 내용은 4장 참조). 비전형적인 운동 움직임과 운동능력의 경우와 마찬가지로 적절한 수정과 보조공학이 이루어지는 것이 중요하다(더 많은 정보는 8장과 12장 참조).

## 3) 의사소통장애

대다수의 지체 및 건강 장애가 의사소통장애를 보이진 않지만, 중도의 경직형 뇌성마비를 가진 몇몇 학생은 이해하기 어렵게 말을 하는 조음상의 어려움(말실행증,

dysarthria)을 가질 수 있고, 또한 전혀 말을 하지 못할 수도 있다(구어장애, anarthia)(Hustad, Auker, Natale, & Carlson, 2003). 언어 문제는 학생의 학습과 수행에 유의미한 영향을 미칠 수 있다. 말을 할 수 없다면 학생은 질문을 할 수도, 개념을 명확히 할 수도, 크게 읽을 수도, 그리고 그들 자신의 언어를 활용하여 질문에 대답할 수도 없다. 보완대체 의사소통(augmentative and alternative communication: AAC)은 학생이 의사소통하도록 도울 수는 있지만, 그들은 처음에 그 체계를 학습한 대로 정확하게 사용하지 못할 수 있다. 또한 학생이 알파벳을 사용하여 메시지를 쓰는 것을 배우지 못한다면, 어떠한 AAC 체계도 학생이 표현하기를 원하는 모든 것을 포함할 수는 없다.

또 다른 유형의 의사소통장애가 있을 수 있는데, 예를 들어 이분척추와 뇌수종을 가진 학생은 단어 이해력과 언어 화용론(언어를 사회적 상황에서 사용하는 능력)에서 어려움을 보인다(Vachha & Adams, 2003). 외상성 뇌손상을 가진 학생은 표현 언어, 수용 언어, 이해력, 단어 인출, 명명하기, 언어 구조에 어려움을 가질 수 있다(Burton & Moffatt, 2004). 농이나 농-맹인 학생은 몇몇 중복장애 학생과 같이 보완적인 의사소통이 필요할 것이다. 교사는 언어 혹은 보완적인 의사소통으로 그들의 생각을 전달할 수 있도록 의사소통장애를 가진 학생과 함께 체계적으로 노력해야 한다.

## 4) 피로 및 인내력 부족

지체 및 건강 장애를 가진 학생은 피로와 인내력에 문제를 보이는 경우도 있다. 예를 들어, 뇌성마비를 가진 사람은 신체적 피로감을 더 많이 보인다(Jahnsen, Villien, Stanghelle, & Holm, 2003). 수정된 키보드를 사용하기 힘든 중도의 경직형 뇌성마비 학생은 일정 시간이 경과하면 피로해질 수 있고 이것이 집중력과 수행에 영향을 미칠 수 있다. 겸상적혈구성 빈혈(sickle cell anemia)과 같은 건강장애 학생은 그들의 질환과 작업량에 따라 피로감을 보이고, 제한된 지구력과 인내력을 보인다. 감각장애 영역에서 저시력 학생은 장시간 동안 인쇄물을 읽으면 피로해질 수 있으므로 눈을 쉬게 해야 한다.

근이영양증과 같은 질환을 가진 학생은 피로감 관련 문제를 전형적으로 보일 것이다. 그러나 일시적으로 혹은 서서히 피로감의 수준이 증가하는 학생을 가르치는 교사는 이러한 변인이 학생의 학습과 수행에 영향을 미치고 있다는 것을 인식하지 못할 수도 있다. 적절한 수정을 제공하기 위해서는 피로감에 대한 철저한 관찰이 중요하다.

피로감을 보일 때 사용될 수 있는 몇 가지 전략이 있다. 반복된 운동활동 때문에 피로감이 초래되는 것이라면 다른 운동활동과 교대로 하게 하거나 아예 다른 활동으로 바꾸어 주는 것이 도움이 될 수 있다. 학생이 가장 주의를 집중할 수 있는 시간 동안 좀 더 어려운 과목의 학습을 계획하는 것도 피로감 문제를 줄이는 방법이다. 어떤 학생에게는 쉬는 시간 혹은 휴식 시간이 필요할 수 있는데, 주로 진행성 근이영양증을 가진 학생에게서 볼 수 있다. 어떤 경우에는 수업일을 단축하는 것이 필요할 수 있다.

## 5) 건강 요인

대부분의 지체 및 건강 장애 학생은 학습과 학업성취를 방해하는 건강 관련 문제를 갖는다. 건강 요인은 고통과 불편함에서 약물 부작용, 건강 문제에 기인한 빈번한 학교 결석까지 다양할 수 있다.

### 고통과 불편함

어떤 경우 학생은 그들의 장애(예: 소아 류머티즘 관절염, 겸상 적혈구성 빈혈, 심한 척추측만증 혹은 뇌성마비 관련 문제) 때문에 고통과 불편함을 경험할 수 있다(Herring, 2002; Houlihan, O'Donnell, Conaway, & Stevenson, 2004; Jahnsen et al., 2003). 학생이 활동을 수행할 때 고통을 경험할 수 있다. 예를 들어, 소아 관절염을 가진 학생은 한 자세로 너무 오랫동안 있다가 과제를 수행하기 위해 책상에서 일어설 때 고통스러울 수 있다.

학생이 고통 혹은 불편함을 경험할 때는 교실에서의 학생의 기능과 또래와의 상호작용에 문제가 발생할 수 있다(Nabors & Lehmkuhl, 2004). 고통으로 결석할 수도 있고, 과제에 대한 주의 집중력이 더 부족해질 수도 있다. Maslow(1954)는 고통 혹은 불편함이 없는 생리적인 안녕은 개인이 자신의 잠재력에 도달하기 위해 충족되어야 하는 가장 기본 욕구라고 하였다.

학생이 고통을 인식하건 인식하지 못하건 간에 고통은 학생의 수행에 영향을 미칠 것이다. 불행히도 이분척추 같은 장애를 가진 사람의 고통은 종종 과소평가되고 간혹 인식되지 못한다(Clancy, McGrath, & Oddson, 2005). 교사는 고통의 징후에 관해 예민하게 관찰하고 적절한 중재를 제공해야 한다. 고통의 원인이 되는 활동을 수정하거나(예: 학생이 걷거나 자세를 바꾸는 양을 줄이기), 고통을 줄일 약물을 섭취하도록 하거나, 짧은 휴식 시간을 갖게 하거나, 학생을 간호사에게 데려가거나, 다른 유사한 중재를 제공할 수 있다. 어떤 경우 고학년 학생이 더 선호하는 것은 다른 사람이 그러한 고통을 무시하거나, 고통 속에서도 학생이 공부하도록 하는 것일 수 있다. 교사는 고통으로 주의가 산만해져 놓칠 수 있는 자료에 대한 복습을 후에 제공할 수도 있다.

## 약물과 처치 부작용

또 다른 건강 요인은 학습과 수행을 방해할 수 있는 약물과 처치의 영향이다. 예를 들어, 피로감은 발작장애를 가진 학생이 복용하는 많은 항경련제 약물의 흔한 부작용이다. 이러한 약물은 적절한 정보에 주의 집중하는 것을 방해할 수 있다. 또한 이러한 약물 중 어떤 것은 정보처리 속도를 줄여 인지력에 영향을 미친다(Engelberts et al., 2002). 악성 종양을 가진 학생이 받는 방사선과 같은 치료는 피로감과 불쾌감(즉, 아픈 느낌)을 가져올 수 있다.

약물을 적절하게 복용하지 않는 것은 학업 성적뿐 아니라 학생의 건강에도 영향을 미칠 것이다. 예를 들어, 당뇨를 가진 학생이 처방받은 인슐린을 복용하지 않는다면 케토산증과 같은 당뇨 환자의 비상사태가 발생할 수 있다. 약물이 적절하게 투여되고 약물의 부작용과 효과에 대해 알고 있는 것이 중요하다. 이러한 방법으로 학생 수행이 향상될 수 있고, 의사에게 보고하여 약물을 바꿀 수도 있다.

## 장기 결석

지체 및 건강 장애 학생은 고통, 처치(수술 포함) 등으로 장기 결석이 증가할 수 있다. 당뇨와 같이 관리하기 어려운 장애는 학교 장기 결석과 낮은 학업성취와 관련이 있다(Yu, Kail, Hagen, & Wolters, 2000). 이분척추를 가진 학생이 도뇨관 처리를 위해 매일 10분 동안 수업에 빠지는 것부터 낭포성 섬유증으로 인한 빈번한 입원으로 학기 중 많은 날을 결석하는 것까지 장기 결석으로 본다. 학기 중 몇 주는 수술, 폐렴, 장기간의 천식발작으로 결석할 수도 있다.

학기의 일부분 혹은 전부를 결석하면 학교에서의 적절한 수행에 필요한 결정적인 정보 혹은 개념 이해가 어려울 수 있다. 학생이 놓친 과제를 교사가 어떻게 다루느냐에 따라 학생의 수행에 변화가 있을 수 있다. 학생이 너무 뒤처지지 않도록 돕기 위해서는 가정 중심 교육이나 가정교사가 중요할 것이다.

## 6) 경험 부족

지체 및 건강 장애를 가진 어떤 학생은 학업성취에 중요한 경험 혹은 개념이 부족하다. 예를 들어, 어떤 지체장애 학생은 교통수단의 어려움 때문에 에스컬레이터가 있는 영화관이나 가게 같은 보편적인 장소에 가 본 적이 없다. 자세 잡기와 운동 근육 문제 때문에 풀밭으로 소풍을 나오는 것과 같은 평범한 경험을 하지 못할 수도 있다. 학생은 학교환경에서 이러한 평범한 경험을 담은 이야기 혹은 제재를 만날 수 있고, 그러한 제재를 이해하기 어려울 수 있다.

학생은 또한 부정확한 개념을 갖거나 개념을 놓칠 수 있다. 예를 들어, 18세의 시각장애 소녀가 도시에서 더러운 눈길을 걷고 있을 때 친구가 "지팡이 아래 있는 길은 사과 소스 같아."라고 했다. 시각장애인 소녀는 "어떻게 눈이 빨갛게 변했니?"라고 말했다. 소녀는 사과가 빨갛다고 들었고, 어느 누구도 그녀에게 사과 껍질 속의 색을 설명해 줄 생각을 하지 못했던 것이다. 같은 맥락에서 솜뭉치를 손으로 들어 보지 못한 지체장애 학생은 솜뭉치가 무겁거나 거칠다고 생각할 수도 있다.

이러한 오해와 경험의 부족은 학생이 학업 내용을 이해하는 데 불리할 뿐 아니라, 검사 상황에서도 불리하게 작용할 수 있다. 예를 들어, 표준화된 검사에서 '당신은 무엇으로 이야기를 나누는가?' 라는 질문에 전화, 계산기 사진, 두 가지 다른 항목이 제공되었다. 학생은 계산기가 자신이 사용하는 보완적인 의사소통 도구와 닮았기 때문에 계산기를 선택했다. 다른 검사의 질문은 '당신은 어떻게 손가락에 있는 반지를 빼는가?' 였고 비누와 물, 집게, 두 가지 다른 종류가 있었다. 학생에게는 집게가 타당해 보였다. 학생은 손과 팔이 없이 태어났기 때문이다.

경험 부족은 지체 및 건강 장애 학생에게는 흔한 일인데도 종종 간과되어 왔다. 학생은 어떤 것을 이해하지 못할 때 교사에게 말하지 않으며, 의사소통 능력이 부족한 경우에는 말을 할 수도 없다. 이러한 경험 부족을 다루기 위해 교사는 확실하게 주제에 관한 완전한 정보를 직접적으로 제공해야 하며, 어떤 내용을 상식이라고 가정해서는 안 된다. 검사 결과 또한 검사 항목이 학생이 해 보지 못했을 수도 있는 일상의 경험에 토대하고 있는지를 고려하여 해석해야 한다.

## 7) 인지장애 및 정보처리 문제

인지장애는 사람의 주의 집중, 기억, 정보처리 혹은 학습능력에 영향을 미치는 장애를 말한다. 인지장애는 지적장애와 같은 중도의 장애부터 좀 더 미세하게 인지기능(예: 주의 집중과 기억력)을 다루는 장애까지 넓은 범위의 장애를 포함한다. 아동은 인지장애를 가지고 태어날 수도 있고, 인지장애를 후천적으로 갖게 될 수도 있다(예: 외상성 뇌손상). 또는 장애는 없으나 인지적인 발달 이정표에 도달하는 데 지체를 보일 수도 있고, 정보를 처리하는 데 문제를 가질 수도 있다. 학습과 학업성취는 학생의 지적인 기능, 발달 이정표에서의 지체, 정보처리에서의 어려움에 영향을 받을 수 있다.

### 지적 기능

어떤 지체 및 건강 장애는 인지장애와 관련이 있다. 예를 들어, 뇌성마비 학생은 지능이 뛰어난 능력을 보이는 학생에서 중도의 지적장애 학생까지 다양한 능력을 보일 수 있다. 그러나 지적장애를 보이는 뇌성마비 학생이 더 많다(Nehring, 2004). 뇌수종과 이분척추는 지각능력, 운동계획, 주의 집중력, 기억력, 조직력, 충동성, 과잉행동, 순서화와 관련된 문제를 보인다(Lazzaretti & Pearson, 2004). 외상성 뇌손상을 가진 사람은 주의 집중력, 기억력, 명명하기, 단어 인출, 이해력, 조직력, 충동성 영역에서 복합적인 문제를 보이고 판단력이 부족할 수 있다(Burton & Moffatt, 2004). 잘 조절되지 않는 간질 같은 건강장애를 가진 학생은 발작을 더 잘 조절하게 되더라도 향상을 보이지 못하는 등 학업적으로 자신의 능력보다 낮은 성취를 보인다(Austin, Huberty, Huster, & Dunn, 1999). 학생의 지적 능력은 과제 수행에 영향을 미치며, 강화, 교정, 혹은 전문적인 학습전략의 사용이 필요하다(유의미한 지적장애를 가진 학생에 대한 더 많은 정보는 3장 참조).

## 발달 단계

지체 혹은 건강 장애를 가진 학생이 어떤 발달 이정표에는 남과 다른 방법으로 도달하거나 천천히 도달하거나 혹은 전혀 도달하지 못할 수도 있다. 지체장애 아동은 환경과 상호작용할 기회가 줄어들고 또래와의 대면적인 상호작용이 더 적기 때문에 Piaget 이론에서 기술한 구체적 및 형식적 조작과 같은 인지적 단계에 도달하는 것이 종종 지연될 수 있다(Yoos, 1987). 태어나면서부터 시각장애이며 정상적인 지능을 가진 아동은 시력이 나쁘기 때문에 종종 정상 시력인 또래보다 인지적 발달 단계에 도달하는 데 시간이 더 걸릴 수 있다(Hatwell, 1985). 지체 혹은 시각 장애는 운동 및 이동성 발달 단계에 영향을 미칠 수 있다(Celeste, 2002). 지체 혹은 건강 장애와 함께 지적장애를 가진 아동은 어떤 발달 단계에는 도달하지 못할 수도 있다(지적장애 학생에 대해 더 많은 정보를 얻기 위해서는 3장 참조). 발달 지체 혹은 어떤 발달 단계를 보이지 않는 것의 원인이 무엇인가에 상관없이, 교사는 학생이 어떤 단계에서 기능하고 있는지와 그들의 요구를 충족시킬 적절한 전략을 제공하고 있는지를 고려해야 한다.

## 정보처리 문제

정보처리는 정보가 개인에 의해 처리되는 방법을 말한다. 이것은 개인이 어떻게 주의 집중하고 관련 정보를 선정하는지, 정보를 어떻게 기억하는지, 정보를 어떻게 시연하고 처리하는지, 정보를 어떻게 저장하고 조직하는지, 정보를 어떻게 인출해 내는지와 같은 영역을 포함한다. 이러한 과정이 어떻게 일어나는지에 대해서는 몇 가지 다른 이론이 있다. 비록 지체 혹은 건강 장애가 이러한 대부분의 이론적 모델에 적용될 수 있지만, 오늘날에도 여전히 인정받고 있는 초기 모델 중 하나인 Atkinson과 Shiffrin(1968)의 기억 모델로 제한하여 논의하고자 한다.

**기억 모드**　　정보처리에 대하여 상세하게 설명하는 것은 이 장의 범위를 넘어서지만 몇 가지 중요한 요점에 대하여 살펴보고자 한다. Atkinson과 Shiffrin의 기억 모델은 감각등록기, 단기 저장(단기기억), 장기 저장(장기기억)의 세 가지 요소로 구성된다. 각각의 구성 요소는 기억에 관한 저장능력이 다르며 각각 독특한 특성을 갖는다.

정보처리를 시작하기 전에 한 가지 혹은 그 이상의 감각체계(예: 시각, 청각, 촉각)에서 환경적 자극을 수용하고, 뇌로 전송할 전기화학적 자극으로 전환해야 한다. 예를 들어, 시각체계에서 눈은 상이 망막에 도달할 때까지 눈의 다양한 부분을 통해 전도되는 시각적 상을 환경에서의 광선을 통해 받고, 그곳에서 시각적 상은 전기화학적 자극으로 전환되고 시신경에 의해 후뇌의 시각 피질로 전송된다. 이러한 정보의 도착은 감각기억으로 알려진 첫 번째 기억 구성 요소의 시작을 의미한다([그림 2-2] 참조).

감각등록(감각 기억)은 감각체계에서 수용한 자극의 즉각적인 처음의 기억을 설명하는 데 사용되는 용어다. 1초, 몇 초보다도 더 짧은 매우 잠깐의 시간 동안 감각등록기에 수용되는 다량의 정보를 받는 몇 개의 감각 등록기(예: 시각과 청각)가 있다. 사람은 이런 정보의 대부분을 인식하지 못하고, 정보는 빨리 사라진다. 그러나 사람이 집중하는 정보는 단기기억으로 이동한다([그림 2-2] 참조).

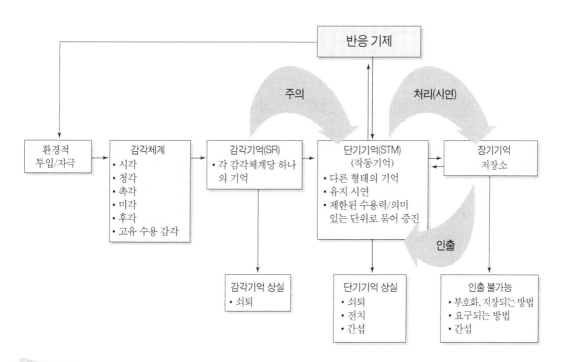

**그림 2-2**　Atkinson과 Shiffrin(1968)의 기억 정보처리 모델의 수정

단기기억(단기 저장 혹은 작동기억으로 알려진)은 감각 등록기 혹은 내적 과정(장기기억 정보와 같은)에서 오는 정보에 의해 성립될 수 있는 적극적인 기억체계다. 단기기억은 기억의 형태(예: 청각적-구어적-언어적 기억 혹은 촉각적 단기 저장)로 언급되기도 하는 수많은 저장소로 구성된다(Atkinson & Shiffrin, 1968; Shiffrin, 1999). 모든 기억에 대한 작업은 단기체계로 실행된다(예: 단기체계를 조절하는 데 사용되는 결정과 조작, 장기기억에서 인출하는 데 사용되는 조작).

단기기억은 일정 시간 동안 정보를 수용하며 제한된 수용력을 가진다. 정보는 대략 2~20초 동안 단기기억으로 유지될 수 있으나, 사람이 유지 시연(예: 의식적으로 정보를 반복하기)에 참여하면 더 장시간 정보를 유지할 수 있다. 단기기억은 또한 제한된 저장소(성인은 약 7개 항목, 2개 항목이 더 많거나 더 적을 수 있음)를 가지고 있으나, 항목을 서로 의미 있는 단위로 묶음(chunking)으로써 더 많은 항목을 단기기억에 수용할 수 있다. 수용력이 제한적이고 단시간 동안 정보를 수용할 수 있기 때문에 정보는 쉽게 잊힐 수 있다(쇠퇴, 새로운 정보로 전치, 혹은 경쟁 자극의 간섭). 그러나 정보가 몇몇 다른 기제(예: 정보의 시연 혹은 정보의 부호화) 중 하나를 통해 처리될 때 장기기억으로 이동한다.

장기기억(장기 저장으로 알려진)은 정보를 장시간에 걸쳐 저장하는 좀 더 수동적인 기억체계를 말한다(Shiffrin, 1999). 장기기억으로 정보를 사용하고 기억하는 것은 그것이 저장되는 방법에 달려 있다. 정보를 이전에 학습된 정보로 이해하거나 조직할수록 기억은 더 쉽게 인출될 수 있다. 망각은 정보의 인출에 실패한 것이다(Ormrod, 1999; Shiffrin, 1999).

실행기능이란 용어는 정보처리 영역에서 종종 발견된다. 비록 실행 기능이 몇몇 다른 정의를 포함하는 일반적인 용어이지만, 전형적으로 각각의 정보처리 측면에 대한 조절과정을 말한다. 예를 들어, 주의 집중의 실행적인 면은 사람이 주의 집중하거나 주의 집중하지 않는 것을 말한다. 단기기억에서의 전략적 과정은 정보를 유지하고, 단기기억을 장기기억(단어목록을 기억할 때 단어를 함께 놓기와 같은)으로 옮기는 데 사용되는데, 이는 실행기능에 해당한다. 실행기능은 두뇌의 정면 부분(좀 더 구체적으로 전두엽)과 관련이 있다(Denckla, 1996).

**기억 모델과 지체 및 건강 장애**　　지체 혹은 건강 장애 학생은 그들의 구체적인 장애 유형이나 부수적인 인지장애로 인해 주의 집중, 기억, 정보 인출에 영향을 미치는 추가 장애를 가질 수 있다. 예를 들어, 이분척추를 가진 학생은 작동기억과 정보처리 속도, 주의 집중에 결함을 보일 수 있고, 단시간 동안 기억하고 단어 목록을 기억하기 위한 효과적인 전략이 부족할 수 있다(Boyer, Yeates, & Enrile, 2006; Dennis, Landry, Barnes, & Fletcher, 2006; Vachha & Adams, 2005). 경직성 뇌성마비를 가진 학생은 지원을 제공하면 회상을 촉진하는 실행전략을 사용할 수 있지만, 기억과 학습의 실행기능 면에서 장애를 보이고 있다(White & Christ, 2005). 어떤 경우 뇌성마비는 유형에 따라 차이가 있는데, 몇몇 운동장애형 뇌성마비를 가진 사람이 경직형 뇌성마비를 가진 사람보다 더 좋은 작동기억(구어적, 즉각적인 시각적 작동기억 면에서)을 갖는 것을 볼 수 있다(Roser, Canne, & Vendrell, 2003). 외상성 뇌손상을 가진 사람은 장기기억에서 정보를 인출하는 데 어려움을 보일 수 있다(Bourne, 2006). 간질 증상을 보이는 사람 중에는 주의 집중, 학습, 정보처리 속도를 측정하는 검사에서 더 낮은 점수를 받는 경우가 있다(Engelberts et al., 2002).

지체 및 건강 장애를 가진 학생은 종종 지적장애를 가진다. 지적장애를 가진 학생은 작동기억 수행에서 같은 생활연령을 가진 아동보다 일관되게 더 낮은 성취를 보인다(Henry & MacLean, 2002). (기억과 관련된 지적장애의 영향에 대하여 더 많은 정보를 얻으려면 3장을 참조하라.)

정상 지능을 가진 중도 지체장애 학생일지라도 정보처리에 영향을 받을 수 있다. 예를 들어, 정상 지능의 중도 경직형 사지 뇌성마비를 가진 학생은 정보처리 모델의 각 영역에 걸쳐 어려움을 가질 수 있다. 투입 면에서 하나 혹은 그 이상의 감각체계(예: 촉각 혹은 시각)가 손상될 수 있고, 이것은 결국 정보가 손실되고 부정확한 정보로 받아들여져 감각 등록기로의 투입이 부족하게 된다. 또한 단기기억으로 정보를 저장하기 위해 정보에 주의 집중하는 것이 필요하다. 그러나 고통, 불쾌감, 피로로 인해 학생의 주의 집중이 영향을 받는다면 이러한 과정은 일어나지 않는다.

단기기억에서 간섭은 다음과 같은 과제를 완성하는 것 때문에 발생할 수 있다. 학생이 팔을 어떤 위치로 옮기려고 주의 집중하기, 학생이 또 다른 과제(예: 수정된 키보드에 접근하거나 적절한 키에 팔을 놓으려 애쓰면서 문장 구성하기)를 동시에 수행하려고 노력하면서 새로운 보조공학을 사용하려고 주의 집중하기. 단기기억에서 정보를 유지하는 데 사용되는 어떤 기제는 목소리를 거의 내지 않는 정보의 시연에 영향을 받을 수 있다. 몇몇 중도 지체 및 언어 장애를 가진 사람은 목소리를 내지 않는 시연을 배웠음에도(Heller, Fredrick, Tumlin, & Brineman, 2002) 그러한 시연에 어려움을 가질 수 있고, 정보 기억이 좀 더 어려울 수 있다(Sandberg, 2001). 목소리를 내지 않는 시연 문제는 말을 할 수 있는 경직형 뇌성마비를 가진 사람에게는 나타나지 않는다(White, Craft, Hale, & Park, 1994).

지체 혹은 건강 장애를 가진 학생은 경험 부족으로 인해 새로운 자료로 정보를 통합하는 데 필요한 정보가 부족하여 장기기억으로 부호화하는 데 어려움을 겪을 수 있다. 정보가 장기기억으로 이동할 때, 부정확한 투입 혹은 경험 부족으로 인해 정보가 관련 정보로 저장되지 않을 때는 인출 시 어려움이 발생할 수 있다.

중도의 경직형 뇌성마비를 가진 많은 사람은 조음이 매우 부정확하므로, 정보처리 모델에서의 반응 기제에 영향을 받을 수 있다. 만약 학생이 이해할 수 있는 방법으로 의도된 산출을 제공할 수 없다면, 외적 자극에 대한 투입을 제공하기 위한 반응 기제가 없어지게 되어 피드백 고리가 붕괴될 것이다(예: 학생은 교사의 구어적 및 시각적 교수를 이해하지 못했을 때 이를 표현하지 못하므로 외적 자극에 피드백을 주지 못한다).

**전략**    주의 집중, 기억, 정보의 인출을 증진하는 데 사용될 수 있는 몇 가지 전략이 있다. 이러한 전략은 장애를 가진 학생이나 장애를 가지지 않은 학생 모두에게 적용된다. 이러한 전략 중 몇 가지는 시각적 이미지, 기억을 돕는 도구, 시연 전략, 정교화 전략, 선행 조직자(advanced organizer), 주의 집중 단서(예: 선행 자극 촉진), 선행 지식 활성화 전략, 다른 학습 및 초인지적 전략을 사용한다(Ormrod, 1999; Shiffrin, 1999).

지체 혹은 건강 장애가 있을 때, 교사는 이러한 학생의 요구를 충족할 수 있는 추가적인 구체적 전략을 사용할 필요가 있다. 예를 들어, 감각 투입의 손실(장애로 인한)을 상쇄하기 위해 교사는 다른 감각체계를 활용하는 추가 정보를 제공해야 한다. 관련 자극에 대한 주의 집중을 최대화하기 위하여 교사는 적절한 약물, 자세 잡기, 휴식 시간을 통하여 고통, 불쾌감, 피로감을 조절해야 한다. 단기기억에서 보유하는 정보를 촉진하기 위해 학생에게 목소리를 내지 않는 시연 전략을 체계적으로 가르칠 수도 있다. 다른 과제의 간섭을 피하기 위해 학생이 가장 잘할 수 있고, 그들에게 가장 쉬운 반응이 사용되어야 한다. 그리고 새로운 정보가 또 다른 영역에서 소개되고 있을 때, 동시에 새로운 보조공학을 가르치면 안 된다(예: 학생이 원하는 상징에 접근하기 어려운 새로운 보완적 의사소통 체계를 사용하는 과학 수업에서 이해력 질문에 대답하기). 장기기억에 좀 더 효과적으로 정보를 저장하고 인출하기 위해서 교사는 많은 경험을 제공해야 하고, 학생이 상식적인 면에서 배경 지식을 가졌을 것이라고 추측해서는 안 된다. 언어가 부족할 때 반응 기제가 영향을 받을 수 있으므로, 교사는 체계적으로 학생의 이해력을 점검해야 하고 학생이 의사소통할 수 있는 방법을 제공해야 한다.

## 4 행동과 수행에 영향을 미치는 심리사회 및 환경적 요인

지체 및 건강 장애 수행 모델에서는 학생의 행동과 수행에 영향을 미칠 수 있는 (a) 동기화, (b) 자아개념, (c) 자기 옹호, (d) 행동 및 정서적 기능, (e) 사회적 환경 및 사회적 능력, (f) 물리적 및 공학적 환경, (g) 학습 및 태도적 환경의 일곱 가지 심리사회 및 환경적 요인을 정의하고 있다.

### 1) 동기화

학생이 학습하도록 동기화되는 정도는 그의 성취에 영향을 미칠 것이다. 이는 개인 및 과제에 걸쳐 다양하겠지만 학생이 지체 혹은 건강 장애를 가졌을 때에는 추가 고려사항이 필요하다. 예를 들어, 고통, 불쾌감 혹은 피로감을 야기하는 장애는 과제를 수행하기 위한 학생의 동기를 줄일 수 있다. 동기를 늘리기 위해서는 직접적으로 이러한 것에 대해 중재해야 한다. 몇몇 지체 혹은 건강 장애를 가진 사람은 자신의 질환에 대한 절망 때문에 우울해지고 동기가 부족해질 수 있다. 이러한 경우에 상담, 치료 혹은 약물이 우울증을 개선하고 동기화를 증진할 수 있다(Nabors & Lehmkuhl, 2004). 지체 혹은 건강적인 요인이 동기화에 영향을 미치지 않을 때에는 정반응을 증가시키기 위해 강화가 필요할 수 있다(더 많은 정보를 위해서는 3장 참조).

동기 부족은 다른 것의 직접적인 결과가 될 수도 있다. 때때로 부모와 학교 관계자는 학생이 과제를 천천히 시도할 수 있도록 기다려 주지 않거나 학생을 과잉 보호할 수 있으며, 이러한 경우 학생을 위해 대신 과제를 수행해 주기도 한다. 잠시 동안 대신 과제를 수행해 주었더라도 학생은 다른 사람이 과제를 해 줄 것이라고 기대할 수 있고, 스스로 과제를 수행하려고 시도하지 않을 수 있다. 실패를 예상하거나, 더 낮은 목표를 잡거나, 과제를 수행하는 데 필요한 노력의 양을 줄이는 것은 물론이고, 과제를 시도하지 않는 행동은 학습된 무기력(learned helplessness)이라고 불리는 상태의 특징이다(Hamill & Everington, 2002; Seligman, 1975). 학습된 무기력은 숙달할 수 있는 과제를 하기 위한 노력이 부족한 것이다. 예를 들어, 휠체어 사용자인 학생에게 문은 항상 열려 있지만, 학생은 스스로 문을 열 수 있는 방법을 배우는 대신에 문을 열어 줄 누군가를 문 옆에서 기다릴 수도 있다. 체계적인 교수, 무오류 학습(errorless learning), 강화, 학생과 학생의 능력에 관하여 다른 사람에게 긍정적인 태도를 고취하는 것, 그리고 학생을 위해 과제를 대신하는 것을 그만두는 것이 학습된 무기력을 방지하기 위해 필요하다.

## 2) 자아개념

학생의 자아개념은 학생 수행에 영향을 미칠 수 있다. 자아개념은 우리 자신에 대하여 갖는 보편적인 이해와 생각을 말하고, 자존감과 밀접하게 연관되고, 우리가 우리 자신을 가치 있게 평가하는 것을 말한다. 지체장애를 가진 아동은 유치원에 다니던 어렸을 때 자신이 다른 사람과 다르다는 것을 인식하기 시작한다. 3, 4세와 같이 어렸을 때, 많은 아동은 장애의 영향 중 적어도 한 가지로 자신의 장애 이름을 연상할 수 있다(Dunn, McCartan, & Fuqua, 1988). 아동이 자신과 자신의 요구를 어떻게 인식하는지는 자신의 장애에 대하여 알고 있는 것에 의해 일부 결정될 수 있다. 아동이 자신의 장애에 대하여 얼마나 알고 있고 어떻게 생각하는가를 이해함으로써, 최상의 기능과 긍정적인 자아개념을 높이기 위해 아동에게 무엇이 필요한지를 훨씬 더 잘 이해할 수 있다.

지체 혹은 건강 장애를 가진 학생은 낮은 자존감과 빈약한 학업성취를 야기하는 그들 자신에 대한 부정적인 개념을 가질 수 있다. 부정적인 반작용으로는 장애에 대한 죄의식, 장애물 같은 느낌, 고립 혹은 불행감 등을 들 수 있다(Rydstrom, Englund, &

Sandman, 1999). 간질과 같은 예측할 수 없는 장애는 스트레스, 근심, 난처한 상황을 야기할 수 있고, 이는 긍정적인 자아개념 발달과 학교에서의 학습을 저해한다(Frank, 1985). 뒤셴형 근이영양증과 같이 죽음에 이르는 퇴행성 질환을 가진 학생은 "나는 너의 손에서 녹고 있는 눈송이야."라고 말하는 10대와 같이 부정적인 자아개념을 가질 수 있다.

학생은 경도의 장애만을 가졌음에도 부정적인 자아개념과 낮은 자존감을 가질 수 있다. 이것은 장애의 심각성이 아닌 타인이 장애에 대해 인식하는 의미로 자신의 장애에 대하여 인식하는 뇌성마비와 이분척추 학생에게서 발견될 수 있다(Manuel, Balkrishnan, Camacho, Smith, & Koman, 2003; Zipitis, Markides, & Theodosiou, 2005). 따라서 중도의 장애를 가진 사람보다 경도의 장애를 가진 학생은 장애에 대한 그들의 인식 때문에 더 부정적인 자아개념을 가질 수 있다.

몇 가지 전략이 긍정적인 자아개념과 높은 자존감을 고취하는 데 도움을 줄 수 있다. 우선 학생은 자신의 장애에 대하여 배워야 한다. 또한 학생이 필요한 것을 아는 능력과 이해력을 향상하는 데 장애가 어떠한 영향을 미칠 수 있는지를 배워야 한다. 긍정적인 자아개념은 유사한 장애 및 긍정적인 자아개념을 가진 다른 사람(사람 혹은 책을 통해)과 함께함으로써 발달될 수 있다. 학생에게 중요하고 의미 있는 활동(예: 스포츠 혹은 여가 활동)은 긍정적인 자아개념을 고취하고 자존감을 높일 수 있다(Specht, King, Brown, & Foris, 2002; Wind, Schwend, & Larson, 2004). 상담은 아동이 그 자신의 문제를 이해하고 조절 감각을 키우는 데 도움을 주기 위해 필요할 수도 있다.

## 3) 자기 옹호

자기 옹호(self-advocacy)는 자신의 권리와 책임감을 알아 가고 자신에 대하여 공개적으로 밝히는 것을 말한다. 교실에서의 자기 옹호는 교사에게 수정 요구를 하거나 또래에게 무거운 책을 교실까지 가져다 달라고 표현하는 활동 등을 포함한다. 효과적인 자기 옹호 기술은 학업성취, 긍정적인 자아개념, 높은 자존감을 증진한다(Grover, 2005; Stevens, 2005).

자기 옹호는 종종 자기 자신과 권리에 대하여 아는 것을 포함하는데, 이는 자신이 필요한 것을 다른 사람에게 말하기 전에 그 자신을 알고 이해하는 것이 필요하기 때문이다. 이것은 또한 원하는 것을 다른 사람에게 효과적으로 알리기 위해 필요한 효과적인 의사소통 기술과 관련된다(Test, Fowler, Wood, Brewer, & Eddy, 2005). 지체 및 건강 수행 모델의 맥락에서 자기 옹호는 자신의 수행을 향상하기 위해 자신이 원하는 것을 교사와 다른 사람에게 알리고자 하는 자발성과 능력을 말한다.

지체 혹은 건강 장애를 가진 학생은 과제를 성공적으로 끝내기 위해 특별한 요구가 필요한 경우가 많다. 성인은 생물 실험실에서 기능적인 손 사용에 제한을 가진 학생에게 필요한 수정 사항을 빨리 확인할 수 있다. 그러나 어떤 요구 사항은 파악하기 더 힘들 수 있고, 성인이 모를 수도 있다. 그런 경우 학생은 자신의 옹호자로서 자신의 요구를 직접 표현해야 한다. 예를 들어, 지체장애를 가진 학생은 자료에 접근하기 위해 앞에 있는 자료의 재배치가 필요할 수 있다. 이와 유사하게, 청각장애를 가진 학생은 교사가 수업하는 동안 자신과 가까이 있는 것이 필요할 것이다. 학생이 이런 것을 말하지 않으면 그들의 학업성취에 영향을 미칠 수 있다.

자기옹호 기술의 부족은 학생의 학업성취뿐 아니라 건강 및 신체적 안녕에도 영향을 미칠 수 있다. 예를 들어, 당뇨를 가진 어린 학생이 간식이 필요함을 알고 교사에게 간식을 달라고 크게 말하거나 상기시키지 않는다면 의료적인 응급 상황이 발생할 수 있다. 어떤 아동은 성인의 요구에 동의하지 않는 것에 어려움을 보일 수 있다. 바뀐 체육 교사가 과거에 선천적 심장병을 가진 학생에게 더 빨리 뛰라고 말할 수 있다. 이 경우 학생은 자신의 상황을 설명하거나 교사의 지시를 이행할 수 없다고 말하기가 어려울 수 있다. 건강과 수행을 향상하기 위해 학생은 자기옹호 기술을 배우고, 학교나 다른 환경에서 그것을 사용하는 방법을 체계적으로 배울 필요가 있다(Macdonald & Block, 2005).

## 4) 행동 및 정서적 기능

지체 혹은 건강 장애를 가진 학생은 잘 적응할 수도 있고 학업성취에 영향을 미치는 행동 혹은 정서 관련 문제를 가질 수도 있다. 학생은 분노, 우울증, 절망감 같은 행동을 보일 수도 있다. 예를 들어, 외상성 뇌손상을 가진 어떤 학생은 매우 공격적일 수 있다. 뒤센형 근이영양증을 가진 학생은 정서적 문제로 가장 흔한 증상 중

하나인 우울증이 증가할 위험이 있다(Polakoff, Morton, Koch, & Rios, 1998). 중도 혹은 최중도의 지적장애를 가진 학생은 자기 자극 행동 혹은 자해 행동을 보일 수 있다(이러한 행동에 대한 더 자세한 정보를 위해서는 3장 참조). 몇몇 지체 혹은 건강 장애를 가진 학생은 임상적인 정신의학적 문제를 가질 수 있다. 한 연구는 제2형 당뇨를 가진 학생에게 우울증, 주의력결핍 과잉행동장애, 정신분열증, 조울증 장애가 더 많이 출현한다고 보고했다(Levitt Katz et al., 2005). 처치는 행동 혹은 정서적 문제 유형과 그 심각성에 따라 행동지원계획에서부터 치료와 약물 투약 등 다양할 수 있다.

## 5) 사회적 환경 및 사회적 능력

학업성취에 영향을 미칠 수 있는 요인을 결정할 때는 학생의 사회적 환경 및 사회적 능력을 고려하는 것이 중요하다. 어떤 발달 및 사회적 학습 이론(예: Piaget와 Vigotsky)에 따르면, 적극적인 참여는 학습과 발달의 주요한 구성 요소다. 사회적 환경에 참여할 수 있고 다른 학생과의 성공적인 사회적 상호작용을 경험할 수 있는 학생은 인지적 및 사회적 성장의 기초가 되는 경험을 갖출 것이다(Simeonsson, Carlson, Huntington, McMillen, & Brent, 2001; [그림 2-3] 참조).

Maslow(1954)는 사회적 환경에 주로 의존하는 중요한 개인적인 요소로 안정감과 소속감을 설명했다. 대소변 실수 문제를 이유로 이분척추를 가진 학생을 괴롭히는 급우는 부정적인 사회적 환경을 만들고 소속감을 저하시킬 것이다(Zipitis et al., 2005). 사회적 환경은 참여에 영향을 미치는 중요한 환경 요인의 하나로 설명될 수 있기 때문에(Mihaylov, Jarvis, Colver, & Beresford, 2004), 교사는 또래가 모든 학생을 더 잘 도와줄 수 있도록 지원할 필요가 있다. 학생이 집단의 일원이 되고 우정을 증진하도록 돕는 것은 성취에 긍정적인 영향을 미치는 사회적 환경과 더 높은 자존감을 만들어 낼 것이다(Appleton et al., 1994; Zipitis et al., 2005).

지체 혹은 건강 장애를 가진 학생 중에는 사회성 기술 결함을 보이거나 혹은 또래에게 수용되는 데 어려움을 가지는 경우가 있다(Nabors & Lehmkuhl, 2004). 이는 또한 부정적인 사회적 환경을 야기할 수도 있다. 사회성 기술 결함과 빈약한 또래 관계는 아주 많은 원인에 의해 발생할 수 있다. 뇌성마비, 외상성 뇌손상, 이분척추

그림 2-3  교실환경에서 친구와 함께 작업하는 뇌성마비 학생

와 같은 장애를 가진 학생은 사회적 상호작용을 시도하고 유지하거나 혹은 지속적인 또래 활동에 참여하는 데 결함을 가질 수 있다(Warschausky, Argento, Hurvitz, & Berg, 2003). 때로는 장애 자체가 사회적 상호작용에 영향을 미칠 수 있다. 만약 학생이 시각장애라면 관찰할 수 없고 비구어적인 상호작용(예: 눈 맞춤과 신체의 위치)을 따라 할 수 없으며, 또래 상호작용에서 사회적인 도전에 직면할 수 있다(Msall et al., 2004). 자신과 다른 아동에 대한 정형화된 인식 때문에 뇌성마비와 같은 장애를 가진 학생이 사회적 고립을 경험하는 경우도 종종 있다(Nadeau & Tessier, 2006). 장애 학생에게는 사회성 기술 훈련이 유용할 수 있고, 또래에게는 장애인식 훈련이 유용할 수 있다.

## 6) 물리적 및 공학적 환경

물리적 및 공학적 환경은 아동 참여와 학업성취에 영향을 미치는 두 가지 환경적 요인이다. 어떤 경우 물리적 환경에는 접근 가능해야 한다는 학교 건물 관련 조항이 있음에도 건축학적 장애물이 있을 수 있다(Zipitis et al., 2005). 덧붙여 보조공학 도구(구부러진 숟가락부터 접근 가능한 컴퓨터까지)가 준비되어 있지 않을 수 있고, 이것은 참여와 학습에 영향을 미칠 수 있다. 보조 도구의 유용성과 적절한 사용은 장애 학생이 참여하도록 하려는 노력의 산물이다(Simeonsson et al., 2001). 교육 팀 구

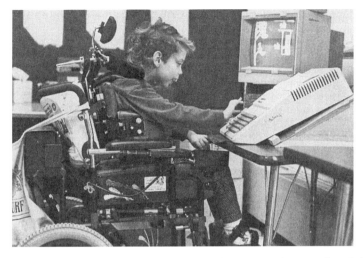

**그림 2-4** 이 학생은 전동 휠체어를 사용하고 확대독서기를 놓을 수 있도록 높이 조절이
가능한 책상이 필요하며, 경사진 면에 타자기를 놓아 주어야 한다.

성원과 함께 교사는 교실과 학교를 물리적으로 접근 가능하도록 만들어야 하고, 적
절한 보조공학이 준비되어 있는지를 확인해야 할 것이다([그림 2-4] 참조).

## 7) 학습 및 태도적 환경

학습환경은 학습을 조장하고, 지체 및 건강 장애 학생을 지원하여 최적의 학업성
취를 이룰 수 있도록 조성해야 한다. 그러기 위해서 교사는 적절한 수정과 특별한
교수전략을 사용해야 하며, 또한 긍정적인 태도적 환경을 만들어야 한다.

학습환경에서 특히 학생이 능력은 있으나 좀 더 복잡한 과제를 하지 못하는 태도
적 한계는 학업성취에 부정적인 영향을 미칠 것이다. 장애를 가진 성인은 어린 시
절 조롱, 소외, 신체 학대를 받은 기억이 있으며, 자신의 능력이 주변 성인에게 과
소평가되는 좌절의 경험을 한 기억도 있다(Marshak & Seligman, 1993). 중도의 지체
장애(예: 뇌성마비)를 가진 조음이 어려운 학생은 정상 지능을 가졌음에도 지적장애
를 가진 것으로 여겨질 위험이 있다. 중도의 지체 및 언어 장애를 가진 학생은 적절
한 자료로 가르치는 교사에게 의지하며, 자료가 없을 때는 좀 더 어려운 과제를 완
성하지 못하는 불이익을 겪게 된다. 교사는 부적절한 IQ 점수에 기초하여 학생의
학습을 제한하지 않는 것이 중요하다. 오히려 교사는 좀 더 어려운 과제를 시도하

려 노력해야 한다. 또한 학생이 체계적인 교수와 적절한 수정이 제공되었을 때 그것을 완성할 수 있는지 살펴보아야 한다.

장애인과 관련된 미신, 전통 문화, 신화는 물론이고 개인적, 문화적, 사회적 믿음은 학업성취에 영향을 줄 수 있는 긍정적 혹은 부정적인 태도적 환경을 초래할 수 있다. 예를 들어, 시각장애는 몇몇 부정적, 긍정적 믿음에 둘러싸여 있다. 시각장애는 신의 형벌, 죽는 것보다 더 나쁜, 사악한 사람의 표시로 여겨져 왔다. 악영향을 주는 비현실적인 긍정적 믿음은 시각장애인이 투시력이라는 기적적인 능력 혹은 다른 감각에 예민한 감각을 가진 사람으로 보는 것이다(Wagner-Lampl & Oliver, 1994). 교사는 장애 학생에게 지원적인 학급을 만들고 긍정적인 태도를 지원해야 한다.

## 요약

이 장에서는 학습, 행동, 수행에 미치는 지체 및 건강 장애의 영향 전반에 대해 개관해 보았다. 지체 및 건강 장애 수행 모델은 장애 유형, 장애의 기능적인 영향, 심리사회적 및 환경적 요인과의 밀접한 관계를 제시했다. 지체 및 건강 장애는 1장과 이 책의 구성 요소에 따라 여섯 가지 범주로 구분된다. 장애의 기능적인 영향은 (a) 비전형적인 움직임과 운동능력, (b) 감각 손실, (c) 의사소통장애, (d) 피로 및 인내력 부족, (e) 건강 요인, (f) 경험 부족, (g) 인지장애와 정보처리 문제를 포함한다. 심리사회적 및 환경적 요인은 (a) 동기화, (b) 자아개념, (c) 자기 옹호, (d) 행동 및 정서적 기능, (e) 사회적 환경 및 사회적 능력, (f) 물리적 및 공학적 환경, (g) 학습 및 태도적 환경을 포함한다.

장애 유형, 장애의 기능적 영향, 심리사회적 및 환경적 요인의 결합은 학습환경에서 수행할 학생의 상황과 상태에 관한 독특한 반응을 이끌어 낸다. 학생의 장애 유형은 어떻게 해볼 수 없을지라도 기능적 영향, 심리사회적 및 환경적 요인에 대해서는 학생의 기능을 향상할 수 있도록 고심해 보아야 한다. 교사는 이러한 모델의 각 측면을 고려하고 적절한 중재를 제공해야 한다. 교사와 다른 팀 구성원은 최대의 수행을 촉진할 수 있도록 이러한 모델에서 발견된 구체적인 영역에 대해 고민하며 함께 일해야 한다.

## 참고문헌

Appleton, P. L., Minchom, P. E., Ellis, N. C., Elliott, C. E., Boll, V., & Jones, P. (1994). The self-concept of young people with spina bifida: population-based study. *Developmental Medicine and Child Neurology, 36,* 198-215.

Atkinson, R. C., & Shiffrin, R. M. (1968). Human memory: A proposed system and its control processes. In K. W. Spence & J. T. Spence (Eds.), *The psychology of learning and motivation: Advances in research and theory* (Vol. 2, pp. 89-195). New York: Academic Press.

Austin, J. K., Huberty, T. J., Huster, G. A., & Dunn, D. W. (1999). Does academic achievement in children with epilepsy change over time? *Developmental Medicine and Child Neurology, 41,* 473-479.

Bourne, C. (2006). Cognitive impairment and behavioural difficulties in patients with Huntington's disease. *Nursing Standard, 20* (35), 41-44.

Boyer, K. M., Yeates, K. O., & Enrile, B. G. (2006). Working memory and information processing speed in children with myelomeningocele and shunted hydrocephalus: Analysis of the Children's Paced Auditory Serial Addition Test. *Journal of the International Neuropsychological Society, 12,* 306-313.

Burton, R., & Moffatt, K. (2004). Head injury. In P. J. Allen & J. A. Vessey (Eds.), *Primary care of the child with a chronic condition* (4th ed., pp. 511-525). St. Louis: Mosby.

Celeste, M. (2002). A survey of motor development for infants and young children with visual impairments. *Journal of Visual Impairment and Blindness, 96,* 169-174.

Clancy, C. C., McGrath, P. J., & Oddson, B. E. (2005). Pain in children and adolescents with spina bifida. *Developmental Medicine and Neurology, 47,* 27-34.

Denckla, M. B. (1996). A theory and model of executive function: A neuropsychological persepctive. In G. L. Lyon & N. A. Krasnegor (Eds.), *Attention, memory, and executive function* (pp. 263-278). Baltimore: Brookes.

Dennis, M., Landry, S. H., Barnes, M., & Fletcher, J. M. (2006). A model of neurocognitive function in spina bifida over the life span. *Journal of the International Neuropsychological Society, 12,* 285-296.

Dunn, N. L., McCartan, K. W., & Fuqua, R. (1988). Young children with orthopedic handicaps: Self-knowledge about their disability. *Exceptional Children, 55,* 249-252.

Engelberts, N. H., Klein, M., van der Ploeg, H. M., Heimans, J. J., Ader, H. J., van Boxtel, M. P., et al. (2002). Cognition and health-related quality of life in a well-defined subgroup of patients with partial epilepsy. *Journal of Neurology, 249,* 294-299.

Frank, B. B. (1985). Pyscho-social aspects of educating epileptic children: Roles for school psychologists. *School Psychology, 14,* 196-203.

Grover, S. (2005). Advocacy by children as a causal factor in promoting resilience. *Childhood: A Global Journal of Child Research, 12,* 527-538.

Hamill, L., & Everington, C. (2002). *Teaching students with moderate to severe disabilities: An applied approach for inclusive environments.* Upper Saddle River, NJ: Merrill/Prentice Hall.

Hatwell, Y. (1985). *Piagetian Reasoning and the Blind.* New York: American Foundation for the Blind.

Heller, K. W. (2006). Physical and health disabilities. In R. Gargiulo (Ed.), *Special education in contemporary society: An introduction to exceptionality* (2nd ed., pp. 562-615). Belmont, CA: Wadsworth.

Heller, K. W., Fredrick, L. D., Tumlin, J., & Brinceman, D. G. (2002). Teaching dcoding for generalization using the noverbal reading approach. *Journal of Physical and Developmental Disabilities, 14,* 19-35.

Henry, L. A,, & MacLean, M. (2002). Working memory performance in children with and without intellectual disabilities. *American Journal on Mental Retardation, 107,* 421-432.

Herring, J. A. (2002). *Tachdjian's pediatric orthopaedics.* Philadelphia: W. B. Saunders.

Houlihan, C. M., O'Donnell, M., Conaway, M., & Stevenson, R. D. (2004). Bodily pain and health-related quality of life in children with cerebral palsy. *Developmental Medicine and Child Neurology, 46,* 305-310.

Hustad, K. C., Auker, J., Natale, N., & Carlson, R. (2003). Improving intelligibility of speakers with profound dysarthria and cerebral palsy. *Augmentative and Alternative Communication, 19,* 87-98.

Jahnsen, R., Villien, L., Stanghelle, J., & Holm, I. (2003). Fatigue in adult with cerebral palsy in Norway compared with the general population. *Developmental Medicine and Child Neurology, 45,* 296-303.

Lazzaretti, C., & Pearson, C. (2004). Myelodyspalsia. In P. J. Allen & J. A. Vessey (Eds.), *Primary care of the child with a chronic condition* (4th ed., pp. 630-643). St. Louis: Mosby.

Lefrancois, G. A. (2000). *Psychology for teaching* (10th ed.). Belmont, CA: Wadsworth.

Levitt Katz, L. E., Swami, S., Abraham, M., Murphy, K. M., Jawad, A. F., McKnight-Menci, H., et al. (2005). Neuropsychiatric disorders at the presentation of type 2 diabetes mellitus in children. *Pediatric Diabetes, 6,* 84-89.

Macdonald, C., & Block, M. E. (2005). Self-advocacy in physical education for students with physical disabilities. *Journal of Physical Education, Recreation and Dance, 76,* 45–48.

Manuel, J. C., Balkrishnan, R., Camacho, F., Smith, B. P., & Koman, L. A. (2003). Factors associated with self-esteem in pre-adolescents and adolescents with cerebral palsy. *Journal of Adolescent Health, 32,* 456–458.

Marshak, L., & Seligman, M. (1993). *Counseling persons with physical disabilities: Theoretical and clinical perspectives.* Austin, TX: PRO-ED.

Maslow, A. H. (1954). *Motivation and personality.* New York: Harper & Row.

Mihaylov, S. I., Jarvis, S. N., Colver, A. F., & Beresford, B. (2004). Identification and description of environmental factors that influence particiation of children with cerebral palsy. *Developmental Medicine and Child Neurology, 46,* 299–304.

Msall, M. E., Phelps, D. L., Hardy, R. J., Dobson, V., Quinn, G. E., Summers, G., et al. (2004). Educational and social competencies of 8 years in children with threshold retinopathy of prematurity in the CRYO-ROP multicenter study. *Pediatrics, 113,* 790–799.

Nabors, L. A., & Lehmkuhl, H. D. (2004). Children with chronic medical conditions: Recommendations for school mental health clinicians. *Journal of Developmental and Physical Disabilities, 16,* 1–15.

Nehring, W. M. (2004). Cerebral palsy. In P. J. Allen & J. A. Vessey (Eds.), *Primary care of the child with a chronic condition* (4th ed., pp. 327–346). St. Louis: Mosby.

Ormrod, J. E. (1999). *Human learning* (3rd ed.). Upper Saddle River, NJ: Merrill/Prentice Hall.

Polakoff, R. J., Morton, A. A., Koch, K. D., & Rios, C. M. (1998). The psychosocial and cognitive impact of Duchenne's muscualr dystrophy. *Seminars in Pediatric Neurology, 5,* 116–123.

Roser, P., Canne, J., & Vendrell, P. (2003). Neuropsychologic differences between bilateral dyskinetic and spastic and spastic cerebral palsy. *Journal of Child Neurology, 18,* 845–850.

Rydtrom, I., Englund, A., & Sandman, P. (1999). Being a child with asthma. *Pediatric Nursing, 25,* 589–596.

Sandberg, A. D. (2001). Reading and spelling, phonologicl awareness, and working memory in children with severe speech impairments: A longitudinal study. *Augmentative and Alternative Communication, 17,* 11–26.

Seligman, M. E. (1975). *Helplessness: On depression, development and death.* San Francisco: Freeman.

Shiffrin, R. M. (1999). 30 years of memory. In C. Izawa (Ed.), On human memory:

Evolution, progress, and reflections on the 30th anniversary of the Atkinson-Shiffrin Model (pp. 17-33). Mahwah, NJ: Lawrence Erlbaum Associates.

Simeonsson, R. J., Carlson, D., Huntington, G. S., McMillen, H. S., & Brent, J. L. (2001). Students with disabilities: A national survey of participation in school activities. *Disability and Rehabilitation, 23,* 49-63.

Spechy, J., King, G., Brown, E., & Foris, C. (2002). The importance of leisure in the lives of persons with congenital physical disabilities. *American Journal of Occupational Therapy, 56,* 436-445.

Stevens, B. E. (2005). Just do it: The impact of a summer school self-advocacy program on depression, self-esteem, and attributional style in learning disabled adolescents. *Dissertation Abstracts International: B. The Physical Sciences and Engineering,* 66(6-B), 3445.

Test, D. W., Fowlre, C. H., Wood, W. M., Brewer, D. M., & Eddy, S. (2005). A conceptual framework of self-advocacy for students with disabilities. *Remedial and Special Education, 26,* 43-54.

Vachha, B., & Adams, R. (2003). Language differences in young children with myeolomeningocele and shunted hydrocephalus. *Pediatric Neurosurgery, 39,* 184-189.

Vachha, B., & Adams, R. C. (2005). Memory and selective learning in children with spina bifida-myeolomeningocele and shunted hydrocephalus: A preliminary study. *Cerebrospinal Fluid Research, 2,* 10.

Wagner-Lampl, A., & Oliver, G. W. (1994). Folklore of blindness. *Journal of Visual Impairment and Blindness, 88,* 267-276.

Warschausky, S., Argento, A. G., Hurvitz, E., & Berg, M. (2003). Neuropsychological status and social problem solving in children with congential or acquired brain dysfunction. *Rehabilitation Psychology, 48,* 250-254.

White, D. A., & Christ, S. E. (2005). Executive control of learning and memory in children with bilateral spastic cerebral palsy. *Journal of the International Neuropsychological Society, 11,* 920-924.

White, D. A., Craft, S., Hale, S., & Park, T. S. (1994). Working memory and articulation rate in children with spastic diplegic cerebral palsy. *Neuropsychology, 8,* 180-186.

Wind, W. M., Schwend, R. M., & Larson, J. (2004). Sports for the physically challenged child. *Journal of the American Academy of Orthopaedic Surgeons, 12,* 126-137.

Yoos, L. (1987). Chronic childhood illnesses: Developmental issues. *Pediatric Nursing, 13,* 25-28.

Yu, S., Kail, R., Hagen, J., & Wolters, C. (2000). Academic and social experiences of children with insulin-dependent diabetes mellitus. *Children's Health Care, 29*, 189–207.

Zipitis, C. S., Markides, G. A., & Theodosiou, G. N. (2005). Psychosocial aspects of spina bifida. In M. Zesta (Ed.), *Trends in spina bifida research* (pp. 77–99). New York: Nova.

**제3장**

# 중도 지적장애 학생의
# 학습 및 행동 특징

*Paul A. Alberto and Rebecca Waugh*

학생의 지적 기능 수준은 다른 사람과 적절하게 상호작용하는 능력과 그에게 주어진 환경 속에서 독립적으로 상호작용하는 정도에 영향을 미친다. 사회 전반, 특히 교육기관 및 전문가 협회에서는 정신지체(mental retardation)라는 용어를 지적장애(intellectual disability)와 같은 용어로 변경하여 사용하고 있다. 이는 그들의 가치와 교육 가능성을 폄하하고 경시하는 용어를 사용하지 말자는 것이다(Wolfensberger, 1982). 2007년 기준, 주요 전문가 단체는 지적장애를 공식 용어로 채택하였고, 미국 정신지체협회(American Association on Mental Retardation)에서 미국 지적장애 및 발달장애 협회(American Association on Intellectual and Developmental Disabilities: AAIDD)로 명칭을 변경하였다. 아동낙오방지법(No Child Left Behind) 조항과 일부 문헌에서 점점 더 사용빈도가 높아지고 있는 용어는 중도 지적장애(significant intellectual disability)다. 이 용어는 최저 1%의 기능 수준을 보이는 학생을 일컬으며, 주로 중등도(moderate), 중도(severe)의 지적장애를 가진 학생이다.

지적장애라는 용어는 이전에 장애의 수, 종류, 수준, 형태, 지속기간에 있어서 정신지체로 진단받은 동일 학생을 의미한다(Schalock et al., 2007). 현 연방법(장애인교육법, Individuals with Disabilities Education Act [IDEA], 2004)과 대부분의 주에서 지적장애 학생으로 서비스를 받기 위해서는 AAIDD에 의해 제시된 세 가지 기준에 해당되어야 한다. 첫째, 현저하게 표준 이하인 지적 기능이다. 이것은 IQ 점수로 정의되는데, 개별적으로 실시한 진단에서 IQ 점수가 70 혹은 그 이하인 것을 말한다. 이 점수는 평균 점수 100에서 표준편차(약 15점)에 기초한 기능 수준으로 나누어진다. 경도 지적장애는 55~70점, 중등도 지적장애는 40~55점, 중도 지적장애는 25~40점, 최중도 지적장애는 25점 이하다. 둘째, 적응 행동에서의 결함을 동시에 보인다. 그들의 연령대 및 사회적 소속 집단에 기대되는 표준적인 성숙도, 학습, 독립성을 달성하지 못하는 것이다. 예를 들어, 영아, 유아 혹은 유치원생은 감각운동, 의사소통, 자조기술, 사회성 발달에 관한 예상 발달 지표를 따라가고 있는가? 학령기 아동은 일상생활 활동에서 기초 학업 및 사회적 기술을 잘 적용하고, 그들의 환경을 조종하는 적절한 이성과 판단력을 확실하게 보이고 있는가? 그리고 청소년은 사회적 책무성, 독립성, 고용능력에 관한 지역사회 표준을 따르고 있는가? 셋째, 이와 같은 것이 발달기간(18세 이전)에 나타나는가 하는 것이다.

지적장애는 발달 지체라는 보다 폭넓은 범주 안에 포함된다. 2000년 발달장애 지원 및 권리장전법(Developmental Disabilities Assistance and Bill of Rights Act, 공법 106-402)에 정의된 대로, 발달장애(developmental disability)란 중도의 선천적인 장애를 의미하는 것으로 (a) 정신 또는 지체 장애 또는 정신 및 지체 장애의 혼합이 그 원인이고, (b) 22세 이전에 나타나고, (c) 무기한 지속적으로 나타나고, (d) 자조기술, 수용 및 표현 언어, 학습, 이동성, 자기 지시, 독립적 생활능력, 경제적인 자급자족의 생활활동 영역 중 세 가지 또는 그 이상의 영역에서 상당한 기능적 제한을 보인다. (e) 평생 또는 장기간에 걸쳐 개별적으로 계획되고 조정된 특수한 지원, 간학문적이거나 포괄적인 지원, 개별화된 지원, 또는 다른 형태의 지원에 대한 개별적 요구를 반영한다(SS 102[8][A][i-v]). 발달 지체 학생은 비장애 또래와 동일 단계의 인지, 의사소통, 사회성 및 운동 발달을 경험할 수도 있다. 그러나 그들의 장애로 인해 발달 단계에 따라 더 느린 속도로 진보한다(Zigler, 1969). 더딘 발달상의 진보는 학생의 지적 기능 수준과 직접적으로 관련이 있다. 진보 속도에서의 이러한 지체는 학생이 진보해 가는 인지 발달 단계가 다른 것은 아니다. 대다수의 경우 지적장애는 뇌성마비(cerebral palsy) 혹은 자폐와 같은 다른 발달장애의 부수적인 장애와 연관되어 있다.

　모든 중등도 및 중도 지적장애 학생은 두뇌 손상 혹은 유전적 장애와 관련된 신체적인 장애 요인을 갖는다. 학생이 중등도에서 중도의 장애를 보일 경우, 그들의 발달 속도와 경로는 각종 증후군(예: 다운증후군)에 바탕을 둔 신체적인 원인에서 기인한 수많은 부수적인 장애의 영향을 받는다. 이러한 병인은 이질적이면서도 다양한 장애를 초래한다. 이러한 학생의 상당수는 인지장애뿐 아니라 감각, 지체 및 건강장애를 보일 것이다. 또한 시각 및 청각 장애, 지체장애(예: 뇌성마비 혹은 이분척추), 건강장애(예: 간질 또는 천식)를 포함할 수도 있다. 이러한 다양한 장애의 잠재적인 조합은 교육공학 분야에 중요한 도전 과제를 제시한다.

　비록 중도 지적장애 학생이 이질적인 집단일지라도 그들의 인지적 결함에 근거한 일반적인 학습 특징을 찾을 수 있다. 다음의 특징은 교육과정 내용을 규정짓고 교육전략에 영향을 미친다.

## ① 학습과 교수에 영향을 미치는 특징

### 1) 인지적 특징

#### 인지 발달

Jean Piaget는 인지 발달을 연구하고 토론하는 틀을 마련하였다(Piaget, 1969; Woodward, 1979). 그 이후에 그와 다른 연구자에 의해 연구가 확장되었다. 그는 인지 발달을 감각운동기, 전조작기, 구체적 조작기, 형식적 조작기의 4단계로 설명하였다. 중등도 및 중도 지적장애 학생은 감각운동기 단계에서부터 발전해 가며, 다음과 같은 목적으로 시각 및 청각적으로 환경을 탐색하고, 인지적인 이해력과 능력을 가질 것으로 기대된다. 즉, (a) 사물을 향해 손을 뻗고, 사물을 잡고, 들어 올리고, 옮기고, 두고, 놓기 위하여, (b) 사물이 보이지 않아 발견할 때까지 찾으려 애쓰지만 사물이 존재한다는 것을 이해하기 위하여, (c) 첨부된 도구(예: 손가락으로 먹는 음식, 지퍼, 펌프 비누, 핸들을 돌려 사용하는 장난감[windup toy], 마개)를 사용하기 위하여. 대부분의 중등도 지적장애 학생은 분류, 일반화, 배열을 포함하여 전조작기 단계의 능력을 성취할 것이다. 오로지 아동 탐색에 의해 인지 발달이 진전되고 연속된 단계에 따라 진행된다는 주장은 Piaget에 의해 최초로 언급되었다. 그러나 정신지체에 관한 연구자의 연구 결과는 이러한 학생이 인지 발달 단계와 관련된 개념과 능력을 체계적이면서도 직접적으로 배울 수 있다는 것을 보여 준다(Dunst, 1998; Kahn, 1979; McCormick, Campbell, Pasnak, & Perry, 1990; Rogers, 1977).

#### 주의 집중

학습 상호작용에서는 두 가지 주의 집중의 형태(선택적 주의 집중, 지속적인 주의 집중)가 성공적인 학습에 필요하다. 선택적 주의 집중은 과제 중 관련 있는 측면에는 주의 집중하고 관련 없는 측면은 무시하는 능력이다. 지속적인 주의 집중은 정보를 처리하고 이해하기에 충분할 만큼 집중 상태를 유지하는 능력이다.

Zeaman과 House는 지적장애를 가진 학습자는 선택적 주의 집중에서 일반적인 학습자와 다르다고 가정하는, 주의 집중에 관한 많은 초기 연구를 수행하였다. 그들의 연구는 지적장애를 가진 학습자가 확실하게 정답을 선택하기 위해서는 그 과제와 관련 있는 부분을 선택하는 것을 배우는 데 더 많은 시도가 필요하다는 것을 발견하였다. 예를 들어, 스웨터가 제시되었을 때 지적장애를 가진 학습자는 더 많은 시행착오를 거쳐 스웨터 뒤에 있는 상표를 찾아서 앞과 뒤를 확실히 구별하여 정확하게 스웨터를 입을 것이다. 그들은 지적장애인이 과제와 관련 있는 부분에 주의 집중하는 것을 배우기 위해서는 더 많은 시간이 필요하다고 결론 내렸다(Mercer & Snell, 1977; Zeaman & House, 1979).

선택적 주의 집중과 학습에 대한 영향에서의 차이는 [그림 3-1]에 나타난 2단계 학습 이론(Two-Stage Theory of Learning)에 제시되어 있다. 학습자의 네 가지 범주에서의 학습곡선 단계의 형태와 수는 동일하다. 차이점은 지적장애가 더 심할수록 첫 번째 단계의 길이가 매우 긴데, 이것은 정확한 답을 선택하기 위해 자료 또는 활동을 찾고자 하는 선택을 위한 시행착오 기간이다. 일반적으로 중도의 지적장애 학생은 관련 자극을 인식하고, 선택하고, 분류하고, 관련 없는 자극을 제거하는 학습

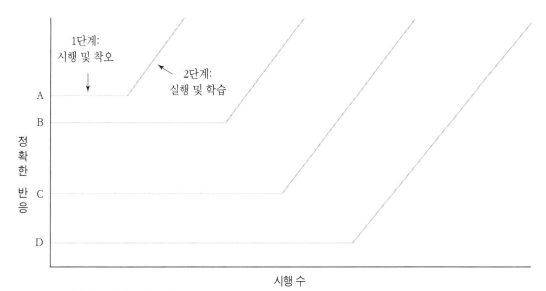

A: 일반 학습자의 학습곡선
B: 경도 지적장애 학생의 학습곡선
C: 중등도 지적장애 학생의 학습곡선
D: 중도 지적장애 학생의 학습곡선

그림 3-1    Zeaman과 House(1979)에 의한 2단계 학습 이론의 수정

능력에서 일반 학생보다 더 어려움을 보인다(Cha & Merrill, 1994).

　과제의 타당성과 과제의 구성 요소를 비교하였을 때, 지속적인 주의 집중에 관한 연구에서는 지적장애인이 일반인보다 주의 집중과 유지에서 더 빠른 쇠퇴를 보인 다는 결과가 제시되었다(Tomporowski & Simpson, 1990). 중도 지적장애 학생의 관 련 있는 자극과 관련 없는 자극을 구별하는 능력은 환경에 있는 다량의 정보에 의해 압도당한다. 이러한 학생은 환경에서 무엇이 중요한지, 또는 정확한 답이나 결정을 내리기 위한 정보를 얻기 위해 사물의 어떤 부분에 집중해야 하는지를 배우는 데 어 려움을 보이고, 일반적인 학습자처럼 동시에 많은 범위에 주의 집중할 수 없다 (Zeaman & House, 1979). 따라서 교사는 학생이 주의 집중에 관심과 노력을 집중하 도록 선행 촉진(antecedent prompting)과 같은 행동교수 전략을 사용해야 한다. 예 를 들어, 학생이 정확하게 'saw'와 'was'를 읽는 것을 배우도록 하기 위해 두 단어 의 첫 문자를 더 크게 쓰거나 다른 색으로 써서 학생이 'saw'와 'was'의 첫 문자에 주의 집중하게 할 수 있다. 교사는 학생이 옷을 입을 때 앞과 뒤를 구별하도록 스웨 터의 상표에 빨간 리본을 달아 학생이 주의 집중하게 할 수 있다. 이러한 촉진이 없 으면 학생의 시행착오 기간은 더 길어질 것이다. 이것이 장애인과 일반 학습자, 또 는 발달 지체 학생의 학습 차이를 설명하는지에 대해서는 다소 의견 차이가 있다 (Iarocci & Burack, 1998).

## 기억

　학습과 교육에 중요한 중앙 인지 기제(central cognitive mechanism)는 기억기능 이다. 눈앞의 것을 당장 기억하고, 교사가 보여 주고 말하는 것에 학생이 집중하며, 어제 또는 지난달에 학습한 내용을 기억하도록 하여 이를 지속적으로 활용하게 하 는 데 도움을 주는 요소는 다양하다.

　[그림 3-2]는 기억 정보처리 모델(Atkinson & Shiffrin, 1968)을 수정한 것이다. 이 모델에는 다양한 시간에 걸쳐서 다양한 목적을 위하여 수용한 정보에 관한 세 가지 저장 요소(감각기억[등록기]), 단기기억, 장기기억)와 이들 저장 요소 사이에서 정보의 이동을 가능하게 하는 두 가지 절차(주의 집중과 시연)가 포함된다.

　감각 등록기는 감각 수용기(시각, 청각, 촉각[감촉], 미각[맛보기], 후각[냄새 맡기], 그 리고 고유 수용 감각[proprioceptive])로 구성되어 있다. 정보는 화학적 반응을 유도하는 전기적 충동(자극)으로 수용된다. 시각적 정보는 약 1초 동안, 청각적 정보는 약 2~3초 동안 유지된다. 이는 느낌을 해석하기에는 충분하나 그것을 유지하지는 못한다. 학생이 주의 집중하고 주목하는 정보는 단기기억으로 넘어간다. 주의 집중하지 않은 투입 정보는 쇠퇴한다.

단기기억은 또한 작동기억으로 알려져 있다. 단기기억은 학생이 지금 활용하고 있는 정보 또는 학생과 교사가 수업 동안 활용하고 있는 정보를 수용한다. 정보는 2~20초 동안 수용되고, 시연 또는 수업 중 정보를 사용함으로써 계속하여 갱신된다. 단기기억은 제한적인 수용력을 가지며, 성인은 약 7개 항목, 6세 아동은 약 2~3개 항목을 수용한다. 분류하기는 항목의 수와 유지기간을 확대한다. 낮은 조절력을 요구하는 과제(예: 사물 위치에 대한 기억)에서 다운증후군을 가진 학생은 시공간적인 작동기억 과제가 아닌 구어적 작동기억 과제에서 결함을 보인다. 조절력에 대한 요구 사항이 증가할수록 그들은 과제수행에 더 큰 결함을 보이고 전형적인 또래와 더 많은 차이를 보인다(Lanfranchi, Cornoldi, & Vianello, 2004).

장기기억은 시연에 의해 단기기억에서 옮겨진 정보를 수용한다(Ellis, Deacon, &

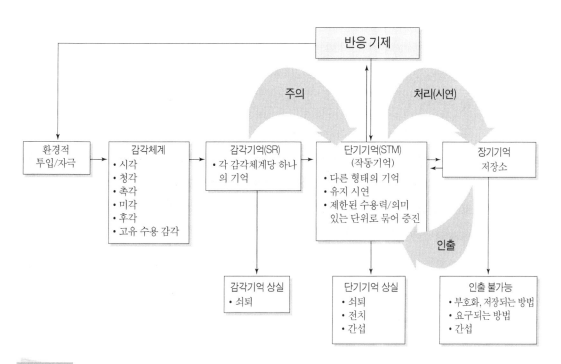

**그림 3-2** Atkinson과 Shiffrin(1968)의 기억 정보처리 모델의 수정

Woolridge, 1985). 그러나 이러한 학생은 그들 자신의 시연전략을 만들어 낼 수 없다. 그것은 교사에 의해 제공되어야 한다. 장기기억에서의 정보는 안정적이다. 만약 우리가 조지아 주의 수도를 안다면, 그것은 오늘도, 내일도, 다음 주에도 기억하는 것이다. 장기기억은 제한적인 수용력을 갖는 것 같지 않다. 중도 지적장애 학생의 결함은 저장된 정보를 가져오는 능력에 있다. 장기기억에서 정보를 기억해 내는 능력은 (a) 활동이 발생한 후 기억하기까지 지나간 시간의 양, (b) 활동을 하면서 보낸 시간의 양, (c) 활동이 발생한 횟수, (d) 활동을 수행하면서 개인이 인식한 기쁨의 양과 같은 요인에 달려 있다(Boucher & Lewis, 1989).

중도의 지적장애 학생은 그들의 기억 능력에 영향을 미칠 수 있는 다양한 어려움을 가질 수도 있다. 감각 등록기는 정보 수용에 손상을 미치는 부차적인 시각 및 청각 장애의 출현 및 약물치료에 영향을 받는다. 관련 있는 정보에 주의 집중하는 데 있어서의 문제는 단기기억으로의 정보 이동을 저해한다. 단기기억은 작동기억에 대한 지속적인 외부 점검 요구 및 학생의 구어적 언어 결함에 의해 손상된다. 시연 전략을 생성하거나 점검하지 못하는 것은 단기기억에서 장기기억으로의 정보 이동에 영향을 미친다. 장기기억에서 저장소가 비효율적이면, 비효율적인 자료 분류로 인해 정보 인출이 방해를 받는다. 계층적인 분류 배치(예: 먹는 것 또는 여행 용품)에 따라 새로운 정보가 추가되는 것이 아니며, 개별적인 정보는 처음 정보를 어떻게 직면하였느냐에 기초하여 저장된다. 이러한 결함은 기억을 함에 있어서 정보 저장이 잘 이루어지지 않는 결과를 초래하고, 기술의 수행을 방해하고, 정보의 현저한 손실을 초래한다. 이는 학습 조건에의 부적절한 초기 노출, 인출하고 실행하기에 불충분한 기회, 또는 적절한 맥락 없이 정보, 기술, 학습을 사용하기 때문일 수 있다. 교육과정 개발에서 교육을 위해 선정된 기술은 연습하는 기회를 반복적으로 갖도록 학생의 삶에서 자주 일어나는 것이어야 한다. 예를 들어, 단어 읽기는 학령기 아동에게 읽기를 가르치기 위해 사용하는 교재보다, 오히려 지역사회에서 마주치는 환경적 인쇄물에서 선정되어야 한다. 다양한 환경에서 자주 사용되는 기술은 자연스럽게 발생할 것이고, 따라서 기억기능을 강화할 것이다(Ellis, 1970; Westling & Fox, 1995).

### 정보 종합하기

중등도 및 중도 지적장애 학생은 정보와 기술을 종합하기 위한 능력이 부족하다 (Westling & Fox, 1995). 그들은 부분과 전체 사이의 관계를 인식하는 데 어려움을 보인다. 이는 부분을 모아 하나의 이야기로 만들거나 아침의 순차적 일과를 이야기할 능력이 없는 것으로 보일 수 있다. 그들은 또한 자조기술, 여가, 직업 과제를 구성하는 과제의 순차적인 단계성을 이해하고 다음 단계를 예측하는 데 어려움을 보인다. 예를 들어, 직업훈련 동안 학생은 창문에 세제를 뿌린 후에 창문을 닦아야 한다는 것을 생각하지 못할 수 있다. 이러한 부족한 예측력은 여러 행동에서 나타난다. 그 결과, 교사는 분리된 각각의 기술만 가르쳐서는 안 되고 학생이 정보를 종합해서 사용할 것이라고 기대해서도 안 된다. 기술은 맥락 내에서 가르쳐야 하고 수행될 환경과 활동 내에 삽입되어야 한다. 덧붙여 기술의 습득에는 연쇄적인 과제를 단계별 구성 요소와 기술로 분석하여 각각 직접적으로 가르칠 수 있는 교수전략이 필요하다.

## 2) 의사소통 특징

### 상징적 및 비상징적 의사소통

언어 발달은 많은 구성 요소로 이루어지는 복잡한 과정이다. 대부분의 사람이 언어와 의사소통을 의미를 표현하기 위해 단어를 말하는 상징적 행위로 간주하지만, 사실 의사소통은 상징적 및 비상징적 형태를 모두 포함한다. 상징적 의사소통 (symbolic communication)은 사물, 행동 또는 생각을 나타내는 특정 상징을 사용하여 의사소통하는 것이다. [그림 3-3]에 제시한 대로, 상징적 의사소통의 형태는 구어(speech), 수화, 사진, 문어(written language)를 포함한다. 비상징적 의사소통 (nonsymbolic communication)은 사물, 행동, 생각을 나타내기 위해 (전형적 또는 비전형적인) 움직임, 몸짓 또는 소리를 사용하여 의사소통하는 것이다. 비상징적 의사소통의 형태는 발성, 생리적 변화, 얼굴 표정, 몸짓, 행동을 포함한다. 예를 들어, 학생은 희망하는 활동을 하게 되었을 때에 근긴장도가 증가하는 생리적인 변화로 자신이 원하는 것을 표현할 수 있다. 다른 학생은 거부 혹은 '원하지 않는다'는 것을 표현하기 위해 얼굴을 때리거나, 소리를 지르거나, 사물을 멀리 던질 수도 있다.

---

**비상징적 의사소통**

• 음성: 소리와 발성 사용하기(예: 웃기, 고함치기, 울기, 속삭이기)
• 감정: 감정 또는 정서를 표현하기(예: 얼굴 표정)
• 촉각: 만지기(수동적인 피부 수용기 자극 및 적극적인 조작 및 탐색)
• 행동: (예: 때리기, 던지기, 찰싹 때리기, 키스하기, 한번 치기, 밀어젖히기, 가볍게 치기)
• 신체 움직임: 기대기, 뿌리치기, 휘청거리기와 같은 일반적인 동작
• 몸짓: 팔과 손의 광범위한 움직임 사용하기
• 생리: 경계 태세, 땀 흘리기, 근긴장도와 같은 신체의 기능 드러내기

**상징적 의사소통**

• 구어: 단어 사용하기
• 수화: 손과 팔 사용하기
• 사진과 그림: 시각적인 표시와 이미지 사용하기
• 표상적 사물: 활동을 표현하기 위해 사물 사용하기, 실제 사물 또는 활동을 표현하기 위해 축소하기
• 사물 사용하기: 실제 사물 또는 활동을 표현하기 위해 실제 사물의 일부분을 사용하기
• 도형체계: 문어, 상징 사용하기(예: Mayer & Johnson 상징, 로고, 리버스 상징)

---

**그림 3-3** 비상징적 및 상징적 형태의 의사소통 예
출처: Stillman & Siegel-Causey(1989)의 허락하에 발췌 게재.

비상징적 의사소통에는 보편적인 형태(예: 웃기 및 울기)가 있는 반면, 개인에게 특정하고 독특한 형태도 있을 수 있다.

지적 기능 수준과 상징적 및 비상징적 형태의 의사소통 사용 간에는 직접적인 상관관계가 있다. 학생에 따라 서로 다른 양의 상징적 및 비상징적 의사소통을 특징적으로 사용할 수 있다는 것을 연구에서 발견하였다. Mar와 Sall(1999)은 103명의 중도 및 최중도 지적장애 아동의 의사소통을 살펴보고, 대다수의 아동이 비상징적 의사소통을 사용한다는 것을 발견하였다. 중도 및 최중도 기능 수준에 있는 대다수의 아동은 의사소통을 위해서 직접적인 행동을 사용하였다(예: 장난감을 잡기, 음식 그릇을 던지기, 화날 때 발로 차기, 상호작용을 시도하기 위해 또래를 향하여 손을 내밀기). 단지 12%의 중도 지적장애 아동과 3%의 최중도 지적장애 아동만이 상징적 형태의 의사소통을 사용하였다. 중도 지적장애(IQ 25~40) 아동 및 성인에 관한 유사한 연구에서, McLean, Brady와 McLean(1996)은 대다수의 아동이 비상징적 의사소통을

| 표 3-1 | 중도 지적장애인에 의해 사용된 의사소통의 형태 |

| | 아동* | | 성인** | |
|---|---|---|---|---|
| | % | n | % | n |
| 비상징적 | 57 | 67 | 20 | 19 |
| 비의도적 | 33 | 39 | 6 | 6 |
| 의도적 | 24 | 28 | 14 | 13 |
| 상징적 | 43 | 50 | 80 | 75 |
| <5단어/상징 | 7 | 8 | 7 | 7 |
| >5단어/상징 | 9 | 11 | 12 | 11 |
| 단어/상징 조합 | 27 | 3 | 61 | 57 |
| 총계 | 100 | 117 | 100 | 94 |

\* 생활연령 7~12세.
\*\* 생활연령 25~35세.
출처: McLean, Brady, & McLean(1996)의 허락하에 게재.

사용하는 반면 단지 20%의 성인만이 비상징적 형태의 의사소통을 사용하였고(〈표 3-1〉 참조), 대다수의 성인은 상징적인 의사소통을 사용하였음을 보고했다. 이러한 자료는 여러 단어 또는 상징 구절을 사용하는 상징적 의사소통자인 아동과 성인의 언어 발달의 복잡성을 암시한다. McLean 등은 중도 지적장애 아동과 성인의 의사소통적 복잡성에서의 차이에 관한 몇 가지 해석을 제시한다. 첫째, 지적장애인은

그림 3-4    의사소통을 위해 몸짓과 발성을 사용하는 학생

나이가 들면서 최중도 지적장애로 다시 분류되므로 비상징적 의사소통자인 아동의 상당수가 최중도 지적장애를 갖는 것으로 다시 분류될 수 있다. 둘째, 이러한 성인과 아동 사이의 의사소통적 형태에서의 차이는 그들의 진단은 고정적이지만, 학령기 동안 언어교육의 중요성을 지속적으로 강조한 결과로 그들의 상징적인 의사소통 능력이 청소년기와 성인기를 거쳐 지속적으로 발달한다는 사실이 원인이 될 수도 있다.

이와 같은 연구는 학생에 의해 사용된 의사소통의 형태에서의 다양성을 암시한다. 그들은 학생이 그들의 바람과 요구를 표현하기 위해 다양한 형태의 의사소통을 자주 사용한다고 보고한다([그림 3-4] 참조). 예를 들어, 학생은 다른 사람과 의사소통하기 위해 몸짓, 발성, 수화를 함께 사용할 수도 있다.

### 구두 언어

중등도 지적장애 학생이 흔히 그렇듯이, 구두 언어(구어)를 습득한 지적장애 학생의 경우 언어 발달은 다르지는 않으나 지체된다(Pruess, Vadasy, & Fewell, 1987; Rosenburg & Abbeduto, 1993). 그러나 성장함에 따라 언어는 더디게 발달하는 경향을 보인다. 언어 발달에서의 지체에도 불구하고, 지적장애인은 전형적으로 발달하는 또래와 동일한 순서의 언어 발달을 따르는 것으로 나타난다. 이를 제시하는 대부분의 연구는 다운증후군을 가진 아동이 이 수준에서의 아동 기능을 보여 주는 가장 큰 부분집단(약 20%)이므로 그들을 대상으로 수행되었다. 연구에서는 초기의 재잘거림이 전형적으로 발달하는 유아와 같이 대체로 동일 연령에, 동일 발달 순서로 나타나고(Smith & Oller, 1981), 의사소통적인 의도가 동일 연령에 출현하나, 이러한 의도는 덜 자발적으로 나타나고 양육자가 답변을 자주 유도한다고 제시한다(Fischer, 1987). 그들은 전형적인 또래와 동일 정신 연령대에 사물 이름의 초기 산출과 이해력이 발달하지만, 단어는 더딘 속도로 축적된다(Cardosa-Martins, Mervis & Mervis, 1985).

중도의 지적장애인은 언어와 의사소통 기술에서 몇 가지 일반적인 결함을 보인다. 그들은 수용기술에서의 상대적인 강점에도 불구하고 표현기술의 발달에 약점을 갖고 있고 더욱 두드러진 지체를 보인다. 그들은 어휘학습보다 구문론(평균 문장 길이와 구조)에서 더 큰 산출 결함을 갖는다(Chapman, 1997). 이와 관련하여 다운중후군을 가진 학생은 전형적으로 발달하는 또래와 비교할 때 문장 구조와 길이의 발달이 더 느리다(Chapman, 1997; Dykens, Hodapp, & Evans, 1994; Kumin, 2001). 더 짧고 덜 복잡한 발성의 산출로 인해 정보를 더 적게 이해하는 것으로 인식될 수 있다. 비록 다운증후군을 가진 학생이 표현언어 기술에 결함을 보일지라도, 그들의 어휘 발달은 문법 구조를 내포하는 기술보다 좀 더 쉽게 이루어질 수 있다(Kumin, 2001). 그들은 말할 때 문법 및 어휘적인 동사를 상당히 적게 사용하여 지나치게 단순화된 문법 구조를 사용한다. 그들은 또래보다 동사를 자주 사용하지 않고 발성하나, 발성 길이를 기준으로 전형적인 또래와 비교했을 때는 동사 산출에서 더 큰 차이를 보인다(Hesketh & Chapman, 1998).

중도의 지적장애인은 화용론 또는 언어의 사회적 사용에 어려움을 보인다. 화용론은 주고받기, 의사소통적인 내용 유지하기, 질문에 반응하기와 같은 대화 기술을 포함한다. 대화 중 주고받는 능력은 상호 교류적인 대화에 참여하도록 한다. 학생은 비록 주제를 전환하는 것이 어려워 동일 주제로 말하는 데 더 많은 시간을 보내고 초기 설명을 묻는 진술을 반복하거나 수정하지만 대화를 하는 동안 적절하게 주고받기를 배울 수 있다(Brinton & Fujiki, 1996; Rosenburg & Abbeduto, 1993). 이러한 학생은 장애인 또래보다 비장애인 또래와 의사소통할 때 덜 지시적인 언어를 더 자주 사용하는데, 이는 비장애인 또래를 그들보다 높게 보는 것으로 해석할 수 있다. 대화능력의 좀 더 섬세한 측면은 일반적으로 덜 나타난다. 예를 들어, 이러한 학생은 사회적 역할에서의 차이에 기초하여 특정 청자에게 맞추어 말할 수 없다(Chapman, 1997; Hatton, 1998). 비장애인 및 장애인 또래와의 의사소통 상호작용의 수와 정도는 화용론의 발달을 가져올 수 있다(Hatton, 1998). 대화 집단에 참여하는 사람의 수가 증가할수록 그들이 화용론적 기술을 적절히 사용하기는 어려워진다. 또래와의 대화를 통하여 적절하게 상호작용할 수 있는 학생의 능력은 그들이 지역사회 및 직장의 구성원으로서 어떻게 보일지에 영향을 미친다. 그들은 낮은 수준의 사회적 상호작용을 보이고, 동료와는 상호작용을 덜 하고, 지원하는 스태프와는 상호작용이 많으며, 직장에서의 농담에는 참여가 덜 하고 작업과 관련된 행동에는 잘 참여하고, 상황에 어울리지 않는 행동은 증가하는 특징을 보인다(Hatton, 1998).

## ② 행동에 영향을 미치는 특징

### 1) 사회적 특징

중도의 지적장애 학생은 사회적 기술에 결함을 보인다. 이는 또래와의 적절한 상호관계에 참여하기 어려운 것에서 가장 명확하게 나타난다. 사회적 능력의 결함으로, 이러한 학생은 학교와 이웃 환경에서 자주 고립된다. 그들은 비장애 또래와의 상호작용의 질과 양에 기초하여 사회적으로 수용되거나 거부당한다(Siperstein, Leffert, & Widaman, 1996). 사회적 상호작용의 양은 비장애인과 같은 장소에 있을 기회와 실제로 함께 하는 비장애인의 수에 의해 영향을 받는다. 사회적 상호작용의 질은 학생이 목소리의 어조, 얼굴 표정 및 몸짓 언어에서의 변화 같은 상호작용의 사회적 단서를 정확하게 해석하지 못하는 것에 의해 영향을 받는다. 또한 상호작용의 질은 비효율적인 대화 시작과 같은 의사소통 결함에 의해 영향을 받는다. 적절하게 주고받기, 주제 변화 따르기, 추상적 개념, 속어, 농담의 사용 및 이해와 같은 것은 대화의 질에 영향을 미친다.

중도의 지적장애 학생 일부가 얼굴 표정을 통해 표현되는 감정에서 사회적 단서를 정확하게 감지 및 해석하지 못하는 것은 타인과의 사회적 상호작용에 부적절하게 반응하게 하는 원인이 된다(Hardwood, Hall, & Shinkfield, 1999; Kasari, Freeman, & Hughes, 2001; Wishart & Pitcairn, 2000). Rojahn, Lederer와 Tasse(1995)는 정신지체의 정도가 심해지면 감정을 알아내는 능력이 줄어들며, IQ와 사회성 손상(즉, 사회적 단서 해석하기) 간에는 상관관계가 있음을 보고하였다. 다운증후군을 가진 아동은 4세까지 알거나 혹은 알지 못하는 또래 및 성인의 슬픔, 행복, 분노, 두려움을 구별해 내는 데 어떠한 향상도 보이지 않았다(Kasari et al., 2001; Wishart & Pitcairn, 2000).

### 놀이 행동

중등도 및 중도 지적장애 아동은 사회적 놀이와 장난감 놀이에 결함을 보인다. 혼자 놀이에서 병행 놀이(parallel play), 협력 놀이로 예상되는 사회적 놀이의 발달에서, 그들의 사회적 놀이는 협력 놀이보다 주로 혼자 놀이 및 병행 놀이의 특징을 나타낸다(Kasari & Bauminger, 1998). 그들의 사회적 놀이의 복잡성은 아동의 발달 수준에 따라 향상되나, 생활연령과 연결되지는 않는다(Crawley & Chan, 1982; Odom, 1981; Westling, 1986). 장난감의 탐구 조작부터 대상이 있거나 없거나 상징 놀이에 기능적으로 적절하게 사용하는 놀이기술의 발달에서, 그들의 놀이는 주로 기능적인 놀이로 특징지어진다. 그들은 상상 놀이 또는 상징 놀이에 덜 참여한다. 그들은 동일 아이디어를 반복적으로 사용하는 경향이 있어서 자유 놀이에서 다양한 상징적 사용을 보이지 못한다(Cummingham et al., 1985). 이는 어느 정도는 그들의 인지능력이 추상적인 것보다는 구체적인 특성이 강하기 때문이고, 또한 어느 정도는 그들을 위한 전반적인 교육 프로그램의 기능적인 성격과 강조로 인해 제시된 자료만 사용할 수 있기 때문이다. 그러나 그들은 전형적인 또래가 보이는 상징 놀이 단계를 거치는 유사한 발달을 보인다. 중도의 지적장애 아동은 창의성을 요하는 융통성 있는 장난감(예: 블록 쌓기 또는 점토)보다 자기 촉진이 되는 좀 더 구조화된 장난감(예: peg board[나무못을 꽂는 판] 또는 퍼즐)을 선호한다. 그들은 외적 자극, 특히 강화를 위해 감각 피드백을 제공하는 반응적인 장난감에 더 관심을 갖는다(Malone & Langone, 1994; Westling, 1986). 장난감과의 상호작용은 더 제한적이고, 덜 탐구적이고, 덜 복잡하다. 그들의 놀이는 다양한 장난감보다는 한 가지의 장난감에 제한되어 있는 경향이 있고, 다양한 장난감을 놀이에 활용하지 못하며 장난감 사용에 관한 레퍼토리가 제한되어 있다(Farmer-Dougan & Kaszuba, 1999). 아동은 체계적이고 직접적인 교육을 받아야지만 상호적인 사회적 놀이에 필요한 기술, 주고받기와 기다리기 및 자료와 장난감을 공유하는 기술, 적절한 사회적 의사소통 기술을 발달시킨다(Brodin, 1999; Sigafoos, 1999).

## 우정

많은 가족 구성원은 장기적인 사회적 수용의 초점을 그들의 아들과 딸, 전형적인 또래와의 우정 확립에 둔다. 그러나 지적장애 아동에게 연령에 맞는 또래와의 우정 확립은 어려운 도전일 수 있다. Siperstein과 Bak(1989)은 정신지체인의 우정에 관하여 실험하였다. 정신지체 청소년의 81%는 그들의 친구로 급우를 제외한 다른 사람을 언급하였다. 그들이 말한 친구의 42%는 성인이었다. 친구로 명명된 성인은 교사, 행정가, 이웃, 의사, 부모였다. Freeman과 Kasari(2002)는 놀이 시간 동안 다운 증후군을 가진 아동이 친구라고 한 이들의 특징을 실험하였다. 다운증후군을 가진 아동은 동일 연령, 동일 성, 동일 민족으로 전형적으로 발달하고 있는 또래를 데려 왔다. 그러나 일반적인 아동과 달리 다운증후군을 가진 아동이 데리고 온 친구는 발달 수준이 동일하지 않았고, 다른 학급의 학생이었다. Freeman과 Kasari(2002) 는 "다운증후군을 가진 아동의 연령과 능력 간의 차이가 증가"(p. 26)하므로 이러한 우정의 수명을 평가하기는 어렵다고 보고하였다.

### 자기 결정 및 통제소

이러한 학생을 위한 교육의 초점은 자기 결정과 관련된 기술을 강화하는 것이다. 자기 결정은 "사람이 목표 지향적이고, 자기 규제적이고, 자주적인 행동에 참여하 게 하는 기술, 지식, 신념의 결합체"다(Field, Martin, Miller, Ward, & Wehmeyer, 1998, p. 2). 자기 결정은 선호도를 확인하고, 문제를 풀 때 가능한 선택을 평가하고, 자신의 행동을 점검하고 규제하는 능력과 같은 기술을 포함한다. 지적장애 학생은 이러한 많은 기술이 내포된 높은 수준의 인지적인 이해 및 처리 과정에 어려움을 보 인다. 자기 결정에 대한 완전한 이해를 하는 것은 어렵지만 인생에 영향을 미치는 결정에 참여하기 위한 기회를 제공해 줌으로써 그들은 자기 결정의 수준을 높이기 위한 기회를 제공받는다(Wehmeyer, 2002). 예를 들어, 중도의 지적장애 학생에게 아침 과제에 참여하는 순서, 원하는 간식, 공부하면 주는 강화제, 또는 아침에 읽고 싶은 그림책을 선정하게 할 수 있다. 학생은 자기 결정의 최대 수준에 미치지 못하 므로 그들의 삶에 영향을 미치는 조정과 선택을 외적 통제소(locus of control)의 관 점에서 결정한다(Wehmeyer, 1994). 통제소는 사람의 행동을 조정하는 영향력의 출 처를 어디로 볼 것인지에 주목한다. 내적 통제소는 개인적인 행동과 성과를 위해 자신에게 의지하는 것을 말한다. 외적 통제소는 다른 사람의 지시와 안내에 의지하 는 것을 말한다. Wehmeyer(1994)는 282명의 지적장애 학생을 대상으로 통제소와 자기 결정을 실험하였다. 이러한 학생은 비장애 또래보다 좀 더 외적으로 통제되고 있고, "자기 결정을 자신의 삶에서 원인 주체(causal agent)가 되는 데 도움이 되지 않는 것으로 인식"(p. 16)하고 있음을 발견하였다.

지적장애인은 외적 통제소를 경험하였기 때문에 수동적 전략을 자주 사용하고,

사회적 상황에서 사용하기 위한 그들 자신의 전략을 만들어 낼 수 없다(Leffert, Siperstein, & Millikan, 2000). 전략을 만들어 내기 위한 능력은 연령과 사회적 상황에 맞는 사회적 문제의 해결책을 생각해 내는 능력을 포함한다. 그러나 지적장애 학생은 전략을 만들어 내지 못하므로 매일 발생하는 상황을 조정할 때 다른 사람에게 의지하게 되고, 이 때문에 자기결정 능력이 줄어들게 된다.

## 2) 문제 행동

중도의 지적장애를 가진 많은 학생, 특히 최중도의 장애를 가진 학생은 문제 행동을 보일 수 있다. 문제 행동에는 상동 행동(예: 몸 흔들기 및 손 털기와 같은 반복 행동), 자해 행동(예: 머리 흔들기 및 얼굴 때리기), 공격 행동(예: 다른 사람 때리기 및 물건 던지기)이 있다. 이러한 행동은 중도의 지적장애와 관련된 일부 증후군과 관련이 있다. 예를 들어, 자해 행동은 레시-니한(Lesch-Nyhan) 증후군 및 프래더-윌리(Prader-Willi) 증후군과 관련이 있다. 그러나 이러한 행동 중 상당수는 학생이 의사소통을 하기 위한 위한 시도라고 볼 수 있는데, 그들은 좀 더 일반적인 방법으로 의사소통할 수 있는 능력이 없기 때문이다(Carr & Durand, 1985). 대체로 이러한 비상징적 의사소통 행동은 주의 집중을 유도하거나 특정 물건을 얻기 위해 시도된다. 그렇지 않으면 과제를 회피하기 위해서 시도되거나 용인되지 않은 위험한 행동 때문에 제한받는 사회적 상황을 회피하고자 시도된다. 만약 학생이 이러한 행동이 자신이 얻고자 하는 기능을 이루는 데 성공적이라는 것을 알게 되면, 그 행동은 자연발생적인 강화에 의해 강화된다. 좀 더 중도 및 최중도 수준의 기능에 있는 학생의 경우에는 추가 기능으로 감각 입력(예: 물건을 입에 넣거나 눈앞에서 손가락 털기)을 획득하거나 내적 고통 또는 불편함(예: 학생이 편두통 또는 귀앓이를 멈추는 방법을 알고 있지 않아 머리 또는 귀를 흔들기)을 회피하고자 하는 시도일 수 있다. 최상의 임상 실제 및 IDEA에서 지적한 바와 같이, 교육을 위해 적절하고 대체적인 기준 행동 선정의 기초가 되는 기능 진단 그리고/또는 기능 분석을 수행해 봄으로써 학생이 보이는 문제 행동의 기능을 파악할 수 있다(Alberto & Troutman, 2006; Iwata, Dorsey, Slifer, Bauman, & Richman, 1994).

## ③ 학업 수행

### 1) 기술 학습과 일반화

중도의 지적장애 학생은 학교에 있는 동안 기대했던 것보다 적은 기술을 학습한다. 따라서 기술을 학습할 더 많은 교육 기회가 필요하므로 기술을 학습하고 또 잊어버린 기술을 회복하는 데에 더 많은 시간이 요구된다(Brown et al., 1989). 이러한 학습 특징은 주의 깊게 학습목표를 선정해야 할 필요성과 학생의 생활에 직접적인 효과를 미치는 목표를 선정해야 할 필요성을 제시한다. 예를 들어, 페그보드를 하도록 가르치는 것은 현재 또는 미래의 학생 삶에 거의 직접적인 효과를 미치지 못한다. 그러나 학생이 아침 식사를 위해 식탁을 차리는 것은 직접적이고 장기적인 목표가 된다.

이러한 학생의 가장 중요한 학습 결함 중 하나는 한 상황에서 학습한 정보를 또 다른 상황에 적용할 수 없다는 것이다. 이는 일반화(generalization)의 결함으로 알려져 있다(Browder, 1991; Haring, 1988). 일반화에서의 결함은 본래 학생이 배우고 학습한 상황 외의 다른 맥락에서 새롭게 학습한 기술을 사용하고자 시도할 때 나타날 것이다. 다른 상황에서(예: 집과 학교에서 옷 입기), 다양한 사람을 대상으로(예: 교사, 계산원, 버스 운전사에게 정확하게 동전을 세어 주기), 다양한 자료를 가지고(예: 빗자루와 대걸레로 식료품점 바닥을 청소하는 방법을 배우기), 장시간에 걸쳐서(예: 학습한 기술을 유지하기) 새로운 기술을 사용하는 데 어려움을 보인다. 또한 일반화는 다른 환경 및 상황에서 다른 방법으로 기술을 사용하는 것을 포함한다. 예를 들어, 계산기는 식료품 쇼핑 외에 다른 상황에서 더하기를 하는 데 사용될 수 있다. 지적장애를 가지지 않은 학생은 일상생활에서 덧셈이 사용될 수 있는 다양한 방법을 스스로 알겠지만, 중등도 및 중도 지적장애 학생은 명확한 교육이 필요하다(Taylor, Richards, & Brady, 2005). 맥락과 상황은 교육에서 중요한 요소다(Brown et al., 1989). 가능한 한 교육은 자연스러운 자료로, 다양한 사람을 대상으로, 기술이 사용되는 상황에서 이루어져야 한다.

## 2) 직접학습 및 관찰학습

수년간의 연구 및 교실에서의 실행 결과는 중도 지적장애 학생의 학습이 체계적, 직접적인 교수의 결과라는 것을 분명히 알려 주었다. 직접교수는 교사가 주도하는 것이다. 직접교수에는 행동 교수전략(예: 강화제, 반응 촉진, 형성하기[shaping], 소멸하기[fading], 과제 분석) 사용 및 학습환경 관리가 포함된다. 이는 학생이 실수 없이 반응하는 기회를 제공하고, 독립적인 수행을 증진하기 위한 과제에 부분 참여하게 하여 체계적인 활동을 하도록 하며, 지속적인 자료 수집에 기초하여 결정을 내리는 기회를 제공한다. 학생은 직접교수를 통한 학습 외에도 관찰학습을 통해서도 혜택을 얻는다. 관찰학습에는 학생에 의해 정확한 모방이 강화되는 모델링이 필요하다. 관찰을 통한 학습은 집단교수를 가능하게 한다(Collins, Gast, Ault, & Wolery, 1991). 성인, 또래, 비장애 또래를 모델로 사용하는 것은 사회적 기술, 운동기술, 일부 의사소통 및 문제해결 기술에 효과적이다(Mercer & Snell, 1977; Snell & Brown, 2006; Westling, 1986). 직접학습 및 관찰학습에서 교육은 학생을 직접적인 목표로 삼는다. 이러한 학습자가 문제 해결에서 단서 또는 길잡이를 찾기 위해 외부 지향적이거나 다른 사람에게 기대를 거는 경향이 있거나 피암시성(영향을 쉽게 받는 것)을 보이는 것은 모델링이 행동을 습득하거나 변화시키는 데 효과적으로 사용될 수 있다는 것을 나타낸다(Turnure & Zigler, 1964; Zigler, 1999).

## 3) 기능적 학습

### 문해력

중등도 및 중도 지적장애를 가진 많은 학생은 읽기에서 문자 인식 전단계에 있다. 이 단계에서 학생은 인쇄물이 구두 메시지를 표현한다는 것은 알지만 문자가 단어의 발음을 상징한다는 것은 이해하지 못한다. 그들은 가족 구성원의 이름과 같은 단어, 형태에 의한 간판, 대체적인 시각적 외관을 기억하고, 그들에게 인식되어 떠오르는 단어에 기초한 문맥에 의존한다. 그들은 시각적 패턴을 기계적으로 기억하거나 또는 단어를 읽기 위해 물리적, 환경적 맥락에서 단어를 인식하는 것 외에 어떠한 전략도 갖고 있지 않다. 이 단계에 있는 학생이 걸어가면서 패스트푸드 음식

점 간판과 같이 환경에서 볼 수 있는 인쇄물을 읽는 것을 관찰해 보면, 그들은 문어보다는 인쇄물과 함께 있는 형태 또는 시각적 단서를 기억하여 읽는다. 예를 들어, 그들은 'McDonald's' 상호에서 머리글자 'M'보다는 금색의 아치 모양 때문에 간판을 보고 'McDonald's'를 읽는 것이다(Ehri, 1998; Moats, 2000). 이는 그들이 간판에서 문자를 무시하기 때문이 아니라, 간판 읽기를 촉진하는 연상의 일부로 문자를 기억에서 저장하지 못하기 때문이다(McGee, Lomax, & Head, 1988). 학생은 인쇄물을 자신의 생각대로 읽게 되는데, '페리오'(치약 상표)를 '이를 닦다' 또는 '치약'으로 읽는 것과 같이 정확한 단어를 읽기보다는 자신의 생각대로 읽는다. 이는 형성된 관계가 시각적 단서와 단어의 의미 중간에 있음을 나타낸다. 후기 단계에서 학생의 문자-소리 연결에 대한 인식의 결함은 기억 속에서 단어를 찾거나 한 단어의 철자와 발음을 연결 짓는 것을 제한한다(Ehri & Wilce, 1987; Harste, Woodward, & Burke, 1984). 이러한 음소 인식의 결함과 형태 또는 시각적 패턴에 기초하여 단어를 기억하는 경향은 일견단어 읽기 전략에 관한 연구와 교육의 기초가 된다.

중도의 지적장애 학생을 대상으로 수행한 가장 일반적인 교수 실제와 대다수의 읽기 연구는 일견단어(sight-word) 교수를 강조하였다. 학생은 문자의 형태에 기초한 단어를 인식하고 읽기 위해 일견단어 교수와 반복된 연습을 통해 학습한다. 일견단어 접근법은 영어의 조음상 어려움, 문자-소리 대응의 복잡성 및 추상성 때문에 사용된다. 교수를 위해 선정된 단어는 현재, 미래의 환경에 접근하고 독립생활을 촉진할 수 있는 기능적 단어다. 학생은 자연스러운 환경에서 단어와 문장이 나타나는 형태로 그것을 배운다. 단어와 문장은 정보(예: 간판 및 제품의 상표), 지시(예: 당기시오, 멈추시오, 출구), 안전 경고(예: 들어오지 마시오, 경고), 작업 수행에 영향을 미치는 내용을 제공한다.

일견단어 교수는 개별적인 단어를 가르칠 수 있는 반면, 배우지 않은 단어를 읽도록 하는 단어분석 기술은 제공하지 않는다(Browder & Xin, 1998; Browder, Wakeman, Spooner, Ahlgrim-Delzell, & Algozzine, 2006; Conners, 1992). 이러한 이유로 읽기교수를 위한 부가적인 접근을 고려해 보는 것이 중요하다. 음운론적(phonics) 교수는 비장애 학생과 경도 정신지체 학생에게 성공적이고, 초기 연구들은 일부 중도의 지적장애 학생에게도 음운론적 교수가 성공적임을 제시하였다(Bradford, Shippen, Alberto, Houchins, & Flores, 2006; Hoogeveen, Smeets, & Lancioni, 1989). 성공적으로 사용된 음운론적 프로그램의 예시는 디스터 프로그램(Distar Program)이다. 디스터 프로그램은 학생에게 발달적으로 순차적인 기술 수준을 숙달하도록 요구하는 순차적이고 직접적인 교수 프로그램이다. 이 프로그램은 학생의 숙달을 위해 명확한 단계별 교수 절차, 즉각적인 피드백, 연습을 포함하며 교사의 지시를 점진적으로 없앤다. 그러나 중등도 지적장애 학생은 예상 학년 수준의 유창성 수준에 미치지 못하였다. 유사한 결함이 일반 학습자에게 영향을 미치는 것처럼, 이러한 유창성 결함은 그들의 읽기 이해에 영향을 미칠 수 있다(Bradford et al., 2006; Torgesen & Hudson, 2006).

일부 학생은 음운론을 통해 2학년 수준의 읽기를 성취할 것이다. 그러나 이러한 학생에게서 발음의 중요한 목적은 책을 읽는 것이 아니라 다양한 환경에서 배우지 않은 단어와 문장을 맞추어 보는 도구를 갖는 것으로, 이로써 그들의 독립성을 높이는 것이다. 이러한 학생을 위한 전체적인 읽기교수 프로그램은 일견단어 및 음운론적 교수의 기회를 제공하여야 한다. 문어의 복잡성 및 다양한 소리 조합 때문에 모든 단어를 읽는 방법을 학습하기 위한 완벽한 음운론적 접근법은 실제적일 수 없다. 환경에 있는 모든 기능적인 단어가 해독을 위한 일반적인 발음 규칙을 따르는 것은 아니기 때문이다. 만약 음운론적 접근이 성공적이지 않다면 학생에게는 일견단어가 유용할 것이다.

## 계산하기

추상적인 개념을 다루는 인지능력의 제한으로 중도의 지적장애 학생은 제한된 계산능력을 보인다. 계산하기 교수의 내용과 절차에서 중요한 것은 기능적인 교육과정의 구체적인 적용이다. 이러한 학생의 기능적인 학습 요구를 충족해 주기 위하여 계산하기 교수는 기초 기술로 시작한다. 이러한 학생을 위한 계산하기의 자연스러운 상황은 덧셈과 뺄셈의 암송보다 기능적 활동에 삽입된 조작활동이다. 기술은 일상생활 맥락에서 학습되며, 교수의 우선사항은 활동에서 학생의 독립성을 증진하는 것이다(Ford, Schnorr, Meyer, Black, & Dempsey, 1989; Snell & Brown, 2006). 따라서 기초 기술로 시작하여 쇼핑을 위한 돈 관리, 보드 게임에서 주사위에 있는 점의 수를 세고 공간을 이동하기, 전화번호의 숫자 인식하기, 작업이 끝나는 시간 말하기와 같이 활동에 삽입된 구체적인 조작 문제를 학습한다. 기초 기술에 관한 교수전략 연구에서는 중등도 지적장애 학생이 숫자 구별, 기계적 수 세기, 물건 세기, 등식 및 비교하기, 기초 계산법을 학습한다고 제시한다(Butler, Miller, Lee, & Pierce, 2001; Mastropieri, Bakken, & Scruggs, 1991; Vacc & Cannon, 1991; Young, Baker, & Martin, 1990). 터치매스(TouchMath) 자료와 유사한 '도트 표기법' 체계의 성공적 사용(예: Kramer & Krug, 1973), 수직선의 사용(Sandknop, Schuster, Wolery, & Cross, 1992)이 덧셈 및 뺄셈 수행을 늘리기 위해 제시되고 있다. 그러나 효율성과 정확성을 높이기 위하여 많은 학생에게 계산기 사용법을 가르쳐 계산하도록 하는 것이 더 효율적이다(Matson & Long, 1986; Snell & Brown, 2006).

## 요약

중도의 지적장애 및 잠재적인 병인은 학생 기능의 모든 측면이 아니라 대부분의 경우 그들의 교육 프로그램에 영향을 미친다. 중등도 및 중도 지적장애와 관련된 결함이 교육자와 관련 전문가를 위협할 수 있지만, 교육이 불가능한 것은 아니다. 지난 25년에 걸쳐 학생의 학교 이후의 세계는 더 통합되고 참여적인 쪽으로 차차 변화해 나가고 있다. 교육 프로그램이 바람직하고 실질적인 성과를 얻도록 조정하고 발전시키기 위해 교육자와 가족 구성원이 협력하면서 선택의 범위와 수는 서서히 증가되어 왔다. 학교 이후의 거주 선택권의 범위는 더 이상 가정 또는 기관에 국한되지 않는다. 현재는 그룹홈 및 반독립적(semi-independent) 아파트 생활을 포함한다. 학교 이후의 직업 선택권은 더 이상 국가나 자치단체가 운영하는 '장애인을 위한 작업 센터'에 국한되어 있지 않다. 현재는 지원 고용 프로그램을 통해 지역사회 사업장에서 일주일에 10~30시간 동안 일한다. 이러한 성과는 장애인, 그들의 가족과 친구가 사는 지역사회에서의 좀 더 통합된 삶을 제공하고 있다.

## 참고문헌

Alberto, P., & Troutman, A. (2006). *Applied behavior analysis for teacher* (7th ed.). Columbus, OH: Merrill/Prentice Hall.

Atkinson, R., & Shiffrin, R. (1968). Human memory: A proposed system and its control processes. In K. W. Spence & J. T. Spenced (Eds.), *The psychology of learning and motivation* (Vol. 2, pp. 89–95). New York: Academic Press.

Boucher, J., & Lewis, V. (1989). Memory impairments and communications in relatively able autistic children. *Journal of Child Psychology and Psychiatry and Allied Disciplines, 30,* 99–124.

Bradfor, S., Shippen, M., Alberto, P., Houchins, D., & Flores, M. (2006). Using systematic instruction to teach decoding skills to middle school students with moderate intellectual disabilities. *Education and Training in Developmental Disabilities, 41,* 333–343.

Brinton, B., & Fujiki, M. (1996). Responses to requests for clarification by older and young adults with mental retardation. *Research in Developmental Disabilities, 17,* 335–347.

Brodin, J. (1999). Play in children with severe multiple disabilities: Play with toys. *International Journal of Disability, Development, and Education, 46,* 25–34.

Browder, D. (1991). *Assessment of individuals with severe disabilities* (2nd ed.). Baltimore: Brookes.

Browder, D., Wakeman, S., Spooner, F., Ahlgrim-Delzell, L., & Algozzine, B. (2006). Research on reading instruction for individuals with significant cognitive disabilities. *Exceptional Children, 72,* 392–408.

Browder, D., & Xin, Y. (1998). A meta-analysis and review of sight word research and its implications for teaching functional reading to individuals with moderate and severe disabilities. *Journal of Special Education, 32,* 130–153.

Brown, L., Long, E., Udvari-Solner, A., Schwarz, P., Van Deventer, P., Ahlgren, C., et al. (1989). Should students with severe intellectual disabilities be based in regualr or in special education classrooms in home schools? *Journal of the Association for Persons with Severe Handicaps, 14,* 8–12.

Butler, F., Miller, S., Lee, K., & Pierce, T. (2001). Teaching mathematics to students with mild-to-moderate mental retardation: A review of the literature. *Mental Retardation, 39,* 20–31.

Cardosa-Martins, C., Mervis, C. B., & Mervis, C. A. (1985). Early vocabulary acquisition by children with Down syndrome. *American Journal on Mental Deficiency, 90,* 177–184.

Carr, E., & Durand, V. M. (1985). Reducing behavior problems through functional communication training. *Journal of Applied Behavior Analysis, 18,* 111-126.

Cha, K., & Merrill, E. (1994). Facilitation and inhibition of visual selective attention processes of individuals with and without mental retardation. *American Journal on Mental Retardation, 98,* 594-600.

Chapman, R. S. (1997). Language development in children and adolescents with Down syndrome. *Mental Retardation and Developmental Disabilities, 3,* 307-312.

Collins, B., Gast, D., Ault, M., & Wolery, M. (1991). Small group instruction: Guidelines for teachers of students with moderate to severe handicaps. *Education and Training in Mental Retardation, 26,* 18-31.

Conners, F. A. (1992). Reading instruction for students with moderate mental retardation: Review and analysis of research. *American Journal on Mental Retardation, 96,* 577-597.

Crawley, S., & Chan, K. (1982). Developmental changes in free-play behavior of mildly and moderately retarded preschool age children. *Education and Training of the Mentally Retarded, 17,* 234-239.

Cummingham, C., Glenn, S., Wilkinson, P., & Slopper, P. (1985). Mental ability, symbolic play and receptive and expressive language of young children with Down's syndrome. *Child Psychology, 26,* 255-265.

Dunst, C. (1998). Sensorimotor development and developmental disabilities. In J. Burack, R. Hodapp, & E. Zigler (Eds.), *Handbook of mental retardation and development* (p. 135-182). Cambridge, UK: Cambridge University Press.

Dykens, E. M., Hodapp, R. M., & Evans, D. W. (1994). Profiles and development of adaptive behavior in children with Down syndrome. *American Journal on Mental Retardation, 98,* 580-587.

Ehri, L. (1998). Grapheme-phoneme knowledge is essential for learning to read words in English. In J. Metsala & L. Ehri (Eds.), *Word recognition in beginning literacy* (pp. 3-40). Mahwah, NJ: Lawrence Erlbaum Associates.

Ehri, L., & Wilce, L. (1987). Does learning to spell help beginners learn to read words? *Reading Research Quarterly, 22,* 47-65.

Ellis, N. (1970). Memory process in retardaters and normals. In N. Ellis (Ed.), *International review of research in mental retardation* (Vol. 9, pp. 1-32). New York: Academic Press.

Ellis, N., Deacon, J., & Woolridge, P. (1985). Structural memory deficits of mentally retarded persons. *American Journal of Mental Deficiency, 89,* 393-402.

Farmer-Dougan, V., & Kaszuba, T. (1999). Reliability and validity of play-based observations. *Educational Psychology, 19*, 429–441.

Field, S., Martin, J., Miller, R., Ward, M., & Wehmeyer, M. (1998). A practical guide for teaching self-determination. Reston, VA: Council for Exceptional Children.

Fischer, M. A. (1987). Mother-child interaction in preverbal children with Down syndrome. *Journal Speech Hearing Disorder, 32*, 179–190.

Ford, A., Schnorr, R., Meyer, L., Black, D., & Dempsey, P. (1989). *The Syracuse community-referenced curriculum guide for students with moderate and severe disabilities*. Baltimore: Brookes.

Freeman, S., & Kasari, C. (2002). Characteristics and qualities of play dates of children with Down syndrome: Emerging or true friendships? *American Journal on Mental Retardation, 107*, 16–31.

Hardwood, N. K., Hall, L. J., & Shinkfield, A. J. (1999). Recognition of facial emotional expressions from moving and static displays by individuals with mental retardation. *American Journal on Mental Retardation, 104*, 270–278.

Haring, N. (1988). *Generalization for students with severe handicaps: Strategies and solutions*. Seattle: University of Washington Press.

Harste, J., Woodward, V., & Burke, C. (1984). *Language stores and literacy lessons*. Portsmouth, NH: Heinemann.

Hatton, C. (1998). Pragmatic language skills in people with intellectual disabilities: A review. *Journal of Intellectual and Developmental Disability, 23*, 79–100.

Hesketh, L. J., & Chapman, R. S. (1998). Verb use by individuals with Down syndrome. *American Journal on Mental Retardation, 103*, 288–304.

Hoogeveen, F. R., Smeets, P. M., & Lancioni, G. E. (1989). Teaching moderately mentally retarded children basic reading skills. *Research in Developmental Disabilities, 10*, 1–18.

Iarocci, G., & Burack, J. (1998). Understanding the development of attention in persons with mental retardation. In J. Burack, R. Hidapp, & E. Zigler (Eds.), *Handbook of mental retardation and development* (pp. 349–381). Cambridge: Cambridge University Press.

Individuals with Disabilities Education Act (IDEA) P. L. 108–446. (2004). Retrieved on March 10, 2007 from http://frwebgate.access.gpo.gov/cgi-bin/getdoc.cgi? dbname=108_cong_public_laws&docid=f:pub1446.108.

Iwata, B., Dorsey, M., Slifer, K., Bauman, K., & Richman, G. (1994). Towar a functional analysis of self-injury. *Journal of Applied Behavior Analysis, 27*, 197–209.

Kahn, J. (1979). Applications of the Piagetian literature to severely and profoundly mentally retarded persons. *Mental Retardation, 7*, 273–280.

Kasari, C., & Bauminger, N. (1998). Social and emotional development in children with mental retardation. In J. Burack, R. Hodapp, & E. Zigler (Eds.), *Handbook of mental retardation and development* (pp. 411-433). New York: Cambridge University Press.

Kasari, C., Freeman, S. F. N., & Hughes, M. A. (2001). Emotion recognition by children with Down syndrome. *American Journal on Mental Retardation, 106,* 59-72.

Kramer, T., & Krug, D. (1973). A rationale and procedure for teaching addition. *Education and Training of the Mentally Retarded, 8,* 140-144.

Kumin, L. (2001). *Topics in Down syndrome: Classroom language skills for children with Down syndrome: A guide for parents and teachers.* Bethesda, MD: Woodbine House.

Lanfranchi, S., Cornoldi, C., & Vianello, R. (2004). Verbal and visuospatial working memory deficits in children with Down syndrome. *American Journal on Mental Retardation, 109,* 456-466.

Leffert, J. S., Siperstein, G. N., & Millikan, E. (2000). Understanding social adaptation in children with mental retardation: A social-cognitive perspective. *Exceptional Children, 66,* 530-545.

Malone, D., & Langone, J. (1994). Object-related play skills of youths with mental retardation. *Remedial and Special Education, 15,* 177-189.

Mar, H. H., & Sall, N. (1999). Profiles of the expressive communication skills of children and adolescents with severe cognitive disabilities. *Education and Training in Mental Retardation and Developmental Disabilities, 34,* 77-89.

Mastropieri, M., Bakken, J., & Scruggs, T. (1991). Mathematics instruction for individuals with mental retardation: A perspective and research synthesis. *Education and Training in Mental Retardation, 26,* 115-129.

Matson, J., & Long, S. (1986). Teaching computer/shopping skills to mentally retarded adults. *American Journal of Mental Deficiency, 91,* 98-101.

McCormick, P., Campbell, J., Pasnak, R., & Perry, P. (1990). Instruction on Piagetian concepts for children with mental retardation. *Mental Retardation, 28,* 359-366.

McGee, L., Lomax, R., & Head, M. (1988). Young children's written language knowledge: What environmental and functional print reading reveals. *Journal of Reading Behavior, 20,* 99-118.

McLean, L. K., Brady, N. C., & McLean, J. E. (1996). Reported communication abilities of individuals with severe mental retardation. *American Journal on Mental Retardation, 100,* 580-591.

Mercer, C., & Snell, M. (1977). *Learning theory research in mental retardation:*

*Implications for teaching.* Columbus, OH: Merrill.

Moats, L. C. (2000). *Speech to print.* Baltimore: Brookes.

Odom, S. L. (1981). The relationship of play to developmental level in mentally retarded children. *Education and Training of the Mentally Retarded, 16,* 136–141.

Piaget, J. (1969). *The theory of stages in cognitive development.* New York: McGraw–Hill.

Pruess, J. B., Vadasy, P. F., & Fewell, R. R. (1987). Language development in children with Down syndrome: An overview of recent research. *Education and Training in Mental Retardation, 22,* 44–55.

Rogers, S. (1977). Characteristics of the cognitive development of profoundly retarded children. *Child Development, 48,* 837–843.

Rojahn, J., Lederer, M., & Tasse, M. J. (1995). Facial emotion recognition by persons with mental retardation: A review of the experimental literature. *Research in Developmental Disabilities, 16,* 393–414.

Rosenburg, S., & abbeduto, L. (1993). *Language and communication in mental retardation.* Hillsdale, NJ: Lawrence Erlbaum Associates.

Sandknop, P., Schuster, J., Wolery, M., & Cross, D. (1992). The use of an adaptive device to teach students with moderate mental retardation to select lower priced grocery items. *Education and Training in Mental Retardation, 27,* 219–229.

Schalock, R., Luckasson, R., Shogren, K., Borthwick–Duffy, S., Bradley, V., Buntinx, W., et al. (2007). The renaming of mental retardation: Understanding the change to the term intellectual disability. *Intellectual and Developmental Disabilities, 45,* 116–124.

Sigafoos, J. (1999). The wages of playing are fun and learning. *International Journal of Disability, Development, and Education, 46,* 285–287.

Siperstein, G., Leffert, J., & Widaman, K. (1996). Social behavior and the social acceptance and rejection of children with mental retardation. *Education and Training in Mental Retardation and Developmental Disabilities, 31,* 271–281.

Siperstein, G. N., & Bak, J. J. (1989). Social relationships of adolescents with moderate mental retardation. *Mental Retardation, 27,* 5–10.

Smith, B. L., & Oller, D. K. (1981). A comparative study of premeaningful vocalizations produced by normally developing and Down's syndrome infants. *Journal of Speech and Hearing Disorders, 46,* 46–51.

Snell, M., & Brown, F. (2000). *Instruction of students with severe disabilities* (6th ed.). Columbus, OH: Merrill/Prentice.

Stillman, R., & Siegel–Causey, E. (1989). Introduction to nonsymbolic communication (p. 4). In E. Siegel–Causey & D. Guess (Eds.), *Enhancing nonsymnolic communication interactions among learners with severe handicaps* (p. 4). Baltimore: Brookes.

Taylor, R., Richards, S., & Brady, M. (2005). *Mental retardation: Historical perspectives, current practices, and future directions.* Boston: Allyn & Bacon.

Tomporowski, P., & Simpson, R. (1990). Sustained attention and intelligence. *Intelligence, 14,* 27–38.

Torgesen, J., & Hudson, R. (2006). Reading fluency: Critical issues for struggling readers. In S. Samuels & A. Farstrup (Eds.), *What research has to say about fluency instruction* (pp. 130–158). Newark, DE: International Reading Association.

Turnure, J., & Zigler, E. (1964). Outer-directedness in the problem solving of normal and retarded children. *Journal of Abnormal and Social Psychology, 69,* 427–436.

Vacc, N., & Cannon, S. (1991). Cross-age tutoring in mathematics: Sixth graders helping students who are moderately handicapped. *Education and Training in Mental Retardation, 26,* 89–97.

Wehmeyer, M. L. (1994). Perceptions of self-determination and psychological empowerment of adolescents with mental retardation. *Education and Training in Mental Retardation and Developmental Disabilities, 29,* 9–21.

Wehmeyer, M. (2002). *Promoting the self-determination of students with severe disabilities.* Arlington, VA: ERIC Clearinghouse on Disabilities and Gifted Education. (ERIC Document Reproduction Service No. ED470522).

Westling, D. (1986). *Introduction to mental retardation.* Englewood Cliffs, NJ: Prentice Hall.

Westling, D., & Fox, L. (1995). *Teaching students with severe disabilities.* Columbus, OH: Merrill/Prentice Hall.

Wishart, J. G., & Pitcairn, T. K. (2000). Recognition of identity and expression on faces by children with Down syndrome. *American Journal on Mental Retardation, 105,* 466–479.

Wolfensberger, W. (1982). A brief outline of normalization. *Rehabilitation Psychology, 27,* 131–145.

Woodward, W. (1979). Piaget's theory and the study of mental retardation. In N. R. Ellis (Ed.), *Handbook of mental deficiency: Psychological theory and research* (2nd E., pp. 169–195). Hillsdale, NJ: Lawrence Erlbaum Associates.

Young, M., Baker, J., & Martin, M. (1990). Teaching basic number skills to students with a moderate intellectual disability. *Education and Training in Mental Retardation, 25,* 83–93.

Zeaman, D., & House, B. (1979). A review of attention theory. In N. Ellis (Ed.), *Handbook of mental deficiency: Psychological theory and research* (2nd ed., pp. 159–223). Hillsdale, NJ: Lawrence Erlbaum Associates.

Zigler, E. (1969). Developmental vs. differential theory of mental retardation and the problem of motivation. *American Journal of Mental Deficiency, 73,* 536-556.

Zigler, E. (1999). The individual with mental retardation as a whole person. In E. Zigler & D. Bennett-Gates (Eds.), *Personality development in individuals with mental retardation* (pp. 1-16). Cambridge UK: Cambridge University Press.

# 제4장 운동 발달: 특징과 중재

*Paula E. Forney*

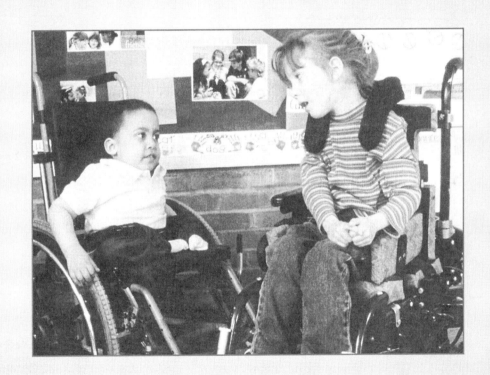

지체 및 중복 장애 학생에게는 대체로 운동장애가 따른다. 장애의 원인과 심각성에 따라 어떤 학생은 걷는 데 어려움이 있을 것이고, 어떤 학생은 일상적인 과제를 수행하기 위해 필요한 손의 사용능력이 부족할 것이다. 교사는 학생의 요구를 충족하기 위하여 비전형적인 운동 발달과 이에 대한 영향을 이해하는 것이 중요하다.

비전형적인 운동 발달과 이에 대한 중재를 논의하기에 앞서, 교사는 운동 발달에 대한 기본 지식을 알고 있어야 한다. 이 장은 운동발달 이론에 대한 간단한 개관을 제공하는 것으로 시작하여 관절 구조, 근긴장도, 반사, 반응에 대한 기본 정보와 비전형적인 운동 발달과 몇 가지 중재 접근을 제시할 것이다. 교사는 운동장애 학생을 들어 올리고 다루는 방법을 알아야 하므로, 마지막 부분에서는 기능적인 참여를 위한 자세 잡기와 들어 올리기, 옮기기, 이동하기 기술에 대한 구체적인 정보를 제공할 것이다.

## ① 운동발달 이론

운동발달 이론은 수년에 걸쳐 상당히 변화되어 왔다. Campbell(2006)은 발달의 주요 이론을 (a) 인지 이론, (b) 신경성숙 이론, (c) 역동적 체계 이론으로 요약하고 있다. 발달 이론이 변화되어 왔으므로, 아동의 운동 발달을 적절하게 촉진하기 위해서는 발달 이론의 변화에 맞는 중재 접근의 검토가 뒤따라야 한다.

### 1) 인지 이론

성숙에 관한 인지 이론(cognitive theories)에서는 발달이 새로운 학습이 이루어지는 단계에서 일어난다고 한다. 고전적 단계 이론에서는 개인이 특정 발달 시기(혹은 단계)를 거치며 성공적으로 다른 단계로 진전되기 전에 그 단계 안에 있는 모든 적응 행동을 배워야 한다고 가정하였다.

아동이 환경적인 경험을 받아들일 때, 초기에는 자극에 대한 반사적인 반응을 통해서 받아들이고 이후에는 직접적인 행동을 통해서 받아들이기 때문에 인지 구조는 새로운 학습의 결과인 경험에 의해 조정된다(Campbell, 2006).

## 2) 신경성숙 이론

신경성숙 이론(neuromaturationist theories)에서는 발달이 뇌와 척수를 포함한 중추신경계(CNS) 성숙의 결과로 일어난다고 가정한다. 이 모델에 따르면, 움직임은 점차 더 높은 수준의 중추신경계 성숙을 통해 반사적인 조절에서 수의적인 조절로 발달한다.

이러한 신경성숙 이론은 비전형적 발달을 위한 중재가 어디에 기초하는지에 대하여 몇 가지 가정을 제시한다(Dennis & Schlough, 2004; Forney & Heller, 2004). 이러한 가정에 따르면, 운동 발달은 다음에 제시된 과정으로 진행되는 경향이 있다.

- 머리에서 꼬리 방향으로 발달(in a cephalo-caudal[head-to-tail] direction): 머리 움직임의 조절이 먼저 일어나고, 그다음의 운동 조절은 발을 향하여 아래로 진행된다. 따라서 아동은 먼저 머리 들기를 배우고, 그다음은 상체, 팔, 손의 움직임을 조절하는 것을 배우고, 마지막으로 하체와 다리, 발의 움직임을 조절하는 것을 배운다.
- 중심부에서 원위부로 발달(in a proximal-to-distal[central-to-peripheral] direction): 움직임의 조절은 먼저 신체의 중심에서 일어나고, 그다음 사지를 향하여 진행된다. 유아는 초기에 안정성을 제공하는 몸통 근육의 조절능력을 익히고, 이어서 중력에 저항하는 팔, 다리의 움직임이 일어난다.
- 반사 작용에서 수의적인 움직임으로 발달(from reflex to volitional): 많은 생후 6~9개월의 초기 움직임은 반사 작용에 기초한다. 즉, 입력되는 감각 자극에 대한 반응이 예측 가능한 패턴으로 나타난다는 것이다. 유아는 움직이면서 서서히 좀 더 수의적인 조절력이 발달한다.
- 대근육 움직임에서 소근육 움직임으로 발달(from gross to fine movements): 움직임의 조절은 초기에는 좀 더 일반화된 움직임에서 숙련된 움직임으로 정교화된다. 예를 들어, 유아는 장난감이 주어졌을 때 초기에는 불안정하고 부정확한 팔의 움직임을 보이나, 이러한 움직임이 정교화되어서 이후에 장난감이 주어졌을 때는 장난감을 향하여 정확하게 손을 뻗어 잡을 수 있게 된다.
- 몸을 향한 움직임(굴곡)에서 몸 밖으로 멀리 뻗치는 움직임(신전)으로 발달

(from movements toward the body[flexion movements] to movements away from the body[extension movement]): 신생아는 자궁 내에서의 자세 때문에 팔다리는 구부러져 있고 손은 주먹을 쥐고 있는 것처럼 대부분의 신체 관절이 주로 구부러져 있다. 발달이 진행되면서 유아는 더욱더 중력에 저항하여 신체를 신전하고 뻗는 움직임을 익히게 된다. 이러한 두 가지 유형의 움직임 간의 균형은 아동이 몸을 조절하는 것을 익히고, 중력에 저항하여 바로 선 자세로 움직이고, 공간 내에서 이동하는 데 필수적이다.

• 안정된 자세를 취하고, 움직이고, 숙련된 움직임으로 발달(from stability to mobility to skilled movement): 앞서 설명한 것처럼, 반중력성(antigravity)이 발달되면서 신체의 움직임을 조절할 수 있다. 한 가지 발달상의 자세(예: 손과 무릎으로 어떤 자세를 취하기)를 취할 수 있다가, 그 자세로 움직이고(예: 손과 무릎을 흔들기), 그 자세로 숙련된 행동을 수행하는 것(예: 엎드려 기기)까지 가능해진다.

이상의 몇 가지 가정은 운동기술의 전형적인 발달 순서와 시기를 설명한 것이다. 아직까지 이것이 비전형적 발달을 보이는 아동을 위한 치료적인 중재의 지침이 되고 있지만, 운동 발달에 관한 역동적 체계 이론과 같은 좀 더 최근의 연구 결과에 의해 이러한 가정이 수정되고 있다.

## 3) 역동적 체계 이론

Thelen(2000), Shumway-Cook와 Wollacott(2001) 그리고 또 다른 연구자들(Goldfield & Wolff, 2004)은 과정 지향적인 역동적 체계 이론(dynamic systems theory)과 운동 발달에 관한 기능적인 관점을 설명하였다. 이 이론의 기초는 움직임이 주로 세 가지 요인(개인, 과제, 환경)의 상호작용에서 발생한다는 것이다. 개인은 특정 환경 내에서 수행되는 과제의 요구를 채우기 위하여 투입되는 감각 자극에 기초한 움직임을 일으킨다. 개인의 기능적 능력은 과제와 환경의 요구를 성공적으로 완수하는 능력에 의해 측정된다. 예를 들어, 처음 걷기를 배우는 아동은 다음의 (a)~(e)를 할 수 있다면 방 건너편에서 자신에게 걸어오라고 격려하는 아빠에게 스스로 걸어

갈 수 있다. (a) 아동이 이를 성취하기 위한 필수적인 운동기술을 가지고 있다면, (b) 과제와 관련된 감각 요소를 느끼거나 알아챌 수 있다면(예: 아빠를 보고, 아빠의 말을 들을 수 있음), (c) 걸어서 과제를 해결한 이전의 경험에 비추어 걷기를 통해 어떤 것을 할 수 있다는 것을 이해한다면, (d) 아빠에게 가고 싶다면, (e) 걷고 있는 지면이 변하지 않거나(예: 양탄자에서 나무 바닥으로) 장난감과 같은 환경적 장애물이 없다면(Forney & Heller, 2004)이다.

역동적 체계 이론은 운동 발달 증진을 위해 상호작용하는 모든 구조와 과정을 동등하게 본다. 개인 내의 협력체계는 근골격계, 감각(시각, 청각 등), 인지, 각성과 동기화 요인을 포함한다. 역동적 체계 접근에서는 행동을 특정 과제로 간주하므로, 개인 내적 구성 요소 및 과제와 같은 외적 맥락은 동일하다고 본다. 따라서 아동의 운동 발달을 고려할 때 역동적 체계 이론 맥락에서 환경은 아동만큼이나 중요하다. 위의 예에서 본 것처럼 방해받지 않고 방을 가로질러 걷는 과제에서 환경적 요인은 아동의 걷기 기술만큼이나 과제의 성공적인 완성에 중요하다.

특정한 운동 수행을 제한하는 요소는 다양한 협력체계의 맥락 내에서 고려해야 한다. 발달하고 있는 아동의 경우, 근력 증진 또는 중력에 저항하는 자세 조절과 같은 신체체계 구성 요소가 동시에 발달할 수 없을 때 특정 발달 시기에 나타나는 운동 행동의 수행에 제한을 받을 수 있다. 특정 움직임 기술을 습득하기 위한 연습 기회 부족과 같은 환경적 요인도 구체적인 운동 행동의 발달에 제한을 줄 수 있다. 예를 들어, 도구를 사용하여 먹는 것을 연습해 보지 못한 아동에게는 이와 같은 환경적 요인이 스스로 먹는 움직임 기술을 숙련된 움직임 패턴으로 충분히 발달시키는데 제한이 될 수 있다(Forney & Heller, 2004).

역동적 체계 이론에서는 자발적, 능동적, 자기 주도적인 운동의 기회와 운동기술의 정교화를 위한 연습량에 따라 개개인의 운동 발달이 서로 다르게 이루어진다고 설명한다. 가장 다양한 운동 패턴을 보이는 발달 시기가 중재에 가장 효과적인 시기라고 볼 수 있다.

## ② 관절 구조, 근긴장도, 반사와 반응

### 1) 관절 구조와 근긴장도

신체 움직임에는 골격의 관절 구조에 영향을 미치는 근육의 힘이 필요하다. 정상적인 관절의 움직임은 각 관절의 특정한 범위 안에서 발생하며, 각 관절에서 발생한 움직임의 유형은 관절의 구조에 달려 있다. 예를 들어, 무릎 관절은 굴곡(flexion, 구부리기)과 신전(extention, 곧게 펴기)의 움직임을 가능하게 하고, 차축(pivot) 관절은 회전운동을 가능하게 하고, 구상 관절은 굴곡과 신전, 외전(abduction, 신체의 중심선 밖으로 향하는 움직임), 내전(adduction, 신체의 중심선으로 향하는 움직임), 내회전(사지가 안쪽으로 회전), 외회전(사지가 바깥쪽으로 회전)과 같이 다양한 방향으로 신체의 부분을 움직이는 것을 가능하게 한다. 운동장애를 가진 아동을 대할 때 정상적인 관절 움직임의 범위와 방향에 대해 아는 것은 중요하다.

비록 골격이 움직임의 기초를 제공하지만, 골격을 움직이는 신체의 근육이 신체의 움직임을 가능하게 하는 힘을 산출한다. 신체의 모든 근육은 근복(muscle belly, 수천 개의 근섬유로 구성된)과 근건(근육의 힘줄)으로 구성되며, 근섬유는 뼈에 붙어 있는 근육의 힘줄로 연결되어 있다. 움직임은 두뇌가 뇌 척수와 신경을 통해 전기적 신호를 근섬유로 보낼 때 섬유의 길이가 짧아지며 발생한다. 근섬유를 끌어당긴 힘은 근섬유가 붙어 있는 뼈를 움직이게 하며, 이는 신체의 부분을 움직이게 한다.

척수는 일정 수준의 근육 긴장을 유지하기 위하여 신체의 모든 근육에 일정한 수준의 지속적인 자극을 가한다. 이러한 긴장의 상태를 근긴장도라고 부르며, 이로써 근육은 언제든지 움직일 준비가 된다. 신체의 생리적 상태는 신체의 근긴장도를 수정할 수 있다. 예를 들어, 잠을 자는 동안에는 근육에 가해지는 자극이 감소하여 이완되나, 걱정, 불안, 흥분의 상태에서는 근육에 가해지는 자극이 증가한다.

이러한 근육의 정상적인 긴장을 자세 긴장도라고 부르며, 움직임을 위한 기초를 제공한다. 의사소통 경로(뇌, 척수, 신경 또는 근육) 중 어딘가의 손상으로 발달기 아동의 뇌와 근육 사이에 의사소통이 이루어지지 않을 때, 비전형적인 근긴장도와 신체의 움직임을 보이며, 결과적으로 운동 발달에 영향을 미치게 된다.

## 2) 반사와 반응

### 원시 반사

생후 전형적인 유아의 움직임은 원시 반사(primitive reflexes), 또는 다양한 종류의 외적 자극에 의해 나타나는 비자발적인 움직임에 의해 좌우된다. 이러한 반사는 유전적으로 프로그램화되어 있다. 어떤 기능은 아기를 보호하고, 다른 기능은 운동기술의 기초를 형성한다. 예를 들어, 아기가 자신의 손에 있는 물체를 움켜잡는 초기 반사 작용은 궁극적으로 수의적인 움켜쥐기 기술을 발달시킨다. 그리고 아기는 머리를 돌릴 때 시각 및 청각 자극에 반응하여 팔을 밖으로 뻗치게 된다. 이것은 비대칭성 긴장형 목 반사(ATNR) 또는 펜싱 자세로 불린다([그림 4-1] 참조). 이 반사는 유아가 시각적으로 사물을 보고 손을 뻗는 기술을 촉진할 뿐만 아니라 등을 대고 누워 있다가 옆으로 구르는 행동의 발달에도 기여한다(다른 원시 반사에 대한 설명은 〈표 4-1〉 참조).

중추신경계의 성숙으로 보통 생후 6개월쯤 되면 이러한 움직임의 원시 반사 유형은 더 높은 수준의 자동적인 자세 반응으로 서서히 통합되고 대체된다. 예를 들어, ATNR 반응은 사라지기 시작하고, 좀 더 성장한 유아는 앉은 자세에서 팔을 굽혔다 펴며 밀기, 손 및 무릎으로 밀기와 같은 좀 더 성숙한 신체 움직임을 가능하게 하는 자세 반응이 발달하기 시작한다(Forney & Heller, 2004).

전형적으로 발달하고 있는 아동에게 원시 반사가 모두 필수적인 것은 아니다.

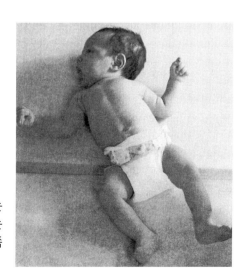

**그림 4-1** 비대칭성 긴장형 목 반사에서는 머리를 한쪽으로 돌리면 돌리는 방향 쪽의 팔은 신전되고 반대쪽의 팔은 구부러진다.

즉, 원시 반사가 발생하지 않을 수도 있다. 적절한 자극을 통해 자동적인 반응을 이끌어 낼 수 있지만, 정상적인 중추신경계 기능을 가진 아동은 다른 환경적 자극에 반응함으로써 기대되는 자동 반응으로 대체할 수 있다(Cronin & Mandich, 2005; Hooper & Umansky, 2004). 앞서 제시된 예에서 만약 강한 환경적 자극이 생기면 반사적인 ATNR 자세는 나타나지 않을 수 있다. 예를 들어, 엄마가 아동에게 장난감을 주었다면, 아동은 ATNR의 영향에 방해받지 않고 손을 뻗어 장난감을 잡을 것이다. 원시 반사가 존재할 것이라고 기대되는 연령에서 나타나지 않거나, 존재할 것이라 기대되는 연령의 범위를 지나 계속하여 나타나는 것은 중추신경계의 미성숙이나 기능 이상을 보여 주는 것이다(〈표 4-1〉 참조).

**표 4-1** 원시 반사와 자세 반응의 예

원시 반사(premitive reflexes): 출생 시 존재하는 것으로, 본능적으로 보호하기 위하여 나타나는 필수적인 행동이나 어떤 연령에서는 비정상적일 수 있다. 아동이 나이가 들면서 소멸되고 통합된다.

| 위치/자극 | 원시 반사 | 반응 | 소멸/통합 |
|---|---|---|---|
| 입<br>입꼬리 부분에 자극 주기 | 설근 반사<br>(rooting) | • 자극을 향하여 고개를 돌리고, 혀와 입을 움직임 | 4개월 |
| 목<br>갑작스러운 목 신전으로 머리가 뒤로 떨어짐 | 모로 반사<br>(moro) | • 팔을 신전하여 몸 밖으로 펼치는 동작(팔의 신전-외전)에 이어서 몸을 향해 팔을 다시 구부림(팔의 굴곡-내전) | 4~6개월 |
| 머리를 옆쪽으로 돌림 | 비대칭성 긴장형 목 반사<br>(asymmetric tonic neck) | • 얼굴을 돌린 방향의 팔다리는 펴지고(신전), 반대 방향의 팔다리는 구부러짐 | 6~7개월 |
| 목의 굴곡<br>목의 신전 | 대칭성 긴장형 목 반사<br>(symmetric tonic neck) | • 고개를 숙이면(목의 굴곡) 팔은 구부러지고 다리는 펴짐<br>• 고개를 젖히면(목의 신전) 팔은 펴지고 다리는 구부러짐 | 6~7개월 |
| 손<br>손바닥에 압력을 줌 | 파악 반사<br>(palmer grasp) | • 손가락을 구부림 | 5~6개월 |
| 발<br>발바닥을 지면에 닿게 하여 발바닥으로 체중을 지탱하게 함 | 양성 지지 반사<br>(positive supporting) | • 부분적인 체중 지지를 위해 다리를 폄(신전함) | 3~7개월 |
| 발가락 아랫부분의 발바닥에 압력을 줌 | 족저 반사<br>(planter grasp) | • 발가락을 구부림 | 12~18개월 |

| 일반적인 자세<br>　등을 대고 반듯이 누움<br>　배를 대고 엎드림 | 긴장성 미로 반사<br>(tonic labyrinthine) | • 등을 대고 누운 경우 과도한 신전근 보임<br>• 배를 대고 엎드린 경우 과도한 굴곡근 보임 | 4~6개월 |

자세 반응(postural reactions): 아동이 성숙하면서 생애 전반에 걸쳐 나타나며, 의도적인 움직임에 의해 영향을 받고 중추신경계의 미성숙이나 손상에 의해 지연되거나 나타나지 않을 수 있다.

| 자극 | 자세 반응 | 반응 | 출현 |
|---|---|---|---|
| 시각 및 전정기관 움직임 | 머리 정위 반응<br>(head righting) | • 얼굴을 수직으로, 입을 수평으로 정렬<br>　(머리의 정상 위치 유지) | 2개월 엎드린 자세<br>3~4개월 누운 자세 |
| 촉각, 전정기관, 고유 수용 감각기 움직임 | 체간 정위 반응<br>(body righting) | • 몸통 부분 정렬 | 4~6개월 |
| 지지면의 범위 밖으로 중력 중심 이동 | 보호 반응<br>(protective reactions) | • 넘어지는 것을 막기 위하여 팔이나 다리를 이동하는 쪽으로 뻗어서 디딤 | 5~12개월 |
| 중력의 중심에서 일반적인 이동 | 평형 반응<br>(equilibrium reactions) | • 균형 유지를 위해 몸통의 상태와 신체 전체의 근긴장도 조정 | 6~14개월 |

### 자세 반응

　중력에 저항하는 자세 조절을 돕기 위해 초기 원시 반응은 중추신경계의 성숙에 따라 더 높은 수준의 반응으로 대체된다. 이 시기에 수립된 자세 반응(postural reactions)은 정위 반응, 방위 반응, 평형 반응([그림 4-2] 참조)이다. 이러한 자세 반응의 지연이나 결손은 중추신경계의 미성숙이나 손상을 보여 주는 것이다.

　**정위 반응**(righting reactions)　이러한 반응은 공간에서의 머리 및 신체의 정렬을 수립하고, 상호작용을 위해 시각적 정보, 내이의 전정기관 정보, 피부와 관절에 있는 촉각 및 고유 수용 감각 수용기에서 얻은 정보를 활용한다. 이러한 반응으로 아동은 구르기, 손과 무릎으로 움직이며 탐색하기, 바른 자세로 앉기, 서기를 배울 수 있다. 또한 이동할 때 공간 내에서의 정상적인 머리 위치를 잡아 주는 것이 가능하고, 모든 활동에서 머리, 몸통, 사지의 정상적인 자세관계가 유지된다. 정위 반응은 한번 나타나면 전 생애에 걸쳐 나타난다(Dennis & Schlough, 2004; Orelove, Sobsey, & Silberman, 2004).

　**보호 반응**(protective reactions)　지지면의 범위를 벗어나서 중력 중심이 갑자기

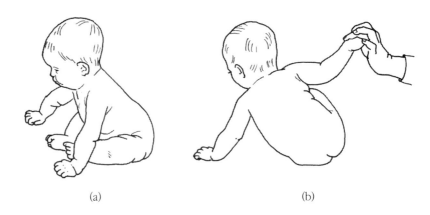

(a)                                                    (b)

그림 4-2    (a) 전방으로의 보호 반응, (b) 측면으로의 보호 반응

이동할 때, 보호 반응은 넘어지는 것을 막기 위하여 이동하는 방향으로 팔이나 다리를 곧게 뻗고 바깥 방향을 향하여 움직이는 것으로 나타난다. 이러한 반응에서 팔은 처음에는 앞으로 향하고, 다음에는 옆으로, 마지막에는 뒤로 향하는 것으로 발달한다([그림 4-2] 참조). 팔의 방위 반응은 아동이 처음 앉기를 배우기 시작하는 5~12개월 사이에, 다리의 방위 반응은 일반적으로 아동이 처음 걷기를 배우는 15~18개월 사이에 나타난다.

**평형 반응(equilibrium reactions)**    평형 반응은 6~14개월 사이의 발달적 자세에 의존하여 나타난다. 평형 반응은 아동의 몸이 중력의 중심에서 벗어나거나, 지지면 혹은 신체가 움직일 때 나타난다. 평형 반응은 보호 반응과 다르게 빠르지 않고, 아동이 지지하고 있는 영역의 범위를 넘어서지 않는다. 이 반응은 점진적이며 섬세한 움직임이다. 머리, 몸통, 팔, 다리의 근육은 평형을 유지하기 위하여 신체의 자세를 조절하도록 수축한다.

## ③ 초기 운동 발달 지표

생후 초기 몇 년 동안, 유아는 환경에서 엄청난 양의 정보를 받아들이고, 그 정보에 반응하며, 다양한 영역에서 놀라운 속도로 발달한다. 환경에서 움직이고 탐색하고자 하는 욕구는 신생아기와 영아기에도 내재되어 있으며, 전 생애 동안 지속된다.

〈표 4-2〉는 생후 2년 동안의 전형적인 소근육 및 대근육 운동 발달 순서를 제시하고 있다. 이러한 발달에 대한 이해는 비전형적인 운동 발달에 관한 다음의 정보를 이해하는 데 도움을 제공할 것이다. 기준 틀로는 연령 범위가 사용되었으나, 독자는 발달의 속도와 순서에 있어 개인차가 있음을 유의해야 한다. 균형 및 협응의 정교화, 움직임의 조절력은 아동기와 그 이후에도 계속하여 증가한다. 〈표 4-3〉에는 운동 용어에 대한 설명이 제시되어 있다.

**표 4-2　주요 운동 발달 지표(생후~2년)**

| 연령 | 머리 조절 | 앉기 | 이동 | 손 사용 |
|---|---|---|---|---|
| 1개월 | • 엎드려 눕혀 놓으면 (배를 지면에 대고) 머리를 듦 | | | • 보통 주먹을 쥐고 있음 (굴곡근 우세) |
| 3개월 | • 좌우로 머리를 돌림 | | | • 보통 손을 펼치고 있음 |
| 4개월 | • 머리와 상체를 지지면에서 90°로 듦<br>• 엎드린 상태에서 팔꿈치로 체중을 지탱함 | | • 팔을 밀면서 뒤로 움직이는 능력을 보이기 시작함 | • 눈-손 협응이 보이기 시작함 |
| 5개월 | • 엎드린 상태에서 팔을 뻗어서 팔로 체중을 지탱함 | • 도움받아 앉음 | • 엎드린 상태에서 뒤집어 굴러서 바로 누움 | • 자발적으로 사물을 잡고 사물을 향하여 손을 뻗음(그러나 사물을 향해 손을 정확하게 뻗지 못할 수 있음) |
| 6개월 | | • 손을 잡아 주면 앉기 자세를 취할 수 있음 | • 바로 누운 상태에서 뒤집어 굴러서 엎드려 누움<br>• 손을 잡아서 세웠을 때 다리로 체중을 지탱함 | • 조작기술(병을 잡기, 발을 붙잡기)이 증가함 |
| 7개월 | | • 지면에 손을 대고 혼자 앉음 | • 배밀이를 함 | • 한 손에서 다른 손으로 사물을 옮김 |
| 8개월 | | • 도움 없이 잘 앉음 | | |
| 9개월 | | • 놀이를 위하여 손을 사용하지 않고 혼자 앉음 | • 엎드려서 손과 무릎으로 기어다님<br>• 서기 위해 끌어당김<br>• 가구 잡고 서기를 함 | • 엄지와 집게 손가락을 사용하여 사물을 집음 |
| 10개월 | | • 바닥에 누워 있다가 앉음 | | • 작은 사물을 집음 |

| | | | | |
|---|---|---|---|---|
| 11개월 | | | • 혼자 일어섬<br>• 가구를 잡고 걸음 | • 능숙한 집게 잡기(엄지와 집게 손가락을 사용한 잡기)<br>• 사물을 그릇 안에 넣거나 꺼냄 |
| 12개월 | | | • 도움받아 걷거나, 혼자 걸음(두 발을 벌린 지지면이 넓고, 팔을 든 상태로) | • 두 블록의 탑을 쌓음<br>• 낙서를 함<br>• 사물을 던짐 |
| 18개월 | | | • 팔은 차렷 자세의 위치에 두고, 두 발을 벌린 지지면이 좁은 상태로 혼자 걸음<br>• 독립적으로 의자에 앉음 | • 우세 손(hand dominance, 한 손이 조작활동을 할 때에 다른 손은 수동적인 역할을 함)이 보이기 시작함<br>• 사물을 놓기 시작함 |
| 2년 | | | • 달리기 시작함<br>• 계단을 오르내림 | • 우세 손이 결정됨<br>• 여덟 블록의 탑을 쌓음 |

**표 4-3**   운동 용어

| 운동 용어 | 정의 |
|---|---|
| 외전(abduction) | 신체의 정중선에서 바깥쪽을 향한 신체 부위 측면으로의 움직임 |
| 내전(adduction) | 신체의 정중선을 향한 신체 부위 측면으로의 움직임 |
| 비대칭(asymmetrical) | 신체 부위의 형태, 크기, 자세에 있어서 신체 좌우 양쪽의 유사성 부족(예: 다른 쪽 팔이 곧게 뻗어 있을 때 한쪽 팔은 구부리고 있음) |
| 좌우 대칭의(bilateral) | 신체의 좌우 양쪽이 서로 영향을 미치는 것 |
| 말단 부위의(distal) | 신체의 중심(몸통)에서 가장 먼 곳(예: 어깨의 말단 부위는 손임) |
| 신전(extension) | 신체의 한 부위를 곧게 펴는 것 |
| 외회전(external rotation) | 신체의 정중선에서 바깥쪽을 향하여 사지를 돌리는 것 |
| 굴곡(flexion) | 신체의 한 부위를 구부리는 것 |
| 내회전(internal rotation) | 신체의 정중선을 향하여 사지를 돌리는 것 |
| 측면의(lateral) | 측면과 관계 있는 것 |
| 중앙의(medial) | 가운데와 관계 있는 것 |
| 필수적인(obligatory) | 원시 반사가 사라지지 않고 지속적으로 보이는 것 |
| 배를 대고 엎드린(prone) | 배를 대고 엎드린 것 |
| 몸 중심부 쪽의(proximal) | 몸통 중심과 가장 가까운 곳(예: 손을 기준으로 몸통 중심부와 가장 가까운 곳은 어깨임) |
| 반응(reaction) | 신체가 정상적인 관계를 수립하기 위하여 공간에서 시각, 전정기관, 촉각, 고유 수용감각기의 정보를 사용하는 잠재의식적인 움직임 |
| 반사(reflex) | 자극에 반응하여 비자발적으로 수행되는 움직임 |
| 바로 누운(supine) | 등을 대고 누운 것 |
| 대칭적인(symmetrical) | 신체 부위의 형태, 크기, 자세에 있어서 신체 좌우 양쪽이 유사한 것 |
| 몸통 회전(trunk rotation) | 신체를 비틀거나 돌리는 과정; 어깨와 엉덩이 사이에서 움직임이 일어남 |

## ④ 비전형적인 운동 발달

지체 및 중복 장애 학생은 비전형적인 운동 발달을 종종 경험한다. 어떤 아동은 운동기술 습득의 지연을 경험할 수도 있으나, 결국에는 대체로 전형적인 순서에 따라 발달한다. 또 다른 아동은 특정 운동기술이 발달하지 않을 수도 있다. 비록 비전형적인 운동 발달을 보이는 아동이 고유한 자신만의 운동능력의 강점과 약점을 가졌더라도, 운동기술 습득을 방해할 수 있는 다음의 신체적인 특성(또는 특성의 조합)을 보일 수 있다(Pellegrino, 2007).

### 1) 비전형적인 근긴장도

근긴장도의 이상은 중추신경계의 손상으로 발생할 수 있다. 근긴장도가 기대 수준보다 낮을 경우(과소긴장, hypotonia), 중력에 저항하여 신체 부위를 움직이는 힘이 감소하고, 자세 정렬이 흐트러지고, 관절은 과도하게 구부러질 수 있다. 근긴장도가 기대 수준보다 높을 경우(과다긴장[hypertonia] 또는 경직성[spasticity]), 움직임이 힘들어 비정상적인 유형으로 움직임이 일어나고, 제한적인 동작의 범위 내에서 움직임이 일어난다. 또한 자세 정렬을 방해할 수 있고, 관절의 움직임이 유연하지 않을 수 있다. 근육 수축의 시기가 비전형적일 경우(운동 실조, ataxia), 특히 균형 및 평형 감각이 필요한 활동을 하는 동안 통합되지 않은 움직임을 보인다. 어떤 아동의 근긴장도는 수시로 변할 수 있는데(불수의운동형, athetosis), 가끔은 과소긴장을 보이거나 과다긴장을 보이면서 부정확하고 통제되지 않은 움직임을 만들어 낸다. 비전형적인 근긴장도를 보이는 아동은 위의 근긴장도 문제를 복합적으로 보이기도 한다. 비전형적인 근긴장도는 개인의 신체 전체, 신체의 한쪽 부위, 또는 신체의 한 부위에 영향을 미칠 수 있다. 비전형적인 근긴장도의 유형과 위치는 두뇌 손상 위치에 따라 다르다.

근긴장도의 이상은 아동의 움직임과 기능에 최소한의 영향을 미치는 가벼운 문제부터 적합화와 지원 없이는 독립적인 움직임과 기능을 매우 어렵게 하는 심각한 문제까지 다양하게 나타날 수 있다. 심각성의 정도는 두뇌 손상의 정도에 달려 있다. 근긴장도는 근육을 움직이게 하는 기초 능력이다. 그러므로 비전형적인 근긴장도는 환경에서의 움직임을 통하여 감각 자극에 반응하는 아동의 능력을 방해한다. 따라서 다양한 발달적 운동 지표와 기능적인 과제 수행을 거쳐 다음 단계로 진전하는 것을 방해할 수 있다(Forney & Heller, 2004). 5장에서는 뇌성마비에 대하여 토론하고 이 주제에 관한 추가 정보를 제공한다.

### 비전형적인 근긴장도 중재방법

비전형적인 근긴장도를 다루는 데 사용할 수 있는 중재방법에는 (a) 물리치료와 작업치료, (b) 스플린트(splint), 석고붕대(cast), 보조기(orthoses), (c) 약물치료, (d) 외과적 수술이 있다.

**물리치료와 작업치료**　　소아과 치료사는 각 아동의 비정상적인 근긴장도의 영향을 줄이고, 적절한 발달 수준에서의 자세 안정성과 기능적 움직임을 위한 근육의 정상적인 움직임을 증가시키기 위하여 다양한 다루기와 자세 잡기 기술을 사용한다. 아동의 하루 일과에 걸쳐 계속 이어질 수 있도록 이러한 기술을 부모와 교사에게 가르칠 수 있다.

**스플린트, 석고붕대와 보조기**　　스플린트, 석고붕대, 보조기 등은 아동이 좀 더 쉽게 움직이게 하여 이동성과 기능을 높일 수 있는 자세로 신체 부위(보통 몸통 또는 사지)를 잡아 주기 위하여 주문 제작한 장비다. 이러한 장비는 경직된 조직을 서서히 펴는 데 사용할 수 있다. 아동의 빠른 성장과 몸에 직접 닿는 장비의 특성으로 인해 세심한 점검과 빈번한 교체가 필요하다. 대부분의 장비는 이러한 장비를 주문 제작하는 기술이 있는 전문가(orthotist) 또는 훈련된 치료사에 의하여 만들어진다.

스플린트는 보통 단단한 플라스틱 모형으로 만들며, 팔과 손의 자세를 잡기 위해 사용한다. 어떤 환경(예: 손바닥에서 엄지손가락의 자리를 잡기 위해)에서는 부드러운 스플린트가 사용될 수 있다. 작업치료사는 일반적으로 아동을 위해 주문 제작한 스플린트를 만든다. 이러한 스플린트는 어떤 활동을 위해 밤에만 착용하거나, 하루 대부분의 시간 동안 착용하거나, 하루 중 일부 시간 동안 착용하거나 때

어 낼 수 있다.

석고붕대는 보통 비정상적으로 과도한 근긴장도를 줄이거나, 근육이 짧아져 생기는 관절 구축을 완화하여 근육을 펴기 위해 사용한다. 석고붕대는 대체로 좀 더 중도의 장애를 가진 아동이 기능적인 자세 잡기를 취하도록 하는 데 사용되므로, 보조기와 스플린트는 그다음에 사용될 수 있다. 석고붕대는 일반적으로 팽팽한 근육을 좀 더 늘리기 위한 기능을 가지고 있으므로 몇 주마다 교체해 주는 것이 필요하다.

비전형적인 근긴장도를 보이는 아동의 약 85%가 언젠가는 보조기를 사용한다(Campbell, 2006). 보조기는 단단한 플라스틱으로 만들며, 다리 또는 발의 안정화와 자세 잡기, 긴장도 감소를 위해 사용한다. 발목 보조기(ankle-foot orthoses: AFO)는 발목과 발의 자세를 조절하며, 무릎 보조기(knee-ankle-foot orthoses: KAFO)는 발목과 발뿐 아니라 무릎의 자세도 조절해 준다. 보조기는 보통 아동이 체중 지지 활동을 시작할 때 사용한다. 착용 시간은 서서히 늘리며, 일반적으로 아동이 깨어 있는 대부분의 시간 동안 착용하게 한다. 부모와 전문가는 보조기가 잘 맞는지 확인하고, 아동의 피부에 욕창이 생기는 것을 예방하기 위해 가까이에서 함께 살펴보아야 한다. 지속적인 점검과 수정이 종종 필요하다.

**약물치료**　　약물치료는 비전형적인 근긴장도를 줄이기 위하여 사용될 수 있다. 구강 약물이 사용될 수 있으나, 어떤 약물은 복용 시 진정 작용을 일으킬 수 있으므로 복용을 피해야 할 수도 있다. 어떤 약물은 과다긴장을 줄이기 위해 약물 펌프(예: 바크로펜 펌프) 혹은 주사를 통해 제공될 수 있다.

**외과적 수술**　　외과적 중재는 일반적으로 좀 더 보수적인 중재를 통하여 아동의 이동성을 증가시키거나 유지하기 위한 모든 시도를 해 본 후에 고려해 보는 중재방법이다. 다양한 형태의 외과적 수술이 근긴장도를 줄이고, 관절의 가동 범위와 일반적인 운동기능을 향상하기 위하여 신경, 근육 또는 힘줄에 시행될 수 있다.

## 2) 원시 반사의 지속

원시 반사는 보통 아기를 보호하고 초기 운동기술 발달을 위한 기초를 형성하기 위해 생애 첫 몇 달에만 나타난다. 그러나 운동장애를 가진 아동은 원시 반사가 사라져야 할 시기에도 사라지지 않고 지속될 수 있다. 이러한 지속적인 원시 반사는 운동 발달을 촉진하지 않고, 신체 움직임을 조절하는 능력의 획득을 방해할 수 있다. 이전에 설명한 높은 수준의 자세 반사는 일반적으로 지체되거나 보이지 않는다.

지속적인 원시 반사는 학생의 의도된 움직임을 방해할 수 있다. 예를 들어, 지속적인 ATNR이 존재하는 학생이 오른손에 있는 숟가락으로 음식을 먹으려 할 때 급우를 보려고 머리를 오른쪽으로 돌린다면 ATNR이 나타날 수 있다. ATNR로 오른팔이 신전되고, 이는 팔을 구부려 음식을 입에 넣는 것을 어렵게 한다. 물리 혹은 작업 치료사는 부모와 교사가 아동을 다루고, 자세를 잡아 주고, 매일의 활동을 준비할 수 있도록 지원해 줌으로써 지속적인 원시 반사의 영향을 최소화할 수 있다.

## 3) 비전형적인 자세 조절과 움직임

비전형적인 근긴장도와 지속적인 원시 반사를 보이는 아동은 운동조절을 잘할 수 없다. 또한 그들은 중력의 힘 또는 자신의 근긴장도 때문에 특정 자세가 고착될 수 있다. 이러한 근긴장과 반사 요인에 의해 움직임의 질 또한 제한될 수 있고, 그 결과 움직임의 효율성이 감소된다. 자세 조절과 움직임이 사람, 사물과 상호작용하는 아동의 능력을 지원하므로, 환경을 탐색하고 상호작용하지 못하면 학습과 인지 발달에 영향을 줄 수도 있다(Orelove et al., 2004). 비전형적인 운동 발달을 보이는 아동에게는 최고의 운동 및 인지 기술 발달을 위해서 자세 조절, 움직임 기술, 환경 탐색을 향상하기 위한 조기 치료와 교육적 중재가 매우 중요하다.

## ⑤ 비전형적인 긴장도와 반사가 기능에 미치는 영향

### 1) 움직임과 이동성

비전형적인 긴장도와 반사를 보이는 학생은 전형적인 방법으로 팔다리를 움직이는 데에 어려움을 보일 수 있다. 어떤 경우 학생은 돌아다니기 위해 휠체어가 필요할 수도 있고, 팔의 사용에 제한을 보일 수도 있다. 이는 장애 원인과 심각성 정도에 달려 있다.

### 2) 먹기 문제

비전형적인 근긴장도와 지속적인 원시 반사를 보이는 아동은 빨기, 씹기, 삼키기에 어려움을 가질 수 있다. 얼굴과 혀의 낮은 또는 높은 근긴장도, 지속적인 물기 반사, 과민하거나 둔감해진 구토 반사(gag reflex), 또는 심한 혀 내밀기는 어려움의 원인이 될 수 있다. 물리, 작업 및 언어 치료사는 부모와 교사가 특정 적응 장비와 기술을 활용하여 적절한 자세를 잡아 주도록 도울 수 있다. 그리고 구강 민감도를 정상화하기 위해 원시 구강 반사의 영향을 줄이고, 아동이 빨고, 물고, 씹고, 삼키는 방법을 좀 더 효율적으로 배우도록 도울 수 있다.

위식도 역류(gastroesophageal reflux)는 위에 있는 음식이 식도로 역류되는 것이다. 이는 위에 있는 내용물이 식도(목의 뒷부분과 위가 연결된 통로)로 밀려나오는 것으로, 잦은 구토와 염증을 유발한다. 식사 후 약 1시간 동안 수직 혹은 반수직 자세를 취해 주거나, 작은 조각 또는 뻑뻑한 질감의 음식은 위식도 역류를 개선할 수 있고, 약물도 사용할 수 있다. 다른 조치가 효과가 없을 때에는 수술이 필요할 수도 있다.

음식 섭취에서의 문제는 식사 시간에 극도의 좌절감을 경험하게 하고, 시간을 소모하게 하며, 부모, 교사, 아동을 두렵게 하여 행동 및 사회적 문제를 야기할 수 있다. 때때로 학생은 건강 및 성장을 유지하기에 충분한 음식을 먹는 데 어려움을 보일 수도 있다. 만약 음식 섭취 문제가 아동의 성장과 체중 증가를 방해하거나 음식

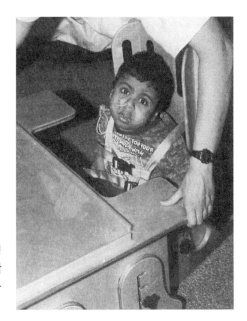

그림 4-3
영양분을 제공받기 위한 비강 영양 공급 튜브와 적절한 자세 잡기를 위해 수정된 의자와 탁자가 필요한 중복장애 학생

과 음료가 폐로 넘어감으로써 생기는 잦은 흡인성 폐렴이 발생하면 위루술 튜브 (gastrostomy tube, 혹은 gastrostomy button)를 삽입하는 수술이 권고될 수도 있다. 이 수술에서 튜브는 위 혹은 장에 삽입되고 복부벽으로 나오게 된다. 구강을 통하지 않고 액상 영양제를 직접 위 혹은 장으로 주입한다(Heller et al., 2000). 어떤 경우 코에서 위로 영양분을 전달하기 위해 코에서 위로 연결되는 튜브인 비강 영양 공급 튜브(N튜브)를 사용한다. 이는 위루술 튜브가 삽입되거나 N튜브가 더 이상 필요하지 않을 때까지 단기 해결책으로 사용한다([그림 4-3] 참조).

## 3) 장과 방광 문제

변비는 비전형적인 근긴장도를 보이는 아동에게 빈번하게 발생하는 문제다. 낮거나 높은 근긴장도, 활동의 부족, 수직적인 자세 잡기의 어려움, 부족한 감각능력, 배설에 필요한 압력을 만들어 낼 수 있는 충분한 복부 힘의 부족은 변비의 원인이 될 수 있다. 자세와 활동 수준의 변화, 섬유질이 보충된 식이요법, 윤활제와 대변 연화제의 사용은 이러한 문제에 도움이 된다. 부모, 교사, 전문가(물리 및 작업 치료사, 간호사, 의사, 영양사)는 해결책을 만들어 내기 위해 긴밀히 협력해야 한다.

비정상적인 근육 조절과 감각의 어려움은 방광 조절 문제를 일으킬 수 있고, 방광 조절 문제는 위생적 어려움과 함께 요로 감염증을 유발할 수 있다. 위생 프로그램, 항생제, 물 섭취 보충은 감염을 줄이는 데 도움을 줄 수 있다. 비전형적인 운동 발달을 보이는 아동의 방광과 장 조절력은 전형적인 운동 발달을 보이는 아동보다 상당히 지연될 수 있다. 또한 어떤 장애는 아동이 장과 방광 기능을 조절하는 것을 불가능하게 하는 의학적 상태를 야기한다.

## 4) 호흡 문제

비전형적인 근긴장도를 가진 아동은 타액과 음식이 흡인(즉, 폐로 넘어가는 것, aspiration)되지 않게 하는 데 어려움을 보일 수 있다. 근육 조절력이 빈약하여 아동은 기침을 하여 흡입 물질을 뱉어 내는 것이 어려울 수 있다. 만약 폐가 감염되면 점액에 의한 막힘이 만성적으로 일어날 수 있고, 폐렴이 올 수도 있다. 비전형적인 근긴장도는 아동이 적절한 산소를 흡입할 수 있도록 충분히 깊게 숨을 쉬는 것을 어렵게 할 수 있다. 이는 피로와 건강 문제를 일으킬 뿐 아니라 흉곽 형성에도 영향을 미칠 수 있다. 숨쉬기, 빨기, 삼키기 간의 조정력 부족은 음식 섭취를 더 복잡하게 만들고, 말하기에 필요한 호흡 지원과 조절을 충분하지 않게 할 수도 있다. 언어치료사, 물리치료사, 작업치료사, 간호사는 비전형적인 아동의 흡인을 줄이고, 더 나은 호흡 패턴을 도울 수 있는 적절한 자세 잡기와 촉진기술을 제공하기 위해 교사, 부모와 협력해야 한다.

## 5) 말하기 장애

음식 섭취에 어려움을 보이는 학생은 말하기에도 어려움을 보인다. 명확하게 발음하는 것이 어렵고 이해하기 어려울 수 있다(예: 발음장애). 어떤 경우에는 전혀 말하지 못할 수도 있다. 어떤 학생은 다른 사람과 의사소통하기 위해 보완적인 의사소통 도구가 필요할 것이다.

## 6) 이차적인 정형외과적 변화

비정상적인 근긴장도, 지속적인 원시 반사, 아동이 독립적으로 사용할 수 있는 자세와 움직임에서의 제한은 관절, 근육, 뼈에서 이차적인 변화를 야기할 수 있다. 비전형적인 운동 발달을 보이는 아동은 정상적인 관절의 가동 범위로 관절을 움직이지 못하므로 근육이 짧아지고, 관절 주위의 결합 조직이 당겨지는 구축(contractures)이 발생할 수 있다. 구축은 아동의 움직이는 능력을 제한한다. 만약 이러한 이차적인 변화를 예방하고 고치기 위한 중재가 이루어지지 않는다면, 비전형적인 근긴장도와 그 결과로 생기는 비전형적인 신체 자세와 움직임 패턴은 뼈 형성과 성장에 있어서 실제로 변화를 일으킬 수 있다. 이를 교정하기 위해서는 적절한 정형외과적 수술이 요구된다.

비전형적인 운동 발달을 보이는 아동의 적절한 자세 잡기와 다루기를 위해 물리 및 작업 치료사, 부모, 교사가 모두 협력하는 초기 치료적 중재는 이러한 이차적인 정형외과적 변화를 예방하는 데 도움을 줄 수 있다. 그러나 일단 일어나면 연조직에 연속적으로 석고붕대를 하고, 힘줄 또는 근육을 늘리는 외과적인 절차가 연조직의 제한성을 교정하기 위해 필요할 수 있다. 뼈가 변했을 경우에는 뼈와 관련된 외과적 절차가 필요하다. 뼈가 치유될 때까지는 장기간 동안 석고붕대를 하는 절차가 필요하다.

## 7) 기능적인 기술 발달의 어려움

아동이 비전형적인 자세 조절과 움직임 패턴을 보일 때, 그들은 연령에 적절한 수준의 먹기, 옷 입기, 씻기, 용변 보기와 같은 기능적인 과제를 독립적으로 수행하는 데 필요한 자세를 갖추지 못한다. 게다가 일단 아동이 학령기에 다다르면 쓰기와 같은 교실 내에서 필요한 기능적인 과제 수행에 어려움을 보일 수 있다.

물리 및 작업 치료사는 기능적인 독립성을 높일 수 있는 활동, 자세 수정, 장비 수정을 통해 아동, 가족, 교사를 도울 수 있다. 예를 들어, 먹기에 앞서 구강의 치료적 준비, 먹는 동안 할 수 있는 치료적인 조치를 통해 아동의 개별적 요구를 충족해 줄 수 있도록 부모와 교사를 훈련하여 음식 섭취를 촉진할 수 있다(예: 구강 근육을 자극하거나, 지속적인 구강 반사를 줄이거나, 구강 민감도를 줄이거나 혹은 늘리기 위해 만지고 누르는 기술 사용). 곡선 모양의 그릇과 구부러진 숟가락, 조립한 손잡이는 아동이 독립적으로 식사하도록 도울 수 있다. 등받이가 있는 의자, 벽 혹은 긴 의자에 지지하여 앉고, 벨크로 잠금 장치가 부착된 수정된 옷을 입는 것으로 아동의 옷 입기 기술을 향상할 수 있다. 목욕수건, 수정된 칫솔, 손잡이가 부착된 샤워 노즐, 혹은 특수한 목욕의자는 개인 위생과 관련해 아동의 독립성을 높일 수 있다. 특별한 지원이나 화장실 의자 또는 휠체어에서 변기로 이동하는 개인 훈련으로 더 나은 독립성을 촉진할 수도 있다. 특별하게 수정된 쓰기 도구 또는 대답을 타이핑하기 위한 컴퓨터의 사용은 아동이 교실활동에 더 잘 참여하도록 도울 수 있다. 기능적인 기술의 증가는 아동의 운동 수행을 개선할 뿐 아니라 인지적, 사회적, 의사소통 기술의 발달에도 중요하다.

## ⑥ 감각 손상이 운동능력에 미치는 영향

### 1) 청각 손상과 관련된 운동 문제

뇌막염과 같은 질병의 결과로 감각신경성 청각 손상(sensorineural hearing loss)을 얻은 아동은 내이의 전정기관에 손상을 받아 운동 조절과 균형 감각의 손실을 경험할 수도 있다. 걸을 수 있었던 아동이 기어서 움직이게 될 수 있고, 심지어 도움이 없으면 앉지 못하게 될 수도 있다. 병이 발생하기 전에 잘 확립되었던 자세 반응도 더 이상 작용하지 않을 수 있다. 손상의 정도와 아동의 연령에 따라 퇴행 수준이 결정된다. 그러나 균형 및 평형 능력을 위한 적절한 중재를 제공하면 아동은 전형적으로 발달할 수 있다. 단, 어둡거나 눈을 감은 상황과 같이 시각이 없어진다면 균형 및 평형에서의 손상은 지속될 수 있다(Orelove et al., 2004).

### 2) 시각 손상과 관련된 운동 문제

시각을 상실한 아동은 종종 언어, 사회화, 자조기술, 운동 발달과 같은 많은 영역에서 발달적인 지체를 보인다(Orelove et al., 2004). 운동 발달은 움직임과 방향 정위의 요소를 포함하는데, 시력을 상실한 아동은 자신의 움직임을 쉽게 점검하지 못하고, 움직임의 모델이 되는 다른 사람을 따라 하기 어렵다. 공간에서의 자기 신체와 자세에 대한 인식뿐 아니라 공간에서의 다른 사물의 관계에 대한 인식 또한 지체될 수 있다. 명확한 시각이 없으면 방향 정위 문제를 경험하는데, 이로 인하여 아동은 자신을 둘러싼 환경의 심적 지도(mental map, 개인의 내적인 지도 표상)를 제작하는 데 어려움을 겪을 수 있다. 예를 들어, 시각이 손상된 아동은 목표 지점으로 가는 길에 설치된 장애물을 피해 가는 주변의 도로를 발견할 수 없다. 또한 시각 손상은 아동이 움직이고 환경과 상호작용하고자 하는 중요한 동기부여의 근원을 없앨 수도 있다. 시각을 상실한 아동이 소리의 근원을 향해 움직이거나 도달하는 것은 가능하나, 시각적으로 안내받아 도달하는 것보다 더 복잡한 과제다. 이는 일반적으로 운동 발달(약 9~12개월) 이후에 발생하고, 시각이 손상된 아동의 운동기술 진전은 좀 더 지체된다.

시각을 상실한 아동은 전형적인 시력, 자세 반응(정위, 방위, 평형 반응)을 가진 아동보다 일반적인 움직임 연습을 덜하므로 모든 자세의 발달이 느리고, 이로 인해 균형감이 지체된다. 시각을 상실한 아동은 움직이고자 하는 동기가 덜하므로 '이동성 지표(mobility milestones)'(기기와 걷기와 같은)가 '안정성 지표(stability milestones)'(앉기와 서기와 같은)보다 지체된다.

걷기 시작할 때 시각을 상실한 아동은 비전형적인 보행 패턴을 보이고, 지지력과 안정성을 더 확보하기 위해 발을 넓게 벌릴 수 있다. 또한 걷는 지면에 대한 부가적인 단서를 제공받고 접촉을 유지하기 위해 바닥을 따라 자신의 발을 끌며 걷는 보행 패턴을 보일 수 있다. 팔은 보호를 위해 높게 올려 방어 자세를 취한다. 몸통 회전은 거의 보이지 않으며, 보행은 부자연스러워 보인다.

아동의 소근육운동 기술 또한 지체될 수 있다. 전형적인 시각을 가진 아동에 비해 뻗기 기술은 늦게 나타난다. 촉각 자극의 해석 또한 손상을 입어서 만지거나 만져지는 촉각에 대하여 방어적이고 저항적일 수 있다. 시각을 상실한 아동은 사물을 조작하는 방법을 잘 몰라서 직접적인 도움이 필요할 뿐 아니라 손으로 사물을 직접 탐색하는 데에 좀 더 많은 시간이 필요하다.

7  중재방법

발달 지체 혹은 장애를 가진 사람의 발달을 돕기 위한 많은 중재방법이 발전되어 왔다. 이러한 중재의 주된 이론적 기초는 신경과학 분야에서의 연구 결과로, 임상적인 효과성 때문에 지속적으로 받아들여져 왔다. 소아과 영역에서 일반적으로 가장 널리 알려진 몇 가지 중재방법은 다음과 같다. 그러나 이미 설명한 대로, 비전형적인 운동 발달을 보이는 아동을 위해 성과와 활동을 계획하기 위해서는 기능적이고 광범위한 접근을 해야 함을 지지하는 과학적 증거가 많다(Effgen, 2005; Forney & Heller, 2004).

## 1) 신경발달 처치

1960년대에 물리치료사인 Berta Bobath는 신경발달 처치(neurodevelopmental treatment: NDT)라는 중재기술을 발달시켰다. 그녀의 남편인 Karl Bobath 박사는 이 중재 접근에 대한 과학적인 논리적 근거(현재 의문이 드는)를 운동 조절에 관한 신경성숙주의자 모델에 기초하였다고 설명했다. Bobath 부부는 전형적인 아동의 발달은 두뇌 성숙에 의해 이루어진다고 믿었다. 두뇌 성숙은 초기 반사활동을 억제하고, 자세 반응이 요구되는 구체적인 발달 순서에 따라 더 높은 수준의 기술을 촉진한다. 뇌성마비와 비전형적인 근긴장도를 보이는 아동에게 초점을 둔 그들의 처치기술은 이러한 동일 원칙을 추구했다.

NDT에서 치료사는 신체 부분을 정렬하거나, 원하지 않는 움직임을 일으키거나, 유도하거나, 막기 위해 특정 신체 부위를 손으로 다루는 '직접적인(hands-on)' 접근을 사용한다. NDT의 궁극적인 목적은 아동의 비전형적인 움직임 패턴을 억제하고 필수적인 자세 반응을 포함하는 전형적인 움직임 패턴을 촉진하는 것이다. 치료 시 움직임에 대한 적합한 자세 반응을 촉진하기 위해 치료용 공(trerapy ball)을 자주 사용한다. 처치의 목적은 아동에게 새로운 패턴의 움직임이 발달하도록 돕는 것이다. 처치는 아동이 실제적인 움직임 활동을 수행하는 동안의 직접적인 촉진을 포함하지만, 이러한 촉진은 일상의 기능적 활동으로 이어질 것으로 기대된다. 잘 조정된 처치 프로그램을 계획하고 실행하기 위해 다른 팀 구성원(가족, 치료사, 교사)의 훈련과 참여를 장려한다. 그러나 치료사의 좋은 다루기 기술은 이 접근에 필수적이다(Effgen, 2005; Montgomery & Connolly, 2003).

## 2) 감각 통합

A. Jean Ayres는 1960년대에 학습장애 아동의 감각 처리과정과 운동 및 지각 문제를 설명하기 위해 감각통합(sensory integration: SI) 이론과 치료를 발달시켰다. SI 이론에 따르면, 학습은 환경과 신체 움직임에서 감각 정보를 받아들이고, 중추신경계에서 이러한 감각 입력 정보를 처리 및 통합하고, 조직화된 움직임과 행동을 계획하고 만들어 내기 위해 정보를 사용하는 아동의 능력에 달려 있다고 한다. SI 중재는 현재 학습 및 주의집중 장애 아동뿐 아니라 뇌성마비와 같은 다양한 신경학적 손상을 가진 아동에게도 적용되고 있다.

SI 중재는 중추신경계 구조를 향상하고자 한다. 이 중재는 아동이 목적이 있는 활동에 참여하는 동안 특정 감각 자극(촉각, 전정감각, 고유 수용감각 자극)에 적응할 수 있는 반응을 유발하는 아동의 능력을 촉진한다. SI는 특정 과제나 기술의 숙달을 이끄는 것보다 오히려 운동활동을 수용하고 기억하고 계획하는 두뇌의 수용능력을 높이는 데 초점을 둔다. SI 치료는 균형감, 근긴장도, 안구운동 반응, 중력에 저항하는 움직임, 자세 적응, 각성 또는 활동 수준에 영향을 미치는 전정감각을 자극하는 활동을 자주 사용한다. SI 치료에서는 적합한 자세와 움직임 반응을 촉진하기 위해 저항활동, 무게감 있는 물건은 물론이고 장비를 매달아서도 사용한다(Effgen, 2005; Montgomery & Connolly, 2003; Smith Roley, Blanche, & Schaaf, 2001).

## 3) 교육을 통한 이동성 기회

교육을 통한 이동성 기회(mobility opportunities via education: MOVE) 접근의 교육과정은 아동이 체계적으로 운동기술을 발달시키는 것을 돕기 위해 교육가인 Linda Bidabe와 물리치료사인 John Lollar에 의해 1990년대에 개발되었다. 이 접근은 전형적으로 일어나는 연속적인 발달 순서에 따라 운동기술이 발달된다는 발

출처: ⓒ 1991, 2003 Kern County Superintendent of Schools 허락하에 제인쇄, 판권은 MOVE International이 소유함.

MOVE 교육과정에서 사용한 촉진체계 예시(예: 착석 기능). 숫자 0은 촉진이 전혀 없는 경우를 나타내고, 숫자 5는 가장 많은 촉진을 제공하는 것을 의미한다. 머리 조절과 같은 몇몇 기능은 필요한 촉진의 수를 세는 것으로 점수를 매긴다.

**그림 4-4**

달적 모델과는 대조적으로, 운동목표는 선택된 기능적 활동의 운동 단계에 기초한다는 하향식 모델을 사용한다. 이 프로그램에서는 아동이 교육 및 여가 활동에 참여하는 동안 자연적으로 일어나는 기능적인 운동기술을 연습하도록 한다.

MOVE 프로그램에서는 활동(예: 공공 화장실 사용하기, 식당에서 식사하기)을 선정하고, 이러한 과제(예: 서기 자세에서 앉기 자세 취하기, 앉은 자세 유지하기, 뒤로 걷기)를 수행하는 데 필요한 신체기능을 결정하기 위해 활동을 과제 분석한다. 이러한 각각의 신체기능은 4단계의 성취 수준(독립적인 이동성 기술 습득부터 뼈 건강과 기능성을 높이는 기술 습득까지의 범위)으로 나뉜다. 학생은 검사 결과에 기초하여 이러한 성취 수준 중 한 가지를 목표로 삼는다. 원하는 성취 수준을 달성하기 위해 학생의 현재 기능 수준보다 상위의 기술을 목표로 삼고, 그 기술을 수행하기 위해 필요한 촉진의 정도를 결정한다. 촉진의 정도를 수치로 표현하고, 학생이 가르친 기술을 익히면 체계적으로 촉진을 줄여 나가는 구체적인 촉진 감소 프로그램을 사용한다([그림 4-4] 참조).

## ⑧ 들어 올리기와 자세 잡기 고려사항

어떤 아동은 한 장소에서 다른 장소로 이동할 때, 부분적이거나 완벽한 지원이 필요할 것이다. 아동의 이동을 돕는 성인은 들어 올리기, 다루기, 자세 잡기의 기본 원칙에 대한 기초를 쌓아야 한다. 간호사, 물리치료사 또는 작업치료사는 적절한 기술을 학습할 수 있도록 좋은 자료를 제공한다.

### 1) 들어 올리기에 앞선 고려사항과 들어 올리기 기술

아동을 들어 올릴 때 미리 계획을 세우지 않는다면 성인과 아동 모두 부상의 위험에 처할 수 있다. 만약 너무 무거워 한 사람이 안전하게 들어 올릴 수 있을지 확신이 서지 않는다면 두 사람이 들어 올리거나 기계 장비를 사용할 수 있다([그림 4-5] 참조). 아동이 너무 무거울 경우 성인 한 명이 들어 올릴 수 있을지 없을지를 결정해야 하는데, 다음에 제시된 경험에 바탕을 둔 방법을 활용한다. 만약 아동이 성인 체

**그림 4-5**　리프트 기계를 사용하여 휠체어에서 옆으로 눕기 자세 보조기구(side lyer)로 들어 올려지는 학생

중의 35%을 초과한다면 성인은 혼자 들어 올리기를 시도해서는 안 된다. 예를 들어, 성인의 체중이 54킬로그램이라면 19킬로그램 이상의 체중이 나가는 아동을 들어 올려서는 안 된다. 만약 성인의 체중이 84킬로그램이라면 한 사람이 들어 올릴 수 있는 체중의 한계는 29킬로그램이다(Heller, Forney, Alberto, Schwartzman, & Goeckel, 2000).

　실제 사람을 들어 올리기 전에 성인은 아동을 옮기려면 얼마나 많은 도움이 필요한지, 또 다른 성인 또는 특수한 기계적 리프트 장비가 필요한지, 아동을 들어 올리기 위해서는 무엇을 준비해야 하는지(예: 구체적인 다루기 기술 또는 자세), 그리고 이동을 촉진하기 위해서는 환경을 어떻게 수정해야 하는지를 결정해야 한다.

　마지막 고려사항은 성인이 아동을 옮기는 거리를 최소화하도록 환경을 배치해야 한다는 것이다. 이는 아동 스스로가 움직이게 하거나(예: 유아가 탁자까지 기어가기), 이동 장소까지 휠체어로 옮겨 성인이 아동을 직접 옮기는 거리를 최소화해야 함을 의미한다. 만약 아동을 서기 자세 보조기구와 같은 장비까지 들어 올리려면 손이 쉽게 닿는 가까운 곳에 장비가 있어야 하고, 학생이 설 수 있도록 준비가 되어 있어야 한다. 자세 잡기에 필요한 모든 장비는 아동을 들어 올리기 전에 미리 옆으로 가져와야 한다. 마지막으로 안전한 이동을 위해 주변에는 장애물이 없어야 한다. 〈표 4-4〉에서는 적절하게 들어 올리기 위한 신체 역학상의 일반 원칙을 제시하였다. 〈표 4-5〉에서는 한 사람과 두 사람이 들어 올릴 때의 단계를 설명하였다. 물리치료사 또는 작업치료사는 아동의 움직임을 보조할 때 아동을 다루고 아동의 자세를 잡아 주는 최상의 방법에 관하여 의견을 제공해 줄 수 있다. 아동이 움직이도록 하기 위해 어떻게 준비해야 하는지, 어디에서 지원을 제공해야 하는지, 움직임의 속도, 기능적인 움직임을 어떻게 촉진해야 하는지에 관한 정보가 아동의 이동을 도울 때에는 모두 중요하다.

**표 4-4** 적절한 들어 올리기를 위한 신체 역학

### 들어 올리기의 원칙

1. 들어 올리기 전에 당신이 무엇을 하고 있는지, 어디로 갈 것인지, 필요한 것이 무엇인지 생각하는 시간을 가지라.
2. 들어 올리기 위해 몇 명이 필요한지 결정하기 위해 아동의 체중을 측정하라.
3. 아동이 가능한 한 많은 체중을 지탱하게 하고, 가능한 한 힘을 많이 보태게 하라.
4. 들어 올리기에 앞서 한 발을 다른 발의 약간 앞으로 하고, 다리를 벌려서 지지할 수 있는 넓은 기반을 마련하라.
5. 들어 올리기 위해 허리를 절대 굽히지 말고 무릎을 구부리고 가능한 한 허리를 곧게 유지하라.
6. 들어 올리기 위해 허리의 소근육 대신에 팔다리의 대근육을 사용하라.
7. 들어 올리거나 나를 때 허리 근육의 긴장을 줄이고 적절한 균형을 유지하기 위해 아동에게 가까이 다가가라.
8. 당신의 상체를 비틀지 말라. 당신의 발을 움직이고, 당신의 발끝에 맞추어 허리를 곧게 유지한 상태로 회전하라.
9. 들어 올릴 때 개인의 팔다리를 잡지 말고 몸통, 어깨, 엉덩이를 지지하라.

**표 4-5** 한 사람과 두 사람이 바닥에서 들어 올리기

### 한 사람이 바닥에서 들어 올리기

1. 가능한 한 장비를 가까이 가져오거나 아동을 장비가 있는 곳에 가깝게 옮기라.
2. 가능한 한 가깝게 마주 보며, 한쪽 무릎을 꿇고 반대쪽의 발은 세우라.
3. 물리치료사가 알려 준 대로 허리를 곧게 유지한 채 아동을 앉기 자세로 옮기라.
4. 물리치료사가 알려 준 대로 한쪽 팔은 아동의 허벅지 아래에, 다른 팔은 등을 둘러서 겨드랑이 아래에 넣으라(어떤 아동의 경우, 치료사는 그 아동의 팔 아래에 당신의 팔을 끼우고 양손으로 아동의 허벅지를 잡은 채 뒤에서 아동을 들어 올리는 방법을 권할 수 있다).
5. 아동에게 가까이 다가가라.
6. 들어 올린다고 아동에게 말하라.
7. 허리를 곧게 유지한 채 다리 근육을 사용하여 일어서라.
8. 당신과 아동의 간격을 좁히고, 아동을 당신의 허리 아래로 유지한 채 장비까지 나르라.
9. 당신의 무릎을 구부리고 허리를 곧게 유지한 채 아동을 장비까지 내리라.
10. 아동이 적절하게 자세를 잡았는지 확인하라.

| 두 사람이 바닥에서 들어 올리기 |
|---|

1. 가능한 한 장비를 가까이 가져오거나 아동을 장비가 있는 곳에 가깝게 옮기라.
2. A. 옆에서 옆으로(side-to-side) 들어 올리는 방법
   a. 두 명의 성인이 가능한 한 아동에게 가까이 다가가서 아동의 양 측면에서 무릎을 꿇으라. 이때 한쪽 무릎은 꿇고 반대쪽의 발은 세우라.
   b. 물리치료사가 알려 준 대로 허리를 곧게 유지한 채 아동을 앉기 자세로 옮기라.
   c. 한 사람은 한 팔을 아동의 허벅지 아래에 두고, 다른 팔은 아동의 등 주위에 두라. 아동의 뒤에서 성인의 팔을 교차한 채로 다른 사람은 반대쪽에서 똑같이 하라.
   B. 위에서 아래로(top-bottom) 들어 올리는 방법
   a. 한 명의 성인은 아동의 머리 위로 가능한 한 가까이 다가가서 무릎을 꿇으라(아동의 신체 중 더 무거운 부분을 들어 올리므로 키가 더 크고 힘이 더 센 사람이 담당함). 다른 성인은 아동의 발 부분으로 가능한 한 가까이 다가가서 무릎을 꿇는다.
   b. 물리치료사가 알려 준 대로 허리를 곧게 유지한 채 아동을 앉기 자세로 옮기라.
   c. 위쪽에 위치한 성인은 아동의 가슴 가까이에 아동의 팔을 교차하여 두고, 그의 팔을 아동의 팔 아래와 가슴 앞쪽 주위에 둔다.
   d. 아래쪽에 위치한 성인은 그의 손과 팔뚝을 아동의 허벅지 위에 둔다.
3. 한 사람은 "셋에 들어 올려요. 하나, 둘, 셋." 이라고 말한다.
4. 성인은 함께 허리를 곧게 유지한 채 다리 근육을 사용하여 일어선다.
5. 성인은 그들과 아동의 간격을 좁히고, 아동을 당신의 허리 아래로 유지한 채 장비까지 나른다.
6. 성인은 무릎을 구부리고 허리를 곧게 유지한 채 아동을 장비까지 내린다.
7. 아동이 적절하게 자세를 잡았는지 확인한다.

## 2) 자세 잡기 고려사항

지체장애 아동을 위한 적절한 자세 잡기는 전형적이고 기능적인 움직임 패턴을 촉진하여 아동의 기술 발달과 독립성을 격려한다. 지체장애 아동에게 가장 바람직한 자세를 선정할 때, 부모, 교사, 치료사는 다음의 질문에 답하기 위하여 협력해야 한다. 자세가 발달적으로 적절한가? 자세는 기능적 기술의 발달을 강화하는가? 자세는 없어져야 하는 움직임 패턴(예: 원시 반사 패턴)을 방지하는가? 자세는 가정과 학교의 일상과 활동에서 사용될 수 있는 현실적인 대안인가(Heller et al., 2000)?

지체장애 아동은 가정과 학교에서 일상적인 활동을 하는 동안 기능적인 자세를 유지하기 위해 가끔 자세 잡기 적응 장비나 도구가 필요할 것이다. 신체의 자세를 유지하도록 돕는 자세 잡기 도구는 둥글게 만 수건이나 담요와 같이 간단할 수도 있다. 그러나 어떤 아동은 기능적인 움직임을 위해 가장 바람직한 자세를 취하는 데 있어 특수한 착석 도구, 휠체어, 웨지와 같은 상업적으로 구입한 장비도 필요할 것

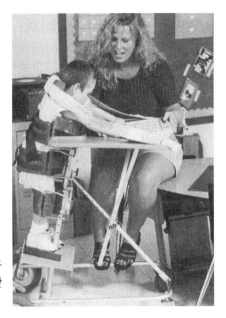

그림 4-6 프론 스탠더에서 활동을 하고 있는 유아. 어깨의 스트랩이 유아의 팔을 앞으로 뻗어 활동할 수 있도록 돕는다.

이다. 프론 스탠더(prone stander)와 같은 자세 잡기 도구는 뼈 성장을 촉진하는 부가적인 혜택이 있다([그림 4-6] 참조). 부모, 교사, 치료사는 아동에게 필요한 자세 잡기 도구가 무엇인지 결정하기 위해 협력해야 한다.

## ⑨ 교육적 시사점

교육 팀은 아동의 비전형적인 운동 발달을 이해해야 한다. 이는 비전형적인 발달을 보이는 아동의 기능이 어떤 상태인지, 일어날 수도 있는 수반 문제는 무엇인지, 그리고 예방해야 하는 이차적인 문제가 무엇인지 이해하기 위하여 필요하다. 이러한 이해를 통하여 팀은 학생의 요구에 부응하기 위해 노력하고, 적절한 교육적 목표와 중재를 결정하고, 개인을 지원하기 위해 환경을 적절하게 수정할 수 있다.

비전형적인 운동 발달을 보이는 아동은 신체 및 감각적 요구를 충족하고 최대한의 운동 발달을 이루기 위해서 전문가 팀의 지속적인 참여가 필요하다. 물리 및 작업 치료사는 학생의 가장 바람직한 운동 수행을 격려하고 최고의 기능적인 독립성을 고려하기 위해 가족, 교사와 협력해야 한다. 이와 더불어 팀의 모든 구성원은 학생의 기능적인 운동 수행을 촉진할 수 있는 수정 장비(특수한 앉기 장비 및 섭식 장비)

또는 수정 도구(브레이스와 스플린트)의 사용에 대하여 교육받아야 한다. 아동이 발달하고 변화함에 따라 전문가 팀이 제공하는 지속적인 피드백과 정보는 운동 목표와 성과에 필요한 변화를 일으키는 데 중요할 것이다. 운동목표를 변화시키려면 종종 외과 수술 중재가 필요하다.

비전형적인 운동 발달을 보이는 학생을 위해 교육 팀은 교실 자료 제시방법과 학생의 반응방법을 수정하는 것이 필요할 수 있다. 이러한 수정은 개별 학생의 운동 강점과 약점을 고려할 필요가 있을 것이다. 학생이 성취할 수 있는 대안적인 움직임(예: 스위치, 눈 응시[eye gaze] 등)이 가끔 사용되기도 한다. 어떠한 수정을 하더라도 이는 모든 환경에서 사용될 수 있어야 한다(보조공학에 관한 내용은 8장, 교실 적합화에 관한 내용은 12장 참조).

## 요약

이 장에서는 전형적 및 비전형적인 운동 발달에 대하여 논의하였다. 발달에 관한 이론적 틀은 다음의 가정을 포함한다. (a) 발달은 모든 영역에 걸친 변화의 집합체다. (b) 발달은 개인의 자기 조직화를 반영하는 과정대로 일어난다. (c) 발달은 유전적 구성과 환경 간의 상호작용에 의해 일어난다. 전형적인 운동 발달의 이해는 비전형적인 운동 발달을 이해하는 데 결정적이다. 비전형적인 운동 발달 및 중재와 관련된 일반적인 문제의 일부를 다루었다. 운동 발달은 청각 또는 시각 손상과 관련이 있으므로 이에 대한 논의가 이루어졌다. 추가로 적절한 자세 잡기와 들어 올리기를 위한 기초적인 신체 역학에 대한 정보를 다루었다. 마지막으로 비전형적인 운동 발달을 보이는 학생을 위한 교육적 평가와 계획에서 팀 접근의 중요성을 강조하였다.

## 참고문헌

Campbell, S. K. (2006). The child's development of functional movement. In S. K. Campbell, D. W. Vander Linden, & R. J. Palisano (Eds.), *Physical therapy for children* (3rd ed., pp. 33–76). St. Louis: Saunders/Elsevier.

Cronin, A., & Mandich, M. B. (Eds.). (2005). *Human development and performance throughout the lifespan.* Clifton Park, NY: Thomson Delmar Learning.

Dennis, C. W., & Schlough, K. A. (2004). Gross motor development. In S. R. Hooper & W. Umansky (Eds.), *Young children with special needs* (4th ed., pp. 224–266). Upper Saddle River, NJ: Pearson Education.

Effgen, S. K. (2005). *Meeting the physical therapy needs of children.* Philadelphia: F. A. Davis.

Forney, P. F., & Heller, K. W. (2004). Sensorimotor development: Implications for the educational team. In F. P. Orelove, D. Sobsey, & R. K. Siberman (Eds.), *Educating children with multiple disabilities: A collaborative approach* (4th ed., pp. 193–247). Baltimore: Brookes.

Goldfield, E. C., & Wolff, P. H. (2004). A dynamical systems perspective on infant action and its development. In G. Bremner & A. Slater (Eds.), *Theories of infant development* (pp. 3–29). Malden, MA: Blackwell.

Heller, K. W., Forney, P. E., Alberto, P. A., Schwartzman, M. N., & Goeckel, T. M. (2000). *Meeting physical and health needs of children with disabilities: Teaching student participation and management.* Belmont, CA: Wadsworth/Thomson Learning.

Hooper, S. R., & Umansky, W. (2004). *Young children with special needs* (4th ed.). Upper Saddle River, NJ: Pearson Education.

Montgomery, P. C., & Connolly, B. H. (Eds.). (2003). *Clinical applications for motor control.* Thorofare, NJ: SLACK.

Orelove, F. P., Sobsey, D., & Silberman, R. K. (Eds.). (2004). *Educating children with multiple disabilities: A collaborative approach* (4th ed.). Baltimore: Brookes.

Pellegrino, L. (2007). Cerebral palsy. In M. L. Batshaw, L. Pellegrino, & N. J. Roizen (Eds.) *Children with disabilities* (6th ed.). Baltimore: Brookes.

Shumway-Cook, A., & Wollacott, M. H. (2001). *Motor control: Theory and practical application.* Philadelphia: Lippincott Williams & Wilkins.

Smith Roley, S., Blanche, E. I., & Schaaf, R. C. (2001). *Understanding the nature of sensory integration with diverse populations.* San Antonio, TX: Therapy Skill Builders.

Thelen, E. (2000). Grounded in the world: Developmental origins of the embodied mind. *Infancy, 1,* 3–28.

제2부

# 신경운동장애

# 제5장  뇌성마비

*Kathryn Wolff Heller and Jennifer Tumlin Garrett*

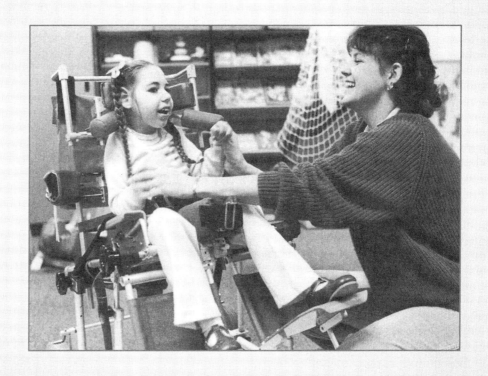

뇌성마비(cerebral palsy: CP)는 두뇌 부분의(cerebral) 마비(palsy) 상태를 의미하며, 자발적 운동이나 자세의 다양한 장애를 모두 포함하는 폭넓은 용어다. 1860년대에 처음으로 George Little 박사가 이 용어를 사용했을 때, 그는 태어날 때 산소 결핍으로 뇌성마비가 초래된다고 생각했다. 그러나 그 이후 뇌성마비의 원인에 대한 새로운 발견이 이루어져 왔다.

뇌성마비는 신생아 1000명당 약 1~2.4명, 미숙아의 15%에서 발생하는 것으로 추정된다(Beers, Porter, Jones, Kaplan, & Berkwits, 2006; Nelson, 2002). 조산으로 저체중인 신생아의 생존율이 높아지면서 뇌성마비의 출현율도 높아지고 있고, 추가적인 관련 장애가 초래되기도 한다(Nelson, 2002). 뇌성마비의 형태와 심한 정도에 따라 뇌성마비 아동은 다양한 특성을 나타낸다. 어떤 뇌성마비 아동은 거의 장애를 알아보기 어려울 정도인 반면, 어떤 아동은 단순한 신체적 과제를 수행하는 것에서조차 수정이나 지원이 필요할 정도의 심각한 운동장애를 보일 수 있다. 이와 같은 뇌성마비 아동의 다양성 때문에, 교육 팀에서는 최선의 중재와 교육적 지원을 제공하기 위해 각 아동의 개별적 특성을 파악하는 것이 매우 중요하다.

이 장에서는 뇌성마비에 대한 설명과 원인에 대해 알아본다. 또한 다양한 유형의 뇌성마비 출현에 대한 이해를 돕기 위해 신경생물학에 대해 간단히 살펴보며, 뇌성마비의 특성과 원인, 치료방법과 교육적인 시사점도 설명한다.

## ① 뇌성마비 개요

뇌성마비(CP)는 출산 전이나 출산 시, 출산 후 초기 몇 년 이내에 발생한 두뇌 손상이나 두뇌 결함으로 인해 수의적 움직임이나 자세의 손상을 나타내는 비진행적 장애로 규정할 수 있다(Beer et al., 2006; Miller, 2005). 이를 다른 방법으로 개념화하면, 미성숙한 두뇌의 손상으로 인해 영구적인 운동장애를 초래하는데, 이 두뇌의 손상은 정지되어 있다는 것이다(Miller, 2005). 뇌성마비가 간질뿐 아니라 감각과 인지, 의사소통, 지각, 행동에서의 장애를 종종 수반한다는 것을 정의에 추가하자는 제안도 계속되어 왔다(Bax et al., 2005).

정의의 몇몇 부분은 좀 더 설명이 필요하다. 첫째, 뇌성마비라는 용어는 장애군을 의미한다. 모두 수의적 · 자발적 움직임이나 자세에 손상이 있지만, 뇌성마비는 다양한 서로 다른 원인과 형태의 운동장애(예: 경직성, 불수의운동형)를 가진다. 이 때문에 뇌성마비는 복수형(cerebral palsies)이나 뇌성마비 증후군으로도 불릴 수 있다.

뇌성마비는 비진행형이다. 이는 두뇌 손상이 진전되지 않는다는 것을 의미한다. 그러나 뇌성마비의 증상은 악화될 수 있다(Beers et al., 2006; Blair & Stanley, 1997). 예를 들어, 시간이 지나면서 구축(contractures, 근육이 짧아짐)이 진행되어 운동의 제한을 받을 수 있고 척추측만(scoliosis, 척추가 휜 것)이 진전될 경우 앉기 자세가 어려울 수 있다.

뇌성마비는 출생 전이나 출생 시, 출생 후 몇 년 안에 발생하기 때문에 아동의 발달에 영향을 준다. 그러므로 발달장애(developmental disability)로 분류된다. 아동이 좀 더 자랐을 때 뇌성마비와 유사해 보이는 다양한 조건이 발생할 수 있음을 인식하는 것은 중요하다. 예를 들어, 차에 부딪혀 심각한 두뇌 손상을 입은 10세 소년은 경직성 뇌성마비와 유사한 운동 손상을 보일 수 있다. 그러나 그것은 발달기간 동안 발생한 것이 아니기 때문에(즉, 그것은 발달과정에 있는 두뇌에 영향을 주지 않는다) 뇌성마비로 여겨서는 안 되고, 외상성 뇌손상으로 인한 경직성으로 분류해야 한다.

## ② 뇌성마비의 원인

정적인 두뇌 손상으로 뇌성마비가 발생한다고 설명하는 것은 원인론에 대한 어떠한 정보도 제공하지 못한다. 처음에는 출생 시의 질식(출생 시의 산소 결핍) 때문이라고 했으나, 출생 전과 임신기간, 나아가 출생 후의 요인도 뇌성마비의 원인이 될 수 있다는 것이 밝혀졌다(Griffin, Fitch, & Griffin, 2002; Nelson, 2003). 뇌성마비의 출생 전 원인은 두뇌 기형, 유전적 증후군, 선천적 감염을 포함한다(Nelson, 2003). 출산 시의 원인은 질식, 스트로크, 분만 시 생긴 특정 감염을 포함한다. 수막염이나 특정 독소(예: 납), 무산소증(물에 빠지거나 목이 졸리는 등), 교통사고나 아동 학대에서 기인한 두뇌 손상과 같은 여러 출산 후 원인도 밝혀지고 있다(Griffin et al., 2002; Russman & Ashwal, 2004). 출산 후 요인이 원인이 아닐 경우, 뇌성마비의 원인을 파악하기는 어려운 경우가 종종 있다.

이러한 원인과 더불어 모체 간질, 임신중독증, 모체 출혈, 다산, 태반 합병증, 모체의 만성 질환 등 뇌성마비 위험이 있는 여러 출생 전 위험 요인이 밝혀지고 있다 (Griffin et al., 2002; Russman & Ashwal, 2004; Sankar & Mundkur, 2005). 다른 위험 요인으로는 뇌졸중, 혈전증(혈액 응고), 제왕절개 수술, 자궁 내 성장 제한, 영양 실조, 저체중, 태내출혈 등이 있다(Griffin et al., 2002; Nelson, 2003; Reid et al., 2006; Sankar & Mundkur, 2005). 또한 임신기간 중 32~34주 전에 혈류의 감소를 겪은 유아에게서 두뇌 손상과 출혈이 발견되었다(Griffin et al., 2002).

## ③ 뇌성마비에 대한 이해

두뇌의 여러 가지 소소한 정적인 손상이 모두 뇌성마비를 초래하지는 않는다 (Miller, 2005). 그러나 정적 손상이 두뇌의 운동 영역에서 발생했을 때 뇌성마비가 발생할 수 있다. 뇌성마비의 발생을 더 잘 이해하기 위해 신경계 전반과 뇌성마비의 각 유형과 관계된 두뇌의 특정 운동 영역을 살펴본다.

### 1) 신경계에 대한 개관

신경계(nervous system)는 인체에서 가장 복잡하고 흥미로운 영역 중의 하나다. 그것은 인간이 지구상의 다른 동물과 분리되도록 고차원적 수준에 이르게 하며, 우리에게 생각하고 움직이며 느끼고 숨쉬는 것과 같은 일을 하게 한다. 신경계는 다음 세 부분으로 분리될 수 있다. (a) 중추신경계(두뇌와 척수로 구성), (b) 말초신경계(척수를 신체 각 부분과 연결해 주는 신경으로 구성), (c) 자율신경계(내적 환경뿐 아니라 내적 기관의 기능을 조절). 이것은 흔히 신경세포라고 알려진 뉴런에 의한 정보 전달에 의존한다.

신경계는 두뇌와 신체의 다른 부분 사이뿐 아니라 두뇌의 다른 영역 간에 정보를 전달하는 100억 개 이상의 뉴런으로 구성되어 있다. 다양한 종류의 뉴런이 있지만 전형적인 운동 뉴런은 복합적 수상돌기(정보 수신), 세포체, 단일 축색돌기(정보 전송)로 구성되어 있다([그림 5-1] 참조). 여러 축색돌기가 합쳐져 신경을 형성한다. 어떤 축색돌기는 정보 전달을 빠르게 해 주는 지방성 물질인 수초(myelin)로 둘러싸여 있다.

중추신경계의 대부분의 뉴런은 전기화학적 반응을 통해 정보를 전달한다. 뉴런은 몇 마이크론보다 짧거나(약 .00004인치) 수 피트 길이로 된 축색돌기를 따라 전기 자극을 보내고 받는다. 축색돌기의 끝에는 여러 다른 뉴런으로 연결해 주는 축색돌기의 말단으로 알려진 돌기가 있다. 신경의 전기 자극이 말단에 이르면 다양한 다른 형태의 신경전달물질(예: 도파민이나 노르에피네피린) 중 하나가 방출되도록 자극한다. 신경전달물질은 세포체나 다음 뉴런에 있는 수상돌기의 수용기와의 사이에 있는 시냅스라고 알려진 작은 간격 사이를 돌아다닌다. 신경전달물질이 수용기에 붙으면 자극을 전달하거나 특정 뉴런에 따라 지속되는 자극을 감소시키는 역할을 한다. 수천 개의 축색돌기 말단이 한 뉴런의 수상돌기나 세포체와 시냅스를 이룰 수 있기 때문에, 특정 뉴런이 전기 자극을 일으키고 전달할 것인가 하는 것은 신경전달물질의 연합을 통해 일어나게 된다. 장애나 간질, 주의력결핍 과잉행동장애를 치료하기 위한 많은 약물은 신경전달물질이나 수용기에 작용함으로써 뉴런의 전기 반응을 촉진하거나 억제하는 작용을 한다.

중추신경계는 척수, 두뇌 피질 하부, 두뇌 피질 상부(대뇌피질)의 세 수준으로 구성되어 있다. 척수는 다양한 형태의 반사뿐 아니라 두뇌와 몸 간의 상호 정보 전달을 하게 해 준다. 두뇌 피질 하부(예: 뇌간, 시

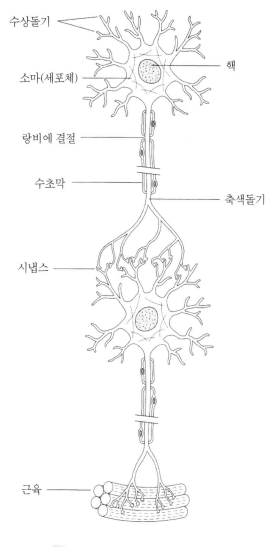

수상돌기

핵

소마(세포체)

랑비에 결절

수초막

축색돌기

시냅스

근육

**그림 5-1**  뉴런의 기본 구조

상하부, 시상, 소뇌, 대뇌핵)는 호흡, 혈압, 침샘 분비, 정서적 패턴(예: 고통이나 분노에 대한 반응)과 같은 무의식적 활동이라 일컬어지는 것을 조절한다. 두뇌 상단은 정보 저장과 두뇌 하단의 기능을 더 정밀하게 해 주는 것, 우리의 사고과정 등과 같은 다양한 기능을 수행하며(Guyton & Hall, 2006), 대뇌(cerebrum)라고 알려진 두뇌의 가장 큰 구조를 포함한다.

대뇌는 대뇌 반구라 알려진 좌측과 우측으로 구성된 두뇌의 상단의 큰 부분이다. 각 대뇌 반구는 대뇌피질로 알려진 약 10억 개의 뉴런으로 덮인 수많은 주름을 가진다. 각 대뇌 반구는 전두엽, 측두엽, 후두엽, 두정엽의 네 부분으로 나누어진다([그림 5-2] 참조).

각 부분은 각자의 위치에서 두뇌의 특정 기능을 담당하며, 함께 정보를 해석하고 통합하는 일도 한다. 전두엽은 판단, 인성, 사고의 정교화(작업기억 포함), 행동 조절, 운동과 같은 기능과 관련이 있다. 이는 신체 근육에 자극을 보내어 동작을 하게 하는 일차 운동 피질(primary motor cortex)을 포함한다. 두정엽은 체지각 피질(soma-tosenseory cortex)을 포함하고 있어 단순 감각(예: 고통이나 접촉)에 대한 신체의 정보를 수용하는 역할을 한다. 두정엽은 또한 다양한 양식의 감각 정보를 통합하는 역할을 한다. 측두엽은 청각 자극에 대한 주된 수용 영역이고 장기기억과 같은 기능에도 관여한다. 한 반구에서 주로 측두엽에 위치하고 있는 것은 베르니케

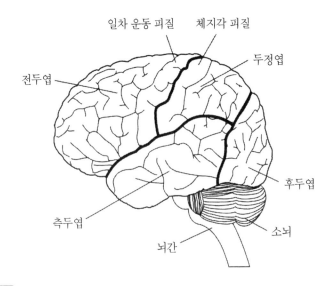

**그림 5-2** 좌뇌 반구 엽과 좌측 소뇌

영역(Wernicke's area)으로 알려진 부분으로서 언어 이해와 관련된다. 후두엽은 대뇌피질의 가장 뒷부분에 위치하고 있으며 시각 자극의 주된 수용기로 시각기능과 연합되어 있다.

## 2) 추체계 손상: 경직형 뇌성마비

추체계(pyramidal system, 피라미드 체계)는 운동 피질과 운동 피질에서 척수로 내려오는 경로(추체로[pyramidal tract]로 알려진)로 구성되어 있다. 운동 피질은 전두엽의 뒷부분 1/3 정도를 차지하며, 주운동 피질(motor strip으로도 알려진), 보충운동 영역, 전운동(premotor) 영역의 세 부분으로 나뉜다. 주운동 피질의 운동 뉴런(상단 운동 뉴런[upper motor neuron]으로 알려진)은 수의적인 움직임을 조절한다. 보충 그리고 전운동 영역은 복잡한 형태의 동작(외과의사의 손 동작)과 같은 동작기능을 지원한다(Guyton & Hall, 2006). 운동 피질의 부분으로서 특정한 기능을 하는 영역에는 발화에 필요한 동작을 조절하는 브로카 영역(Broca's area)이 있다.

일차 운동 피질의 영역은 특정 신체 부분의 동작을 조절한다. 이것은 거꾸로 된 이상한 사람의 그림인 운동 호문쿨루스(motor homunculus)로 나타나기도 하는데, 일차 운동 피질 위에 신체의 조절하는 부분을 그린 것이다. 호문쿨루스는 라틴어로 '난쟁이'를 의미하기 때문에 보통 '두뇌 안의 작은 사람'으로 불린다. [그림 5-3]에서 보는 것과 같이, 주운동 피질의 윗부분에는 다리와 고관절의 동작을 조절하는 뉴런이 있고 바닥 부분에는 입술과 턱을 조절하는 뉴런이 있다. 호문쿨루스의 손은 손으로 할 수 있는 미세운동 움직임에 기여하는 일차 운동 피질 위의 수많은 뉴런으로 되어 있기 때문에 특별히 큰 영역을 차지한다.

추체로는 일차 운동 피질의 축색돌기로 구성되어 있다. 이러한 축색돌기는 두뇌에서 내려와서 뇌간 정도의 수준에서 대부분은 반대편으로 교차한다. 여기서부터 계속 내려와서 척수의 뉴런(하단 운동 뉴런[lower motor neuron]으로 알려진)과 이어진다. 하단 운동 뉴런에서 나온 축색돌기는 척수를 떠나 다양한 신체 근육으로 내려간다. 대부분의 축색돌기는 교차하기 때문에 두뇌의 좌측은 신체의 우측 움직임을 조절하고, 그 반대도 마찬가지다.

만약 사람이 공을 차기 위해 오른쪽 다리를 움직이고자 한다면 좌측 일차 운동 피

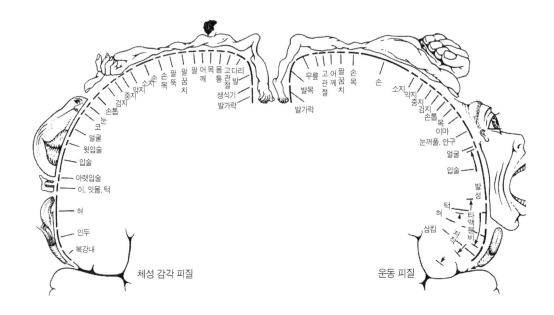

체성 감각 피질                    운동 피질

**그림 5-3** 운동 피질과 체지각 피질의 지각과 운동에 대응하는 운동 호문쿨루스와 감각 호문쿨루스

질의 윗부분에 위치한 상단 운동 뉴런이 자극을 받게 될 것이다. 자극은 축색돌기를 타고 내려와 척수의 아랫부분에 있는 하단 운동 뉴런으로 가게 된다([그림 5-4] 참조). 자극은 척수를 빠져나가 하단의 운동 뉴런 축색돌기를 따라 다리 근육에 도착하여 근육이 수축하고 움직이도록 한다. 두뇌에서 공을 찼다는 것을 인지하도록 하기 위해 감각 뉴런으로 알려진 다른 뉴런의 연결고리가 정보를 다리에서 두뇌의 체지각 피질로 전달하여, 두뇌가 다리의 움직임과 공을 찬 감각을 알 수 있게 한다.

생애 초기나 분만 시 추체계에 손상을 입게 되면 경직형 뇌성마비(spastic cerebral palsy)가 발생한다. 경직형 뇌성마비는 뇌성마비의 가장 흔한 형태로 뇌성마비 중 70% 이상을 차지한다(Beers et al., 2006). 피라미드 체계의 손상은 일차 운동 피질의 손상된 뉴런에 위치한 부분과 대응하는 신체 부분의 근긴장을 증가시키는 결과를 초래한다. 예를 들어, 양쪽 일차 운동 피질의 윗부분 쪽에 손상이 발생했다면 두 다리는 경직성이 될 것이다(양하지마비). 두뇌의 왼쪽 운동 피질이 손상될 경우에는 신체 오른편에 경직성이 생기게 된다.

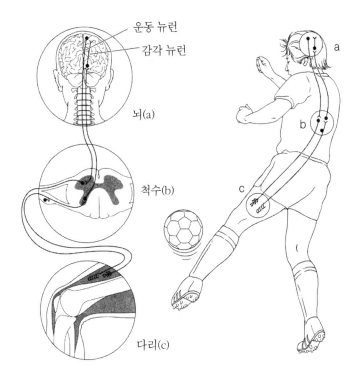

운동 뉴런
감각 뉴런

뇌(a)

척수(b)

다리(c)

**그림 5-4**    정보를 보내고 받는 운동 뉴런과 감각 뉴런 연결체계

### 3) 대뇌핵 손상: 운동장애형 뇌성마비

추체계 관련 운동체계 외에도 동작 조절에 기여하는 다른 두뇌 구조가 있다. 그 중 하나는 대뇌핵(basal ganglia)이다. 두뇌 반구의 전반부를 잘라 보면 두뇌의 중앙에서 백색 축색돌기 사이에 발견된 회색 섬을 닮은 세포체의 집합체가 있을 것이다. 이러한 섬은 대뇌핵으로 알려져 있으며 추체외로계(extrapyramidal system)의 일부분이다('피라미드 체계, 추체계의 외부'를 의미; [그림 5-5] 참조).

대뇌핵은 부드럽고 잘 조절된 동작을 만들기 위해 주운동 피질과 연합하여 작업한다. 대뇌핵은 복잡한 움직임 패턴(예: 'A'라는 글자를 느리거나 빠르게, 작거나 크게 쓰는 것이나 가위로 오리는 것)의 강도, 방향, 속도, 순서를 조절한다(Guyton & Hall, 2006). 대뇌핵은 신체 전반의 근긴장을 억제하는 역할을 한다. 이러한 다른 기능 때문에 대뇌핵의 손상은 비정상적 움직임 패턴이나 매우 강직된 근육을 초래할 수 있다.

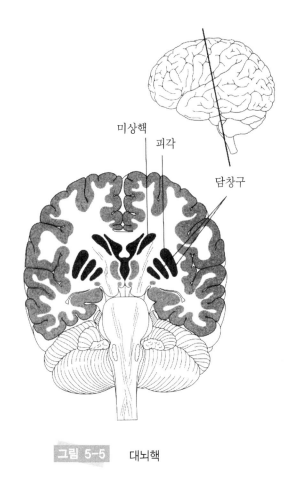

미상핵

피각

담창구

**그림 5-5** 대뇌핵

대뇌핵의 손상이나 비정상적 발달은 움직임의 장애를 초래한다. 그것이 생애 초기나 분만 동안에 발생했다면 이는 운동장애형(dyskinetic) 뇌성마비라 할 수 있다. 이는 두 번째로 가장 흔한 뇌성마비 형태로 뇌성마비 아동 중 약 20%의 출현율을 보인다(Beers et al., 2006). 대뇌핵의 손상은 동작을 조절하는 운동 피질과 활동하는 전달 센터의 기능을 방해할 수 있다. 이러한 순환이 두뇌 손상으로 인해 방해받을 때, 자극은 대안적이고 일탈적인 경로를 취하게 된다. 이것은 불수의운동형 뇌성마비로 알려진 운동장애형 뇌성마비 유형을 초래한다. 불수의운동형 뇌성마비는 느리거나 뒤틀리는(athetosis), 혹은 빠르고 무작위적이며 흔들리는(chorea) 비정상적이고 불수의적 움직임으로 나타날 수 있다. 드문 경우에 근긴장을 억제하는 대뇌핵 부분이 문제가 생겨서 극도로 높은 근긴장을 초래하고 근긴장이상(dystonia)으로 알려진 비정상적 자세를 동반할 수 있다.

### 4) 소뇌 손상: 운동실조형 뇌성마비

소뇌는 각 두뇌 반구의 후두엽 아래에 위치한 타원형의 구조다. 소뇌는 운동활동의 타이밍(특히 달리기나 피아노 연주와 같이 빠른 동작 관련)과 한 근육 동작에서 다음으로 부드럽게 진행하는 것과 같은 동작의 협응에 중요한 역할을 한다(Guyton &

Hall, 2006). 소뇌는 또한 몸통과 팔다리의 평형과 몸의 균형을 유지하는 데 기여하며, 추체외계의 일부다.

분만 시나 생애 초기에 발생한 소뇌의 비정상적 발달이나 손상은 운동실조를 초래하며, 운동실조형 뇌성마비로도 불린다. 이와 같은 뇌성마비의 형태는 수의적 움직임을 조절하는 것에 어려움을 가지고 균형을 유지하기가 어렵다. 뇌성마비와 연합된 운동 실조를, 형태는 비슷하나 매우 다른 예후를 가진 퇴행성 유전적 질병인 운동실조형 모세혈관확장증과 프리드리히 운동실조(Friedreich's ataxia)와 구별하는 것은 매우 중요하다(Gold, 2005).

## 5) 복합적인 영역의 손상: 혼합형 뇌성마비

어떤 아동은 두뇌의 여러 부분에 손상을 입을 수 있다. 이로 인해 서로 다른 형태의 뇌성마비 유형이 함께 나타나게 된다(예: 경직형과 불수의운동형 뇌성마비). 이런 경우 혼합형 뇌성마비라는 용어를 사용한다.

## ④ 뇌성마비의 특징

뇌성마비는 아동의 운동능력, 의사소통, 인지능력에 영향을 미친다. 이러한 부분에 대해 좀 더 깊게 살펴봄으로써 뇌성마비의 특성과 시사점을 더욱 잘 이해할 수 있을 것이다.

## 1) 뇌성마비가 동작 패턴에 미치는 영향

### 경직형 뇌성마비

경직형 뇌성마비 학생은 근육이 긴장되어 있고, 어떤 근육은 약하거나 영향을 받지 않기도 한다. 경직형 근육은 과다긴장성(hypertonia)을 보인다. 보통 갑작스러운 움직임에 강하게 수축한다. 경직형에서의 운동 긴장도는 주머니칼을 열 때 볼 수 있는 저항감과 경직형 뇌성마비 아동의 움직임에 대한 초기 근저항의 유사성을 일컨는 접칼 반응(clasp-knife response)이나 접칼 강직으로 불린다. 팔이나 다리가 움직이려 할 때 동작에 대한 저항이 높아지다가 갑작스럽게 이러한 저항이나 긴장도가 없어진다(Miller, 2005). 이러한 비정상적인 긴장도는 의도된 목표물로 팔이 움직이는 것을 어렵게 하고, 의도된 목표물을 빗나가거나 목표물까지 가지 못하게 한다(후자는 얼마나 멀리 팔이 움직일 수 있는지에 영향을 미치는 구축 때문이다). 미세한 동작 조절은 경직성이 중도일 때 매우 어려울 수 있고, 연필로 글씨를 쓰는 것도 불가능하게 할 수 있다.

어떤 근육은 다른 것보다 더 영향을 받기 쉽다. 근육이 동작을 만들기 위해 함께 일할 때, 한 세트는 굴곡(신체 부분을 구부리기, flexion)되고 다른 세트는 신전(일직선으로 하기, extension)된다. 경직형 뇌성마비는 특정 근육이 과도한 근긴장을 가지는 반면 반대편 근육은 근긴장도를 낮추려 한다. 과도한 근긴장도는 손가락과 손목, 팔꿈치의 구축을 나타낸다. 다리는 골반과 함께 안쪽으로 회전하여 확장되는 경향이 있으며 무릎끼리 끌어당겨 다리가 교차(가위 자세)하는 현상을 종종 나타낸다. 또한 발바닥의 구축이 있을 수 있으며, 이로 인해 아동이 발바닥 끝으로 걷게 될 수 있다. 뇌성마비 아동 모두가 이런 비정상적 동작을 가지는 것은 아니다. 비정상적 움직임의 정도는 신체의 어떤 부분에 마비나 구축이 있는가에 영향을 받는다.

경직형 뇌성마비는 마비된 팔다리의 수와 위치를 말하는 신체 부위별 분류체계를 사용한다. 가장 공통된 유형은 양하지마비(디플리지아, diplegia), 편마비, 사지마비다([그림 5-6] 참조).

**디플리지아(양하지마비)**   경직형 디플리지아 뇌성마비에서는 다리가 주로 영향을 받으며 가끔 팔도 영향을 받는다. 심각도에 따라 양 무릎이 서로 세게 닿아 있을 수 있으며, 다리는 서로 교차하는 성향을 보일 수 있고(가위 자세), 발끝으로 걷기도 한다. 경직형 디플리지아는 우반구와 좌반구에서 다리를 조절하는 일차 운동 피질의 상위 부분에서의 손상으로 인해 발생한다.

**편마비**   경직형 편마비 뇌성마비에서는 몸의 한편이 영향을 받는다. 영향을 받는 측면에 있는 팔다리는 근긴장도가 증가한다. 다리 근육은 조여지고, 아동은 발끝으로 걸으며, 팔은 팔꿈치에서 굽혀진 위치로 끌어당겨진다. 앞에서 제시한 바와

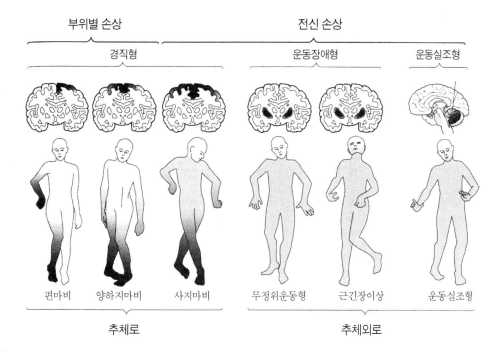

부위별 손상　　　　　　　　　　　전신 손상

경직형　　　　　　　　운동장애형　　　운동실조형

편마비　　양하지마비　　사지마비　　　무정위운동형　　근긴장이상　　　운동실조형

추체로　　　　　　　　　　　　　　추체외로

**그림 5-6**　경직형 뇌성마비 유형의 부위별 분류. 음영이 짙을수록 손상이 심하다.
출처: Batshaw(1977)의 허락하에 게재.

같이, 운동신경계는 뇌간에서 교차하므로 왼쪽 신체에 편마비가 있을 때 오른쪽 두뇌 반구의 일차 운동 피질에 손상이 있다.

　**사지마비**　　사지마비 뇌성마비는 사지가 모두 영향을 받으며, 보통 다리가 팔보다 더 심각한 상태를 보인다. 몸통과 얼굴도 포함될 수 있다. 앞에서 제시한 팔, 다리, 골반에 대해 설명한 조건이 발견될 수 있다. 대부분 발화도 영향을 받는다. 사지마비 뇌성마비 유형이 발생하기 위해서는 두뇌 양 측면에서 추체로와 일차 운동 피질에 많은 손상이 있어야 한다.

　**마비 부위에 따른 분류**　　일반적으로 사용되지는 않지만, 경직형 뇌성마비를 묘사하는 데 사용되는 마비 부위에 따른 분류가 있다. 이러한 것에는 단마비(monoplegia, 하나의 팔이나 다리), 하지마비(paraplegia, 다리만), 삼지마비(triplegia, 세 개의 팔과 다리), 이중편마비(double hemiplegia, 중복마비, 팔이 다리보다 더 손상)

등이 있다.

### 불수의운동형 뇌성마비

불수의운동형 뇌성마비를 가진 사람은 보통 팔에서 더 확연히 드러나는, 느리고 온몸을 비트는 불수의적인 움직임이 나타난다(흔히 불수의운동형으로 언급). 어떤 물건으로 손을 뻗치려면, 손가락이 확장되고 펼쳐지는 것과 함께 어깨에서 확장적 회전과 외전이 생긴다(어깨는 팔이 신체와 간헐적으로 교차되는 것의 원인이 된다). 팔다리가 앞뒤로 회전하고 신전되거나 굴곡되는 것은 목적 없는 동작으로 보일 수 있지만, 의도된 목표로 천천히 이동하게 해 준다(가끔은 목표물을 빗나가기도 한다). 불수의적(무정위) 운동은 개인이 수의적인 움직임을 시도하거나 갑작스러운 흥분을 할 때 나타나기 쉽다. 걸음걸이도 영향을 받으며, 발화 시 보통 조음이 힘들고(마비말장애) 이해하기 어렵다. 불수의운동형만 가진 아동은 정상 지능을 보이는 경향이 있다.

### 근긴장이상성 뇌성마비

근긴장이상성(dystonic) 뇌성마비에서는 반복되는 움직임 패턴을 가진 강한 근수축이 있다. 신체의 단일 부분(예: 관절)이 영향을 받거나 더 일반화되어 신체 전반이 영향을 받을 수 있다(Miller, 2005). 예를 들어, 사지는 비정상적 자세로 불수의적으로 움직이고 그 상태로 어느 정도 머무를 수 있다(Nehring, 2004). 경직형 뇌성마비에서 긴장도가 '접칼(주머니칼)'로 묘사된 것과 같이, 근긴장이상성 뇌성마비의 긴장도는 일반적인 스트레칭으로는 감소되지 않기 때문에 '납 파이프와 같다'고 묘사된다. 그러나 근긴장이상성과 경직형은 같이 일어날 수 없다.

### 운동실조형 뇌성마비

운동실조형 뇌성마비 아동은 균형과 평형에서 어려움을 보인다. 이는 종종 실조와 허약, 떨림(정교한 흔들림)을 동반한다. 아동은 전형적으로 넓고 비연속적인 걸음걸이와 발 너비의 간격으로 몸통을 앞뒤로 흔들며 팔을 내민 상태에서 걷는다. 이것은 마치 바다에서 돌고 있는 배 위에서 걷고 있는 것처럼 보이기도 한다. 미세운동 과제에서 주로 서툴며 글씨 쓰기에 영향을 받는다. 운동실조형은 경직형이나 불수의운동형과 같은 뇌성마비의 다른 유형과 함께 발생하기도 한다(Miller, 2005).

### 과소긴장형

과소긴장형은 낮은 긴장도를 말한다(atonia, 무긴장은 긴장도가 없음을 말함). 과소긴장형 아동은 헝겊인형과 같이 '늘어진' 아동으로 묘사되어 왔다. 대개 과소긴장형은 뇌성마비의 유형이 아닌 증상을 언급하는 데 사용된다. 이것은 후에 경직형, 운동장애형 혹은 혼합형 뇌성마비로 진전될 수 있는 영아의 증상을 처음으로 나타내는 것 중의 하나다. 예를 들어, 불수의운동형으로 태어난 영아는 처음엔 과소긴장형으로 보일 수 있지만 몇 해 지나 약간의 근긴장도를 개발시켜 불수의운동형으로 진전될 수 있다(Miller, 2005).

## 2) 뇌성마비가 운동에 미치는 영향

### 비정상적 운동

정상적 운동에는 근육의 협응이 필요하기 때문에 아동이 어떤 유형의 뇌성마비를 가졌든 간에 운동의 비정상성을 나타내게 된다. 팔꿈치에서 팔을 구부리는 단순한 동작은 이완을 위한 하나의 근육 세트(extensor muscle, 신근)와 반대편의 수축을 위한 세트(flexor muscles, 굴근)를 사용한다. 비장애 아동이나 성인에게 있어서 동작은 일정한 패턴으로 서로 작용하는 근육 집단에 주로 의존한다(Westcott & Goulet, 2005). 어떤 하나의 근육이 동작에 대한 책임을 지는 것이 아닌 것이다. 어떻게 근육이 서로 잘 협동하는지를 보여 주는 예는 소녀가 바닥에 누운 자세에서(등을 바닥에 대고) 앉는 자세로 이동하는 것이다. 소녀가 앉기 위해 바닥에서 고개를 들어 올림에 따라 어깨는 들어 올리는 것을 지지하고, 팔은 앞으로 움직이며, 등은 둥글게 되고, 골반은 구부러지게 된다. 운동의 협응은 바람직한 동작이 쉽게 실행될 수 있도록 해 준다. 반대로 고개를 뒤로 눌렀다면 어깨는 뒤로 가게 되고, 척추는 안으로 들어가게 되며, 골반은 쭉 펴지게 될 것이다. 이러한 유형의 근육 협응은 앉는 자세를 거의 불가능하게 한다.

뇌성마비 아동에게 운동은 근육 패턴 내에서 발생하지만, 두뇌의 운동 영역의 손상 때문에 동작은 비협응적이거나 비정상적일 수 있다. 이러한 비정상적 동작은 아동이 뛰기와 같은 특정 동작을 할 때 나타날 수 있으며, 때로는 매우 심각하여 아동의 독립 보행이 거의 불가능할 수도 있다.

### 심각도

뇌성마비의 심각도(severity)는 매우 다양하다. 심각한 정도를 경도, 중등도, 중도로 묘사하는 것과 같이 다양한 분류체계가 사용되어 왔다. 이 체계에서 경도 뇌성마비는 운동 손상이 매우 적은 것을 가리키며, 소근육운동은 약하게 영향을 받는 경우가 많다(예: 쓰기의 어려움). 중등도(moderate) 뇌성마비 학생은 운동능력 손상이 꽤 가시적으로 나타나고, 활동 수행을 위해 더 긴 시간이 필요하지만, 일반적인 일상생활 활동을 수행할 수는 있다. 중도(severe) 뇌성마비는 운동능력의 손상이 매우 심하여 많은 수정이 동반되지 않는 한 일상생활의 일반적 활동을 수행할 수 없다. 그러나 이러한 유형의 분류체계에서 조작적 정의나 신뢰도의 부족이 계속 논란이 되어 왔다(Bax et al., 2005; Rosenbaum, 2006). 좀 더 정확하게 하기 위해서 숫자를 사용하거나 다른 분류체계가 계속 시도되어 왔다. 예를 들어, 대근육운동 기능 분류체계(Gross Motor Function Classification System: GMFCS)는 뇌성마비 아동의 운동기능을 아동이 걸을 수 있으나 심화된 대근육운동 기술에 약간의 제한을 보이는 Ⅰ수준에서부터 보조공학의 이동 장치가 주어져도 독립적인 이동이 심각하게 제한된 Ⅴ수준에 이르는 5단계 수준 체계로 묘사하고 있다(Palisano et al., 1997; [그림 5-7] 참조).

### 원시 반사

비정상적 움직임 동작과 함께 뇌성마비 아동은 지속적인 원시 반사를 나타낸다. 4장에서 논의된 바와 같이, 원시 반사는 생애 초기 몇 달 동안에 정상적으로 출현하며 생후 1년 내에 수의적인 운동 패턴으로 통합된다. 뇌성마비 아동은 이러한 원시 반사가 지속되며, 앉기와 걷기와 같은 발달적 중요 단계를 수행하는 것뿐 아니라 다양한 자세로의 이동이나 유지가 어렵게 된다. 자세적 반응의 비정상성은 또한 이러한 문제에 영향을 미친다.

GMFCS I 수준

아동은 제한 없이 실내외를 걷거나 계단을 오를 수 있다. 아동은 달리기, 뛰기와 같은 대근육 기술을 수행할 수 있지만 속도나 균형, 협응은 손상되었다.

GMFCS II 수준

아동은 실내외를 걷거나 레일을 잡고 계단을 오를 수 있으나, 평평하지 않은 표면이나 경사를 걸을 때와 사람들 안에서 걷거나 폐쇄된 곳에서 제한을 받는다.

GMFCS III 수준

아동은 이동 보조도구를 이용해 평면에서 실내외를 걸어다닐 수 있다. 손잡이를 잡고 계단을 오를 수 있다. 수동 휠체어를 밀거나, 장거리 여행 혹은 평평하지 않은 지형에서는 도움을 받아 이동할 수 있다.

GMFCS IV 수준

아동은 워커에 의존해 단거리를 걷거나 가정, 학교, 지역사회에서 비퀴로 된 이동 도구에 의존해 이동할 수 있다.

GMFCS V 수준

신체적 손상은 수의적 운동 조절을 제한하고 반중력 머리 들기와 몸통 자세를 유지하는 능력에 어려움을 준다. 모든 운동기능 영역이 제한적이다. 아동은 독립적인 이동 수단이 없으며 도움을 받아 이동한다.

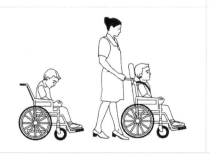

**그림 5-7**　뇌성마비 아동을 위한 대근육운동 기능 분류체계(GMFCS)

출처: Graham(2005)의 허락하에 게재.

구축

구축(contracture)이 일어났을 때 동작에서의 어려움은 더해진다. 구축은 근육의 길이가 줄어들거나 동작에 대한 일정한 저항과 같은 영구적 근육의 단축이다. 이는 아동의 행동 범위와 사지를 완전하게 움직이는 능력을 제한한다. 구축은 매우 심각한 영향을 미칠 수 있으며 사지의 사용을 극소화할 수도 있다.

## 3) 뇌성마비가 의사소통에 미치는 영향

뇌성마비에서 발견되는 협응된 근육운동의 부족과 원시 반사의 출현은 입과 목을 조절하는 구강 근육에도 영향을 미친다. 발화할 때 발음이 불분명하거나 조음이 어려울 수 있고(마비말장애), 듣는 사람이 이해하는 데 어려움을 줄 수 있다. 어떤 경우 매우 심각하여 말이 나타나지 않을 수 있다(실구어증, 失構語症).

뇌성마비는 의사소통의 비구어적 형태에도 영향을 미칠 수 있다. 얼굴표정이 일그러질 수 있고 고개 조절이 어려워 눈 맞춤을 방해할 수 있는데, 이것은 관심 부족으로 오해받을 수 있다. 중도의 경직형 뇌성마비 학생은 뭔가를 원해서 그것을 잡고 싶어 하지만 비정상적 운동 때문에 오히려 쳐서 넘어뜨려 버릴 수 있다. 이것은 학생이 말로 요구하거나 비의도적 동작임을 설명할 수 없을 때 그 물건을 원하지 않는 것으로 잘못 이해될 수 있다.

## 4) 뇌성마비가 인지에 미치는 영향

뇌성마비 아동은 천재일 수도 있고 보통 지능 혹은 지적장애를 가질 수도 있다. 전반적으로 뇌성마비 아동 중 상당수가 지적장애를 동반하며, 이것이 60%에 이르는 것으로 보기도 한다(Sankar & Mundkur, 2005). 주의력결핍 장애뿐 아니라 시지각을 포함한 특정 학습장애도 일반 인구에서 나타날 수 있는 것보다 더 높게 나타난다(Hoon, 2005; Rosenbaum, 2003a). 그러나 중도의 운동장애와 언어장애를 가지고 있을 때 지능과 학업에 대한 정확한 평가 결과를 얻는 것은 어렵다. 특히 아동이 질문에 대답할 수 있는 의사소통의 보완 혹은 대체 양식을 배운 적이 없을 때는 더욱 그러하다.

뇌성마비의 특정 유형은 지적장애의 발생 정도가 더 높다. 경직형 양하지마비와 불수의운동형 뇌성마비인은 아마도 지적장애를 동반하지 않을 것이다. 그러나 경직형 사지마비 아동은 경직성 편마비 아동에 비해 학습장애와 지적장애를 가지는 경향이 더 높다(Russman & Ashwal, 2004).

## 5) 추가 손상

뇌성마비 아동에게 다른 유형의 장애가 함께 발생하는 경우가 증가하고 있다. 간질은 뇌성마비를 가진 사람의 약 25%에게서 나타난다(Beers et al., 2006). 감각 손상 또한 흔하게 발생한다. 불수의운동형 뇌성마비에서는 감각신경성 난청이 자주 나타난다. 시각 손상의 여러 유형 중 하나가 나타날 수도 있고 가장 공통된 손상은 자동운동성(motility) 결함(사시와 같이 눈 운동에서의 결함), 안구진탕, 눈 굴절장애, 시신경위축이다(Russman & Ashwal, 2004; 11장 참고).

추가 장애는 뇌성마비 자체의 결과일 수 있다. 이는 비정상적 근육 조절과 비균형적 근육의 당김으로 초래된 것일 수 있다. 한 예로 골반뼈가 제 위치에 잘 들어가지 않고 빠져 버린 고관절 탈구를 들 수 있다. 이것은 경직형 뇌성마비에게서 가장 흔하게 나타나는 것이다. 다른 예는 척추측만이나 척추가 발달 중일 때 근육 조절의 문제로 인해 발생할 수 있는 다른 비정상적 척추의 만곡이다(Miller, 2005; 9장 참조).

## ⑤ 뇌성마비의 진단

신생아 시기에 뇌성마비를 발견하는 것은 어렵다. 아이는 뇌성마비 아동의 전형적 운동 특성을 나타내지 않을 것이다. 몇 달 후에 매우 미묘한 변화가 발생할 수 있지만 여전히 정상으로 고려될 수 있다. 아동은 과도하거나 매우 약한 울음을 보일 것이다. 동작과 외형에서 약간의 비대칭성이 보일 수 있다. 영아는 무기력하거나 과민성을 나타낼 수 있고, 먹기나 빨기, 삼키기가 어려울 수 있다. 아동은 낮거나 비정상적인 근긴장도를 가질 수 있다.

생후 1년이 지나 2년에 접어드는 시점에서 유아는 지속적 원시 반사와 운동 발달의 지연(전형적인 운동 발달 단계에의 도달 실패)을 보이며 변화하는 근긴장도를 보일 것이다. 12~15개월 이전에는 잘 나타나지 않는, 우세 손이 나타나기도 한다. 결과적으로 뇌성마비의 특정 유형은 특정 운동 증상이 개발되고 원인이 발견되지 않는 생애 초기 12~18개월이 될 때까지는 구별할 수 없다(Rosenbaum, 2003a). 그러나 위험 아동의 초기 발견과 처치는 발달과 독립성을 촉진하고 이차적 문제를 예방할 수 있을 것이다.

## ⑥ 뇌성마비의 치료

뇌성마비의 치료 목적은 최대한 독립성을 개발하는 것이다. 수의적 움직임, 자세와 연합된 문제를 다루는 데 사용할 수 있는 다양한 치료가 있다. 뇌성마비 아동은 (a) 물리치료와 작업치료, 언어치료, (b) 자세 도구, (c) 보장구, (d) 약물, (e) 운동 기능을 향상하기 위한 외과 수술 등을 통해 도움을 받을 수 있다.

### 1) 물리치료, 작업치료 및 언어치료

물리치료와 작업치료는 뇌성마비 아동에게 지원을 제공한다. 대부분의 치료는 비정상적 운동 패턴을 줄이고 정상적이며 목적을 가진 동작을 적극적이고 기능적인 방식으로 촉진하고자 한다. 치료는 아동이 환경에서 정보를 취하고 분류하며 서로 연결하는 것을 돕는다. 서로 다른 유형의 치료에서 공통점은 적절한 자세, 치료적인 다루기(therapeutic handling), 자율 반응(automatic response) 사용, 균형 있는 반응에 대한 강조다(치료의 서로 다른 유형에 대한 설명은 4장 참조). 더불어 많은 중도의 경직형 사지마비 뇌성마비인에게 보완적 의사소통이 필요하나 말-언어치료를 통해 말 산출을 향상할 수도 있다.

## 2) 자세 잡기와 이동 장비

뇌성마비 아동은 여러 유형의 보조도구로 자세를 잡는 것이 필요하다. 이러한 장비의 목적은 바른 신체 정렬을 촉진하고, 구축과 기형을 예방하고, 이동과 편안함을 촉진하고, 비정상적 근긴장도와 반사를 다루고, 혈액 순환을 향상하고, 욕창의 위험을 낮추고, 피로를 줄이며, 뼈의 성장을 촉진(무게를 견뎌 낼 때)하는 것이다(Jones & Gray, 2005). 자세 잡기(positioning)는 또한 그러한 활동의 수행을 촉진하며 환경에 대한 접근성을 제공해 준다. 활동과 특정 자세 간에 서로 잘 맞는 대응관계가 있다. 예를 들어, 뇌성마비 소년이 옆으로 누울 수 있게 돕는 도구(side lyer, 옆으로 몸을 세울 수 있도록 받쳐 주는 장비)에서 자세를 취하는 것은 왼팔의 사용을 더 편하게 하므로 스위치를 이용해 집단 활동에 참여할 수 있도록 한다.

운동 문제의 유형, 아동의 크기와 무게, 활동의 특성에 따라 구체적인 도구가 처방된다. 보조 장비(side lyer, 웨지, 특별하게 제작된 앉기 도구, 프론 스탠더와 같은 것)가 흔히 사용되는데(4장 참조), 이는 물리치료사나 다른 전문가에 의해 개별 아동에 맞게 특별하게 맞춰져야 한다. 아동의 피로나 상해를 피하기 위해 도구에서 보내는 일반적인 시간이 처방되어 있으며, 치료사는 개별 아동에 맞도록 시간을 결정한다.

스쿠터, 자전거, 워커, 휠체어와 같은 다른 도구는 이동을 지원할 수 있다(8장 참조). 보통 적절한 자세 잡기를 위하여 이러한 이동 도구에도 수정을 해 준다. 예를 들어, 휠체어는 무릎을 떼어 놓거나(외전대) 몸을 정렬하기(측면 지지) 위해 특별하게 제작된 인서트가 있을 수 있다. 머리 지지 또한 필요하다. 어떤 휠체어는 팔꿈치 윗부분인 상완에 손상을 입은 아동의 독립적 움직임을 위하여 전동화되어 있다. 다시 강조하자면, 반드시 물리치료사가 이동 장비의 수정이나 처방을 함으로써 학생이 최대한 독립적일 수 있도록 해야 한다. 많은 도구가 주문 제작으로 되어 있기 때문에 학생 간에 바꿔 사용할 수 없다.

## 3) 보조기

뇌성마비 아동은 다양한 스플린트(splint), 보조기(orthoses)를 사용할 수 있다. 스플린트나 브레이스(brace)를 착용함으로써 근육이 더 기능적인 자세에 위치하게 된

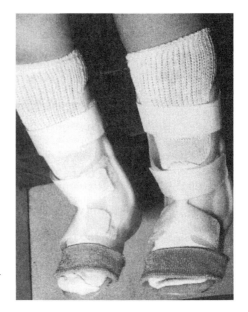

**그림 5-8** 발목 보조기 AFO(ankle-foot-orthoses)를 한 아동

다. 이는 적절한 정렬 자세를 유지하거나 동작의 범위를 향상하고 구축이 진전되는 것을 줄인다.

많은 다양한 유형의 보조기가 있다. 발끝으로 걷는 것과 아킬레스건의 단축을 막기 위해서 짧은 스플린트를 착용할 수 있다. 이것은 발목 보조기(ankle-foot-orthoses: AFO)로 알려져 있다([그림 5-8] 참조). 손기능 향상을 돕기 위한 핸드 스플린트도 사용할 수 있다. 이들 대부분은 아동에 맞게 특수하게 제작된 것이기 때문에, 치료사는 아동의 성장에 따라 잘 맞는지를 반드시 주의 깊게 점검해야 한다. 교사는 피부가 손상되거나 붉어진 부분이 없는지 관찰해야 한다. 또한 치료가 효과적일 경우 향후 보조기의 적절한 사용 기한에 관한 점검도 중요하다(보조기에 대한 더 많은 정보는 4장 참조).

### 4) 약물

과도한 근긴장도를 조절하고 근육을 이완하기 위해 여러 약물이 사용된다. 흔하게 사용되는 복용약 두 가지는 발륨(Valium, Diazepam)과 단트리움(Dantrium)이다. 부작용으로는 졸림, 과도한 침 흘림, 기억과 주의 집중 및 행동에서의 변화를 들 수 있다(Verrotti, Greco, Spalice, Chiarelli, & Iannetti, 2006). 새로운 처치를 시

도하거나 복용량에 필요한 적응을 위해 부작용과 효과에 대한 주의 깊은 관찰이
필요하다.

　바클로펜(Baclofen)은 경직성 관리에 유용한 것으로 밝혀져 왔으며 삽입된 펌프
로 복용한다. 바클로펜은 흥분성 신경전달물질의 방출을 방해하는 역할을 하며, 모
두에게 효과적인 것은 아니지만 상지와 하지의 심한 경직성을 줄이는 데 가장 효과
적인 물질 중 하나로 알려져 있다(Verrotti et al., 2006). 척수관 주사 투여는 척추의
경막에 튜브를 삽입하여 실시한다. 튜브는 복부 부분에 삽입된 배터리로 작동하는
펌프와 연결된다. 그 펌프는 외부 전파 조절 장치로 프로그램할 수 있으며, 펌프 수
신기는 장치 위의 피부를 통해 직접 주입하여 채워진다. 경직성을 줄이는 약물의
지속 수준을 발견하기까지는 펌프 삽입 후 3~6개월의 시간이 소요된다. 펌프로 인
한 합병증(예: 감염이나 튜브 손상)과 약물 부작용(예: 약물이 갑자기 끊길 경우의 환각
이나 정신병)이 발생할 수 있다(Miller, 2005).

　다른 사용 가능한 약물은 경직성과 근긴장이상성의 과도한 근긴장도를 줄여 주는
보툴리눔 독소(botulinum toxin)다. 보툴리눔 독소는 보툴리누스 중독증을 야기하기
는 하지만 소량을 경직성 근육에 안전하게 주입할 수 있다(Pellegrino, 2007). 보툴리
눔 독소가 한 번에 주입될 수 있는 양에는 제한이 있기 때문에 아동에게 필요한 한
두 개의 근육에만 주입하는 것이 효과적이다(Herring, 2002). 효과는 3~4개월간 유
지된다(Verrotti et al., 2006). 부작용은 근육 약화와 주입 시 고통이 있다는 것이다.


## 5) 수술

　수술은 운동의 범위를 향상하고, 불편함을 줄이며, 신체 부분의 기능적 사용을
향상하기 위해 필요하다. 뇌성마비인은 특히 근육의 길이를 단축하고 관절 운동 범
위를 줄이는 구축이 진전될 위험에 놓여 있다. 수술이 필요한 다른 손상이 발생할
수도 있다.

### 정형외과적 수술

　여러 가지 수술 절차가 구축을 치료하는 데 사용된다. 한 가지 공통된 수술은 아
동이 발끝으로 걷게 하는 발목의 발 기형을 바로잡는 것이다. 이 수술을 통해 아킬

레스건(heel cord)이 늘어나게 되고, 그 결과로 발은 땅 위에서 평평하게 자리 잡게 된다. 이 수술은 아동이 평평한 발로 서 있도록 하기 때문에 걷는 것을 도울 수 있다.

구축으로 인해 제한된 팔다리의 운동 범위를 향상하기 위해 사용되는 다른 수술 절차도 있다. 팔이 경직성인 아동을 위한 수술 치료의 목적은 경직성 기형을 완화하고 기능적 사용을 할 수 있도록 만드는 것이다(Kreulen, Smeulders, Veeger, & Hage, 2006). 걷기와 앉기를 위해서는 다리의 슬건(hamstring) 근육을 이완하도록 하며, 고관절의 기형을 야기하는 건과 근을 이완하는 수술도 필요할 수 있다. 이러한 수술은 고관절 탈구를 예방하고 아동이 앉기 자세를 취할 수 있도록 하는 것에 목표를 두고 있다. 고관절 탈구가 발생했을 경우, 이를 바로잡기 위해서는 더 복잡한 수술 절차가 필요하다(고관절 탈구에 대해서는 9장 참조). 뇌성마비는 척추의 만곡(예: 척추측만증)과 같은 다른 문제를 초래할 수도 있다. 수술은 이러한 굴곡을 최소화하고 기형을 예방하기 위해 필요하다(신경근육 척추측만증은 9장 참조).

### 신경외과

신경외과적 절차 또한 뇌성마비를 치료하는 데 사용되어 왔는데, 이에는 중추신경계의 수술도 포함된다. 선택적 후방 신경근절제술(selective posterior dorsal rhizotomy)로 알려진 절차는 다리에 중도의 경직성을 야기하는 특정 척추 신경 루트의 일정 부분을 잘라내는 것이다(McLaughlin et al., 2002). 이 과정은 경직성을 감소하고 통증 감소와 근기형의 비율을 낮출 뿐 아니라 앉기와 서기, 이동을 향상해 준다. 그러나 척추 기형과 고관절 기형, 어떤 경우 기능 상실 등과 같은 심각한 합병증의 우려가 있다. 정형외과 수술의 긍정적 효과와 바클로펜 척수관 주사방법의 발달로 인해 신경근절제술은 과거에 비해 그리 자주 수행되지 않는다(Miller, 2005).

## 6) 보조공학과 수정

치료와 약물이 운동 수행을 향상한다 해도 뇌성마비인은 긴장도, 운동, 자세에서의 비정상성을 계속하여 나타낸다. 운동 손상의 정도에 따라 이것은 개인의 과제 수행과 활동에 영향을 미칠 수 있다. 교실에서는 다양한 유형의 보조공학과 수정이 기능을 향상하는 데 종종 필요하다(예: 보완적인 의사소통 도구, 수정 키보드, 수정 칫솔; 더 많은 정보를 얻으려면 8, 12장 참조).

## ⑦ 뇌성마비의 진행과정

뇌성마비는 개인의 일생을 통해 지속되는 만성적 상태다. 더 이상의 두뇌 손상이 발생하지 않기 때문에 뇌성마비는 진행적인 상태로 고려되지 않는다. 그러나 비정상적인 긴장도와 운동으로 인해 추가 손상(척추의 구축이나 만곡, 고관절 탈구)이 나타날 수 있다.

## ⑧ 뇌성마비에 대한 교육적 시사점

교사가 각 학생의 교육적 요구를 충족하기 위해 뇌성마비를 바르게 이해하고 각 학생의 특정 운동능력 손상과 수반 장애를 이해하는 것은 매우 중요하다.

### 1) 신체 및 감각적 요구

학생의 바른 자세는 신체 움직임과 나아가 학생의 활동 참여에 영향을 미치기 때문에 매우 중요하다. 교사는 반드시 수정된 자세 잡기 장비(휠체어 포함)를 사용하는 방법을 숙지하여야 하고, 그것에 학생이 바르게 자세 잡을 수 있도록 해야 한다. 교사와 학생 모두 상해를 피하기 위해 교사는 학생의 자세를 잡아 줄 때 바른 신체 역학(body mechanics)을 사용할 수 있어야 한다(4장 참조). 학생의 물리치료사와 작업치료사는 자세 잡기(positioning)와 다루기(handling) 기술을 도울 수 있다.

교사는 학생이 받고 있는 추가 치료와 그것을 전달하는 자신의 역할을 잘 알아야 하며, 학생이 학교에서 복용하는 약의 유형과 복용량, 부작용에 대해서도 숙지해야 한다. 학생이 스플린트나 브레이스를 사용한다면 교사는 학생에게 잘 맞게 되어 있는지뿐 아니라 피부의 짓무름이나 붉어지는 것에 대해서도 주의해야 한다. 휠체어를 타는 학생을 위해 교사는 최소한의 휠체어 수리에 대해서도 익숙해야 하며, 학생이 수술 후 학교로 돌아오면 교사는 어떤 활동 제한이 있는지를 이해해야 한다.

뇌성마비 학생은 간질이나 감각 손상, 인지 혹은 정보 처리과정 등과 같은 다른 문제를 동반할 수 있다. 따라서 교사는 체계적 교수를 제공하는 방법뿐 아니라 각 학생에게 필요한 수정과 보조공학에 대해 잘 이해하고 있어야 한다. 또한 아동의 장애에 대해 다른 사람을 교육하는 것도 중요하다. 중도 뇌성마비 아동의 경우, 사람들은 아동이 지적장애를 가지고 있지 않음에도 지적장애를 가지고 있다고 생각하기 쉽다. 아동이 가능한 한 독립적이 되도록 하기 위해서는 배려와 지지가 격려만큼 중요하다.

### 2) 의사소통 요구

뇌성마비 아동은 언어장애가 없는 경우부터 말을 아예 할 수 없는 경우까지 다양한 범위의 의사소통 기술 수준을 보인다. 언어치료사, 부모, 교사와 아동은 효과적인 의사소통 양식을 발달시키기 위해 서로 긴밀하게 작업해야 하며, 여기에는 구어, 보완적 의사소통, 또는 두 가지 모두가 포함될 수 있다.

뇌성마비 학생에게는 의사소통 도구의 사용이 도움이 될 수 있다. 뇌성마비의 정도에 따라 학생은 비상징적 의사소통(예: 얼굴 표정이나 신체 움직임 등)뿐 아니라 몸짓, 수화, 전자 의사소통 도구의 혼합된 체계를 사용할 수 있다. 효과적인 의사소통 도구를 제공하는 것은 아동의 학습과 사회화, 기본적 요구 충족을 위해 매우 중요하다(보완대체 의사소통에 대한 더 많은 정보는 8장 참조). 학생이 아직 의사소통 체계를 배우는 중일 때, 교사는 학생의 능력과 지능의 평가가 이 의사소통 체계가 숙달되기 이전에는 불확실한 것임을 명심해야 한다.

### 3) 학습 요구

뇌성마비 아동을 위한 학업적 교수는 학생의 운동장애 수준이 아닌 인지적 수준에 기초해야 한다. 뇌성마비의 심각성 수준에 따라 학생이 학교 상황에서 최적으로 기능하는 데 특별한 장비와 수정이 필요할 것이다. 경도의 뇌성마비 학생은 쓰기 과제에 느리며 더 많은 시간이 필요한 반면, 중도의 뇌성마비 학생은 과제를 수행하는 데 있어 대안적 접근인 컴퓨터 사용이 필요할 것이다([그림 5-9] 참조).

연필 쥐기 보조도구(상업적인 것이든 점토나 스펀지로 직접 만든 것이든)나 페이지 넘기기 도구와 같은 수정 도구가 필요할 수 있다. 책상 위의 종이를 잡지 못하는 학생을 위해 종이를 책상에 테이프로 붙이거나 클립보드를 사용할 수 있다. 앞부분이 들어간 책상의 사용은 휠체어가 탁자 안에 들어갈 수 있게 하고 추가로 팔 지지면을 제공해 줄 수 있다. 학생에게 잘 맞도록 하기 위해 탁자의 높낮이 조절이 필요할 수도 있으며, 더 잘 접근할 수 있도록 칠판을 낮추어야 할 수도 있다. 학생이 이러한 장비를 요구한다고 해서 지역사회와 학교 내의 다양한 교실에 가는 것이 불가능해져서는 안 된다.

심한 의사소통 문제를 가진 학생을 위해 교사는 사물 제시방법을 수정해야 할 수도 있다. 학생이 답을 선택할 수 있도록 사물을 선다형 양식(각 가능한 선택에 숫자 부여)으로 제시하거나, 스캐닝 장비의 이용이나 선다형 양식으로 제시된 답에 눈 맞춤으로 자신의 반응을 나타낼 수 있도록 해 준다. 스위치나 터치 윈도우, 대체 키보드와 특정 소프트웨어(예: 스크린 키보드, 단어 예측이나 말 인식)는 종종 학업 과제를 더 잘할 수 있게 한다. 이러한 수정 장치는 최소한의 동작으로 장비를 작동하거나 대체 동작을 사용하여 작동할 수 있도록 한다. 이와 같은 수정 장치는 모든 환경에서 사용될 수 있어야 한다(더 많은 정보는 8, 12장 참조).

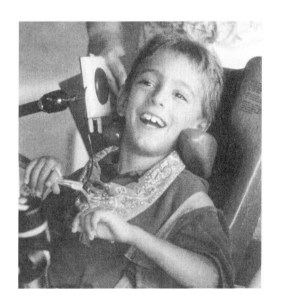

**그림 5-9** 머리 스위치로 조절하는 컴퓨터를 이용하는 학생

## 4) 일상생활 요구

운동능력의 손상 정도에 따라 어떤 아동은 섭식, 착탈의, 용변, 개인 위생, 매일의 일상적 활동 수행 등의 다양한 일상생활 기술에서 어려움을 겪을 수 있다. 섭식 영역에서 원시 반사(예: 비대칭 긴장성 목 반사, 물기 반사)의 지속과 구강운동의 협응 부족으로 심각한 섭식 문제와 침 흘리기의 어려움을 겪을 수 있다. 학생은 혀 내밀기(음식물이 입 밖으로 밀려나오게 하는)와 물기 반사(스푼을 물게 하는), 질식과 같은 어려움을 겪을 수 있다. 턱 조절을 제공하는 것과 같은 섭식지도 기술이 요구된다. 팔이 손상된 아동은 숟가락을 입으로 가져갈 수 없거나 식사 도구를 잡을 수 없는 경우가 있으므로, 그릇이나 컵, 식사 도구를 수정해 주는 것이 필요하다([그림 5-10] 참조). 어떤 학생은 구강운동의 역기능으로 인해 구강으로 충분하게 섭취하지 못하고 위루술 관(gastrostomy tube) 급식(관을 통해 위로 직접 급식; Sullivan et al., 2005)을 요한다(더 많은 정보를 위해 19장 참조).

대부분의 뇌성마비 아동은 방광 조절이 여러 해 지체될 수 있지만 성공적으로 화장실을 사용할 수 있다. 화장실을 성공적으로 사용할 수 있게 되는 연령은 부분적으로 뇌성마비의 정도와 인지적 기능에 달려 있다. Roijen, Postema, Limbeek과 Kuppevelt(2001)의 한 연구에 따르면, 낮은 지능을 가진 아동의 경우 62%가 6세까지 실금 증상을 보인 반면, 높은 지능을 가진 아동의 경우 20%만이 6세에 여전히

그림 5-10    수정된 그릇과 식사 도구의 예

실금 증상을 보였다. 높은 지능을 가지고 경직형, 양하지마비 혹은 편마비인 아동은 8세 이전에 배변훈련을 성취할 수 있는 좋은 예후를 가지고 있다. 지적장애가 보이면, 교사는 방광장애나 장 조절과 같은 의료적 이유가 있는 것은 아닌지 의사와 결정한 후에 화장실 사용을 위한 체계적 교수를 실시해야 할 것이다.

교사는 적절한 수정을 해 줌으로써 배변훈련을 도와주어야 한다. 손 지지대 (handrail)나 적절하게 딱 맞춰진 수정된 변기는 떨어질 것에 대한 두려움을 줄여 주고 긴장을 풀어 주므로 배변을 위해 매우 중요하다. 또한 학생은 화장실 사용이 필요함을 알리기 위한 의사소통 방법을 가져야 한다. 학생이 적절하게 변기로 옮겨가는 기술을 배우는 것도 중요하며, 화장실 사용을 돕는 사람은 바르게 들어 올리기와 다루기 기술을 배워야 한다(4장 참조).

아동이 일상생활에 최대한 참여할 수 있도록 수정이나 보조공학이 제공되어야 한다. 예를 들어, 양치질을 할 때는 칫솔과 치약 고정대를 사용할 수 있다. 환경적 조절 장치는 아동이 스위치로 물건을 작동할 수 있도록 하는 데 유용하다(예: 전등이나 텔레비전 켜기). 스위치는 전기 블랜더와 같은 여러 도구를 켜는 데 사용할 수 있다(보조공학에 대한 더 많은 정보는 8장 참조).

## 5) 행동 및 사회적 요구

교사는 학생이 사회적 상호작용을 하는 데 어려움이 있을 수 있음을 알아야 한다. 뇌성마비와 같이 가시적인 신체적 장애를 가진 학생은 외모나 부족한 사회적 기술 때문에 종종 사회적으로 고립되기 쉽다. 교사는 의사소통이 느릴 때 상호작용을 유지할 수 있도록 하는 구체적인 전략뿐 아니라 사회성 기술 훈련을 제공해야 한다.

뇌성마비 학생은 효과적으로 의사소통을 할 수 없거나 의도하지 않은 움직임으로 과제를 수행할 수 없게 되었을 때 당황하거나 폭발적 행동을 나타낼 수 있다. 교사는 학생의 요구에 민감해야 하며, 의사소통의 대안 형태를 제공하고 과제 수행을 위한 대안 방법을 제공해 주어야 한다.

## 요약

뇌성마비는 자세와 운동의 다양한 장애를 일컫는 것으로, 출산 전이나 분만 동안, 출산 후 발생하는 정적인 두뇌 손상으로 인해 발생하는 것이다. 뇌성마비는 경직형(추체계 손상), 운동장애형(대뇌핵 손상), 운동실조형(소뇌 손상)을 포함하여 다양한 유형이 존재한다. 뇌성마비는 신체의 서로 다른 부분에 영향을 줄 수 있으며 양하지마비(양다리와 약간의 팔 마비), 편마비(신체의 한쪽 마비), 사지마비(팔다리 모두의 마비)로 분류할 수 있다.

뇌성마비는 정도에 따라 경도에서 중도까지 다양하다. 경도 뇌성마비는 대개 미세운동 움직임에서 약간만 손상되었다. 중도 뇌성마비 학생은 팔다리 움직임의 심각한 제한과 말의 손상을 보이며, 일상생활 기술을 위해 많은 수정이 필요하다. 치료는 (a) 물리치료, 작업치료, 말-언어치료, (b) 자세 잡기와 이동 장비, (c) 보조기, (d) 약물, (e) 수술을 들 수 있다. 교사는 학생의 신체적, 감각적, 의사소통, 학습, 행동, 사회적 요구에 맞추기 위해 다양한 수정을 할 필요가 있으며, 최선의 서비스를 제공하기 위해 가능한 한 모든 전문가가 협력하는 것이 중요하다.

## 사례 나탈리의 이야기

나탈리는 경직형 사지마비를 가진 똑똑한 4학년 학생이다. 전동 휠체어를 사용하여 이동하고, 일상생활 기술에 제한(화장실, 식사, 학교에서의 자료 접근에서 지원이 필요함)이 많고, 의사소통을 위해 보완대체 의사소통(AAC)을 사용한다. 손으로 쓸 수는 없지만, 자신의 AAC 도구를 컴퓨터에 연결하여 타이핑함으로써 쓰기 과제를 수행할 수 있다. 학교에서 나탈리는 매주 물리치료, 작업치료, 언어치료를 받고 있으며, 한 달에 한 번 보조공학 전문가가 방문하여 그녀의 교육 프로그램과 관련된 보조공학의 사용 가능성 및 이미 제공해 준 보조공학적 수정이 잘 활용되고 있는지 등을 상담하고 지원한다. 제한된 구어능력을 가지고 있지만, 나탈리는 2학년 정도 수준의 읽기 능력이 있고 지체장애와 건강장애 학생을 위한 자료실에서 기초적인 수학을 학습하고 있다. 그녀는 현재 자신의 4학년 또래와 과학, 사회 수업에 참여하고 있다. 나탈리의 개별화교육계획 위원회는 몇 년 전에 나탈리가 초등학교에 들어가면 지역교육청 바깥의 학교로 진학하도록 결정했는데, 그 이유는 나탈리의 장애 정도가 심하고 당시 인근 학교의 환경적 접근성이 나쁘고 나탈리에게 필요한 적절한 도구와 지원을 제공하지 못한다는 사실 때문이었다. 그러나 나탈리의 언니는 인근 학교에 다니고 있었다. 올해 IEP 모임에서 나탈리를 다시 인근 초등학교로 전학시키는 것에 대한 논의가 일어났다. IEP 팀의 의견은 양분되었다. 나탈리의 가족은 나탈리가 언니와 함께 인근 학교의 최소 제한 환경에서 교육받기를 희망하고, 나탈리가 인근 학교에서도 현재 받고 있는 것과 똑같은 지원을 받을 권리가 있다고 생각한다. 나탈리의 특수교사는 지원과 서비스가 인근 학교에서 제공되어야 하는 것에 동의했지만, 위원회의 다른 사람은 현재 교육환경에서 교사와 학생이 나탈리와 상호작용하는 방법을 알고 있기 때문에 그렇지 않은 곳으로 옮기는 것은 불편하다고 생각하고 있다. 그들은 또한 인근 학교에서 환경적 수정을 하는 데에 너무 많은 비용이 들며, 나탈리의 신체적 요구를 충족해 주기가 매우 힘들 것이라고 느끼고 있다. 당신의 생각은 어떠한가?

# 참고문헌

Batshaw, M. L. (1997). *Children with disabilities* (4th ed.). Baltimore: Brookes.

Bax, M., Goldstein, M., Rosenbaum, P., Leviton, A., Paneth, N., Dan, B., et al. (2005). Proposed definition and classification of cerebral palsy, April 2005. *Developmental Medicine and Child Neurology, 47,* 571-576.

Beers, M. H., Poerter, R. S., Jones, T. V., Kaplan, J. L., & Berkwits, M. (2006). The Merck manual of diagnosis and therapy (18th ed.). Whitehouse Station, NJ: Merck & Co.

Blair, E., & Stanley, F. J. (1997). Issues in the classification and epidemiology of cerebral palsy. *Mental Retardation and Developmental Disabilities Research Reviews, 3,* 184-193.

Burmeister, R., Hannay, H. J., Copeland, K., Fletcher, J. M., Boudosquie, A., & Dennis, M. (2005). Attention problems and executive functions in children with spina bifida and hydrocephalus. *Child Neuropsychology, 11,* 265-283.

Gold, J. T. (2005). Pediatric disorders: Cerebral palsy and spina bifida. In H. H. Zaretsky, E. F. Richter, & M. G. Eisenberg (Eds.), *Medical aspects of disability* (3rd ed., pp. 447-493). New York: Springer.

Graham, H. K. (2005). Classifying cerebral palsy. *Journal of Pediatric Orthopedics, 25,* 127-128.

Griffin, H. C., Fitch, C. L., & Griffin, L. W. (2002). Causes and interventions in the area of cerebral palsy. *Infants and Young Children, 14,* 18-23.

Guyton, A. C., & Hall, J. E. (2006). *Textbook of medical physiology* (11th ed.). Philadelphia: Elsevier/Saunders.

Herring, J. A. (2002). *Tachdjian's pediatric orthopedics* (3rd ed.). Philadelphia: W. B. Saunders.

Hoon, A. H., Jr. (2005). Neuroimaging in cerebral palsy: Patterns of brain dysgenesis and injury. *Journal of Child Neurology, 20,* 936-939.

Jones, M. J., & Gray, J. (2005). Assistive technology: Positioning and mobility. In S. K. Effgen (Ed.), *Meeting the physical therapy needs of children* (pp. 455-474). Philadelphia: F. A. Davis.

Kreulen, M., Smeulders, M. J. C., Veeger, H. E. J., & Hage, J. J. (2006). Movement patterns of the upper extremity and trunk before and after corrective surgery of impaired forearm rotation in patients with cerebral palsy. *Developmental Medicine and Child Neurology, 48,* 436-441.

Liptak, G. S. (2005). Complementary and alternative therapies for cerebral palsy. *Mental Retardation and Developmental Disabilities Research Reviews, 11,* 156-163.

McLaughlin, J., Bjornson, K., Temkin, N., Steinbok, P., Wright, V., Reiner, A., et al. (2002). Selective dorsal rhizotomy: Meta-analysis of three randomized controlled trials. *Developmental Medicine and Child Neurology, 44,* 17-25.

Miller, F. (2005). *Cerebral palsy.* New York: Springer.

Nehring, W. M. (2004). Cerebral palsy. In P. J. Allen & J. A. Vessey (Eds.), *Primary care of the child with a chronic condition* (4th ed., pp. 327-346). Philadelphia: Mosby.

Nelson, K. B. (2002). The epidemiology of cerebral palsy in term infants. *Mental Retardation and Developmental Disabilities Research Reviews, 8,* 146-150.

Nelson, K. B. (2003). Can we prevent cerebral palsy? *New England Journal of Medicine, 349,* 1765-1769.

Palisano, R., Rosenbaum, P., Walter, S., Russell, D., Wood, E., & Galuppi, B. (1997). The development and reliability of a system to classify gross motor function in children with cerebral palsy. *Developmental Medicine and Child Neurology, 39,* 214-223.

Pellegrino, L. (2007). Cerebral palsy. In M. L. Batshaw (Ed.), *Children with disabilities* (6th ed., pp. 387-408). Baltimore: Brookes.

Reid, S., Halliday, J., Ditchfield, M., Ekert, H., Byron, K., Glynn, A., et al. (2006). Factor V Leiden mutation: A contributory factor for cerebral palsy? *Developmental Medicine and Child Neurology, 48,* 14-19.

Roigen, L. E., Postema, K., Limbeek, V. J., & Kuppevelt, V. H. (2001). Development of bladder control in children and adolescents with cerebral palsy. *Developmental Medicine and Child Neurology, 43,* 103-107.

Rosenbaum, P. (2003a). Cerebral palsy: What parents and doctors want to know. *British Medical Journal, 326,* 970-974.

Rosenbaum, P. (2003b). Controversial treatment of spasticity: Exploring alternative therapies for motor function in children with cerebral palsy. *Journal of Child Neurology, 18*(Suppl. 1), S89-S94.

Rosenbaum, P. (2006). Classification of abnormal neurological outcome. *Early Human Development, 82,* 167-171.

Russman, B. S., & Ashwal, S. (2004). Evaluation of the child with cerebral palsy. *Seminars in Pediatric Neurology, 11,* 47-57.

Sankar, C., & Mundkur, N. (2005). Cerebral palsy+definition, classification, etiology and early diagnosis. *Indian Journal of Pediatrics, 72,* 865-868.

Sullivan, P. B., Juszczak, E., Bachlet, A., Lambert, B., Vernon-Roberts, A., Grant, H. W., et al. (2005). Gastrostomy tube feeding in children with cerebral palsy: A prospective, longitudinal study. *Developmental Medicine and Child Neurology, 47,* 77-85.

Verrotti, A., Greco, R., Spalice, A., Chiarelli, F., & Iannetti, P. (2006). Pharmacotherapy of spasticity in children with cerebral palsy. *Pediatric Neurology, 34,* 1-6.

Westcott, S. L., & Goulet, C. (2005). Neuromuscular system: Structure, functions, diagnoses, and evaluation. In S. K. Effgen (Ed.), *Meeting the physical therapy needs of children* (pp. 185-244). Philadelphia: F. A. Davis.

# 제6장 외상성 척수 손상과 이분척추

*Kathryn Wolff Heller*

척수가 심하게 손상되거나 발달에 결함이 있을 때는 손상 부분 아래에서 근육 마비와 감각 손상이 나타난다. 마비와 감각 손상을 일으킬 수 있는 척수장애의 두 유형은 척수 손상(spinal cord injury)과 이분척추(spina bifida)다.

미국에서는 매해 1만 건이 넘는 척수 손상이 발생하고 있다. 척수 손상이 모든 연령대에서 발생하기는 하지만, 청소년기는 가장 높은 출현율을 나타내며, 남성은 그 중 80%가 넘는 출현율을 보인다(Beers, Porter, Jones, Kaplan, & Berkwits, 2006). 이 청소년들은 학교로 다시 돌아오게 되었을 때 자신의 장애와 새로운 도구 적응에 어려움을 경험하게 된다. 따라서 교사는 그들이 손상으로 인한 신체적, 심리적, 사회적 영향에 적응하도록 지원해 줘야 할 특별한 역할을 맡게 된다.

이분척추는 신경계에 영향을 미치는 가장 심각한 선천적 장애 중 하나다. 이분척추는 척수에 영향을 미칠 수 있고 그 결과로 마비와 감각 손상을 초래할 수 있는 척추의 손상을 일컫는다. 이분척추의 가장 심각한 형태는 척수수막류로, 미국의 신생아 1000명당 약 0.5명꼴로 발생한다(Islam, 2005). 척수수막류 유형의 아동은 이동, 자조 기술, 사회적 기술, 학습전략과 같은 영역에서 교수 적합화와 훈련이 필요하다.

이 장에서는 외상성 척수 손상과 이분척추의 척수수막류 유형을 가진 개인의 특성을 중심으로 설명할 것이다. 이 두 유형 사이에는 많은 유사점이 있지만, 각각에 독특한 특성과 문제가 있다. 이 두 상태를 각각 논의한 후 교육적 논의에 대해 이 장의 마지막에서 함께 논의할 것이다.

## ① 외상성 척수 손상 개요

외상성 척수 손상이라는 용어는 외상(trauma) 혹은 외부의 폭력과 같은 형태로 인해 척수에 손상을 입은 것을 말한다. 척수 손상의 위치와 정도에 따라 아동은 사지가 약한 정도부터 산소호흡기를 통해 호흡하며 목 아래 신체 부분 전반이 마비된 것까지 넓은 범위의 증상을 가지게 된다. 일반적으로 이 용어는 운동 마비와 신체 특정 부분의 감각 손상을 내포한다.

척수는 외상적인 것보다 선천적인 원인에 의해 광범위하게 영향을 받게 된다. 예를 들어, 선천성 척수 손상으로 태어난 유아는 출산 시에 이미 척수의 생리적 혹은

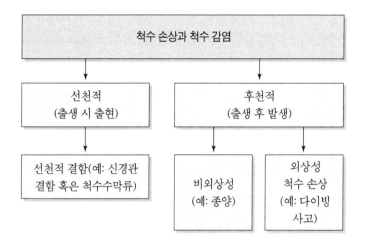

**그림 6-1**    척수 손상과 척수결함 유형

구조적 비정상성을 가지고 있다(예: 이분척추[척수수막류]). 또한 척수장애는 비외상
적 수단(예: 증후군, 종양 혹은 감염)에 의해 발생할 수도 있다([그림 6-1] 참조). 여기
에서는 주로 외상으로 인한 척수 손상에 제한하여 논의하고자 한다(이분척추에 대해
서는 이 장 후반부에서 논의).


② 외상성 척수 손상의 원인

아동기와 청소년기의 외상성 척수 손상에는 여러 공통적인 원인이 있다. 가장 일
반적인 원인은 사고, 신체적 학대, 외상성 척수 손상에 취약한 선천적 결함 등이 있
다. 사고가 가장 일반적인 원인이며, 그중 자동차 사고가 가장 많다. 척수 손상을
초래할 수 있는 다른 유형의 사고로는 추락(예: 놀이 기구에서), 스포츠와 레크리에
이션 사고(예: 다이빙 · 축구 · 체조 · 승마 사고, 응원)와 같은 것이 있다(Haslam, 2004;
Toth, McNeil, & Feasby, 2005).

사고와 더불어 척수 손상은 둔위분만[1]이나 아동 학대 등으로 영아기 동안에 발생
할 수 있다. 둔위분만 시 아이는 발이 먼저 나오게 되는데, 아이가 산도를 지날 때

---

1) 역주: 태아가 다리나 엉덩이부터 나오는 분만.

목이 과도 신전될 수 있으며 이때 손상이 될 정도로 척수가 신장될 수 있다. 이는 목 아랫 부분의 마비와 감각 손상을 야기할 수 있다. 척수 손상의 다른 요인은 유아를 과하게 흔드는 것(흔들린 아기 증후군[shaken infant syndrome]로 알려진)으로, 유아의 무거운 머리가 심하게 앞뒤로 흔들릴 때 목에 있는 척수에 손상을 입게 되거나 외상성 뇌손상이 발생할 수 있다(7장 참조).

특정 선천적인 증후군도 척수 손상의 원인이 될 수 있다. 예를 들어, 다운증후군 아동은 첫 번째와 두 번째 경추 사이의 이완인대(척추 맨 윗부분의 갈비척추관절) 때문에 척주의 탈구에 약하며(Nader-Sepahi, Casey, Hayward, Crockar, & Thompson, 2005), 탈구가 발생했을 경우 사지마비가 될 수 있다. 이 문제를 가진 아동은 목의 신장과 전반적인 유연성을 유도하는 활동에 참여하지 않는 것이 좋다(예: 다이빙이나 텀블링; Haslam, 2004).

## ③ 외상성 척수 손상에 대한 이해

### 1) 척수의 구조

척수는 성인 남성의 경우 약 45센티미터 길이에 1.3센티미터 너비로 되어 있다. 두뇌에서와 같이 3개의 뇌막(경막, 거미막, 유막)이 척수를 둘러싸고 보호하는 역할을 하고 있다. 척수와 뇌막은 척추골에 둘러싸여 추가로 보호를 받는다. 척추골은 각각 쌓여 척추(혹은 척주)로 알려진 등뼈를 만드는 역할을 한다. 척추는 두개골의 하단에서 미골(꼬리뼈)까지 펼쳐져 있으며, 척수는 실제로 척추보다 짧다. 척수의 끝은 대략 요추의 첫 부분 쯤에 위치해 있다([그림 6-2] 참조).

척수 자체는 중추신경계의 부분으로 10억여 개의 뉴런(신경세포)으로 구성되어 있다. 척수는 내부의 회색물질과 바깥 부분의 백질을 포함하고 있고 축색돌기의 묶음으로 구성되어 있다. 두뇌의 일차 운동 피질에 위치한 뉴런은 자극(메시지)을 축색돌기 묶음을 통해 척수(회색으로 보이는)의 중앙에 위치한 아랫부분 뉴런으로 보낸다. 아랫부분 뉴런의 축색돌기는 척수를 떠나 척수 신경과 연합하여 뻗어 나가 말초신경이 된다. 이 신경들은 동작을 만들기 위해 신체의 다양한 근육에 자극을 보낸다. 같은 방식으로 체조직의 감각 정보(예: 접촉과 온도)는 감각 신경에서 척수에 들어가고 두뇌에서 체감각 대뇌피질로 가는 신경계를 통해 척수로 메시지를 보내게 된다. 척수의 기능은 척수 내에 존재하는 신경을 통해 두뇌에서 오는 자극(메시지)을 신체의 다양한 부분에 운반하는 것, 척수에 들어가는 신경을 통해 신체의 메시지를 수신하는 것, 그리고 이러한 메시지를 두뇌에 보내는 것이다.

척수 안에 있는 회백질은 뉴런의 조직체이며 H패턴으로 정렬되어 있다([그림 6-3] 참조). H의 앞부분은 전각으로, 척수 신경을 통해 척수를 떠나는 운동 정보를 운반한다. H의 뒷부분은 후각으로, 척수 감각 신경을 통해 척수로 들어와서 감각 정보의 실행을 위해 두뇌에 전달하는 역할을 한다.

이러한 척수 신경은 가까이 있는 추골에 따라 이름이 붙여지고 번호가 매겨진다. 경추, 흉추, 요추, 천골, 미추와 같이 경부, 흉부, 요추, 천골, 미추 신경이 있다. 8개의 경부 신경(C1~C8)

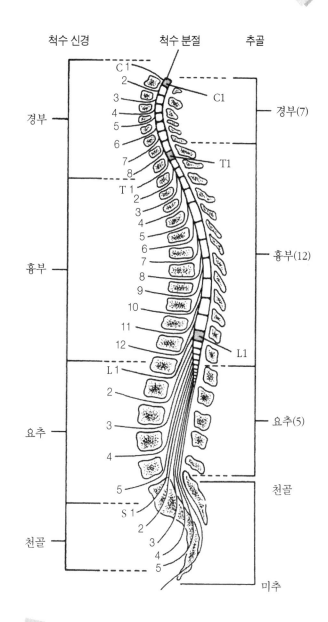

**그림 6-2** 척추골 사이에 존재하는 척수 신경을 가진 척수

과 12개의 흉부 신경(T1~T12), 5개의 요추 신경(L1~L5), 5개의 천골 신경(S1~S5)와 1개의 미추 신경이 있다. 각각의 척수 신경은 대응하는 추골 옆에 위치한다(예: T1 척수 신경은 T1 추골 옆에 위치). 척추는 척수보다 길기 때문에 여러 척수 신경은 그것에 대응되는 추골에 위치하기 위하여 코드보다 낮게 확장된다. 척수 아래로 확장된 이러한 척수 신경을 마미(cauda equina, '말의 꼬리'를 의미)라고 한다([그림 6-2] 참조).

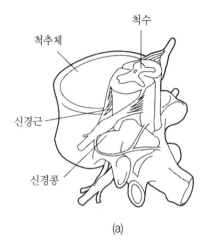

(a)

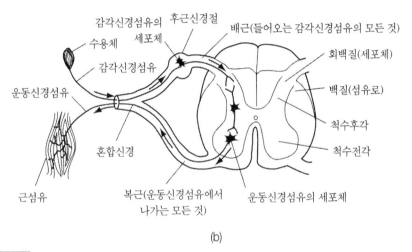

(b)

**그림 6-3**  척추(a)에 둘러싸인 H패턴의 척수 횡단면과 반사궁(b)이 보이는 척수 부분

척수에 존재하는 각각의 척수 신경은 말초신경으로 뻗어나가 신체의 다양한 근육과 이어진다. 척수에 존재하는 이러한 동작 신경은 자극을 동작으로 변환한다. 피부의 감각 신경과 척수의 다른 조직은 감각 정보(예: 아픔, 온도, 압력, 고유감각)를 운반하는 역할을 하며, 각각의 운동과 감각 신경은 신체의 특정 부분에 대응된다. 약간의 중복은 있지만, 경부 신경은 주로 목과 팔 근육을 조절하고, 흉부 신경은 가슴과 복부의 근육을, 요추 신경은 다리 근육을, 그리고 천골 신경은 장, 방광, 성 기능과 더불어 아랫부분의 다리 근육을 조절한다.

척수는 두뇌와 신체 사이에서 전달하고 특정 반사를 제거하는 역할을 한다. 예를 들어, 무릎을 고무망치로 쳤을 때 감각 자극은 척수의 전각에 보내지게 되고, 그 후 자극은 척수의 전각 내에서 동작 조직체로 이동하게 된다. 그런 다음 자극은 동작 신경을 통해 척수에 위치하게 되고, 발로 차는 동작을 일으키기 위해 다리 근육으로 이동한다. 이러한 동작은 두뇌의 개입 없이 척수 수준에서 발생하며, 척수에서 두뇌로 보내진 신호를 통해 사람은 어떤 일이 발생했는지를 알게 된다.

## 2) 척수 손상

사고가 발생하면 척수는 타박상을 입고 눌리며 으스러지거나 찢어질 수 있다. 이는 척수를 둘러싸고 있는 추골이 탈구되거나 부러짐으로써 발생하며, 추골이 부러지지 않았더라도 척수에 손상을 입을 수도 있다(Haslam, 2004; Reichert & Schmidt, 2001). 척수 손상은 두뇌의 정보를 주고받는 축색돌기의 파괴를 초래한다.

척수 손상이 척수 전체 부분에 걸쳐 발생할 때는 전반적 척수 손상(완전 척수 손상으로도 알려진)이 발생하게 된다. 이 유형의 손상 시 두뇌에서 나오는 동작 메시지가 척수 손상 영역에 이르게 되면 전달되지 않게 되어 손상 지점 아래의 수의적 근 움직임을 조절할 수 없게 된다. 같은 방식으로 피부에서 오는 감각 정보는 척수 손상 영역을 만나게 되면 두뇌에 전달되지 못하게 되고, 결과적으로 감각 손상을 초래한다. 손상이 전체 신경을 가로지르는 것이 아닌 부분적 척수 손상(일반적으로 불완전 척수 손상으로 알려진)일 경우에는 약간의 자극이 통과될 수 있으며, 약간의 동작과 감각도 인지 가능하다.

예를 들어, T2를 완전히 가로지르는 척수 손상은 그 수준 이하의 어떠한 신경도 두뇌로부터 움직임을 위한 자극을 수신할 수 없다는 것을 의미하며, 그 결과 방광과 장 기능 손실뿐 아니라 가슴, 복부, 다리의 근육에 마비가 생길 수 있다. 또한 마비된 영역의 감각 정보는 두뇌에 전달될 수 없다. 그러나 목과 팔 근육(경부 신경에 의해 주로 지원을 받는)은 그러한 신경이 손상 수준 위의 척추에 존재하기 때문에 영향을 받지 않을 것이다.

척수 손상이 처음 일어났을 때는 손상에 영향을 주는 세 가지 사건이 발생하게 된다. 첫째, 척추는 손상으로 인해 불안정해지며 그 영역의 움직임은 추가 손상을 야기할 것이다(Masri(y), 2006). 따라서 척수 손상이 발생하면 환자를 이동하기 전에 먼저 손상 영역을 고정하는 것이 중요하다. 둘째, 손상 부분에 발생하는 부종(부기)

으로 인해 추가 손상이 발생할 수 있다. 붓기는 그 부분의 코드에 손상을 줄 수 있는
척수 인접 영역에 압력을 일으킬 수 있기 때문에 추가 손상을 막기 위한 약물이 자
주 사용된다. 셋째, 척수 쇼크를 일으킬 수 있다(예: 손상 수준 아래에서 근육이 과소
긴장되어 기능을 하지 않고 반사가 나타나지 않는다). 척수 쇼크는 보통 며칠 혹은 몇 주
동안 지속된다. 그 후 일반적으로 반사는 돌아오게 되고 손상 수준 아래의 근육은
대개 경직성(높은 근긴장을 의미하는)이 되며, 이러한 근육의 수의적인 조절이 어렵게
된다. 그러나 부분적 척수 손상이나 덜 전반적인 손상 발생의 경우 근기능과 감각은
여러 달이 지나거나 1년 안에는 돌아오게 된다(Menkes & Ellenbogen, 2002).

## ④ 외상성 척수 손상의 특징

　척수 손상의 영향은 (a) 척수의 손상 수준, (b) 그것이 전반적 척수 손상인지 부
분적 척수 손상인지의 두 가지 요인에 달려 있다. 다음 논의에서는 근육 마비, 감각
손상, 호흡근 기능 저하, 방광과 장의 문제, 다른 특정 이슈에 대한 전반적 척수 손
상(transverse spinal cord injury)의 영향에 대해 다룰 것이다. 부분적 척수 손상에 대
한 정보는 따로 제시될 것이다.

### 1) 근육 마비

　척수 손상이 일어난 수준은 어떤 근육이 마비되는지를 결정하게 되는데, 아동의
가장 일반적인 손상 영역은 경부이지만 척수는 꼭대기에서 바닥까지 모든 부분이
영향을 받을 수 있다(Menkes & Ellenbogen, 2002). 〈표 6-1〉과 같이 척수 손상이 더
높은 곳에 나타날수록 더 많은 부분이 마비된다. 예를 들어, C3 손상은 자신의 팔다
리를 움직일 수 없는 완전한 사지마비를 초래한다. 그러나 손상이 C6과 C7 사이의
더 낮은 곳에 발생하게 되면 어깨와 팔꿈치를 움직일 수 있으나 손과 몸통, 다리에
는 마비가 남아 있게 된다. T2의 손상을 예로 들면, 다리가 마비되는 사지마비(몸통
포함)를 초래하나 팔 움직임은 정상적이다. S3과 같이 매우 낮은 부분에 손상을 입
은 사람은 보행할 수 있으나 방광과 장 기능의 손상을 가지게 된다.

| 표 6-1 | 전반적 척수 손상의 다양한 수준에서 발생할 수 있는 영향 |
|---|---|
| 손상 | 가능한 영향 |
| C1-C3 | 호흡곤란; 몸통, 팔, 다리 마비(사지마비), 장과 방광 조절 감소 |
| C6-C7 | 손, 몸통, 다리 마비; 장과 방광 조절 감소(발꿈치를 굽히고 어깨를 움직일 수 있음) |
| T2 | 몸통과 다리 마비(하지마비); 장과 방광 조절 감소 |
| T11-T12 | 다리 마비; 장과 방광 조절 감소 |
| T12-L1 | 무릎 아랫부분 마비; 장과 방광 조절 감소 |
| S3-S5 | 장과 방광 조절 감소 |

척수 손상이 척수 자체에 발생할 때(T12-L1 척추 수준의 위), 손상 부분 아래에서 반사가 나타난다. 이러한 반사는 불수의적이고, 아동은 두뇌와의 의사소통 부재로 그것을 인식하지 못할 것이다. 지속된 반사의 출현으로 반사는 더 과장적으로 나타나고, 근육은 경직성이 되어 가며, 근구축으로 인해 영향을 받은 근육은 단축된다.

근육의 구축은 뼈대가 비정상 형태가 될 위험을 높일 수 있다. 예를 들어, 척수 손상을 가진 사람은 골반 탈구뿐만 아니라 척추측만증의 위험을 가지고 있다(9장 참조). 척추측만증은 척수 손상이 어린 나이에 발생했을 때 더 심각해지는 경향이 있다(Bergstrom, Short, Frankel, Henderson, & Jones, 1999).

## 2) 감각 손상

감각 손상은 근육 마비를 초래하는 것과 유사한 방식으로 발생한다. 앞서 설명한 것과 같이, 척수 손상의 수준은 어느 부분의 감각이 손실될지를 결정하게 된다. 전반적 척수 손상이 발생하면 그 수준과 아래 모든 영역의 수준에서 감각 손상이 일어나게 된다. 감각 손상은 접촉, 압력, 고통, 온도, 고유 수용 감각을 포함한다.

감각은 우리에게 신체 부분의 상처 난 곳과 주의를 요하는 것에 대한 정보를 제공해 준다. 따라서 감각 손상은 매우 중요하다. 척수 손상을 가진 사람은 손상 수준 이하의 부분에 대해 느낄 수 없으며 신체의 어떤 부위가 상처가 났거나 손상되었는지 알 수 없게 된다(상처의 시각적 단서가 없을 경우).

척수 손상을 입은 사람에게는 마비와 이동 부족으로 욕창이 진행될 수 있다

(Dryden et al., 2004). 감각 손상이 있기 때문에 아동은 신체의 이동이 필요함을 알려 주는 압력을 느낄 수 없다. 아동은 감각에 의존하는 대신 시간 스케줄에 근거하여 압력을 완화하고 이동의 필요성을 인식해야 한다.

### 3) 호흡근 기능 저하

척수 손상이 경부 상단에서 발생했을 때는 호흡을 조절하는 근육이 마비된다. C3, C4와 C5에 의해 조절되는 횡경막근은 호흡을 하는 데 사용되는데, C3나 상단에 손상을 입은 사람은 생존을 위해 인공호흡기가 필요하다. C4나 C5에 손상을 입은 사람은 횡경막의 부분적 조절 때문에 스스로 호흡할 수 있을 것이다.

척수 손상이 흉부 상단에 발생했을 때, 횡경막은 기능을 할 수 있지만 호흡을 지원하는 다른 호흡근(예: 늑간)은 잘 작동하지 않을 것이다. 호흡량은 50% 정도 감소될 수 있으며, 호흡기 감염에 대한 위험성이나 산소 감소의 위험이 있다. 척수 손상이 흉부 아랫부분에 발생했을 때에는 복근이 마비될 것이다. 이는 호흡기 분비물을 없애기 위해 필요한 센 기침을 부족하게 하여 호흡기 감염이나 폐렴에 걸릴 가능성을 높인다(Dryden et al., 2004).

### 4) 장과 방광의 문제와 성적 역기능

천골 신경은 장과 방광 근육을 조절한다. 이 지점이나 상위에 손상이 발생했을 때, 아동은 배설이나 대변의 요구를 느끼는 꽉 찬 느낌을 느낄 수 없게 된다. 또한 전반적 손상 시 아동은 대변이나 소변을 비우는 것을 돕는 근육의 조절이 어렵다(부분적 손상이 있을 경우, 장과 방광에 대한 약간의 조절을 할 수 있는 가능성이 더 있을 것이다). 더불어 척수 손상을 가진 사람은 변비나 요로감염증에 대해 더 높은 위험을 가지고 있다(Dryden et al., 2004). 성적 역기능 또한 일반적이다(예: 발기 조절 부족).

### 5) 부분적 척수 손상

부분적 척수 손상은 손상되지 않은 신경이 남아 있는 상태로, 약간의 온전한 신경으로 인해 손상 수준이나 그 아래의 특정 영역이 기능을 할 수 있다. 어떤 신경이 손상되었는지는 다양하기 때문에, 같은 수준의 척수 손상을 가진 개인은 부분적 척수 손상의 유형에 근거한 그들의 장애 정도에 따라 매우 다르게 보일 수 있다. 부분적 척수 손상의 몇 가지는 브라운-세카르 증후군(Brown-Sequard syndrome), 전방척수 증후군(anterior cord syndrome), 중심척수증후군(central cord syndrome)이다.

브라운-세카르 증후군은 대개 날카로운 물체로 인해(예: 칼로 벤 상처) 척수의 한 면에 발생한 척수 손상을 일컫는다. 척수의 오른편에 손상이 있다면 신체 왼편의 고통과 체온 손실, 신체 오른편의 촉각 구별과 고유 수용 감각 상실, 신체 오른편의 마비가 생길 것이다(Moin & Khalili, 2006). 척수 수준에서 반대편 신체로 이러한 감각 신경이 교차하기 때문에 고통과 체온 손실은 신체의 반대편에서 발생한다(두뇌의 낮은 부위에서 가로지르는 대신).

나머지 두 증후군은 척수 손상의 영역을 일컫는다. 전방척수증후군은 척수의 전방(앞) 부분이 영향을 받아 손상 수준 아래의 고통 감각 손상과 마비를 초래하는 것이다. 중심척수증후군은 병소가 척수의 중심 부분의 손상에 있으며 대개 경부에 있고, 보통 다리보다는 팔의 기능이 더 손상되며, 감각 손상은 손상 정보에 따라 다양하다(Beers et al., 2006).

## 6) 척수 손상으로 인한 구체적 장애

### 자율신경 반사부전

가장 심각한 증상 중 하나는 자율신경 반사부전(autonomic dysreflexia)이라고 알려진 병리학적 반사로, 보통 T6 수준 위의 전반적 척수 손상에서 발생한다. 자율신경 반사부전은 손상 부분 아래에서 발생한 유해한 자극에 의해 발생하며 방광 팽창, 심각한 변비나 욕창과 같은 문제를 포함한다. 자율신경 반사부전은 아동의 혈압이 위험하게 급상승되는 것을 초래하며, 다른 증상으로는 지끈거리는 두통, 발한(특히 목과 얼굴 주변), 흐릿한 시야, 코 막힘, 불안감 등이 있다. 즉시 처치하지 않으면 두뇌 출혈(뇌출혈)이 일어나 치명적일 수 있다(Dunn, 2004; Karlsson, 2006).

척수 손상의 합병증

척수 손상은 개인의 삶의 질에 영향을 줄 수 있는 여러 문제를 야기하여 척수 손상을 입은 사람은 손상의 정도나 수준에 관계없이 손상 후 얼마 동안 지속되는 고통을 경험할 것이다(Waxman & Hains, 2006). 때로 이 고통은 일상의 활동과 일을 수행하는 데 방해가 될 것이다(Hanley, Masedo, Jensen, Cardenas, & Turner, 2006). 높은 수준의 척수 손상을 가진 개인은 체온 조절과 관련된 문제를 가지며, 그들이 옷을 적절하게 입었는지와 극도의 기온에서 보호되는지를 확인할 필요가 있다. 처음에는 장애를 가지고 있지 않다가 후천적으로 척수 손상을 입은 사람은 경미한 심리적 증상(예: 우울)을 가지게 되기도 한다(Dryden et al., 2004).

## ⑤ 외상성 척수 손상의 진단

감각 손상, 마비와 같은 신체적 증상은 의사가 척수 손상을 진단하는 데 도움을 준다. 척추 엑스레이는 척추의 골절이나 심각한 뼈의 변형을 보여 줄 것이다. 그러나 유아나 어린 아동의 경우 척추가 아직 완전히 굳어 있지 않기 때문에 손상된 척수가 정상적 엑스레이로 나타날 수도 있다. 어린 연령에서 척추는 손상 없이 수 센티미터 늘어날 수 있지만 척수는 단지 매우 조금밖에 늘어날 수 없다. 컴퓨터 단층촬영(computed tomography: CT)이나 자기공명영상(magnefic resonance imaging: MRI) 스캔과 같은 기술은 척추 외상이나 손상 부위를 더 정확하게 보여 줄 것이다.

## ⑥ 외상성 척수 손상의 치료

외상성 척수 손상의 치료는 적절하게 호흡하고 환경을 안전하게 하는 것에서부터 시작된다. 경부 상단에 병소가 발생했을 경우에는 호흡을 유지하기 위해 산소호흡기가 필요할 것이다. 처치의 목표는 이차적 손상을 막는 것이다. 척수는 척추의 스플린팅, 브레이싱이나 수술을 통해 안정화될 수 있다. 응급기간이 지난 후, 팀은 아동이 최대한 회복하고 마비에 적응하도록 지원해야 한다. 팀 구성원에는 보통 교

사, 물리치료사, 작업치료사, 언어치료사, 간호사, 의사, 영양사, 부모, 아동, 호흡
치료사, 사회복지사, 상담가, 심리학자가 포함된다.

## 1) 근육 마비를 위한 치료

척수 손상으로 인한 근육 마비는 되돌릴 수 없기 때문에 어떤 근육이 기능을 하는
지 평가하고 그 근육을 강화하는 것에 목표를 두어야 한다. 물리치료사와 작업치료
사는 이러한 근육을 이용한 기능적 기술을 지도하는 치료를 제공할 것이다. 다리에
약간의 근육 조절능력이 남아 있다면, 치료사는 대개 브레이스를 하고 손상되지 않
은 근육을 이용하여 걷기를 지도하는 것에 목표를 둔 프로그램을 세운다. 만약 팔
근육에만 약간의 조절력이 남아 있다면, 치료는 이동 시 이 근육을 사용할 수 있도
록 강화하는 것을 목표로 하게 될 것이다. 더불어 학생은 다양한 활동을 수행하기
위해 적응을 돕는 여러 다양한 유형의 보조공학 장치를 사용하는 것을 배우게 될 것
이다(8장 참조).

치료는 척추 기형과 구축을 예방하고 관리하는 것을 포함한다. 구축은 근육군을
기능적으로 사용하는 것을 방해할 수 있어, 브레이스를 하고 걸을 수 있는 아동의
무릎에 구축이 생기면 걷지 못하게 된다. 또한 심각한 구축으로 인해 사지를 움직
이거나 펼치는 것이 어려워 씻을 수 없으므로 위생 문제를 가지게 된다. 구축이 있
을 때 앉기나 눕기와 같은 다른 자세를 취하는 것은 어렵거나 불편할 수 있으며, 척
추의 근력 지지 부족으로 척추 기형이 발생할 것이다. 구축과 척추 기형을 둘 다 예
방하는 것으로 관절가동범위(range of motion: ROM) 운동, 스플린트, 브레이스, 보
조기 장비를 들 수 있다. 때에 따라 수술은 구축을 이완하거나 척추 기형을 관리하
는 데 필요할 수 있다.

## 2) 감각 손상을 위한 치료

척수 손상으로 인한 감각 손상은 추가 손상을 초래할 수 있다. 감각 손상을 입은
사람은 뜨거운 것에 데었거나 발이 휠체어 지지대에 끌려 상처를 입게 되는 것을 지
각하지 못한다. 보조자뿐 아니라 손상을 입은 사람이 가능한 한 문제에 적극적으로

참여하는 것이 중요하다.

다른 주요 문제는 욕창이다. 정상 척수를 가진 사람은 여러 동작을 취하다 앉는 자세를 바꾸는 것에 따라 자신의 무게를 이동하는데, 이는 일정 기간 동안 한 자세로 있었을 경우이며 피부에 가해진 압력이 불편한 감각을 야기해서 움직이도록 만들기 때문이다. 그러나 감각 손상을 가진 사람은 손상 수준 아래로 불편한 느낌을 가지지 못하게 되어, 만약 그가 자세를 바꾸거나 압력을 완화하지 않는다면 혈액 순환이 안 되고 그 부분에 조직 손상(괴사)이 야기된다. 이러한 조직 손상은 욕창이 되고 2시간 경과 후 발생할 수 있다. 피부가 붉게 되는 것은 욕창의 초기 증상이므로 빨갛게 된 부분이 발견되면 피부색이 정상으로 돌아올 때까지 그 영역에 닿지 않게 해야 한다. 이렇게 하지 않을 경우 욕창은 계속 진행되어 피부에 손상이 오게 될 것이다. 피부가 조금 손상된 것처럼 보이는 부분은 실제로 피부 아래에 매우 큰 손상이 있을 수 있으며, 욕창은 감염될 수 있고 건강을 심각하게 위협할 수 있다.

욕창은 예방이 가능하다. 자주 자세를 바꾸고 장시간 한 장소에 머무르지 말아야 한다. 앉아 있는 것은 엉덩이에 잠재적인 압력을 야기하기 때문에 아동이 의자 리프트나 보조를 통해 자세를 변경하지 않고서는 1~2시간 이상 앉아 있지 않도록 해야 한다. 의자 리프트는 팔을 움직일 수 있는 아동이라면 사용할 수 있으며, 팔로 팔걸이를 눌러서 엉덩이를 의자에서 들어 올리게 하는 것이다.

## 3) 호흡 문제를 위한 치료

경부 상단에 장애를 입은 학생은 호흡을 위해 인공호흡기의 사용이 필요할 것이다. 인공호흡기는 학생의 폐에 공기를 주입해 주는 기계로, 보통 개인 휠체어 등받이 뒤에 위치한다. 호흡기는 연결이 끊어지거나 차단(예: 튜브가 구부러져 꼬인 경우)되었을 경우, 혹은 다른 문제가 생겼을 때 사람들에게 즉시 알리기 위한 알람을 가지고 있다(Heller, Forney, Alberto, Schwartzman, & Goeckel, 2000). 학생은 종종 교사나 또래가 호흡기를 두려워하여 스스로가 고립되었다고 느낄 수 있다. 그러므로 학생의 전반적 요구가 여러 기계 가운데에서 간과되지 않도록 하는 것은 중요하다.

호흡기를 부착한 학생은 보통 기관절개술(tracheostomy)을 한다. 기관절개술은 튜브가 통과하는(기관절개 튜브나 기도 튜브라고 알려진) 호흡기관(기도)에 인공적인

그림 6-4 이 학생은 척수 손상을 입어 기관절개 튜브(목)에서 휠체어 등에 위치한 인공호흡기로 가는 호흡기 튜브를 하고 있다. 호흡기는 학생의 호흡을 돕는다.

외부 출구를 내는 것이다. 호흡기의 튜브는 기관절개 튜브에 부착된다([그림 6-4] 참조). 호흡기는 아동이 석션(suction)을 받을 때 잠시 연결을 끊을 수 있다(꽉 찬 호흡기 분비물을 제거하기 위해 호흡기 안에 기관절개 튜브를 통한 석션 카테터[튜브]를 넣음). 기관절개술을 하게 되면 소리가 작아지거나 자주 말이 끊기거나(Hoit, Banzett, Lohmeier, Hixon, & Brown, 2003) 보완적인 의사소통 장비가 필요하게 되는 등 발화에 영향을 받게 된다.

경부와 흉부에 손상을 입은 아동의 사례가 증가하고 있기 때문에 감염통제 절차가 주의 깊게 이루어져야 한다. 감염통제 절차에는 바르게 손 씻기, 물건 소독, 아픈 학생은 집으로 보내기 등이 포함된다. 척수 손상을 입은 아동의 호흡기가 감염되었을 경우에는 항생제와 다른 형태의 처치가 사전에 마련되어 있어야 한다.

## 4) 방광과 장 조절을 위한 치료

척수 손상을 입은 학생은 부분적 손상이 아닐 경우 방광과 장에 대한 조절력을 잃게 된다. 좌약이나 장을 비우는 다른 약, 절차 등을 이용하는 아동은 그들에게 맞는 장 프로그램이 마련되어 집에서 특정 시간에 장을 비우도록 하고 있다. 이것은 변비나 장의 막힘을 피하기 위해 중요하다.

척수 손상을 입은 많은 학생은 신경성 방광, 즉 근육이 적절하게 기능하지 못하는 방광을 가지고 있다. 신경성 방광은 모든 소변을 완전히 비우지 못하여 감염의 위험이 증가된다. 어떤 경우 신경성 방광은 보관된 소변이 신장으로 역류해 감염과 심각한 신장 문제를 일으킬 수 있다. 이러한 소변 문제를 다루기 위해 위생 간헐 도뇨관(CIC)을 사용하기도 한다. 이 과정에서 카테터(길고 가는 튜브)는 소변이 방광에서 나오도록 하기 위해 소변 입구(혹은 복부에서 장으로 통하는 입구)에 두어 소변을 배출하게 한 후에 제거한다(Heller et al., 2000). 이 방법은 빠르고 간편하며 위생적인 과정이고, 방광 조절에 효과적이다. 하루 일과 중에 정기적으로 이루어지며, 손 기능이 괜찮을 경우 대부분의 아동은 이 절차를 배울 수 있다.

## ⑦ 외상성 척수 손상의 진행과정

척수 손상이 진행적인 상태는 아니더라도 손상의 영향으로 추가 손상이 발생할 수 있다(예: 구축이나 척추측만증). 척수 손상을 가진 아동에 대한 주의 깊은 관리는 이차적인 손상과 합병증을 최소화하는 데 초점을 두어야 한다.

## ⑧ 이분척추 개요

이분척추라는 용어는 '나누어진 척추'를 의미하며, 척추골의 뼈가 닫히는 것에 결함이 있는 것을 말한다. 이분척추에는 잠재 이분척추, 수막류, 척수수막류의 세 가지 유형이 있다.

### 1) 잠재 이분척추

이분척추의 일반 유형이 잠재 이분척추(spina bifida occulta, 척추의 기형을 초래하는 추골의 뒤 아치의 결합 실패)다. 이 상태에서 마비나 감각 손상은 없으나 기형인 추골을 덮는 피부는 변색되거나 털이 나는 등 비정상적이게 된다(Beers et al., 2006).

## 2) 수막류

수막류(meningocele)는 기형 척추를 통해 뇌 척수막(척수를 덮고 있는 막)이 빠져나온 것을 말한다. 수막류를 가진 아이는 기형으로 등에 낭 돌출부를 가지고 태어난다. 낭에는 뇌 척수막과 뇌 척수액이 들어 있다. 척수와 척수 신경은 영향을 받지 않기 때문에 마비나 감각 손상은 일어나지 않지만 잠재성 이분척추와 같은 다른 비정상적인 상태를 나타낼 수 있다(예: 수두증; Herring, 2002; Johnston & Kinsman, 2004).

## 3) 척수수막류

척수수막류(meningomyelocele)는 이분척추의 가장 심각한 형태다. 낭 돌출부가 척수와 뇌 척수막이 돌출되어 있는 기형 척추 수준의 뒷면에 나타난다([그림 6-5] 참조). 척수의 기형은 손상된 수준 아래로 감각 손상과 마비를 초래한다. 사람들이 이

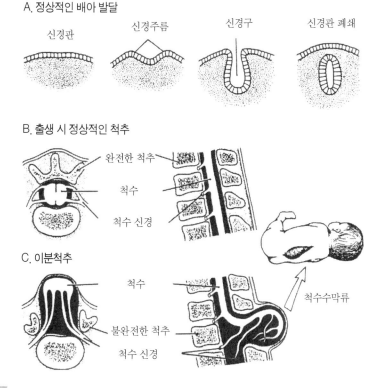

**그림 6-5** 신경관의 정상적 발달과 출생 시 정상적 척추, 이분척추의 척수수막류 유형

분척추를 가진 아동을 언급할 때 보통 척수수막류 유형을 일컫는 것이다. 이것은 이분척추의 가장 심각한 유형이기 때문에 이 장의 남은 부분에서 우선하여 척수수막류를 다룰 것이다.

## ⑨ 이분척추(척수수막류)의 원인

이분척추는 여러 다른 신경관 손상 중 하나로 분류된다. 임신 후 첫 28일 내에 신경관은 두뇌와 척수로부터 발달하여 형성된다. [그림 6-5]에서 보는 바와 같이, 정상 발달된 신경관은 밀폐관으로 들어가는 신경관을 포함한다. 급속한 세포의 발달이 일어나고 더 많은 세포가 분화되며, 뇌 척수막과 추골은 척수와 마찬가지로 신경관 주변에서 발달하게 된다. 그런데 이분척추(척수수막류 유형)에서는 신경관이 불완전하게 폐쇄된다. 신경관이 닫히는 것에 실패하기 때문에 추골 또한 신경관 손상이 발생한 영역에서 척추의 뒷부분을 폐쇄하는 데 실패하게 된다.

신경관이 닫히는 것을 방해하는 정확한 기제는 불확실하다. 이 장애를 가진 자녀가 한 명 있을 때 신경관 손상을 가진 두 번째 아이를 가질 확률이 높아지고, 이 수치는 한 자녀 이상 신경관 손상을 가졌을 때 더 증가하기 때문에 유전적 소인이 있는 것으로 보인다. 영양과 환경적 요인 또한 척수수막류의 발달에 영향을 주는 것으로 고려된다(Johnston & Kinsman, 2004). 예를 들어, 엽산 결핍은 척수수막류의 위험 요인으로 고려되므로 가임 연령의 여성에게는 신경관 손상의 사례를 줄이기 위하여 엽산 섭취가 권장된다(Islam, 2005).

## ⑩ 이분척추(척수수막류)에 대한 이해

신경관 손상 부위는 손상의 정도를 결정한다. 신경관 손상이 신경관의 꼭대기 부분에 발생하면 두개골이 열린 것을 통해 뇌 척수막(뇌류라고 알려진)과 두뇌의 부분이 유출될 수 있다. 신경관 손상이 이 지점 아래서 발생했을 때, 척수수막류는 척수와 뇌 척수막이 유출되는 곳에 발생할 수 있다. 이러한 유출은 척수를 따라 어느 곳에서는 발생할 수 있으나 요추와 천골 부분이 사례의 최소 75%에 달한다(Johnston & Kinsman, 2004).

척수수막류를 가진 아동은 유출된 부분에 비정상적으로 형성된 척수를 가지고 있다. 척수는 (a) 속이 차 있지 않거나, (b) 굳어 있으나 퇴화되거나 조직화되지 않았거나, 혹은 (c) 극도로 급증(세포의 과잉 성장)할 수 있다. 척수에서 나타난 신경은 척수와 열악하게 연결되어 있는 것처럼 보인다(Herring, 2002). 이러한 비정상성 때문에 척수수막류를 가진 아동은 손상 수준 윗부분에서는 좋은 운동과 감각 기능을 가지지만 이 수준 이하에서는 두뇌와 교류가 되지 않아(척수 손상과 유사) 기형 부분 아래로 마비와 감각 손상이 나타난다.

## ⑪ 이분척추(척수수막류)의 특성

척수수막류는 손상된 척수를 포함하기 때문에 몇 가지 특징은 척수 손상과 유사하나 키아리 II 기형(Chiari II malformation), 뇌수종, 인지와 학습 손상, 간질, 근골격의 비정상, 시각 손상, 언어장애, 라텍스 알레르기와 같은 몇 가지 추가 문제가 있다.

### 1) 근육 마비, 감각 손상, 장과 방광 문제

척수 손상과 같이 척수수막류의 발생 수준은 마비와 감각 손상의 수준을 결정한다. 손상의 수준은 요추와 천골에서 주로 발생하기 때문에 손상을 입은 학생은 종종 워커나 크러치를 이용해 걸을 수 있다([그림 6-6] 참조). 그러나 걷기 능력에 영향을 줄 수 있는 체중(비활동성으로 인해)이 증가하는 경향이 있다.

좋은 영양과 운동은 특히 중요하며, 적절한 장과 방광 관리는 이 부분에 수의적인 조절이 안 되기 때문에 중요하다. 성적 역기능은 공통적이다('외상성 척수 손상의 특징' 부분 참조).

그림 6-6 워커를 이용해 이동하고 있는
이분척추 학생

## 2) 척수수막류의 특정 문제

### 키아리 II 기형

척수수막류 아동은 종종 키아리 II 기형(Chiari malformation type II, CM II)과 아놀드-키아리 기형(Arnold-Chiari malformation)으로 알려진 추가적인 선천적 기형을 가지고 태어난다. 이 기형은 뇌간, 대뇌, 경추관(목 부분)으로 내려오는 네 번째 뇌실이 정상적 자리를 벗어나 변위되는 것을 말한다(Herring, 2002; McLone & Dias, 2003). 기형은 뇌수종의 발달로 이어질 수 있다.

자주 발생하지는 않지만 키아리 II 기형에서 대뇌와 뇌간의 변위된 부분은 목부분 아래로 들어와 압축될 수 있다(예: 외상 때문에). 이는 기도폐쇄, 호흡곤란, 성대 마비, 분비물 고임, 팔 경직과 같은 증상을 나타내는 위기를 초래할 수 있다. 이는 죽음으로 이어질 수 있으며 보통 수술이 필요하다(Johnston & Kinsman, 2004).

### 뇌수종

뇌수종은 두뇌의 뇌 척수액(CSF)이 기형적으로 축적되는 것이다. 뇌 척수액은 혈관의 특정 부분에서 생산되어 두뇌에 있는 4개의 뇌실(공간)에 분비된다([그림 6-7] 참조). 뇌 척수액은 측뇌실을 거쳐 제3, 4 뇌실로 가며, 3개의 작은 입구를 통해 제4

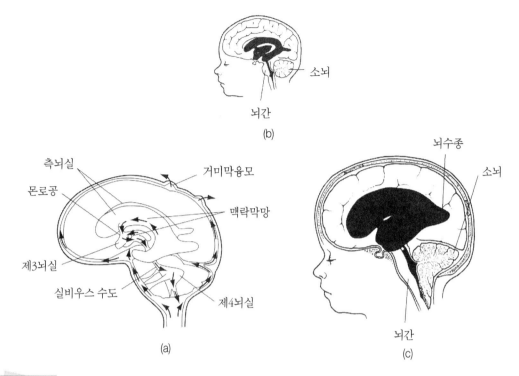

소뇌

뇌간

(b)

측뇌실

거미막융모

몬로공

맥락막망

제3뇌실

실비우스 수도

제4뇌실

(a)

뇌수종

소뇌

뇌간

(c)

**그림 6-7**　뇌수종이 없는 대뇌 척수액의 흐름(a, b)과 뇌수종(c)

뇌실을 나가서 소뇌 아래의 공간으로 간다. 뇌 척수액은 두뇌와 척수를 둘러싼 뇌
척수막(거미막 밑 공간) 사이를 흐르며 두뇌의 꼭대기 근처 부분에서 재흡수된다
(Guyton & Hall, 2006).

　키아리 II 기형에서 가장 흔한 합병증은 뇌수종이다. 키아리 II 기형에서 제4뇌
실과 거미막 밑 공간은 위치가 달라져 뇌 척수액의 흐름을 막는 결과를 초래한다.
이는 뇌수종('뇌 안의 물'을 의미하는)이라 알려진, 뇌 척수액이 과잉 축적되는 것의
원인이 된다. 키아리 II가 척수수막류에서 뇌수종의 주요 원인인 경우가 많지만,
뇌수종은 두뇌의 다른 유형의 폐색 혹은 뇌 척수액의 과잉 생산으로도 발생할 수 있
다는 것을 알아두어야 한다(Chiafery, 2006).

　뇌수종에서 두뇌 안 뇌 척수액의 과잉은 뇌실을 확장하고 두뇌에 압력을 준다.
아직 두개골 봉합이 완전히 닫히지 않은 영아나 유아의 머리는 뇌 척수액의 과도한
양으로 확장될 것이다. 어떤 경우 두뇌는 처치 없이 꽤 커질 수 있으며, 이는 두뇌
손상을 가져올 수 있고 간혹 죽음으로 이어질 수 있다. 가장 일반적인 치료는 두뇌

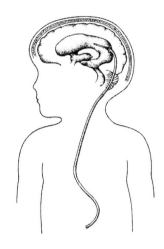

**그림 6-8**    뇌수종에서 뇌 척수액의 과잉 흐름을 전환하기 위해 사용된 뇌실과 복강 간의 션트

의 뇌실에 션트를 삽입해 과도한 뇌 척수액이 흡수될 수 있는 신체의 다른 부분(예, 복막강)으로 옮기는 것이다([그림 6-8] 참조).

### 인지와 학습 손상

(션트를 삽입한) 뇌수종을 가진 척수수막류 아동은 뇌수종이 우선적으로 인지와 학습 문제에 영향을 주기 때문에 인지적이고 학습적인 부분에 가장 큰 위험을 가진다 (Barf, Verhoef, Post, Gooskens, & Prevo, 2003; Iddon, Morgan, Loveday, Sahakian, & Pickard, 2006). 척수수막류와 뇌수종을 가진 아동 대다수는 평균 범위 이하의 지능을 나타낸다(Jacobs, Northam, & Anderson, 2001). 게다가 주의력, 기억, 회상, 동작 반응 시간, 시지각 기술, 조직화 기술과 같은 영역에서의 결함 때문에 학습 문제가 있을 수 있다(Houliston, Taguri, Dutton, Hajivassiliou, & Young, 1999; Iddon et al., 2004). 션트를 삽입한 뇌수종을 가진 척수수막류 아동에게서 주의력결핍 과잉행동장애(ADHD)의 사례가 증가하고 있다(Burmeister et al., 2005).

이러한 인지적, 학습적 결함은 학업적 수행에 부정적인 영향을 줄 수 있다. 이분척추와 뇌수종을 가진 학생은 평균적 언어성 지능이 나타나더라도 독해와 쓰기가 해독기술보다 자주 발달이 지연되며, 이러한 결함은 성인기까지 지속된다(Barnes & Dennis, 1992; Barnes, Dennis, & Hetherington, 2004). 읽기나 쓰기 점수보다 훨씬 낮은 수학 점수도 주의를 기울여야 할 부분이다(Jacobs et al., 2001; Lazzaretti & Pearson, 2004).

### 간질

척수수막류와 뇌수종 아동에게서 간질이 나타나는 사례가 많다(Lazzaretti & Pearsons, 2004). 전신 강직성-간대성 발작이 가장 빈번하게 나타나는 유형인데, 이는 대개 약물에 잘 반응한다(Liptak, 2007; 간질에 대한 더 많은 정보를 위해서는 16장 참조).

### 근골격의 비정상

척수수막류 학생은 보통 마비 때문에 여러 유형의 근골격적 비정상을 가지고 있다. 골반 탈구나 척추 굴곡, 내반족과 같은 발목과 발의 기형이 나타날 수 있다(Verhoef et al., 2004). 마비가 자궁 안에서 일어나기 때문에 다발성 관절 구축도 발생할 수 있다(척추의 구축과 골반 탈구에 대한 더 많은 정보를 얻으려면 9장, 다발성 관절 구축에 대해서는 10장 참조; Beers et al., 2006).

### 시각 손상

척수수막류를 가진 아동은 눈 정렬이 일탈된(예: 교차된 눈) 사시를 가질 위험이 있다. 이는 눈 움직임을 조절하는 안면 신경의 압력 때문에 발생할 수 있다(Lazzaretti & Pearson, 2004). 사시가 치료되지 않으면 약시를 초래할 것이다(시각 손상에 대한 더 많은 정보를 위해 11장 참조; Fredrick & Asbury, 2004).

### 언어장애

척수수막류와 (션트를 삽입한) 뇌수종을 가진 아동은 언어장애를 가질 수 있다. 주된 손상을 나타내는 두 영역은 의미론과 화용론이다. 의미론에서 일부 아동은 기본적인 언어 개념(예: 크기나 형태)과 추상적 개념을 나타내는 단어를 이해하는 데 어려움을 나타낼 수 있는데, 이는 단어 문제 해결능력에 어려움이 있는 것이 일부 원인이 될 수 있다. 화용론에서 척수수막류와 션트를 삽입한 뇌수종을 가진 아동은 사회적 상황에서 언어를 기능적으로 사용하는 데 어려움을 가지는 것으로 나타난다(Vachha & Adams, 2003). 그들은 매우 수다스럽지만 대화가 종종 문맥상 맞지 않는다. 이러한 언어 문제는 학교에서의 수행과 사회적 상호작용에 부정적인 영향을 줄 수 있다.

라텍스 알레르기 반응

척수수막류를 가진 많은 아동이 라텍스에 민감하거나 알레르기를 가지고 있다. 이는 자극성 접촉 피부염(건조하고 가려운 부분), 알레르기성 접촉 피부염(예: 눈물 흘림이나 피부 발진), 혹은 알레르기 반응(예: 천명, 종창이나 혈압 하강)의 형태로 나타날 수 있다(Lazzaretti & Pearson, 2004). 척수수막류를 가진 아동은 고무공이나 라텍스 장갑, 라텍스가 많이 함유된 장난감을 피해야 한다.

## ⑫ 이분척추(척수수막류)의 진단

척수수막류는 유아의 등에 있는 낭 때문에 출생 시 쉽게 발견할 수 있다. 척수수막류, 다른 관련된 선천적 기형에 관한 추가 정보를 제공하기 위해 엑스레이, CT, MRI, 혈액검사와 같은 추가 의료적 검사를 실시한다.

척수수막류는 출생 전에 발견될 수 있으며 알파-페토프로테인(alpha-fetoprotein: AFP) 검사를 위한 모체혈액검사가 선별 도구로 자주 사용된다. 척수수막류가 나타났을 때, AFP는 열린 척추에서 양수로 새어 나와 모체의 혈류로 들어가게 된다. 혈액검사가 양성이면 추가 검사를 실시하며, 태어나지 않은 아이의 척수수막류나 뇌수종을 시각화하기 위해 초음파(혹은 간혹 MRI)를 사용한다(Mavinkurve, Bagley, Pradilla, & Jallo, 2005).

## ⑬ 이분척추(척수수막류)의 치료

영아가 척수수막류를 가지고 태어났을 때, 뇌 척수막을 포함하고 있는 낭과 척수는 닫혀 있거나 열려 있을 것이다. 열려 있는 낭은 뇌 척수막염(뇌 척수막의 염증)을 초래할 수 있는 높은 위험을 가지고 있고, 닫혀 있는 낭은 낭을 덮는 얇은 층의 피부만 있을 때 쉽게 파열될 수 있다. 낭이 열려 있든 닫혀 있든, 수술적 처치가 출생 후 첫 몇 시간이나 며칠 안에 실시되어야 한다. 수술에서는 척수와 뇌 척수막을 밀어 넣어 결함 부분을 닫는다. 수술적 처치 후 더 이상 아이의 등에는 낭이 남아 있지 않게 되지만, 이 수술은 기능을 향상하지는 않는다. 척수에 손상이 남아 있을 수 있고, 현재의 지식과 기술로는 수술로 회복되거나 향상될 수 없다.

척수수막류가 출생 전에 발견되면 척수가 양수나 외상, 압력에 노출되어 추가 손상이 발생하지 않도록 결함 부분을 봉합하는 산전 수술을 할 수 있다(Adzick & Walsh, 2003). 척수에 대한 손상은 돌이킬 수 없어도 자궁 내에서 회복된 척수수막류는 산후 뇌수종을 감소하거나 뇌수종의 진전을 지연하는 것으로 나타난 사례가 있다(Bruner et al., 2004). 더 나아가 자궁 내에서 뇌수종을 치료하기 위한 연구가 진행되고 있다. 그러나 자궁 내의 척수수막류 치료(자궁 내의 뇌수종 치료와 마찬가지로)가 가지는 위험성에 대해서는 고려해야 하고, 그 효과가 위험 요인보다 큰 비중을 가지는지를 결정하기 위해서는 추가 연구가 필요하다(Mavinkurve et al., 2005).

척수 손상에서처럼 근육마비, 감각 손상, 장과 방광 조절(앞부분의 척수 손상 처치에 대한 부분 참조)을 위해 유용한 치료가 있다. 척수수막류의 특정 문제를 다루는 치료도 있다.

## 1) 척수수막류의 구체적 문제에 대한 치료

### 키아리 II 기형과 뇌수종

아동이 키아리 II 기형과 뇌수종으로 진단받을 수 있다. 앞에 언급한 바와 같이 아동의 뇌가 키아리 II 기형으로 인해 뇌간과 소뇌로 가득 차 있을 때 수술적 치료(예: 키아리 II 감압)가 필요하다.

뇌수종이 나타날 때 가장 흔한 처치는 뇌실복막 션트(VP shunt)를 수술로 삽입하는 것이다. 션트는 측뇌실로 들어가는 근위부 도뇨관(관), 밸브(배액을 조절하는), 그리고 목과 가슴 피부 밑에서 복막(복부)강이나 대체 장소로 가는 원위부 도뇨관으로 구성되어 있다(Chiafery, 2006; [그림 6-8] 참조). 션트는 넘치는 뇌 척수액이 두뇌에서 나와 튜브를 타고 내려와 복막강으로 이동해서 몸에 재흡수되도록 하여, 두뇌에서 뇌 척수액의 축적을 막아 주고 뇌손상을 일으킬 수 있는 두뇌에 대한 압력을 막아 준다.

션트는 감염되거나 막힐 수 있다. 막힘이 발생했을 때 아동은 두통, 흐릿한 시야, 구역질이나 구토, 무기력, 팔 힘의 약화, 혹은 심할 경우 동공 확대를 경험할 수 있다. 그러한 실수가 자주 일어날 경우 정서장애(폭력 포함), 학교 수행능력 감소 등과 같은 증상도 나타날 수 있다(Mavinkurve et al., 2005). 션트가 고장 난 것은 응급 상황으로, 검사를 위해 병원에 보내야 한다. 아동이 성장하게 되면 성장에 맞추어 교정할 수 있도록 정기적인 션트 수정이 필요하다.

션트의 밸브에도 고장이 생길 수 있다는 것을 인지하는 것은 중요하다. 어떤 션트 밸브의 경우 프로그램될 수 있고 부주의로 압력환경이 바뀔 때(예: 장난감 마그넷에 노출되어서) 알려 주므로 정기적인 측정이 필요하다(Chiafery, 2006). 뇌수종에 대한 다른 치료로 제3뇌실 개창술이 있는데, 막힌 곳 주변에 뇌 척수액이 흐를 수 있도록 입구를 만드는 수술과정이다. 그러나 이 수술 절차를 뇌수종과 척수수막류를 가진 사람에게 적용하는 것에 대해서는 아직 더 많은 정보가 필요하다(Mavinkurve et al., 2005).

### 추가 문제에 대한 치료

척수수막류 아동에게 나타날 수 있는 다른 문제는 브레이스, 수술, 약물을 통해 다룰 수 있다. 근골격계의 장애는 브레이스나 수술을 통해 향상하거나 고칠 수 있다. 간질은 보통 항경련제 약물로 치료할 수 있으며, 사시는 수술로 조절할 수 있다. 인지적 손상과 학습 결함은 교육적으로 다루어질 수 있다.

## ⑭ 이분척추(척수수막류)의 진행과정

척수수막류는 치료할 수 없어서 장애의 증상이 평생 지속될 것이나, 척수 손상 수준과 다른 관련 조건에 따라 그 예후는 다양하다. Bowman, McLone, Grant, Tomita와 Ito(2001)의 한 연구에서는 25년이 넘는 기간 동안 척수수막류 진행과정을 조사했다. 이 연구에서 49%는 척추측만증을, 23%는 최소한 한 번의 간질을, 33%는 라텍스 알레르기를 가진 것으로 나타났다. 95%는 최소한 한 번의 션트 수정을 했고(10회 혹은 그 이상 수정한 경우 포함), 46%는 걷는 것으로 나타났고 85%는 위생 간헐 도뇨관을 사용했다(90% 이상이 자신의 도뇨관을 처리). 그리고 71%는 자신의 부모와 같이 살고 있고, 49%는 대학에 다니거나 졸업한 것으로 나타났다(36%는 고등학교나 최근 졸업한 사람). 연구는 척수수막류를 가지고 태어난 사람 중 최소 75% 가 초기 성인기에 이르도록 생존을 기대할 수 있다고 결론 내렸다.

척수수막류를 가진 영아와 학령전기 아동의 죽음은 주로 연수(호흡, 심장과 다른 생존기능을 조절하는 뇌간의 부분)의 장애를 초래하는 키아리 II 장애로 인한 경우가 많다. 이는 기관절개술이나 위루술 튜브뿐만 아니라 키아리 II 장애 때문에 감압을 한 대상을 포함한다. 초기 성인기 죽음의 가장 공통적인 원인은 션트의 기능장애를 알아채지 못한 것과 신장 기능의 상실이다(Beers et al., 2006; Bowman et al., 2001; Tubbs & Oakes, 2004).

## ⑮ 척수 손상과 이분척추에 대한 교육적 시사점

척수 손상이나 척수수막류를 가진 아동을 가장 효과적으로 돕기 위해서 교사와 스태프 구성원은 의학적 상태와 그것이 각 학생에게 어떻게 영향을 미치는지에 대해 알아야 한다. 높은 수준의 척수 손상이나 척수수막류를 가진 아동은 낮은 수준의 척수 손상이나 척수수막류를 가진 아동과 다른 요구를 가지게 될 것이다. 따라서 교육 팀은 학생의 독특한 요구를 최적으로 충족하는 방법을 결정하도록 해야 한다.

### 1) 신체 및 감각적 요구

손상 수준에 따라 근육의 마비는 팔 혹은 다리 사용에 영향을 미칠 것이다. 학생은 컴퓨터나 학업 과제 혹은 일상생활 용품에 접근하기 위해 다른 유형의 보조기술을 요구할 것이다(8장 참조). 다리에 약간의 근육 마비를 가진 학생은 브레이스나 크러치, 워커 혹은 휠체어를 사용하게 될 것이고, 보조(예: 크러치)를 받아 걸을 수 있는 학생은 많이 걸을 경우 피곤함을 느끼게 되어 수업 시간 사이에 휴식을 취하거나 이동 시 추가 시간이 필요하게 될 것이다. 마비 정도와 학생의 활력도에 따라 어떤 학생은 짧은 거리만 걷고 먼 거리는 휠체어를 이용할 수 있다. 많은 동료와 성인은 걸을 수 있는 아동에게 왜 휠체어가 필요한지를 이해하지 못하므로 그들을 교육시켜서 아동이 불필요한 괴로움을 겪지 않도록 해야 한다. 척수수막류를 가진 아동은 나이가 들어 감에 따라 과체중이 되는 경향이 있으며, 이는 아동이 휠체어를 더 자주 이용하게 되는 결과를 초래한다. 다이어트와 운동의 중요성뿐만 아니라 이에 대해 민감하게 인식하는 것은 매우 중요하다.

근육 마비는 호흡(상위 척수 손상에서), 방광과 장 조절과 같은 영역에도 영향을 미친다. 학생이 산소호흡기를 착용했다면 교사와 학생을 지도하는 다른 성인은 산소호흡기에 대해 친숙해지고 편안해질 필요가 있으며, 어떤 문제가 발생했을 때 어떻게 해야 하는지 배워야 한다. 방광 조절 때문에 위생 간헐 도뇨관을 사용하는 학생은 학교에서 정해진 특정 시간에 이를 수행할 수 있어야 한다. 팀은 절차와 잠재적 문제, 중재에 대한 정보를 서로 공유하고 함께 협력하는 것이 중요하며, 또한 학생이 특정 절차를 수행하는 것(예: 학생이 스스로 자신의 위생 간헐 도뇨관을 처리하는 것을 배우는 것)에 참여(혹은 습득)하는 것을 촉진하도록 서로 협력해야 한다. 보통 간호사가 그 절차에 대한 정보를 주로 제공하는 역할을 하고, 교사는 교수 전략을 제공하게 된다(건강관리 절차에 대한 추가 정보는 19장 참조).

감각 손상 때문에 교사는 온도조절이나 마비된 부분에 발생하는 상처에 대해 학생을 반드시 잘 관찰해야 한다. 또한 교사는 스플린트나 브레이스, 앉아 있는 부분 밑에 욕창으로 진전될 수 있는 피부의 붉게 된 부분을 잘 관찰해야 한다. 학생을 장시간 같은 자세로 앉혀 놓아서는 안 되고 1~2시간마다 자세를 바꿔 주거나 의자 리프트를 하도록 하는 것이 권장된다. 스플린트나 브레이스 혹은 다른 보조기의 적절한 적용이나 소거뿐 아니라 바른 자세를 결정하기 위해 물리치료사와의 상담이 필요하다.

교사와 학교 구성원은 척수 손상이나 척수수막류를 가진 학생에게 발생할 수 있는 응급 상황에 대해 익숙해야 한다. 응급 상황 시 취해야 할 단계를 포함하여 응급 상황이나 문제를 다루는 계획이 마련되어 있어야 한다(건강관리계획과 활동계획에 대해서는 19장 참조). 예를 들어, 상위 척수 손상의 심각한 합병증은 자율신경반사부전이다. 교사는 이 증상에서 나타날 수 있는 문제(예: 확장된 방광이나 변비)에 대해 인지하고 그 발생을 막기 위한 방법(예: 소변 도뇨관을 제때에 하도록 하는 것)을 취하며, 그 증상(예: 두통)을 알고 발생 시 어떻게 해야 하는지(예: 구급차 부르기)를 알아야 한다. 척수수막류와 뇌수종을 가진 학생에 대해서는 션트 문제, 소변 도뇨관 문제, 인공호흡기나 기관절개 튜브(상위 척수 손상을 가진 학생)를 둘러싼 문제 등 가장 흔한 문제를 다루기 위한 계획을 준비해야 한다.

## 2) 의사소통 요구

상위 척수 손상이나 인공호흡기를 한 학생은 발화의 어려움을 가지거나 말하지 못할 수 있다. 발화가 이해하기 힘들 때는 보완적 의사소통 도구를 배치해 학생이 효과적으로 의사소통할 수 있도록 해야 한다. 이러한 의사소통 도구는 눈 맞춤이나 스위치 등을 포함한 여러 방법으로 접근할 수 있다(8장 참조).

척수수막류 학생은 언어의 화용론과 의미론 관련 문제 때문에 대화기술에 어려움을 가질 수 있다. 언어의 화용론이 문제가 될 때 대화는 상관없는 내용으로 비구조화될 수 있고, 또래와 교사를 포함한 다른 사람과의 상호작용에 실패를 초래할 수 있다. 이럴 때 교사는 학생에게 특정 전략을 가르치고 적절한 대화기술을 사용하여 다양한 상황 속에서 역할극으로 지도할 수 있다. 예를 들어, 교사는 학생에게 같은 주제에서 다른 사람의 생각을 주의 깊게 듣기, 생각을 전달하기, 반응하기를 가르칠 수 있다. 그리고 언어의 의미론이 문제일 때는 문제 영역에 대해 더 체계적인 교수를 제공해야 할 것이다.

## 3) 일상생활 요구

척수장애와 척수수막류로 인한 마비와 감각 손상 때문에 학생은 일상생활 기술에 대한 교수가 필요하다. 척수의 손상 수준에 따라 이동, 의자나 좌변기로 옮기는 것, 특정 섭식 장치(예: 식사 보조기구), 수정된 세면 도구(예: 수정된 칫솔)에 대한 교수가 필요하게 된다. 옷을 입기 위해 밀고 당기는 막대나 다른 옷 입는 것을 보조할 도구가 필요하다. 상위 척수 손상을 가진 사람은 여러 가지 유형의 보조공학 장치 사용을 통해 긍정적인 심리사회적 측면과 함께 조명 조절하기, 전화 사용하기, 컴퓨터 사용하기와 같은 다양한 일상생활 기술에서 독립성이 향상된 것으로 나타났다(Rigby et al., 2005: 보조공학에 대한 추가 정보는 8장 참조).

## 4) 학습 요구

척수 손상이나 척수수막류를 가진 학생의 학습을 촉진하기 위해서는 교수환경을 수정해야 한다. 마비 수준에 따라 학생은 질문에 신체적으로 답하거나, 손으로 답을 쓰거나, 비장애 또래와 같은 방식으로 학습하지 못할 수 있다. 학생이 완전히 참여할 수 있도록 하기 위해 다양한 수정과 보조공학 장치의 사용이 필요하다.

학생은 학급 회의에 다양한 방법으로 참여하게 된다. 예를 들어, 구어나 보완적인 의사소통 도구 사용, 반응에 대한 눈 응시, 혹은 복합 선택 양식에서 선택하는 것으로 참여할 수 있다. 여러 다른 유형의 스위치 사용은 사지마비를 가진 학생이 컴퓨터나 장난감 혹은 주변 물건을 작동하는 것을 가능하게 한다. 어떤 스위치는 머리 동작이나 근구축에 의해 활성화될 수 있다. 빨대와 같이 스위치에 숨을 내쉬거나 마시는 것에 의해 조절되는 호흡 스위치(sip and puff switch)로 전동 휠체어를 작동할 수도 있다. 이 외에도 학생이 다양한 활동에 참여할 수 있도록 지원하는 여러 다른 형태의 보조공학 장치와 수정 방법이 있다(교실 적합화에 대해서는 12장, 보조공학에 대해서는 8장 참조).

교사는 상위 척수 손상이나 상위 척수수막류를 가진 학생을 위해 정보를 다르게 전달해야 할 필요가 있다. 경부 손상을 가진 어린 아동은 주변의 것을 탐색하거나 느끼는 능력이 부족하다. 교사는 학생에게 추가의 관심을 제공하며 수정된 방식으로 사물을 경험할 수 있도록 해 주어야 한다. 예를 들어, 어떤 학생은 필요한 정보를 얻기 위해 사물을 볼에 가져다 느끼는 것이 도움이 될 수 있다.

척수 손상을 가진 학생은 대개 사고 이전과 같은 수준의 인지 기능을 가지고 있지만, 척수수막류를 가진 학생은 약간의 학습 손상을 가지고 태어날 수 있다. 개별 학생에 따라 정규 교육과정을 적용할 수도 있고, 개인의 요구에 맞춘 수정된 교육과정이 필요할 수도 있다. 척수수막류와 션트를 삽입한 뇌수종을 가진 학생에게서 발견되는 특정 학습 문제를 충족하게 하기 위해서는 특별한 교수전략이 필요하다. 예를 들어, 추상적 개념에 어려움을 보이는 학생에게는 구체적인 예가 필요하고, 주의 집중과 기억력에 문제를 보이는 학생에게는 그래픽 조직자가 필요할 것이다. 독해와 쓰기 유창성에 대한 지원뿐 아니라 수학 개념 학습 시 추가 지원이 종종 필요하다. 교사는 개별 학생의 특정 요구를 알고 그것을 체계적으로 지도하기 위한 최상의 방법을 결정해야 한다.

## 5) 행동 및 사회적 요구

척수 손상과 척수수막류를 가진 학생은 다양한 행동적, 사회적 요구를 가진다. 척수 손상을 가진 학생은 특히 장애에 적응하는 데 어려움을 가진다. 불행히도 이전의 친구와 교사는 사고 전의 학생을 알고 현재 상태를 보는 것에 대한 고통 때문에 학생을 피하거나 멀리하게 된다. 교사나 또래는 척수 손상에 대한 정보와 적응의 어려움에 대해 알아야 한다. 대부분의 학생은 시간이 지나면서 척수 손상에 잘 적응하고 새로 즐길 만한 활동을 찾거나 예전의 활동을 즐기기 위한 수정된 방법을 찾게 된다([그림 6-9] 참조).

척수수막류에 대한 정보는 장애가 행동과 사회적 기술에 미치는 잠재적 영향과 교사가 사회적 기술 훈련을 제공하기 위한 요구 때문에 매우 중요하다. 교사는 척수수막류와 척수장애를 가진 학생을 향한 자신의 태도와 행동을 자각해야 한다. 이는 교사의 태도가 나머지 학급의 분위기를 결정할 수 있기 때문이다. 온화하게 이해해 주는 환경에서 학생은 자신의 잠재력을 성취할 뿐 아니라 정서적인 지원도 받을 수 있다. 상담과 지지 집단은 유익할 수 있다.

**그림 6-9** 학생들이 휠체어 농구경기를 하고 있다.

요약

이 장에서는 척수 손상과 척수수막류의 원인론과 기제에 대해 논의하였다. 두 상태 모두 근육 마비와 감각 손상, 그리고 추가 문제(예: 호흡기능, 방광과 장 조절, 성적 기능)를 가진 다. 척수 손상과 같이 발생할 수 있는 합병증에는 자율신경 반사부전, 근골격계 장애, 통증, 체온 조절 등이 있다. 척수수막류를 가진 사람은 키아리 II 기형, 뇌수종, 간질, 근골격의 비정상, 시각 손상, 언어장애, 인지 혹은 학습 장애를 보일 수 있다. 척수 손상과 척수수막류를 가진 학생이 학교에서 잠재력을 발휘할 수 있도록 수정과 보조공학이 요구된다.

사례     스테이시의 이야기

스테이시는 척수수막류를 가진 12세 소녀다. 그녀는 정상 지능을 가지고 있으나 주의력과 기억, 추상적 개념과 관련된 약간의 학습장애를 가지고 있어 특수교사에게 수학을 배운다. 학교에서 스테이시는 위생 간헐 도뇨관을 사용하는데, 스스로 처리할 수 있다고 보고된 반면에 그 절차를 자주 빼먹곤 한다. 단거리는 크러치로 이동할 수 있으나, 그렇지 않은 경우 이동 시 휠체어를 이용한다. 또래 친구는 그녀가 걷는 것을 보고 왜 휠체어가 필요한지 이해하지 못하며 그녀와 상호작용하는 것을 좋아하지 않는 것처럼 보인다. 당신이 스테이시의 교사라면 이와 같은 문제를 다루기 위해 어떠한 조치를 취하겠는가?

참고문헌

Adzick, S., & Walsh, D. S. (2003). Myelomeningocele: Prenatal diagnosis, pathophysiology and management. *Seminars in Pediatric Surgery, 12,* 168-174.

Baptiste, D. C., & Fehlings, M. G. (2006). Pharmacological approaches to repair the injured spinal cord. *Journal of Neurotrauma, 23,* 318-334.

Barf, H. A., Verfoef, M., Post, M. W., Gooskens, R. H., & Prevo, A. J. (2003). Cognitive status of young adults with spina bifida. *Developmental Medicine and Child Neurology, 45,* 813-820.

Barnes, M. A., & Dennis, M. (1992). Reading in children and adolescents after early-onset hydrocephalus and in normally developing age peers: Phonological analysis, word recognition, word comprehension, and passage comprehension skills. *Journal of Pediatric Psychology, 17,* 445–465.

Barnes, M. A., Dennis, M., & Hetherington, R. (2004). Reading and writing skills in young adults with spina bifida and hydrocephalus. *Journal of the International Neuropsychological Society, 10,* 655–663.

Beers, M. H., Porter, R. S., Jones, T. V., Kaplan, J. L., & Berkwits, M. (2006). *The Merck manual of diagnosis and therapy.* Whitehouse Station, NJ: Merck Research Laboratories.

Bergstrom, E. M., Short, D. J., Frankel, H. L., Henderson, N. J., & Jones, P. R. (1999). The effect of childhood spinal cord injury on skeletal development: A retrospective study. *Spinal Cord, 37,* 838–846.

Bowman, R. M., McLone, D. G., Grant, J. A., Tomita, T., & Ito, J. A. (2001). Spina bifida outcome: A 25 year prospective. *Pediatric Neurosurgery, 34,* 114–126.

Bridwell, K. H., Anderson, P. A., Boden, S. C., Vaccaro, A. R., & Wang, J. C. (2005). What's new in spinal surgery? *Journal of Bone and Joint Surgery, 87,* 1892–1901.

Bruner, J., Tulipan, N., Reed, G., Davis, G. H., Bennett, K., Luker, K. S., et al. (2004). Intrauterine repair of spina bifida: Preoperative predictors of shunt-dependent hydrocephalus. *American Journal of Obstetrics and Gynecology, 190,* 1305–1312.

Burmeister, R., Hanney, H. J., Copeland, K., Fletcher, J. M., Boudousquie, A., & Dennis, M. (2005). Attention problems and executive functions in children with spina bifida and hydrocephalus. *Child Neuropsychology, 11,* 265–283.

Chiafery, M. (2006). Care and management of the child with shunted hydrocephalus. *Pediatric Nursing, 32,* 222–225.

Dryden, D. M., Saunders, L. D., Rowe, B. H., May, L. A., Yiannakoulias, N., Svenson, L. W., et al. (2004). Utilization of health services following spinal cord injury: A 6 year follow-up study. *Spinal Cord, 42,* 513–525.

Dunn, K. L. (2004). Identification and management of autonomic dysreflexia in the emergency department. *Topics in Emergency Medicine, 26,* 254–259.

Fredrick, D. R., & Asbury, T. (2004). Strabismus. In P. RiordanEva & J. P. Whitcher (Eds.), *Vaughan & Asbury's general ophthalmology* (pp. 230–249). New York: Lange Medical Books/McGraw-Hill.

Garbossa, D., Fontanella, M., Fronda, C., Benevello, C., Muraca, G., Ducati, A., et al. (2006). New strategies for repairing the injured spinal cord: The role of stem cells. *Neurological Research, 28,* 500–504.

Guyton, A. C., & Hall, J. E. (2006). *Textbook of medical physiology* (11th ed.). Philadelphia: Elsevier/Saunders.

Hanley, M. A., Masedo, A., Jenson, M. P., Cardenas, D., & Turner, J. A. (2006). Pain interference in persons with spinal cord injury: Classification of mild, moderate and severe pain. *Journal of Pain, 7,* 129–133.

Haslam, R. (2004). Spinal cord disorders. In R. E. Behrman, R. M. Kliegman, & H. B. Jenson (Eds.), *Nelson textbook of pediatrics* (pp. 2049–2052). Philadelphia: Saunders.

Heller, K. W., Forney, P. E., Alberto, P. A., Schwartzman, M. N., & Goeckel, T. (2000). *Meeting physical and health needs of children with disabilities: Teaching student participation and management.* Belmont, CA: Wadsworth.

Herring, J. A. (2002). *Tachdjian's pediatric orthopaedics* (3rd ed.). Philadelphia: W. B. Saunders.

Hoit, J. D., Banzett, R. B., Lohmeier, H. L., Hixton, T. J., & Brown, R. (2003). Clinical ventilator adjustments that improve speech. *Chest, 124,* 1512–1521.

Houliston, M. J., Taguri, A. H., Dutton, G. N., Hajivassiliou, C., & Young, D. G. (1999). Evidence of cognitive visual problems in children with hydrocephalus a structured clinical history-taking strategy. *Developmental Medicine and Child Neurology, 41,* 298–306.

Iddon, J. L., Morgan, D. J., Loveday, C., Sahakian, B. J., & Pickard, J. D. (2004). Neuropsychological profile of young adults with spina bifida with or without hydrocephalus. *Journal of Neurology, Neurosurgery and Psychiatry, 75,* 1112–1118.

Islam, K. (2005). Progress in spina bifida research. In M. Zesta (Ed.), *Trends in spina bifida research* (pp. 43–62). New York: Nova Biomedical Books.

Jacobs, R., Northam, E., & Anderson, V. (2001). Cognitive outcome in children with myelomeningocele and perinatal hydrocephalus: A longitudinal perspective. *Journal of Developmental and Physical Disabilities, 13,* 389–405.

Johnston, M. V., & Kinsman, S. (2004). Congenital anomalies of the central nervous system. In R. E. Behrman, R. M. Kliegman, & H. B. Jenson (Eds.), *Nelson textbook of pediatrics* (pp. 1983–1992). Philadelphia: W. B. Saunders.

Karlsson, A. (2006). Autonomic dysfunction in spinal cord injury: Clinical presentation of symptoms and signs. *Progress in Brain Research, 152,* 1–8.

Lazzaretti, D. D., & Pearson, C. (2004). Myelodysplasia. In P. J. Allen & J. A. Vessey (Eds.), *Primary care of the child with a chronic condition* (pp. 630–643). St. Louis: Mosby.

Liptak, G. S. (2007). Neural tube defects. In M. I. Batshaw, L. Pellegrino, & N. Roizen (Eds.), *Children with disabilities* (6th ed., pp. 419–438). Baltimore: Brookes.

Masri(y), W. S. (2006). Traumatic spinal cord injury: The relationship between pathology and clinical implications. *Trauma, 8,* 29–46.

Mavinkurve, G., Bagley, C., Pradilla, G., & Jallo, G. I. (2005). Advances in the management of hydrocephalus in pediatric patients with myelomeningocele. In M. Zesta (Ed.),

*Trends in spina bifida research* (pp. 1-29). New York: Nova Biomedical Books.

McLone, D. G., & Dias, M. (2003). The Chiari II malformation: Cause and impact. *Child's Nervous System, 19,* 540-550.

Menkes, J. H., & Ellenbogen, R. C. (2002). Traumatic brain and spinal cord injuries in children. In B. L. Maria (Ed.), *Current management in child neurology* (2nd ed., pp. 442-454). Hamilton, ON: BC Decker.

Moin, H., & Khalili, H. A. (2006). Brown-Sequard syndrome due to cervical pen assault. *Journal of Clinical Forensic Medicine, 13,* 144-145.

Nader-Sepahi, A., Casey, A. T., Hayward, R., Crockar, J. H. A., & Thompson, D. (2005). Symptomatic atlantoaxial instability in Down syndrome. *Journal of Neurosurgery, 103,* 231-237.

Reichert, K. W., & Schmidt, M. (2001). Neurologic sequelae of shaken baby syndrome. *Journal of Aggression, Maltreatment and Trauma, 5,* 79-99.

Rigby, P., Ryan, S., Joos, S., Cooper, B., Jutai, J., & Steggles, E. (2005). Impact of electronic aids to daily living on the lives of persons with cervical spinal cord injuries. *Assistive Technology, 17,* 89-97.

Toth, C., McNeil, S., & Feasby, T. (2005). Central nervous system injuries in sport and recreation: A systematic review. *Sports Medicine, 35,* 685-715.

Tubbs, R. S., & Oakes, W. J. (2004). Treatment and management of the Chiari II malformation: An evidence-based review of the literature. *Child's Nervous System, 20,* 375-381.

Vachha, B., & Adams, R. (2003). Language differences in young children with myelomeningocele and shunted hydrocephalus. *Pediatric Neurosurgery, 39,* 184-189.

Verhoef, M., Barf, H. A., Post, M., van Asbeck, F. W., Gooskens, R. H., & Prevo, A. J. (2004). Secondary impairments in young adults with spina bifida. *Developmental Medicien and Child Neurology, 46,* 420-427.

Waxman, S. G., & Hains, B. C. (2006). Fire and phantoms after spinal cord injury: Na+ channels and central pain. *Trends in Neuroscience, 29,* 207-215.

# 제7장  외상성 뇌손상

*Sharon Grandinette and Sherwood J. Best*

외상성 뇌손상(traumatic brain injury: TBI)은 해마다 100만 명이 넘는 아동과 청소년에게 영향을 주는 높은 출현율의 의학적 장애다(Glang, Tyler, Pearson, Todis, & Morvanta, 2004). 외상성 뇌손상으로 인한 결과는 사망에서부터 인지, 의사소통 장애에서 경도 장애, 혹은 손상이 없는 것까지 다양하다. 또한 신체 및 심리사회적 영역에서 손상이 발생할 수 있다(Ylvisaker, 1998). 대부분의 외상성 뇌손상은 보통 경도이지만, 중등도에서 중도의 뇌손상을 입은 사람은 그들 삶의 모든 영역에 어려움을 주는 장기적인 영향을 받을 수 있다. 외상성 뇌손상은 여성보다 남성에게 더 자주 발생하고(DiScala & Savage, 2003), 아프리카계 미국 아동에게 더 발생하기 쉽다(Langlois, Rutland-Brown, & Thomas, 2005).

1991년 장애인교육법(IDEA)에서 외상성 뇌손상을 법적 적격성 범주로 추가했지만, 제대로 파악되지 않은 외상성 뇌손상을 가진 아동이 있는 것으로 보인다. 매해 약 2만 명의 학생이 외상성 뇌손상을 입은 후 학교로 다시 들어오고 있으며, 이러한 학생은 계속되는 장애를 다루기 위한 숙련된 전문가를 요구한다(Ylvisaker et al., 2005). 미 의회에 보고된 2002 연차보고서에서 미국 교육부 특수교육국은 단 1만 4844명의 학생만이 외상성 뇌손상 범주에 속해 있다고 밝혔다(U.S. Department of Education, 2002). 이러한 현상은 외상성 뇌손상이 종종 중복장애, 지체장애 혹은 학습장애와 같은 다른 법적 장애 범주로 분류되기 때문이다.

외상성 뇌손상 학생을 돕는 교육자나 전문가는 힘든 도전을 당면하게 된다. 그들은 외상성 뇌손상을 입은 학생을 밝혀내고, 그들의 결함을 인지하며, 학교에 재통합하고, 시간에 따라 변하는 학생의 요구에 따라 적절한 중재를 제공해 주어야 한다. 손상을 입은 부분의 기능 회복이 교육과 재활의 목표이며, 복합적 의료 전문가와 관련된 건강 전문가, 교육자의 협력이 요구된다.

## ① 외상성 뇌손상 개요

뇌손상을 묘사하는 데 사용되는 다양한 용어가 있다. 두뇌 손상(head injury)이라는 용어는 뇌손상(brain injury) 용어와 동의어로 사용될 수 있지만 두피와 두개골에서만 발생한 손상도 포함할 수 있다. 그러므로 뇌손상이라는 용어가 더 구체적이다. 뇌손상이 외상이나 외적 압력으로 발생했을 때는 외상성 뇌손상이라 부르고, 뇌 구조나 기능의 일시적 혹은 영구적 손상을 야기한다(Beers, Porter, Jones, Kaplan, & Berkwits, 2006; Dixon, Layton, & Shaw, 2005).

더 나아가 외상성 뇌손상은 개방성 손상과 폐쇄성 손상으로 분류될 수 있다. 개방성 손상에서는 총알과 같은 날카로운 물체로부터 밑에 있는 뇌 조직과 두개골이 관통된 것이다. 폐쇄성 손상은 머리가 물체에 맞거나 눌리거나 격하게 흔들릴 때 발생한다(Beers et al., 2006).

뇌는 외상적 수단보다 원인에 의해 영향을 받는다. 예를 들어, 유아는 뇌 발달에 영향을 미치는 선천적인 두뇌 결함을 가지고 태어날 수 있다(예: 수두증, 소두증, 무뇌증 혹은 키아리 II 기형). 더불어 두뇌 손상이나 장애는 비외상적인 방법(예: 뇌졸중, 익사에 가까운 뇌 무산소증, 감염, 질병 혹은 종양)에 의해 발생할 수 있다([그림 7-1] 참조). 이 장에서 우리는 외상성 뇌손상에 국한하여 논의할 것이다.

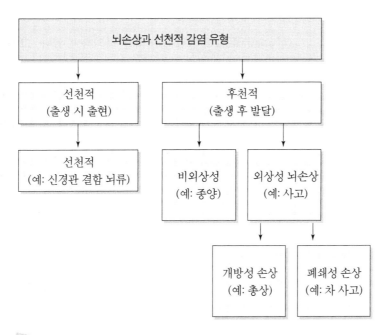

**그림 7-1**    뇌손상과 선천적 결함 유형

## ② 외상성 뇌손상의 원인

소아 두뇌 손상의 원인은 성별, 연령, 지리적 위치에 따라 다양하다. 양육자가 아이를 잘못 다루거나 학대하는 것은 2세 이전 영유아 두뇌 손상의 가장 흔한 원인이다. 영유아 학대는 종종 과격하게 흔드는 것으로 발생한다. 이러한 상황은 원래 '흔들린 아기 증후군(shaken baby syndrome, shaken-impact syndrome)'으로 알려졌다. 이 형태의 머리 손상은 비의도적인 손상에 비해 빈약한 인지와 동작 결과(Newton & Vandeven, 2005), 사망(Keenan, Runyan, Marshall, Nocera, & Merten, 2004)을 초래하기 쉽다. 만약 아이가 조산아이고, 발달적으로 장애가 있으며, 어린 부모에게서 태어났거나, 가난하고 불안정한 환경에서 산다면 학대의 '위험'에 더욱 많이 처할 수 있다(Duhaime, Christian, Rourke, & Zimmerman, 1998). 학대로 뇌손상을 입게 된 유아는 의도하지 못한 뇌손상을 입은 유아보다 더 나쁜 예후를 가지는데 이는 반복된 학대 패턴 때문인 것으로 보인다(Ewing-Cobbs, Levin, & Fletcher, 1998).

영아와 유아는 연약한 목 근육으로 무거운 머리를 지지하고 있다. 그래서 불의의 낙상은 외상성 뇌손상의 가장 흔한 원인 중 하나다(DiScala & Savage, 2003). 이 연령대에서는 머리가 종종 손상 부위가 되기 때문에 자동차 사고 중에도 위험하다. 초등학교 연령의 아동은 놀이, 자동차 사고(보통 보행자로서), 낙상, 자전거 사고 동안에 외상성 뇌손상을 더 쉽게 입게 된다. 다행히도 차에 있는 좌석 벨트, 에어백과 자전거 헬맷의 착용은 외상성 뇌손상의 위험을 줄여 주는 것으로 밝혀지고 있다(Lee, Schofer, & Koppelman, 2005; Michaud, Duhaime, Wade, Rabin, Jones, & Lazar, 2007).

청소년기는 자동차 사고에 가장 자주 연루되는 시기로(DiScala & Savage, 2003), 많은 경우 알코올과 약물이 영향을 미치는 요인이 된다. 청소년기는 또한 집중적인 스포츠 활동이나 폭행, 위험한 행동으로 상해를 입게 된다. 청소년기 뇌손상에 영향을 주는 다른 요인으로는 두부 총상(Sheehan, Dicara, LeBailley & Christoffel, 1997)과 자살 시도(Michaud, Duhaime, Wade, Rabin, Jones, & Lazar, 2007)가 있다.

주의력결핍 과잉행동장애(ADHD)나 학습 혹은 정서 장애 등 특별한 요구를 가진 것으로 이미 진단된 아동은 부주의함과 위험 동반, 부족한 판단력 때문에 외상성

뇌손상을 입을 위험이 더 많다. 이전에 장애를 가진 아동에게 일어난 외상성 뇌손상
은 전에 있던 결함을 더 심각하게 하며 외상성 뇌손상과 동반하는 추가 결함을 나타
내게 한다.

## ③ 외상성 뇌손상에 대한 이해

　뇌는 뼈, 막, 체액으로 보호를 받는다. 두개골은 두개강과 척추골로 연결되는 구
멍(대후두공이라고 알려진)이 있는 뇌의 바닥을 제외한 뇌 전체를 둘러싸서 보호하는
역할을 한다. 뇌는 또한 3개의 층으로 된 막, 즉 경막(두개골 다음에 있는 가장 바깥에
있는 막), 거미막(중간 막), 연막(뇌 옆에 있는 막)으로 둘러싸여 있다([그림 7-2] 참조).
이 3개의 막은 뇌막으로 알려져 있다. 마지막으로 뇌 주변의 뇌 척수액은 두개골 안
에서 뇌를 위한 쿠션의 역할을 한다. 뇌는 실제로 액체 안에서 떠다닌다.

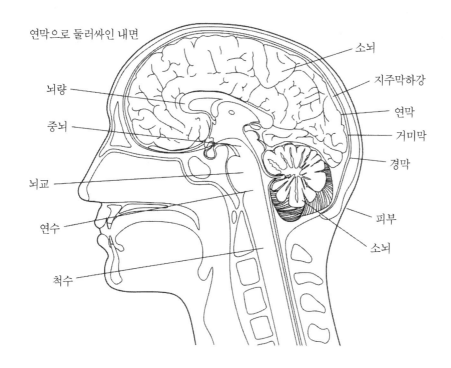

**그림 7-2**　기본 뇌 해부

　뇌가 신체적 외상을 입게 될 때는 그 유형과 위치, 물리적 압력 정도가 뇌손상의 종류를 결정한다. 개방성 뇌손상에서는 두피와 두개골, 막, 그리고 (대개) 뇌까지 침투된다. 대부분의 개방성 뇌손상은 뇌의 한 부분에 제한된 효과를 초래한다(Burton & Moffatt, 2004). 예를 들어, 총탄으로 인한 상처가 왼쪽 반구의 일차 운동 피질을 통과한 경우는 일반적으로 신체의 다른 면은 영향을 받지 않지만 오른쪽 신체는 마비가 된다. 개방성 뇌손상의 일부 유형은 분산된(일반화되거나 넓게 퍼진) 영향을 초래하지만, 대부분의 개방성 뇌손상에서 주된 뇌손상은 손상 부위에 발생하고 이차적 영향은 복잡성 때문에 다른 부분에 나타난다.

　상처가 안으로 침투하지 않은 폐쇄성 뇌손상은 아동의 외상성 뇌손상에서 90% 이상을 차지하고(Menkes & Ellenbogen, 2002) 더 분산된 손상을 가져온다. 폐쇄성 뇌손상의 다양성은 감속 혹은 가속, 충격-반충 손상(coup-contrecoup injury), 회전 외상(rotational trauma)의 복합성에서 기인한다. 뇌는 뇌 척수액에서 떠다니기 때문에 충격은 뇌를 가속하거나 감속하여 두개골 내에서 부딪히게 한다. 손상의 초기 부분은 충격 손상으로 알려져 있다. 초기 손상 후 뇌는 두개골 반대편을 치고 되돌아와 뇌의 그 부분에 손상을 주며, 이를 반충 손상이라 한다([그림 7-3] 참조). 뇌가 앞뒤로 움직일 때 그것은 또한 두개골 바닥(전두엽과 측두엽 아래 표면에 위치한)의 뼈 돌출부를 치며 추가 손상을 가져온다. 회전 외상은 가속이나 감속 동안 뇌가 흔들리며 비틀릴 때 발생할 수 있다. 여러 다른 손상과 합병증이 발생할 수 있다.

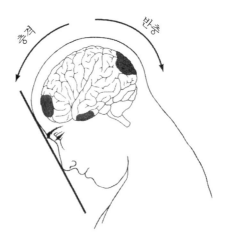

**그림 7-3**　충격과 반충 손상을 입은 외상성 뇌손상

## 1) 두개 내(intracranial, 머리 내) 손상 유형

### 뇌진탕

외상성 뇌손상 동안 경도의 손상이 신경섬유에 발생하여 뇌진탕을 가져올 수 있다. 뇌진탕은 몇 초에서 6시간까지 지속되는 기억 상실이나 가벼운 의식 상실이다. 대개 아동은 몇 시간 후에 정상으로 돌아오게 된다. 뇌진탕은 심각한 뇌 구조의 손상이 나타나지 않는 것으로, 외상성 뇌손상의 가장 가벼운 유형이다. 그러나 뇌진탕 후 증후군(예: 두통, 성급함, 판단력 부족, 빈약한 집중력) 때문에 손상 후 여러 주 동안 아동을 관찰해야 한다(Burton & Moffatt, 2004; Roth & Farls, 2000).

### 미만성 (뇌)축삭 손상

의식 상실이 6시간 이상 지속되어 나타날 때 더 심각한 손상인 미만성 축삭 손상(diffuse axonal injury: DAI)이 나타난다. 미만성 축삭 손상은 폐쇄성 손상에서 발생한 두뇌의 폭력적 가속이나 감속으로 축색돌기가 전반적으로 깎이는 것(깨지는 것)이다. 이러한 축색돌기는 뇌 안의 뉴런(신경세포)과 신체 부분 사이에 정보를 전달해 주는 역할을 한다(5장 참조). 미만성 축삭 손상은 뉴런 사이의 손상된 의사소통에서 기인한 전반적인 신경적 기능장애를 초래한다. 이는 뒤이은 뇌부종(뇌가 붓는 것)과 다른 합병증(예: 고혈압, 호흡곤란)에 의해 더 심각해질 수 있다. 운동과 의사소통, 인지와 행동 문제에서 장기간의 손상이 있을 수 있으며, 회복은 몇 주에서 몇 년까지 걸릴 수 있다.

### 두피와 두개골 손상

외상성 뇌손상은 두피와 두개골 손상을 야기할 수 있다. 두피 손상은 많은 출혈을 가져오나 뇌의 기능에는 영향을 주지 않는다. 두개골 골절은 큰 압력이 가해졌다는 것을 나타내며 그 영향은 골절 유형에 달려 있다. 예를 들어, 금이 간 두개골(선형굴절)은 거의 후유증 없이 치료된다. 그러나 눌려서 깨진 두개골은 뇌 조직의 찢어짐과 출혈을 초래하며 중도의 뇌손상을 동반할 수 있다.

### 뇌좌상

뇌좌상(cerebral contusion)은 두개골 골절이나 두개골 내의 뇌가 부딪히는 것과 관련되어 있다. 뇌좌상은 두뇌 표면의 타박상이다. 그것은 뇌부종을 동반할 수 있다. 뇌좌상의 영향은 뇌손상의 정도와 크기에 달려 있다.

### 혈종과 뇌출혈

개방된 혹은 폐쇄된 손상은 뇌의 출혈을 가져올 수 있다. 피가 한 부분에 모인 것을 혈종이라고 한다. 외상성 뇌손상은 경막하 혈종(경막과 연지주막[pia-arachnoid mater] 사이의 혈종), 경막외 혈종(두개골과 경막 사이의 혈종) 혹은 뇌내혈종(뇌 자체 내의 혈종)을 초래한다. 크기와 위치, 혈종의 유형에 따라 뇌 안의 압력이 증가될 수 있으며, 심각한 손상이나 사망을 초래할 수 있다.

### 뇌부종

어떤 유형의 외상성 뇌손상은 뇌의 부종이나 붓기를 일으킨다. 부종은 손상 후 약 72시간에 절정을 이루며 몇 주 안에 회복된다. 뇌가 부으면 두개골에 의해 둘러싸여 있기 때문에 갈 곳이 없게 되며, 더 나아가 뇌압 상승(ICP)이 나타난다. 이는 혈류를 위태롭게 하여 신경 조직 저산소증(뇌 세포의 산소 결핍)을 초래하고 더 많은 뇌 조직을 파괴한다. 부종이 지속되고 의학적으로 조절되지 않으면 증가된 압력이 대후두공(두개골 바닥의 구멍) 밑의 뇌에 압력을 주는 곳에 뇌 헤르니아(cerebral herniation)가 생기고 사망으로 이어질 수 있다(Burton & Moffatt, 2004).

## 2) 외상성 뇌손상의 정도

외상성 뇌손상을 입은 후 대부분의 아동은 의식을 잃거나 기억상실증을 겪는다. 외상성 뇌손상의 심각한 정도는 보통 무의식이나 기억 상실 기간에 기초한다. 이러한 요인에 근거하여 심각한 정도를 결정하기 위해 여러 가지 척도를 사용할 수 있다.

외상성 뇌손상의 초기 증상 후 아동은 깨어 있는 것부터 코마 상태(혼수상태)에서 혼돈을 가지게 되는 것까지의 범위 안에 있게 된다(코마는 사람이 각성되지 않은 상태에서 반응성이 결핍된 것을 말한다). 다양한 척도가 의식 수준에 근거하여 외상성 뇌손상의 심각한 정도를 측정하는 데 사용된다. 이러한 척도 중 하나가 글래스고우 코마 평정 척도(Glasgow Coma Rating Scale: GCS)로, 눈 뜨기(전혀, 고통스러운 자극에 눈을 뜸, 말을 듣고 눈을 뜸, 자발적), 구어 반응(전혀, 소리 내기, 부적절한 단어 사용, 혼돈된 대화, 지향된), 동작 반응(전혀, 다양한 비정상적 동작 반응, 지시 따르기)을 측정한다. 이 세 가지의 영역의 점수를 매긴 후 합하면 최종 점수는 3~15의 범위에 있게 된다(Jennett & Teasdale, 1981). 외상성 뇌손상의 경우 경도는 13~15점이고, 중등도는 9~12점, 중도는 8점 이하다(Jaffe et al., 1992). 유아와 아동을 위해 수정된 GCS 판이 있긴 하지만 많이 사용되지는 않는다.

코마와 기억상실증의 지속시간은 외상성 뇌손상의 심각한 정도를 예측할 수 있는 다른 요인이다. 예를 들어, 7일 이상 지속된 코마는 아동의 IQ 감소와 연관이 있다(Burton & Moffatt, 2004). 그러나 외상후 기억상실증(posttraumatic amnesia: PTA)의 길이(손상에서부터 완전히 의식이 회복되고 진행 중인 기억이 되돌아올 때까지 걸린 시간)가 손상 정도를 나타내는 더 나은 지침으로 고려된다. 그 분류는 다음과 같다. 경도 뇌손상은 1시간 이하의 PTA를 가지고, 중등도 손상은 1~24시간, 중도 손상은 1~7일, 그리고 최중도 손상은 7일을 초과한다(Dixon et al., 2005).

그러나 이러한 척도로 측정된 외상성 뇌손상의 정도가 개인의 성과에 반드시 직접적인 영향을 끼치는 것만은 아니다. 심각한 손상을 입은 사람은 보통 낮은 성취를 나타내기는 하지만, 개인에 따라 양호한 결과도 나타낼 수 있다. 마찬가지로 경도 뇌손상을 가리키는 점수는 특정 개인에게 있어 낮은 성과를 야기할 수 있다. 추가 요인 또한 외상성 뇌손상의 성과에 영향을 줄 수 있다(예: 손상 위치, 이전 손상 상태, 치료의 효과성).

## ④ 외상성 뇌손상의 특징

외상성 뇌손상의 특징은 손상의 심각도에 따라 다양하다. 아동 외상성 뇌손상의 대부분은 경도다. 경도 외상성 뇌손상을 가진 아동은 후유증이 남지 않거나 뇌진탕 후 증후군 범주 내에 포함되는 모호하고 주관적인 다양한 문제를 가질 수 있다. 증상으로는 두통, 어지럼증, 과민성, 낮은 판단력, 정서적인 어려움, 학습과 구조화 기술의 어려움, 낮은 인지적/의사소통 기술, 학교나 작업에서 집중을 유지하는 데서의 어려움, 사회심리적인 어려움 등이 있다(Blosser & DePompei, 2003; Burton & Moffatt, 2004). 이러한 영향은 몇 시간, 며칠, 몇 주 혹은 몇 년 동안 지속될 수 있다.

더 심각한 특징은 중등도나 중도 외상성 뇌손상에서 나타난다. 중등도 외상성 뇌손상 후에 아동은 신체적인 약함, 인지적/의사소통 결함, 새로운 정보를 학습하는 데서의 어려움, 사회심리적 문제 등을 경험하게 될 것이다. 중도 외상성 뇌손상은 중복적인 인지적, 의사소통적, 신체적, 정서적, 사회적, 행동적 문제를 초래할 수 있고 평생 동안 지속될 수 있으며, 학교, 가정, 지역사회 환경에서 집중적이고 지속적인 지원과 서비스가 필요할 수 있다(Blosser & DePompei, 2003).

## 1) 인지적 영향

아동이 외상성 뇌손상을 입은 후 겪게 되는 가장 일반적인 인지적 결함은 기억력 결함과 주의 집중에서의 장애다. 손상 후 아동은 사고 이전에 일어난 일을 기억하지 못하거나(역행성 건망증) 혹은 뒤에 일어난 일을 기억하지 못할 수 있다(선행성 건망증). 그러나 일반적으로 기억기능은 손상 후 몇 시간 동안만 영향을 받을 수도 있다. 기억력 결함은 새로운 학습을 방해하는 단기기억 상실과 이전에 일어난 것을 잊어버리는 장기기억 상실, 중단이나 혼돈 이후 과제에 복귀하는 데 있어서의 어려움을 포함한다. 추가 결함은 아동기 연령까지는 보통 표면화되지 않으며, 특히 실행기능 기술 영역에서 더욱 그러하다. 실행기능(executive function)은 인지(의사결정과 계획하기), 자기 조절(동기와 정서 조절), 초인지(자기평가와 자기관리 기술 실행), 사회적 인지(타인의 의도를 알아차리는 것)와 같은 영역을 포함한다(Levin & Hanten, 2005). 실행기능에서의 결함은 학생이 학업적이고 사회적인 환경에 적응하려고 할 때 심각한 도전이 될 수 있다. 아동은 쉽게 주의가 분산되고 낮은 집중기술을 가지고 있으며 아마도 수업을 따라가는 것과 과제 간 집중을 전환하는 것에 어려움을 가질 것이다. 낮은 일반화 기술, 제한된 추상적 사고, 처리 속도의 감소를 포함한 인지적 결함은 교실에서나 사회적 상황에 해로운 영향을 미친다. 다른 인지적 결함은 낮은 정보 조직화, 회고의 문제, 순서화와 일반화 문제를 포함한다. 지각적이고 주의적인 결함, 낮은 판단능력, 정보 처리의 결함 또한 일어날 수 있다(Savage,

DePompei, Tyler, & Lash, 2005). 모든 이러한 인지적 결함은 새로운 지식을 습득하는 데 심각한 영향을 미친다.

외상성 뇌손상 이후에는 독해력, 철자, 수학, 쓰기, 어휘를 포함하는 모든 학업적 영역에서 위축이 발생하는 것으로 밝혀졌다. 해독기술은 온전하게 남아 있지만, 독해력은 많은 학생이 가장 많은 손상을 입은 능력 중 하나다(Tyler & Mira, 1999). 특정 영역에서는 학년 수준으로 수행하는 부분적 기술이 나타날 수 있지만 다른 영역에서는 학년 수준 아래다.

## 2) 의사소통에 미치는 영향

적절하게 의사소통하는 능력은 외상성 뇌손상 후 아동과 청소년기에 자주 표면적으로 나타나는 주된 결함 중 하나다. 많은 교육자와 학교의 언어치료사는 발화의 어려움(소리 산출)에 대해 인지하지만, 언어 결함(생각을 전달하기 위한 단어와 문장 사용), 인지적/의사소통 능력(언어 사용 능력과 주의 집중, 기억과 같은 근본적인 과정)은 종종 알아차리지 못한다(Savage et al., 2005).

### 말장애

여러 운동-말 장애가 외상성 뇌손상 후 신경근장애로 인해 발생할 수 있다. 입술과 혀 근육이 약해지거나 협응이 잘 안 되고, 조음의 어려움을 야기하며, 명확하게 말하는 능력에 영향을 줄 수 있다(구음장애). 호흡근은 더 약해져 대화할 때나 모두에게 들리도록 크게 말하는 능력에 영향을 주게 된다. 약해진 근육은 또한 연하곤란(삼키기 어려움)을 일으킬 수 있다. 다른 운동-말 문제로는 감소된 구어 유창성, 음성장애(음 높이, 소리 크기, 음성 질 포함)와 손상된 운율(말의 리듬과 억양)이 포함된다. 구어 동작 움직임의 수의적 계획, 실행, 연계에 어려움을 가진 말실행증 역시 발생할 수 있다. 운동-말 장애를 다루기 위해서는 보완대체 의사소통 도구(AAC)의 사용을 고려해야 한다(Russell et al., 1998).

### 언어장애

언어적 손상은 세 가지의 범주—수용, 표현, 화용—로 나뉜다. 수용기술에 어려움이 있는 학생은 말한 것이나 쓴 것을 이해하는 데 어려움을 겪는 반면, 표현에 결함을 가진 학생은 생각을 표현하기 위해 구어나 쓰기 기술을 사용하는 능력에 어려움이 있다. 화용론에 결함을 가진 학생은 또래나 성인과 사회적 상호작용에 참여하는 데 어려움을 가진다. 시간이 지나면서 수용언어와 표현언어 기술은 평가 상황에서 정상에 가까워지고, 스트레스를 받지 않으며 대화를 나누게 되는 것처럼 보인다. 그러나 특정 시간 안에 구어로 수행할 것을 요구받거나 기억에서 정보를 재생해야 할 때는 대화적 수행이 저하될 수 있다(Savage et al., 2005).

언어장애를 보이는 학생은 뇌의 언어 센터 손상으로 인해 말하기, 듣기, 읽기, 쓰기를 통한 의사소통 능력이 감소 혹은 손실되는 건망성 실어증(단어 찾기 어려움)이나 실어증을 가질 수 있다. 그 결과, 구문론과 의미론뿐 아니라 읽기 이해와 문어에 어려움을 갖게 된다. 화용적 언어에 영향을 받게 될 때, 학생은 주제(선택, 소개, 유지, 변화), 차례 주고받기(시작하기, 반응하기, 간결함), 어휘 선택(구체화, 정확성, 결합)과 문체의 다양화(문맥과 상대에 따른 적절성)에 어려움을 가지게 된다. 교실에서 학생은 이러한 결함으로 인해 생각을 이해하고 일반화하며 요약하거나 대화에서 차례로 주고받기에 어려움을 나타낼 수 있다. 어떤 경우 그들은 말하고자 하는 핵심을 표현하지 못하고 주제 밖의 것을 둘러대며 말할 것(완곡 어법)이다. 어떤 학생의 경우 대화에서 유머나 상징이 사용되었을 때 대화의 의미를 이해하는 데 어려움을 경험하게 된다(Bloser & DePompei, 2003). 언어에서 듣기 이해력 손상은 덜 빈번하다. 그러나 구어적 추상성(은유어와 동의어)과 높은 수준의 구어 매개 항목(주된 개념)을 이해하는 데 있어서의 어려움이 보고되고 있다(Ylvisaker, 1986). 중도의 외상성 뇌손상을 가진 개인은 얼굴 표정에서 나타나는 정보를 처리하는 데 어려움이 있어서 의사소통을 방해받게 된다(Braun, Baribeau, Ethier, Daigneault, & Proulx, 1989).

## 3) 신체/움직임과 감각에 미치는 영향

외상성 뇌손상은 움직임 능력에 영향을 미칠 수 있고 심각한 움직임 손상을 초래할 수 있다. 영향을 받을 수 있는 움직임 능력의 예는 움직임 속도와 정확성, 균형, 약한 근육, 눈과 손의 협응을 들 수 있다. 가장 흔한 움직임 손상으로는 경직형(신체 부분의 근긴장도가 증가), 강직형(이 역시 움직임에 저항하는 근긴장도가 증가), 운동실조형(균형이 깨지고 비협응의 수의적 움직임), 진전형이 있다(Michaud et al., 2007). 움직임 손상의 유형은 외상성 뇌손상이 발생한 지점(예: 일차 운동 피질, 대뇌핵, 소뇌)에 달려 있다. 움직임 손상을 완치할 수는 없지만 기능적 움직임을 향상하는 것을 목표로 처치를 할 수 있으며, 약물, 수술, 보장구, 물리/작업 치료, 다른 의료적 중재를 포함할 수 있다.

움직임 손상은 이차적인 문제를 일으킬 수 있다. 예를 들어, 경직성인 사람은 흔하게 구축이나 탈구가 생길 수 있다. 외상성 뇌손상이 삼키는 문제를 일으킬 때 섭식장애가 일어날 수 있다. 어떤 경우 이것은 실제 튜브 섭식 처치가 필요할 수 있다(튜브는 액체 형태로 음식을 전달하기 위해 위 안이나 소장에 위치).

외상성 뇌손상의 다른 합병증은 외상후 발작이나 외상후 간질의 발달이다. 이는 뇌손상 후 발생하는 발작을 말하며 뇌손상에서 기인한 것이다. 외상후 간질은 보통 즉각적(손상이 일어났을 때 발생), 초기(손상 후 일주일 안에 발생), 후기(손상 후 일주일 지나 발생)의 세 범주로 나뉜다. 전반적인 외상후 발작 출현율은 초기 발작인 0.2∼9.8%로, 후기 발작보다 더 공통적이며 어린아이일수록 간질중첩증(지속적인 간질)을 가지기 쉽다(Frey, 2003). 이러한 초기 발작은 계속되고 외상후 간질(두 가지 이상의 이유를 알 수 없는 발작)로 진전될 수 있다. 항경련제 약 처방(다른 처치 옵션도 마찬가지)은 간질을 치료하는 데 필요하다. 학생이 간질로 자주 넘어질 경우에는 보호 헬맷이 필요하다(간질에 대한 더 자세한 정보는 16장 참조).

외상성 뇌손상 후에는 감각 손상 또한 발생한다. 중이 손상은 전도성 청각 손상을 초래하는 반면, 달팽이관의 손상은 감각신경적 청각 손상을 초래할 수 있다. 시력 문제 또한 눈의 구조가 손상될 때뿐 아니라 두뇌로 가는 경로와 시력과 관련된 두뇌 부분(시각 피질)에 손상을 입었을 때 발생할 수 있다(Hoyt, 2007). 이러한 부분의 손상은 시야 결핍, 복시(중복 시야), 광선기피증(빛 민감도), 안구진탕증(눈의 불수의적 움직임)과 피질시각장애를 초래할 수 있다(감각 손상에 대한 정보는 11장 참조). 시지각 결함은 시각 변별과 시공간 관계에 어려움을 일으킬 수 있다.

## 4) 사회심리 및 행동적 영향

사회심리라는 용어는 외상성 뇌손상에 뒤따르는 전반적 정서와 심리, 행동적 영향을 말한다. 중도의 외상성 뇌손상 후에는 성격과 정서, 행동의 변화가 나타날 수 있으며, 이러한 변화는 가족과 교사, 친구에게 어려운 도전이 된다(Ylvisaker et al., 2005). 예를 들어, 전두엽 손상은 일반적인 상황에 부적절하게 반응하거나 부적절한 행동을 하는 낮은 억제력을 보여 준다. 전두엽 손상은 또한 공통적으로 불안하고 전투적인 행동을 야기한다. 더욱이 손상 전에 행동 문제가 있었던 경우 더욱 심각해지게 된다.

외상성 뇌손상 후 발생할 수 있는 행동은 공격적이고 파괴적인 것에서부터 내성적이고 무관심한 것에 이르기까지 광범위할 수 있다. 외상성 뇌손상을 가진 아동에게서 나타나는 가장 공통적인 행동 문제는 부주의, 구어적 폭언, 도망치기, 기물 파손, 고집, 공격, 불순응, 부적절한 성적 행동이다(Bruce, Selznick-Gurdin, & Savage, 2004). 먼저 이러한 행동 중 많은 것은 사람들이 크게 얘기하기 때문에 방 밖으로 나가는 소음에 민감한 학생, 추위에 민감하여 추운 날 더 공격적이 되는 학생과 같이 자극 결핍이나 과잉에서 기인된다. 게다가 구어적 폭언과 공격은 기억력 결함과 느린 처리과정, 의사소통 쟁점, 혹은 방향감각 상실과 관련된 좌절에서 발생할 수 있다(Savage, Depompei, Tyler, & Lash, 2005). 시간이 지나면서 자극 과잉과 약간의 결핍은 감소할 수 있으나, 행동 문제는 지속되거나 악화되거나 혹은 손상된 뇌로 인해 변화할 것이다.

행동 문제는 손상에 대한 아동의 반응에서도 발생할 수 있다. 분노, 우울, 외상후 스트레스, 정서적 불안정성은 외상성 뇌손상의 심리적 반응으로 보인다. 많은 사람이 자신에게 생긴 장애에 대한 통찰력이 부족하며 자신의 결함을 이해하지 못한다. 특히 청소년기에는 약물 남용과 자살 시도를 할 수 있다. 종종 외상성 뇌손상 후 심리사회적 어려움을 나타내는 학생은 특히 그 손상이 먼 과거에 발생했다면 정서적으로 손상이라는 범주 안에서 특수교육 서비스에 대한 적격성을 가진다. 비극적이게도, 학생의 연령이 높아졌을 때 발생한 심리사회적 문제가 어린 시절 발생한 뇌손상과 종종 연관되지 않아 이러한 학생 중 다수는 소년사법 체계 내에서 마감하게 된다.

왜 외상성 뇌손상 학생이 행동을 조절하는 데 그러한 어려움을 가지는 것일까? 행동 조절은 두뇌체계의 완전하고 통합된 기능을 요구한다. 주의 집중과 기억, 신체와 감정 조절, 계획과 예측, 처리과정 속도가 영향을 받게 되고, 아동은 감정이나 반응을 조절하는 데 어려움을 가지게 된다. 지시, 규칙이나 후속 사건은 기억 문제 때문에 생각이 나지 않는다. 제한된 실행기능 기술은 예측과 계획을 하는 것을 방해한다. 학생은 어려운 상황을 피하는 방법을 알지 못할 것이고, 그들 스스로 같은 문제를 반복하고 있다는 것을 발견하게 될 것이다. 의사소통 결함뿐 아니라 기대에 대한 제한된 자각 또한 부적절한 행동에 기여한다. 느린 언어 처리과정으로 힘들어하는 학생은 메시지의 의도를 잘못 지각하고 적절한 사회적 단서를 종종 알아채지 못한다. 약 복용도 행동에 영향을 미칠 수 있다.

## ⑤ 외상성 뇌손상의 진단

여러 진단 절차가 외상성 뇌손상을 발견하기 위해 사용될 수 있다. 신경학적 평가뿐 아니라 전반적 손상에 대한 진단이 이루어진다. 의식 손상이 있을 경우(Glasgow Coma Scale이 15 이하), 신경학적 발견이 있을 경우, 발작, 혹은 의심되는 골절이 있을 경우 영상검사(imaging)를 실시해 볼 수 있다. 그러나 혈종을 놓치는 심각한 후속 결과를 없애기 위해서 어떤 의사는 간단한 뇌손상 이외에는 항상 영상검사를 수행한다(Beers et al., 2006).

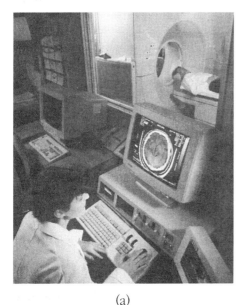
(a)

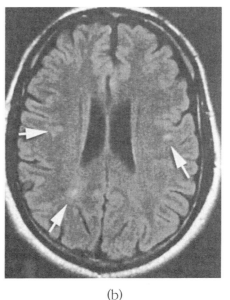
(b)

**그림 7-4**    CT 스캐너에서 가져온 사진(b)을 보는 CT 스캐너(a)

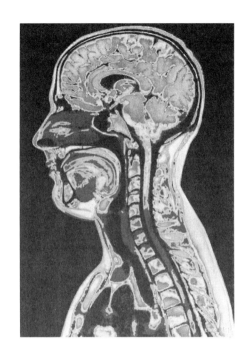

그림 7-5 머리와 가슴 상부 MRI 스캔

진단 영상 장치는 뇌의 비정상적인 부분을 탐색하고 외상의 심각성을 결정하며 뇌 기능을 연구하도록 하는 하나의 방법을 제공한다. 신경영상기술의 두 가지 유형은 구조적 영상과 기능적 영상이다. 구조적 영상은 두개골, 뇌 조직, 혈관의 신경해부학에 대한 정보를 제공해 주고 부종, 두개 내 출혈, 퇴화를 탐지할 수 있게 해 준다. 구조적 영상 도구는 엑스레이, 컴퓨터 단층촬영(CT나 CAT) 스캔, MRI 스캔을 포함한다. CT는 뇌의 다른 위치에 대한 엑스레이 시리즈를 이용한다([그림 7-4] 참조). MRI([그림 7-5] 참조)는 뇌의 해부학적인 미세함을 위해 분자의 마그네틱 성분을 이용한다(Bigler, 2005).

기능적 영상검사(functional imaging)는 뇌의 활동을 보여 주는 새로운 방법으로 의학 전문가가 더욱 정확하게 뇌의 기능적 능력 손상을 평가하고 객관적인 두뇌 향상을 통해 재활의 잠재력을 예측할 수 있게 해 준다. 외상성 뇌손상에서 대부분의 기능적 두뇌 영상은 단일광자 단층촬영(single photon emission computed tomography: SPECT)이나 양전자 단층촬영(positron emission tomography: PET) 스캔을 이용하여 뇌의 물질대사와 혈류에 대한 정보를 제공해 준다. 기능성 MRI(functional MRI: fMRI)는 혈류에서 빠른 변화를 관찰하기 위해 산소가 공급된 혈액의 마그네틱 질(magnetic quality)을 이용한다(Anderson, Taber, & Hurley, 2005). fMRI, PET, SPECT 스캔은 보통 MRI나 CT 스캔에서 감지되지 않는 경미한 외상성 뇌손상에 따른 구조적, 기능적 비정상을 밝히는 데 특별한 가능성을 보여 준다(Belanger, Vanderploeg, Curtiss, & Warden, 2007).

## ⑥ 외상성 뇌손상의 치료

### 1) 급성 의료적 단계

급성 관리 단계 동안 뇌손상 치료의 주된 목표는 기도를 유지하고, 적절한 폐 가스 교환(산소호흡기가 필요할 수 있음)을 보호하며, 출혈을 멈추고, 뇌로의 적절한 혈류를 유지하고, 두개골 내의 압력 상승을 조절하거나 막는 것이다. 그러한 두개골 골절을 치료하거나 혈종을 비우고 출혈을 멈추기 위해 수술이 필요하다. 증가한 두개 내의 압력은 약물이나 진정제 투여, 뇌 척수액의 배액관으로 흔히 치료될 수 있다(보통 뇌에 카테터 삽입을 통해).

### 2) 혼수상태에서의 회복

비록 외상성 뇌손상을 가진 아동 간의 손상 정도는 다르지만 회복 동안 발생하는 행동의 특정 발달이 있다. 처음에 아동은 혼수(코마)상태에 있으면서 어떠한 자극에도 무반응일 수 있다. 아동이 혼수상태에서 나오면 비일관적으로 무목적적인 방식(전체 몸을 팔 위에 두드림)에서 결국에는 더 국부적인 방식(팔을 자극에서 떨어뜨려 놓음)으로 반응할 수 있다. 다음에 아동은 혼란하고 동요한 상태에서 반응할 것이며 사람들을 치거나 약물 튜브를 뽑아 버릴 수 있다. 불안이 가라앉으면서 아동은 단순한 명령에 더 일관되게 반응하기 시작할 것이나, 계속 혼란해하고 자주 목적 없이 돌아다니게 될 것이다. 점차 친숙한 사람이나 사물에 대한 주변 인식이 나아질 것이다. 그러나 인지와 의사소통, 감각 과정과 행동 결핍은 자주 나타날 것이며 이것이 재활기간에 다루어져야 한다.

## 3) 재활과 장기간의 관리

재활은 치료 초기에 혼수상태에 있을 때의 부동화(immobilization)로 인한 합병증을 피하고 코마에서 회복되는 능력(예: 정위전략)을 보완하기 위해 이용된다. 재활은 또한 상실한 기능을 복구하고 최적의 기능을 촉진하기 위한 대안적 보충전략을 지도하는 데 중요한 역할을 한다. 진단에 기초하여 동작, 의사소통, 감각, 행동, 인지적 손상을 다루기 위한 관리계획이 마련되어야 한다.

병원 기반의 단기 급성 재활 후에 아동은 통원치료 기반의 재활치료를 받게 된다. 어떤 아동은 단기 이후 재활 프로그램의 도움을 받을 수 있다. 반면 학교 프로그램에 다시 들어갈 준비가 되지 않은 아동은 집에서 교육을 받거나 학교환경으로 돌아가기에 앞서 전문가와 치료사의 집중적인 지원을 받아 특별한 교육 환경에서 전이 프로그램을 받을 수 있다. 아동이 재활 서비스에서 나오게 될 때에도 회복과정은 종종 지속된다.

## ⑦ 외상성 뇌손상의 진행과정

외상성 뇌손상 아동은 손상으로 인해 미세한 정도에서 엄청난 정도에 이르는 결함을 가지게 된다. 전형적으로 첫 몇 개월 동안 회복이 빠르게 일어난다. 동작기능이 대개 처음 회복되고 의사소통 기술 또한 빠르게 회복되는 경향이 있다(비록 복잡한 언어기술은 잘 회복되지 않더라도). 주의 집중, 기억, 행동 관련 상위 인지기능의 회복은 더 느리게 일어나는 경향이 있다. 전형적으로 첫 몇 개월 안에 빠른 회복이 일어난 후 중요한 향상은 그 첫해 동안 지속적으로 일어나며, 변화가 차츰 느려졌다가 수년이 지난 후 안정된 상태가 된다.

뇌손상 후 어떻게 자가 치료되는지를 결정하기 위한 연구가 시작되고 있으며, 몇 개의 뉴런의 부재에도 뉴런 순환이 기능할 수 있도록 하기 위한 세포 내 수용 영역의 증가된 민감도에 초점을 두고 있다(뉴런에 대한 더 많은 정보는 5장 참조). 환경을 풍부하게 하는 것 또한 회복을 향상할 수 있다(Dixon et al., 2005). 어린 아동은 미성숙한 뇌의 탄성 때문에 성인에 비해 회복에 대한 예후가 좋을 것이다(Burton &

Moffatt, 2004). 아동의 전반적 기능을 향상하기 위해 특정 보충전략이 학습될 수 있다. 그러므로 기능에서의 향상은 소아과에서의 치료, 그리고 어떤 경우는 새로운 보충전략 학습에도 기인할 수 있다.

## ⑧ 외상성 뇌손상에 대한 교육적 시사점

### 1) 병원에서 학교로의 전이

소아과 외상 센터에서 퇴원하는 외상성 뇌손상 학생을 위해 사전에 마련된 치료과정은 그들이 다니는 학교에서의 특수교육 서비스와 재활시설에 의뢰할 수 있도록 잘 준비되어야 한다. 그러나 DiScala와 Savage(2003)는 0~19세의 많은 아동과 청소년이 그러한 서비스에 의뢰된 적이 없는 상태에서 퇴원하고 있음을 밝혔다. 그러한 프로그램에 대한 부족한 재정적 자원뿐 아니라 외상성 뇌손상 아동에게 제공되는 재활 프로그램 수의 제한은 많은 학생이 이러한 서비스를 받지 못하고 집에 방치되도록 하는 요인이 된다. 외상성 센터에서 집으로 온 학생 중 2% 미만의 학생이 특수교육 서비스로 재의뢰된다.

뇌손상 후의 적절한 학교 재통합은 손상이 일어난 시기에 시작되어야 한다. 많은 병원은 아동이 의료적으로 안정되자마자 병원학교 교사가 제공하는 교육 서비스를 제공한다. 병원의 사회복지사나 다른 의료진의 도움을 받아 부모는 아동의 상태와 특수교육이나 지원 서비스에 대한 요구를 알리기 위해 아동의 학교 교육청과 접촉해야 한다. 이상적으로는 교육청의 전문가가 앞으로의 필요한 요구를 평가하기 위해 아동을 방문하여 부모와 병원 의료진과 회의를 하는 것이 좋다. 학교 간호사, 심리학자, 특수교육 교사는 아동의 기능 상태에 기초하여 개별화된 학교 복귀계획을 설계하고 제안하는 팀의 부분이 되어야 한다. 부모의 동의하에 아동의 현재 기능 수준에 대한 재활 배치와 병원의 평가를 학교에서도 사용할 수 있어야 한다. 이는 학생의 IEP와 개별화된 건강관리계획(Individual Health Care Plan: IHP)을 개발하는 데 도움을 줄 것이다.

외상성 뇌손상 학생이 학교환경으로 돌아오기 전 모든 교사와 관계자가 일반적인 외상성 뇌손상에 대한 정보와 아동의 특정 결함에 대한 정보를 받는 것은 중요하다. 학교 교직원이 적절한 평가를 사용하고 최적의 기능을 지원하기 위해서 교실에서 사용할 수 있는 교수전략을 채택하는 것, 외상성 뇌손상 학생을 발달장애 학생과 구별해 내는 것은 중요하다. 잘 설계된 교수에 따르는 적절한 교사/직원 훈련은 학생이 학교 프로그램에서 성공을 경험하도록 해 줄 것이다. 적절한 훈련이 있어도 학교 복귀를 위한 효과적 지원체계를 개발하고 유지하는 것은 외상성 뇌손상 아동이 예측 가능한 특성과 요구를 가진 획일적 집단이 아니기 때문에 어려움이 많다.

학생의 또래에게도 외상성 뇌손상에 대한 훈련과 간단한 설명을 제공(부모 동의하에)해야 한다. 급우는 외상성 뇌손상 학생이 특히 눈에 보이는 신체적 결함이 없을 때 변하지 않을 것이라는 잘못된 생각을 가지고 있다. 학생의 급우에게 외상성 뇌손상에 대한 정확한 정보를 제공하는 것은 외상성 뇌손상 학생의 원활한 학교로의 전이를 지원할 수 있다.

## 2) 신체 및 감각적 요구

외상성 뇌손상 학생이 있는 반의 교사나 관련 직원은 외상성 뇌손상으로 인해 발생하는 신체적 혹은 감각적 손상을 다루는 방법을 알아 두어야 한다. 물리치료사와 작업치료사가 동작/감각 기능을 촉진하기 위해 투입될 것이며, 보조 장비와 보조공학이 흔하게 사용된다(예: 수정된 컵, 숟가락, 프론 스탠더, 옆으로 눕는 보조기구, 마이크로스위치). 동시에 다양한 약물이 경직성과 간질을 치료하기 위해 처방될 수 있으며, 교사는 약물 복용과 효과를 점검하는 방법을 배워야 한다(Ordia, Fischer, Adamski, & Spatz, 2002). 학생은 구축을 이완하고 탈골을 교정하기 위해 수술을 할 수도 있다. 교사는 학교 결석에 대해 다룰 뿐 아니라 수술 후의 제한에 대해 친숙해져야 한다.

신체적 결함을 다루기 위해 종종 적합화 과정이 필요하다. 외상성 뇌손상을 입은 후 학생은 쉽게 피로하며 지구력이 감소하게 된다. 이러한 문제를 해결하기 위해 휴식이나 조정된 스케줄을 사용할 수 있다. 어떤 학생은 학교로 처음 복귀했을 때 학교 일과 중 일부분에만 참여할 수도 있다. 어떤 학생은 교육과정에 접근하기 위해 조정이나 수정 혹은 특별한 장비(저시력을 위한 CCTV와 같은)가 필요할 수 있다. 조정은 느린 동작 실행으로 인해 시험 시간을 더 제공하는 것과 수업 간 이동 시간을 더 주는 것 등을 포함한다. 그리고 학생에게 여분의 책 세트를 제공하는 것(하나는 학교에, 하나는 교실에)은 학급 간 전환을 도와줄 것이다(보조공학에 대해서는 8장, 교실 적합화에 대해서는 12장 참조).

현재의 감각 손상을 보충하기 위한 재훈련 혹은 보충 전략이 종종 필요하다. 예를 들어, 좌측 시각 무시를 가진 아동에게 읽기 자료는 각 문자열 처음에 빨간색 점을 표시해 주어야 한다. 아동은 좌측 시각 무시를 중재하기 위해 빨간색 점을 찾도록 교육받게 되며, 이는 전체 페이지를 읽을 수 있도록 도움을 준다.

## 3) 의사소통 요구

외상성 뇌손상의 주된 결과 중 하나는 적절하게 의사소통을 하는 능력의 부족이다. 미묘한 인지적/의사소통적 결함을 밝히기 위해 말-언어치료사의 평가가 이루어져야 하며 사회적/화용론적 결함뿐 아니라 말장애의 향상을 위해 작업하도록 해야 한다. 치료는 개별적 혹은 소집단으로 제공될 수 있다. 치료사는 외상성 뇌손상 아동이 치료에서 배운 기술을 다른 환경에 일반화하는 데 종종 어려움을 가진다는 것을 인식해야 한다. 서비스는 교사와의 협력이 일어날 수 있는 교실의 자연스러운 환경에서 제공되어야 한다. 치료사는 학업적 기능과 관련된 표현 언어와 수용 언어를 다루는 중재와 전략을 교사에게 제공해 줄 수 있다. (a) 반응을 위해 충분한 시간을 허용하고 의사소통 권장하기, (b) 대화 동안 발화의 복잡성, 길이, 발화율 낮추기, (c) 지시를 제공하는 방법 바꾸기(예: 반복, 지시문 단순화, 받아 적기), (d) 발화 선택을 관찰하기(예: 빈정거림 피하기, 말장난, 제한된 유머), (e) 정보를 구조화하고 계열화하기, (f) 성공을 위해 의사소통 행동 구조화하기(어떤 경우 의사소통을 위해 AAC 시스템 사용하기) 등을 포함하는 많은 효과적 전략과 중재가 있다(Blosser & DePompei, 2003).

## 4) 학습 요구

### 외상성 뇌손상 후 평가

외상성 뇌손상 학생을 평가하는 데에는 실제적인 어려움이 있다(Stavinoha, 2005). 성적표, 표준화 검사 점수, 그 외의 학교 기록이 손상 전의 성취와 관련된 정보를 제공해 주지만, 이러한 자료가 항상 유용한 것은 아니다(Semrud-Clikeman, 2001). 표준화된 객관적 평가는 오해의 소지를 야기할 수 있다. 예를 들어, 표준화된 지능검사에서 정상적 IQ 점수는 손상 시의 성취도를 가리키지만, 새로운 학습에서의 결함을 설명하는 데에는 실패할 수 있다(Mira & Tyler, 1991). 그러므로 형식적 평가 결과에는 관찰과 부모 보고와 같은 비형식적 평가가 항상 수반되어야 한다(Stavinoha, 2005). 뇌 전문 임상심리학자의 안내는 평가과정에서 중요한 차원을 더한다(Semrud-Clikeman, 2001). 마지막으로 교사는 뇌손상이 평가과정에 미치는 영향에 대한 적절한 연수 및 양성과정에서의 훈련을 받아야 한다(Savage et al., 2005).

종종 지능, 적응 행동, 문제 해결, 기억, 학업, 동작 수행, 정신운동성 수행 영역의 결함을 찾아내기 위해 뇌 전문 임상심리학적 평가를 실시할 수 있다. 그러나 학생의 능력과 결함에 대한 완전한 그림을 얻기 위해 자연스러운 환경에서 아동의 기능적 평가와 함께 언어병리, 작업치료, 물리치료를 포함한 다양한 자원에서 평가 정보를 수집해야 한다. 학생의 적응기술과 사회기술이 중요한 역할을 하는 놀이 상황에서 학생의 과제 수행능력을 평가하는 것은 중요하다. 조용하고 일대일 환경에서 수행된 평가에만 의존하는 것은 아동이 학교 일과에서의 변화에 적응하고 전형적 교실에서 기능하는 것을 정확하게 예측해 주지 못한다.

학생의 학습 기능과 관련해 자료에 따라 다른 관련 정보가 필요하다. 일과 내에서 변화하고 당혹감을 다루는 것, 기대를 이해하고 주의를 집중하며 피로를 관리하는 학생의 능력은 평가에 기여한다(Savage, DePompei, Tyler, & Lash, 2005; Semrud-Clikeman, 2001). 외상성 뇌손상 후 회복기간 동안 발생하는 상태에서의 급진적인 변화 때문에 평가는 반드시 지속적인 과정으로 이루어져야 한다. 학생은 어느 날 성취할 수 없던 것을 그다음 날이나 다음 주, 다음 달에 성취할 수도 있다. 그리하여 보고서는 종종 빠르게 과거의 자료가 되어 쓸모없게 된다.

학습 문제

인지 영역, 정보처리 속도, 실행기능에서의 결함은 학급에서 새로운 정보를 습득하는 것에 가장 큰 어려움을 종종 야기한다. 자신의 일반적 지식 자산의 일부를 잃은 학생은 채워 넣어야 할 학습에서의 '구멍'이 생기게 된다. 예를 들어, 어떤 고등학생은 덧셈, 곱셈, 나눗셈을 하는 것을 재훈련하여 대부분의 분수, 소수, 백분율, 대수 문제를 풀 수 있으나 뺄셈은 하지 못할 수 있다. 아동이 학교로 되돌아갔을 때 가장 흔하게 발생하는 실수는 학생이 놓친 과제에 매달리거나 더 이상 실행할 수 없는 과제를 수행하도록 시도할 때 학생에게 과도한 스트레스를 주는 것이다. 성인의 지원, 수정과 조정은 학생이 교육 프로그램에서 성공하도록 하기 위해 필요하다. 외상성 뇌손상 후 학생에게 가장 효과적인 교수방법을 결정하기 위해 모든 영역의 요구를 다루는 잘 계획된 개별화 프로그램이 여전히 최상의 접근이다. 뇌손상 학생의 기능적 요구가 발견되었을 때 교사에게 유용하며 편하게 사용할 수 있는 광범위하고 친숙한 연구 기반 교수전략이 있다(〈표 7-1〉, 〈표 7-2〉 참조). 기억과 구조화를 위해 증명된 교수전략으로는 과제 분석, 선행 조직자 지원, 시각 자료 사용, 스터디 가이드, 또래교수가 있다. 추가로 직접교수 접근에 사용하는 상업적으로 제작된 교재

**표 7-1** 많은 TBI 학생의 특징과 관련된 연구 기반의 교수전략

| TBI 특징 | 전략 | 설명 |
|---|---|---|
| • 변동적인 주의 집중<br>• 처리과정 속도 감소 | 적절한 교수 속도 | 새로운 과제 습득은 작은 요소로 과제를 제공하거나 학생의 처리 속도에 맞게 일관된 비율의 반응을 요구하므로 향상될 수 있음; 교수 일과와 친숙하다고 가정 시 느린 처리과정을 가진 학생에게서도 속도는 빨라질 필요가 있음 |
| • 기억 손상(무오류 학습에 대한 요구와 관련)<br>• 높은 실패율 | 높은 성공률 | 새로운 정보를 습득하고 보유하는 것은 무오류 학습 절차의 촉진을 받아 높은 성공률을 증가시키는 경향이 있음 |
| • 구조화 손상<br>• 비효과적 학습 | 과제 분석과 선행 조직적 지원 | 교수목표의 체계적 연계와 선행 조직적 지원(그래픽 조직자 포함)을 포함한 학습 과제의 주의 깊은 구조화는 성공을 증가시킴 |
| • 비효과적 학습<br>• 비일관성 | 충분한 연습과 점검(종합 점검 포함) | 집중되고 분산된 학업 연습뿐 아니라 잦은 점검을 통해 새로운 정보에 대한 습득과 보유가 향상될 수 있음 |

| | | 심각한 기억과 학업 문제를 가진 학생은 무오류학습의 도움을 받을 수 있음. 오류 발생 시 그러한 오류에 비판단적인 교정적 피드백이 따르면 학습은 향상됨 |
|---|---|---|
| • 비효과적 피드백 고리<br>• 오류의 암묵적 학습 | 오류 발생 시 비판단적 교정적 피드백과 함께 무오류 학습 | |
| • 지식 기반에서의 격차 가능성 | 숙달을 위한 교수 | 습득 구간에서 학업은 숙달과 함께 향상될 수 있음 |
| • 전이에서의 잦은 실패<br>• 구체적인 사고와 학습 | 전이와 일반화 촉진 | 일반화 전략, 일반적 사례 교수(광범위한 예와 환경), 내용과 문맥 삽입은 일반화를 향상함; 인지적 과정은 교육과정 내용 내에서 목표화되어야 함 |
| • 비일관성<br>• 예측 불가능한 회복 | 지속적인 평가 | 학생 진보의 지속적인 평가에 기초한 지도에서의 조정은 학업을 촉진함 |
| • 특이한 프로파일<br>• 예측 불가능한 회복 | 교육과정 수정에서의 융통성 | 교육과정 수정은 특정 집단의 학업을 촉진함 |

출처: Ylvisaker et al.(2005)의 허락하에 게재.

**표 7-2**   많은 TBI 학생에게 적용 가능하고 연구 기반을 가진 통합된 교육적, 행동적, 사회적 중재 접근

| TBI 특징 | 전략 | 설명 |
|---|---|---|
| • 새로운 학습 요구<br>• 손상된 전략적 행동<br>• 손상된 구조적 기능 | 초인지/전략 중재 | 구조화 전략을 포함한 어려운 학업 과제에 전략적 접근을 촉진하도록 고안된 구조화된 교육과정; 특정 학습장애가 있거나 없는 청소년에게 타당화 |
| • 자기 인식 감소<br>• 결함에 대한 부정 | 자기인식 귀인 훈련 | 학습에서의 학생 자신의 역할을 이해하도록 촉진; 학습장애 학생에게 타당화 |
| • 전두엽 손상과 관련된 약한 자기조절 | 인지적 행동 수정 | 행동의 자기 규제 촉진; ADHD와 공격 행동을 가진 청소년에게 타당화 |
| • 충동적 행동<br>• 결과를 통한 비효과적 학습<br>• 실패 경험<br>• 반항적 행동<br>• 시작(initiation) 손상<br>• 작동기억 손상 | 긍정적, 선행 사건에 초점을 둔 행동 지원 | 행동의 선행 사건에 주로 초점을 둔 행동 관리 접근(넓은 의미; 발달장애와 일부 TBI 하위 집단에 타당화) |
| • 잦은 친구와의 결별<br>• 사회적 고립<br>• 약한 사회적 기술 | 친구관계망(Circle of friends) | 학생의 사회생활과 지속적인 사회성 개발을 위해 설계된 일련의 절차; 발달장애와 TBI 집단에 타당화 |

출처: Ylvisaker et al.(2005)의 허락하에 게재.

에 바탕을 둔 전략은 선행 조직자, 구조화된 수업, 실행 가이드, 즉각적 피드백, 명확한 기대 진술, 잦은 점검과 같은 많은 효과적 전략을 제공하며 소집단에 사용된다. 직접교수(direct instruction: DI)는 이러한 집단에 매우 효과적일 수 있다(Tyler & Grandinette, 2003).

학생이 처음 학교로 되돌아왔을 때, 교사는 특정 내용보다는 학생에게 인지 요소(학습과정)를 지도하는 것에 초점을 두어야 한다. (a) 학생이 각 과제에 참여하는 것, (b) 단순한 지시 따르기, (c) 구조화, 기억, 문제해결 전략 사용, (d) 한 과제에서 다른 과제로 이동하기를 지원하는 기술을 개발하기 위해 시간을 들여야 한다(Tyler & Grandinette, 2003). 일단 학생이 학습과정에 효율적이 되면 내용은 재소개될 수 있다.

교사는 외상성 뇌손상 학생이 진짜로 지시와 목적을 이해하고 있는지 확인해 보아야 한다. 처리과정에 문제가 있을 수 있는 침묵이나 충동성, 틀린 답을 있는 그대로 받아들이지 않는 것이 교사에게 매우 중요하다. 교사는 지시에 대한 학생의 이해를 측정하기 위해 수시로 점검해야 한다. 교재와 과제가 단순한 것에서 복잡한 것으로 논리적 발전을 따르는 것일 경우 도움이 된다(Tyler & Grandinette, 2003). 그래픽 조직자는 학생이 생각을 분명하게 하고 구조화하며, 기억하고 쓰고 표현하는 것을 지원하는 데 효과적이다. 보충전략(예: 문장 다이어그램, 문제해결 가이드라인, 단서 카드 사용) 또한 효과적이다.

궁극적인 목표는 학생이 독립적으로 전략을 사용하게 되는 것이다. 따라서 교사는 학생에게 왜 전략을 사용해야 하는지와 어떻게, 언제 그러한 전략을 사용할지를 가르치는 것에 많은 시간을 들여야 한다. 특히 인지 영역과 관련된 문제를 위한 많은 전략이 있다. 이는 불필요한 산만함이나 구어를 줄이는 것(예: 제한된 자료), 시각적 단서 제공(예: 책상에 표시, 그림이나 단어를 이용한 다이어그램, 과제 단계에 대한 문자나 그림 목록), 테이프 녹음기 사용 등을 포함한다. 이러한 자기 감독과 과제 구조화 능력은 학습에 중요하다. '메모리 북', 체크리스트, 시각적 단서의 사용은 학생이 과제를 구조화할 수 있도록 해 주는 몇 가지 방법이다(Ylvisaker, 1998). 주의를 집중하여 어려운 것을 중재하기 위한 컴퓨터의 사용은 기능을 향상한다. 연령이 높은 학생에게 시간을 보여 주고 계산기능이 있으며 달력, 일기, 알람, 메모판, 전화번호부, 사진을 넣을 수 있는 전자 조직자는 기억력 결함을 지원해 준다(Gillette &

DePompei, 2004). 전자 조직자(electronic organizer)는 문자와 즉각 메시지와 같은 전형적인 청소년 의사소통 행동을 모방하는 추가 이점을 가진다. 어떠한 전략을 사용하든지, 그것은 다양한 환경에서 일반화되기 위해 아동에게 주의 깊게 교수되어야 한다. 더불어 학생이 그 전략을 교실과 가정, 지역사회의 실제적인 상황에서 사용할 수 있도록 충분한 기회를 제공하고 상기하도록 해 주어야 한다.

### 학교 배치

입원 후 손상의 심각성 정도에 따라 학생은 섹션 504 수정계획을 통한 최소한의 지원이나 관련 서비스와 특수교육을 제공받으며 원래의 학급으로 되돌아갈 수 있다. IEP 회의에서 배치를 결정하면, 적절한 지원과 서비스를 가지고 현재 학생의 요구를 가장 적절하게 충족할 수 있는 곳을 찾는 것에 집중하는 것이 중요하다. 일부 교육청은 외상성 뇌손상 학생을 위한 특별 전환학급을 제공한다. 정형외과적 손상을 가진 학생이 비슷한 요구를 가진 아동이 있는 학급에 참여하는 반면, 다른 시간에 학생은 특수학급이나 학습장애 학생을 위한 자료실에 배치될 수 있다. 비록 많은 학생이 주된 문제로 행동, 정서적 문제를 나타내지만, 정서나 행동 장애를 가진 학생을 위한 학급에서의 배치는 항상 최선의 옵션은 아니다. 지적장애 학생을 위한 학급 배치 또한 적절하지 않다. 특수교육 관계자의 지원과 협력을 통해 일반교육에 많은 학생이 참여하게 될 것이다. 외상성 뇌손상 아동은 어떠한 단독 범주에 전형적으로 맞지 않는 독특한 문제와 특징을 나타낸다는 것을 반드시 기억해야 한다. 회복함에 따라 아동의 특성이 바뀌는 것 때문에 배치는 자주 바뀔 수 있다. 이러한 많은 아동은 자신의 결함을 부인하고 손상 이전의 상태를 자신이라고 보기 때문에 자신을 장애 학생과 동일시하지 않을 것이고, 그러한 장애를 가진 아동이 있는 학급에 참여하는 것을 저항하게 될 것이다.

## 5) 일상생활 요구

외상성 뇌손상 후 발생할 수 있는 인지적, 언어적, 신체적 장애 때문에 학생은 일상생활 기술을 수행하는 데 어려움을 가지게 될 것이다. 작업치료와 일상생활 기술 교수를 포함하는 기능적 교육과정이 아동의 프로그램에 포함되어야 한다. 기능적 교육과정에서 다루어야 할 특정 영역은 학생의 개별적 요구와 팀 결정에 기초하여 결정되어야 한다.

## 6) 사회심리 및 행동적 요구

담임교사는 손상 결과로 나타난 정서적, 행동적, 사회적 문제를 나타내는 학생에게 적절한 중재를 제공해야 한다. 이를 위해 교사는 특정 행동을 확인하고 발생을 관찰해야 한다. 특정 행동 발생에 대해 많은 시간의 자료를 모으거나 평정척도의 체크리스트를 사용하여 행동의 심각성에 대한 기초선을 얻을 수 있다(〈표 7-3〉참조). 중재가 실행됨에 따라 계속되는 자료 수집을 통해 중재의 효과성에 대한 정보를 제공할 수 있다.

어떤 중재는 행동 발생을 미리 낮추기 위해 설계된다. 한 방법은 물리적 환경을 배열하는 것이다. 예를 들어, 구조화되고 깔끔한 환경은 혼돈과 방향 정위의 어려움을 줄여 줄 것이다. 출력하거나 그림 스케줄을 제시하는 것은 다음 활동으로 전이하는 데 어려움을 가진 학생에게 도움을 줄 것이다.

외상성 뇌손상 학생의 행동 문제를 관리하기 위한 가장 효과적인 접근 중 하나는 선행 사건에 기초한 중재 사용이다. 선행 사건 관리는 환경을 조절하여 행동이 발생하기 전에 그 행동을 다룬다. 예를 들어, 학생의 행동을 야기하는 계기가 확인되면 그 행동이 다시 발생하기 전에 긍정적 상호작용과 기술 발달을 촉진하도록 환경을 준비한다(Savage et al., 2005). 선행 사건 관리의 예로는 환경에서 계기가 되는 것을 제거하기, 스케줄이나 일과 세우기, 스케줄 변동 전에 학생이 준비되도록 하기, 요구에 대처하는 학생의 능력 자각하기, 파괴적 행동 첫 단계에서 학생에게 재지시하기 등이 포함된다.

행동 문제가 발생했을 때는, 학생에게 대체 행동을 제공하고 기대되는 행동을 알려 주는 것이 중요하다. 이때 학생에게 하지 말아야 할 것이 아니라 해야 할 것에 대해 말해 줘야 한다. 예를 들어, 큰 소리로 말하는 학생에게 소리 쳐서 질책하는 것 대신 조용한 목소리를 사용하도록 알려 줘야 한다.

교사가 행동 중재를 적용 할 때는 확고하고 정당하며 일관되게 하는 것이 중요하다. 적절한 지원과 함께 제공되었을 때, 학생은 학급활동에 참여할 수 있다. 학생이

| 표 7-3 | 문제 행동 점검표 |
|---|---|

| 행동 | 설명 | 평정 |
|---|---|---|
| 과제에 대한 주의 집중 부족 | 초인지/전략 중재 과제 참여에 어려움이 있는 학생은 상관없는 과제나 행동을 하게 된다(예: 꼼지락거리거나 차례에 맞지 않게 말하고, 또래와의 싸움을 선동하거나 과제가 시작된 후 창 밖을 응시한다). | 1 2 3 4 5 |
| 과제 시작 실패 | 전두엽 손상으로 인해 학생은 과제를 시작하는 데 어려움을 가지게 된다(예: 학생은 원래의 활동을 시작하기에 앞서 관련 없는 과제에 참여하게 된다). | 1 2 3 4 5 |
| 공격성 | 공격성은 다른 사람에게 신체적 접촉을 하는 것을 포함한다. 치기, 발로 차기, 주먹으로 치기 등이 포함될 수 있다. 교사, 또래, 가족 구성원에게 직접적으로 가해질 수 있다. 때로 학생은 자신을 해치기도 한다(예: 학생은 과제에 대한 어려움으로 당황하거나 효과적으로 의사소통할 수 있는 능력 부족으로 교사를 칠 것이다). | 1 2 3 4 5 |
| 파괴 | 파괴 행동은 물건을 던지거나 가구, 벽 등에 해를 끼치는 것을 포함한다(예: 학생은 학생의 교수나 또래의 놀림에 대한 반응으로 물건을 던지거나 벽을 주먹으로 칠 것이다). | 1 2 3 4 5 |
| 고집 | 특정 주제에 대한 반복적인 말(예: 학생은 끊임없이 차, 스포츠, 혹은 다음 번 가정 방문에 대해 끊임없이 말할 것이다). | 1 2 3 4 5 |
| 부적절한 말과 구어적 폭발 | 부적절한 말을 산발적으로 혹은 폭발적으로 할 수 있다(예: 학생은 상황에 맞지 않는 언어를 사용하거나[교사에게 "어이~ 무슨 일이야?"라고 말하는 것] 음란한 말을 사용할 수 있다). | 1 2 3 4 5 |
| 기다리는 것의 어려움 | 기다리라고 했을 때(전이 시간 동안, 식사 시간 전, 가게에서 줄 서 있을 때), 학생은 위의 행동을 하게 된다(예: 학생은 그 장소를 떠나거나 교사를 발로 참, 또래와 싸우기 시작). | 1 2 3 4 5 |
| 나이에 맞지 않는 행동 | 아동이 나이 들어 감에 따라 더 어린 아동의 관심사와 유사한 상태로 유지되거나 나이보다 더 들어 보이게 행동할 수 있다(예: 어린 나이에 성적 행동에 관심을 나타낼 수 있다). | 1 2 3 4 5 |
| 부적절한 성적 행동 | 잘 모르는 또래나 교사, 직원, 가족 구성원에게 성적인 접근을 할 수 있다(예: 구어적인 성적 함축, 비구어적 성적 행동[만지기, 손으로 더듬기]) | 1 2 3 4 5 |
| 도망가기 | 허락 없이 지정된 장소를 벗어나는 것(예: 학생은 구어적 폭발에 질책을 받은 후 학교에서 도망친다). | 1 2 3 4 5 |
| 불순응 | 지시 따르는 것을 거부(예: 학생은 과제 수행하는 것을 구어적으로 거부하거나 폭력적이 될 수 있음). | 1 2 3 4 5 |
| 추가 문제 행동 <br> 1. _____ <br> 2. _____ <br> 3. _____ <br> 4. _____ | 설명 <br> 1. _____ <br> 2. _____ <br> 3. _____ <br> 4. _____ | 기능 및 기타 <br> _____ <br> _____ <br> _____ <br> _____ |

주: 평정척도: 1 = 전혀, 2 = 가끔, 3 = 불확실함, 4 = 대부분, 5 = 항상

출처: *Strategies for managing challenging behaviors of students with brain injury.* L & A Publishing, 2003, pp. 23-29. 허락하에 게재.

무관심하거나 시작하지 못하고 우울한 것처럼 보일 때는 통제된 선택사항을 제공
하거나 또래가 그 학생과 작업하도록 시도해 볼 수 있다.

　학생이 공격 행동을 나타낼 때 교사는 그것이 목적이 있는 것이라기보다는 반사
적인 행동임을 이해하는 것이 중요하다. 공격을 다루는 것에 도움을 주는 기술은
학생에게 재지시하거나 대체 행동을 요구하는 것이다. 때때로 학생이 화가 났을 때
말할 수 있는 핵심어나 문구를 가지도록 하는 것은 충동적인 행동을 줄이도록 돕는
다(National Task Force on Special Education for Students and Youths with Traumatic
Brain Injury, 1988).

　외상성 뇌손상 학생은 자주 자신의 행동에 대해 인식하지 못하며 자기 교정을 위
한 내적 피드백이 부족하다. 만약 사회적 기술 훈련이 학생의 기억과 처리 문제에
맞추어 제공된다면 도움이 될 것이다(McGuire & Sylvester, 1987). 아동이 경계와 관
련 문제를 가지고 있다면 '너와 다른 사람 사이에 공간을 두라.', 혹은 다른 사람이
사용하는 물건을 잡는 경향이 있다면 '다른 사람이 물건을 가지고 있으면 그 사람
에게 요청하라.' 와 같이 간단한 상호작용 규칙을 사용하라. 구조화나 적절한 목표
설정이 부족한 상황은 당황하게 만들고 바람직하지 않은 행동을 초래할 수 있다.
일관된 일상의 스케줄을 가지고, 과제를 지시하며, 환경을 제한하고, 앞으로의 변
화를 설명하며, 지원 시스템을 구축하는 것을 통해 구조화를 이룰 수 있다. 교사는
교실 일과를 일관성 있게 구조화하며 특정 강화 프로그램을 실행해야 한다. 적절한
목표 설정은 학생이 참여해야 하며, 실현 가능 및 측정 가능해야 하고, 단기 및 장기
목적을 포함해야 한다.

　억제력 부족은 소아 뇌손상에서 매우 흔하다. 이 행동은 또래나 교사의 반응을
유도할 수 있기 때문에 모두가 이런 행동을 불수의적인 것이라고 이해하는 것은 중
요하다(Deaton, 1987). 사회적 기술 훈련과 우정 촉진이 필요하다.

　후천적으로 생긴 장애에 대한 적응 부족은 우울과 위축을 야기하며, 때로 연령
이 높은 학생은 물질 남용을 하게 되기도 한다. 이 경우 학교 기반 상담을 통해 많
은 도움을 받을 수 있다. 자살 관념이 발생할 수 있기 때문에, 교사는 자살에 대한
어떤 언급이나 농담 등에 깨어 있어야 한다. 이러한 상황에서는 전문적인 도움이
필요하다.

요약

　　외상성 뇌손상 아동은 다른 장애 집단의 학생과 비슷한 특징을 공유하면서도 매우 독특한 차이도 가지고 있다. 학생은 외상성 뇌손상 후 수개월이나 수년에 거쳐 신경학적인 변화가 일어날 수 있다. 그들은 또한 손상 전에 보존된 지식과 기술로 인해 학업성취 검사에서 오해할 만큼의 높은 수준의 점수를 낼 수도 있다. 그들은 부족한 의사소통 기술, 전두엽 손상, 새로운 장애에 적응해야 하는 필요 등으로 심각한 사회심리적인 어려움을 가질 수 있다. 그들은 후에 성숙이 이루어지는 두뇌 부분의 손상 때문에 외상성 뇌손상에 따른 수년 동안 학교와 사회 상황에서 종종 어려움을 경험하게 된다(Ylvisaker, 1988). 교육자는 신체적 장애가 치료되더라도 아동은 치료된 것이 아니라는 것을 자각해야만 한다. 그들은 가정, 학교, 지역사회에서 효과적으로 기능하는 학생의 능력에 영향을 줄 수 있는 심리사회적 손상뿐 아니라 인지적, 의사소통 결함을 자각하고 적절한 중재를 제공하기 위한 준비가 되어야 한다. 예방은 외상성 뇌손상 발생을 줄이는 최선의 방법이다. 손상 후 적절한 확인과 평가, 학교로의 전이를 위한 서비스에 대한 적격성은 아동의 성과에 있어 다른 무엇보다 중요하다.

**사례　　로널드의 이야기**

　　로널드는 차 사고로 외상성 뇌손상(TBI)을 입은 15세 소년이다. 손상이 일어났을 때 그는 성적이 좋고 체육을 매우 잘하는 13세의 7학년 학생이었다. 사고 후 로널드는 병원과 재활기관에 있었다. 로널드는 TBI 결과로 심각한 신체적, 인지적 손상을 입게 되었다. 그는 조음 문제와 침 조절에 어려움을 나타냈다. 힘과 협응은 중등도에서 중도의 손상을 입었고 휠체어를 사용했다. 심각한 단기기억 문제는 새로운 학습에 어려움을 야기했다. 그는 안구진탕증이 있었고 용변 요구를 전적으로 의존해야 했다. 로널드는 쉽게 지쳤고, 큰 소리에 민감했으며, 이전의 자신의 모습을 그리워하며 우울함을 나타냈고, 부적절한 사회적 행동을 보였다. 현재 평가 결과는 능력의 정점과 굴곡이 있는 상태에서 IQ 88을 나타냈다. 학업성취 점수는 다음 학년 수준의 점수를 나타냈다(해독: 7.5, 이해력: 3.0, 철자: 7.0, 문어: 3.5). 수학에서 로널드는 전체 수의 덧셈, 곱셈, 나눗셈을 할 수 있으나 뺄셈은 하지 못했다. 그는 단어 문제를 풀 수 없으나 돈의 가치에 대해서는 알고 있다. 로널드는 공립학교에 등록하려고 한다. 로널드가 학교환경에 성공적으로 재통합되기 위해서는 어떤 평가와 지원, 서비스가 필요하겠는가?

# 참고문헌

Anderson, K. E., Taber, K. H., & Hurley, R. A. (2005). Functional imaging. In J. M. Silver, T. W. McAllister, & S. C. Yudofsky (Eds.), *Textbook of traumatic brain injury* (pp. 107–129). Washington, DC: American Psychiatric Publishing.

Askainen, L., Kaste, M., & Sarna, S. (1998). Predicting late outcome for individuals with traumatic brain injury referred to a rehabilitation programme: A study of 508 Finnish patients 5 years or more after injury. *Brain Injury, 12,* 95–107.

Beers, M. H., Porter, R. S., Jones, T. V., Kaplan, J. L., & Berkwits, M. (2006). *The Merck manual of diagnosis and therapy* (18th ed.). Whitehouse Station, NJ: Merck & Co.

Belanger, H. G., Vanderploeg, R. D., Curtiss, G., & Warden, D. L. (2007). Recent neuroimaging techniques in mild traumatic brain injury. *The Journal of Neuropsychiatry and Clinical Neurosciences, 19,* 5–20.

Bigler, E. D. (2005). Structural imaging. In J. M. Silver, T. W. McAllister, & S. C. Yudofsky (Eds.), *Textbook of traumatic brain injury* (pp. 79–155). Washington, DC: American Psychiatric Publishing.

Blosser, J. L., & DePompei, R. (2003). *Pediatric traumatic brain injury: Proactive intervention* (2nd ed.). Clifton Park, NY: Delmar Thompson Learning.

Braun, C., Baribeau, J., Ethier, M., Daigneault, S., & Proulx, R. (1989). Processing of pragmatic and facial affective information by patients with closed head injuries. *Brain Injury, 34,* 5–17.

Bruce, S., Selznick-Gurdin, L., & Savage, R. (2004). *Strategies for managing challenging behaviors of students with brain injuries.* Wake Forest, NC: Lash and Associates Publishing.

Burton, R., & Moffatt, K. (2004). Head injury. In P. J. Allen & J. A. Vessey (Eds.), *Primary care of the child with a chronic condition* (4th ed., pp. 511–525). St. Louis: Mosby.

Deaton, A. (1987). Behavioral change strategies for children and adolescents with severe brain injury. *Journal of Learning Disabilities, 20,* 581–589.

DiScala, C., & Savage, R. C. (2003). Epidemiology of children with TBI requiring hospitalization. *Brain Injury Source, 6*(3), 8–13.

Dixon, T. M., Layton, B. S., & Shaw, R. M. (2005). Traumatic brain injury. In H. H. Zaretsky, E. F. Richter, & M. G. Eisenberg(Eds.), *Medical aspects of disability* (pp. 119–149). New York: Springer.

Duhaime, A. C., Christian, C. W., Rourke, L. B., & Zimmerman, R. A. (1998). Non-accidental head injuries in infants: The :shaken-baby syndrome. *New England Journal of Medicine, 18,* 1822–1829.

Ewing-Cobbs, L., Levin, H. S., & Fletcher, J. M. (1998). Neuropsychological sequelae after pediatric traimatic brain injury: Advances since 1985. In M. Ylvisaker (Ed.), *Traumatic brain injury rehabilitation: Children and adolescents* (2nd ed., pp. 11–26). Boston: Butterworth–Heinemann.

Frey, L. C., (2003). Epidemiology of posttraumatic epilepsy: A critical review. *Epilepsia, 44*(Suppl. 10), 11–47.

Gillette, Y., & DePompei, R. (2004). The potential of electronic organizers as a tool on the cognitive rehabilitation of young people. *NeuroRehabilitation, 19,* 233–243.

Glang, A., Tyler, J., Pearson, S., Todis, B., & Morvanta, M. (2004). Improving educational services for students with TBI through statewide consulting teams. *NeuroRehabilitation, 19,* 219–231.

Hoyt, C. S. (2007). Brain injury and the eye. *Eye, 21,* 1285–1289.

Jaffe, K. M., Fay, G. C., Polossar, N. L., Martin, K. M., Shurtless, H., Rivvara, J. M., & et al. (1992). Severity of pediatric traumatic brain injury and early neurobehavioral outcome: A cohort study. *Archives of Physical Medical Rehabilitation, 73,* 540–547.

Jennett, B., & Teasdale, G. (1981). *Management of head injuries.* Philadelphia: F. A. Davis.

Keenan, H. T., Runyan, D. K., Marshall, S. W., Nocera, M. A., & Merten, D. F. (2004). A population–based comparison of clinical and outcome characteristics of young children with serious inflicted and noninflicted traumatic brain injury. *Pediatrics, 114,* 633–639.

Langlois, J. A., Rutland–Brown, W., & Thomas, K. E. (2005). The incidence of traumatic brain injury among children in the United States: Differences by race. *Journal of Head Trauma Rehabilitation, 20*(3), 229–238.

Lee, B. H., Schofer, J. L., & Koppelman, F. S. (2005). Bicycle safety helmet legislation and bicycle–related non-fatal injuries in California. *Accident: Analysis and Prevention, 37*(1), 93–102.

Levin, H. S., & Hanten, G. (2005). Executive functions after traumatic brain injury in children. *Pediatric Neurology, 33,* 79–93.

McGuire, T., & Sylvester, C. (1987). Neuropsychiatric evaluation and treatment of children with head injury. *Journal of Learning Disabilities, 20,* 590–595.

Menkes, J. H., & Ellenbogen, R. C. (2002). Traumatic brain and spinal cord injuries in children. In B. L. Maria (Ed.), *Current management in child neurology* (2nd ed., pp. 442–454). Hamilton, ONl: BC Decker.

Michaud, L. J., Duhaime, A. C., Wade, S. L., Rabin, J. P., Jones, D. O., & Lazar, M. F. (2007). Traumatic Brain Injury. In M. L. Batshaw (Ed.), *Children with Disabilities* (6th ed., pp. 461–476). Baltimore, MD: Paul H. Brookes Publishing Co.

Mira, M. P., & Tyler, J. S. (1991). Students with traumatic brain injury: Making the transition from hospital to school. *Focus on Exceptional Children, 23*, 1-12.

National Task Force on Special Education for Students and Youths with Traumatic Brain Injury. (1988). *An educator's manual: What educators need to know about students with traumatic brain injury.* Framinham, MA: National Head Injury Foundation.

Newton, A. W., & Vandeven, A. M. (2005). Update on child maltreatment with a special focus on shaken baby syndrome. *Current Opinion in Pediatrics, 17*(2), 246-251. Review.

Ordia, J. I., Fischer, E., Adamski, E., & Spatz, E. (2002). Continuous intrathecal baclofen infusion delivered by a programmable pump for the treatment of severe spasticity following traumatic brain injury. *Neuromodulation, 5*, 103-107.

Roth, P., & Farls, K. (2000). Pathophysiology of traumatic brain injury. *Critical Care Nursing Quarterly, 23*(3), 14-25.

Russell, M. L., Krouse, S., Lane, A. K., Leger, D., & Robson, C. et al. (1998). Intervention for motor disorders. In M. Ylvisaker (Ed.), *Traumatic Brain Injury Rehabilitation: Children & Adolescents* (2nd ed., pp. 61-80). Boston: Butterworth-Heinemann.

Semrud-Clikeman, M. (2001). *Traumatic brain injury in children and adolescents: Assessment and intervention.* New York: Guilford Press.

Sheehan, J., Dicara, J. A., LeBailly, S., & Christoffel, K. K. (1997). Children's exposure to violence in an urban setting. *Archives of Pediatric and Adolescents Medicine, 151*, 502-504.

Stavinoha, P. L. (2005). Integration of neuropsychology in educational planning following traumatic brain injury: *Preventing School Failure, 49*(4), 11-16.

Tyler, J., & Grandinette, S. (2003). Effective teaching strategies. *Brain Injury Source, 6*(3), 38-41, 48.

Tyler, J., & Mira, M. P. (1999). *Traumatic brain injury in children and adolescents: A source book for teachers and other school personnel.* Austin, TX: PRO-ED.

U.S. Department of Education, Office of Special Education Programs. (2002). Implementation of the Individuals with Disabilities Education Act: Twenty-fourth annual report to Congress. Washington, D.C: Author.

Ylvisaker, M. (1986). Language and communication disorders following pediatric head injury. *Journal of Head Trauma Rehabilitation, 1*(4), 48-56.

Ylvisaker, M. (1998). *Traumatic brain injury rehabilitation: Children and adolescents* (2nd ed.). Boston: Butterworth-Heinemann.

Ylvisaker, M., Adetson, D., Wittandino-Barga, L., Burnet, S. M., Glang, A., Feeny, T., et al. (2005). Rehabilitation and ongoing support after pediatric TBI: Twenty years of progress. *Journal of Head Trauma Rehabilitation, 20*(1), 95-109.

# 제8장  보조공학에 대한 고려사항

*Mari Beth Coleman and Kathryn Wolff Heller*

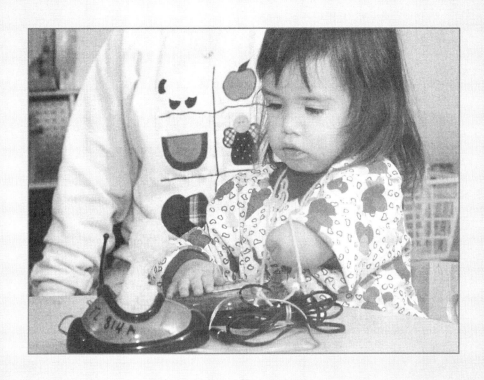

비싼 컴퓨터와 스카치테이프 한 조각의 공통점은 무엇일까? 둘 다 보조공학이 될 수 있다는 점이다. 우리는 뇌성마비, 이분척추, 척수 손상, 외상성 뇌손상 등의 장애를 가진 학생이 매일 생활하기 위해 공학을 포함한 특수한 사물이 필요할 것이라고 생각한다. 지체 및 중복 장애가 있는 사람은 개인의 신체적, 감각적, 인지적 능력에 따라서 양치질부터 인터넷까지 많은 분야에서 다양한 공학이 필요하다. 보조공학은 장애인이 다른 방법으로는 할 수 없는 과제를 할 수 있게 해 주는 간단한 것부터 복잡한 것까지의 공학을 일컫는다.

미국 장애인교육법(Individuals with Disabilities Education Act)에 따르면, 보조공학 도구는 "장애 아동의 기능적 능력을 증진, 유지 또는 향상하기 위하여 기성품을 구입하거나, 수정하였거나, 맞춤 제작한 모든 물건이나 장비 또는 물품 체계"를 일컫는다(U.S. Congress, 2004).

지체, 건강 또는 중복 장애인을 위한 보조공학 도구를 생각할 때, 위의 정의에서 몇 가지 고려할 중요 사항이 있다. 첫째, 보조공학은 특수하거나 비싸야 하는 것이 아니라는 점이다. 보조공학 도구는 사서 그대로 쓰거나 수정하거나 집에서 만들어 쓸 수 있는 것이다. 예를 들어, 편마비성 뇌성마비로 한 손으로 종이를 집어서 사용할 수 없는 학생이 글을 쓰기 위해 종이에 붙인 스카치테이프 한 조각도 보조공학이라 할 수 있는 것이다. 한 학생이 사용할 수 있는 보조공학 도구가 여러 가지일 때도 있는데, 그럴 경우에는 가장 단순하면서도 덜 방해받는 것을 선택한다. 예를 들어, 행동 범위가 제한된 학생이 책장을 넘기기 위해 비싼 전자식 책장 넘기기 도구보다는 연필 뒤에 달려 있는 지우개를 활용해 책장을 넘기는 것이 훨씬 효율적이다.

미국의 법적 보조공학 도구에 대한 정의는 학생의 현재 기능 수준에 대한 유지 및 강화를 강조하고 있다. 이러한 도구는 장애인이 할 수 없거나 능숙하게 하지 못하는 일을 종종 가능하게 한다.

## ① 진단 및 훈련 고려사항

특정 과제에 대한 학생의 능력을 증진하거나 유지하기 위해서 필요한 보조공학의 종류를 생각할 때는 과제의 요구 조건과 학생의 현재 능력을 신중하게 고려해야 한다. 예를 들어, 같은 경직형 사지 뇌성마비를 갖고 있는 두 명의 학생의 경우도 개인차 때문에 같은 과제를 수행하기 위해 매우 다른 보조공학이 필요할 수 있다. 따라서 팀은 신중히 진단에 참여하고 도구에 대한 훈련 시간을 갖는 것이 필요할 것이다.

## 1) 진단의 일반적 고려사항

보조공학 도구가 상황–사람–특징에 맞게 훌륭하고 확실하게 제공되려면 철저한 보조공학 진단이 필요하다. 실제로 도구 구입 전에 신중한 평가가 이루어지지 않아 대략 1/3의 보조공학 도구가 구입 후 1년 이내에 구매자에 의해 버려지고 있는 실정이다(Bryant & Bryant, 2003). 보조공학 진단에는 개인적, 환경적, 도구적 요소가 반드시 고려되어야 한다. 학생의 기능적 능력 및 기능적 한계, 선호도, 보조공학 사용에 대한 태도, 문화적 요소, 동기 등을 포함한 많은 개인적 요소도 조사되어야 한다. 도구를 고려할 때는 사용자 입장에서 크기, 특정 사용 요소, 훈련 시간, 프로그래밍 시간, 휴대성, 내구성, 매력성 등을 반드시 고려해야 한다. 보조공학이 사용될 교실환경 배치, 공학 사용을 도와줄 사람 및 주변 가족과 학교 구성원의 태도와 기대치 등 환경적 요소를 고려하는 것도 중요한 일이다.

보조공학 도구를 성공적으로 사용하기 위해서는 사용되는 환경 안에서의 개인과 특정 과제 간 상호작용의 관찰도 이루어져야 한다. Baker의 기초 인간공학 방정식(Basic Ergonomic Equation)에 따르면, 보조공학의 성공은 과제를 수행하려는 욕구가 학생의 인지적, 신체적, 언어적 노력 및 과제 수행을 위한 보조공학 도구 사용 시간보다 더 커야 한다(King, 1999).

$$\frac{\text{과제를 수행하고 완수하려는 보조공학 사용자의 동기}}{\text{신체적 노력} + \text{인지적 노력} + \text{언어적 노력} + \text{시간 부담}} = \text{성공적이거나 성공적이지 못한 보조공학 사용}$$

예를 들어, 학생이 쓰기에 의욕이 많다면 보조공학인 스위치와 화상 키보드를 사용하여 문장을 완성하는 데 많은 시간이 걸리더라도 끝까지 참고 그 문장을 완성할 것이다. 반면 학생이 어떤 과제를 하기 위해 보조공학 도구에 들여야 하는 신체 및 인지적 노력이 학생의 의욕보다 크다면, 그 보조공학은 사용되지 않을 것이다. 이러한 경우에는 보조공학에 들어가는 신체 및 인지적 노력을 더 줄여야 한다.

많은 요소가 고려되어야 하기 때문에 보조공학을 평가할 때는 팀으로서 하는 것이 중요하며, 사용자 본인과 그 가족 모두의 보조공학에 대한 태도와 요구를 반영하는 것이 굉장히 중요하다. 각 팀의 구성원은 도움이 될 만한 유용한 정보를 얻게 될 것이다.

## 2) 과제와 학생 수행에 대한 보조공학 분석

많은 진단 도구와 절차가 보조공학 도구 선택을 결정하는 데 사용된다. 보조공학 진단에 많이 사용되는 것은 '과제와 학생 수행에 대한 AT 분석'이다. 과제와 학생 수행에 대한 AT 분석은 팀에게 가능한 보조공학 해법을 결정하기 위해 학생 수행과 과제 요구를 조사하는 과정을 보여 준다.

### 현재 기능(1~3단계)

'과제와 학생 수행에 대한 AT 분석'의 처음 세 단계에서는 학생의 현재 기능에 대한 정보를 수집한다([그림 8-1] 참조; 분석 단계는 고딕체로 되어 있는 것이며, 보조공학이 필요한 학생에 대한 정보가 예시되어 있음). 학생의 배경 정보를 파악한 뒤 첫 번째 단계에서는 보조공학이나 어떤 수정 유형이 필요할 것인지 정확한 목표 과제를 결정한다(적합화에 관해서는 12장 참조). 과제에 따라 어려워하는 부분을 정확히 파악하기 위하여 세분화된 작은 단계로 나누어 볼 필요가 있을 것이다(과제 분석). 두 번째 단계에서는 과제를 지원하기 위해 현재 사용되고 있는 보조공학과 수정방법을 밝히고, 세 번째 단계에서는 현재 과제가 얼마나 효율적으로 수행되고 있는지뿐만 아니라 수행과정에서 학생이 겪는 어려움을 서술한다.

### 격차 분석(4단계)

이러한 단계를 마친 후에는 '과제와 학생의 수행에 대한 AT 분석'의 네 번째 단계인 격차 분석(discrepancy analysis)을 실행하게 된다. 격차 분석 단계에서는 과제에 대한 학생의 현재 수행 수준과 이상적인(목표) 수행의 편차를 비교하며 그 이유

## 과제와 학생 수행에 대한 AT 분석

**학생 이름:** 수지 스미스      **생년월일:** 1994년 4월 8일

**학교명:** 워커 초등학교      **학교 소재지:** 마이어 카운티

**배경 정보:** 수지는 중등도 경직성 사지마비 뇌성마비이며, 구음언어장애 및 경도 정신지체다. 그녀는 보다 쉬운 조작과 쓰기를 위하여 키가드 및 경사판(슬랜트 보드), 미끄럼 방지 패드(Dycem)와 확대된 교재를 사용하고 있다. 그녀의 언어는 반복하면 대부분의 사람이 이해할 수 있다. AAC는 고려되고 있지 않다.

1. 학생이 해야 할 과제
   - 쓰기 (모든 과목에서)

2. 현재 과제 지원을 위해 사용되는 보조공학 수정
   - 30° 기울어진 경사판(슬랜트 보드)과 키가드 및 미끄럼 방지 패드(Dycem)
   - 오른쪽 검지를 이용하여 타자를 친다.

3. 현재 과제 수행 정도와 문제점
   타자를 칠 때 오류와 느린 속도. 평균 1분에 5개 단어를 입력하며, 키보드 위로 손가락을 끄는 관계로 60%의 정확도로 입력한다. 가끔씩 다른 손가락이 키보드를 누르며, 검지가 키보드의 잘못된 버튼에 낄 때도 있고 원치 않는 글자를 친다. 가장 왼쪽에 있는 글자를 입력하기 어렵다.

4. 격차 분석: a. 비정상적인 움직임 및 근력(불규칙적이나 이질적인 움직임, 불수의적 움직임, 움직임의 범위, 강도, 운동 속도, 움직임의 부재, 가동성); b. 감각의 상실; c. 피로 및 끈기; d. 건강; e. 학습/인지; f. 의사소통; g. 동기유발; h. 기타
   이 학생의 격차 분석은 다음과 같다.
   비정상적인 움직임 – 윗부분의 팔과 손의 불수의적 움직임, 이질적인 움직임, 제한된 움직임, 느린 속도. 다른 분야는 문제되지 않는다(예: 자판의 위치를 인식하고, 키가드가 어떻게 작동하는지 알며, 의욕이 좋음).

5. 과제 수행 향상을 위해 가능한 보조공학 및 수정사항
   다른 키가드를 가지고 있는 작은 키보드, 또는 조이스틱과 트랙볼을 이용한 화상 키보드 외

6. AT/수정 팀의 목표 구체화
   학생의 선택사항 안내, 화상 온스크린 키가드(조이스틱과 드웰[dwell]로 닿을 수 있는) 시행 시도를 결정

7. 자료 수집 유형 서술(첨부 문서)
   시기에 맞춘 서술 견본(학생이 출력해 복사해서 쓰는)과 2주간의 분당 단어와 정확도 수치(퍼센트) 결정. 키가드가 있는 표준 키보드의 초기 견본과 비교

8. 결과, 분석 및 추천
   비율과 정확도에서 많은 진전을 보여 주는 자료를 붙이라. 이 AT를 계속하라.

**그림 8-1** 경직형 사지마비 뇌성마비로 쓰기에 불편함이 있는 학생의 '과제와 학생의 수행에 대한 AT 분석'

를 분석한다. 학생의 현재 수행(보조공학 또는 현재 환경 내에서 수정한 것을 가지고)과 이상적인 수행의 차이를 측정하는 방법에는 학생 관찰이나 실험 또는 팀 토의 방식이 있다. 수행의 차이에 대한 이유는 다음과 같을 것이다. (a) 비정상적인 움직임이나 근력(이러한 움직임은 불규칙한 움직임, 불수의적인 움직임, 제한된 범위의 움직임, 쇠약해진 힘, 움직임 속도의 감소, 움직임의 부재 등의 하위 영역으로 더 세분되어야 한다), (b) 감각 손상, (c) 피로 및 지구력의 부재, (d) 건강 요인, (e) 학습이나 인지 문제, (f) 의사소통 문제(언어장애와 언어적 문제 등을 포함), (g) 동기 유발, (h) 기타(방해적 자기자극 행동 같은 학생 개개인의 문제, 또는 좋지 않은 태도 등의 외부적인 문제 포함)가 있다(Heller, Forney, Alberto, Schwartzman, & Goeckel, 2000). 팀은 중재 이후 어떤 영역에서 문제가 있었는지, 해당 영역의 문제점을 정확히 파악하는 것이 중요하다.

[그림 8-1]에서 알 수 있듯이, 이 학생의 경우 기본 키보드와 키가드 및 경사판을 사용하여 쓰기 과제를 하였지만 1분에 5개 단어라는 느린 속도를 보였고, 60%의 정확성밖에 보이지 않았다. 팀은 세심한 관찰과 다른 요인을 제외한 결과, 이상적인 키보드 타이핑 속도와 현재 학생의 속도 차이는 윗부분 팔과 손의 통제 불능에 의한 비정상적인 움직임, 제한된 동작 및 속도 감소가 원인임을 알아냈다. 이 학생에게 필요한 보조공학을 선택할 때, 팀은 이 격차 분석에 근거하여 추천을 하게 될 것이다.

여기에서 중요한 것은 단지 학생이 신체적 또는 중복 장애가 있다고 해서 차이의 원인을 움직임으로만 가정해서는 안 된다는 것이다. 예를 들어, 다른 동일한 신체적 문제, 쓰기 속도, 오류 비율을 가진 학생의 경우는 그 학생이 쓰는 것을 싫어하기 때문에 동기가 부족하여 일부러 느리고 천천히 쓰는 경우도 있다. 이런 경우 팀은 과제의 효율성을 높이기 위하여 쓰기 자체를 더욱 흥미롭게 만들거나 쓰는 작업을 완료하였을 경우 가능한 강화를 주는 방안을 생각할 수 있다. 또한 학생이 글자판의 위치를 파악하지 못하여 쓰는 속도가 더딘 경우에는 글자판의 위치에 대한 체계적인 교육 등의 방법이 있을 수 있다. 또 다른 예로, 학교 교사가 키보드의 위치를 항상 일정하게 학생 앞에 배치하지 않는 경우(기타 범주에 해당)에는 그 학생이 쓰는 탁자 위에 키보드 위치를 표시해 놓고, 키보드 위치와 더불어 휠체어의 위치 또한 표시하여 학생이 항상 일관된 자리에서 키보드를 활용할 수 있게 한다. 이와 같이 다른 분야에서 격차 분석이 적용된다면 마찬가지로 다른 많은 해결책을 탐구해야 한다. 한 가지 이상의 문제점이 발견된 경우에는 모든 문제점에 대한 해결책을 고려해야 한다.

과제와 학생 수행에 대한 AT 분석의 다음 네 단계에서는 앞의 네 단계에서 나온 결과를 토대로 특정 학생에게 가능한 보조공학이나 적합화에 대한 팀 브레인스토밍과 어떤 것을 목표로 정해야 할지를 결정한다. 팀은 또한 어떠한 방법으로 보조공학을 평가하며 어떤 자료를 수집해야 하는지를 결정한다. 마지막 단계에서 팀은 일정 기간 동안 학생에게 보조공학에 대한 시범 사용기간을 가진 후 그 기간에 대한 자료를 수집하며, 학생에 대한 추가 관찰을 논의한다. 이 기간 동안 학생이 결정된 보조공학을 계속 사용할지, 다른 것을 선택할지, 아니면 더 많은 자료를 수집해야 할지를 결정하게 된다([그림 8-1]의 마지막 단계 참조).

## 3) 훈련 고려사항

아무리 단순하고 사용하기 쉬운 도구일지라도 반드시 그 장치의 사용법과 훈련에 대한 행동 방침이 있어야 할 것이다. 사용자가 보조공학을 포기하는 큰 이유 중의 하나는 적절한 훈련이 없기 때문이다. 더 많은 훈련을 할수록 보조공학을 성공적으로 사용할 가능성은 높다(Wilcox, Guimond, Campbell, & Moore, 2006).

만약 사용될 도구가 복잡하고 어려운 프로그래밍이 필요할 경우, 그 도구에 관련된 모든 학교 구성원(예: 교사, 보조원, 관련 직원)뿐 아니라 아동이 도구를 여러 환경에서 사용할 예정이라면 가족까지도 철저한 훈련을 해야 한다. 보조공학 사용자가 도구를 통해 최대의 효과를 얻기 위해서는 도구에 대한 주변 사람의 철저한 교육이 이루어져야 할 것이다.

## 4) 개별화 교육계획(IEP) 고려사항

1997년 미국 장애인법(Individuals with Disabilities Act) 개정에 따라, 보조공학이 개별화 교육계획(IEP)의 일부로서 반드시 필요하게 되었다. IEP를 가진 학생에 대해서는 더 나은 교육 프로그램을 위해서 학생에게 보조공학이 필요한지를 따져봐야 한다.

보조공학 도구와 IEP를 결정할 때의 고려사항은 도구의 특정한 상표를 언급할 필요가 없다는 것이다. 왜냐하면 그 특정한 상표의 도구가 없을 수도 있기 때문이다. 예를 들어, 학생이 필요한 도구는 '○○표 연필 손잡이'라고 하는 대신 '연필 손잡이'라고 하는 것이 필요하다. 이는 나중에 도구를 다른 것으로 바꾸기 위해 IEP 팀을 다시 소집할 필요가 없도록 융통성과 변화를 준다.

보조공학 서비스의 법적 정의는 "장애가 있는 아동을 위해 보조공학 도구의 선택, 습득 또는 사용을 직접 보조하는 모든 서비스"다(U.S. Congress, 2004). 법률에 명시되어 있는 서비스는 보조공학이 필요한 학생에 대한 평가, 보조공학 도구의 습득, 도구에 대한 설계나 맞춤, 도구의 보수 및 유지, 중재나 치료에 대한 조정 및 사용, 도구를 사용하는 아동의 가족 및 전문가에 대한 훈련 등이다. 아동의 IEP에는 이 모든 서비스가 기재되어야 한다.

## ② 보조공학 유형

학생은 교육 프로그램을 통해 유익을 얻기 위해 여러 유형의 보조공학이 필요하다. 보조공학 유형에는 보완대체 의사소통, 이동성, 생활 관리, 컴퓨터 접근, 학습 내용 영역, 그리고 놀이 및 여가가 있다. 이 장에서는 다양한 보조공학 유형의 자세한 설명을 제공하기보다는 전반적인 설명과 더불어 유용한 보조공학의 유형에 대한 예를 제시한다.

### 1) 보완대체 의사소통 도구

보완대체 의사소통(augmentive and alternative communication: AAC)이란 학생의 기존 구어적 의사소통 기능을 증진하거나(즉, 보완) 학생의 주된 의사소통 방법이 될 수 있는(즉, 대체) 의사소통 방법을 말한다. Sevcik와 Romski(2000)에 따르면, "AAC는 기존에 개인이 가지고 있는 모든 의사소통 능력을 포함하며, 기존의 구어, 발성, 몸짓, 수화, 도구를 사용하는 의사소통 방식이 포함될 수 있다. AAC는 개인이 의사소통을 가능하게 하는 모든 양식 사용을 허용하는 다기능적인 방법이다"(p. 5). 지체 및 중복 장애를 가지고 있는 개인은 대개 상황, 필요성 및 대화 상대자의 익숙함에 따라 여러 다른 의사소통 유형을 사용한다(Patel, 2002). 예를 들어, 경직형 뇌성마비인 말더듬 학생의 경우에, 자신을 잘 이해하는 가족에게는 단어 추측 및 몸짓을 사용하고, 교실에서는 전자 AAC 장치를 사용하며, 운동장에서는 그림카드로 의사소통을 한다.

AAC 도구는 학생으로 하여금 단순한 종이 위의 그림을 가리키는 것부터 복잡한 전자 도구까지 여러 종류가 있다. 어떤 도구는 하나의 메시지만을 전달할 수 있고, 또 어떤 도구는 수백 가지의 메시지를 전달할 수 있다. 그리고 어떤 도구는 [그림 8-2]에서와 같이 보완 의사소통만을 위한 도구가 있을 수 있겠고, 또 어떤 도구는 컴퓨터에 기초한 AAC 도구와 같이 의사소통뿐 아니라 다른 프로그램도 같이 있는 도구가 있을 수 있다.

어떠한 경우에는 학생에 대해 AAC 도구를 사용하도록 해야 하는지에 대한 결정이 모호할 수도 있다. 몇 년 전만 해도 어린 아동에게 AAC 도구를 사용하게 하는 것이 언어능력 발달을 저하한다고 믿어 AAC 도구를 최후의 수단으로 여겼다. 하지만 최근 연구에서는 AAC 도구가 아동의 언어능력 발달에 도움을 준다는 결과가 나왔다(Romski & Sevcik, 2005). 학생의 언어가 학생을 잘 아는 사람은 알아들을 수 있을

그림 8-2   학생이 발가락을 사용하여 AAC 도구를 누르고 있다.

지 몰라도 다른 사람이 알아듣기 힘들다면 AAC를 고려해 봐야 한다.

## 2) 이동성

돌아다닐 수 있는 능력은 학생으로 하여금 자신 주변의 사회 및 신체적 환경과 교류할 수 있게 해 준다. 그러므로 지체 또는 중복 장애가 있는 학생은 이동 장치가 필요할 수 있다. 이러한 장치 중에는 기어가는 동작을 도와주는 장치부터 교통수단 이용을 도와주는 장치까지, 또 지팡이 같은 단순한 도구부터 특별 제작된 자동차 같은 복잡한 장치까지 여러 가지 보조공학이 있다.

어린아이의 기어가는 동작을 도와주는 장치에는 스쿠터 보드가 있다. 스쿠터 보드의 사이즈는 매우 작다. 네 정방향으로 나 있는 바퀴 위에 쿠션과 플라스틱으로 덮인 정사각형 모양의 나무판이 사용자로 하여금 이동을 수월하게 해 준다. 스쿠터 보드의 종류에는 골반만 지탱해 주는 것(팔다리 사용 가능)이 있으며, 좀 더 길이가 길어 전신을 지탱해 줄 수 있는 것(팔만 사용 가능)이 있다. 아동은 대부분 안전띠를 매고 배를 이용해 움직인다(Heller et al., 2000). 만약 아동이 일반적인 기어 다니는 형태를 완전히 습득할 경우, 스쿠터 보드를 사용해 뒤로 가는 것도 가능하다.

보행을 도와주는 도구 또한 지팡이, 클러치, 워커(보행기) 등 여러 가지가 있다. 지팡이는 걸어 다니는 데 있어서 최소한의 도움을 주는데, 시각장애가 있는 사람이 보행을 목적으로 사용하기도 한다(지팡이는 쓰이는 용도에 따라 그 모양이 달라진다). 클러치에는 두 가지 종류가 있는데, 겨드랑이까지 지탱해 주는 겨드랑이 클러치와 팔뚝까지 지탱해 주는 팔뚝 클러치가 있다. 움직임이 많이 불편한 경우에는 워커를 사용한다.

어떤 학생의 경우에는 모든 움직임을 위해 바퀴가 달린 장치를 사용해야 하는가 하면, 어떤 학생은 장거리의 이동 시에만 바퀴 달린 장치를 사용하는 경우도 있다(단거리는 스스로 움직일 수 있거나 지팡이를 사용해서 움직이는 경우). 바퀴가 달린 장치 중에 많이 사용되는 것에는 수동 휠체어, 전동 스쿠터, 전동 휠체어 등이 있다. 많은 사람은 움직이거나 자세를 잡는 수단으로 수동 휠체어를 사용하기도 하는데, 그들이 스스로 바퀴를 밀 수 있으면 가능한 한 스스로 이동하게 격려해야 한다. 스스로 움직이는 능력은 탐색 기회를 늘리고, 환경과 상호작용하게 하며, 원하는 곳으로 갈 수 있게 해 준다. 수동 휠체어도 쓰임새에 따라 매우 다양한 모양, 크기, 기능이 있다. 어떤 수동 휠체어는 스포츠용으로 만들어졌다(예: 휠체어 농구, 휠체어 달리기). 더 중도의 지체장애를 가진 사람의 경우 전동 스쿠터나 전동 휠체어를 사용해서 스스로 움직이는 것을 배워야 한다. 전동 휠체어에는 서서 움직이는 것과 앉아서 움직이는 것이 있다([그림 8-3] 참조).

18개월에서 24개월 된 어린 유아도 전동 이동 장치를 작동할 수 있다(Cook & Hussey, 2002). 대부분 이런 어린 유아는 유아용 전동 장난감 자동차(그들이 들어가 앉아서 움직이는)나 전동 스탠딩 프레임 같은 한시적인 전동 장치를 사용한다(Wright-Ott, 1998). 최근에는 많은 사람이 아동에게 최대한 빨리 이런 전동 이동 장치를 사용하게 해야 한다고 주장한다(Campbell, McGregor, & Nasik, 1994; Judge & Lahm, 1998). 그 철학적 배경은 아이가 기거나 배밀이를 할 때 아무런 선수 기술이 필요 없다는 것이다. 오히려 보통 아이가 기어서 움직이기 시작할 즈음이면 아이가 조심해서 움직이는 것이 아니라 주위 환경을 '아이가 움직여도 안전하게' 만든다. 똑같은 상황이 이동 장치를 사용하는 아이에게도 적용되어야 한다. 움직임과 발달을 촉진하기 위해 이동 장치를 제공하고, 장치의 사용을 감독하게 된다. 이동 장치를 어린 나이부터 사용해야 하는 이유는 전동 이동 장치를 사용할 경우 고개 가누기, 골반 안정성 및 팔, 손 기능이 향상되며, 움직임의 형태에 대한 동기가 증가하고, 의사소

(a) (b) (c)

그림 8-3 전동 휠체어를 사용하는 학생의 (a) 앉아 있는 자세, (b) 중간 자세, (c) 서 있는 자세

통, 외부 탐색활동, 사회적 상호작용 및 자존감이 향상되고, 또한 운동능력 발달에 아무런 해가 없기 때문이다(Judge & Lahm, 1998). 스스로 움직이는 능력과 개념적 인지적 기술 습득 사이에 어떤 상관관계가 있다는 연구도 있다(Bertenthal, Campos, & Barrett, 1984; Kermoian & Campos, 1998).

## 3) 생활 관리

뇌성마비, 이분척추 같은 장애와 또 다른 장애 등으로 움직임에 제한을 받는 사람은 자조기술, 집안일, 직업, 지역사회 활동 등 생활 관리를 위한 보조공학이 필요하다. 이에는 도우미 동물(service animal)이 사용되기도 한다.

### 자조기술

자조기술에는 먹기, 마시기, 옷 입기, 이 닦기, 씻기 등의 활동을 도와주는 보조공학을 사용한다. 이러한 보조공학에는 교사나 부모가 쉽게 제공할 수 있는 단순한 것이 있는가 하면, 최첨단 기술을 사용해야 하는 것도 있다. 이러한 분야에서는 종종 작업치료사가 팀원에게 추천을 해 주는 핵심 역할을 한다.

어떤 지체장애인은 일반적인 그릇, 접시, 컵을 사용해서 먹기 힘든 경우도 있다. 잘 먹기 위해서는 수정된 숟가락이 필요할 것이다. 예를 들어, 숟가락을 잡지 못하는 사람을 위해 손목을 감싸 고정하는 가죽끈이 있는 숟가락, 모양은 다르지만 비정상적 움직임 유형이 있는 사람을 위해 무게가 조절된 숟가락 등이 있다. 개인에 맞게 수정된 그릇이 필요할 수도 있다(예: 국자 모양 접시나 탁자에 붙어 있는 접시). 고개를 뒤로 젖히지 못하는 사람을 위해 손잡이가 달려 있는 컵이나 컵 옆 부분이 코 모양으로 잘린 컵이 필요할 수도 있다. 또한 고개 가누기는 잘하나 팔을 쓰지 못하는 사람의 경우 전동식의 먹여 주는 장치가 필요하다([그림 8-4] 참조).

옷 입기가 불편한 사람은 쉽게 입고 벗을 수 있는 옷(예: 벨크로가 달려 있는 옷)이 필요할 것이고, 제한된 운동능력을 가진 사람은 옷 입기 막대를 이용해 바지를 내리거나 올릴 수 있다. 신체적, 인지적 장애가 있는 사람에게는 벨크로가 달려 있는 신발이 편할 것이다(Heller, Bigge, & Allgood, 2005). 이들 예 이외에도 이 분야에는 많은 수정 도구가 있다.

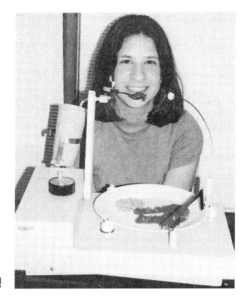

**그림 8-4**  스위치로 조절되는 전동식의 먹여 주는 장치를 사용하는 학생

위생 관리를 도와주는 수정 도구도 있다. 예를 들어, 잡기 힘들어하는 사람을 위해 더 잘 잡도록 손잡이가 수정된 칫솔, 긴 목욕수건 대신에 장갑 형식으로 된 목욕수건이 있다. 움직임이 제한되거나 짧은 손발을 가진 사람을 위해서는 손잡이가 긴 빗 등이 있다. 이러한 도구는 가게에서 사거나 손쉽게 가정에서 만들 수 있다. 물론 다른 보조공학과 마찬가지로 사용하기 전에 신중한 진단이 이루어져야 한다.

### 집안일

장애인은 가정에서의 관리나 요리 같은 집안일에 있어 보조공학이 필요한 경우도 있다. 물론 이러한 기능을 하는 유용한 상품이 시중에 판매되고 있지만, 때에 따라서는 일상적인 물건에 창의력을 발휘해 직접 고안해 낼 수도 있다. 즉, 집안 도구의 수정은 보조적 방법으로 사용될 수 있다. 예를 들어, 움직임이 불편한 사람이 청소를 할 경우 빗자루를 전동 휠체어에 달아 사용할 수도 있다.

집에 있는 다른 물건을 수정해도 될 것이다. 다른 예로, 지체장애나 저시력인의 경우 보통의 것보다 크기가 큰 전화기를 사용하는 것이 편리하다. 일부 AAC 도구는 제한적 언어를 사용하는 사람이 전화를 걸고 전화상으로 이야기하는 것을 도와준다. 경우에 따라서는 환경제어 장치(environmental control unit: ECU)를 이용할 수도 있다. ECU 체계는 말이나 버튼을 이용해 조정이 가능하게 하는 전자 장치다.

전등, 텔레비전, 전축 등의 물건을 ECU를 통해 제어할 수 있다. 또한 특별한 여닫이 장치를 문에 설치해서 ECU로 문을 여닫을 수도 있을 것이다. 이 외에 많은 보조장치가 ECU를 통해 제어될 수 있다.

요리나 음식 준비를 하는 데도 보조공학이 이용될 수 있다. 지적장애인을 위해 색깔이 있는 스티커를 사용해 시간이나 온도를 맞추어서 오븐 및 전자레인지를 사용하는 데 도움을 줄 수 있다. 큰 손잡이가 있는 식기, 병뚜껑을 열어 주는 기계, 한손 깡통따개 등은 지체장애인의 요리 준비를 도와줄 수 있는 보조공학의 예다.

### 직업 전 과제 및 지역사회 과제

직업 전 과제 및 지역사회 과제를 위한 보조공학에는 그림 일과표, AAC 도구에 프로그램된 직업 관련 문장, 그리고 일 처리를 위해 특별하게 수정된 장비가 있다. 예를 들어, 전동 휠체어를 타며 식품점에서 일하는 여성의 경우 휠체어에 특수 제작된 손바구니를 부착하여 진열대에 올려놓을 물건을 보관할 수 있게 하는 것이다. 그녀는 가게에서 움직이며 긴 손잡이 도구(reacher, 한쪽에는 잡는 기계 장치가 달려 있는 길고 조정되는 도구)를 사용하여 진열대에 물건을 올려놓을 수 있을 것이다.

### 도우미 동물

앞서 제시된 보조공학 외에도 생활관리 기술을 위해 도움을 주는 방법이 많다. 어떤 장애인은 특수 훈련된 개나 말, 원숭이, 고양이 등을 포함한 도우미 동물을 사용할 수 있다. 많은 사람이 도우미 동물이라고 하면 시각장애인을 도와주는 맹인 안내견쯤을 떠올릴 것이다. 하지만 도우미 동물은 다양한 장애인의 일을 돕고 있다. 도우미 동물이 지체장애 학생을 도와줄 수 있는 일 중에는 교재 나르기, 떨어지거나 필요한 물건 가져오기, 문 열기, 스위치 끄고 켜기, 먹이기, 휠체어를 길 턱 위로 밀거나 일정 거리 밀기 등이 있다(Zapf & Rough, 2002). 또한 청각장애인에게 소리를 알려 주는(예: 문 노크, 차량 통행 등) 역할을 할 수도 있다. 간질(또는 다른 건강장애) 환자를 대신하여 발작(또는 다른 의학적 문제)을 알려 주고, 필요하다면 도우미 동물이 응급 상황 시 119를 부르는 버튼을 누르게 훈련할 수 있다.

도우미 동물을 학교에 들이기 전, 반드시 학급 교사와 학생은 동물에 대한 에티켓을 익혀야 한다. 이러한 에티켓에는 동물을 허락 없이 만지지 않기(어떤 동물은 주어진 과제를 하고 있을 때 만지면 안 되기 때문), 동물이 주어진 과제를 하지 못하게 하는 소리 내지 않기, 주인의 허락 없이 먹이를 주지 않기(동물의 먹이 먹기 및 일정을 방해할 수도 있기 때문) 등이 있다.

## 4) 컴퓨터 접근

컴퓨터는 장애인에게 전에는 하지 못했던 많은 일과 얻지 못했던 많은 기회를 주었다. 그러나 어떤 사람은 운동, 건강(지구력), 감각 및 학습 장애로 인해 컴퓨터의 사용이 힘들다. 그리하여 컴퓨터의 사용을 도와주는 많은 종류의 보조공학이 생겨났다.

대부분의 최근 컴퓨터는 접근성 기능을 갖추어서 생산된다. 이러한 기능에는 컴퓨터 화면의 변경(예: 바탕화면 색 변경), 마우스 변경(예: 마우스 속도 및 커서 모양 변경), 고정키 사용(예: 다른 키를 누르는 동안 컨트롤 키를 항상 켜 놓기), 필터키 기능(예: 'b' 키를 계속 누르고 있어도 'bbbbbb'라고 인식되지 않음) 등이 있다. 이 외에도 다른 많은 기능이 기본 옵션으로 제공되고 있다. 따라서 교사는 자신의 교실 컴퓨터에 어떤 기능이 있는지 숙지하여야 한다.

키보드 자체도 수정될 수 있다. 예를 들어, 키보드의 자판이 더 잘 보이게 하기 위해서 자판 위에 큰 글자나 색 대비가 강한 글자가 있는 스티커를 붙일 수 있고, 손가락을 사용하여 하나의 자판을 정확하게 누르기 힘든 경우에는 키가드(key guard)를 사용할 수 있다. 키가드란 구멍이 뚫려져 있는 플라스틱으로서 일반 자판 위에 놓고 학생이 구멍 사이로 한 손가락으로 자판을 누르는 동안 다른 손가락은 키가드 위에 지탱할 수 있는 장치다. 학생은 또한 키를 누르기 위해 마우스 스틱을 사용하는 것과 같은 다른 방법으로 접근할 수도 있다([그림 8-5] 참조).

많은 지체나 감각 장애인은 수정된 키보드를 사용할 수 있다. 수정 키보드는 개인의 필요에 따라 확대 및 축소된 키보드, 화상(on-screen) 키보드의 세 가지로 나뉜다. 확대된 키보드는 보통 키보드보다 커진 키보드로서 지체장애나 시각장애인이 사용하기 편리하게 되어 있다. 확대된 키보드 중에 인텔리키즈(IntelliKeys, Intelitools Inc.)라는 제품의 멤브레인 키보드가 있다. 이 제품은 납작하며 예민한 플라스틱으로 표면이 덮여 있으며 여러 종류의 키보드 자판 배열(ABC, QWERTY, 숫

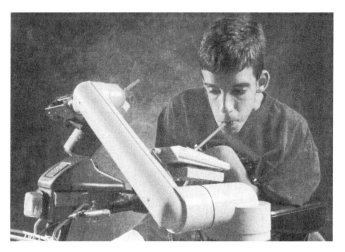

그림 8-5  마우스 스틱을 사용하여 키보드를 사용하고 있는 학생

자 전용 등)이 있다. 그중에는 학술이나 학습 활동(예: 문장 쓰기, 원인과 결과 문구)에 쓰이는 자판 배열도 있다. 크기가 축소된 키보드는 팔을 움직일 때 쉽게 지치거나 팔의 활동 범위가 넓지 않은 학생에게 유용하다. 키보드의 종류 중 다른 하나는 화상 키보드인데, 스크린 위의 키보드를 마우스나 다른 입력 장치를 이용하여 클릭해서 사용하는 것이다.

또 다른 입력 장치에는 마우스 대신에 화면상의 마우스 커서를 조정할 수 있는 입력 장치다. 대체 입력 장치는 마우스와 마찬가지로 화면에서 마우스 커서를 조정하도록 설계되었다. 일부 대체 입력 장치는 조이스틱, 트랙볼(커서의 움직임을 제어하는 볼)과 터치스크린(장치 사용자가 직접 컴퓨터의 화면 위에서 항목을 지정하고 선택할 수 있도록 하는 장치) 등을 포함한다. 더 정교한 대체 입력 장치의 예는 머리 조절(head-controlled) 마우스다. 이 장치는 사용자의 이마에 착용하는 반사 스티커에 의해 머리의 움직임을 감지하는 적외선 센서가 모니터 상단에 장착돼 있다. 그래서 사용자는 머리를 움직여 원하는 지점으로 마우스를 이동하여 선택할 수 있다.

이러한 다양한 입력 장치 조절이 신체적으로 충분히 되지 않는 사람도 꽤 있다. 만약 단 하나의 안정적인(reliable) 움직임만 할 수 있다면 스위치와 스캐닝으로 컴퓨터에 접근할 수 있을 것이다. 스캐닝은 소프트웨어 프로그램이 순차적으로 하나씩 선택물을 표시할 때(시각적으로 또는 음성으로) 스위치를 작동해서 선택할 수 있다. 스위치는 버튼 스위치와 같이 누르면 되는 다양한 모양과 크기의 것이 있고, 움켜줘면 작동하는 스위치(grasp), 어떤 방향이든지 움직이면 되는 흔들 스위치(wobble), 또는 눈썹의 움직임과 같이 작은 근육 움직임으로 작동되는 근육 스위치가 있다.

컴퓨터에 접근하기 위한 또 다른 입력방법은 음성 인식 소프트웨어다. 이 소프트웨어는 사용자가 마이크에 말하면 단어가 컴퓨터에 나타나고 문서를 작성할 수 있다. 이런 유형의 프로그램은 많은 훈련이 요구된다. 그리고 말더듬, 호흡이 부정확한 사람과 같이 전형적 구어 양식을 갖지 못한 경우에는 음성 인식을 못할 수도 있다(Rosen & Yampolsky, 2000). 음성 명령(voice command)은 마우스 조정뿐만 아니라 음성을 정확하게 인식하지 못할 때의 오류 수정에 사용할 수 있다. 그러나 일부 사용자는 이러한 과정에서 지루함과 좌절감을 느끼기도 한다.

## 5) 학습 영역을 위한 보조공학

### 쓰기

쓰기는 감각장애, 건강장애, 지체장애를 가진 많은 사람의 문제와 관련된 영역이다. 필기에 있어서 펠트 팁 펜(felt-tip pen)은 연필을 눌러서 쓸 정도의 힘이 없거나 높은 명도를 가진 잉크를 사용하는 시각장애를 가진 학생에게 유용한 역할을 할 수 있다. 일부 학생은 입이나 발로 연필을 잡을 수도 있다. 연필을 잡는 데 문제가 있는 학생을 위해 연필 잡기 도구나 더 큰 필기구(두꺼운 기계식 연필이나 절연 파이프로 감긴 연필)는 좀 더 쥐기 쉬운 표면으로 처리한 것이다.

만일 불수의운동형이나 떨림이 있는 학생이라면 무게감 있는 필기구가 떨리는 것을 줄여 줄 수 있으며, 쓰기 작업을 조정하는 데 도움을 줄 것이다. 손 교정기는 글씨를 쓰는 동안 더 안정감을 주고 잡는 노력을 덜 하게 해 줄 수 있다. 좀 더 어둡고 줄이 더 큰 수정된 종이도 필요하게 된다. 종이는 표면에 테이프나 클립보드, 경사판(각도를 조정할 수 있는 필기 표면)이나 미끄럼 방지 자료 등으로 만들어져 있다([그림 8-6] 참조).

일부 학생은 손으로 필기하는 데 장애를 가지고 있다. 이러한 학생은 작은 휴대용 워드프로세서나 노트북 컴퓨터를 이용할 수 있다. 장치는 다른 접근 특징을 가지거나 접근할 수 있게 만드는 장치로 수정할 수 있다. 예를 들어, 일부 장치는 글

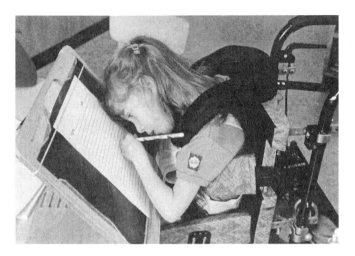

그림 8-6    경사판을 사용하는 학생

자로 처진 것을 청각적인 피드백으로 말해 주는 워드프로세서가 탑재되기도 한다

　신체적 장애를 가진 일부 학생이 타이핑을 할 때 키 입력을 적게 하면서도 타이핑 속도는 높일 수 있도록 그 학생이 입력하려는 단어를 미리 선택할 수 있도록 하는 '단어예측 소프트웨어' 를 사용할 수 있다(단어의 앞부분을 입력하면 완전한 단어를 만들어 내는 소프트웨어). 예를 들어, 학생이 'difference' 라는 단어를 타이핑한다면 'd' 만 입력해도 그 글자와 관련된 목록(예: did, do, does, don't)을 보여 주는 것이다. 만일 원하는 단어가 그 목록에 없으면 다른 단어를 제공하는데, 'di' 라든가 타이프해서 원하는 단어가 나올 때까지 불러올 수 있다. 그래서 학생이 단어를 선택하거나 타이핑을 계속 할 수 있도록 한다.

　이 외에도 쓰기를 가능하게 하는 여러 다양한 형태의 보조공학이 있다. 어떤 경우에는 접근성의 문제가 아니라 문장 구성에 어려움이 있을 수도 있다. 작문과정을 도와주는 소프트웨어도 있다. 그중 어떤 것은 그래픽 조직자를 제공하거나 글의 대략을 구성하는 데 도움을 주기도 한다.

## 읽기

　지체 또는 중복 장애를 가진 학생은 읽기 영역에서도 문제를 가질 수 있다. 소근육운동 장애를 가진 학생은 책장을 한 번에 한 장씩 넘기는 데 어려움이 있다. 그것은 매 페이지 사이에 종이 클립이나 종이에 스펀지 조각 등을 붙여서 공간을 주는 것을 통해 해결할 수 있다. 일부 학생은 연필 끝에 달려 있는 지우개나 마우스 스틱, 전자 페이지 넘김 장치를 이용해서 페이지를 넘길 수도 있다.

어떤 경우에는 책 내용(또는 사진)의 확대 또는 수정이 필요하기도 하다. 아예 큰 활자체 책을 얻거나 교사가 복사기를 이용해 자료를 확대할 수 있다. 일부 학생은 휴대용 확대경, 컴퓨터상의 교재를 크게 해 주는 소프트웨어, 또는 확대 독서기를 사용할 수 있다([그림 8-7] 참조). 확대 독서기는 TV와 비슷하게 생긴 장치로서 자료 및 다른 물건(예: 사진이나 스티커, 돈 등)을 읽을 수 있도록 화면 아래에 있는 받침대 위에 배치하고 그것의 이미지를 스크린에 보이도록 한다. 이미지는 다양한 크기로 확대할 수 있으며, 이미지의 배경이나 전경의 색을 조정하여 학생이 자료를 잘 보게 바꿀 수 있다. 어린 아동이거나 학습장애 때문에 학생이 상징 지원이 필요할 때는 단어 위에 상징을 추가해서 수정된 책을 만들 수도 있을 것이다.

책 또한 상업적으로 제작된 전자북을 이용하거나 교사가 컴퓨터를 통해 스캔하는 등의 전자적 방법으로 접근할 수 있다. 책을 손으로 다룰 수 없고 읽기에 장애를 가진 지체장애 학생을 위해 컴퓨터에서 책을 접할 수 있도록 한다. 책은 스캔 전문 소프트웨어를 사용하여 스캔할 수 있으며 파워포인트와 같은 문서 편집 소프트웨어로 복사하여 전자화한다.

보통 페이지는 한 번에 한 페이지에 표시되고 다음 페이지가 자동으로 표시되거나 학생이 스위치를 사용해서 페이지를 넘길 수 있다. 저작권이 있는 자료는 공법

**그림 8-7**  책을 읽기 위해 확대 독서기를 사용하는 학생

104-197에 의거해 지체나 시각 장애인을 위해 특별한 형식으로 제작될 수 있다.

학생이 읽기를 하는 데에 도움을 주는 기타 소프트웨어는 위의 방식 외에도 텍스트 읽기 및 화면 읽기 소프트웨어가 포함되어 있다. 텍스트 읽기와 화면 읽기 소프트웨어는 내용을 학생에게 큰 소리로 읽어 준다. 이러한 소프트웨어 프로그램은 일반적으로 많은 설정을 갖고 있는데 다른 글자 크기와 색깔, 다른 목소리, 다양한 말하기 속도 등 사용자의 요구에 기초해 설정될 수 있다. 학생은 텍스트를 조사하고 자신의 읽기 유창성을 향상하거나 시각적인 문제가 있을 때의 접근성을 위해 이런 프로그램을 사용할 수 있다. 일부 책은 텍스트 리더를 사용하여 읽을 수 있는 무료 온라인(구텐베르크 프로젝트[http://www.gutenberg.org]와 같은 것을 통해서)에서 찾을 수 있다.

## 수학

초기 수학기술은 종종 분류하기, 수 세기 및 연산 기술을 위한 구체물 조작을 포함한다. 소근육 운동 조정이 어려운 학생에게는 더 큰 구체물을 본인의 운동 범위 내에 제공해 주어야 한다. 학생이 스위치를 클릭하여 컴퓨터 화면의 물건을 이동할 수 있게 되어 있는 소프트웨어도 있다.

수학 학습지를 완성할 수 없는 학생은 교사가 화면(색상, 배경 및 크기)을 정의해 놓은 전자 수학학습지 사용과 함께 표준 키보드 또는 다른 입력 장치로 문제를 완성할 수 있다. 여러 가지 수학 프로그램은 새로운 수학능력(계산부터 대수에 이르기까지) 연습에 도움이 될 뿐만 아니라 학생의 대체 입력 장치, 대체 출력, 그리고 화면 수정 요구에 대한 접근을 제공한다.

시간과 돈의 기능과 같은 기능적 수학기능을 위한 보조공학도 존재한다. 특별히 제작된 금전 계산기는 학생이 돈의 총액을 알 수 있게 달러나 동전 등 다양한 선택을 할 수 있도록 해 준다.

## 과학과 사회

읽기, 쓰기, 수학 등에 필요한 대부분의 보조공학 적합화는 사회나 과학과 같은 다른 학습 영역에서도 요구된다. 확대 독서기는 읽기와 그래프 해석하기 또는 해부에 대한 해석에 사용될 수 있다. 수정된 현미경은 큰 이미지가 필요하거나 혹은 신체적으로 현미경을 들여다볼 수 없는 지체장애를 가진 학생을 위해 필요할 수 있다. 특수 장비는 실험실 실험이나 현미경에서와 같은 이미지를 컴퓨터 TV 화면을 통해 보여 줌으로써 그것을 더 잘 볼 수 있게 만들어 준다. 학교에 주어진 과제는 교사 및 관련 서비스 관련자가 각 학생이 자신의 능력 범위를 최대화해서 참여하게 하는 다양한 보조공학에 대해 독창적으로 생각해 보아야 한다는 것이다.

## 6) 보조공학을 이용한 놀이 및 여가 활동

놀이와 여가 활동은 아동의 하루 생활에서 중요한 측면이다. 가장 기본적인 수준에서 아동은 놀이를 통해 인과관계의 개념을 이해하기 시작한다. 만약 자녀가 신체 장애 때문에 장난감을 조작할 수 없는 경우, 자녀는 이런 개념을 이해하지 못할 수 있다. 장애 아동은 배터리로 작동되는 수정된 특별한 스위치가 달린 장난감을 구입할 수 있는데, 이 장난감은 연결된 큰 스위치를 누름으로써 작동이 된다(이 장 시작 부분의 사진 참조). 기타 수정된 스위치 장치는 장애 학생이 자신의 여가활동을 조정할 수 있도록 도와준다. 예를 들어, 수정된 스위치가 부착된 CD 플레이어는 지체장애 학생이 음악을 켜거나 끌 수 있게 해 준다.

보드 게임은 더 큰 놀이 카드를 사용하여 지체장애를 가진 학생이 사용하기 쉽게 수정할 수 있다. 이미 상업적으로 이용 가능한 보드게임(예: 모노폴리) 중에서는 좀 더 크게 만들어진 보드나, 카드 또는 보드에 점자가 써진 것이 있다. 비디오 게임 또한 장애인에 맞게 수정할 수 있다. 수정된 조이스틱과 기타 입력 장치를 사용함으로써 지체장애를 가진 사람도 게임에 참여할 수 있게 한다.

스포츠 활동에서도 장애인에게는 보조공학이 필요하다. 지체장애를 가진 학생은 공놀이를 할 때 좀 더 크거나 부드러운 공을 사용해야 하는 경우도 있다. 시각장애를 가진 학생에게는 벨이 달리거나 이동하는 방향을 듣고 알 수 있도록 삐삐 소리가 나는 공이 도움이 된다. 볼링을 할 때는 어린 아동이나 장애를 가진 아동이 던진 볼이 거터로 굴러가는 경우의 수를 줄여 주기 위해서 볼링 레인 안에 거터 가드를 배치하는 것이 바람직하다. 떨어뜨리는 것을 할 수 없거나 휠체어(또는 보행기)를 사용하는 사람이 공을 떨어뜨려 굴러갈 수 있도록 구불구불한 램프 시설을 갖추는 방법도 있다([그림 8-8] 참조).

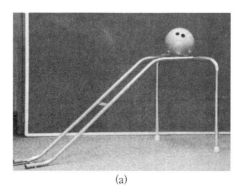
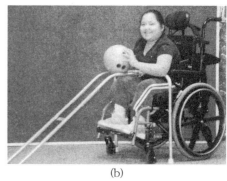

(a)                                                    (b)

**그림 8-8** (a) 지체 및 중복 장애 학생을 위한 수정된 볼링 램프, (b) 휠체어에 앉은 학생이 수정된 램프를 사용하는 방법

　장애인이 스포츠에서 경쟁하도록 하기 위해 특수하게 수정되는 것은 굉장히 많다. 즉, 수정된 규칙, 낮춘 농구 골대, 스포츠에 맞는 특정한 인공사지 장비(의안, 의족, 의수 같은)나 휠체어, 특정 스포츠 장비, 앉을 수 있은 스키 장비, 손으로 조작하는 자전거 등이 있다. 어떤 장애인은 수정된 스포츠 대회에 참여할 수도 있다. 장애인 올림픽(신체적 또는 감각적 장애가 함께 있는 지적장애를 가진 사람이 참여)과 패럴림픽(주로 지체나 시각 장애를 가진 사람이 참여)은 많은 장애인에게 인기 있는 이벤트다.

## 요약

　보조공학은 장애인이 과제를 수행하는 기능적 능력을 유지하고 향상하는 데 도움을 주는 것이다. 뇌성마비, 이분척추, 외상성 뇌손상이나 다른 장애로 지체, 건강, 또는 복합 장애를 갖게 된 많은 학생이 자신의 학교나 가정, 지역사회 환경에서 기능을 수행하려면 보조공학이 필요하다. 교사와 학교 직원이 활용 가능한 보조공학 적용을 고려하는 데 있어서 특정 과제와 관련된 개별 학생의 욕구를 신중하게 진단하는 것은 정말 중요하다. 학생이 더 효과적이거나 효율적으로 과제를 수행하도록 하는 데 어떤 보조공학이 도움이 될 것인지에 대해 창의적이고 유연하게 생각하는 것 또한 중요하다. 보조공학적으로 적용된 제품이 다수 상품화되었지만, 학생 욕구에 적합한 보조공학 해법은 교실 주변에 있는 일반적인 물건일 수도 있다.

# 참고문헌

Bertenthal, B., Campos, J., & Barrett, K. (1984). Self-produced locomotion as an organizer of perceptual, cognitive and emotional development in infancy. In R. Emde & R. Harmon (Eds.), *Cognitive and emotional development in infancy* (pp. 175-210). New York: Plenum.

Bryant, D. P., & Bryant, B. R. (2003). *Assistive technology for people with disabilities.* Boston: Allyn & Bacon.

Campbell, P. H., McGregor, G., & Nasik, E. (1994). Promoting the development of young children through use of technology. In P. L. Stafford, B. Spodek, & O. N. Saracho (Eds.), *Early childhood special education* (Vol. 5, pp. 192-217).

Cook, A. M., & Hussey, S. M. (2002). *Assistive technologies: Principles and practice* (2nd ed.). St. Louis: Mosby.

Heller, K. W., Bigge, J., & Allgood, P. (2005). Adaptations for personal independence. In S. Best, K. W. Heller, & J. Bigge (Eds.), *Teaching individuals with physical and multiple disabilities* (5th ed., pp. 309-336). Upper Saddle River, NJ: Merrill/Prentice Hall.

Judge, S. L., & Lahm, E. A. (1998). Assistive technology applications for play, mobility, communication, and learning for young children with disabilities. In S. L. Judge (Ed.), *Assistive technology for young children with disabilities: A guide to family-centered services* (pp. 16-44). Cambridge, MA: Brookline Books.

Kermoian, R., & Campos, J. (1998). Locomotor experience: A fanilitator of spatial cognition. *Child Development, 58,* 908-917.

King, T. W. (1999). *Assistive technology: Essential human factors.* Boston: Allyn & Bacon.

Patel, R. (2002). Phonatory control in adults with cerebral palsy and severe dysarthria. *Augmentative and Alternative Communication, 18,* 2-10.

Romski, M. A., & Sevcik, R. A. (2005). Augmentative communication and early intervention: Myths and realities. *Infants and Young Children, 18,* 174-185.

Rosen, K., & Yampolsky, S. (2000). Automatic speech recognition and a review of its functioning with dysarthric speech. *Augmentative and Alternative Communication, 16,* 48-60.

Sevcik, R. A., & Romski, M. A. (2000). AAC: More than three decades of growth and development. *ASHS Leader, 5*(19), 5-6.

Wilcox, M. J., Guimond, A., Campbell, P. H., & Moore, H. W. (2006). Provider perspectives on the use of assistive technology for infants and toddlers with disabilities. *Topics in Early Childhood Special Education, 26,* 33-49.

Wright-Ott, C. (1998). Designing a transitional powered mobility aid for young children with physical disabilities. In D. B. Gray, L. A. Quatrano, & M. L. Lieberman (Eds.), *Designing and using assistive technology: The human perspective* (pp. 285-295). Baltimore: Brookes.

U.S. Congress. (2004). *The Individuals with Disabilities Education Improvement Act of 2004.* Washington, DC: U.S. Government Printing Office.

Zapf, S. A., & Rough, R. B. (2002). The development of an instrument to match individuals with disabilities and service animals. *Disability and Rehabilitation, 24,* 47-58.

# 제 3 부

# 정형외과적, 근골격계 및 감각 장애

# 제9장  신경근성 척추측만증과 고관절 탈구

*Kathryn Wolff Heller and Paula Forney*

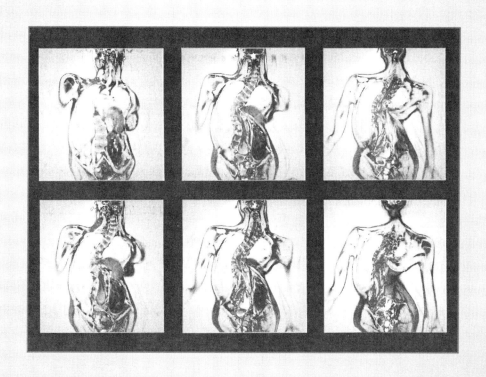

골격 구조에 영향을 주는 조건에는 여러 가지가 있다. 가장 일반적인 두 가지 조건은 척추측만증(scoliosis)과 고관절 탈구(hip displacement)다. 이 두 상태 모두 다른 손상 없이 단독으로 발생할 수 있으나, 일반적으로는 신경운동 손상 및 퇴행성 질병과 동반하여 나타난다. 척추측만증과 고관절 탈구는 심각도에 따라 일상의 기능과 교실 학업을 방해할 수 있다. 척추측만증이 심해지면 앉아 있는 것이 어려울 정도의 운동장애가 나타나기도 하고, 폐 기능도 영향을 받을 수 있다. 고관절 탈구는 고통, 걷기의 어려움, 운동 범위의 축소를 초래한다. 학생이 이러한 조건을 갖고 있을 때, 교사는 적절한 자세 잡기, 치료, 처치, 적합화에 대한 지식이 있어야 한다.

척추측만증과 고관절 탈구의 차이점 때문에 이 장에서는 각각을 분리하여 설명한다. 이 장 마지막의 교육적 시사점 부분에서는 두 조건을 함께 논의할 것이다.

## ① 척추측만증 개요

고대로부터 인식되어 온 가장 일반적인 척추 기형 중의 하나가 척추측만증이다. 척추측만증이라는 용어는 '삐뚤어진(crooked)'이란 의미의 그리스어에서 나왔다(Herring, 2002). 척추측만증은 척추의 측면으로의 굴곡이다. 척추측만증이 있는 사람을 뒤에서 보면 척추가 곧게 뻗지 않고 한 방향 또는 다른 방향으로 굴곡을 이루며 나타난다.

척추측만증의 서로 다른 형태를 설명하기 위한 여러 가지 용어가 있다. 그것은 원인론적으로 설명되거나(예: 신경근성 척추측만), 굴곡의 위치에 기초한다(예: 요추측만). 신경근성 척추측만은 근육 또는 중추신경계의 장애로 인한 측면 굴곡을 의미한다(예: 뇌성마비). 중복장애에는 뇌성마비가 포함되기 때문에, 신경근성 척추측만은 이 집단에서 가장 일반적으로 나타나는 척추측만의 형태다.

또 다른 척추 만곡은 단독으로 또는 척추측만증과 동반되어 나타난다([그림 9-1] 참조). 학생은 척추후만(kyphosis) 또는 척추전만(lordosis)을 갖고 있을 수 있다. 척추후만증은 척추의 비정상적 뒤쪽(볼록한 형태) 굴곡을 의미한다. 척추후만증이 있는 사람을 옆에서 보면 척추에 발생된 부분이 보통보다 더 바깥쪽으로 굴곡이 있는 것으로 나타난다. 이는 일반적으로 척추의 흉곽(상부) 부분에서 발생하고, '곱사등

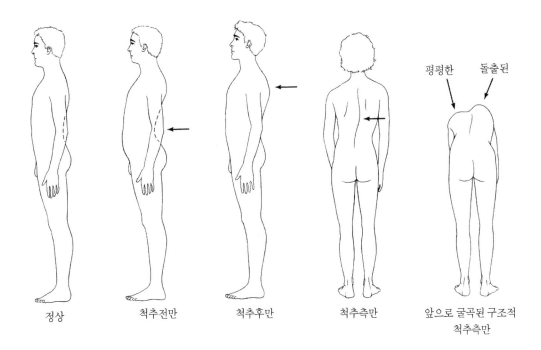

정상        척추전만        척추후만        척추측만        앞으로 굴곡된 구조적
                                                          척추측만

**그림 9-1**    정상 척추, 척추전만, 척추후만

이' 또는 '곱추'로 언급된다. 척추후만증이 척추측만증과 함께 발생하면 척추곡만
증(kyphoscoliosis)이란 용어로 사용된다.

척추전만증은 척추의 비정상적인 앞쪽 굴곡(오목한 형태)을 의미한다. 이는 일반
적으로 낮은 허리 쪽에서 발생한다. 척추전만증이 있는 사람을 옆에서 보면 엉덩이
윗부분이 보통보다 더 안쪽으로 굴곡되어 나타난다. 척추전만증이 척추측만증과
함께 발생하면 척추전측만증(lordoscoliosis)이라고 불리기도 한다.


## ② 척추측만증의 원인

척추측만증의 특징은 그 원인에 따라 결정된다. 소아과 연령대에서 발병되는 병인
의 대부분은 다섯 가지 범주로 분류될 수 있다. 즉, 특발성(idiopathic), 선천성
(congenital), 유전성(genetic) 증후군, 비기능적인 것, 그리고 신경근성이다(Thompson,
2004).

## 1) 특발성 척추측만증

특발성 척추측만증(idiopathic scoliosis)은 원인을 알 수 없는 척추측만을 의미한다. 특발성 척추측만증은 척추측만증을 갖고 있는 사람의 약 80%가 해당하며, 가장 일반적인 형태다(Herring, 2002). 이것은 발병 시기에 따라 유아기(3세까지), 아동기(3세에서 9세까지), 청소년기(10세에서 성숙기까지), 성인기로 분류된다(Lackey & Sutton, 2005).

특발성 척추측만증은 장애가 없는 청소년에서 종종 발견되는데, 10~16세 아동의 약 2~3% 정도로 나타난다(Lenssink et al., 2005). 경도 척추측만증이 청소년기에 나타나더라도, 척추 성숙이 완성된 후에는 일반적으로 진행되지 않는다.

## 2) 선천성 척추측만증

선천성 척추측만증은 출생 시 척추의 구조적 비정상이 나타나고 그 결과로 척추측만증이 되는 것이다. 이 형태의 척추측만증은 임신 기간 동안 추골(vertebrae)이 완전한 형태가 되는 데 실패하는 것이 그 원인이다. 예를 들어, 한 추골의 절반이 쐐기 모양으로 만들어지고 그 결과로 다른 추골이 그 위에 쌓일 때 비정상적 굴곡이 되는 것이다. 또 다른 예는 추골의 절반이 완전히 분리되지 않고 그 결과로 한쪽 측면이 다른 쪽보다 더 커져서 다른 추골이 그 위에 놓임으로써 굴곡이 발달되는 것이다([그림 9-2] 참조).

선천성 척추측만증은 단독으로 나타나지만, 척수 결함(spinal cord defects)을 가진 척추측만이 있는 사람의 수치도 높다. 예를 들어, 선천성 척추측만증은 이분척추(spina bifida)에서 발견된다. 이것은 가장 양성의 이분척추 형태(잠재 이분척추, spina bifida occulta)뿐만 아니라 신경근육 척추측만이 발병할 수 있는 가장 심각한 형태(척수수막류, myelomeningocele)를 모두 포함한다.

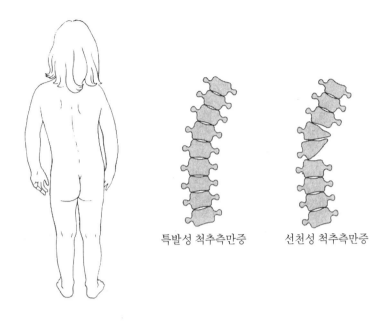

특발성 척추측만증              선천성 척추측만증

**그림 9-2**    특발성 척추측만증과 선천성 척추측만증

## 3) 척추측만과 증후군

어떤 증후군은 아동이 척추측만으로 될 위험성을 높인다. 예를 들어, 마판 증후군 (Marfan syndrome, 연결 조직 장애)과 신경섬유종증(신경에 따라 종양이 생긴 장애)이 있다. 이들 증후군이 있는 학생은 척추 기형에 대한 주의 깊은 감독이 요구된다 (Thompson, 2004).

## 4) 비구조적 척추측만증

보상적(compensatory) 척추측만으로 알려진 비구조적 척추측만증은 고정된 기형 이 아닌 단순한 만곡이어서, 척추에 어떠한 영구적인 변화를 야기하지 않는다. 예를 들어, 서로 다른 다리 길이는 척추의 비구조적 만곡을 만들어 낸다. 이 형태의 만곡 은 대개 근원적인 원인을 교정하면 고칠 수 있다. 예를 들어, 다리 길이 차이를 교정 하기 위해 신발에 삽입물을 더하면 척추측만증이 더 이상 지속되지 않는다.

## 5) 신경근성 척추측만증

신경근성 척추측만증은 신경운동장애와 근육 질병로 발생하는 척추측만증이다. 뇌성마비, 척수 손상, 척수 종양, 척수수막류, 소아마비(poliom-yelitis), 다발성 관절구축증(arthrogryposis), 뒤센형 근이영양증(Duchennemuscular dystrophy), 척수성 근위축증(spinal muscular atrophy)과 같은 조건에서 합병증으로 나타난다. 이러한 조건에는 자라나는 척추의 낮은 근육 조절력, 근육 불균형, 구축(contracture) 등이 포함되고, 이들은 종종 척추측만증을 일으키는 원인이 된다.

신경근성 척추측만증의 심각한 정도는 근원적인 상태의 심각성, 허약함의 패턴 또는 상태가 얼마나 진행되었는가에 따라 달라진다(Thompson, 2004). 예를 들어, 중도의 경직형 사지마비 뇌성마비 학생은 경도의 뇌성마비 학생보다 전형적으로 더 심각한 척추측만을 갖게 된다. 그러나 중도 경직형 사지마비 뇌성마비의 일부는 척추측만이 전혀 발생하지 않을 수 있다는 것을 알아야 한다. 신경근성 척추측만증은 신체 및 복합 장애 학생에게 가장 일반적으로 나타나기 때문에, 이 장에서는 신경근성 척추측만증을 주로 다룰 것이다.

## ③ 척추측만증에 대한 이해

### 1) 척주

척주(spinal column) 또는 추골(vertebral column)로 불리는 척추(spine)는 추골이라는 33개의 뼈 조각으로 구성된다. 각각의 추골은 각 추골 사이에 또 다른 섬유연골의 패드와 척추 사이 디스크가 그 위로 위치한다. 척추는 두개골 밑부분에 위치한 척추의 상부에서 고관절과 연결된 하부까지 몸통 전체에 수직으로 위치해 있다([그림 9-3] 참조).

추골은 위치에 따라 명명된다. 경추(cervical)은 주로 목에 있고, 흉추(thoracic)는 가슴 쪽에, 요추(lumbar)는 허리에, 그리고 천골(sacral)은 고관절부에 있다. 추골의 각 그룹에서 각각의 추골에 번호가 매겨진다. 7개의 경부 추골은 C1~C7, 12개의 흉부 추골은 T1~T12, 그리고 5개의 요추 추골은 L1~L5로 번호 매겨진다. 5개의 천골 추골은 엉치뼈 형태로 결합되고, 4개의 미골(coccygeal)은 미추(coccyx) 또는 꼬리뼈의 형태로 결합된다.

척추는 여러 가지 기능을 한다. 6장에서 논의된 것과 같이, 추골의 기둥은 추골 중앙에서 움직이는 척수를 보호한다. 추골 사이에는 척수에서 오가는 자극을 전달하는 척수 신경이 존재한다. 또한 추골은 기둥(column)과 연결된 몸의 일부나 척주를 움직이기 위해 붙어 있는 많은 근육을 갖고 있다.

척추의 또 다른 주요한 기능은 몸통을 지지하는 것과 척추 자체의 정상적 굴곡 구조를 통해 몸통의 자세를 잡는 것이다. 측면에서 보면, 정상 척추는 경부에서 전방으로 굴곡되어 보인다. 이것은 정상 경추전만(lordosis)으로 언급된다([그림 9-3] 참조). 그리고 흉부에서 척추가 후방으로 굴곡을 이루면 정상 흉추후만으로 불린

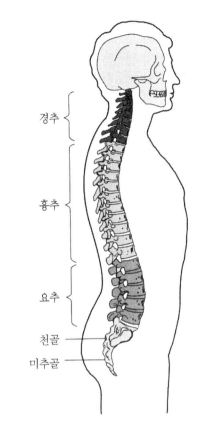

경추

흉추

요추

천골

미추골

그림 9-3　척주

다. 요추부에서 척추가 다시 전방으로 굴곡을 이루면 정상 요추 척추전만, 또는 좀 더 일반적으로 등에 움푹 들어간 부분을 말한다. 뒤에서 척추를 보면 직선으로 보인다.

척추의 정상 만곡은 일반적 범위 내에서 나타난다. 만곡이 정상 범주를 넘어설 때는 크고 비정상적인 병리적 굴곡이 나타나고 문제를 일으킨다. 큰 굴곡은 척추전만 또는 척추후만으로 알려져 있다. 측면 굴곡이 없는 것이 정상인데, 만약 있다면 이것이 척추측만증이다. 신경근성 척추측만이 나타나면, 일반적으로 척추의 단순한 측면 굴곡이 아니라 척추 회전이 동반되는 것이다. 이는 공간 내에서 스스로 재정렬하기 위한 신체의 시도로 인한 두 번째 보상 굴곡으로, 종종 척추전만증 또는 척추후만증이 또한 나타난다(Herring, 2002; Miller, 2005).

## 2) 척추측만증의 기제

척추의 비정상적 만곡을 일으키는 기제는 원인에 따라 다양하고, 많은 경우에 완전히 이해되지 않는다. 경직형 사지마비 뇌성마비의 경우, 척추측만은 종종 척추 변형의 주요 형태로 발견된다. 비록 정확한 기제가 완전히 알려지지 않았지만, 근육 위축, 불균형, 경직성(spasticity), 그리고 자라나는 척추에 대한 낮은 근육 조절력이 주요 원인이 된다(Miller, 2005).

척수 손상의 경우 근육의 지탱을 어렵게 하는 마비를 동반하기 때문에 척추측만증이 나타난다. 척주를 지탱하는 근육이 없으면, 척주는 안정적이지 못하고 비정상적으로 굴곡하게 된다. 척추측만은 아동의 연령에 상관없이 발생한다. 그러나 10세 이전에 경부 척수 손상을 갖고 있는 아동의 거의 100%에서 척추측만의 발병에 관한 보고도 있다(Herring, 2002). 이분척추의 경우 척추측만은 마비와 장애의 일부가 되는 추골 변형의 결과로 일어난다.

척추측만은 근이영양증과 척추 근육 쇠퇴가 있는 개인에게 매우 보편적이다(Chng et al., 2003; Herring, 2002). 양쪽 조건에서 발생되는 진행성 근육 위축은 척추측만을 발달시키는 핵심 요인이다. 개인이 보행능력을 잃고 휠체어를 종일 사용하기 시작하면, 전형적으로 척추측만증이 진행된다(Alman, Raza, & Biggar, 2004; Herring, 2002).

## 4 척추측만증의 특징

척추 만곡의 특징은 만곡의 형태, 굴곡의 심각성, 그리고 그 원인에 따라 달라진다. 척추측만증의 경우, 굴곡의 심각한 정도는 각도로 측정된다. 경도 굴곡은 일반적으로 20° 이하이고, 중등도 굴곡은 20~40° 정도이며, 중도 굴곡은 40° 이상이다(Beer, Porter, Jones, Kaplan, & Berkwits, 2006).

경도 척추측만증이 있는 개인은 일반적으로 매우 미묘한 증상을 갖는다. 견갑골, 엉덩이 또는 가슴이 좀 더 돌출되거나 다른 쪽보다 높게 보인다. 길이도 불균형하다. 경도 척추측만증의 경우 대개 신체적 불편함이나 개인의 기능성에 영향을 미치지 않는다.

 척추측만증이 중도일 경우는 보행 또는 착석, 그리고 건강상 유의미한 영향을 미친다. 척추측만증은 불안정하고 낮은 보행능력을 가진 신경운동 장애인이 균형을 잡고 똑바로 서거나 걷는 것을 어렵게 한다. 중도 만곡(curvature)은 똑바로 바르게 앉지 못하게 하고, 사람들이 팔을 사용하여 몸이 쓰러지지 않도록 지탱하게 한다. 일부 사례의 경우, 뇌성마비 학생에게 척추측만증이 진행되면 자립하여 착석하는 능력이 상실되고 좀 더 많은 착석 지원이 요구될 것이다. 휠체어를 사용하는 학생은 좋은 착석 자세를 갖는 데 어려움을 갖게 되고 똑바른 자세를 유지하기 위해 종종 지속적인 재배치(reposition)를 하게 된다(Saito, Ebara, Ohotsuka, Kumeta, & Takaoka, 1998). 이러한 착석과 자세 잡기 문제는 개인에게 피부 손상(욕창)의 위험을 겪게 한다.

 신경운동장애를 가진 사람에게서 발견되는 최중도의 척추측만증은 등 통증, 기형, 그리고 심장과 폐에도 영향을 미친다([그림 9-4] 참조). 등의 통증의 경우 때때로 심각해질 수 있고, 학생이 착석 자세를 유지하는 능력을 제한하기도 한다. 간혹 굴곡은 매우 심각해서 앉는 것 자체가 불가능하기도 한다. 최중도 굴곡은 교대로 심장과 폐를 누르는 흉곽을 비틀어서 적절한 기능을 하는 데 손상을 준다(Newton et al., 2005). 이는 폐의 용적을 줄여 위태롭게 한다(Thompson, 2004).

**그림 9-4**  최중도의 신경근성 척추측만증

원인에 따라 척추측만증은 어떠한 시기에도 나타날 수 있다. 경직형 사지마비 뇌성마비의 경우, 척추측만증은 종종 10세 이전에 발달한다. 아동이 전형적인 성장기인 청소년기로 접어들면 굴곡에서도 급격한 증가를 보인다. 굴곡은 매달 2~4°의 비율로 진행되고 60~90° 범위까지 달한다(Miller, 2005; Saito et al., 1998). 일반적인 오해는 청소년기에 뼈대 성숙이 진행되면 굴곡이 안정되고 진행을 멈춘다는 것이다. 이것은 중도 특발성 척추측만증의 사례일 수 있다. 그러나 신경근성 척추측만증의 경우에 굴곡은 종종 성인기까지 지속된다.

## ⑤ 척추측만증의 진단

척추측만증은 균형이 맞지 않는 고관절 또는 어깨 높이처럼 미묘한 증상에 대한 비공식적 관찰을 통해 발견된다. 학교에서는 특발성 척추측만증의 높은 발생률 때문에 척추측만증에 대한 일상적인 선별을 할 수 있다. 척추측만증의 선별에는 아동이 앞으로 몸을 숙이고 발을 일직선으로 해서 발가락에 닿게 하는 동안 간호사(또는 다른 훈련된 전문가)가 등을 자세히 검사하는 것이 포함된다(척추측만증이 있는 개인이 구부리고 있는 앞의 [그림 9-1] 참조). (경도 척추측만증은 서 있거나 앉아 있을 때 관찰되지 않을 수 있기 때문에 구부리는 것이 매우 중요하다.) 학생이 구부릴 때, 간호사는 균형이 맞지 않는 어깨 높이, 균형이 맞지 않는 고관절 높이, 비대칭 허리, 가슴 또는 등 부분에 혹이 있는지를 관찰할 것이다. 만약 이러한 증상 중 일부가 나타나면, 척추측만증에 대한 의심으로 학생을 후속 평가에 의뢰한다(Lackey & Sutton, 2005). 척추측만증에 대한 평가는 학생이 척추측만증의 높은 발생률과 연관된 장애 또는 질병이 있을 때 정기적으로 실시된다(예: 근육 실조 또는 경직성 사지마비 뇌성마비).

정형외과 치료사는 척추측만증을 진단하는 의사다. 비정상적 굴곡을 확인하기 위해 엑스레이 촬영을 한다([그림 9-5] 참조). 만곡의 각도는 굴곡의 심각성을 결정하기 위해 수학 공식(예: Cobb 앵글 공식)으로 계산된다. 향후 검사는 숨겨진 원인들(예: 종양)이 있는지를 결정하기 위해 실행된다.

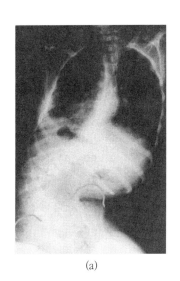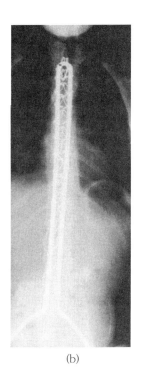

(a)　　　　　　　　　　　　(b)

**그림 9-5**　척추측만증의 엑스레이(a)와 막대(rod)를 이용한 수술 교정(b)

출처: Miller(2005), p. 437의 허락하에 게재함.

## ⑥ 척추측만증의 치료

　신경근성 척추측만증이 있는 개인에 대한 치료의 목적은 고통과 착석의 어려움을 야기하거나 폐량 손상을 일으키고, 다른 신체 구조에 영향을 주는 척추 골격 왜곡의 진행을 예방하거나 교정하는 것이다(Miller, 2005). 뒤센형 근이영양증과 같은 불치병이 있는 경우, 치료는 가능한 한 오래 최상의 삶의 질을 유지하는 데 목적을 두고 척추 수술을 실행하는 것을 포함할 수 있다(Harper, Ambler, & Edge, 2004).

　척추측만증을 위한 여러 가지 다른 치료가 있다. 시행되는 일부 치료는 성공이 입증되지 않았다(예: 운동과 전기 자극). 성공적으로 입증된 일부 치료는 병인론적으로 매우 명확하다. 예를 들어, 뒤센형 근이영양증을 갖고 있는 남성에 대한 스테로이드 치료는 척추측만의 진행을 느리게 하거나 척추 수술을 지연할 수 있다(Alman te al., 2004). 척추측만을 다루는 세 가지 가장 일반적인 접근방법으로는 관찰, 브레이싱, 수술이 있다.

## 1) 관찰

척추측만증이 진단된 후의 가장 즉각적인 처치는 관찰이다. 최중도의 굴곡은 굴곡이 진행되는지를 결정하기 위해 면밀한 관찰과 엑스레이가 필요하다. 이것은 특히 굴곡이 특발성이거나 진행되지 않는 사례인 경우다. 진행성으로 판별된 굴곡은 최선의 치료가 시행될 때까지 자세히 관찰되어야 한다.

## 2) 브레이싱

비정상적 만곡의 향후 악화를 예방하기 위한 브레이스의 사용은 특발성 척추측만이 있는 경우 특히 희망적 결과를 보여 준다. 브레이싱은 골격 성숙이 완성되지 않고 중등도 굴곡을 갖고 있는 성장기 청소년에게 전형적으로 사용된다(Herring, 2002).

처방되는 브레이스에는 여러 가지 다른 형태가 있다. 예를 들어, 밀워키(Milwaukee) 브레이스는 경부에서 천골부까지 지지해 준다. 고관절부에서 목 주위에 고정된 고리까지 이어진 성형 플라스틱 고관절 부분과 금속 수직 부분이 있다. 바른 자세를 보조하기 위해 금속 수직 부분에는 압박 패드가 연결된다. 브레이스가 편안하도록, 아동은 반드시 브레이스 안에서 가능한 한 똑바로 서 있어야 한다.

동일한 효과를 나타내나 외관상의 이유로 흉-요-천추 보조기(thoraco-lumbo-scaral orthosis: TLSO)가 사용된다. TLSO는 몰드 플라스틱 자켓으로 이루어져 있다. TLSO의 형태에 따라 가슴 아래에서 고관절 위까지 고정된다([그림 9-6] 참조). 원래 브레이스는 거의 하루 종일 착용해야 되지만, 하루에 16시간 동안 브레이스를 착용한 일부 학생에게 효과적이었다는 연구가 보고되고 있다. 종종 학생은 학교에서 브레이스를 착용하지 않기를 원한다(Herring, 2002).

특발성 척추측만증이 있는 아동에서의 성공적인 효과 때문에, 브레이싱은 신경근성 척추측만증 아동에게도 시도되어 왔다. 브레이싱이 유용한 영속적 또는 일시적 치료 옵션으로 발견된 사례가 있지만, 대부분의 선례는 브레이싱이 척추 기형이

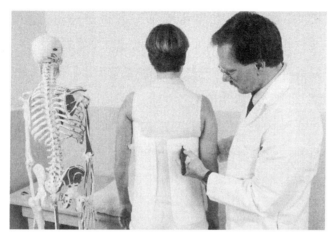

**그림 9-6** 청소년이 척추측만을 치료하기 위해 흉-요-천추 보조기(TLSO)를
착용하고 있다.

라는 최종의 결과를 변경할 수 없다는 것과 수술이 핵심 선택이라는 것을 지지한다
(Miller, 2005; Thompson, 2004). 그러나 부모는 브레이스가 착석·안정성을 높이기
때문에 만족을 표한다(Terjesen, Lange, & Steen, 2000). 아동이 휠체어(일반적으로 척
추측만을 위해 수정된)에 착석하지 못할 때, 브레이싱은 착석의 증진을 돕는 데 사용
될 수 있다. 이 경우 브레이스는 단지 기능적 시간 동안에만 사용되고, 척추측만의
진행을 억제하거나 예방하기보다는 단지 착석만을 보조하도록 기대된다(Miller,
2005).

## 3) 수술

진행성 신경근성 척추측만증의 학생은 자주 수술을 받는다. 수술 실행 여부에 대
한 결정에 있어서 아동의 연령, 굴곡의 원인, 이전의 치료, 굴곡 정도, 척추측만 유
연성, 기능적 일상 기술과 활동에 대한 굴곡의 영향, 착석과 이동에 대한 굴곡의 영
향, 아동의 상태, 그리고 가족의 기대에 대한 고려가 필요하다. 예를 들어, 특발성
척추측만 청소년은 굴곡이 40~50°에 달하고 진행성으로 판별되면 수술 가능 대상
이 된다. 그러나 아동이 신경근성 척추측만증일 경우에는 기준이 달라지기 쉽다.
예를 들어, 더 이상 걸을 수 없는 뒤센형 근이영양증이 있는 소년에게 30°의 굴곡이
나타나면 수술이 제안될 것이다(Herring, 2002).

가장 보편적인 수술은 도구 장치(예: 막대[rod]와 뼈 접목[bone graft])를 척추와 연결하는 척추 융합이다. 이 수술에서 앞이 굽은 막대가 갈고리 또는 나사(또는 다른 수단)로 척추의 특정 위치에 부착되고, 척추를 조심스럽게 똑바로 편다. 골이식(예: 고관절로부터)의 작은 조각은 척추를 똑바로 유지하게 하는 데 함께 융합되도록 추골 사이에 놓는다. 이것이 척추 융합술로 불린다. 뼈 그래프가 성장하고 굴곡을 예방하도록 척추가 단단해지도록 하는 동안, 막대는 뼈 척수를 곧게 유지하게 한다. 융합되지 않은 곳은 척추가 여전히 구부러지기 쉽다.

## ⑦ 척추측만증의 진행과정

수술의 형태로 치료를 받은 아동과 청소년의 경우, 대부분 성과는 긍정적이다. 그러나 일부 까다로운 사례에서 수술은 기능적 착석 또는 보행에 관련해서 기대된 효과를 얻지 못할 수 있다.

일부 사례에서 치료는 아동의 건강, 가족의 기대, 또는 다른 요인 때문에 제공되지 않을 수 있다. 치료가 없으면 신경근성 굴곡은 지속적으로 진행된다. 예를 들어, 근육 실조에서 발견된 척추측만증은 아동이 휠체어 사용자라면 대개 빠르게 진행된다. 착석 자세가 추가적인 척추후만을 일으키면 보수적 관리는 어려워진다. 척추측만증은 휠체어를 포함하여 어떠한 자세로든 착석이 어렵도록 더욱 진행된다. 휠체어에 앉을 수 없다는 것은 지역사회로 나가는 개인의 능력에 심각한 영향을 미친다. 교정되지 않은 척추측만증을 가진 많은 뇌성마비인은 자립적으로 착석하는 능력을 잃게 되거나, 척추측만증이 진행될수록 더 많은 지원을 요구하게 된다. 굴곡이 더 심각해질수록 착탈의, 자세 잡기, 섭식 영역에서 더 많은 보호가 필요하다(Saito et al., 1998). 이전에 검토하였듯이, 고통 및 불편함과 더불어 추가 건강 문제 또한 발생할 수 있다(예: 피부 손상 또는 폐 용적 감소).

## ⑧ 고관절 탈구 개요

고관절부는 신체에서 가장 큰 관절이고 보행, 착석, 눕기와 같은 가장 기능적인 문제를 야기할 수 있는 관절이다(Miller, 2005). 비록 고관절 문제가 다른 손상 없이도 발생할 수 있지만, 주로 경직형 또는 불수의운동형 뇌성마비와 같은 신경운동장애가 있고(Soo et al., 2006), 척수성 근위축증과 같은 퇴행성 조건이 있는 사람에게서 종종 발견된다(Herring, 2002).

뇌성마비인에게 세 가지 가장 일반적인 고관절 문제로는 고관절 부분탈구(subluxation), 고관절 탈구(dislocation), 그리고 고관절 이형성증(dysplasia)이 있다. 고관절 부분탈구는 소켓(구멍)에서 고관절부의 불완전 또는 부분적 탈구를 의미한다. 고관절 탈구는 정상적인 관절을 만드는 뼈 끝부분에서의 완전한 분리를 의미한다. 즉, 대퇴골 끝이 고관절의 일부인 소켓에서 완벽하게 분리된 것이다. 고관절 이형성증은 고관절 발달의 비정상성을 의미한다.

## ⑨ 고관절 탈구의 원인

고관절 탈구(hip displacement)의 정확한 상태는 그 원인에 근거한다. 소아과 연령대에서 발병하는 고관절 탈구에 대한 분류는 다음과 같다.

### 1) 선천성 고관절 탈구

선천성 고관절의 경우는 고관절이 출생 직후 또는 출생 전, 출산 동안 탈구가 된다. 만약 탈구가 출산 후 바로 발견되면 대퇴골의 윗부분은 소켓(구멍) 안으로 쉽게 넣을 수 있다. 그러나 대퇴골의 윗부분이 소켓에서 빠진 것이 오래될수록 이를 교정하기 위한 더 적극적인 절차가 이루어진다. 만약 탈구가 수년 동안 지속된다면 정상 고관절이 되기 어렵다.

## 2) 외상성 고관절 탈구

외상성 고관절 탈구는 외상으로 인해 발생한 탈구를 의미한다. 예를 들어, 고관절 탈구는 추락 같은 사고로 인해 발생할 수 있다. 승용차 계기판에 부딪히는 것처럼 고관절을 굽힌 상태에서 무릎 관절에 강한 힘이 가해질 때 많은 외상성 고관절 탈구가 발생한다(Beer et al., 2006).

## 3) 고관절 장애와 질병: 대퇴골두 골단 분리증

가장 일반적인 청소년기 고관절장애는 대퇴골두 골단 분리증(slipped capital femoral epiphysis)이다. 이는 일반적으로 골단(성장판) 위치에서 대퇴골 꼭대기의 둥근 부분이 대퇴골에서 빠지는 것이다. 이러한 전치는 약한 통증을 일으키거나 심한 통증으로 절뚝거리게 하는데, 점진적이거나 또는 갑자기 발생할 수 있다. 약 20% 정도의 사례에서 청소년은 오직 무릎 통증만을 호소한다(Thompson, 2004). 일반적으로 수술이 필수다.

## 4) 경직형 고관절

경직형(spastic) 고관절이라는 용어는 경직형 뇌성마비 아동에게 발생하는 고관절 부분탈구 또는 고관절 이형성증, 고관절 탈구를 설명하기 위해 사용된다. 불수의운동과 근긴장이상증(dystonia)도 포함된다(Miller, 2005). 비록 고관절 문제가 과소긴장(hypotonia)이 있는 아동에게 발생하더라도, 경직형 고관절이 포함된 분류에는 속하지 않는다. 이 장에서는 경직성으로 인한 고관절 탈구에 대해 주로 다룰 것이다.

## ⑩ 고관절 탈구에 대한 이해

### 1) 고관절 개요

고관절부는 구상(ball-and-socket) 관절이다. 볼(ball)은 대퇴골의 둥글게 된 골두다. 볼은 관골구(acetabulum)라고 알려진 고관절뼈 구멍에 끼워진다([그림 9-7] 참조). 연골(cartilage), 인대(ligament), 캡슐(capsular) 구조, 고관절 근육 주변부까지 관골구에서 대퇴부의 골두를 받친다.

고관절은 신체의 주요 무게 지탱 관절 중 하나다. 착석과 보행과 같은 움직임이 고관절부의 전반에 발생하면, 고관절 근육은 몸무게보다 더 강한 힘을 발생시킨다 (Scoles, 1988). 출생 후부터 고관절부의 정상적 성장과 발달을 위해 대퇴부의 골두는 관골구에서 잘 움직이고 꼭 맞아야 한다.

만약 고관절부가 적절하게 정렬되지 못한 경우 골격 성장, 고관절 주위의 뼈대 모양 변화, 영구적인 관절 기형을 야기하는 비정상적인 힘이 나타난다. 처음에는 기형이 아동의 기능을 방해하지 않지만, 치료되지 않은 채로 시간이 흐르면 비정상적 마모가 관절 퇴보, 통증, 기능 상실을 일으킨다.

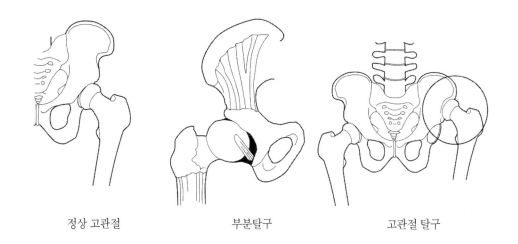

정상 고관절          부분탈구          고관절 탈구

그림 9-7    정상 고관절, 부분탈구, 고관절 탈구

## 2) 고관절 탈구의 기제

고관절 탈구는 대퇴 골두가 두 관절 표면의 연결이 없이 관골구 밖으로 나올 때 생긴다. 고관절의 부분탈구는 두 관절 표면 사이에 부분적인 연결은 있지만 대퇴부 골두가 관골구 내로 완전히 덮여 있지 않을 때 나타난다([그림 9-7] 참조).

근육 불균형 때문에 경직형 뇌성마비 아동은 고관절 부분탈구와 탈구로 발전하기 쉽다. 고관절의 과다긴장(높은 긴장 상태) 내전근(adductor)과 굴곡근(flexor muscle)은 더 약한 고관절 신근(extensor)과 외전근(abductor muscle)에 무리를 준다. 시간이 지나면, 더욱 강해지는 경직형 근육이 대퇴부의 골두를 관골구에서 분리 된다(Herring, 2002).

뇌성마비 아동의 경우 발달된 고관절에서 경직형 근육의 비정상적 힘 때문에 관절 그 자체가 해부적으로 변형된다. 예를 들어, 자발적으로 스스로 일어서지 않는 한, 대퇴골(femur)의 연결 부분은 약간 다른 각도로 자라게 된다. 이에 시간이 지나면서 고관절 부분탈구가 나타나게 된다. 결국 관골구는 매우 얕게 되고, 대퇴부 골두는 더욱 변형된다(Miller, 2005).

## ⑪ 고관절 탈구의 특징

경직형 고관절 질병에서 고관절 탈구의 특징은 아동의 연령과 전치의 진행 정도에 따라 달라진다. 출생 시 뇌성마비 신생아는 전형적으로 정상 고관절을 가진다 (비록 다른 고관절 비정상성을 갖고 있더라도). 경직형 고관절은 1~8세 사이에 시작되는데, 2~6세 사이에 가장 많이 발생한다. 2세경에 대부분의 경직형 뇌성마비 아동은 경직성이 발달하기 시작한다. 아동이 성장함에 따라 근육이 점점 더 강해지고, 경직성이 악화될수록 더 심해진다. 또한 어린 아동의 관골구는 기형이 되기 쉬운 부드러운 연골로 주로 구성된다. 시간이 흐르면 대퇴골두가 관골구에서 빠져 나오게 될 것이고, 부분탈구의 초기 단계에서 아동은 어떠한 통증도 느끼지 못할 것이다. 그러나 한 달에 약 2%의 비율로 부분탈구가 증가되면서 진행될 것이다(Miller, 2005). 부분탈구가 진행될수록 아동은 통증을 느끼기 시작한다.

아동이 자라면서 전체 고관절 탈구가 발생한다. 연골은 얇아지고, 대퇴 골두는 형체가 없어질 것이다. 아동이 10대가 되면 고관절부에서 심각한 관절 변화가 발생한다. 아동은 움직일 때 나타나는 심한 통증과 함께 종종 쉴 때도 통증을 느끼게 된다. 다행히 경직형 고관절 질병이 8세 이전에 발생하지 않으면 고관절부는 더 적은 연골을 갖게 되고, 대부분 뼈대로 구성되기 때문에 발병 위험성이 낮아진다(Miller, 2005).

고관절 탈구가 있는 아동은 보행 시 어려움뿐 아니라 고통을 경험한다. 장시간의 착석과 눕기가 어렵다. 더욱이 고관절 탈구는 회음부 위생(perineal hygiene)의 어려움과 피부 손상과 같은 여러 가지 문제와 연관되어 있다.

## ⑫ 고관절 탈구의 진단

고관절 탈구를 진단하는 여러 가지 방법이 있다. 신체검사 동안 주로 고관절 비정상성이 발견되고, 엑스레이로 확인된다. 일부 아동과 젊은 성인은 고관절 컴퓨터 단층촬영(CT)이 고관절 이형성증의 방향을 보여 주기 때문에 CT 촬영이 필요하다. 신생아를 위한 초음파, 의사소통할 수 없는 아동의 통증 위치를 알아내기 위한 뼈 스캔, 관절 조영술(arthrography, 염료를 고관절에 주입하는 것), 다른 영상기법(MRI) 등의 진단법이 경직형 고관절 이외에 고관절 문제에 대해 더 보편적으로 사용된다.

## ⑬ 고관절 탈구의 치료

고관절 탈구를 위한 치료는 경직형 뇌성마비 또는 비슷한 상태의 아동의 고관절 부분탈구를 예방하고 초기에 교정하는 것이다(Ackerly, Vitztum, Rockely, & Olney, 2003). 고관절 탈구로 인해 발생하는 장기적인 문제 때문에, 탈구의 발병을 예방하기 위한 관리가 우선된다. 발(서 있기 또는 체중 지탱을 위해 필요한)의 변형과 구축을 해결한 후, 경직형 뇌성마비 아동을 위한 정형외과 의사의 두 번째 우선순위는 고관절이 된다.

고관절 부분탈구를 위한 치료의 목적은 부분탈구의 진행과 고관절 탈구가 나타나는 것을 예방하는 것이다. 경직형 고관절의 진행에 따른 세 가지 다른 형태의 수술로 (a) 근육이 늘어난 연조직 제거(예: 내전근 길이), (b) 고관절의 부분탈구 또는 탈구를 줄이고 재건함, (c) 장기간의 고통스러운 탈구에 대한 수술이 있다. 전형적으로 5세 이하의 아동은 구축의 연조직 제거를 하게 된다. 진행된 고관절 부분탈구 또는 탈구를 다루기 위해서는 더 강도 높은 수술이 필요하다(Herring, 2002).

고관절 이형성증 수술의 목적은 아동이 걸을 수 없을 때 안정된 착석과 고관절 통증을 없애 주는 것이다. 만약 아동이 걸을 수 있다면, 고관절 이형성증 수술의 목적은 고관절의 통증 없이 보행이 계속 가능하게 하는 것이다(Herring, 2002). 고관절 부분탈구에 대한 특수한 다른 치료는 현재 연구 중에 있다(예: 바클로펜과 보툴리누스 독소 주사).

## ⑭ 고관절 탈구의 진행과정

치료하지 않으면 경직형 고관절 아동은 고관절 탈구로 진행되는 고관절 부분탈구가 된다. 이것은 보행, 착석 지속, 통증, 피부 손상과 같은 여러 가지 영역의 문제와 연관된다. 경직형 고관절에 대한 외과적 치료는 좋은 성과를 보이는데, 초기에 외과적 중재를 시행하는 것이 최상의 결과를 보여 준다.

## ⑮ 척추측만증과 고관절 탈구에 대한 교육적 시사점

### 1) 신체 및 감각적 요구

척추측만증과 고관절 탈구에서 교사는 적합화(adaptation) 또는 자세 잡기 요구에 대한 인식이 필요하다. 중도 굴곡이 있는 학생의 경우, 자유롭게 손을 움직이면서 편안하고 독립적으로 앉을 수 있도록 특수하게 제작된 의자가 필요할 수 있다. 고관절 부분탈구 또는 탈구가 있으면, 교사는 학생이 자세 잡기를 할 때 주의해야 한다. 어떠한 형태의 문제를 가진 학생이라도, 최상의 자세를 잡기 위해 필요한 장비다. 적절한 자세 잡기를 결정하기 위해서 반드시 물리치료사가 교사와 함께 일해야 한다.

교사는 척추의 비정상적 만곡 또는 고관절 탈구를 나타내는 어떠한 증상에도 민감해야 한다. 척추측만이 나타나면 옷이 고르지 않거나 청바지 뒤에 주름이 진다. 고관절 탈구가 나타나면 학생이 통증을 호소할 것이다. 비정상적 굴곡 또는 고관절 탈구에 대한 어떠한 의심이라도 있다면 후속 조치를 위해 반드시 보건교사에게 통보해야 한다.

척추측만 또는 고관절 탈구의 심각도에 따라서 활동이 제한될 수 있다. 중도 굴곡이 있는 학생은 폐와 심장에 미치는 영향으로 인해 격렬한 운동에서 제외되어야 한다. 외과적 치료를 받지 않은 고관절 탈구가 있는 학생의 경우, 교사는 고관절 탈구가 특정 활동에서 학생의 운동성, 체력, 참여에 어느 정도 영향을 미치는지에 대해 알아야 한다. 어떤 경우에는 학생이 여기저기 이동하는 데 더 많은 시간이 필요할 수 있다.

척추측만증과 고관절 탈구는 불편함과 통증을 야기한다. 교사는 통증과 함께 나타나는 지구력 감소가 학생의 수행에 영향을 준다는 것을 인식해야 한다. 일정 조정과 휴식 시간이 필요할 수 있다. 통증 관리가 쟁점이 된다면 학생의 가족, 의사, 학생 본인과의 의사소통이 중요하다.

척추측만증과 고관절 탈구가 있는 학생은 상태를 치료하기 위해 수술을 할 수 있으며, 교사는 수술을 위해 학생을 준비시키는 역할을 담당할 수 있다(예: 학생이 보완적 의사소통을 사용할 경우 학생이 병원에서 사용할 의사소통판 만들기). 교사는 또한 학생이 학급으로 돌아왔을 때를 준비해야 하고 학생의 신체적 요구를 관리할 수 있도록 계획해야 한다. 예를 들어, 이전에 사용했던 서 있는 장치를 몇 달 동안 사용하지 말아야 할 수 있다. 수술 후 활동 제한과 적합화가 필요할 수 있기 때문에, 제한과 그 기간에 관련된 정보를 의사에게서 얻어야 한다.

척추측만증이 있는 일부 학생은 비정상 굴곡을 치료하기 위해 브레이스를 사용한다. 대개 브레이스는 처음에 불편한데, 불편함은 브레이스가 아동에게 정확하게 맞지 않을 때 나타나고, 이로 인해 피부에는 찰과상이 발생한다. 학생은 반드시 검사를 받아야 하고 그들 스스로 피부 손상의 징후에 대해 점검해야 한다. 이는 특히 감염된 부분에 감각 손상으로 인해 어떠한 통증도 느낄 수 없는 척수 손상과 같은 상태의 학생에게 매우 중요하다. 피부의 어떤 형태의 찰과상 또는 붉어짐이든 간호사, 물리치료사 또는 부모에게 보고되어야 한다. 브레이스는 정확히 맞도록 재점검되거나 브레이스 착용을 위한 스케줄이 조정되어야 한다.

## 2) 의사소통 요구

척추측만증 또는 고관절 탈구가 있는 학생은 중도 경직성 사지마비 뇌성마비와 같은 기본 조건이 아니라면 언어 영역에서는 손상이 없다. 만약 그렇다면 교사가 학생이 통증을 느낄 때를 파악하는 것이 중요하다. 이는 얼굴 표정이나 발성을 관찰함으로써 알 수 있다. 만약 문제가 있다면 학생의 보완 의사소통 장치에 통증 상징을 가지고 학생이 그것을 사용하도록 훈련하는 것이 이상적이다. 자세 변화를 다루는 추가 상징도 필요하다.

## 3) 학습 요구

척추측만증 또는 고관절 탈구는 어떤한 관련된 학업 결함도 없다. 척추측만증이 있는 학생은 브레이스 착용방법을 학습해야 한다. 척추측만증 또는 고관절 탈구 학생은 수술 후 보호받는 방법을 배워야 한다. 중도 척추측만증 또는 고관절 탈구를 교정하지 않은 학생은 그들의 활동에 필요한 보조공학 또는 수정을 실행하는 방법을 배워야 한다.

## 4) 일상생활 요구

고관절 탈구뿐만 아니라 중도 척추측만 학생은 일상생활 기술을 수행하는 것이 어렵다. 예를 들어, 굴곡 또는 고관절 탈구가 옷 입는 동안 서 있는 것을 어렵기 만들 경우 몸단장이 어려울 수 있다. 교사는 학생이 가능한 한 자립하도록 해 주는 다양한 형태의 적합화, 보조 장치, 또는 대안적 자세를 사용하도록 지도해야 한다. 구체적인 적합화는 학생의 기본 상태에 따라 달라진다(보조공학에 대해서는 8장, 적합화에 대해서는 12장 참조).

## 5) 행동 및 사회적 요구

교사는 척추측만증 및 고관절 탈구와 관련된 자아존중감(self-esteem) 문제에 대해 인식해야 한다. 만곡이 만들어 내는 외형적인 결함에 관한 연구에서는 신체 외모에 대한 왜곡(deviation)은 심리적 고통을 일으키는 책임이 있는 것으로 확인되었다(Theologis, Jefferson, Simpson, Turner-Smith, & Fairbank, 1993). 개인의 외형적모습과 자기존중감에 대한 만곡의 영향이 알려졌음에도, 문학과 텔레비전에서 '못생긴 악마 곱사등이' 와 같은 이미지는 척추후만증이 있는 학생이 긍정적인 자기 이미지를 형성하는 데 전혀 도움이 되지 않는다. 특히 척추 기형이 청소년기 동안 나타나면 잘 어울리지 않는 옷 또한 부정적 자기 이미지를 만들어 낸다. 고관절 탈구의 경우, 뚜렷한 걸음걸이 비정상이 보이는 학생은 이에 대해 부끄러워하거나 학급또래에게서 놀림을 당하게 된다. 척추측만증 또는 고관절 탈구가 있는 학생은 학교환경에서 관계자와 교사의 정서적 지원이 필요하다. 만약 학생이 누군가와 대화하기를 원한다면 교사는 경청할 수 있어야 한다.

요약

복합장애 학생은 종종 척추측만증 또는 고관절 탈구와 같은 추가 장애를 갖는다. 척추의 측면 만곡인 신경근성 척추측만증은 근육 비균형, 성장하는 척추의 낮은 근육 조절력, 구축 또는 진행성 결함이 원인이 된다. 척추측만이 심각하다면 아동의 보행, 착석, 건강이 영향을 받는다. 고관절 탈구(고관절 부분탈구, 고관절 탈구, 고관절 이형성증 포함)는 경직형 근육의 비정상적으로 당기는 힘 때문에 경직형 뇌성마비의 아동에게 발생한다. 만약 이것이 진행된다면 보행, 착석, 눕기에 영향을 주고 고통과 위생에서 어려움을 야기한다. 어떤 경우에는 수술이 이들 상태를 교정하기 위해 필요하다.

## 사례    듀살의 이야기

듀살은 경직형 뇌성마비의 15세 소녀로 중도 지적장애가 있다. 그녀는 중도 척추측만증과 고관절 탈구를 치료하지 않았고 이동하기 위해 휠체어가 필요하다. 양쪽 상태는 장시간 동안 착석하는 데 영향을 주고, 그녀는 얼굴을 많이 찌푸린다. 교사는 듀살의 요구를 충족하기 위해 어떤 정보를 습득해야 하는가?

## 참고문헌

Ackerly, S., Vitztum, C., Rockley, B., & Olney, B. (2003). Proximal femoral resection for subluxation or dislocation of the hip in spastic quadriplegia. *Developmental Medicine and Child Neurology, 45*, 436-440.

Alman, B. A., Raza, S. N., & Biggar, W. D. (2004). Steroid treatment and the development of scoliosis in males with Duchenne muscular dystrophy. *Journal of Bone and Joint Surgery, 86*, 519-524.

Beers, M. H., Porter, R. S., Jones, T. V., Kaplan, J. L., & Berkwits, M. (2006). *The Merck manual of diagnosis and therapy*. Whitehouse Station, NJ: Merck Research Laboratories.

Chung, S., Wong, Y., Hui, J., Wong, H., Ong, H., & Goh, D. (2003). Pulmonary function and scoliosis in children with spinal muscular atrophy types II and III. *Journal of Paediatrics and Child Health, 39*, 673-676.

Dabney, K. W., Miller, F., Lipton, G., Letonoff, E. J., & McCarthy, H. C. (2004). Correction of sagital plane spinal deformities with unit rod instrumentation in children with cerebral palsy. *Journal of Bone and Joint Surgery, 86*, 156-168.

Harper, C. M., Ambler, G., & Edge, G. (2004). The prognostic value of pre-operative predicted forced vital capacity in corrective spinal surgery for Duchenne's muscular dystrophy. *Anaesthesia, 59*, 1160-1163.

Herring, J. A. (2002). *Tachdjian's pediatric orthopedics* (3rd ed.). Philadelphia: W. B. Saunders.

Lackey, E., & Sutton, R. (2005, October 28). GP clinical: The Basics+Recognizing and identifying a scoliosis. *General Practitioner*, pp. 56-59.

Lenssinck, M. B., Frijlink, A. C., Berger, M. Y., Bierma-Zeinstra, S., Verkerk, K., & Berhagen, A. P. (2005). Effect of bracing and other conservative interventions in the treatment of idiopathic scoliosis in adolescents: A systematic review of clinical trials. *Physical Therapy, 85,* 1329–1339.

Lonner,. B. S., Kondrachov, D., Siddiqi, F., Hayes, V., & Scharf, C. (2006). Thoracoscopic spinal fusion compared with posterior spinal fusion for the treatment of thoracic adolescent idiopathic scoliosis. *Journal of Bone and Joint Surgery, 88,* 1022–1034.

Miller, F. (2005). *Cerebral palsy.* New York: Springer.

Newton, P., Faro, F., Gollogly, S., Betz, R., Lenke, L., & Lowe, T. G. (2005). Results of preoperative pulmonary function testing of adolescents with idiopathic scoliosis. *Journal of Bone and Joint Surgery, 87,* 1937–1946.

Satio, N., Ebara, S., Ohotsika, K., Kumeta, H., & Takaoka, K. (1998). Natural history of scoliosis in spastic cerebral palsy. *Lancet, 351,* 1687–1693.

Scoles, P. V. (1988). *Pediatric orthopedics in clinical practice.* Chicago: Yearbook Medical Publishers.

Soo, B., Howard, J., Boyd, R., Reid, S. M., Lanigan, A., Wolfe, R., et al. (2006). Hip displacement in cerebral palsy. *Journal of Bone and Joint Surgery, 88,* 121–129.

Terjesen, T., Lange, J. E., & Steen, H. (2000). Treatment of scoliosis with spinal bracing in quadriplegic cerebral palsy. *Developmental Medicine and Child Neurology, 42,* 448–454.

Theologis, T. N., Jefferson, R. J., Simpson, A. H., Turner-Smith, A. R., & Fairbank, J. C. (1993). Quantifying the cosmetic defect of adolescent idiopathic scoliosis, *Spine, 18,* 909–912.

Thompson, G. H. (2004). The hip. In R. E. Behrman, R. M. Kliegman, & H. B. Jenson (Eds.), *Nelson textbook of pediatrics* (17th ed., pp. 2273–2280). Philadelphia: W. B. Saunders.

Thompson, G. H. (2004). The spine. In R. E. Behrman, R. M. Kliegman, & H. B. Jenson (Eds.), *Nelson textbook of pediatrics* (17th ed., pp. 2280–2288). Philadelphia: W. B. Saunders.

제10장

# 소아 류머티즘 관절염, 다발성 관절 구축과 골형성부전증

*Kathryn Wolff Heller and Mary Jane Thompson Avant*

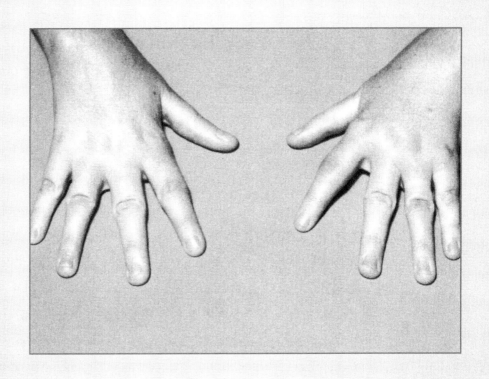

여러 가지 조건이 뼈와 관절에 영향을 주고 그 결과로 신체장애를 갖게 되는데, 소아 류머티즘 관절염, 다발성 관절 구축, 골형성부전의 세 가지가 이에 속한다. 이들 조건은 각기 다양한 원인, 특성, 치료 및 예후를 가진다. 이들 조건과 하위 유형은 뼈와 관절에만 국한되지 않고 다른 신체기관에도 영향을 주며, 신체 활동 또는 움직임에 심각한 영향을 줄 수 있다.

교사는 이러한 조건을 가진 학생을 효과적으로 도와주기 위해서 소아 류머티즘 관절염, 다발성 관절 구축 및 골형성부전에 대해 정확히 이해해야 한다. 일부 학생은 장애가 없거나 거의 없어 보이지만 학교환경에의 접근성과 안전을 위해서 적합화가 필요할 수 있다. 반면에 다른 학생은 팔다리의 사용에 영향을 주는 심각한 신체장애를 가질 수 있다. 비록 상태가 심각하더라도, 대부분의 소아 류머티즘 관절염, 다발성 관절 구축, 골형성부전의 학생은 정상 지능을 가진다.

이 장에서는 세 가지 상태를 각각 분리하여 원인, 이해, 특징, 진단, 치료, 진행과정에 대해 논의하고자 한다. 이 장의 마지막에서는 이들 조건에 대한 교육적 시사점이 함께 논의될 것이다.

## ① 소아 류머티즘 관절염 개요

소아 류머티즘 관절염(Juvenite rheumatoid arthritis: JRA)은 아동 또는 16세 이전의 청소년에게 나타나는 만성 관절염이다. 관절염은 전형적으로 성인병으로 생각되지만, 아동과 청소년 장애의 주요인이기도 하다. 미국에서는 거의 30만 명의 아동이 관절염, 결합 조직 증상의 가장 일반적 형태인 소아 류머티즘 관절염으로 진단된다(Labyak, Bourguignon, & Docherty, 2003). 소아 류머티즘 관절염은 심각한 근골격 변화와 학급 수행에 부정적 영향을 주는 통증을 야기하는 원인이 된다. 학생을 보면 외견상 쉽게 나타나는 증상이 아니기 때문에 증상의 심각성과 그 영향이 잘못 이해될 수 있다. 이렇게 되면 적절한 적합화를 제공할 수 없어 학생의 학교 수행에 불리한 영향을 준다.

소아 류머티즘 관절염은 단독 증상이기보다는 세 가지 주요 형태(그리고 여러 하위 유형)의 증상 범주다. 세 가지 주요 형태에는 소수 관절형(pauciarticular, 5개 미만의 감염된 관절), 다발 관절형(polyarticular, 5개 또는 그 이상 감염된 관절), 그리고 전신형(systemic, 발열 특성이 동반된)이 있다. 소아 류머티즘 관절염으로 진단을 하기 위해서는 다음 다섯 가지 준거가 맞아야 한다. 첫째, 16세 이전에 시작된 만성 관절염 염증이 있어야 한다. 둘째, 관절염은 하나 또는 그 이상의 관절에서 나타나야 한다(즉, 제한된 운동 범위; 이동 시의 통증, 압통, 그리고/또는 발열 증가의 두 가지가 동반되는 부종[swelling] 발생). 셋째, 6주 또는 그 이상의 기간 동안 증상이 지속되어야 한다. 넷째, 첫 6개월 안에 증상이 하나의 증상 종류로 정의되어야 한다(즉, 다발관절, 소수 관절형, 전신형). 마지막으로, 유년기 관절염의 다른 형태는 반드시 제외되어야 한다(Miller & Cassidy, 2004).

## ② 소아 류머티즘 관절염의 원인

소아 류머티즘 관절염의 정확한 원인은 알려지지 않았다. 그러나 발생에 영향을 미치는 것으로 생각되는 여러 가지 요소가 있다. 그중 하나가 면역체계의 변화로, T 세포 변형 또는 자가면역 반응(autoimmune reaction) 같은 비정상적 면역 조절로 나타난다. 자가면역 반응이란 외부의 어떤 항체에 대한 반응으로 신체의 정상 세포를 공격하기 시작하는 것이다. 소아 류머티즘 관절염은 유전적 기초가 있다고 생각되고 있다.

## ③ 소아 류머티즘 관절염에 대한 이해

인체는 500개 이상의 관절로 구성된다. 이 관절 중의 일부는 두개골의 뼈 사이 또는 척추의 몸통 사이에서처럼 움직임의 범위가 없거나 제한된다. 다른 관절은 무릎이나 팔꿈치와 같이 움직임이 자유롭다. 이들은 활막 관절(synovial joint) 또는 가동 관절(diarticular joint)이라고 부른다.

활막 관절에는 그 사이에 공간에서 함께 만나는 두 개의 뼈 말단 부분이 있다(관절 구멍 또는 관절 공간으로 알려짐; [그림 10-1], a 참조). 뼈의 말단에는 연골(관절 연골로 알려짐)이 있고 그 사이에 관절액(joint fluid)이 있다. 이 형태의 관절은 관절액을 분비하고 관절 내에 함유하는 활액막(synovial lining, 활액으로 알려짐)으로 싸여 있다. 활막 주위는 결합 조직으로, 그 안에 혈관이 있다. 이것은 관절낭(joint capsule)으로 언급된다.

관절은 주변 근육의 수축으로 움직인다. 근육이 수축하면 뼈가 움직이게 된다. 뼈 말미의 연골층은 반대쪽 뼈의 다른 연골 표면 위로 자연스럽게 움직인다. 연골을 보호하는 관절액은 관절운동의 자연스러운 움직임을 도와주는 윤활유 역할을 한다.

관절에 상처가 나면 신체 방어기제와 치료 진행의 일부로 염증이 진행된다. 염증의 진행은 여러 가지 하위 과정으로 구성되는데([그림 10-1], b 참조), 즉 (a) 과도한 혈

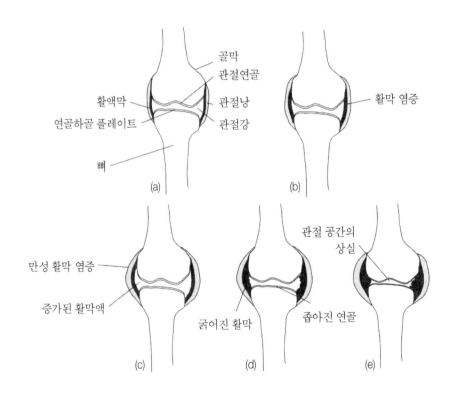

**그림 10-1** (a) 정상 가동 관절, (b) 초기 관절 염증, (c) 만성 관절 염증, (d) 연골에 손상을 주고 관절 사이에 두꺼워진 활막의 돌기가 나타나는 활액막 만성 염증, (e) 연골과 뼈의 침식이 시작되고 관절의 기형이 발생

출처: Jackson & Vessey(2000), p. 608의 허락하에 발췌함.

액의 흐름과 혈관의 팽창, (b) 세포 사이 공간의 다량의 유체 움직임, (c) 세포 사이 공간의 유체 응고, (d) 파괴된 조직을 탐식(devour)하는 특정 세포의 움직임, (e) 부종(Guyton & Hall, 2006)이다. 이 진행과정에는 고통과 통증이 수반된다. 따라서 자신의 관절을 보호하는 방법으로 움직임을 제한하게 된다. 염증 진행이 약해지면 파괴된 조직을 독식하는 특정 세포가 때때로 아직 살아 있는 조직 세포를 손상한다.

관절염(atrhritis)이라는 용어는 '관절(joint)'이라는 의미의 arthro와 '염증(inflam-mation)'이라는 의미의 itis에서 유래되었다. 염증 진행은 일반적으로 혈액 세포 주입과 관절 부종이 함께 발생한다. 그러나 관절에 발생하는 염증 진행의 기간과 빈도 때문에, 염증 진행은 유익한 작용이 아니다. 초기에 염증성 진행은 활막의 만성 염증이 된다([그림 10-1], c 참조). 시간이 흐름에 따라 두꺼운 활막(synovial membrane) 돌기는 관절 공간에 돌기를 형성하고, 활막은 관절 연골에 달라붙기 시작한다([그림 10-1], d 참조). 마지막에는, 지속된 염증과 활막의 증식과 함께 관절 연골과 다른 구조(뼈대 포함)가 부식되고 손상되기 시작한다(Miller & Cassidy, 2004; Rettig et al., 2004). 만약 이것이 발생하면 뼈대 끝에 있는 연골은 반대쪽 뼈의 다른 연골 표면과 더 이상 매끄럽게 미끄러지듯 움직이지 못하게 된다. 그리하여 관절 변형과 손상된 움직임이 발생하게 된다([그림 10-1], e 참조). 이 과정은 아동에게 장시간에 걸쳐 나타나고, 일부에서 영구 관절 손상이 발생한다.

관절 변형은 고통을 경감하고자 하는 아동의 자연스러운 성향 때문에 발전된다. 관절에 염증이 생기면 관절의 움직임이 고통스럽다. 이에 아동은 가능한 한 편안한 자세로 관절을 유지하고자 한다. 많은 경우에 이 자세는 구부정한 자세이고, 구축이 빨리 진행된다.

## ④ 소아 류머티즘 관절염의 특징

### 1) 일반적 특징

소아 류머티즘 관절염은 특정 연령 집단에서 많이 나타나는데, 8세와 사춘기에 가장 많이 시작된다(Palmer et al., 2005). 발병하면 (a) 움직이지 않은 후에 오는 강직, (b) 관절 움직임과 동반된 통증, (c) 관절 움직임의 제한, (d) 고열 및 다른 형태의 증상과 같은 네 가지 일반 증상이 나타날 수 있다. 이 질병의 주요 증상 중 하나는 강직(stiffness)이다. 잠을 잔 후 또는 일정 시간 앉아 있는 것과 같이 일정 시간 동안 아동의 관절이 움직이지 않으면, 관절은 점차 강직되어 움직이기 어렵고 통증을 느끼게 된다. 관절을 움직인 후에 관절이 느슨해지는 데는 몇 분 또는 몇 시간이 걸린다.

염증 진행 때문에 통증이 수반되는데, 염증은 관절 손상 후에 발생한다. 그러나 일부의 경우 소아 류머티즘 관절염에서 통증은 과소평가되거나 간과될 수 있다. 아동의 발달 수준, 아동의 통증 경험, 아동의 개별 소인(disposition)에 따라서 아동은 통증이 있다는 것을 말로 표현하지 않을 수 있다. 통증에 대한 비구어적 표현이 더 많다. 통증의 한 가지 신호는 관절 자세에서 변경이 있는 것과 걷기 또는 잡기를 할 때 비정상적인 움직임 패턴이 있는 것이다. 소아 류머티즘 관절염이 있는 아동은 밤 동안 울거나 잠드는 데 어려움이 있는 것으로 통증을 표현한다. 아동은 통증 때문에 걷기를 싫어할 수 있어서 게으르다고 잘못 인식되기도 한다.

관절 움직임의 제한과 고열 또한 발생한다. 관절 움직임에서의 제한은 초기에는 근육 경련, 관절의 체액, 활액 확산(synovial proliferation) 때문에 발생한다. 이후 근육 구축, 관절 파괴, 관절 경직(질병이나 상해로 인한 관절의 고정) 때문에 관절 움직임에 제한이 발생한다(Miller & Cassidy, 2004). 고열은 질병의 일부로 발생하고, 전염성 감염 때문은 아니다.

## 2) 소아 류머티즘 관절염의 형태

### 소수관절형 소아 류머티즘 관절염

소수관절형(pauciarticular) 관절염(빈발성 관절염[oligoarthritis]으로도 알려짐)은 5개 미만의 관절이 영향을 받는다. 소아 류머티즘 관절염의 가장 일반적인 형태로, 대략 60%가 이 형태에 속한다. 가장 일반적인 하위 유형인 ANA 양성 혈청 반응(항핵항체 양성 혈청 반응, antinuclear antibodies seropositive)은 2~4세에 종종 발병하며, 매우 어린 소녀에게서 자주 발견된다. 이 형태에서는 무릎이 가장 일반적으로 연루된 관절이고, 그다음은 발목과 팔꿈치다. 대개 단 하나의 관절만이 연루되는데, 전형적으로는 무릎이다. 이것은 다리 길이의 차이를 초래한다(한쪽 다리가 더 길게 됨; Retting et al., 2004). 그러나 덜 자주 발생하는 하위 유형이 있으며(예: 류머티즘 인자 양성 혈청 반응과 HLA-B27 양성), 하위 유형에 따라서 신체검사 소견이 달라질 수 있다. 예를 들어, 소년은 8세 이후에 발병하여 다리의 큰 관절 대부분이 손상되는 HLA-B27 하위 유형에 좀 더 많이 걸린다.

소수관절형 소아 관절염이 있는 아동은 시각체계에 손상이 오는 추가 합병증에 취약하다. 포도막염(홍체모양체염으로도 알려짐)은 질병 발병과 함께 또는 질병 중에 생길 수 있는 심각한 문제다. 포도막염은 눈 안쪽에 진행되는 염증을 언급하는 것으로 종종 사용되는 용어이지만, 눈의 중간 층(즉, 포도막)에 염증이 생기는 것이다. 이 형태의 관절염이 있는 아동의 약 10~20%에서 발생하는데, 특히 ANA 하위 유형(Herring, 2002; Retting et al., 2004)에서 발생한다. 이것은 백내장, 녹내장, 전맹을 일으킨다. 증상에는 충혈된 눈, 통증, 눈부심(즉, 빛이 통증을 유발함), 시각 왜곡이 포함되고, 또는 증상이 없을 수도 있다(Patel & Lundy, 2002). 소수관절형 관절염이 있는 아동은 즉시 안과 전문의에게 진단을 받고 3~4개월마다(7세 이전에 발병할 경우) 또는 6개월마다(7세 이후에 발병할 경우) 평가받아야 한다(Retting et al., 2004).

### 다발관절형 소아 류머티즘 관절염

다발관절형(polyarticular) 소아 류머티즘 관절염은 5개 또는 그 이상의 관절이 연관된 것으로, 종종 20~40개의 관절이 연루된다(Miller & Cassidy, 2004). 감염되는 가장 일반적인 관절은 다리의 대관절, 손과 발의 소관절, 경추, 하악(턱)이다. 골반이 연루되면 걷기가 매우 고통스럽거나 어렵다. 손이 연루되면 잡기가 어려워진다. 경추가 감염되면 목의 움직임이 제한된다. 턱뼈에서 발생하는 증상은 이통(귀앓이)으로 설명된다. 가슴뼈, 쇄골, 갈비뼈의 연결된 관절에서 관절염이 발생하면 학생이 가슴 통증을 호소할 수 있다(Herring, 2002).

다발관절형 청소년 관절염에는 여러 가지 다른 하위 유형이 있다. 두 가지 핵심 하위 집단에는 류머티즘 인자 음성과 류머티즘 인자 양성이 있는데, 이는 류머티즘 인자가 어디에서 나타나는지에 따라 달라진다. 류머티즘 인자 양성 질병이 있는 아동은 손의 소관절에서 상대적으로 적게 감염되고, 일반적으로 덜 심각하다(Herring, 2002). 다발관절형 소아 류머티즘 아동은 또한 ANA 양성 혈청 반응을 보이고 포도막염에 취약하기 때문에 정기적인 안과 전문의의 검사가 요구된다.

### 전신형 소아 류머티즘 관절염

전신형(systemic-onset) 소아 류머티즘 관절염(스틸병[Still's disease]으로도 알려짐)은 가장 심각하고 극적인 형태의 질병이다. 관절염은 간, 비장, 허파 주위의 내층(복수), 심장 주위의 내층(심막)과 피부와 같은 많은 장기와 시스템에 연루된 이 질병의 한 가지 증상일 뿐이다(Herring, 2002). 장기는 확대되거나 감염되고, 피부 괴사가 나타날 수 있다. 고열이 하루에 한 번 또는 두 번 나타났다가 다시 정상으로 돌아갈 수 있다. 고열은 섭씨 39°~41° 정도로 높게 나타날 수 있고, 이 시간 동안 아동은 매우 아프고 무기력해 보일 수 있다. 고열이 사라진 후에는 매우 건강해 보일 수도 있다. 일상에서 고열의 이러한 패턴은 일주일 또는 한 달 동안 지속되다가 일정 시간 사라진 후에 다시 시작할 수 있다. 이 형태의 류머티즘 관절염 아동은 포도막염이 생길 위험은 적지만, 다른 눈의 이상을 선별하기 위해서 지속적으로 해마다 안과 전문의의 검사를 받아야 한다.

## ⑤ 소아 류머티즘 관절염의 진단

소아 류머티즘 관절염에 대한 단독 특정 검사는 없기 때문에 진단은 임상적 소견에 근거하여 내려진다. 만약 소아 류머티즘 관절염이 16세 이하의 아동에게서 의심된다면, 류머티즘 인자가 있는지를 알아보기 위해 실험실 검사가 실행되어야 한다. 일정 시간 동안 지속되는 증상이 진단의 일부이기 때문에 이 시기 동안에는 아무것도 하지 않는 것처럼 보이지만, 실제로 진단을 내리기 위해서는 이런 기다리는 시간이 필요하다.

여러 다른 질병이 소아 류머티즘 관절염(특히 전신성 유형)과 비슷한 증상을 가질수 있다. 전신 루프스(낭창), 라임병(Lyme disease), 트라우마, 레그-카브-퍼티스병(Legg-Calve-Perthes disease), 겸상 적혈구병(sickle cell disease), 급성 백혈병과 같은 질병이 이에 포함된다(Siegel & Baum, 1993). 소아 류머티즘 관절염 진단을 위해서는 다른 질병을 배제해야 하며, 아동의 의학 병력과 신체검사, 실험실 검사를 하거나 엑스레이, 또는 활막 내측 조직검사(biopsy of synovial lining)와 같은 다른 검사가 추가 정보를 얻기 위해 실시될 수 있다. 특정 추가 검사는 다른 질병이 의심될 때 그것을 제외하기 위해 실시된다. 소아 류머티즘 관절염의 진단이 내려지면 내과 의사가 어떤 유형이 나타나는지를 결정하게 된다.

## ⑥ 소아 류머티즘 관절염의 치료

　소아 류머티즘 관절염의 치료목표는 가능한 한 적은 이상 반응으로 증상을 조절 (예: 통증 경감)하고, 기능을 강화하며, 부식성(erosive) 관절 손상을 최소화 또는 피하는 것이다(Lovell, 2004). 염증을 줄이고 통증을 경감하는 것으로 알려진 여러 치료방법이 있다. 초기 치료는 일반적으로 비스테로이드성 소염 진통제에서 시작해서 더 적극적인 치료로 진행된다. 이차 약물은 다양한 항류머티즘 제제를 포함한다 (Hsu, Lin, Yang, & Chiang, 2004; Ilowite, 2002). 그러나 소아 류머티즘 관절염을 관리하는 최근 동향은 관절 손상을 예방하고 2차 관절염 손상을 막기 위해서, 특히 다발관절형 또는 전신형 소아 류머티즘 관절염이 있는 아동에게 처치 단계 초기에 좀 더 공격적으로 진행한다(Hsu et al., 2004). 심각한 전신성 질병이 나타나지 않는 한, 부작용(예, 발달 지체와 골다공증)이 있기 때문에 전신성 코르티코스테로이드 (systemic corticosteroids)는 주로 사용되지 않는다. 그러나 관절에 코르티코스테로이드 주사의 국소 사용은 활액막염(synovitis)과 통증을 경감하고, 관절 기형을 줄이며, 걸음걸이(다리가 연루될 때)를 개선한다(Broström, Hagelberg, & Haglund-Åkerlind, 2004). 만약 포도막염이 나타난다면 일반적으로 안약이 처방될 것이다.

　물리치료와 작업치료가 구축의 위험을 줄이고 특정 활동과 기능을 수행하는 능력을 유지하도록 도와주기 위해 주로 처방된다. 치료방법에는 냉온치료, 마사지, 전기 자극, 초음파, 운동치료(예: 아쿠아틱 운동 또는 등척운동), 스플린트와 보조기 사용이 포함된다(Cakmak & Bolukabs, 2005). 만약 고관절 연루가 있다면 보행과 수축(저녁 동안)에 대한 보조 지원 또는 수치료(물속에서 실시되는 치료)와 같은 추가 치료가 제시될 것이다(Jacobsen, Crawford, & Broste, 1992).

　만약 관절염을 참기 힘들다면(예: 관절이 뜨겁고 통증이 심할 때), 아동은 관절을 쉽게 하고 운동을 하지 않도록 스플린트가 필요할 수 있다는 것을 알고 있어야 한다. 관절이 덜 팽창하고 덜 아프다면 불편하지 않는 한 장기적으로 운동이 처방될 수 있다. 일정 수준 이상으로 관절을 움직이거나 운동하지 않으면 시간이 흐른 후 통증이 있을 것이라는 불안을 깨는 것이 중요하다(Herring, 2002).

관절과 합병증의 심각성에 따라서 수술이 지시될 수 있다. 수술은 기능을 증진하도록 구축을 이완하는 데 필요할 수 있다(예: 무릎과 고관절에 심각한 구축의 외과적 이완은 보행을 증진하기 위해 필요할 수 있다). 일부 경우에 관절은 관절염 때문에 손상될 수 있고 외과적으로 재배치가 필요할 수 있다. 예를 들어, 슬관절 전 치환술(total knee arthroplasty)은 소아 류머티즘 관절염이 있는 아동의 기능을 증진하고 고통을 경감하고자 하는 점에서 효과적이다(Palmer et al., 2005; Parvizi, Lajam, Trousdale, Shaughnessy, & Cabanela, 2003). 척추측만이 소아 류머티즘 관절염이 있는 사람에게 발병할 수 있고 외과적으로 치료될 필요가 있다(Herring, 2002; 9장 참고).

## ⑦ 소아 류머티즘 관절염의 진행과정

시간이 지나면 소아 류머티즘 관절염이 진행되고, 고정되거나 또는 사그라질 수 있다. 아동이 약물치료를 받는 동안 감염된 관절의 수가 증가한다면 소아 류머티즘 관절염이 진행되는 것이다. 만약 관절의 수가 증가되지 않았으나 약물치료가 요구된다면 활성화되었지만 안정적이라고 할 수 있다. 만약 2년 미만 동안 약물 없이 활막이나 다른 기관에 활동성 염증이 없다면 관절염이 비활성 상태로 분류된다. 그리고 2년 이상 약물치료 없이 관절 외부의 다른 증상 또는 관절 염증 소견이 없다면 소아 류머티즘 관절염이 없어진 것으로 간주된다(Gare, Fasth, & Wiklund, 1993).

비록 소아 류머티즘 관절염 아동의 50~75%가 완치되더라도, 소아 류머티즘 관절염이 있었던 사람의 약 45%는 초기 성인기에 특히 신체 기능의 심각한 제한과 함께 질병이 활성화될 수 있다(Beers, Porter, Jones, Kaplan, & Berkwits, 2006; Miller & Cassidy, 2004). 비록 각 아동의 질병 진행을 예측할 수는 없지만, 소아 류머티즘 관절염의 유형에 근거한 예후는 서로 다르다. 예를 들어, 소수관절형 관절염(ANA 양성 유형)이 있는 아동은 몇 년이 지나면 조기에 없어질 수 있다. 하지만 일부의 경우는 관절 연루가 더 심해져서 다발관절형 소아 류머티즘 관절염과 비슷하게 진행될 수 있다. 또한 포도막염이 지속되어 관절염이 없어진 후에도 만성적으로 지속될 수 있다. 다발관절형 관절염이 있는 아동은 더욱 장기간 진행된다. 전신형 질병에서 전신성 발현은 몇 년이 지나면 해결될 수 있지만, 특히 복합적인 관절이 연루될 때 관절염이 지속되어 조절이 어렵게 될 수 있다(Herring, 2002; Miller & Cassidy, 2004).

## ⑧ 다발성 관절 구축 개요

다발성 관절 구축(arthrogryposis)은 선천성 다발관절 구축(arthrogryposis multiplex congenita: AMC)으로 알려진 것으로, 다발성 선천성 구축(multiple congenital contracture)을 언급하는 용어다. 질병은 아니지만 출생 시 다발성 구축을 보이는 여러 가지 조건에 의해 증상이 나타난다. 용어는 '관절'이라는 의미의 arthro와 '만곡' 또는 '구부러진'이라는 의미의 gryposis에서 유래하였다. 약 3000 명에 1명에서 1만 명에 1명으로 발생되는 매우 드문 조건이다(Hall, 1977; Madazli et al., 2002).

## ⑨ 다발성 관절 구축의 원인

150개 이상의 서로 다른 조건에서 선천성 다발관절 구축이 우세한 징후로 나타나고, 다발성 관절 구축으로 분류된다(Thompson, 2004). 특정 유전적 조건에서 발생률이 높아지는 등(예: 척수성 근육 위축 유형 I) 여러 가지 유전적 패턴이 발견되고 있지만, 대부분은 그 원인이 유전이 아니다. 대개 특정 원인이 밝혀지지 않는다.

원인에 따라 다발성 관절 구축은 (a) 신경장애(척수 근육 위축과 같은 신경체계 감염이 원인임), (b) 근육병(선천성 근육 위축과 같은 근육 감염이 원인임), (c) 비정상적인 결합 조직 장애, (d) 자궁에서의 물리적 압박, (e) 어머니의 질병(중증 근무력증과 같은)(Polizzi, Huson, & Vincent, 2000)의 다섯 가지로 구분되어 왔다.

　　다발성 관절 구축의 가장 일반적인 형태는 근육 무형성 또는 전형적인 관절 구축으로 알려져 있다. 다발성 관절 구축 아동의 40%가 이에 속한다(Thompson, 2004). 특정한 유형은 대개 팔다리에 연루가 생긴다.

## ⑩ 다발성 관절 구축에 대한 이해

　　관절의 움직임은 온전한 신경계와 온전한 근육계에 의존한다. 5장와 6장에서 공부한 것처럼, 뇌는 전기적 신호를 척수로 보내며, 척수에서부터 말초신경계를 통해 흘러간다. 그 신호가 근육에 다다르면 말초신경의 신호를 통해 근육을 수축하게 한다. 골격근은 관절과 반대편에 위치한 힘줄과 인대로 뼈에 붙어 있게 된다. 전기적 신호가 근육의 수축을 일으킬 때 근육은 짧아지고 다른 근육은 이완되면서, 관절과 마주하는 뼈에 당김과 움직임을 만들어 낸다.

　　다발성 관절 구축에서 전형적으로 몇몇 유형의 장애가 신경, 근육 또는 결합 조직에 영향을 주어 관절을 알맞게 움직이지 못하는 결과를 초래한다. 이것은 출생 전 발달 중 태아가 정상적으로 움직일 때에 일어난다. 정상적인 양의 신체적 움직임이 없으면 특정한 관절이 고정되어 있거나 조금만 움직이게 될 수 있다. 이렇게 되면 구축과 근육 위축이 발생한다. 어떤 현상이든 자궁 내의 움직임을 손상하는 것은 다발성 관절 구축의 결과를 가져올 수 있다(Beers et al., 2006).

## ⑪ 다발성 관절 구축의 특징

　　신생아가 다발성 관절 구축을 가지고 태어나면, 몸의 다른 관절에 영향을 주는 굴곡(구부러진) 구축이나 신전(일직선) 구축을 가지고 있다. 전형적인 다발성 관절 구축(근육 무형성)에서는 팔다리가 가늘고 지방 침윤(fat infiltration)을 가질 수 있다. 제한된 어깨 움직임, 팔꿈치 펴기, 손목 구부리기, 그리고 엄지와 손바닥의 기형과 같은 특정적 패턴이 있다. 다리 쪽에서 고관절은 구부러져 있고, 바깥쪽으로 회전되어 있으며(종종 고관절 탈구가 한쪽 또는 양쪽에 있다), 무릎은 구부러져 있거나 펴

**그림 10-2** 관절 구축이 있는 아동이 자세를 바로잡아 주는 스플린트와 연필을 잡는 데 도움을 주는 연필 보조 장치 스플린트를 대고 있다. 아동은 움직이는 것을 방지하고 경사진 보드에서 안정적으로 사용할 수 있도록 다이셈(Dycem, 미끄럼 방지 재료)으로 된 경사 보드를 사용한다.

져 있고, 발 기형(예: 내반족)이 있다(Herring, 2002; Thompson, 2004; [그림 10-2] 참조). 비록 심각한 신체적인 어려움이 있지만, 지능은 정상이다.

다발성 관절 구축의 다양한 종류와 관련된 다른 증상이 있을 수 있다. 그중에는 구개파열, 작은 키, 척추측만증, 그리고 비뇨기와 심장의 기형이 있다(Beers et al., 2006). 아주 드문 경우에는 다발성 관절 구축이 다른 드문 질병과 동반하여 일어날 수 있다. 예를 들어, 브럭증후군(Bruck syndrome)은 다발성 관절 구축과 골형성부전과 함께 나타나는 것을 말한다(Berg et al., 2005; Mokete, Robertson, Viljoen, & Beighton, 2005).

## ⑫ 다발성 관절 구축의 진단

태어날 때 아기가 심각한 기형을 보이거나 움직이지 못하면 다발성 관절 구축 진단을 받게 된다. 진단과정에서 복합적인 선천적 구축을 발생시키는 다른 질병이 있는지를 검토하게 된다. 예를 들면, 근이영양증(13장 참조) 또는 척수성 근위축증(14장 참조)이 있는 경우 다발성 관절 구축으로 진단되지 않는다. 처음의 평가에는 신경학자와 유전학자에 의한 검사, 어머니 쪽의 기록 등이 포함되며, 신경검사와 근육조직 검사 등의 검사가 도움이 되기도 한다.

진단은 빠르면 임신 중의 19주 된 태아에게도 이루어질 수 있다. 출생 전 진단은 종종 초음파검사로 관절의 구축을 보는 것과 함께 태아의 움직임 감소를 발견하는 것에 기초를 둔다. 구축으로 인해서 어떤 아기는 제왕절개 수술이 필요할 것이다. 태어날 때 약간의 골절이 있을 수 있다.

## ⑬ 다발성 관절 구축의 치료

치료는 개인의 기능을 향상하는 데 목적을 둔다. 보통 다발성 관절 구축이 일으키는 광범위한 신체적 어려움 때문에 일상생활에 방해가 되는 기형이 우선적인 목표가 된다. 이상적으로 치료의 목적은 독립적으로 걷고 팔과 손을 매일의 삶에서 사용하는 것을 향상하는 것이다. 수술, 석고붕대, 브레이싱(정형술), 그리고 물리적, 신체적 및 작업 치료와 같은 일반적인 정형외과적 조치가 운동성을 향상하기 위해 사용된다.

잘 계획된 치료 프로그램은 최대의 기능적 움직임을 최소한의 수술로 얻게 하는 것이다. 수술은 대개 이상적으로는 6세와 7세까지는 끝내야 한다(예: 무릎과 고관절 수술은 약 6개월에 이루어진다; Herring, 2002).

다발성 관절 구축이 있는 각 아동에게 가장 유용한 수술이 무엇인지 결정하기 위해서는 신중한 평가가 이루어져야 한다. 예를 들면, 대부분의 일상생활 활동에서 팔꿈치의 움직임이 독립적인 움직임을 하는 데 필요하기 때문에 팔꿈치의 구축 문제는 심각하다. 또한 손목의 굴곡 구축은 또한 손과 손가락의 움직임을 방해한다. 고관절 탈구가 있다면 어린 나이에 교정되어야 하며, 아동이 서 있을 수 있게 하기 위해서 발 기형의 경우에도 수술이 요구된다. 척추측만증 같은 다른 기형 역시 수술이나 브레이싱이 필요할 수 있다(고관절 탈구와 척추측만증에 대해서는 9장 참조).

## ⑭ 다발성 관절 구축의 진행과정

다발성 관절 구축의 진행은 그 원인에 따라 다르다. 척추성 근위축증과 같이 근본적인 문제가 있다면 진행과정은 그 질병에 따른다. 전형적인 다발성 관절 구축의 형태를 묘사한다면 비진행성이다. 보통 태어나서 아무런 치료도 받기 전에 아동의 상태가 가장 심각하다. 수술과 다른 정형외과적 치료를 받게 되면 제한적이지만 독립적인 기능을 할 수 있는 어느 정도 움직임의 향상이 있을 수 있다.

## ⑮ 골형성부전 개요

골형성부전(osteogenesis imperfecta: OI)은 취약성 골절로도 알려져 있고, 극도의 뼈 부서짐과 뼈 기형의 결과를 낳는 결합 조직의 유전적 장애를 말한다. 여러 가지 형태의 장애가 있는데, 가장 심각한 형태의 골형성부전은 보통 복합적 골절이 자궁 내에 있어 사산이나 태어난 후 짧은 시간 안에 사망하는 경우다(예: 뒤틀린 갈비뼈, 부서지기 쉬운 두개골, 복합성 골절). 반대의 경우로 가벼운 형태의 골형성부전을 가진 아동은 경도에서 중등도 정도의 정신적 외상을 입었을 때 골절이 생기는 것 정도에 그칠 수도 있다. 골형성부전의 형태에 따라 어린 시절에 수백 개의 골절이 생길 수도 있고, 평생 동안 극소수의 골절만 있을 수도 있다. 작은 키, 청각 손상, 파란 공막(눈의 하얀 부분이 파란색으로 물든 상태), 운동기능 과잉증, 부서지기 쉬운 치아(상아질형성 부전증)와 같은 다른 증상이 나타날 수 있다.

골형성부전은 오래전부터 발생되었으며, 최초의 사례는 B.C.E. 1000년에 이집트 미라에서 발견되었다(Kuurila, Kaitila, Johansson, & Grénman, 2002). 오늘날 출생 시 진단되는 골형성부전은 2만 명의 신생아 중 1명꼴로 발견된다. 나중에 가서야 발견되는 가벼운 형태도 비슷한 비율로 발견된다(Marini, 2004).

## 16  골형성부전의 원인

골형성부전은 결합 조직의 유전적 기형이다. 골형성부전을 가진 대부분의 개개인은 17번과 7번 염색체 중 하나(COL1A1 or COL1A2)가 돌연변이다(Pollitt et al., 2006). 이러한 유전자는 콜라겐의 코딩을 담당한다(즉, 콜라겐 유형 1). 돌연변이는 두 염색체의 여러 곳에서 발생할 수 있고, 다른 특징을 가져온다. 가벼운 형태의 골형성부전은 대부분이 염색체 우성 질환이다. 더 심각한 형태는 염색체 우성 또는 열성 질환이다. 다른 증상과 같이, 유전자의 자발적 돌연변이로 인해 어떤 명확한 과거 병력 없이 일어난다.

## 17  골형성부전에 대한 이해

골형성부전의 가장 흔한 형태는 콜라겐의 코딩을 책임지는 유전자의 돌연변이와 연결되어 있다. 콜라겐은 몸 전체에서 찾을 수 있고, 뼈를 형성하고 힘을 주기 위해 필요하다. 뼈는 단단한 유기질로, 주로 콜라겐 섬유질로 구성되어 있다. 콜라겐 섬유질에 부착된 것은 뼈 염량(bone salts), 칼슘, 그리고 인산염이다(Guyton & Hall, 2006). 콜라겐 섬유질과 유기 염량이 함께 작용하여 철근 강화되는 콘크리트와 같은 원리로 뼈에 힘을 준다. 콘크리트를 강화하는 철근이 인장 강도를 주듯이, 콜라겐 섬유질이 뼈에 그러한 역할을 한다. 또 강화된 콘크리트에서 시멘트, 돌, 모래가 압축하는 힘을 주듯이, 뼈 염량이 같은 원리로 뼈에 그러한 역할을 한다.

골형성부전에서는 콜라겐 섬유질에 결함이 있고, 적은 뼈 염량이 뼈에 나타난다(Cassella & Ali, 1992). 뼈 염량의 감소는 뼈 염량을 생산하는 결함 때문이 아니라 부족한 상태의 콜라겐 섬유질을 계속 만들기 때문으로 생각된다. 이 결함은 뼈가 더 부서지고 깨지기 쉬운 결과를 초래한다.

## 18 골형성부전의 특징

### 1) 일반적 특징

골형성부전의 주된 특징은 뼈의 부서지기 쉬운 성질과 그것이 뼈의 구조에 영향을 주는 것이다. 어느 경우에서는 그 정도가 너무 심해서 골형성부전이 있는 아동을 들어 올릴 때 뼈가 부러지기도 한다. 다른 경우에는 너무 가벼운 형태여서 진단되지 않을 수도 있다. 이 증상을 가진 아동 중에는 척추측만증과 장골(long bones)이 휘는 현상과 같은 또 다른 골격 기형을 가질 수 있다. 골형성부전으로 인해 다양한 형태의 작은 키를 갖게 된다([그림 10-3] 참조). 어느 아동은 독립적으로 걸을 수 없고, 독립성을 위해 휠체어가 필요하다.

콜라겐 결함은 흔히 또 다른 기형을 가져오고 치아, 눈, 청력, 척추, 관절 등에 영향을 준다. 치아의 색이 변하고(어두운 파란색에서 갈색에 이르기까지), 쉽게 부서지며, 빠지는 상아질형성부전이라는 증상이 있다. 공막이라 알려진 눈의 하얀 부분은 공막을 형성하는 콜라겐 섬유질이 얇아져서 파란색으로 보일 수 있다(맥락막이라 알려진 공막 아래 눈의 층이 파랗게 보임). 청각 손상은 어린 시절 또는 나중에 일어나며 진행성인 경우가 많다(Kuurila, Grénman, Johansson, & Kaitila, 2000). 종종 척추가

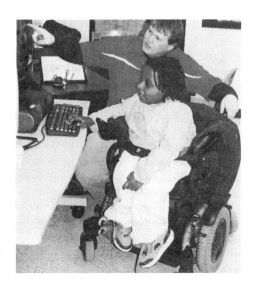

그림 10-3  골형성부전이 있는 고등학생이 교사와 함께 컴퓨터 작업을 하고 있다.

휘고(척추측만증과 또는 척추후만증), 특히 심각한 형태로 진행된다(Engelbert et al., 2003). 몸의 다른 부분으로는 관절과 느슨해지는 인대도 영향을 받는다.

## 2) 골형성부전 형태의 분류

골형성부전은 여러 가지 다른 방법으로 분류되어 오고 있다. 원래는 태어난 시간으로 분류되었는데(예: 선천성[출생 시], 후천성[출생 후]). 나중에는 방사선의 특징 및 그 외의 특징에 의해 분류되었다. 1979년에 네 가지 형태의 분류체계(유형 I~IV)가 제안되었다(Sillence, Senn, & Danks, 1979). 그 이후 이 네 가지 주요 형태의 하위 유형이 치아 포함 여부를 기준으로 제안되었다. 최근에는 3개의 질병 독립체(유형 V~VII)가 발견되었는데, 이것은 콜라겐의 돌연변이와 관련되지 않았다(Rauch & Glorieux, 2004; 〈표 10-1〉 참조). 그러나 어느 연구자는 유전자의 돌연변이가 콜라겐에 영향을 주는 상태만이 진정한 골형성부전(I~IV)이라고 믿고 있고, 뼈 부서짐과 같은 다른 증상은 골형성부전과 닮은 증후군(V~VII과 브럭 골형성부전[Bruck

| 유형[a] | 뼈의 취약성과 변형 | 신장 | 공막 | 청력 손실 | 상아질형성부전증 |
|---|---|---|---|---|---|
| I | 최소한의 취약성과 적은 변형 | 평균 신장과 가까움 | 청색 | 손실 발생/ 40% 손실 | IA 형태 - 정상<br>IB 형태 - DI 발생 |
| II | 심각한 취약성/부서진 뼈/ 분만 전후의 치사 | 알려진 바 없음 | 청색 | 알려진 바 없음 | 알려진 바 없음 |
| III | 심각한 취약성 | 매우 작음 | 출산 시 청색, 성장하면서 백색 | 손실 발생 | DI 발생 |
| IV | 다양한, 종종 중등도에서 중도까지 | 중간 정도 | 백색 | 손실 - 낮은 빈도 | IVA 형태 - 정상<br>IVB 형태 - DI 발생 |
| V | 중등도에서 중도의 취약성과 변형 | 다소 작음에서 중간 정도 | 백색 | – | 정상 치아 |
| VI | 중등도에서 중도의 취약성과 변형 | 중간 정도 | 백색 | – | 정상 치아 |
| VII | 중등도 취약성과 초기 변형 | 다소 작음 | 백색 | – | 정상 치아 |

표 10-1 골형성부전의 형태

[a] V, VI, VII 유형은 최근의 것으로, 일부 기관에서는 하위 유형으로 분류되지 않을 수 있음.

osteogenesis imperfecta]이라고 불리는 것 포함)이라고 한다(Plotkin, 2004). 분류체계에 대한 논의가 많은 가운데, 이 책에서는 일곱 가지 형태의 숫자적 분류와 또 다른 형태의 명칭에 대해 살펴볼 것이다. 기억해야 할 것은 상태의 심각 정도는 숫자의 커짐과 관련이 없다는 것이다. 사실 심각한 정도에 대한 숫자적 순서는 다음과 같다(유형 I<유형 IV, V, VI 및 VII<유형 III<유형 II; Rauch & Glorieux, 2004).

### 유형 I 골형성부전(경도)

유형 I은 가장 가벼운 형태의 골형성부전이고 가장 흔한 것이다. 가벼운 뼈의 부서짐이 있고 뼈의 기형은 적거나 없다. 비록 골절이 외상으로 인해 일어나긴 하지만, 모든 사고가 다 골절을 만들지는 않는다. 비록 골절된 적이 없더라도 다리의 구부러짐이 일어날 수 있다. 기형이 생기는 경우는 종종 골절의 결과다. 골절은 사춘기 이후에는 줄어드는 경향이 있다(Marini, 2004). 눈의 공막은 일생 동안 특징적으로 파랗고, 20% 정도는 척추가 구부러져 있다(척추측만증과 척추후만증; Herring, 2002). 이 형태는 치아가 정상인지 상아질형성부전인지를 바탕으로 유형 IA와 유형 IB로 나뉜다.

### 유형 II 골형성부전(태아 선천성 골형성부전, perinatal lethal)

가장 심각한 형태의 골형성부전은 유형 II다 이 경우 보통 아기는 태어나면서 또는 태어나서 짧은 시간 안에 사망한다. 아기는 갈비뼈의 복합적 골절과 함께 긴 뼈가 뒤틀려 있다(아코디언과 같이). 팔다리는 보통 아주 짧고 구부러져 있고 기형이며, 두개골은 부드럽다. 이 치명적인 형태의 골형성부전으로 많은 아기가 사산된다. 나머지 경우는 갈비뼈 기형으로 인한 호흡곤란 때문에 보통 태어난 지 얼마 안 되어 사망한다.

### 유형 III 골형성부전(진행성 기형, progressive deforming)

유형 III는 가장 심각하고 치명적이지는 않은 형태의 골형성부전으로, 큰 신체적 장애를 가져온다. 심각한 뼈의 부서짐과 팔다리의 구부러짐이 있다. 신생아나 영아는 종종 복합 골절을 가지고 있으며, 진행성으로 더 심각한 기형의 뼈를 가지게 된다. 골절은 어린 시절에 자주 일어난다. 대부분의 아동은 키가 아주 작으며 보통 어린 시절에 척추 만곡이 나타나고 청소년기까지 진행한다. 종종 두개골의 기형이 생기고 삼각형 형태의 머리 모양을 가지게 된다(Herring, 2002). 치아 기형과 마찬가지로 청각 손상도 일어난다. 10세까지 대부분의 유형 III의 아동은 보조 없이 앉을 수 있으나, 오직 소수만이 목발을 이용하고 대부분은 휠체어를 이용해 짧은 거리를 이동할 수 있다(Vetter, Pontz, Zauner, Brenner, & Spranger, 1992). 호흡기 합병증으로 단명하기도 한다(Plotkin, 2004).

### 유형 IV 골형성부전(중등도의 중도)

유형 IV는 보통의 뼈 기형에서부터 심각한 정도까지를 포함한다. 아기는 골절 또는 다리 긴 뼈의 구부러짐을 가지고 태어날 수 있다. 골절은 가벼운 외상으로 일어날 수 있으나, 유형 I과 마찬가지로 골절이 적게 일어나는 청소년기가 시작되면서 점차 나아질 수 있다. 신체활동은 지연되거나 손상되어 오직 1/3 정도가 4세까지 목발로 걸을 수 있다. 일부는 목발 없이 걸을 수 있으나, 다른 일부는 휠체어로만 독립적으로 이동할 수 있다(Vetter et al., 1992). 대부분의 아동은 작은 키를 가지고 있다. 이 형태는 IVA(치아 정상)와 IVB (치아 기형)의 다시 두 개 형태로 나누어진다.

### 유형 V 골형성부전(과다형성 기골)

유형 V는 유형 IV와 비슷한 임상적 특징이 있다. 그러나 뼈가 부서질 때 나타나는 크고 조직이 없는 무층뼈(woven bone) 망 때문에(과형성 굳은살로도 불림) 차이가 난다. 이것은 종종 뼈 위로 딱딱하고 통증이 있고 뜨겁게 부어오르는 증상을 동반한다. 또한 팔뚝 두 뼈 사이의 세포막이 종종 영향을 받아 팔뚝을 돌리는 것을 하지 못한다(예: 팔을 앞으로 뻗거나 위로 향하는 동작; Marini, 2004). 콜라겐 유전자의 돌연변이는 발견되지 않는다. 어떤 이는 이 형태를 유형 V보다 불필요한 굳은살의 형성을 동반하는 선천성 골형성부전으로 분류하는 것을 선호한다.

### 다른 형태의 골형성부전

여러 가지 다른 형태의 선천성 골형성부전이 발견되고 있고, 다른 방법으로 분류되고 있다. 유형 VI 골형성부전은 광물학적 결함을 동반한 선천성 골형성부전으로도 알려져 있고, 유형 IV와 임상적 유사성을 보이나 콜라겐 생성에 영향을 주는 유전자는 영향을 받지 않는다. 대신 뼈 조직에 영향을 주는 광화 작용에 결함이 있다. 유형 VII은 팔다리 원위부가 작은 경우(고관절, 관절, 어깨 포함)를 동반하는 선천성 골형성부전으로 알려져 있고, 짧은 상완골(위쪽 팔의 뼈)과 대퇴골(허벅지뼈)이 나타난다. 짧은 팔의 3번 염색체에 유전적 기형이 발견된다(Plotkin, 2004).

## ⑲ 골형성부전의 진단

　골형성부전은 임상적 관찰, 방사능 검사, 콜라겐 생화학 연구(조직검사), 그리고 유전적 연구를 통해 진단될 수 있다. 출생 시의 복합적 골절은 보통 많은 심각한 형태 중 하나다. 가족의 질병, 치아 기형, 파란 공막에 대한 기록은 이 장애의 증거를 제공한다. 그러나 골격의 기형은 평범한 골격 장애와 같은 다른 형태에서 일어날 수 있다. 그래서 진단은 다른 질병을 배제하는 차별화된 진단과 골형성부전의 형태를 찾는 것에 목적이 있다.

　빠르면 임신 16주에 심각한 골형성부전의 형태(유형 II, 유형 III)가 초음파로 흔히 발견될 수 있다(Marini, 2004). 초음파는 골절, 휨, 뼈 밀도의 감소를 눈으로 볼 수 있게 한다. 경도의 형태는 초음파로 전혀 발견되지 않을 수 있다.

　대부분의 경우, 골형성부전의 진단은 아주 간단하다. 그러나 골형성부전이 가벼울 때 더 문제가 되는 경우는 초기 진단이 아동 학대로 잘못 판단될 수 있다는 것이다. 잘못된 진단에 영향을 주는 다른 요소는 골형성부전이 가족의 기록, 파란 공막, 감소한 뼈 밀도, 팔다리의 휨, 또는 복합적인 심각한 골절이 없이도 일어날 수 있다는 것을 모르는 것이다(Paterson, Burns, & McAllion, 1993). 많은 증상에서 아동 학대와 골형성부전이 비슷하다. 아동 학대로 인한 증상으로 잘못된 진단을 하는 것은 심각한 문제이고 가족에게도 상처가 된다. 따라서 골형성부전의 검사는 아주 주의 깊게 해야 한다. 골형성부전의 진단이 나오기 전에 아동 학대로 인해 부모가 형사고발을 당하고 아동이 그 집에서 나오게 되는 경우도 일어난다.

## ⑳ 골형성부전의 치료

　현재로는 골형성부전의 치료는 없다. 정형외과적 목표는 골절을 관리하고 기능을 향상하기 위한 기형의 교정을 목표로 한다. 골절은 보통 잘 치료된다. 긴 뼈의 구부러짐은 막대를 대는 골절술(osteotomy, 종종 로딩[rodding]이라고 불림)로 알려진 수술로 치료될 수 있다([그림 10-4] 참고). 이 과정에서 V자 모양으로 잘린 것은 휜 뼈를 통해 만들어지고, 막대는 뼈를 곧게 하고 오랜 기간 부러진 뼈에 스플린트를 제공하여 부서진 조각을 고정한다(Herring, 2002). 그 막대는 고정하거나 뼈가 자라면서 같이 길어지게 만들 수 있다. 정형외과적 관리에는 부수적으로 물리치료와 재활이 포함된다.

　골형성부전에서 발견되는 부가적 손상은 종종 치료를 요한다. 예를 들면, 구부러진 척추(예: 척추측만증과 척추후만증)는 수술이 필요하다. 일부 청각 손상 형태는 중이의 작은 뼈 중의 한 곳을 수술함으로써 향상될 수 있다(Albahnasawy, Kishore, & O'Reilly, 2001; Kuurila, Pynnönen, & Grénman, 2004). 그리고 다른 형태의 청각 손상은 인공와우로 나아질 수 있다(Migirov, Henkin, Hildesheimer, & Kronenberg, 2003).

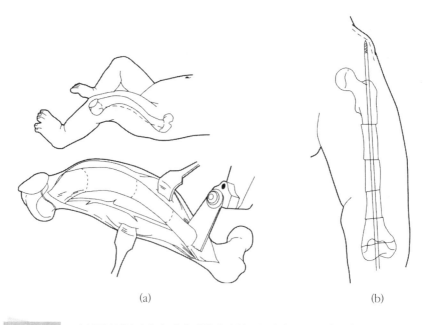

(a)　　　　　　　　　　　　　　　　　　　　　　(b)

**그림 10-4**　(a) 골형성부전에서 뼈의 전형적인 휨, (b) 막대(rod)를 이용한 수술

최근 가장 권장되는 치료는 비스포스포네이트(bisphosphonates)와 같은 약물(예: 뼈 분해 억제제)을 몇 주에서 몇 달의 주기로 사용하는 것이다. 뼈 분해 억제제의 사용을 포함한 몇몇 연구는 중등도에서 중도의 골형성부전을 가진 개개인에게서 눈에 띄게 줄어든 통증과 골절량, 그리고 늘어난 뼈의 밀도를 보여 주었다(Forin et al., 2005; Zeitlin, Rauch, Travers, Munns, & Glorieux, 2006). 이 약물 사용의 장기적인 영향은 다른 약물의 사용처럼 아직도 연구 중에 있다.

현재의 연구는 실행 가능한 세포 및 유전적 치료를 목표로 하고 있다. 간충 조직 세포를 사용한 뼈 골수 이식의 사용은 일부 제한적 성공을 이룬 것이 발견되고 있다(Horwitz, 2001). COL1A1과 COL1A2의 다른 돌연변이를 가진 환자에게 유용할 수 있는 유전치료는 골형성부전에 실행 가능한 치료로 알려지고 있다(Millington-Ward, McMahon, & Farrar, 2005; Niyibizi, Wang, Mi, & Robbins, 2004; Rauch & Glorieux, 2005).

## 21 골형성부전의 진행과정

골형성부전의 진행과정은 그 형태에 따라 다르다. 유형 I과 유형 IV와 같이 더 가벼운 형태의 골형성부전은 보통 수명에 영향을 주지 않는다. 유형 II를 가진 아기는 보통 태어나기 전에 죽거나, 또는 태어나고 6개월에서 1년 사이에 죽는다. 유형 III을 가진 개개인은 폐의 원인으로 수명이 줄어들고, 이런 경우에는 10대, 청소년기 또는 40대에 가장 흔히 사망에 이른다(Marini, 2004).

## 22 소아 류머티즘 관절염, 다발성 관절 구축과 골형성 부전에 대한 교육적 시사점

학생이 자신의 관절 또는 뼈에 영향을 주는 상태를 가지고 있을 때, 교사는 이러한 증상의 교육적 영향에 대해 이해하고, 그들의 요구를 충족하기 위해 적절한 적합화를 제공하는 것이 의무다.

## 1) 신체 및 감각적 요구

학생이 골형성부전을 가지고 있을 때, 교사는 골절을 초래할 수 있는 위험한 활동에 참여하지 않도록 주의를 기울여야 한다. 더 심각한 형태의 경우, 복잡한 복도를 피하도록 학생이 다른 수업을 위해 빨리 이전 수업에서 나오도록 하고, 어떻게 해당 학생을 일으키고 도와주는지를 알아야 한다. 과잉 보호를 하지 않아야 하는 것 또한 중요하기에, 교사는 학생이 가지고 있는 골형성부전의 특정한 형태와 어떻게 그것이 해당 학생에게 영향을 주는지를 이해해야 한다.

소아 류머티즘 관절염이 있는 학생의 주된 관심 중 하나는 통증 관리다. 학생은 오래 앉아 있으면 더 뻣뻣해지고 움직일 때 통증을 경험하기 쉽다. 몇 분간의 움직임 이후에 경직과 통증은 보통 줄어들거나 소멸되고, 더 자유롭게 움직일 수 있게 된다. 그러나 중요한 것은 교사가 그러한 학생의 통증 관리를 위해 오랜 시간 앉아 있게 하는 것은 피해야 한다는 것이다. 수업 중에 자주 움직이게 하거나(예: 유인물을 나누어 주는 일을 돕게 한다), 또는 수업 중간쯤에 15분 정도 서 있을 수 있게 해야 한다. 심각한 경우에는 학생에게 조정된 학교 일과가 필요할 수 있다. 필요한 것보다 더 많은 수업 시간을 빠지지 않도록, 소아 류머티즘 관절염을 가진 학생이 열이 난다고 바로 집에 보내지 않는 것은 중요하다. 열은 이 질병의 여러 가지 증상 중 하나이기 때문이다(단, 전염성을 나타내는 다른 증상이 없어야 한다).

다발성 관절 구축—그리고 어떤 경우에는 심각한 소아 류머티즘 관절염과 심각한 골형성부전—이 있는 학생은 종종 보조공학과 적합화가 필요하다. 예를 들면, 다발성 관절 구축과 소아 류머티즘 관절염에서처럼 손 사용에 영향을 주는 관절의 제한이 있을 때, 학생은 필기 도구(예: 잡기 쉽게 강화된 펜, 컴퓨터 사용의 대체 도구)의 적합화가 요구된다. 더 심각한 골형성부전의 형태를 가진 학생은 힘으로 어떤 사물을 누르는 것을 요구하는 활동(예: 수동 스테이플러 사용하기)에서 적합화가 이루어져야 한다(예: 전기 스테이플러 또는 페이퍼 클립 사용하기; 보조공학에 대해서는 8장, 적합화에 대해서는 12장 참조).

신체적 운동과 활동은 건강을 유지하는 데 중요하다. 그러나 보통 소아 류머티즘 관절염, 다발성 관절 구축, 그리고 골형성부전을 가진 학생을 위해서는 수정된 체육 프로그램이 필요하다. 관절 손상 또는 관절 통증 때문에 소아 류머티즘 관절염이 있는 학생은 보통 관절에 지나친 압력을 더하는 힘이 많이 드는 게임을 피하거나 혹은 달리기 양을 조절하는 것이 필요하다. 수정된 체육 프로그램은 학생의 상지 그리고/또는 하지가 가볍거나 보통이거나 심한 운동 중에 어느 정도를 견딜 수 있는지를 고려해야 한다. 다발성 관절 구축의 경우, 관절 변형 때문에 학생이 참여할 수 있도록 적합화가 요구된다. 게임의 규칙이 수정되고, 공은 가벼워야 하며, 수정된 볼링처럼 적합화된 장비가 사용된다. 골형성부전의 경우 뼈에 스트레스를 주는 신체적 활동은 보통 금지된다. 특히 더 심한 형태일 경우 때리거나 맞거나 또는 사물을 차는 것으로부터 학생이 보호되도록 활동이 적합화되어야 한다.

교사는 감각적 문제의 어떠한 조짐에도 주의를 기울여야 한다. 어떤 특정한 형태의 소아 류머티즘 관절염을 가진 학생은 시각장애를 갖게 될 수 있고, 골형성부전의 경우에는 청각 손상을 가질 위험이 있다. 만약 감각 손상이 나타나면, 교사는 적절한 적합화 또는 학생에게 필요한 추가 지도를 결정하기 위해 시각장애 또는 청각장애 전문 상담교사와 함께 일할 필요가 있다.

## 2) 의사소통 요구

보통 소아 류머티즘 관절염, 다발성 관절 구축 또는 골형성부전에 있어 의사소통 또는 말의 장애는 없다. 이러한 학생과의 의사소통에서의 어려움은 말이 아니라 다른 사람에게 알맞게 그 장애에 대해 대화하는 것이다. 어떤 경우에는 학교 교직원과 급우가 그 상태에 대해 정확히 이해하도록 하는 것이 반드시 필요하다. 이것은 특히 골형성부전의 경우 복도에서 많이 일어나는 밀침으로 인해 뼈가 부러질 수 있기 때문에 더욱 중요하다. 심각한 정도에 따라 어린 학생은 "내가 너와 함께 놀 수는 있지만 내 뼈가 유리처럼 쉽게 부서지니 나도 조심하고 또 사람들도 나에게 부딪히지 않도록 주의해야 해."라고 말할 수 있다. 다발성 관절 구축이 있는 어린 학생은 친구에게 "내가 태어났을 때 내 팔과 다리가 알맞게 구부러지지 않았고, 아직도 너희처럼 구부러지지 않아."라고 말할 수 있다. 소아 류머티즘 관절염이 있는 학생은 "나는 아이들이 갖는 관절염이 있어. 그건 가끔 내 관절이 나를 아프게 한다는 거야. 만약 내가 많이 움직이지 않고 한동안 가만히 있었다면, 다시 움직일 때는 천천히 움직여야만 해."라고 설명할 수 있다.

소아 류머티즘 관절염을 가진 아동은 자신에게 통증이 있는지 없는지에 대해 표현하는 것을 어려워할 수 있다. 통증은 생리적으로 아동과 성인에게 똑같다. 그러나 통증에 대한 인식은 주관적이고, 감정적이고 개인적인 감각에 따라 다르다. 아동의 성장 단계, 감정적인 경험, 그리고 이전의 통증에 대한 경험은 어떻게 아동이 통증을 이해하고 해석하는지에 영향을 준다. 교사는 팔다리 움직임이 부족하거나, 특정한 자세로 팔다리를 들고 있거나, 움직이는 데 망설이는 것 등 통증을 나타내는 비구어적인 신호에 주의를 기울여야 한다.

### 3) 학습 요구

소아 류머티즘 관절염, 다발성 관절 구축 또는 골형성부전이 있는 학생은 정상의 지능을 가지고 있다. 종종 신체적 제한이 있을 때, 학업을 강조하는 것은 중요하다. 그러나 신체적 장애와 만성 질환은 종종 학교 수행을 방해하는 특별한 문제를 야기한다. 피로, 결석, 낮은 자신감, 부족한 경험은 학교 수행에 부정적인 영향을 준다. 또한 소아 류머티즘 관절염을 가진 학생은 통증을 느끼면 정보를 놓치거나 최선을 다하지 못할 수 있다. 이것은 학생이 통증과 병으로 인한 불편함으로 잠을 잘 자지 못할 때 더해진다. 성공적인 경험을 촉진하기 위해 이런 것과 비슷한 문제는 교육적 환경에서 더 자세히 평가되고 다루어져야 한다.

### 4) 일상생활 요구

학생은 가능한 한 많이 일상생활 기술을 독립적으로 사용하도록 격려받아야 한다. 소아 류머티즘 관절염, 다발성 관절 구축 또는 골형성부전으로 가볍게 영향을 받는 학생은 어떤 일을 끝내는 데 더 긴 시간이 요구되거나 또는 전혀 적합화가 필요 없을 수도 있다. 그러나 좀 더 심하게 영향을 받는 학생은 적합화와 보조공학이 필요할 수 있다. 예를 들면, 수정된 연필, 수정된 숟가락, 긴 구둣주걱 또는 구두 보조기구가 필요할 수 있다. 손잡이와 꼭지에 레버가 있는 것은 팔과 손가락에 영향이 있는 학생에게 더 쉽다. 높은 변기와 잡을 수 있는 막대로 수정된 화장실은 고관절장애가 있는 학생에게 필요하다. 뼈에 장애가 있다면 골형성부전과 같이 어떤 골절이나 취약성에 대한 적합화뿐만 아니라 뼈 구조의 무리를 최소화하는 적합화된 도구가 필요하다. 가벼운 무게로 적합화된 요리 기구는 도움이 될 수 있다. 적합화된 도구의 정확한 종류는 팀 접근을 통해 개인적으로 선택하고 평가될 것이다. 각각의 경우에 교사는 가능하면 아동의 신체적 독립성을 발전시키고, 과하게 보호하거나 제한하지 않는 것이 중요하다(보조공학에 대해서는 8장 참조).

## 5) 행동 및 사회적 요구

특별히 중요한 것은 교육자가 청소년기 류머티즘 관절염, 다발성 관절 구축 또는 골형성부전을 가진 학생의 행동적인 면과 사회적인 면의 요구를 알고 있어야 하는 것이다. 이런 학생은 좌절감, 우울증, 그리고 자신의 상태에 대한 분노를 가지고 있을 수 있다. 따라서 이에 대처하도록 도와주는 상담이 필요하다. 사회적 고립은 이러한 상태에서 일어날 수 있는 명백한 신체적 기형으로 인해 일어날 수 있다. 골형성부전을 가진 학생은 다른 사람과 어울리는 것이 골절을 일으킬 수 있다는 부모, 교사 또는 친구의 불안감으로 인해 소수의 친구만 갖고 있다. 청소년기에 류머티즘 관절염을 가진 학생은 그 증상과 관련된 통증을 다른 이들이 이해하지 못할 때 고립감을 느낄 수 있다.

학교 상담자나 학교 정신건강 관련 전문가가 있는 경우에는 그러한 학생과 가족에게 중요한 도움이 될 수 있다. 전형적인 도움으로는 아동의 장애나 잦은 결석에 대한 도움, 의학적 또는 식이요법 프로그램, 진단 후의 학교 재입학 또는 입원, 친구와의 관계, 가족과 건강관리 전문가 및 학교 관계자 사이에서 의사소통의 협력자로서의 역할 등이 있을 수 있다(Kaffenberger, 2006; Nabors & Lehmkuhl, 2004).

## 요약

아동기의 류머티즘 관절염, 다발성 관절 구축 또는 골형성부전이 있는 학생은 골절과 뼈에 영향을 주는 상태를 가지고 있으며, 이는 몸의 전 체계에도 영향을 줄 수 있다. 소아 류머티즘 관절염은 아동에게서 나타나는 관절염의 형태 중에서 심각한 형태로, 주로 나타나는 특징 중 하나는 고통스럽고 경직된 관절을 일으키는 관절 염증이다. 다발성 관절 구축의 경우 아동이 복합적 구축을 가지고 태어난다. 골형성부전을 가진 학생은 극도로 뼈가 잘 부서져서 종종 복합골절을 가져온다. 교사는 이러한 상태에 대한 알맞은 이해가 필요하고, 안전하고 건강한 환경을 제공해 주려고 노력할 뿐만 아니라 주어진 과제를 반드시 잘 수행하도록 하여 이 학생들이 학교생활에 잘 적응할 수 있도록 해야 한다.

**사례    재러드의 이야기**

재러드는 4세 때 다관절형 소아 류머티즘 관절염으로 진단받았다. 그는 통증과 경직, 피로와 고열을 동반하는 여러 관절 문제가 있다. 현재 7세로 2학년에 재학 중이다. 학급에서 일어서서 다음 활동으로 이동하기를 원하지 않는 것처럼 보여서, 교사는 그가 느리고 행동 문제가 있다고 여긴다. 무엇이 문제이고, 교사는 현 상황을 그것을 어떻게 해결해야 하는가?

## 참고문헌

Albahnasawy, L., Kishore, A., & O'Reilly, B. F. (2001). Results of stapes surgery on patients with osteogenesis imperfecta. *Clinical Otolaryngology and Allied Sciences, 26,* 473-476.

Beers, M. H., Porter, R. S., Jones, T. V., Kaplan, J. L., & Berkwits, M. (2006). *The Merck manual of diagnosis and therapy.* Whitehouse Station, NJ: Merck Research Laboratories.

Berg, C., Geipel, A., Noack, F., Smrcek, J., Krapp, M., Germer, U., et al. (2005). Prenatal diagnosis of Bruck Syndrome. *Prenatal Diagnosis, 25,* 535-538.

Broström, E., Hagelberg, S., & Haglund-Åkerlind, Y. (2004). Effect of joint injections in children with juvenile idiopathic arthritis: Evaluation by 3D-gait analysis. *Acta Paediatrica, 93,* 906-910.

Cakmak, A., & Bolukbas, N. (2005). Juvenile rtheumatoid arthritis: Physical therapy and rehabilitation. *Southern Medical Journal, 98,* 212-216.

Cassella, J. P., & Ali, S. Y. (1992). Abnormal collagen and mineral formation in osteogenesis imperfecta. *Bone and Mineral, 17,* 123-128.

Engelbert, R. H., Uiterwaal, C. S., van der Hulst, A., Witjes, B., Helders, P. J., & Pruijs, H. E. (2003). Scoliosis in children with osteogenesis imperfecta: influence of severity of disease and age of reaching motor milestones. *European Spine Journal, 12,* 130-134.

Forin, V., Arabi, A., Guigonis, V., Filipe, G., Bensman, A., & Roux, C. (2005). Benefits of pamidronate in children wit osteogenesis imperfecta: An open prospective study. *Joint Bone Spine, 72,* 313-318.

Gare, B. A., Fasth, A., & Wiklund, K. (1993). Measurement of functional status in juvenile chronic arthritis: Evaluation of a Swedish version of the childhood health assessment questionnaire. *Clinical and Experimental Rheumatology, 11,* 569-576.

Guyton, A. C., & Hall, J. E. (2006). *Textbook of medical physiology* (11th ed.). Philadelphia: Elsevier/Saunders.

Hall, J. G. (1997). Arthrogryposis muptiplex congenital: Etiology, genetics, classification, diagnostic approach and general aspects. *Journal of Pediatric Orthopedics, 6,* 159-166.

Herring, J. A. (2002). *Tachdjian's pediatric orthopaedics* (3rd ed.). Philadelphia: W. B. Saunders.

Horwitz, E. M. (2001). Clinical responses to bone marrow transplantation in children with severe osteogenesis imperfecta. *Blood, 97,* 1227-1231.

Hsu, C.-T., Lin, Y.-T., Yang, Y.-H., & Chiang, B.-L.(2004). Factors affecting clinical and therapeutic outcomes of patients with juvenile rheumatoid arthritis. *Scandinavian Journal of Rheumatology, 33,* 312-317.

Ilowite, N. T. (2002). Current treatment of juvenile rheumatoid arthritis. *Pediatrics, 109,* 109-116.

Jacobsen, F. S., Crawrod, A. H., & Broste, S. (1992). Hip involvement in juvenile rheumatoid arthritis. *Journal of Pediatric Orthopedics, 12,* 45-53.

Jackson, P. L., & Vessey, J. A. (2000). *Primary care of the child with a chronic condition* (3rd ed.). St. Louis, Mosby.

Kaffenberger, C. J. (2006). School reentry for students with a chronic illness: A role for professional school counselors. *Professional School Counseling, 9,* 223-230.

Kuurila, K., Grénman, R., Johansson, R., & Kaitila, I. (2000). Hearing loss in children with osteogenesis imperfecta. *European Journal of Pediatrics, 159,* 515-520.

Kuurila, K., Kaitila, I., Johnsson, R., & Grénman, R. (2002). Hearing loss in Finnish adults wit osteogenesis imperfecta: A nationwide survey. *Annals of Otology, Rhinology and Laryngology, 111,* 939-947.

Kuurila, K., Pynnönen, S., & Grénman, R. (2004). Staples surgery in osteogenesis imperfecta in Finland. *Annals of Otology, Rhinology and Laryngology, 113,* 187-193.

Labyak, S. E., Bourguignon, C., & Docherty, S. (2003). Sleep quality in children with juvenile rheumatoid arthritis. *Holistic Nursing Practice, 17,* 193-201.

Lovell, D. (2004). Biologic agents for the treatment of juvenile rheumatoid arthritis: Current status. *Pediatric Drugs, 6,* 137-146.

Madazli, R., Tuysuz, B., Aksoy, F., Barbaros, M., Uludag, S., & Ocak, V. (2002). Prenatal diagnosis of arthrogryposis multiplex congenita with increased nuchal translucency but without any underlying fetal neurogenic or myogenic pathology. *Fetal Diagnosis and Therapy, 17,* 29-33.

Marini, H. C. (2004). Osteogenesis imperfecta. In R. E. Behrman, R. M. Kliegman, & H. B. Jenson (Eds.), *Nelson textbook of pediatrics* (pp. 2336-2338). Philadelphia: W. B. Saunders.

Migirov, L., Henkin, Y., Hildesheimer, M., & Mronenberg, J. (2003). Cochlear implantation in a child with osteogenesis imperfecta. *International Journal of Pedicatric Otorhinolaryngology, 67,* 677-681.

Miller, M. L., & Cassidy, J. T. (2004). Juvenile rheumatoid arthritis. In R. E. Behrman, R. M. Kliegman, & H. B. Jenson (Eds.), *Nelson textbook of pediatrics* (pp. 799-805). Philadelphia: W. B. Saunders.

Millington-Ward, S., McMahon, H. P., & Farrar, G. J. (2005). Emerging therapeutic approaches for osteogenesis imperfecta. *Trends in Molecular Medicine, 11,* 299-305.

Mokete, L., Robertson, A., Viljoen, D., & Beighton, P. (2005). Bruck syndrome: Congenital joint contractures with bone fragility. *Journal of Orthopaedic Science: Official Journal of the Japanese Orthopaedic Association, 10,* 641-647.

Moore, T. L. (1999). Immunopathogenesis of juvenile rheumatoid arthritis. *Current Opinions in Rheumatology, 11,* 377-383.

Nabors, L., & Lehmkuhl, H. (2004). Children with chronic medical conditions: Recommendations for school mental health clinicians. *Journal of Developmental and Physical Disabilities, 16,* 1-15.

Niyibizi, C., Wang, S., Mi, Z., & Robbins, P. D. (2004). Gene therapy approaches for osteogenesis imperfecta. *Gene Therapy, 11*, 408–416.

Oǧuz, F., Akdeniz, C., Ünüvar, E., Küçükbasmací, Ö., & Sídal, M. (2002). Parvovirus B19 in the acute arthropathies and juvenile rheumatoid arthritis. *Journal of Paediatrics & Child Health, 38*, 358–362.

Palmer, D. H., Mulhall, K. J. Thompson, C. A., Severson, E. P., Santos, E., & Saleh, K. J. (2005). Total knee arthroplasty in juvenile rheumatoid arthritis. *Journal of Bone and Joint Surgery, 87*, 1510–1514.

Parvizi, J., Lajam, C. M., Trousdale, R. T., Shaughnessy, W. J., & Cabanela, M. E. (2003). Total knee arthroplasty in young patients with juvenile rheumatoid arthritis. *Journal of Bone and Joint Surgery, 85*, 1090–1095.

Patel, S. J., & Lundy, D. C. (2002). Ocular manifestations of autoimmune disease. *American Family Physician, 66*, 991–999.

Paterson, C., Burns, J., & McAllion, S. J. (1993). Osteogenesis imperfecta: The distinction from child abuse and the recognition of a variant form. *American Journal of Medical Genetics, 45*, 187–192.

Plotkin, H. (2004). Syndromes with congenital brittle bones. *BMC pediatrics, 4*, 1471–1477.

Polizzi, A., Huson, S. M., & Vincent, A. (2000). Teratogen update: Maternal myasthenia gravis as a cause of congenital arthrogryposis. *Teratology, 62*, 332–341.

Pollitt, R., McMahon, R., Nunn, J., Bamford, R., Afifi, A., Bishop, N., & Dalton, A. (2006). Mutation analysis of COL1A1 and COL1A2 in patients diagnosed with osteogenesis imperfecta type Ⅰ–Ⅳ. *Human Mutation, 27*, 716–723.

Rauch, F., & Glorieux, F. H. (2004). Osteogenesis imperfecta. *Lancet, 363*, 1377–1385.

Rauch, F., & Glorieux, F. (2005). Osteogenesis impergecta: Current and future medical treatment. *American Journal of Medical Genetics, 139C*, 31–37.

Rettig, P. A., Merhar, S. L., & Cron, R. Z. (2004). Juvenile rheumatoid arthritis and juvenile spondyloarthropathy. In P. J. Allen & J. A. Vessey (Eds.), *Primary care of the child with a chronic condition* (pp. 582–600). St. Louis: Mosby.

Siegel, D. M., & Baum, J. (1993). Juvenile arthritis. *Primary Care, 20*, 883–893.

Sillence, D. O., Senn, A., Danks, D. M. (1979). Genetic heterogeneity in osteogenesis imperfecta. *Journal of Medical Genetics, 16*, 101–116.

Smerdel, A., Dai, K., Lorentzen, A. R., Flato, B., Maslinski, S., Thorsby, E., et al. (2004). Genetic association between juvenile rheumatoid arthritis and polymorphism in the SH2D2A gene. *Genes and Immunity, 5*, 310–312.

Thompson, G. H. (2004). Arthrogryposis. In R. E. Behrman, R. M. Kliegman, & H. B. Jenson (Eds.), *Nelson textbook of pediatrics* (pp. 2292–2293). Philadelphia: W. B. Saunders.

Vetter, U., Pontz, B., Zauner, E., Brenner, R. E., & Spranger, J. (1992). Osteogenesis imperfecta: A clinical study of the first ten years of life. *Calcified Tissue International, 50*, 36-41.

Zeitlin, L., Rauch, F., Travers, R., Munns, C., & Glorieux, F. (2006). The effect of cyclical intravenous pamidronate in children and adolescents with osteogenesis imperfecta type V. *BONE, 38*, 13-20.

# 제11장 시각 손상, 청각 손상과 농-맹

*Kathryn Wolff Heller, Susan Easterbrooks,*
*Doug McJannet, and Dawn Swinehart-Jones*

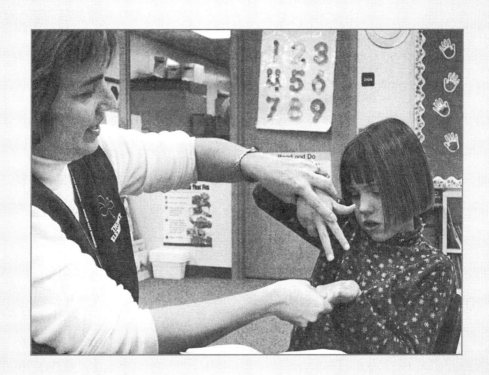

지체 및 복합 장애가 있는 학생은 종종 시각 손상, 청각 손상 또는 농-맹의 상태를 동반한다. 비록 시각 또는 청각 손상은 그 증상만이 나타날 수 있으나, 각각의 손상이 다른 장애 증상과 함께 일어날 때 특히 더 어려워진다. 교사는 시각 또는 청각 장애의 영향과 그러한 증상이 있는 학생의 요구를 충족해 주는 방법에 대한 정확한 이해가 필요하다. 각 기관 사이의 차이점과 각각의 증상을 분리하여 설명할 것이며, 이 장의 마지막에는 여러 증상의 교육적 시사점에 대해 설명할 것이다.

## ① 시각 손상 개요

교사는 일반적으로 시각 손상의 여러 가지 형태를 설명하는 몇 가지 다른 용어를 접하게 될 것이다. 가장 보편적인 몇 가지 용어는 다음과 같다.

**시각 손상과 시각장애**     시각 손상라는 용어는 시력(visual acuity) 손상, 시야 (visual field) 손상, 눈의 운동성 또는 색상 지각의 손상을 포함하여 광범위한 시각 손상을 포함한다. 시각 손상은 영구적이거나 일시적일 수 있다. 시각장애(visual disability)라는 용어는 종종 어린 아동의 교육적 수행능력에 부정적인 영향을 주는 시각 손상(visual impairment)을 가리키는 시각 손상(vision loss)과 동의어로 사용되곤 한다.

**법적인 맹인**     법적인 맹인은 20/200의 중앙 시력 또는 최선의 교정 상태에서 그보다 더 낮은 시력이 나타나는 것, 또는 가장 넓은 지름의 시야가 20° 보다 크지 않은 각도를 갖는 것으로 정의된다(American Optometric Association, 2006). 이 정의의 첫 부분은 시력을 가리키는 것으로, 사람의 시력의 명확성을 말한다. 이는 일정 정도의 거리에서 육안으로 아주 작고 상세한 것을 구별할 수 있는 능력을 측정한다. 예를 들면, 시각 명료도 20/200의 뜻은 장애가 없는 사람이 200피트에서도 볼 수 있는 것을 시각장애를 가진 사람은 20피트에서 볼 수 있다는 것을 의미한다. 시각 명료도 20/200을 가진 사람이나 또는 교정 이후 시력이 이보다 더 나쁜 사람을 법적인 맹인이라 한다. 법적 맹인 정의의 나머지 부분은 시야에 대한 것이다. 시야란 정면으로 바라볼 때 그 사람의 시력의 중앙과 주변에 있는 사물을 볼 수 있는 능력을 의미한다. 장애가 없는 사람은 정면을 바라볼 때 180°안의 사물을 볼 수 있다. 20°(또는 각도)보다 더 적게 보는 사람은 법적 맹인이다(대부분의 주변 시력이 없어졌기 때문에). 법적 맹인의 정의는 시력 서비스의 적격성을 결정할 때 많이 사용된다.

**저시력**    사용 가능한 시력을 가지고 있지만, 유의미한 시각 손상을 가진 사람(최선의 교정에도)을 언급하는 데 사용되는 넓은 의미의 용어다. 시력은 정보를 배우고 받아들이는 데 있어 주요 도구로 사용된다. 시력의 기능은 시력을 보완하는 장치의 사용, 환경적 수정과 훈련을 통해 향상된다(Corn & Koenig, 2002).

**맹인**    완전하게 시력이 없거나 단지 빛의 지각만 가진 사람을 맹인이라고 한다. 교육의 경우, 이 용어는 정보를 배우고 받아들이는 주요 도구로 다른 감각(예: 청각, 촉각)을 사용하는 학생을 의미한다.

**시효율성**    시효율성(visual efficiency)은 사람이 자신이 가진 시력을 얼마나 잘 사용하는가를 가리킨다. 이는 시력이 반영될 필요가 없는 학습된 행동으로 여겨진다. 낮은 시력을 가지면서 좋은 시각 작용을 가지는 경우 또는 그 반대의 경우가 가능하다(Good, Jan, Burden, Skoczenski, & Candy, 2001; Johnson, 1997).

## ② 시각 손상에 대한 이해

### 1) 눈의 해부

#### 눈의 지지 구조

눈에는 눈꺼풀, 누선(눈물이 나도록 하는 곳), 그리고 각각의 눈을 둘러싸는 6개의 외안근을 포함하여 알맞은 작용을 하도록 도와주는 여러 가지 구조가 있다. 외안근은 눈이 협응하여 함께 움직이도록 하며, 눈이 한 영상을 보도록 알맞게 정렬한다.

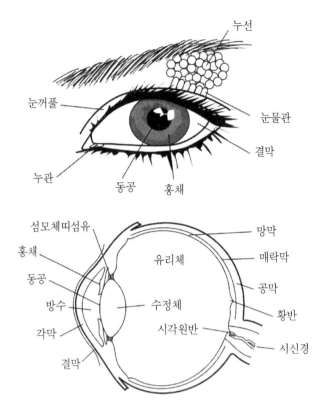

**그림 11-1** 눈의 해부

## 눈

눈의 바깥 면은 공막과 각막으로 구성되어 있다([그림 11-1] 참조). 공막은 눈의 하얀 부분으로 안구의 5/6를 차지하며, 각막이 있는 곳을 제외한 눈 전체를 차지한다. 공막은 거칠고 조밀한 결합 조직으로 구성되어 있어서 눈 안쪽의 보호를 돕는다(Young & Young, 1997). 각막은 눈의 바깥 면의 투명한 부분으로, 안구의 나머지 1/6을 차지한다. 각막은 몸 전체에서 가장 민감한 조직이고, 그 면적에 가장 많은 신경섬유가 있다. 빛이 눈의 내부 구조로 갈 때 처음으로 각막을 통과하기 때문에 종종 '눈의 창'이라고 불린다. 빛이 곡선 모양의 각막을 통과할 때 굴절하여 그 빛이 곧바로 눈의 뒤 구조로 가도록 한다.

빛이 각막을 통과하면 수양액(aqueous)이라는 유동체를 통과하여 홍채라고 알려진 눈의 색깔이 있는 부분으로 둘러싸인, 검은 구멍인 동공에 다다른다. 홍채는 동공의 크기를 조절함으로써 눈에 들어오는 빛의 양을 조절한다. 어두운 빛에서는 홍채의 특정 근육이 수축되면서 동공이 커진다. 동공이 확장되면 더 많은 빛이 눈으로 들어올 수 있다. 밝은 빛에서는 홍채의 다른 근육이 동공을 더 작게 해서 눈에 더 소량의 빛이 들어오게 한다.

동공 뒤에는 수정체가 있어, 알맞게 초점을 맞추도록 하기 위해 광선을 굴절시킨다. 빛은 그 후에 안구 모양을 잡아 주는 것을 도와주는 유리체라고 알려진 젤라틴 물질을 통과한다. 빛이 유리체를 통과하면 망막이라는 빈 부분의 가장 안쪽 내벽에 초점을 맞춘다(망막 밑에는 망막에 영양분을 주는 맥락막이라고 알려진 중간 막이 있고, 가장 바깥층에는 공막이 있다).

망막은 간상체와 추상체로 구분되는 약 1억 2000만 개의 광수용기(photoreceptor)로 구성되어 있다. 간상체와 추상체는 광선을 전기화학적 자극으로 변환하는 기능을 담당한다. 간상체는 낮은 강도의 빛(어두운 빛)에 민감하고, 큰 형태와 움직임을 감지할 수 있다. 간상체는 주로 주변 시야와 야간 시력을 담당한다. 추상체는 높은 강도의 빛(일광)에 민감하고, 세밀한 것과 색을 감지하는 기능을 한다. 망막에는 대부분 추상체가 있는 작은 중앙 부분이 있다. 이 부분은 황반이라고 알려져 있다. 황반의 중앙에는 중심와(가장 명확한 시각 영역)가 있다. 중심와와 황반은 함께 가장 중앙의 시력을 담당한다.

## 시각 통로

영상이 망막에 의해 전기화학적 자극으로 변환된 후, 자극은 안구 뒤에 위치해 있는 시신경을 통해 안구를 떠난다. 뇌의 뒷부분에 있는 후두엽에 위치한 시각 피질(visual cortex)에 시삭(optic tract)을 통해 자극이 전달된다.

## 시각 피질

시각 피질은 눈을 통해 들어오는 전기화학적 자극을 받고, 자극을 상위 뇌의 중심으로 전달한다. 뇌의 상위 중심에서 시각적 입력은 다른 감각적 입력과 통합되어, 사람이 받은 영상을 해석하거나 기억하는 것을 가능하게 한다.

## 2) 시각 손상이 시각능력에 미치는 영향

시각장애는 하나 또는 그 이상의 시각적 능력에 부정적인 영향을 줄 수도 있다. 시각적 능력에 영향을 주는 문제는 (a) 저시력, (b) 시야 결함, (c) 눈의 운동성과 응시의 비정상, (d) 빛과 색의 지각장애, (e) 시각 피질과 뇌 기능의 장애(Guzzetta, Mercuri, & Cioni, 2001; Madan, Jan, & Good, 2005)와 같다.

### 저시력

시력은 어떤 영상의 형태와 양식에 있어서 얼마나 그 영상이 분명하고 예리한지를 가리킨다. 저시력 또는 흐릿한 시각은 시각체계의 의학적 장애(예: 백내장) 또는 굴절장애(예: 근시) 때문일 수도 있다(Chang, 2004). 시력은 가까운 근접성과 거리 예민함으로 설명된다.

근시는 눈에서 14인치에 있는 사물을 명확히 인식하는 것이 가능한 것이다(Peters & Bloomberg, 2005). 원시(hyperopia)로 알려진 굴절장애가 있는 아동은 멀리 있는 사물은 명확히 볼 수 있으나 가까이 있는 사물에는 초점을 맞추지 못한다. 원시는 종종 작은 안구로 인해 가까운 사물에서의 빛이 종종 망막에 초점을 맞추지 못할 때 발생한다(Chang, 2004; [그림 11-2] 참조). 개인은 보통 멀리 있는 것을 보는 데 영향을 주는 낮은 시력을 가질 수 있다. 이것은 굴절장애로 인해 일어나며, 가까운 사물은 잘 보이나 멀리 있는 것은 초점이 맞춰지지 않는 근시(myopia)를 가지고 있는 것이다. 근시는 좀 더 길이가 긴 안구 때문에 멀리 있는 사물의 빛이 망막의 앞부분에 초점을 맞출 때 일어난다. 또 다른 굴절장애에는 난시(astigmatism)가 있는데, 이는 동일하지 않은 굽은 각막 또는 렌즈 때문에 빛이 망막의 한 곳에 초점이 두지 못하여 흐릿하거나 비뚤어진 영상이 생기는 것이다.

의학적 장애로 인한 낮은 시력은 어느 경우에는 20/20으로 교정될 수 없기도 하다. 낮은 시력이 굴절장애로 인해 발생하면, 20/20 시력은 안경이나 콘택트렌즈 또는 수술로 교정될 수 있다.

### 시야 결함

사람의 시야는 눈의 응시를 바꾸지 않고 볼 수 있는 모든 부분을 가리킨다. 특정

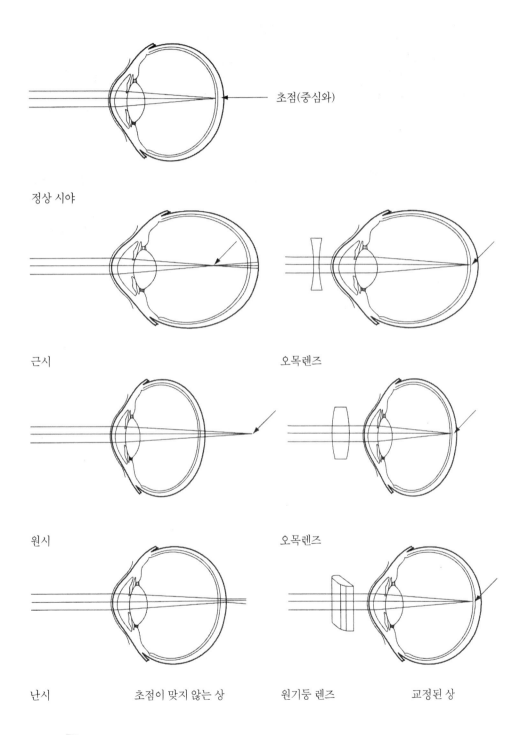

초점(중심와)

정상 시야

근시                          오목렌즈

원시                          오목렌즈

난시       초점이 맞지 않는 상       원기둥 렌즈       교정된 상

**그림 11-2**     다른 형태의 렌즈로 교정된 근시, 원시, 난시의 굴절이상

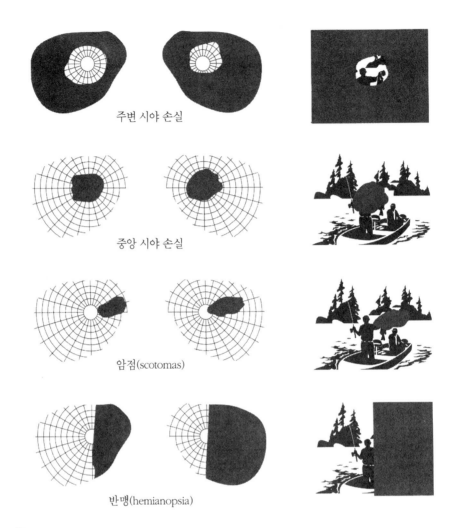

주변 시야 손실

중앙 시야 손실

암점(scotomas)

반맹(hemianopsia)

**그림 11-3** 개인의 시력을 차단하는 시야 결함의 예

한 시각 조건은 사람의 시야의 특정 부분에 시각 손상의 결과를 가져올 수도 있다. 시야 결함은 사람의 시야의 중앙이나 주변 또는 두 부분에 다 일어날 수 있다([그림 11-3] 참조).

**주변 시야 손상(peripheral field loss)**    주변 시각은 시력의 직접 닿는 방향에서 외부에 있는 사물의 존재를 인식하는 것을 가리키며, 사물의 존재나 주변 위험을 아는 데 필요하다(AGIS Investigators, 2000; Edwards, Fishman, Anderson, Grover, & Derlacki, 1998). 주변 시야의 손실이 있을 때, 그 사람은 주변 시야의 부분 또는 전체에 있는 사물을 보지 못할 수 있다. 주변 시야 손실의 보편적 종류 중 하나는 좁은 시야를 초래하는 고리 모양 안에서의 시각 손상을 포함한다. 이것은 또한 '터널 시야'라고도 하며, 시야의 각도가 줄어들게 해서 사람이 한 번에 전체적으로 볼 수 있는 정도를 제한한다. 간상체가 주로 주변에 위치해 있기에 어두운 빛을 보는 것을 가능하게 하고, 이 부분의 결함은 야간 시력의 손실을 동반할 수도 있다. 다른 종류의 시야 결함은 주변 시야의 부분, 일부 또는 약간이 보이지 않는 것으로 나타날 수 있다.

**중앙 시야 손상(central field loss)**　　중앙 시각은 작은 것을 구별하는 데 필요한 시력이 직접 닿는 방향을 가리킨다. 망막의 황반 부분의 손상(예: 시력 감퇴) 같은 특정한 상태는 중앙 시야의 손실을 초래한다. 중앙 시야 손실이 있는 사람은 똑바로 쳐다볼 때 글자를 읽거나, 얼굴의 특징을 인식하거나, 사물을 감지하는 것을 하지 못할 수도 있다(Good et al., 2001). 중요한 정보를 쉽게 놓칠 수도 있다. 종종 그런 사람은 주변 시야로 보고자 하는 사물 또는 사람을 보려고 측면으로 응시한다. 이것은 똑바로 사물이나 사람을 보지 않는 것으로 착각될 수 있다.

## 운동성과 응시의 장애

눈의 운동성은 눈을 둘러싼 6개의 각각의 외안근 중 어떤 것으로 인한 눈의 움직임을 가리킨다. 눈의 운동성에서 문제는 안면 마비, 눈 근육의 불균형, 뇌신경 손상, 또는 눈 근육 움직임의 감소나 손실을 초래하는 다른 조건이 있는 사람에게 발생한다. 눈의 운동성 장애는 추적, 응시 이동, 스캐닝의 어려움을 초래하기도 한다. 운동성과 응시의 문제에 따른 것은 사시, 약시, 안구진탕증이다.

**사시**　　사시는 한쪽 또는 양쪽 눈이 그 방향을 벗어나(예: 내사시) 눈이 어긋난 것을 말한다. 한 눈만 방향을 벗어날 때는 복시(diplopia)가 일어난다. 종종 뇌가 한 영상을 억제하여 두 개의 영상 대신에 오직 하나의 시각적 영상을 보게 하는 것이다. 이 영상의 억제는 약시를 초래할 수 있다.

**약시**　　약시는 특별한 해부적 결함이 없는데 시력이 약해지는 것을 말한다. 이것은 눈이 발달되는 시기(출생부터 6세까지) 동안에 사시, 균등하지 않은 굴절장애, 한쪽 눈의 시각 손상과 같이, 한쪽 눈이 다른 쪽 눈과 차이가 나는 다른 영상을 보게 될 때 발생한다(Bremer et al., 1998). 한쪽 눈에 의한 영상의 억제는 결국 사용하지 않는 눈의 실명을 초래한다(Johnson, 1997). 실명은 보통 어린 나이에 이루어지는 적절한 중재로 피할 수 있다(예: 좋은 시력의 눈에 안대 착용, 굴절장애 교정).

**안구진탕증**    안구진탕증(nystagmus)은 눈의 불수의적이고 리듬 있는 진동을 말한다. 반복적인 움직임은 안구진탕증의 종류에 따라 수직적, 사선적, 회전적으로 나타나며, 빠르게 또는 느리게 움직일 수 있다. 예를 들어, 선천성 안구진탕증은 종종 수평으로 나타나고, 선천성 시각 손상(예: 선천적 백내장 또는 눈의 위축)로 인해 출생 후 6개월 안에 일어나거나 또는 아무 이유 없이 발생한다(즉, 특발성 질환). 안구진탕증이 있는 아동은 안구진탕증이 있는 눈의 시력이 감소하고, 안구진탕증을 줄이면서(Riordan-Eva & Hoyt, 2004) 잘 보기 위하여 머리를 기울이는 경향이 있다. 움직임을 지각하기 위한 뇌의 조정으로 인해 사물은 정지되어 나타난다.

### 빛과 색깔 지각의 장애

어떤 아동은 광선공포증(photophobia)과 같이 특정한 조명 상태에 대해 어려움이 있을 수 있다. 광선공포증은 빛에 대한 민감함을 의미하는 것으로, 아동이 밝거나 보통의 빛에 불편함을 느끼게 되는 것이다. 몇 가지 눈 상태(예: 백색증 또는 백내장)로 광선공포증이 초래된다.

색깔 지각의 주 장애는 색맹이다. 색맹을 가진 개인은 눈의 추상체(색깔 수용체)의 손상 또는 손실로 인해 보통 특정한 색상을 보지 못한다. 가장 흔한 장애는 적녹색맹으로, 빨간색과 초록색이 같은 색으로 보이는 경우다.

### 뇌 기능의 장애

후두엽 또는 뇌의 다른 곳의 손상은 시각 고정, 연합, 동작 인식을 감지하는 데 영

---

1) 역주: 안과검사상 특별한 이상이 없는데도 교정 시력이 잘 나오지 않는 상태로 양쪽 눈의 차이가 심할 때는 시력이 낮은 쪽을 약시라 한다.

향을 준다(Good et al., 2001). 어떤 경우에는 사물이 인식되지 않을 수도 있다.


## ③ 시각 손상의 진단

시각 손상은 당사자가 보는 것이 어렵다는 것을 인식하거나 또는 주변 사람이 그 사람이 잘 보지 못하는 것을 알아차리면서 알게 된다. 교사는 시각 손상이 있는지에 대한 신호에 주의를 기울이는 것이 중요하다. [그림 11-4]는 시각 손상으로 인해 초래될 수 있는 행동을 보여 주고 있다. 만약 시각 손상이 의심된다면, 교사는 학교 간호사와 같은 적당한 담당자에게 지속적인 검사를 요청해야 한다.

---

시각 손상 선별 체크리스트

A. 눈의 생김새
 - 빨간 눈
 - 한쪽 눈이 안, 밖, 위 또는 아래로 돌아가 있음
 - 눈의 계속적인 움직임
 - 많은 양의 눈물
 - 뭉개진 눈꺼풀

B. 시각적 능력
 - 깜박거리는 반응 없음
 - 동공이 빛에 반응 없음
 - 사물을 따라가지 못함
 - 사물을 스캔하지 않음
 - 코 쪽으로 향하는 움직이는 사물을 따라갈 수 없음

C. 행동
 - 자주 눈을 비빔
 - 눈을 가늘게 뜨고 찡그림
 - 자주 깜박거림
 - 특정한 일을 할 때 한쪽 또는 양쪽 눈을 감음
 - 사물을 바로 보지 않음
 - 머리를 돌리거나 움직임
 - 보는 것보다 만지는 것으로 사물에 접근
 - 사물을 가까이 또는 멀리 잡음

D. 언어적 호소
  - 눈의 통증, 두통
  - 두 개로 보임
  - 잘 보지 못하는 것

E. 학업
  - 칠판의 내용을 받아 적지 못함
  - 비슷한 모양의 글자를 읽을 때 자주 실수함
  - 읽을 때 다시 똑같은 줄을 읽거나 건너뜀
  - 위치를 유지하기 위해 손을 사용

**그림 11-4**    시각 손상 선별 체크리스트

## ④ 시각장애의 원인, 특징, 진행과정과 치료

비록 지체 및 복합 장애를 가진 학생이 다른 많은 종류의 시각 손상을 가지고 있을 수도 있지만, 가장 흔한 것 중의 몇 가지는 백내장, 미숙아망막증, 시신경 위축, 그리고 피질 시각 손상이다.

### 1) 백내장

백내장은 눈의 수정체가 흐려지는 것이다. 아동에게 있는 백내장은 태어날 때 나타날 수도 있고(선천성 백내장) 나중에 발달될 수도 있다(후천성 백내장). 나이가 든 성인은 종종 노인성 백내장이 생기기도 한다.

#### 원인

어린 시절 백내장은 선천성 감염(예: 거대세포바이러스), 또는 유전 문제(예: 다운증후군)로 인해 생길 수 있다. 백내장은 심각한 영양 실조, 정신적 외상 또는 약물(예: 스테로이드)로 인해 발생할 수도 있고, 몇 가지 대사성 질환 및 질병(예: 당뇨)과 관련이 있다(Harper & Shock, 2004).

백내장의 크기와 강도에 따라 육안으로 볼 수 없을 수도 있고, 망막이 하얗게 보일 수도 있다. 시각에서 백내장의 영향은 크기, 위치, 흐린 부분의 강도에 따라 다르다. 어떤 백내장은 매우 작아서 시력에 방해가 되지 않는다. 또 다른 백내장은 흐릿한 시력을 초래하기도 한다. 만약 백내장이 더 중앙에 위치한다면 근시에 영향이 있고, 시력이 밝은 빛에서 더 나빠질 수 있다. 어떤 백내장은 더 짙어지고 커져서 아동이 맹인이 될 수도 있다.

신생아가 선천성 백내장을 가지고 있을 때는, 적절한 시각 반응의 발달을 위해 수술이 필요하다. 수술은 수정체의 제거와 눈 교정(예: 안경, 콘택트렌즈 또는 인공수정체)이 포함된다. 그러나 심지어 아동기에 백내장 수술이나 교정을 한 후에도 아동의 20~30%는 법적 맹인이다(Bashour, Menassa, & Gevontis, 2006; Gillies et al., 1998).

만약 백내장이 활성화되지 않았다면 눈부심을 줄이기 위해 빛을 조절할 수도 있다(빛을 그 사람의 뒤로 위치시키는 것). 또 백내장이 렌즈의 중앙에 위치하게 되면, 개인은 마치 '백내장 주위를 둘러보는' 것과 같이 특이한 위치로 머리를 두는 것이 관찰된다. 이 경우 시력을 최대한 활용하도록 권장되어야 한다. 종종 확대해 주는 것은 시력을 높이는 데 도움이 될 수 있다(Bashour et al., 2006; Good et al., 2001).

## 2) 미숙아망막증(ROP)

미숙아망막증(retinopathy of prematurity: ROP)은 발달이 덜된 망막에서 혈관이 비정상적으로 급증하며 일어나는 것이다. 미국에서는 어린 시절 실명의 큰 원인이다(Hardy & Shetlar, 2004).

미숙아 망막증은 조산된 유아, 특히 저체중 유아에게서 일어난다. 비록 인큐베이터 안에서 높은 산소량에 노출된 조산 유아에게서 발생한다고 하지만, 그러한 높은 산소량에 노출되지 않은 조산 유아에게서도 발생한다(Coe et al., 2006).

특징

약 90% 정도는 가벼운 편이고, 과다한 혈관의 자연적인 퇴보는 최소의 상처와 전혀 없거나 약간의 시각 손상을 유발한다(Behrman, Kliegman, & Jenson, 2004). 심각한 경우에는 비정상적인 혈관이 유리체까지 확산되어 망막의 분리, 심각한 시각 손상 또는 전맹을 초래할 수도 있다. 더 나아가 미숙아망막증이 있는 아동은 근시, 사시, 백내장 또는 녹내장이 있을 수도 있다.

치료

대부분의 경우에 상태의 퇴행이 나타나기 때문에 반드시 추적 관리가 필요하다. 미숙아망막증이 진행되거나 더 심각해질 때는 망막이 분리되는 것을 막거나 또는 다시 붙이기 위하여 수술이 필요하다. 비록 수술이 시력이 더 나빠지는 것은 예방할 수 있지만, 시력은 수술적 개입 이후에도 좋지 않을 수 있다. 시력기능을 향상하기 위해서 시각 보조도구(예: 확대경, 망원경)가 처방될 수도 있다. 종종 높은 밝기의 조명이 필요하기도 하다.

## 3) 시신경 위축

시신경 위축은 시신경의 퇴보로 인해 생기며, 시각 통로의 가장 흔한 장애다. 그 자체로는 병이 아니고 시신경의 기능에 영향을 주는 장애다.

원인

시신경 위축은 유전적 장애로 인한 선천적인 현상일 수 있으며(예: 레버 시신경 위축증, Leber's optic neuropathy), 또한 병으로 인해 생길 수도 있다(예: 종양, 뇌수종, 머리 외상). 시신경 위축은 가끔 당뇨와 같은 특정한 대사 질병과 관련이 있다. 원인에 따라 시신경 위축은 진행성일 수 있다.

특징

시신경 위축은 신경 위축의 양에 비례하는 양적 손실과 함께 시야 결함의 결과를 초래한다. 중앙과 주변 시야 모두 손상이 나타나지만, 얼마나 손상되었는가는 다양하다. 예를 들면, 어떤 경우는 두 눈의 시야의 반이 손실될 수도 있다. 시신경 위축이 있는 개인은 시력의 감소와 색맹이 있을 수도 있다(Good et al., 2001).

치료

시신경의 퇴보는 되돌릴 수 없기에 현재 치료방법은 없다. 그러나 종양이 시신경에 압력을 가하는 근본 원인일 때는 종양의 조기 제거가 시력 회복을 가져올 수 있다. 시각기능은 높은 밝기의 조명과 확대한 인쇄물을 사용하여 향상될 수도 있다. 교재의 배치 또한 중요하다.

## 4) 피질 시각 손상(CVI)

피질 시각 손상(cortical visual impairment: CVI; 피질맹 또는 신경 시각 손상라고도 알려져 있음)는 시각에 관여하는 뇌 영역의 손상을 설명하는 용어다. 이 상태에서는 눈에 이상이 없어도 후두엽의 뇌손상으로 인해 뇌가 들어오는 시각 정보를 처리할 수 없다.

원인

피질 시각 손상에는 여러 가지 원인이 있다. 외상성 뇌손상, 익사 직전의 경험, 발작이 길어지는 것, 수막염, 대사 질환, 그리고 저산소증으로 인한 두뇌 손상이 포함된다. 원인과 손상의 정도에 따라 피질 시각 손상은 일시적 또는 영구적일 수 있다. 뇌성마비, 뇌수종, 지적장애, 그리고 소두증과 같은 증상이 영구적인 피질 시각장애의 어린 아동에게서 자주 나타난다.

특징

피질 시각 손상 아동의 시각능력의 범위는 원인, 위치, 손상 정도에 따라서 가벼운 시각 손상에서부터 전맹에 이르기까지 다양하다. 시각이 흔들리는 것이 일반적이고, 어떤 순간에는 사물을 볼 수 있지만 잠시 뒤는 볼 수 없기 때문에 아동이 오해를 받기도 한다. 어떤 아동은 주변 시야로 더 잘 볼 수 있어서, 그 사물을 바로 보지 않고 사물을 더 자세히 보기 위해 비스듬히 보게 된다. 피질 시각 손상의 정도에 따라 어떤 아동은 자신이 가진 시력을 사용하는 것보다 촉각을 사용하는 데 더 의존하기도 한다.

### 치료

지금 현재로는 근본 원인의 치료가 가능할 때 그것을 치료하는 것 외에는 특정한 의학적 치료가 없다. 시각기능이 향상될지 또는 현 상태 그대로 남아 있을지 알아내는 것은 쉽지 않다. 시각을 자극하는 것과 환경 구조화는 시각기능을 도와줄 수 있다.

## ⑤ 청각 손상 개요

청각 손상 아동은 적절한 중재를 받지 않으면 언어, 사회적, 그리고 학습의 어려움에 당면한다. 귀의 기능, 청각 손상으로 인해 발생하는 일반적인 조건과 교실에서 청각 손상의 영향을 이해하는 것은 교사가 청각 손상 학생의 요구를 해결하는 데 도움이 된다. 첫 단계로 흔히 사용되는 용어를 먼저 이해해야 한다.

**농**   농은 음향 증폭을 하든 그렇지 않든 청각 손상이 심각하여 아동이 청력을 통해 구어를 처리할 수 없는 것을 말하고, 이는 교육적 수행에도 불리한 영향을 미친다.

**난청**   난청은 음향 증폭을 하든 그렇지 않든 구어를 청력으로 처리할 수 있는 사람을 말한다. 난청도 비진행성이든 진행성이든 청각 손상이며, 이것은 아동의 교육적 수행에 영향을 준다.

**전음성 청각 손상**   전음성(cenductive) 청각 손상은 막힘, 감염, 구조적 장애, 또는 외이나 중이의 다른 증상으로 인해 신호가 내이로 전달되지 않는 청각 손상을 말한다.

**감음신경성(sensorineral) 청각 손상**     감음신경성 청각 손상은 내이 또는 청신경의 장애로 청각이 손상되는 것을 말한다.

**혼합성(mixed) 청각 손상**     혼합성 청각 손상은 전음성과 감음신경성 청각 손상이 결합되어 나타나는 것을 말한다.

**중추성(central) 청각 손상**     중추성 청각 손상은 청각 피질 또는 뇌간에서 청각 피질까지 경로의 결함으로 발생된 장애를 말한다.

**선천성 농**     선천적으로 청각장애로 태어난 사람을 말한다.

**후천성 농**     태어난 후에 청각장애가 된 사람을 말한다.

**언어 습득 이전의 청각장애**     말이나 언어가 발달되기 전에 청각장애가 발생하는 것을 말한다.

**언어 습득 이후의 청각장애**     말이나 언어가 발달된 이후에 발생한 청각장애를 말한다. 조기 진단에 대한 국가적 경향에 따라, 최근 연구는 언어 습득 이전과 이후 청각장애의 경계 시점을 6개월로 해야 한다고 제안한다(Yoshinaga-Itano & Apuzzo, 1998).

## ⑥ 청각 손상에 대한 이해

### 1) 귀의 해부

#### 외이

바깥 부분의 귀는 외이(귓바퀴)와 외이도(또는 이도)로 구성되어 있다([그림 11-5] 참조). 외이는 음파를 모으고, 외이도를 통해 그 음파를 보낸다. 외이도에는 귀의 중간 부분을 먼지나 벌레와 같은 외부의 이물질로부터 보호하기 위해 모발 세포와 귀지가 있다. 모발 세포는 원하지 않는 이물질이 들어오지 못하게 하며, 귀지의 쓴맛은 벌레를 쫓는다.

#### 중이

중이는 한쪽으로 고막, 다른 쪽으로 난원창(oval window)이 접해지는 곳이다. 측두골 안쪽에 공기로 차 있는 공간에 추골(망치뼈), 침골(모루뼈), 등골(등자뼈)의 3개의 연결된 뼈가 들어 있다. 추골은 고막과 인접한 곳에 위치해 있고, 등골은 침골을 사이로 난원창과 바로 붙어 있다. 소리가 발생하면 공기의 진동이 외이로 들어오고

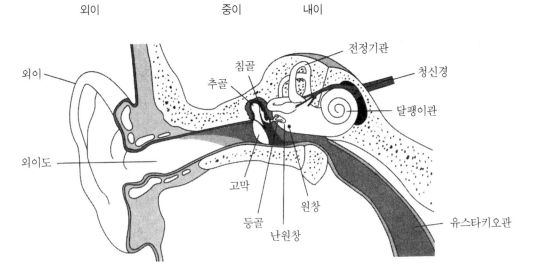

**그림 11-5** 귀의 해부도

고막이 움직인다. 고막은 추골, 침골, 등골을 기계적으로 진동시켜서 음파를 기계적 진동으로 변환한다. 이들 3개의 뼈 진동은 난원창의 움직임을 발생시킨다.

중이는 공기로 채워져 있기 때문에 중이의 공기 압력이 외부 압력과 같은 것이 중요하다. 만약 귀의 안쪽의 공기 압력이 바깥보다 커지면 비행기 안에서처럼 고막이 파열될 수 있다. 유스타키오관이 압력을 동일하게 유지하는 기능을 한다. 이 관은 중이와 인두(목의 뒤) 사이에서 기능한다. 사람이 무언가를 삼키면, 인두에 위치한 관의 끝이 열리고 공기가 인두와 중이 사이로 이동하게 하여 공기의 압력을 동일하게 한다.

### 내이

내이는 달팽이관(듣는 감각을 책임진다)과 전정기관(균형 감각을 책임진다)이라는 두 개의 주요 부분으로 구성되어 있다. 맹 아동은 눈을 감으면 두 기관의 상호작용으로 인해 균형에 문제가 생긴다(Angelopoulou, Fotiadou, Tsimaras & Giagazoglou, 1999). 달팽이관은 달팽이 껍질 모양처럼 생겼고, 액체로 채워진 둥글게 감아 놓은 모양의 관이다. 기저막에 위치해 있는 달팽이관의 밑부분에는 청각 수용 세포(모세포)가 들어 있는 코르티 기관이 있다. 등골이 난원창에 들어갔다 나왔다 하며 움직일 때, 파장(기계적 진동)이 달팽이관의 액체 안으로 전달되고 모세포는 구부러지게 된다. 모세포의 움직이는 정도와 위치에 따라 8번째 뇌신경(청신경)이 내이에서 밖으로 전송되는 청각 정보를 결정한다.

### 중추 청각 시스템

청신경의 끝 세포로부터의 전기적 진동은 뇌간 안의 전달 장소로 전송되고, 그런 후 중추 청각 시스템을 거쳐 뇌 안의 청각 피질(측두엽)로 간다. 여기서부터 뇌의 다른 상위 기관에서 그 소리를 처리한다.

## 2) 청각 손상과 심각성에 대한 이해

귀의 여러 부분과 연결된 구조에서의 질병, 장애 또는 막힌 상태는 청각 손상을 초래한다. 외이와 중이의 장애 또는 기형은 전도성 청각 손상을 가져오는데, 그렇게 불리는 이유는 음파가 귀의 다른 구조로 전달되는 것이 계속 차단되기 때문이다. 내이 또는 청신경의 질병과 장애는 감음신경성 청각 손상을 초래한다. 청신경에서 부터의 진동을 받는 뇌의 부분에 손상이 있다면 신경성 난청이 일어난다. 전도성, 감음신경성, 그리고 신경성 난청의 심각성은 다양하다.

## 3) 청각 손상이 청각능력에 미치는 영향

청각 손상의 심각성은 종종 소리의 큰 정도(데시벨)과 음 높이(주파수, 헤르츠)로 설명된다. 소리의 큰 정도는 데시벨(dB)로 측정한다. 0dB은 정상 청력의 사람이 들을 수 있는 가장 부드러운 소리를 나타내고, 정상 청력은 보통 0~15dB 범위에서

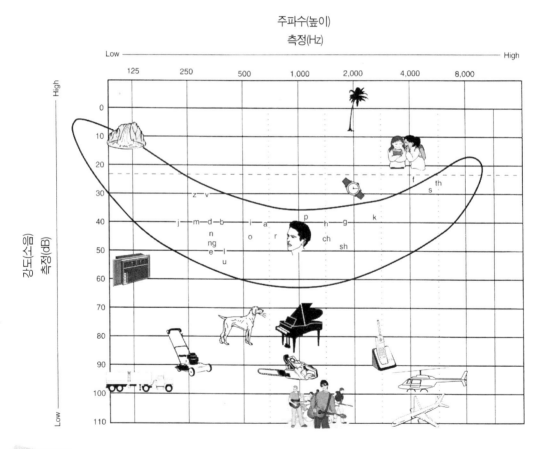

**그림 11-6** 다양한 환경과 소리의 강도와 주파수

출처: The SKI-HI Curriculum by S. Watkins (Ed.), p. 426. Copyright 2004 SKI-HI Institute, Utah State University. 허락하에 게재됨.

일어난다. 음 높이(또는 주파수)는 초당 반복되는 음파의 수로, 높은 것부터 낮은 것까지 그 범위가 넓다. 초당 반복 횟수가 많은 것은 높은 소리를 만들고, 초당 반복 횟수가 적은 것은 낮은 소리를 만든다.

음 높이는 헤르츠(Hz)로 기록된다. 청각 손상의 정도는 음 높이에 따라 다양하다. 고주파의 청각 손상을 가진 사람(예: 6000Hz)은 /s/ 또는 /th/와 같은 특정한 말의 소리를 들을 수 없다. 예를 들어, 낮은 125Hz에 100dB의 소리를 포함해서 모든 주파수에 영향을 받는 청각손상을 가진 사람은 트럭이 옆을 지나가도 그 소리를 들을 수 없다. [그림 11-6]은 주파수와 여러 가지 소리의 강도를 비교해 보여 준다.

## ⑦ 청각 손상 학생의 특징

일반적 지식과 청각 손상의 정도 사이에는 부적 상관관계가 있다(Most, Aram, & Andorn, 2006). 청각 손상이 심할수록 그 영향이 커지고 필요한 도움도 달라진다. 그러므로 교사가 청각 손상의 정도를 이해하는 것이 중요하다. 다양한 주파수에서 소리를 듣는 데 필요한 데시벨 수준에 따라, 청각 손상은 가벼운 정도에서부터 심한 정도까지의 범위로 측정된다.

### 1) 청각 손상의 정도

#### 정상

0~15dB 정도를 들을 수 있다.

#### 최경도 청각 손상

최경도 청각 손상은 16~25dB 정도를 듣는 것이다. 이 정도의 청각 손상은 보통 모음의 소리는 들을 수 있으나 무성의 자음은 놓칠 수 있다. 친구와의 빠른 속도의 상호작용이 어렵고, 듣는 것이 피곤하고, 시끄러운 환경에서 듣는 것에 어려움을 느낀다. 가장 약한 청각 손상이 있는 사람은 구어 신호의 10% 정도를 놓친다.

### 경도 청각 손상

경도 청각 손상은 26~40dB 정도의 소리를 듣는 것이다. 이 정도의 청각 손상의 경우, 어느 정도의 말소리를 들을 수 있으나 먼 거리의 또는 사라지는 소리, 무성의 자음, 복수형, 시제 등을 듣는 것은 힘들다. 경도 청각 손상이 있는 사람은 구어 신호의 25% 정도를 놓친다.

### 중등도 청각 손상

중등도 청각 손상은 41~55dB을 들을 수 있는 것이다. 이 정도의 청각 손상의 경우 대부분의 말소리를 평범한 상태에서 놓친다. 일반적으로 말을 하는 것에도 문제가 있고, 특히 말을 배우기 전 청각 손상이 된 경우에는 더욱 그렇다. 중등도 청각 손상이 있는 사람은 구어 신호의 50~80%를 놓친다.

### 중등도의 중도 청각 손상

중등도보다 조금 더 심각한 청각 손상은 55~70dB의 소리를 듣는다. 이 정도의 청각 손상의 경우, 보통 언어 및 구문 능력이 지연되고 구어 이해 능력이 감소된다. 중등도의 중도 청각 손상이 있는 사람은 말 정보의 100%를 놓치고, 다른 형태의 의사소통이 요구된다.

### 중도 청각 손상

중도 청각 손상은 71~90dB의 소리를 듣는다. 이 정도의 청각 손상의 경우, 정상적인 대화의 말소리를 들을 수 없으나 약 30센티미터 거리에서의 큰 소리는 들을 수 있고 환경적 소리를 구분할 수 있다. 심각한 언어능력의 문제가 나타나고, 다른 형태의 의사소통이 필요하다.

### 최중도 청각 손상

최중도 청각 손상은 91dB보다 더 큰 소리를 듣는다. 이 정도의 청각 손상에서는 말소리를 들을 수 없으나 큰 소리에 반응할 수 있다. 또한 진동을 느끼고 그 감각에 반응할 수 있다. 이 정도의 청각 손상이 있으면 인공와우가 성공적으로 사용되지 않는 한 청각은 수용적인 의사소통을 위해 사용하는 주된 양식이 아니다.

## ⑧ 청각장애의 원인, 특징과 치료

청각 손상은 해부적 체계에서 어디에 문제가 있는가에 따라 분류될 수 있다. 〈표 11-1〉은 오늘날 학교에서 볼 수 있는 가장 흔한 청각장애의 위치, 원인, 특징, 그리고 치료에 대한 요약된 정보를 제공한다.

**표 11-1** 청각 손상의 원인

| 위치 | 문제 | 원인 | 특징 | 치료 |
|---|---|---|---|---|
| 외이: 전도성 손실 | 외이도의 폐쇄 | 폐쇄증, 이구전색(impacted cerumen), 이물질로 인한 외이도의 부재 또는 폐쇄 | 주로 한쪽 구에 발생, 정도가 다양함. 대화를 위해 방해되지 않는 귀를 돌림 | 원인에 따라 다름. 대부분의 이물질은 제거해서 청력을 정상으로 회복할 수 있음. 감염 시는 귀약이 투여됨. 폐쇄증은 수술이 필요할 수 있음 |
| | 고막의 천공 | 중이 감염, 머리 부딪힘, 갑작스럽고 심한 기압 변화로 인한 손상으로 고막에 구멍이 난 것 | 귀에서 물이 나옴. 심한 악취가 남. 진주종(cholesteatoma) 발생. 뇌종양, 뇌수막염 또는 유양골(mastoid bone)의 감염 | 흉터는 남겠지만, 모두 다시 회복 가능함. 바세린을 바른 면봉으로 귀 또는 귀꽂이(ear mold)에서 제거함. 수술적 처치 또는 귀약이 필요할 수 있음 |
| 중이: 전도성 손실 | 중이염 | 유스타키오관을 막는 세균 또는 바이러스 감염. 여러 원인으로 측두골에 감염 발생. 뼈의 움직임을 제한하는 중이강에 감염되거나 감염되지 않은 액이 채워짐. 방치하면 고막이 터질 수 있음 | 귀의 통증. 일시적인 청각 손상. 행동 변화(예민해짐, 쉬지 못함, 안절부절못함). 고열, 구토, 구역질, 설사, 어지럼증, 두통 | 항생제가 주로 처방됨. 만약 중이염이 지속되면, 액을 줄이고 천공을 예방하기 위해 고막절개술이 사용됨. 이관에 물을 뺄 때 압력을 동등하게 하기 위해 절개하는 곳에 작은 튜브가 삽입됨. 튜브는 몇 개월 후 제거됨. 촉진치료가 매우 중요함 |
| | 담지종 | 중이 또는 측두골의 다른 부위에 위치한 피부 조직으로 구성된 선천성 또는 후천성 낭종 | 만성 또는 재발 이염으로 진행됨. 고막에 종종 구멍이 생김. 7번째 뇌신경 근처에 위치하 | 다른 조직으로 덩어리가 퍼지지 않도록 가능한 한 빨리 수술을 해야 함 |

| | | 덩어리 | 기 때문에 안면 신경마비로 중이 조직의 침식 발생 | |
|---|---|---|---|---|
| | 이소골연쇄의 감염 | 세 가지 중이뼈의 단절 상태. 추골 고정. 선천적이거나 또는 뇌진탕, 중이 질병, 또는 다른 원인일 수 있음 | 안정된 전도성 손실(비진행성) 또는 진행성 손실(추골 고정). 이명, 귀울림. | 모든 상황에서 주로 수술이 시행됨; 수술이 성공적이면 청력이 보존됨 |
| 내이와 청신경: 감응신경성 청력 손실 | 달팽이관, 내이 모세포 또는 청신경의 선청적 또는 후천적 손상 | 어셔(Usher)증후군, 거대세포바이러스, 트라우마, 소음, 수막염, 코넥신26과 같은 유전적 원인으로 인한 선천성 감염 | 청각 손상이 다양함. 고주파수에서 주로 발생함. 선천적 원인은 양쪽 귀 모두에 영향을 줌. 손실이 지속되거나 진행될 수 있음 | 보청기 또는 청력 보조 도구를 사용함(이 장의 설명 참조) |
| 중추 청각계: 중추 청각 손상 | 청신경장애/청각장애 | 비정상적 청각 중추 반응과 비정상적 중이근 기능. 정상적인 달팽이관 부재로 신경이 기능하지 않음 | 들을 수 있으나 이해하지 못함. 소리에 간헐적으로 반응함 | 청력 보조 장치가 효과적이지 않을 수 있음. 보청기도 효과적이거나 그렇지 않을 수 있음. 완벽한 처치 프로토콜이 없음. 협력적인 노력이 요구됨 |
| | 중추청각처리 장애 | 정상적인 말초 청력에도 불구하고 청각 자극에 대한 부적절한 반응 | 소리를 들을 수 있으나 구어나 문어, 학업 수행을 위해 정보를 처리하는 데 어려움 | 발성과 언어 중재, 조직화, 기억, 처리, 주의 집중을 지원할 수 있는 교실 조정 |

출처: Friel-Patti(1999); Isaacson & Vora(2003); Liu(2005); Scott(2003).

## ⑨ 청각 손상의 진단

　　새로운 법적 조항, 전문 지침, 공학 발전(예: 인공와우 이식과 프로그램이 가능한 보청기), 그리고 연구를 통한 증거(Yoshinaga-Itano, Coulter, & Thomson, 2000)는 청각장애를 조기 진단하는 데 큰 영향을 주었다. IDEA의 파트 C(1997, 2004)는 영유아와 그들의 가족에게 도움이 되는 서비스를 제안한다. 새로운 공학은 신생아실을 나오기 전에 아동의 청각 손상을 쉽게 선별하는 것을 가능하게 하였다.

　　아동이 검사를 받고 청각 손상이라는 진단을 받으면, 아주 초기에 협력적 팀이 지원하는 적절한 조기 중재 서비스를 받음으로써 장애의 영향을 줄일 수 있다. 그러나 주별로 또 각 주의 지역별로 서비스가 다양하기 때문에(Arechart, Yoshinaga-Itano, Gabbard, Stredler-Brown, & Thomson, 1998) 부모나 서비스 제공자가 부지런히 가능한 서비스를 찾고 신청하는 것이 중요하다.

몇 가지 행동이 흔히 청각 손상의 지표가 된다. 예를 들어, 말하는 사람 쪽으로 머리를 기울이거나, 자주 반복해 달라고 물어보거나, 하루는 반응을 했다가 다른 날은 반응하지 않거나, 작은 소리를 의식하고 발음 중심의 과제를 마치는 데 힘들어하는 것 등이 포함된다([그림 11-7] 참조). 교사는 이러한 행동을 보이는 학생을 자세히 살펴보아야 한다. 만약 청각 손상이 의심된다면, 교사는 보건교사 또는 청능사와

청각 손상 선별 체크리스트

A. 귀의 생김새
  - 귀의 이물질
  - 귀의 너무 많은 귀지

B. 행동
  - 말을 걸 때 반응하지 않음
  - 큰 소리를 향해 돌지 않음
  - 들을 때 그 사람의 얼굴과 행동을 가까이에서 봄
  - 한 귀만 소리 방향으로 돌림
  - 구두 지시는 잘 따르지 못함
  - 라디오 소리를 크게 함
  - 사람들이 얘기하는 것을 오해하고 비슷한 소리의 단어를 헷갈림
  - 어떤 단어를 분명히 표현하지 못함
  - 단어의 끝을 빠뜨림
  - 부드러운 소리는 듣지 못함

C. 언어적 호소
  - 듣지 못하는 것

D. 학업
  - 구두 지시를 잘 따르지 못함
  - 자주 지시한 것을 반복해 주기를 원함
  - 언어적 지시보다 시각적 지시에 더 빨리 반응함

**그림 11-7** 청각 손상 선별 체크리스트

같은 적절한 전문가에게 자세한 검사를 요청해야 한다.

## ⑩ 농-맹 개요

사람들의 일반적인 믿음과는 달리, 농-맹 장애를 가진 대부분의 사람은 완전하게 농도 맹도 아니다. 농-맹이 있는 사람은 시각과 청각의 손실이 있지만, 기능의 수준은 듣는 것이 힘들고 부분적으로 보이는 정도에서부터 최중도 농과 전혀 보이지 않는 전맹까지 다양하다. 잔존 시력 또는 청력이 있어도, 두 감각 모두에 손상이 있다면 의사소통, 성장·발달과 학습에 문제가 있을 수 있다.

농-맹 학생은 능력과 특성에 따라 매우 다양하다. 예를 들어, 선천성 거대세포바이러스(cytomegalovirus)를 가지고 태어난 학생은 농-맹일 수 있고, 지적장애, 뇌성마비, 소두증과 같은 또 다른 장애가 있을 수 있다. 다른 예로, 유형 II의 어셔증후군이 있는 학생은 시각 및 청각 손상이 있을 수 있으나 다른 장애는 없다. 이 두 학생은 서로 다른 종류의 교육적 요구가 있다.

## ⑪ 농-맹의 원인

### 1) 미숙아와 부당경량아

37주의 임신기간 전에 분만된 아동은 미숙아라고 하고, 체중이 10퍼센타일(%ile) 미만인 아동은 부당경량아라고 한다(또는 자궁 내 성장 지체). 미숙아는 덜 성장한 장기를 가지고 있고, 성장·발달 합병증(예: 미숙아망막증, 질식)의 위험이 있다. 부당경량아는 성장·발달의 문제로 인해 또 다른 손상이 있을 수 있다. 농-맹의 주요 원인 중 하나는 미숙한 상태로 태어나 발달에 문제가 생기거나 임신기간에 비해 작게 태어나서 생기는 부가적인 손상이 있는 것이다.

## 2) 증후군과 유전적 조건

아동에게 농-맹을 초래하는 많은 증후군과 유전적 조건이 있다. 한 예는 어셔증후군이다. 어셔증후군은 유전적 증상으로, 감음신경성 청각장애와 색소성 망막염(눈 장애로 망막의 손상과 진행성인 주변 시야 손실로 인해 생긴다)을 가져오는 상염색체의 열성 유전자에 의해 발생된다. 세 가지 형태의 어셔증후군 중 하나는 농으로 태어난 아동이 청소년기에 야간 시력과 주변 시야에 영향을 주는 시야 손상을 보이는 것이다. 이 상태는 전맹이 된다.

## 3) 임산부의 감염과 질병

TORCH 감염이라고 불리는 감염은 임산부에서 태아로 전달되어, 어떤 경우에는 심각한 출생 결함(농-맹 포함)을 초래한다. TORCH 감염을 포함한 감염에는 톡소플라스마증, 풍진, 거대세포바이러스(CMV), 포진이 있다. 예를 들면, 거대세포바이러스를 가지고 태어난 아이는 최중도 지적장애, 뇌성마비, 발작장애, 심각한 감음신경성 청각장애, 그리고 시각 손상을 포함하는 복합장애가 있을 수 있다.

## 4) 출생 후/후천성 합병증

농-맹을 야기하는 출산 후 여러 가지 다른 원인이 있다. 어떤 경우에는 외상성 뇌손상(7장 참조)으로 인해 생길 수 있다. 농-맹은 또한 수막염과 뇌염 같은 특정한 감염으로 인해 일어날 수 있다. 다른 원인은 출생 후 발생할 수 있다(예: 종양).

## ⑫  농-맹 아동의 특징

농-맹이 있는 아동은 일반적으로 시각과 청각을 통해 얻을 수 있는 정보를 놓친다. 이런 감각은 팔이 닿는 곳보다 멀리 있는 정보를 얻을 수 있게 하고, 대부분의 사람이 정보를 수집하는 주된 통로다(Prickett & Welch, 1995). 농-맹 학생은 감각 손상으로 인해 왜곡되거나 불완전한 정보를 받는다. 촉각, 후각, 미각은 어느 정도의 정보를 주지만, 학생이 그 사물과 가까이 접촉해야 하고 정보가 충분하지 않을 수 있다. 예를 들면, 나무, 산, 구름과 같은 먼 거리의 사물과 같이 큰 사물을 시각과 같은 감각을 사용하지 않고 이해하는 것은 어려울 수 있다.

이렇게 정보를 놓치기 때문에 농-맹이 있는 아동은 적은 정보를 받게 되고, 개념 발달과 기술 발달에 지연과 어려움이 있다. 이러한 영역의 발달은 시각장애로 인해 우발학습(다른 활동에 참여하거나 보는 것으로 일어나는 계획되지 않은 학습)이 부족해서 더 방해가 된다. 농-맹이 있는 아동은 충분한 기회와 체계적인 교수를 제공하는 성인과 함께 개념을 학습하는 데 더 많은 시간을 할애해야 한다.

농-맹 아동은 이동과 운동 기술에서 발달의 지연이 있다. 시각 손상은 특히 어린 아동이 자신의 움직임을 관찰하거나 또는 다른 사람을 모델로 하여 배우는 것을 어렵게 한다. 기어 다니거나 걷는 것과 같은 중요한 단계가 지연된다. 또한 자신의 주변에 대한 심상 지도를 그리는 데 어려움으로 인해 방향 정위의 문제가 발생된다.

농-맹을 가짐으로써 영향을 받게 되는 주된 분야 중 하나는 의사소통이다. 일반적으로 의사소통의 지연과 어려움이 생기고, 보완대체 의사소통이 요구된다. 보완대체 의사소통은 몸짓과 사물을 사용하는 것부터 수화 또는 전자 보완대체 의사소통 장비까지 그 범위가 다양하다. 청각 손상 때문에 보완대체 의사소통은 표현적인 의사소통(어떻게 농-맹 학생이 의사소통하는가)뿐만 아니라 의사소통의 수용적인 형태(어떻게 의사소통 파트너가 농-맹 학생과 의사소통하는가)에 대한 고려를 해야 한다. 농-맹이 있는 학생이 중도의 뇌성마비와 같은 추가 손상이 있을 때, 그들의 의사소통에 대한 시도는 아주 감지하기 힘들거나 쉽게 놓칠 수 있다. 의사소통에 있어 이런 어려움은 이차적인 행동 문제를 야기한다(Holte et al., 2006). 어떠한 행동 문제라도 의사소통 부족으로 인한 것인지를 알기 위한 진단이 이루어져야 하고, 만약 그렇다면 의사소통 문제는 반드시 해결되어야 한다.

농-맹이 있는 아동의 특성은 원인, 감각 손실의 심각성, 그리고 개인적 기질에 따라 다르다. 또한 농-맹이 있는 많은 아동은 뇌성마비, 지적장애, 건강 손상, 그리고/또는 성장·발달 지연과 같은 추가 장애를 가진다. 교사는 농-맹이 있는 아동의 요구를 최선으로 해결하기 위해 각 아동의 독특한 특성에 대하여 알아야 한다.

## ⑬ 교육적 시사점

### 1) 신체 및 감각적 요구

#### 시각 손상 학생의 감각적 요구

다양한 전략이 시각 손상이 있는 학생의 시각기능을 최적화하기 위해 사용된다. (a) 사물의 시각적 특징을 최적화할 수 있는 환경을 마련하고, (b) 광학적 도구의 사용을 교수하고, (c) 잔존 시각의 사용을 훈련하는 것이 포함된다(Corn et al., 2003; Wolffe et al., 2002).

**시각 손상 학생을 위한 환경 배치** 시각 손상 학생이 시각을 통해 환경에 접근하는 것을 돕기 위해서 조정할 수 있는 환경적 차원에는 (a) 색깔, (b) 명암, (c) 시간, (d) 빛, (e) 공간의 다섯 가지가 있다(Corn et al., 2003). 시각장애 전문교사와 담임교사가 환경적 차원을 조정함으로써 시각기능을 최대화할 수 있는 방법을 알기 위해 학생을 진단하는 것이 필요하다.

교사는 교실 안에서 사용되는 사물의 색을 고려해야 한다. 저시력을 가진 어떤 학생은 밝은색의 사물이 다른 색의 사물보다 훨씬 쉽다. 반면에 저시력을 가진 또 다른 학생은 밝은색을 명확하게 보지 못할 수도 있다. 색맹인 학생에게 회색 그늘처럼 보이는 특정한 색의 사용은 효과가 없다.

명암은 시각적으로 쉽게 사물을 구분할 수 있게 해 주기 때문에, 시각 손상 학생을 가르칠 때 교사는 명암의 사용을 고려해야 한다. 예를 들면, 학생에게 다른 색의 종이(예: 하얀 종이에 검은 글자 또는 노란 종이)에 명확하고 굵게 쓴 것을 보여 주는 것은 시각적으로 도움이 된다. 수학 시간에 사용되는 구체물 또는 식기류와 같은 사물을 학교에서 사용할 때는, 명암을 더 확실하게 하기 위해 그 사물과 대조되는 색의 종이 위에 놓아야 한다. 특히 사물과 탁자 위의 색이 비슷하거나 또는 휠체어 트레이가 투명한데 학생이 복잡한 색의 바지를 입어서 그것이 배경으로 나타날 때는 특히 필요하다. 교사는 사물을 들거나 바닥에 놓을 때, 벽 또는 카펫 부분의 배경 색의 관찰이 필요하다. 벽과 바닥이 사물에 비해 덜 대조적이거나 단색이 아닐 때, 교사는 쉽게 대조되는 색의 종이를 그 사물 뒤 또는 밑에 놓는다.

시각 손상 학생은 반응하는 데 더 많은 시간이 주어진다면, 더 잘 수행할 수 있다. 왜냐하면 시각 손상 학생은 제시된 사물에 접근하고 그것을 확인하기 위해 탐색하는 데 더 많은 시간이 필요하기 때문이다. 더불어 큰 글자를 읽기, 점자를 읽기, 또는 읽기를 위해 광학적 도구를 사용하는 것과 같은 적합화에는 더 많은 시간이 필요하다. 어떤 학생은 조금 더 느린 속도로 활동이 제시되면 도움을 받는다. 많은 시각 장애 학생은 시각적으로 지치기 때문에 시각 사용이 많이 요구되는 활동(예: 교과서 읽기)에서는 쉬는 시간이 필요할 수 있다.

학생이 사물을 볼 수 있게 부가적인 빛을 주거나 또는 빛을 줄여 주면 도움이 된다. 예를 들면, 망막 분리(망막 부분이 눈의 뒤쪽과 분리)가 있는 학생은 빛을 늘렸을 때 도움이 된다. 백내장이 있는 학생은 빛을 줄이거나 학생 뒤에서 빛을 비추어 줌으로써 눈부심을 줄이고 시각기능을 최대화할 수 있다.

시각 손상 학생은 장소의 변화, 특히 교실에서 어떻게 배치되어 있는지를 통해 더 좋은 수행을 할 수 있다. 예를 들면, 저시력을 가진 학생은 멀리 있는 칠판을 보기 힘들기 때문에 교실 앞 줄에 앉으면 더 좋은 수행을 할 수 있다. 주변 시야 손실(좁은 시야)이 있는 학생은 교실을 더 많이 볼 수 있도록 교실의 뒷부분에 앉는 것이 더 좋다.

사물 또는 인쇄물의 크기는 공간의 또 다른 변화다. 어떤 학생은 확대할 때(예: 큰 글자 또는 큰 사물) 또는 광학적 도구를 사용해서 사물을 크게 할 때 도움을 받는다. 그러나 주변 시야가 줄어든 학생에게는 확대된 사물이 그 학생의 시야에 다 들어오지 않기에 더 어려울 수 있다. 시각 손상이 있는 학생의 교사는 인쇄물, 상징, 그리고 다른 사물의 최적 크기와 어디에 위치되어야 하는지(예: 학생의 바로 앞 또는 30센티미터 안에 위치)에 대한 지침서가 있어야 한다.

**광학적 도구**    남은 시력으로 환경에 접근하기 쉽도록 도와주는 중요한 수정은 광학적 도구의 사용이다. 확대 렌즈 그리고 망원경과 같은 광학적 도구는 일반적인 크기의 사물과 인쇄물을 확대한다. 이것은 학생이 더 많은 읽기 자료를 선택할 수 있게 하고, 확대되지 않은 사물을 더 잘 볼 수 있게 도와준다. 어떤 장치는 더 잘 볼 수 있도록 사물을 축소한다. 저시력 전문의가 도구를 처방하면, 교사는 그것의 알맞은 사용법에 대해 분명히 이해해야 하고, 그 도구를 사용하는 데서의 어려움이나 문제에 대해 전문의에게 보고할 수 있어야 한다. 시각 손상 학생의 교사에 대한 체계적인 훈련은 도구의 적절한 사용을 위해 필요하다.

**시각 그리고/또는 촉각 사용을 위한 훈련** 저시력 학생은 시각훈련 프로그램을 통해 시력을 더 효과적으로 사용하도록 훈련받는다. 프로그램은 자극과 교수를 체계적으로 제시하여 학생이 시각기능을 최대화할 수 있도록 한다. 연령이 어리고 시각적으로 주의를 기울이지 않는 아동의 경우, 눈이 성장·발달하는 동안에 프로그램을 실행하면 시각기능의 향상이 나타날 수 있다. 이것은 보통 첫 몇 개월 동안, 특히 6세 전에 나타난다. 조작적 조건형성(operant conditioning)과 강하게 대비되는 자극을 사용하는 것도 효과적으로 나타났다(Nielsen, 2003). 다른 교육 팀과 함께 시각장애를 담당하는 교사는 학생의 시력을 가능한 정도까지 최대한으로 사용하도록 교수해야 한다.

시력을 기능적으로 사용하지 못하는 학생은 촉각과 다른 감각을 사용해야 한다. 학생은 다양한 특징을 바탕으로 사물을 구별하고 조작하도록 격려되어야 한다. 구별하기는 큰 것(예: 모양과 질감, 크기의 다른 점)으로 시작하여 더 작은 것을 구별하는 것으로 진행된다. 학생이 충분히 촉각 사용을 습득하면, 교사는 학생이 촉각을 사용해서 학습을 향상할 수 있도록 교실 자료(예: 실제 사물, 모델, 또는 촉각적 그래픽 사용)를 수정해야 한다.

## 청각 손상 학생의 감각적 요구

청각 장치뿐만이 아니라, 청각 손상 학생은 여러 가지 환경적 그리고 교수적 수정을 통해 도움을 얻을 수 있다. 환경적 그리고 교수적 수정은 (a) 청음 장치 사용과 청각적인 환경 수정, (b) 시각적인 환경의 수정, (c) 자료와 교수의 수정을 포함한다.

**청각 손상을 위한 환경적 준비: 청각적 환경의 수정** 전형적인 교실은 주변의 소음과 좋지 않은 음향 시설로 인해 아주 시끄러운 장소다. 소리는 표면에 부딪힐 때 (a) 그 표면을 통해 전달되거나, (b) 표면에서 반사되거나 튕겨 나오거나, (c) 다른 방향으로 흩어지거나, (d) 흡수될 수 있다. 만약 흡수되지 않는다면 그 교실의 사방으로 튕기게 되어 소리의 반향을 만들고 더 시끄러워진다. 이러한 소음은 메시지, 특히 교사의 목소리(또는 신호)를 들리지 않게 한다. 교사의 목소리를 정확히 듣기 위해서 일반 아동은 교사의 목소리가 소음보다 적어도 10dB 커야 한다. 청각장애가 있는 아동은 적어도 15dB 이상으로 교사의 소리가 커야 한다(Seep, Glosemeyer, Hulce, Linn, & Aytar, 2000).

음향이 향상되도록 교실의 카펫, 직물, 그리고 벽이나 바닥은 소리를 흡수하는 재료로 수정되어야 한다. 교실은 소리를 흡수하는 타일로 된 낮은 천장이 있어야 한다. 이중 유리창과 단단한 문은 소리의 반향을 줄이기도 한다. 아동은 자동차 소음이 있을 수 있는 창뿐만이 아니라 배관 시설, 에어컨, 오버헤드 프로젝터와 같은 시끄러운 장비에서 떨어져 앉아야 한다.

**청각 손상을 위한 환경적 준비: 시각적 환경의 수정**　　농과 난청 학생, 심지어 청각 보조 장치의 도움을 받는 학생도 시각적 학습자다(Lane, Hoffmeister & Bahan, 1996). 따라서 청각적인 환경을 관리하는 것만큼 시각적 환경을 관리하는 것도 중요하다.

아동이 청각 손상이 있으면 주의 깊게 고려해서 자리를 배치해야 한다. 학생은 필요할 때 독화(speech reading)를 할 수 있도록 친구뿐만 아니라 교사를 볼 수 있어야 한다. 또한 학생은 교사를 방해받지 않고 잘 볼 수 있으면 메시지 전달을 도와주는 몸짓과 얼굴 표정을 함께 볼 수 있다. 그리고 학급 또래를 방해받지 않고 잘 볼 수 있으면 집단 토의의 참여가 가능해진다.

만약 학생이 수화를 사용한다면 교실 안에 수화통역사가 있을 수 있다. 수화통역사는 보통 말하는 사람의 옆에 위치하여, 학생이 수화통역사와 말하는 사람을 다 보며 이해할 수 있게 한다. 충분한 조명이 수화통역사에게 주어져서 학생이 수화통역사를 볼 수 있도록 해야 한다(예: 슬라이드를 보기 위해 불을 꺼야 한다면 작은 빛이라도 통역사에게 비춰져야 한다). 가끔 손가락 철자가 복잡한 단어가 있으면 교사는 속도를 느리게 하거나 가르치면서 잠깐 멈추는 것이 필요할 수 있다. 통역의 흐름을 용이하게 하기 위해, 수화통역사가 여러 사람을 한 번에 통역할 수 없기 때문에 오직 한 사람이 그 순간에 말하여야 한다. 통역사를 처다보지 않고 학생을 직접 처다

보면서 이야기하는 것은 학생을 존중하는 것이기 때문에 중요하다. 청각 손상 학생은 종종 무엇이 보였고 이야기되었는지 보기 위해 추가 시간이 필요하다. 청각 손상 학생은 시각적 정보를 듣는 학생과는 다르게 정보를 처리하기 때문이다(Stivalet, 1998). 수화통역사에게 집중하면서 잔존 시력을 사용하고 자료에 집중하는 것은 고단할 수 있기 때문에, 교사는 학생이 보이는 피곤함의 신호에 주의를 기울여야 한다. 학생의 스케줄에는 피로를 줄이기 위해 학업적인 스케줄 사이에 학업적이지 않은 과목을 분산해 놓을 수 있다.

**보청기, 인공와우와 청음 장치**　청각적인 환경에서 가장 중요한 수정은 보청기의 사용, 인공와우, 그리고 소리를 크게 하는 청음 장치의 사용이다(Amlani, Rakerd, & Punch, 2006). 모든 보청기는 (a) 건전지를 사용하고, (b) 소리를 잡아내는 마이크가 있고, (c) 소리를 처리하고 크게 만드는 전자 회로가 있고, (d) 스피커를 통해 큰 소리를 낸다. 귀걸이형 보청기는 귀의 뒤에 위치하고, 외이도형 보청기는 귀의 관에 위치한다. 소리는 귓바퀴의 관을 통해 외이도 안으로 이동한다. 그리고 귓바퀴와 외이도 사이에 꼭 맞으면 소리가 새어 나가고 피드백되는 것과 높은 음의 끼익 하는 소리가 나는 것을 방지할 수 있다(보청기 문제에 대해서는 [그림 11-8] 참조).

　인공와우는 달팽이관의 손상된 모세포를 뛰어넘어서 끝의 신경의 섬유질의 자극

---

**보청기의 문제와 해결책**

문제: 약하다, 비뚫어진다, 간간이 중단된다, 신호가 없다
해결: 건전지가 들어 있는지 확인하기
　　　새 건전지 확인하기
　　　귀지가 있다면 틀 청소하기
　　　전화 스위치(OTM)가 켜져 있는지 확인하기
　　　청능사에게 전화하기

문제: 끼익 소리 또는 휘파람 같은 소리
해결: 틀을 다시 삽입하기
　　　틀과 보청기 사이에 관을 둘러서 단단하게 하기
　　　청능사에게 전화하기

**그림 11-8**　보청기 문제 해결하기

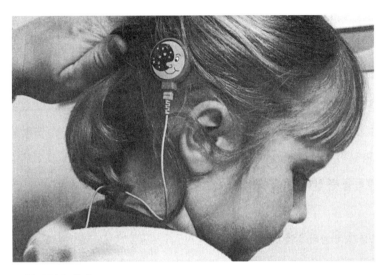

그림 11-9   보청기 착용 학생

이 청신경에 전달되도록 한다. 인공와우는 안쪽과 바깥쪽의 요소가 있다. 수술로
전극 배열(electrode array)이 달팽이관에 삽입된다. 수신기는 귓바퀴 뒤 피부 아래
위치된다. 마이크, 소리를 처리하는 컴퓨터, 전송기, 건전지는 바깥에 위치한다([그
림 11-9] 참조).

　또 다른 보조적인 청음 장치도 사용되는데, 학생은 교사의 목소리를 교실의 스피
커를 통해 증폭하는 음장(sound field) 시스템을 사용한다. 교실환경에서 교사의 목
소리를 듣는 것을 도와주는 보청기에 덧대어지는 또 다른 청각 장치(예: 청력훈련 장
치)도 있다. 이러한 장치는 보청기 제품부터 가능하다.

　**자료의 수정**　　자료는 청각 손상이 있는 학생을 위해 수정되어야 한다. 수업 중
또는 듣기 센터에서 사용되는 테이프는 말을 적절히 들을 수 없는 학생을 위해 문서
화된 형태로 제시되어야 한다. 개요, 요점, 구어 질문을 적어 놓은 것, 과제를 적어
놓은 것, 다이어그램과 차트 같은 시각적 조직자의 사용이 유용하다(Stoner &
Easterbrooks, 2006). 또 다른 학생은 청각 손상이 있는 학생에게 복사본을 주기 위
해 대필을 할 때 먹지를 사용할 수 있다.

농-맹 학생을 위한 환경 구조화

농-맹이 있는 각 학생의 개인적 요구는 환경 구조화를 위한 최선의 방법을 알아내기 위해 평가되어야 한다. 농-맹 학생의 요구를 해결하기 위해는 앞서 언급했던 수정을 결합해서 사용할 필요가 있다.

## 2) 의사소통 요구

시각 손상 학생을 위한 고려

다른 장애가 없는 시각 손상 학생은 구어 의사소통을 향상하기 위한 어떤 수정도 필요하지 않지만, 문서로 된 의사소통에 대한 수정이 필요하다. 이러한 학생은 큰 사이즈의 인쇄물, 인쇄물을 크게 하는 시각적 장치(예: [그림 8-6]에 보이는 것과 같은 확대 렌즈 또는 CCTV), 점자([그림 11-10] 참조), 또는 그 장치들의 혼합된 사용이 필요하다. 적절한 읽는 매체를 선택할 수 있도록 학생을 진단하는 것이 중요하다.

읽기 자료 또는 인쇄물의 경우 특별한 수정이 필요할 수 있다. 예를 들면, 안구진탕증이 있는 어린 학생은 자료를 읽을 때 읽는 위치를 놓칠 수 있다. 독서경(사각으로 잘라낸 부분이 있는 카드)의 사용 또는 밑줄을 긋는 것(줄을 긋는 카드)이 사용될 수 있다. 두꺼운 선 또는 점선의 종이는 저시력 학생이 줄을 긋도록 도와준다.

**그림 11-10** 쓰기를 위해 점자를 사용하는 학생

### 농-맹 학생을 위한 고려점

가르치는 것에는 의사소통이 필요한데, 의사소통은 청각 손상 학생에게 중요한 도전 과제다. 교사는 청각장애의 학생이 사용할 수 있는 다양한 언어와 의사소통의 옵션에 대한 이해가 필요하다. 농을 위한 교육에는 세 가지 의사소통 옵션이 있다 (Easterbrooks & Baker, 2004).

첫 번째 옵션은 구어다. 청음 장치의 사용, 부모의 참여, 그리고 청능훈련에 크게 의존하며, 유치원생 또는 새로 인공와우를 사용하는 사람에게 주로 사용되고, 시각적 단서 없이 청력의 사용을 요구하기 때문에 임상적으로 많이 사용된다. 구어를 사용하는 아동을 위한 일반교실에서의 수정에는 소리 내어 읽는 것이 향상되도록 매 순간 학생이 교사와 얼굴을 마주하는 것과 학생의 눈이 아닌 교사의 얼굴에 조명이 있도록 하는 것이 포함된다.

두 번째 옵션은 시각적 방법을 통해 구어를 설명하는 것이다. 시각적 표현의 형태에는 다양한 수화(영어에는 영어 단어를 그대로 표현해 주는 형식의 수화 종류가 발달되어 있다), 단서가 되는 발성, 그리고 지문자가 포함된다. 수화를 사용하는 학생은 일반교육 환경에서 수화통역사가 필요할 수 있다.

의사소통과 영어의 발달을 위한 세 번째 옵션은 미국 수화(American Sign Language: ASL)를 통한 것이다([그림 11-11] 참고). ASL은 주 언어 그리고 제2언어로

그림 11-11   의사소통을 위해 수화를 사용하는 청각 손상 학생

영어를 가르칠 때 모두 사용된다. 이것은 이중언어-이중문화의 접근으로 얘기된다. ASL를 사용하는 아동은 거의 항상 일반학교 수업에 통역사가 있다.

### 농-맹 학생을 위한 고려

농-맹을 가진 학생은 의사소통을 표현하고 수용하기 위해 보완적인 의사소통의 사용이 필요하다. 의사소통은 몸짓, 사물, 촉감의 사물, 사진, 상징, 수화, 촉감의 수화 등의 복합적 형태를 가질 수 있다. 좋은 의사소통 기술을 발전시키는 것은 이러한 학생에게 최우선이 된다.

## 3) 학습 요구

감각 손상 때문에 아동은 정상 지능 또는 인지적 손상을 가질 수 있다. 감각 손상이 있는 아기와 어린 아동은 성장의 특정한 중요한 단계(예: 걷기 그리고 말하기)가 정상의 청각과 시각이 있는 아동보다 늦거나 또는 다른 속도로 발달한다. 이것은 지적 손상뿐만 아니라 감각 손상의 영향을 나타낸다.

감각 손상이 있는 학생은 시각과 청각의 경험을 통해 우연히 학습한 많은 정보 때문에 특정한 지식 또는 개념이 부족하다. 정보 간의 차이 또는 부정확한 정보가 나타난다. 예를 들면, 시각장애 아동은 자신의 겪었던 유일한 경험 때문에 요리는 단지 섞는 것이라고 생각할 수 있다 청각장애 또는 농-맹이 있는 학생은 랩에 대해 친구와 함께 대화를 나눌 수 없다. 전맹 아동에게 어떻게 사람이 웃는지를 설명하고 새가 웃는 것을 가정하게 하면 개념이 부정확하게 일반화된다. 교사는 감각 손상이 있는 학생에게 어떤 것이 보편적인 지식일 것이라고 추정하지 말고, 대신에 놓친 정보를 다루기 위한 의미 있는 경험과 설명을 제공해야 한다.

교실 안에서 감각 손상이 있는 학생은 개념을 학습하기 위해 추가 정보와 수정이 요구된다. 예를 들면, 시각 손상이 있는 아동은 볼 수 없는 것이 무엇인지에 대한 추가적인 구어적 설명이 필요할 수 있다. 시각 손상이 농-맹이 있는 학생은 촉감을 이용해 개념을 학습하도록 촉각 모델 또는 촉각 그래픽이 필요할 수 있다. 농 그리고 듣는 데 어려움이 있는 학생을 위해서 전체 수업 내용을 위한 핵심 단어를 주고, 자막 캡션이 되는 방송을 사용하며, 숙련된 의사소통자인 교사가 있는 것과 같은 수정뿐만 아니라 시각적 전략(예: 벤다이어그램 또는 스토리맵)도 필요하다(Easterbrooks & Stephenson, 2006).

## 4) 일상생활 요구

일상생활 분야에서 우발학습이 일어날 수 없기 때문에, 전맹 또는 농-맹 학생에게는 직접교수가 필요하다. 교수는 식사기술, 식탁 예절, 자기 관리, 옷 관리, 음식 준비, 집 관리, 쇼핑하기 등 다양한 분야를 포함해야 한다. 무게로 스푼에 담긴 음식의 양을 알아내고, 촉각으로 머리카락이 제자리에 있는지를 알아내고, 옷을 맞춰 입을 수 있게 라벨을 만들고 옷을 정리하고, 어떤 음식인지 알도록 라벨을 만들며, 쇼핑하면서 돈을 낼 때 구분할 수 있도록 돈을 접는 방법을 배우는 것 등 다른 분야의 특별한 기술을 배워야 한다. 이러한 기술을 교수하는 데 필요한 구체적인 수정 및 전략이 있다.

감각 손상 학생은 여러 가지 다른 보조 장치를 일상생활의 필요를 돕기 위해 사용한다. 예를 들면, 청각 손상 학생은 캡션 기능을 갖춘 텔레비전을 사용하고, 농인을 위한 텔레커뮤니케이션 장치(타자기와 같이 전화하는 사람이 메시지를 타이핑하는 문자 기반 키보드 장치), 진동 또는 깜박이는 알람 시계, 깜박이는 초인종을 사용한다. 청도견 또한 가능하다. 시각 손상 학생은 돈을 읽는 장치, 음료수가 컵에 다 찰 때 울리는 버즈 장치, 그리고 다른 장치(보조공학에 대해서는 8장, 적합화에 대해서는 12장 참조)을 사용할 수 있다.

이동성과 방향 정위의 기술은 시각 손상 또는 농-맹이 있는 학생을 위해 필요하다. 방향 정위는 환경 내에 다른 사물과 관련해서 자신의 위치를 알아내기 위해 감각을 사용하는 과정이다(Emerson & Corn, 2006). 이동성은 자신의 환경 내에서 움직이는 능력을 의미한다. 방향 정위와 이동성을 지도하는 교사는 안전하고 독립적으로 주위를 다닐 수 있는 기술을 가르친다([그림 11-12] 참조). 특별히 제작된 지팡이(cane), 훈련된 안내견, 전기 보행 안내 장치, 또는 정안자(볼 수 있는)와 같은 이동 보조도구가 필요할 수 있다. 다른 신체적 장애가 있는 어떤 학생은 휠체어 또는 워커를 사용해서 이동기술을 배워야 한다.

**그림 11-12**  방향정위/이동성 교사와 함께 흰 지팡이를 사용해서 이동 및 방향 학습을 하는 농-맹 학생

## 5) 행동 및 사회적 요구

교사는 감각 손상 학생이 또래와 상호작용할 수 있는 수용적인 환경을 만들어야 한다. 감각 손상 학생은 효과적인 사회적 관계를 촉진하는 교육이 필요하다. 효과적인 시력이 없기 때문에, 시각 손상 학생은 웃는 것, 말하는 사람을 마주 보는 것, 그리고 다른 비구어적인 의사소통 형태에 대한 교육이 필요하다. 중재와 또래교육이 없으면, 또래는 장애학생의 어색한 웃음 또는 다른 비구어적 행동을 흥미가 없고 상호작용하기 싫다는 것으로 잘못 해석하게 된다.

경도의 청각 손상이 있을 때는 약간 들은 것을 잘못 해석하여 다른 아동에게서 왕따와 조롱을 받게 된다. 청각 손상이 심각하고 수화를 이용해 의사소통하면, 그 학생은 들을 수 있는 친구와 통역사 없이는 의사소통을 하지 못할 수 있다. 사회적 상호 소통을 가능하게 하기 위해 적절한 적합화, 사회적 기술, 그리고 의사소통 양식이 필요하다.

중도의 시각 손상 또는 농-맹이 있는 학생은 상동 행동을 보일 수 있다. 상동 행동은 지나치게, 아주 많이, 강하게 몸을 흔들거나 눈을 비비는 것과 같은 운동적인 행동이다. 이러한 행동은 학습을 방해하거나, 사회적 상호작용을 못하게 하거나, 다른 학생에게 신체적 상해를 일으키는지를 판별하기 위해 주의 깊은 진단이 필요하다. 교사는 상동 행동이 특정한 장소에서 일어나는 것(흔들의자에서 의자를 흔드는 것)을 허용하고 다른 것(눈을 비비는 것)은 금지할 수 있다. 여러 환경에서도 지속적으로 실행하기로 교육 팀이 동의한 행동계획의 실행을 통해 상동 행동을 관리해야 한다.

## 요약

시각 손상, 청각 손상, 그리고 농-맹의 여러 가지 다른 형태가 있다. 시각 손상은 시력, 시야, 운동성과 응시, 빛과 색의 수용, 그리고 뇌 작용의 손상에 따라 다양하다. 청각 손상은 소리의 크기(데시벨), 그리고 음 높이(헤르츠)로 정의되고, 최경도, 경도, 중등도, 중등도의 중도, 중도, 최중도로 분류된다. 농-맹이 있는 아동의 감각 손상의 범위는 경도의 청각 손상과 저시력에서부터 최중도 청각장애와 전맹이 있다. 감각 손상이 있는 아동은 뇌성마비와 같은 부가적인 장애가 있을 수 있다. 각 아동의 개별적인 특별한 요구는 적절한 수정, 보조공학 장치, 그리고 체계적인 교육으로 알아낼 필요가 있다.

## 사례 | 테릴의 이야기

테릴은 7세 소년으로 피질 시각 손상과 보통의 양쪽 감음신경성 청각 손상이 있다. 그는 또한 뇌성마비, 중도의 지적장애, 그리고 간질(강직간대성 발작)이 있다. 그는 부호와 사물을 이용한 의사소통판을 사용해서 교사와 친구와 함께 의사소통한다. 교사가 테릴이 좋아하는 장난감인 키오시(kiosh) 공을 보여 줘도, 데릴은 그것을 원한다고 의사소통판에 있는 거품 모양의 원을 만지지 않는다. 교사는 무엇을 해야 하고, 어떻게 의사소통판을 수정할 수 있을까?

## 참고문헌

AGIS Investigators. (2000). The advanced glaucoma intervention study 6: Effect of cataract on visual field and visual acuity. *Archives of Ophthalmology, 118*, 1639–1652.

American Optometric Association. (2006). *Low vision*. Retrieved August 28, 2006, from http://www.aoa.org/x760.xml

Amlani, A. M., Rakerd, B., & Punch, J. L. (2006). Speech-clarity judgments of hearing-aid-processed speech in noise: Differing polar patterns and acoustic environments. *International Journal of Audiology, 45*(6), 319-330.

Angelopoulou, N., Fotiadou, E., Tsimaras, V., & Giagozoglou, P. (1999, September). *Assessment of dynamic balance in deaf children: A comparative study.* Paper presented at the Movement and Health International Conference, Colomouc, Czech Republic.

Arehart, K. W., Yoshinago-Itano, C., Gabbard, S., Stredler-Brown, A., & Thomson, V. (1998). State of the states: Status of universal newborn hearing screening, assessment and intervention in 17 states. *American Journal of Audiology, 7,* 101-111.

Bashour, M., Menassa, J., & Gevontis, C. C. (2006). *Congenital cataract.* Retrieved August 28, 2006, from http://www.emedicine,com/oph/topic45.htm

Berhman, R. E., Kliegman, R. M., & Jenson, H. B. (2004). *Nelson textbook of pediatrics* (17th ed.). Philadelphia: W. B. Saunders.

Bremer, D. L., Palmer, E. A., Fellows, R. R., Baker, J. D., Hardy, R. J., Tung, B., et al. (1998). Strabismus in premature infants in the first year of life. *Archives of Ophthalmology, 116,* 329-333.

Brodsky, M. C. (2005). Visuo-vestibular eye movements. *Archives of Ophthalmology, 123,* 837-842.

Chang, D. (2004). Ophthalmologic exam. In P. Riordan-Eva & J. P. Whitcher (Eds.), *Vaughn and Asbury's general ophthalmology* (pp. 29-61). New York: Lange Medical Books/McGraw-Hill.

Coe, K., Butler, M., Reavis, N., Klinepeter, M. E., Purkey, C., Oliver, T., et al. (2006). Special Preemie Oxygen Targeting (SPOT): (A program to decrease the incidence of blindness in infants with retinopathy of prematurity. *Journal of Nursing Care Quality, 21,* 230-235.

Corn, A. L., Bell, J. K., Anderson, E., Bachofer, C., Jose, R., & Perez, A. (2003). Providing access to the visual environment: A model of comprehensive low vision services for children. *Journal of Visual Impairment and Blindness, 97,* 261-272.

Corn, A. L., & Koenig, A. J. (2002). Literacy instruction for students with low vision: A framework for delivery of instruction. *Journal of Visual Impairment and Blindness, 96,* 305-321.

Easterbrooks, S. R., & Baker, S. (2004). *Language learning in children who are deaf and hard of hearing: Multiple pathways.* Boston: Allyn & Bacon.

Easterbrooks, S. R., & Stephenson, B. (2006). An examination of twenty literacy, science, and mathematics practices used to educate students sho are deaf and hard of hearing. *American Annals of the Deaf, 151,* 385–397.

Edwards, A., Fishman, G. A., Anderson, R. J., Grover, S., & Derlacki, D. J. (1998). Visual acuity and visual field impairment in Usher syndrome. *Archives of Ophthalmology, 116,* 165–168.

Emerson, R. S. W., & Corn, A. L. (2006). Orientation and mobility content for children and youths: A Delphi approach pilot study. *Journal of Visual Impairment and Blindness, 100,* 331–342.

Friel-Patti, S. (1999). Clinical decision-making in the assessment and intervention of central audiotory processing disorders. *Language, Speech, and Hearing Services in Schools, 30,* 345–352.

Gillies, M., Brian, G., La Nauze, J., Le Mesurier, R., Moran, D., Taylor, H., et al. (1998). Modern surgery for global cataract blindness: Preliminary considerations. *Archives of Opthalmology, 116,* 90–92.

Good, W. V., Jan, J. E., Burden, S. K., Skoczenski, A., & Candy, R. (2001). Recent advances in cortical visual impairment. *Developmental Medicine and Child Neurology, 43,* 56–60.

Gussetta, A., Mercuri, E., & Cioni, G. (2001). Visual disorders in children with brain lesions: 2. Visual impairment associated with cerebral palsy. *European Journal of Paediatric Neurology, 5,* 115–119.

Hardy, R. A., & Shetlar, D. J. (2004). Retina. In P. Riordan-Eva & J. P. Whitcher (Eds.), *Vaughn and Asbury's general ophthalmology* (pp. 189–211). New York: Lange Medical Books/McGraw-Hill.

Harper, R. A., & Shock, J. P. (2004). Lens. In P. Riordan-Eva & J. P. Whitcher (Eds.), *Vaughn and Asbury's general ophthalmology* (pp. 171–181). New York: Lange Medical Books/McGraw-Hill.

Holte, L., Prickett, J. G., Van Dyke, D. C., Olson, R. J., Lubrica, P., Knutson, C, L., et al. (2006). Issues in the management of infants and young children who are deaf-blind. *Infants & Young Children, 19,* 323–337.

Isaacson, J. E., & Vora, N. M. (2003). Differential diagnosis and treatment of hearing loss. *American Family Physician, 68*(6), 5–32.

Johnson, M. H. (1997). Vision, orienting, and attention. In M. H. Johnson (Ed.), *Developmental cognitive neuroscience* (pp. 68–97). Malden, MA: Blackwell.

Lane, H., Hoffmeister, R., & Bahan, B. (1996). *A journey into the deaf-world.* San Diego: DawnSign Press.

Liu, X. Z. (2005). Audiological features of GJB2 (connexin 26) deafness. *Ear and Hearing,*

*26,* 361–369.

Madan, A., Jan, J., & Good, W. V. (2005). Visual developments in preterm infants. *Developmental Medicine and Child Neurology, 47,* 376–380.

Most, T., Aram, D., & Andorn, T. (2006). Early literacy in children with hearing loss: A comparison between two educational systems. *Volta Review, 106*(1), 5–28.

Nielsen, L. (2003). Learning object perception. In L. Nielsen (Ed.), *Space and self: Active learning by means of the little room* (pp. 44–48). Copenhagen: Norhaven Books.

Peters, B. T., & Bloomberg, J. J. (2005). Dynamic visual acuity using "far" and "near" targets. *Acta Oto-Laryngologica, 125,* 353–357.

Prickett, J. G., & Welch, R. R. (1995). Deaf-blindness: Implications for learning. In K. M. Huebner, J. G. Prickett, T. R. Welch, & E. Joffee (Eds.), *Hand in hand: Essentials of communication and orientation and mobility for your students who are deaf-blind* (pp. 25–60). New York: AFB Press.

Riordan-Eva, P., & Hoyt, W. (2004). Neuro-opthalmology. In P. Riordan-Eva & J. P. Whitcher (Eds.), *Vaughn and Asbury's general opthalmology* (pp. 261–306). New York: Lange Medical Books/McGraw-Hill.

Scott, T. M. (2003). Auditory neuropathy in children. *ASHA Leader, 8*(3), 17–18.

Seep, B., Glosemeyer, R., Hulce, E., Linn, M., & Aytar, P. (2000). *Classroom acoustics: A resource for creating learning environments with desirable listening conditions.* Melville, NY: American Acoustical Society.

Stivalet, P. (1998). Differences in visual search tasks between congenitally deaf and normally hearing adults. *Cognitive Brain Research, 6,* 227–232.

Stoner, M., & Easterbrooks, S. R. (2006). Using a visual tool to increase descriptors in writing by students who are deaf of hard of hearing. *Communication Disorders Quarterly, 27,* 95–109.

Watkins, S. (Ed.). (1993). *Graphics to accompany the SKI-HI resource manual.* Carol Stream, IL: Hope.

Wolffe, K. E., Sacks, S. Z., Corn, A. L., Erin, J. N., Huebner, K. M., & Lewis, S. (2002). Teachers of students with visual impairments: What are they teaching? *Journal of Visual Impairment and Blindness, 96,* 293–304.

Yoshinaga-Itano, C., and Apuzzo, M. L. (1998). Identification of hearing loss after 18 months is not early enough. *American Annals of the Deaf, 143,* 380–387.

Yoshinaga-Itano, C., Coulter, D., & Thomson, V. (2000). The Colorado newborn hearing screening project: Effects on speech and language development for children with hearing loss. In M. L. Philbin, S. N. Graven, & A. Robertson (Eds.), The influence of auditory experience on the fetus, newborn, and preterm infant: report of the sound study group of the national resource center: The physical and developmental environment of the high risk infant. *Journal of Perinatology, 20* (8:2), S132–S137.

Young, P. A., & Young, P. H. (1997). The visual system: Anopsia. In P. A. Young & P. H. Young (Eds.), *Basic clinical neuroanatomy* (pp. 153–158, 162). Baltimore: Lippincott Williams & Wilkins.

## 제12장

# 지체, 건강 및 중복 장애
# 학생을 위한 교실환경 적합화

*Kathryn Wolff Heller and Mari Beth Coleman*

　지체장애, 건강장애 또는 중복장애를 가진 학생이 학교환경에서 가장 적절히 기능하기 위해서는 적합화(adaptation) 과정이 필요하다. 이는 비스듬한 경사판에 자료를 고정하는 것에서부터 보완대체 의사소통 도구에 이르기까지 그 범위가 다양하다. 학생 개개인을 위해 교육 팀이 가장 적절한 적합화를 정확하게 결정하고, 그 정보를 교사와 관련 직원에게 전달하는 일은 매우 중요하다. 이 장에서는 주로 지체, 건강 및 중복 장애를 가진 학생에게 흔히 필요한 다양한 적합화의 종류와 그 정보를 다른 사람과 나누기 위해서 필요한 체크리스트를 어떻게 사용하는지에 대해서 알아보고자 한다.

## ① 적합화의 요구 진단하기

　적합화란 과제를 수행하는 데 있어서 필수적인 능력을 갖추고 있지 못한 경우에 그 과제에 참여하거나 접근할 수 있도록 하기 위하여 주어진 과제(혹은 주어진 과제를 수행하기 위해 쓰이는 재료)를 바꾸는 것을 말한다(Bryant & Bryant, 2003). 적합화는 수정(modifications)과 조절(accommodations)을 포함한다. 조절은 장애를 보완하기 위하여 과제를 변형하되 성취 기준은 바꾸지 않는 것을 의미하며, 수정은 과제 내용, 성취 수준, 그리고 여러 기술을 바꾸는 것을 의미한다(Beech, 2002). 또한 적합화는 보조공학과 과제를 비전형적인 방법(예: 글씨를 쓸 때 손 대신 치아로 연필 잡기 등)으로 수행하는 대안적인 수행전략을 포함한다.

　지체, 건강 및 중복 장애 학생의 적합화 요구를 충족해 주기 위해서는 어떤 적합화 과정이 필요한지 파악하는 것이 중요하다. 이것은 과제의 목표 성과와, 학생의 과제 수행 수준을 알아보는 것에서 시작한다. 목표 성과와 학생의 성취 사이의 불일치에 대해서는 그 원인을 밝히는 조사를 하게 된다(예: 비전형적인 움직임과 운동 능력으로 인해 제한된 관절운동 범위, 과제에의 접근을 막는 시각 손상, 낮은 신체적 지구력, 과제에 집중하지 못하는 건강 문제로 인한 불편함, 과제 필수 요소를 이해하는 데서의 학습상 어려움, 적절한 의사소통의 결핍, 낮은 동기부여 등; Heller, Forney, Alberto, Schwartzman, & Goeckel, 2000). 적절한 적합화는 과제 성과의 목표와 학생 성과의 차이에 근거하여 팀 접근을 통해 이루어진다. 이것은 '보조공학 과제 분석과 학생성과'에서 사용한 절차와 동일하다. 적합화를 선택하고 실행할 때에는 팀이 고려해야 할 몇 가지 사항이 있다.

## 1) 일반적인 고려사항

### 개별화와 독립성의 증가

적합화는 학생을 위해 개별화되어야 한다. 적합화의 개별화는 학생의 독특한 특성에 부합하기 위해서 필요하며, 효과적인 참여를 촉진하고, 학생의 독립성을 높인다. 특정 집단이나 특정 장애로 분류된 학생이라도 집단으로 적용될 수 없는데, 그 이유는 같은 지체장애로 진단받은 두 학생이라도 매우 다른 신체적 능력을 가질 수 있기 때문이다.

### 올바른 사용

교사는 보조공학 도구와 활동이 교수자와 학습자 간 상호작용의 대체물로 오용되지 않도록 하고, 그 사용에 대해 확실하게 알고 있어야 한다(Garner & Campbell, 1987). 적합화가 효과적인 교수 실제를 대신하는 경우에는 학생 향상을 지연할 수 있다. 따라서 교사가 적합화 사항에 대해 익숙해지고 정확히 사용하는 것이 매우 중요하다. 예를 들어, 어떤 적합화는 활동의 제약, 위치 잡기 시 고려 사항, 또는 상태의 파악과 같은 건강상의 혹은 의학적인 이유와 관련된 것이므로 적합화의 요소와 근거를 이해하는 것이 중요하다.

### 적합화를 위한 시간

적합화가 효과적인지를 결정하기 위해서는 충분한 시간이 필요하다. 단 한 번의 시도로 적합화가 효과적일 것이라 기대하기는 어렵다(Baumgart et al., 1982). 예를 들어, 학생은 새로운 신체적 적합화 과정에 적응하기 위해서 시간이 필요할 수도 있고, 보조공학 도구의 이용법을 배우는 데 시간이 걸릴 수도 있다. 하지만 충분한 시간이 지난 후에도 목표 행동에 긍정적 변화가 없다면 적합화의 적절성에 대한 재평가가 이루어져야 한다(재평가는 적합화 수행을 둘러싼 주변 요소도 포함하여 진행한다).

### 적합화의 효과와 정기적 재평가

적합화 과정 후에는 학생에게 그것이 얼마나 효과적이었나를 자세히 평가해야한다. 의도한 효과가 있었는지 혹은 더 효과적이기 위해서 변경해야 할지를 자료를 통해 결정하게 된다. 적합화는 또한 정기적인 재평가가 필요하다. 어떤 경우에는 적합화가 더 이상 필요하지 않거나 제거되어야 하며, 또한 어떤 것은 과제의 일부분으로 계속 남아 있어야 한다. 만일 학생이 적합화 과정 없이도 잘 수행하거나 혹은 더 단순한 형태로도 똑같이 기능할 수 있다면 그렇게 해야 한다. 덜 복잡할수록 체계적으로, 적절하게 사용될 가능성이 높기 때문이다. 그러므로 적합화를 고려할 때 교사는 효과적이면서도 최소한으로 개입하고, 가장 저렴하며, 가장 단순한 대안을 찾아야 한다. 그러나 근이영양증 학생의 경우 상태가 진전됨에 따라 더 복합적인 적합화 과정이 필요할 수 있으므로 효과성에 관한 평가를 자주 실시하는 것이 중요하다.

### 환경에 따른 적합화

적합화는 학생의 환경이 변화됨에 따라 재평가되어야 한다. 예를 들어, 초등학교에서 중학교로의 진학은 교사의 수, 환경의 수, 환경과 환경 사이의 거리와 같은 다양한 변화를 가져올 수 있다. 환경 간의 차이로 인해 적합화의 변화가 필요하다.

### 팀 접근

교사는 관련 직원(예: 작업치료사, 물리치료사, 말-언어치료사)과 부모, 학생을 적합화의 과정과 효과성 평가에 참여하도록 한다. 학생과 관련 인력이 이러한 적합화 과정을 이해하는 것은 매우 중요하며, 또한 적합화를 지속적으로 적용하기 위해 함께 작업하는 것이 중요하다. 이를 계획하고 필요한 순서를 확인하는 동안 모든 사람에게서 자료를 수집한다. 적합화에 대해 함께 논의한 후에는 그에 따라 필요한 사항을 점검할 수 있는 체크리스트가 매우 유용하다.

## ② 교실환경 적합화를 위한 체크리스트

적합화를 문서화하기 위해서 교사가 사용할 수 있는 여러 가지 종류의 체크리스트가 있다. 그러나 지체, 건강 및 중복 장애 학생의 적합화에 필요한 세분화된 양식은 별로 없다고 할 수 있다. 이상적으로 체크리스트는 모든 영역에서의 적합화가 가능하도록 포괄적이어야 한다. 처음에는 고려하지 못한 점이 있을 수 있으므로 팀원 간 논의를 통해 더욱 상세한 체크리스트를 만들어 간다.

지체장애, 건강장애 또는 중복장애 학생을 위해 특별히 고안된 체크리스트 중 하나는 [그림 12-1]의 지체, 건강 및 중복 장애 학생을 위한 교실환경 적합화 체크리스트(Classroom Adaptation Checklist for Students with Physical, Health, or Multiple disabilities)다. 이 체크리스트는 문서화할 수 있고, 시간이 지남에 따라 바뀌는 적합화를 비교할 수 있도록 지속적인 기록이 가능하다(예: 작년 것과 올해 것).

체크리스트는 지속적인 적합화가 이루어질 수 있도록 학생과 관련된 모든 교사와 직원에게 주어진다. 또한 체크리스트는 학생과 익숙하지 않은 임시교사에게도 도움을 줄 수 있다. 이 체크리스트는 범주와 세분화 정도에 따라 학생에게 도움이 필요한 영역을 파악하는 데 사용될 수 있다.

체크리스트에 모든 정보를 다 담을 수 없기 때문에 추가 정보를 적을 수 있는 공간이 있다. 교사는 정확한 적합화를 다른 사람이 이해할 수 있도록 체크리스트 각 섹션의 마지막 부분(표시한 영역에 대한 설명과 방안)을 자세하게 기록하여 이해를 돕는다. 이 체크리스트를 복사해서 사용할 때는 서술식으로 쓰는 부분에 더 많은 공간을 둔다.

학급 내 조정을 위한 체크리스트는 (a) 학생 정보, (b) 신체·건강상의 점검, (c) 환경적 배열: 환경 간, (d) 환경적 배열: 교실 내, (e) 의사소통, (f) 적합화와 보조공학이 필요한 영역, (g) 학급활동 참여, (h) 교수와 교육과정 적합화, (i) 과제와 시험, (j) 감각 및 지각적 측면의 적합화의 10개 섹션으로 나뉜다.

지체, 건강 및 중복 장애 학생은 지적인 장애를 가지고 있기 때문에, 대부분 학습적이고 기능적인 기술을 사용할 수 있는 적합화를 고려하여 모든 학생에게 적용 가능하도록 한다. 이에 관한 부분은 세부적으로 논의될 것이다.

1. 학생 정보

    이름:                              생년월일:                    교육 장소:

    장애 형태:  제한점(예: 활동, 음식, 알레르기):

    이동:                            의사소통:


2. 신체 · 건강상의 점검

    _____ 건상상의 문제(예: 간질, 천식, 션트 문제)

    _____ 운동능력 또는 이동능력의 감퇴(낙상, 쓰기의 어려움)

    _____ 다시 자세 잡기의 필요성

    _____ 욕창의 점검

    _____ 고통이나 불편함의 점검

    _____ 지루함이나 낮은 인내

    _____ 약물이나 치료의 영향(건강관리 과정을 포함한)

    _____ 기타:

    해당 영역에 대해 기술 · 표시한 영역에 대한 방안 제시:


3. 환경적 배열: 학교환경과 시간표

    _____ 일정 변경

    _____ 교통수단의 수정

    _____ 출발/도착에서의 문제

    _____ 학교 내에서의 이동(엘리베이터나 난간, 계단 램프)

    _____ 다음 수업을 위한 조기 출발(얼마나 일찍 출발할 것인지 명시할 것)

    _____ 수업이 이루어지는 학급의 근접성

    _____ 교실은 비상구와 가까울 것

    _____ 잠금 장치의 수정

    _____ 외투를 입거나 벗을 때 도움

    _____ 욕실의 개조 또는 지원의 필요

    _____ 점심식사 장소의 적합화 또는 섭식 지원의 필요

    _____ 운동장의 적합화 또는 지원

    _____ 조회의 적합화

    _____ 비상탈출 계획

    _____ 필요한 경우 시간표의 수정(현장훈련, 건강상의 일정, 자세 잡기)

    _____ 기타:

    해당 영역에 대해 기술 · 표시한 영역에 대한 방안 제시:


4. 환경적 배열: 교실 내

    _____ 필요한 경우 통로를 넓히기

    _____ 이동 시 필요한 도움

_____ 의자에 앉거나 의자에서 나오거나 혹은 책상 쪽으로 의자를 움직이는 데 도움 필요
_____ 좌석 배치에서의 우선권
_____ 특별한 의자, 탁자 등
_____ 작업하는 표면의 적합화(경사, 높이)
_____ 사물의 고정 장치
_____ 자료의 적절한 배치(위치, 공간, 크기)
_____ 자료 조작의 도움(대안적 접근, 사물의 조절)
_____ 쉬는 시간 계획하기 또는 필요한 경우 휴식하기(언제, 어느 정도 시간을 배정할 것인지)
_____ 기타:
해당 영역에 대해 기술 · 표시한 영역에 대한 방안 제시:


## 5. 의사소통

_____ AAC 사용(종류)
_____ 반응하는 방법: _____
_____ 다중응답 형태에 대해 정확한 답을 의사소통하기
_____ 반응하는 데 걸리는 시간
_____ 해당 영역에 대해 기술 · 표시한 영역에 대한 방안 제시:


## 6. 적합화와 보조공학이 필요한 영역

_____ 접근을 위해 필요한 컴퓨터 적합화
_____ 쓰기 또는 자판
_____ 철자
_____ 읽기
_____ 수학
_____ 특별한 내용 영역: _____ (구체적으로 기술)
_____ 일상생활
_____ 레크리에이션 또는 여가
_____ 체육 수업
_____ 직업 전 영역
_____ 특별활동(예술, 음악)
_____ 기타:
해당 영역에 대해 기술 · 표시한 영역에 대한 방안 제시:


## 7. 학급활동 참여

_____ 교사의 참여 촉진이 있어야 함
_____ 학생에게 미리 질문 문항을 주기
_____ 수정된 반응/의사소통 체계 사용

_____ 교사의 주의 얻기 방법: _____ 손들기 _____ 기구로 사인 보내기 _____ AAC 사용

_____ 가장 좋은 작업 형태: _____ 혼자 _____ 동료와 _____ 소집단 _____ 대집단

_____ 기타:

해당 영역에 대해 기술·표시한 영역에 대한 방안 제시:

## 8. 교수와 교육과정 적합화

_____ 교육과정 수정(예: 낮은 학년 수준, 적합화된 교육과정, 직접교수)

_____ 선행 촉진에서 얻는 이점(적절하게 특성을 강조하기, 모델링, 견본)

_____ 미리보기 사전 전략에서 얻는 이점(예: 선행 조직자)

_____ 반응촉진 전략에서 얻는 이점(예: 시간 지연, 최소 촉진)

_____ 학습전략에서 얻는 이점(예: 기억술, 키워드, 노래)

_____ 학생 주도적 전략(예: 자기 점검, 자기 기록, 스스로 말하기)

_____ 교사 강화 또는 더 많은 피드백의 요구

_____ 별도의 반복 제공

_____ 지시 형태: _____ 쓰인 것, _____ 구두로 읽기, _____ 시범 보여 주기

_____ 자료의 적합화(예: 낮은 학년 수준, 수정된 교재)

_____ 노트 대필자 또는 강의 녹음의 필요 여부

_____ 교재를 CD로 제공할지 여부

_____ 별도의 도서가 필요한지

_____ 부가적인 인적 지원이 필요한지

_____ 행동상의 계획 조정이 필요한지

_____ 기타:

해당 영역에 대해 기술·표시한 영역에 대한 방안 제시:

## 9. 과제와 시험

_____ 과제

_____ 과제 노트 혹은 조직화 바인더

_____ 단순화된 과제/시험

_____ 학습 가이드의 요구

_____ 과제 나누어서 내주기/시험을 더 짧은 단위로 나누기

_____ 시간 연장

_____ 지필식 과제의 감소

_____ 과제를 위해 컴퓨터 사용 허용

_____ 대안적인 반응 허용

_____ 대안적 시험/과제 형태(시험 중에 단어은행 제공, 다중응답 형태)

_____ 신체적인 활동에 있어서 대안적 방법 또는 생략(예: 색칠하기, 자르기, 만들기 )

_____ 과제를 위해 동료의 도움 받기

_____ 대안적인 등급화

_____ 기타:

해당 영역에 대해 기술 · 표시한 영역에 대한 방안 제시:

10. 감각 및 지각적 적합화

     _____ 시각적 산만함의 감소

     _____ 별도의 불빛 또는 낮은 조도

     _____ 극한 대조를 이루는 자료

     _____ 시각적, 촉각적 수정(글자 크기나 형태 등)

     _____ 저시력 도구, CCTV, 또는 다른 도구

     _____ 적합화된 환경(바닥이나 벽의 음향 흡수 재료 사용)

     _____ 시각적 재현 요구

     _____ 통역자 요구

     _____ 적절한 노트 필기 방법

     _____ 기타:

해당 영역에 대해 기술 · 표시한 영역에 대한 방안 제시:

기타:

체크리스트 수행자의 이름: _____

제목: _____    날짜: _____

**그림 12-1**    지체, 건강 및 중복 장애 학생을 위한 교실환경 적합화 체크리스트

출처: Heller(2007)의 허락하에 재인용.

## 1) 학생 정보

지체, 건강 및 중복 장애 학생을 위한 교실환경 적합화 체크리스트의 첫 번째 부분은 학생 정보에 관한 것이다. 제한점의 유형(예: 활동의 제한 또는 특별 식단 등)에 대한 정보를 담고 있다. 빠른 파악을 위해서 이동과 의사소통 부분이 제시되어 있으며, 이는 체크리스트 후반에서 상세하게 나와 있다.

## 2) 신체 · 건강상의 점검

교사는 학생을 위해 안전하고 건강한 환경을 조성해야 한다. 지체, 건강 또는 중복 장애 학생은 특정 건강상의 문제(예: 경련, 호흡곤란)를 점검해야 한다(Wadsworth & Knight, 1999). 또한 자세를 주의 깊게 살펴보아야 한다(예: 휠체어의 한쪽 면 기울어짐, 또는 머리받침에서 이탈하거나 머리를 되돌릴 수 없거나 하는지 여부). 그들은 통증이나 피로감의 문제를 가질 수 있으므로 교사가 문제를 세분화해야 한다(예: 학생이 전형적으로 통증을 느끼는 곳, 관찰한 약의 부작용 등). 또한 어떤 조치를 취해야 하는지(예: 간호사에게 알리기, 쉬도록 하기)를 기록해야 한다. 즉, 발작을 일으킬 때 무엇을 할지와 같은 더 확장된 정보는 별도의 페이지에 써서 체크리스트의 마지막에 첨부하여야 한다(건강장애에 관한 더 자세한 정보는 19장 참조).

## 3) 환경적 배열: 환경 간

교실과 그 외 특별한 영역(예: 식당, 화장실, 조회나 학교 행사, 락커룸)으로 이동하고자 할 때의 적합화에 관한 것이다. 이런 항목이 체크될 때, 교사는 적합화의 종류를 밝히고 이 섹션의 마지막 부분에 제시한다. 예를 들어, 어떤 학생은 다음 교실로의 이동을 위해 또는 건강상의 이유(예: 소아 류머티즘 관절염, 골형성부전증)로 인해 이동을 일찍 시작해야 한다. 이런 경우 교사가 얼마나 일찍 출발해야 할지 구체적으로 명시해 주어야 한다. 어떤 학생은 점심식사를 할 때 줄을 서서 급식 순서를 기다리는 데 도움이 필요할 수도 있으며, 수정된 스푼이나 접시가 필요할 수도 있다. 이러한 것이 체크리스트에 구체적으로 명시되어야 한다.

## 4) 환경적 배열: 교실 내

네 번째 섹션은 교실 안에서 지체 또는 중복 장애 학생을 지원하기 위해 필요한 적합화다. 이는 다시 (a) 이동과 자리 배치, (b) 이동을 최적화할 수 있는 학생의 자세 잡기, (c) 작업 면의 수정, (d) 제한된 운동 범위로 인한 자료의 특별한 위치, (e) 자료의 지원과 조정, (f) 피곤함으로 인한 교실 내 과제나 활동의 수정이라는 몇 개의 영역으로 나뉜다.

지체 또는 중복 장애를 가진 학생은 이동상의 문제가 있을 것이며, 자신의 책상 (또는 교실 내 영역)으로 이동하는 데 어려움이 있다. 이런 점에 기초하여 통로를 넓힌다거나 하는 지원이 필요하다(의자로 옮겨 앉기, 책상까지 의자를 움직이기 등). 팀은 실내 배치를 어떻게 할지, 학생이 다른 장소로 어떻게 이동할 것인지 세심하게 고려해야 한다. 자리 배치 시에는 학생이 사용하는 보조공학 기구를 고려해야 하고, 학급 내 모든 영역으로 접근할 수 있는 능력을 고려해야 한다(Wadsworth & Knight, 1999). 예를 들어, 어떤 학생은 자리 배치의 우선권을 주어야 한다. 그리고 수정된 컴퓨터 가까이에 배치하거나 최적의 시야를 확보할 수 있는 학급 앞쪽에 배치할 필요가 있다.

적절한 자세 잡기는 학생의 움직임(운동)을 최대화할 수 있기 때문에 중요하다 (예: 중도 뇌성마비 학생은 적절한 자세 여부에 따라 팔운동이 더 많이 일어날 수 있다). 좋은 자세 잡기는 또한 건강상 문제(예: 심한 척추측만증으로 인한 피부 파손)를 줄일 수 있다. 좋은 자세 잡기를 위해서 어떤 학생은 수정된 의자 또는 휠체어가 필요하다. 어떤 학생은 일반 의자를 사용할 수 있지만 다리가 허공에 뜨거나 해서 안정감을 해칠 수 있다. 이럴 때는 상자 또는 전화번호부와 같은 것을 이용함으로써 발을 고정해야 한다. 이러한 사항은 체크리스트에 상세하게 기술한다.

일단 학생이 적절하게 자리를 잡으면 학생은 팔 또는 손 동작으로 인해 작업대로의 접근이 어려울 수 있다. 이런 경우 작업 면에 대한 적합화가 필요하다. 첫째, 적절한 작업대의 높이를 결정해야 한다. 학생의 책상이 너무 높은 경우 팔의 움직임, 또는 책상 위의 물건이나 자료에 접근하기 위한 몸의 움직임이 어려워진다. 이럴 때 책상 높이를 낮추거나 필요에 따라 적합화해야 한다. 어떤 학생은 작업 면에 경사가 있을 때 (기울기가 조절되는 탁자, 경사판 또는 3공바인더의 사용을 통해) 동작이 개선될 수 있다. 만일 자료가 작업대 표면에서 흘러내린다면 고정해야 한다(테이프, 미끄러짐 방지 매트[Dycem], 고무깔판 등 사용). 작업대는 단순히 작업 표면뿐 아니라 높이, 기울기, 작업대 크기 등을 포함해서 고려해야 함을 아는 것이 중요하다. 그렇게 했을 때 [그림 12-2]에서처럼 발과 같은 신체의 일부분을 사용해서 접근하는 것이 가능해진다.

일단 작업대가 바르게 준비되면, 학생의 동작 범위에 기초해서 물건이나 자료의

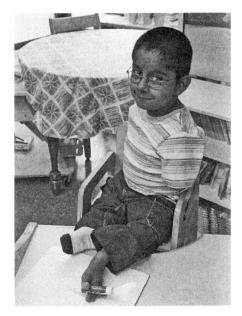

**그림 12-2** 발가락을 이용하여 화이트보드에 마카로 쓰기를 하는 학생. 책상 높이로 제작된 의자를 사용하고 있다.

배치가 최적으로 이루어져야 한다. 동작의 범위란 학생이 그의 손, 발, 마우스 스틱, 또는 기타 신체 부위를 이용해 다른 자료에 접근하여 닿을 수 있는 거리를 말한다. 자료는 학생의 동작 범위 내에 배치되어야 하기 때문에 동작 범위를 아는 것이 매우 중요하다. 진단을 하기 위한 한 가지 방법은 [그림 12-3]에서와 같은 격자눈금지를 이용하거나 작업대의 다양한 부분(또는 키보드나 AAC 도구의 상징과 같은 아이템의 여러 부분)을 건드리도록 해 보는 것이다. 일단 동작의 범위가 정해지면, 다음에는 표적물의 크기와 공간을 정하는 것이 중요하다. 왜냐하면 그것이 서로 가까이 붙어 있거나 너무 크기가 작은 경우 동작 협응에 실패할 수 있고, 시각 손상이 있는 학생의 경우는 두 가지 사물을 동시에 선택할 수도 있기 때문이다.

또한 작업 표면의 경사도는 운동 범위에 영향을 줄 수 있기 때문에 유의해야 한다. 어떤 학생은 비전형적인 움직임으로 인해 운동이 고르지 못하고 통제가 어렵다. 또한 불필요한 동작이 일어나기도 한다. 비전형적인 움직임은 동작이 느리거나, 힘이 부족하거나, 동작이 결여되는 등의 형태로 나타날 수 있다. 이러한 경우, 학생은 조작하거나 자료에 접근할 수 없다. 만일 학생에게 자료를 건네주어야 하거나, 자료 접근을 위한 대안적인 접근이 필요하거나, 조작하기 쉽도록 자료를 수정 고안해야 하는 경우에는 체크리스트에 상세히 기술한다.

또한 학생은 자료를 조작하거나 활동에 참여할 때 피로감을 느끼거나 끈기 부족

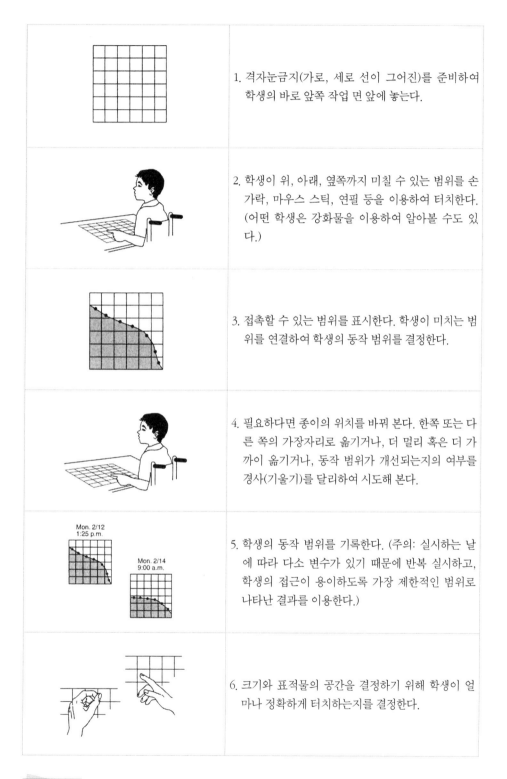

1. 격자눈금지(가로, 세로 선이 그어진)를 준비하여 학생의 바로 앞쪽 작업 면 앞에 놓는다.

2. 학생이 위, 아래, 옆쪽까지 미칠 수 있는 범위를 손가락, 마우스 스틱, 연필 등을 이용하여 터치한다. (어떤 학생은 강화물을 이용하여 알아볼 수도 있다.)

3. 접촉할 수 있는 범위를 표시한다. 학생이 미치는 범위를 연결하여 학생의 동작 범위를 결정한다.

4. 필요하다면 종이의 위치를 바꿔 본다. 한쪽 또는 다른 쪽의 가장자리로 옮기거나, 더 밀리 혹은 더 가까이 옮기거나, 동작 범위가 개선되는지의 여부를 경사(기울기)를 달리하여 시도해 본다.

5. 학생의 동작 범위를 기록한다. (주의: 실시하는 날에 따라 다소 변수가 있기 때문에 반복 실시하고, 학생의 접근이 용이하도록 가장 제한적인 범위로 나타난 결과를 이용한다.)

6. 크기와 표적물의 공간을 결정하기 위해 학생이 얼마나 정확하게 터치하는지를 결정한다.

그림 12-3  격자눈금지를 이용한 동작 범위의 결정

을 경험할 수 있다. 때때로 피로감은 신체적 장애를 일으킬 수 있으며(예: 뒤센형 근이영양증), 약물 부작용(예: 경련), 반복되는 동작 수행(예: 심한 경직형 뇌상마비 아동이 계속해서 스위치를 눌러야 함)으로 인해 일어날 수 있다. 휴식 시간을 제공하는 것은 학생을 소진 상태로 몰지 않고 더 나은 수행을 성취하도록 할 수 있다. 만일 휴식 시간이 필요하다면 교사는 학생이 그 시간 동안 무엇을 하는지, 언제 쉬어야 하는지, 얼마나 쉬어야 하는지 체크리스트에 상세히 기술한다. 자료로의 접근을 위한 대안적인 방법도 고려하며, 이러한 것도 체크리스트에 명시한다.

## 5) 의사소통

지체 및 중복 장애 학생은 AAC 사용이 필요한 경우가 있다. AAC는 모든 의사소통 능력의 범주(몸짓, 음성, 말, 수신호, 사물, 상징 등)를 포함하기 때문에 학생이 사용하는 AAC의 다양한 형태를 구체적으로 명시하는 것이 중요하다(Sevcik & Romski, 2000). 때때로 학생은 아직 시스템을 학습 중이거나 또는 접근 동작의 문제로 인해 신뢰할 만한 형태의 AAC 도구를 사용하지 못할 수 있다. 교사는 학생이 무엇을 알고 있는지 정확히 알아보기 위해 질문을 하고(예: "어떤 공이니?", "고양이란 단어는 어느 것이니?") 가장 신뢰도 높은 방법을 알아내는 것이 중요하다. 이렇게 해야 학생이 운동능력상의 실수인지, 학습상의 문제인지 교사가 파악할 수 있다. 신뢰할 만한 응답수단(reliable means of response: RMR)은 운동적으로 가장 정확한 반응이며 또한 항상 일관성 있게 사용할 수 있는 반응을 말한다. 이상적으로 RMR은 가장 덜 피로한 반응이며, 분리된 동작(몸 전체를 움직이지 않는)을 사용한다. 예를 들어, 어떤 학생은 전자 의사소통 도구의 사용법을 배우고 있지만 운동상의 어려움으로 선택의 실수가 잦을 수 있다. 네 가지 선택이 주어졌을 때 학생이 운동상의 어려움을 피할 수 있는 눈 응시를 통해 정확한 답을 할 수 있었다면, 이러한 경우 눈 응시는 가장 신뢰할 만한 반응 수단이며 학생의 지식을 평가할 때 사용되어야 한다. 학생의 최적 RMR은 체크리스트에 명시되어야 한다. 체크리스트에 명시되어야 할 또 다른 의사소통 관련 사항은 시간과 반응 형태다. 학생이 반응을 하는 데 있어 더 많은 시간이 필요한지, 만일 그렇다면 어느 정도 필요한지도 명시해야 한다. 만일 학생이 여러 보기 중에서 선택하는 응답 형식을 사용한다면 몇 개의 보기가 주어지는 것이 가장 좋을지 알아야 한다.

## 6) 적합화와 보조공학이 필요한 영역

학생에게 필요한 교실 내외의 일반적인 적합화 외에도, 특정한 학습 영역이나 기능적 내용 영역에서 특별한 적합화가 필요한 경우도 있다. 이에는 다양한 형태의 보조공학이 포함된다. 예를 들어, 어떤 학생은 컴퓨터에 접근하기 위해 대안적 키보드나 필기도구가 필요할 수도 있다. 기능적인 생활기술 영역에서의 예로는 수정된 칫솔이나 세안장갑 같은 것이 있을 수 있다. 보조공학의 형태와 적합화가 체크리스트의 이 섹션에 명시된다(보조공학에 대한 추가 정보는 8장 참조).

## 7) 학급활동 참여

때로 학생을 집단활동에 참여하도록 하는 것은 어려운 일이다. 교실환경 적합화 체크리스트의 이 섹션에서는 참여 증진에 필요한 몇 가지의 적합화를 제시한다. 이것은 교사가 학생의 참여를 촉진하는 것부터 학생이 수업 시간에 대답할 수 있도록 미리 질문을 제공하는 것까지 다양하다. 이러한 적합화는 특히 수동적인 학생이나 AAC 사용 준비 시간이 필요한 학생의 경우 유용하다.

## 8) 교수와 교육과정 적합화

체크리스트의 여덟 번째 섹션은 지체 및 중복 장애 학생에게 필요한 교수와 교육과정의 적합화 영역이다. 지체, 건강 및 중복 장애 학생은 적절한 수정(예: 보조공학)을 통해 일반 교육과정에 접근할 수 있다. 또 다른 경우에는 더욱 단순화된 교육과정 또는 한 학년 낮은 수준의 교육과정이 필요할 수 있다. 수정된 교육과정이 사용되기도 한다. 교수적 적합화의 형태는 지원의 정도, 난이도, 참여의 수준, 시간, 크기, 투입, 산출, 대안적 교육과정 목표 또는 대체 교육과정 등을 포함한다(Gunter, Denny, & Venn, 2000; Gunter, Reffel, Rice, Peterson, & Venn, 2005).

학생은 또한 다양한 교수전략에 반응하는 바가 서로 다를 수 있다. 특정 학생에게 가장 효율적인 교수전략의 유형을 적어 놓는 것은 매우 중요하다. 많은 학생은 강조 처리(highlighting)의 추가 표시, 드라이어에 돌리는 곳의 표시 등과 같은 선행 촉진이 도움이 된다. 선행 조직자, 관계도(relationship chart) 또는 그래픽 조직자와 같은 학습 전 전략은 학생으로 하여금 관련 자극에 집중할 수 있게 만든다(Bos & Vaughn, 2002). 반응 촉진(예: 시간 지연 또는 점진적 안내[graduated guidance])과 학습전략(예: 기억술 또는 알파벳 노래) 또한 많은 학생에게 효과적인 전략이다(Heller et al., 2000). 어떤 학생은 교수활동이 수정되었을 때(예: 좀 더 활동을 짧은 단위로 나누었을 때) 가장 효과적이고, 어떤 학생은 자료가 수정되었을 때(예: 읽기 자료에 상징이 추가되었을 때, 더 낮은 수준의 읽기 자료 수준을 제공하였을 때) 가장 효과적이다(Alberto, Taber, & Cihak, 2006). 여러 책(예: 집에도 있고 학교에도 하나씩 있게 함)과 같은 추가 자료는 지구력이 부족하거나 이동상의 문제가 있는 학생에게 필요할 수 있다. 체크리스트는 일부 형태의 교수 수정 내용을 담고 있기에, 교사는 '기타' 부분에 상세한 전략을 별도로 기술해야 한다.

## 9) 과제와 시험

때로 과제와 시험이 학생의 필요에 따라 적합화되어야 한다. 지체 또는 건강 장애(예: 척수수막류, 션트가 필요한 뇌수종, 주의력결핍 과잉행동장애)를 지닌 학생은 조직화 문제를 가지고 있으며, 그들의 숙제와 작업을 조직화하기 위한 과제 노트와 바인더가 필요하다(Biddulph, Hess, & Humes, 2006). 피로감 또는 수행 시간의 정도에 따라 과제나 시험을 줄여 주거나 더 짧은 단위로 나누어 줄 필요가 있다. 추가로 시간을 더 제공하는 것은 일반적인 방법이다. 자료에 접근하는 것에 어려움이 있기 때문에 지필검사를 줄이고, 컴퓨터나 대안적인 반응을 사용해야 할 수도 있다. 어떤 학생은 대안적인 시험과 과제를 요구할 수도 있고, 과제를 돕기 위한 보조자가 필요할 수도 있다. 대안적인 점수체계도 필요하다.

## 10) 감각 및 지각적 측면의 적합화

많은 학생은 시각 손상, 청각 손상, 농-맹 또는 지각적 문제로 인해 적합화가 필요하다. 예를 들어, 시각 손상 학생은 강한 대비가 되는 자료, 특별한 조명, 촉각적 단서(또는 촉각 그래픽), 학급활동에 대한 구어적 설명, 저시력 도구 등이 필요하다. 청각 손상 학생은 보청기, 수화통역사, 마루나 벽의 음향 완충제가 필요하다. 수화통역사(또는 독화술사)를 보지 못하거나 노트 필기를 시간 안에 못하는 경우 학생을 위한 별도의 필기 내용이 필요할 때도 있다. 감각적인 문제(예: 좌석 우선권 또는 선호하는 조직화 방법)에 관한 것은 체크리스트의 전반부에 있으며, 이것은 운동적인 문제와는 관련이 없는 감각적 문제만을 제시한다.

## 11) 적합화의 평가

적합화가 선택되고 조정된 후에는 체계적 관찰과 자료 수집을 통해서 그 효과성에 대해 평가해야 한다. 환경에 따라 적합화의 결과는 달라질 수 있기 때문에, 효과성 또한 환경에 따라 달라진다(Baumgart et al., 1982). 만일 최소한의 복잡성을 가진 적합화가 충분한 시간이 흐른 후에도 효과가 없었다면, 같은 범주 안에서 다른 형태의 적합화를 선택하거나 더 복합적인 적합화로 진행해야 한다. 만일 한 가지 범주의 격차 안에서 많은 형태가 체계적으로 조정되었음에도 성공하지 못했다면, 격차의 원인에 대한 재검토가 이루어져야 한다. 또 다른 범주에는 또 다른 적합화가 이루어져야 할 것이다(격차 분석에 대해서는 8장 참조).

일단 적합화 과정이 제대로 이루어지면 그것을 소거할 것인지 혹은 그대로 둘 것인지를 결정하기 위해 주기적인 재검토가 필요하다. 시간의 경과로 학생의 기술이 변화할 때, 적합화는 더 이상 필요하지 않거나 더 적절한 것으로 대체될 것이다.

요약

지체, 건강 및 중복 장애 학생은 학교환경 안에서 효율적으로 기능하기 위해 적합화가 필요하다. 교육 팀에 의해 이루어지는 각 학생의 적합화에 대한 신중한 선택, 문서화, 평가는 성공적인 결과를 위해 꼭 필요하다. 문서화하고 적합화하기 위한 한 가지 방법은 지체, 건강 및 중복 장애 학생을 위한 교실환경 적합화 체크리스트를 사용하는 것이다. 이 체크리스트는 학생의 적합화에 대한 상세한 정보를 제공하고, 학교 인력 간에 의사소통할 수 있는 도구를 제공할 뿐 아니라, 학생 개개인의 요구에 부합되는 적절한 자료가 될 수 있다.

## 참고문헌

Alberto, P., Taber, T., & Cihak, D. (2006). Students with moderate and severe mental retardation. In R. Colarusso & C. O'Rourke (Eds.), *Special education for all teachers* (4th ed., pp. 347-393). Dubuque, IA: Kendall/Hunt.

Baumgart, D., Brown, L., Pimian, I., Nisbet, J., Seet, M., Nessina, R., et al. (1982). Principle of partial participation and individualized adaptations in educational programs for severely handicapped students. *Journal of the Association for Persons with Severe Handicaps, 7,* 17-27.

Beech, M. (2002). Accommodations and modifications for students with disabilities in vocational education and adult general education. Retrieved December 24, 2006 from http://ezproxy.gsu.edu:2048/login?url=http://search.ebscohost/com/login.aspx ?direct=true&db=eric&AN=ED473735&loginpage=Login.asp&site=ehost-live& scope=site

Biddulph, G., Hess, P., & Humes, R. (2006). Help a child with learning challenges be successful in the general education classroom. *Intervention in School and Clinic, 41,* 315-316.

Bos, C., & Vaughn, S. (2002). *Strategies for teaching students with learning and behavior problems* (5th ed.). Boston: Allyn & Bacon.

Bryant, D. P., & Bryant, B. R. (2003). *Assistive technology for people with disabilities.* Boston: Allyn & Bacon.

Garner, J. B., & Campbell, P. H. (1987). Technology for persons with severe disabilities: Practical and ethical considerations. *Journal of Special Education, 21,* 122-132.

Gunter, P. L., Denny, R. K., & Venn, M. L. (2000). Modification of instructional materials and procedures for curricular success of students with emotional and behavioral disorders. *Preventing School Failure, 44,* 116-121.

Gunter, P. L., Reffel, J. M., Rice, C., Peterson, S., & Venn, M. L. (2005). Instructional modifications used by national board-certified teachers. *Preventing School Failure, 49,* 47-52.

Heller, K. W. (2007). Classroom Adaptations Checklist for Students with Physical, Health, or Multiple Disabilities. In K. W. Heller, M. B. Coleman, P. Mezei, & D. Swinehart-Jones (Eds.), *Literacy strategies for students with physical and health disabilities* (4th ed., pp. 1-3). Atlanta: Georgia Bureau for Students with Physical and Mental Disabilities.

Heller, K. W., Forney, P., Alberto, P., Schwartzman, M., & Goeckel, T. (2000). *Meeting physical and health needs of children with disabilities.* Belmont, CA: Wadsworth/Thomson Learning.

Sevcik, R. A., & Romski, M. A. (2000). AAC: More than three decades of growth and development. *ASHS Leader, 5*(19), 5-6.

Wasdrowth, D. E., & Knight, D. (1999). Preparing the inclusion classroom for students with special physical and health needs. *Intervention in School and Clinic, 24,* 170-175.

제4부

# 퇴행성 및 불치성 질환

# 제13장  근이영양증

*Kathryn Wolff Heller, Peter Mezei, and Morton Schwartzman*

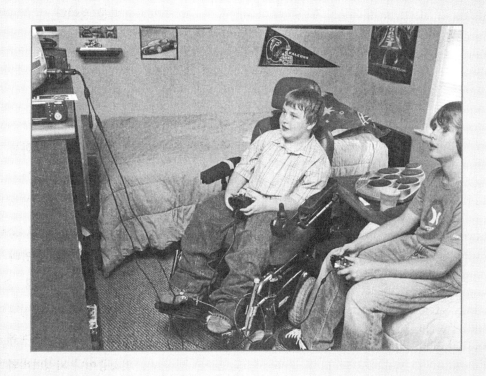

근이영양증(muscular dystrophy, 근위축증)은 근육의 약화가 진행되어 해당 근육의 기능을 잃게 되는 퇴행성 질환이다. 근이영양증은 원인과 특성, 진행 방식에 따라 다양한 유형이 있다. 어떤 근이영양증은 수십 년 동안에 걸쳐 천천히 진행하는 반면, 어떤 것은 급속한 퇴화와 이른 사망에 이르기도 한다. 또 어떤 종류의 근이영양증은 선천적인 심각한 장애를 가져오는 반면, 어떤 것은 인생의 후반부가 될 때까지 증상이 나타나지 않기도 한다. 근이영양증의 가장 흔한 종류는 뒤센형 근이영양증(Duchenne muscular dystrophy: DMD)으로, 대략 남자 신생아 3500명 중의 한 명 정도로 걸리는 가장 흔하고 치명적인 유전장애 중 하나다(Lovering, Porter, & Bloch, 2005; Van Deutekom & Van Ommen, 2003). 이 근이영양증은 그 정도가 심하며 학령기 아동에게 끼치는 영향이 크다. 따라서 이 장에서는 뒤센형 근이영양증을 먼저 다루고 후반부에 다른 종류의 근이영양증을 다룰 것이다.

## ① 근이영양증 개요

근이영양증(MD)은 근섬유의 주된 퇴화로 인해 진행성 근육 약화를 가지고 오는 선천적 장애로 폭넓게 정의될 수 있다(Lovering et al., 2005). 지금까지 34개가 넘는 임상적 장애가 근이영양증으로 분류되어 왔으며, 그것은 29개 이상의 다른 유전자의 위치로 나타내어져 왔다(Dalkilic & Kunkel, 2003; Lovering et al., 2005). 한 장애가 근이영양증으로 분류되기 위해서는 주요한 네 가지의 기준이 있다. 첫 번째, 기본적으로 근육 질환이다. 두 번째, 유전적인 기반을 둔다. 세 번째, 순차적인 과정을 가지고 있다. 네 번째, 질환과정의 어떤 단계에서 발생하는 근섬유의 퇴화와 사망이 있다(Behrman, Kleigman, & Jenson, 2004). 이 정의에는 신경계에 우선적인 영향을 받고 그 후 근육에 영향을 주는 척수성 근위축증이나 뇌성마비와 같은 질환은 포함되지 않는다.

## ② 근이영양증의 원인

뒤센형 근이영양증으로 알려진 이 질환은 1860년대에 이를 설명한 프랑스 신경학자인 Gullaume Duchenne의 이름에서 유래되었지만, 본래 이것은 1851년에 영국 의사인 Edward Meryon이 처음으로 설명한 질환이다. 이 시기에도 뒤센형 근이영양증이 유전적 원인이 있을 것으로 생각되었지만 정확한 원인 유전자에 대한 정보가 거의 없었으며, 한 세기가 지나고 나서야 어떤 유전자의 결함으로 인한 것인지 밝혀졌다(Ansved, 2001). 1990년대 초반부터는 다른 형태의 근이영양증의 원인이 되는 유전자도 계속해서 발견되었다(Lovering et al., 2005).

뒤센형 근이영양증은 Xp21에 위치한 X염색체의 비정상적인 유전인자에 의해 일어난다. 이는 어머니에게서 아들로 전해져 올 가능성이 있는 X염색체의 유전자 결

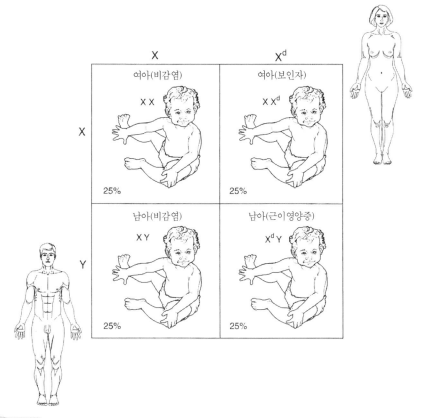

**그림 13-1** 뒤센형 근이영양증에 대한 유전 양식

함과 관련된 퇴행성 장애다([그림 13-1] 참조). 따라서 딸의 경우 결함 유전자의 보인 자일 수는 있지만 그로 인해 영향을 받을 가능성은 거의 없다. 다른 유전자의 결함 과 관련하여 여아와 남아 모두에게 일어날 수 있는 경우는 뒤센형 근이영양증에 해 당되지 않는다(예를 들어, 19q 염색체에 위치한 결함 유전자는 우성의 상염색체적 특성을 지닌 근긴장성 근이영양증을 일으킨다).

## ③ 근이영양증에 대한 이해

우리 신체의 약 50%는 근육으로 이루어져 있다. 이는 골격 근육, 심근, 평활근의 세 가지 주된 종류로 나눌 수 있다. 골격 근육은 자발적으로 움직일 수 있는 근육이 다(예: 팔의 이두근[bicep muscle]). 두 번째 근육은 심(심장)근이다. 골격 근육과 심근 모두 현미경으로 관찰해 보면 근육에 횡단으로 홈(줄)이 그어져 있다(가로무늬근). 평활근은 심근을 제외한 모든 불수의근(involuntary muscle)[1]을 포함한다(예: 혈관과 내장의 근육). 평활근은 횡단의 홈을 가지고 있지 않아서 가로무늬근으로 분류되지 않는다. 근이영양증은 어떤 종류의 근육이 영향을 받느냐에 따라 달라진다. 홈이 있는 근육이 대개 근이영양증(뒤센형 근이영양증 포함)의 영향을 받는 근육이다.

뒤센형 근이영양증은 디스트로핀(distrophin) 결핍의 한 종류로 분류된다. 뒤센형 근이영양증의 유전자에서 나타나는 유전자 결함은 근육 세포의 막에 있는 단백질 인 디스트로핀의 부재를 야기한다(Beers, Porter, Jones, Kaplan, & Berkwits, 2006). 디스트로핀이 결여되거나 기능을 하지 못할 때 근육은 퇴화한다. 근육 세포를 재생 할 수 있는 건강한 사람과는 달리, 근이영양증이 있는 사람은 세포가 재생되지 않 거나 비효율적으로 재생된다. 질환이 진행함에 따라 지방 세포는 근육 세포를 대체 하고 근육의 구조와 기능의 손실을 일으킨다(Lovering et al., 2005).

---

1) 역주: 불수의근은 의지와 관계없이 자율적으로 운동하는 근육을 말한다. 민무늬근과 심장근이 이에 속한다.
 [준말] 불수근(不隨筋) ↔ 수의근.

## ④ 뒤센형 근이영양증의 특징과 진행과정

다른 형태의 근이영양증과 비교했을 때, 뒤센형 근이영양증은 대체로 근력, 내구력과 기능의 상실을 보이며 신속히 진행된다. 몸통에서 가까운 근위근은 가장 심각하게 영향을 받는다. 근력의 약화는 대개 다리와 고관절 부분부터 시작되고, 어깨와 목 근육으로, 팔 근육 또한 영향을 받으며 진행된다. 마지막으로 호흡 근육, 때로 심근도 포함하여 기능의 장애를 일으키고 마침내 기능이 완전히 작동하지 않게 된다.

### 1) 영유아

이 시기에는 대개 증상이 나타나지 않고 초기 운동 발달 지표(예: 구르기, 앉기, 걷기)는 일반적으로 정상적인 시기 이내 혹은 약간 지연되어 이루어진다. 이 질환의 조기 징후는 대개 걷기, 뛰기 혹은 계단 오르기의 어려움에서 볼 수 있으며, 다리와 고관절의 약화와 함께 2~5세에 나타나기 시작한다(Lovering et al., 2005). 아동은 넘어지기 시작하거나 발목 인대의 구축 때문에 나타나는 첨족 보행(까치발)을 할 수도 있다.

둔근의 약화는 트렌델렌버그 보행(Trendelenberg gait)으로 알려져 있는 둔부의 요동성 보행이다. 이는 대퇴 사두근의 근력 저하로 다리를 넓게 벌리고 허리를 흔들면서 걷는 형태의 보행이다. 트렌델렌버그 보행에서는 아동이 걷는 동안 몸체 각각의 사지를 앞뒤로 흔들기 위해 다리 위 상체의 무게를 이용한다(Herring, 2002). 또한 둔부, 몸통, 엉덩이 근육의 약화는 아동이 서 있을 때 앞으로 기울어진 고관절과 비정상적인 허리의 전면 굽음(척추전만)을 일으킨다. 다리의 약화로 인한 휨을 방지하기 위해 아동은 무릎을 편 상태로 고정할 것이다.

이 시기에 근이영양증 발달의 두 가지 주요한 징후는 가우어 징후와 가성비대증으로 알려져 있다. 가우어 징후(Gower's Sign)는 뒤센형 증후군 아동이 바닥에 앉았다가 일어나려고 할 때 볼 수 있다. 대개 아동은 발과 손을 바닥에 넓게 벌려 짚은 상태에서 시작한다. 그리고 완전히 서기까지 손을 사용하여 무릎과 허벅지를 밀어

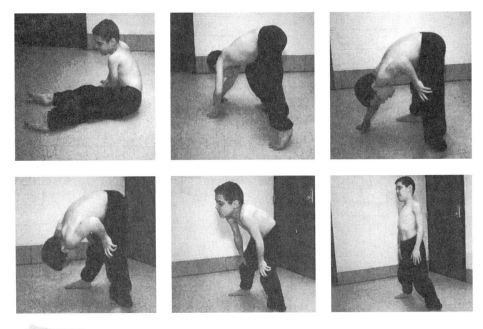

**그림 13-2** 가우어 징후

출처: Heller, Alberto, Forney, & Schwartzmann(1996), p. 133의 허락하에 게재.

올린다. 이것은 근육의 약화로 인해 발생한다([그림 13-2] 참조). 가우어 징후는 대개 3세까지 나타나지 않지만, 가장 이른 경우에는 15개월 만에도 발생한다(Herring, 2002). 가성비대증(pseudohypertrophy)은 가성(pseudo), 즉 '허위'라는 의미의 단어와 비대(hypertrophy), 즉 '커지다'라는 의미의 단어에서 나오게 되었다. 이것은 근육질의 다리처럼 보이는 종아리의 증대를 나타내지만, 사실 지방 세포와 결합 조직과 섬유질 조직이 근육 조직으로 침입한 결과다.

## 2) 5~10세

5~10세에는 근육 약화가 지속적인 근력의 쇠퇴와 함께 계속 진행되며, 아동은 점점 걷기가 어려워진다. 구축은 계속해서 진행될 것이며(특히 시간이 지남에 따라 발목, 무릎, 고관절, 팔꿈치에 영향을 끼침), 등 근육의 약화 때문에 척추측만증(척추 측면의 뒤틀림)이 나타난다.

입학을 하면서는 지적인 기능과 관련된 문제가 발생한다. 뒤센형 근이영양증 아동의 대부분은 평균 80.2 정도의 지능 지수를 가지고 있다(Cotton, Voudouris, & Greenwood, 2001). 20~35%는 지적장애의 범위에 속한다(Behrman et al., 2004; Cotton et al., 2001). 이 사실은 지적장애가 뇌 속의 디스트로핀 결여로 인한 생물적 결과일 수도 있다고 추측하게 한다(Hinton, DeVivo, Fee, Goldstein, & Stern, 2004). 그러나 어떤 아동은 평균 이상 또는 뛰어난 지능을 보이기도 한다. 또한 뒤센형 근이영양증을 가지고 있는 남아의 대략 1/3 정도는 학습장애를 경험한다. 지적장애와 학습장애는 질환이 진행되어도 변화하지 않는다는 것을 알아야 한다.

### 3) 10~12세

10~12세에 대부분의 아동은 보행기능을 잃고 수동 휠체어가 필요하다. 이 시기가 될 때까지 학생은 아마 보행을 위해 정형외과적 치료를 받아 왔겠지만(예: 브레이싱, 물리치료, 아킬레스건 늘이기 등), 이것은 궁극적인 보행기능의 상실을 지연할 뿐이다. 보행기능을 상실하는 시기는 개인마다 차이가 있는데, 어떤 아동의 경우에는 7세부터 휠체어를 사용하기도 한다. 일단 휠체어가 영구적 기반으로 사용되고 척추측만증이 신속히 진행되는 중이라 해도, 하루에 한 시간이라도 걷는 기능을 최대한 오래 유지하는 것은 중요하다(Behrman et al., 2004).

### 4) 청소년기와 그 이후

청소년기 동안, 근육의 약화는 계속해서 진행된다. 팔이 약해짐에 따라 이전의 수동 휠체어가 아닌 전동 휠체어가 필요하게 된다. 손가락 근육은 보통 연필, 키보드, 요리 기구를 계속 사용할 수 있는 힘을 유지한다. 그러나 팔 근육은 스스로 자신의 입으로 먹을 것을 가져가지 못할 정도로(손을 높이 올리지 못하는 정도까지) 쇠퇴할 것이며 먹고 마시는 일에 도움이 필요할 것이다. 피로감 또한 증가한다. 시간이 경과함에 따라 목, 어깨 등이 힘을 잃고, 청소년기에는 목을 똑바로 드는 것이 어려워질 것이다. 목소리는 비음의 특성인 '숨이 새는 것'처럼 변화한다. 척추측만증은 계속 진행되고 고관절 부분탈구 혹은 고관절 탈구 같은 정형외과적 문제가 계속 발생한다(Chan, Galasko, & Delaney, 2001; 고관절 탈구에 대한 더 많은 정보는 9장 참조).

질환이 진행됨에 따라 심각한 심장과 폐의 변화가 일어난다. 심근은 홈이 그어져 있는 근육이기 때문에, 변화는 심근의 조직 내에서 발생한다. 청소년의 50% 이상이 15세까지는 심근증(심장질환)을 가지게 될 것이다(Ames, Hayes, & Crawford, 2005). 기침 및 호흡과 관련된 근육의 지속적인 약화로 인해 청소년은 호흡기를 통한 병균 감염이 쉬워진다. 게다가 폐질환(호흡 근육 약화로 인해 줄어든 폐의 부피로 특징지어지며, 대부분의 신경근성 질환에서 종종 척추 기형을 동반하며 흔하게 발생함)이 일어날 수 있다. 시간이 지나면서 폐의 부피에 대한 호흡 근육의 약화(예: 폐의 탄력성 저하), 흉부 구조의 변화, 폐의 성질 변화, 호흡에 대한 환기 욕구의 변화, 기침하기의 어려움 등 때문에 호흡의 결핍이 뒤이어 일어날 수 있다. 뒤센형 근이영양증을 가지고 있는 대부분의 청소년은 대개 폐의 감염 혹은 심근증의 결과로 인한 심장질환 혹은 호흡질환으로 인해 10대 후반기나 20대 초반기에 사망에 이른다.

## ⑤ 뒤센형 근이영양증의 진단

근이영양증의 초기 징후와 증상은 신체의 조정력 결핍이나 서투름으로 요약할 수 있을 것이다. 근이영양증이 의심될 때에는 개인의 병력, 가족의 병력, 임상조사 결과, 실험실 검사에 기초하여 진단이 이루어진다. 처음 검사는 종종 혈액 속의 크레아틴 키나아제(creatin kinase: CK)[2]의 양을 알아보기 위해 실시한다. 크레아틴 키나아제는 근이영양증처럼 근육의 일반적인 사용, 혹은 불필요한 낭비를 통해 근육이 손상되었을 때 방출되는 효소다. 크레아틴 키나아제가 400 이상이면 비정상이라고 진단하지만, 근이영양증을 가진 사람은 때로 1000 정도의 크레아틴 키나아제를 가진다. 추가로 행해지는 진단에는 근전도 검사(골격 근육의 전기적 성질을 검사한다), 근육 생체검사, 유전자검사가 있다. 심전도검사(EKG) 혹은 초음파 심장 진단은 심장의 기능을 검사하는 데 사용된다.

초기 유전자검사는 뒤센형 근이영양증과 같이 디스트로핀 부족으로 인한 장애의 진단을 위한 검사였다(Lovering et al., 2005). 후에 돌연변이 유전자검사가 다른 형식

2) 역주: 크레아틴 키나아제는 근육활동 시 ATP 생성 반응을 촉매하는 효소다.

의 근이영양증을 위한 검사로 개발되었다. 보인자를 가진 부모를 위해 산전 진단
(예: 양수천자,[3] 융모막 세포 표본 검사,[4] 태아 혈액검사를 통해)이 이루어진다.

## ⑥ 뒤센형 근이영양증의 치료

　현재까지는 근이영양증에 대한 구체적인 의학적 치료나 해결법이 없다. 치료의
초기 목표는 아동이 걷도록 도와주는 것과 최대한 한 오래 기능을 할 수 있도록 도
와주는 것이다. 걷기가 더 이상 불가능할 때의 목표는 합병증과 증상이 나타날 때
마다 처치해 주고 물리적 독립과 좋은 질의 삶을 도모하는 것이다. 치료에 대한 노
력은 일반적으로 주로 학생, 가족, 병원 직원, 치료사, 교사, 보조적인 기술 전문
가, 영양사, 심리학자, 그리고 그 밖의 다른 사람을 포함한 팀 접근법을 통해 이루
어진다.

### 1) 정형외과적 관리

#### 물리치료와 작업치료

　뒤센형 근이영양증을 가진 아동은 대개 운동능력을 연장하고 구축을 최소화하거
나 예방을 위한 스트레칭을 하기 위해 물리치료를 받는다(Herring, 2002). 브레이스
와 보조기는 걷기 보조나 구축 예방을 위한 자세 잡기를 위해 처방된다. 단하지 브
레이스가 보편적이다(예: 발목 보조기, ankle-foot orthosis: AFO). 휠체어 사용과 이
동에 대한 훈련도 계속된다.

　작업치료사는 민첩성과 근력의 상실에 대처하기 위한 방법과 도구를 제안한다.
예를 들어, 수정된 손잡이와 기구가 학업적 기술과 일상생활 기술을 보조하기 위해
사용된다. 물리치료사와 작업치료사는 여러 가지 자료에 적절하게 접근 가능하도
록 대안적 자세를 결정하기 위해 함께 일하는 것이 필요하다. 물리치료사 혹은 작
업치료사는 이동성, 학업기술과 먹기, 입기, 화장실 사용하기 같은 일상생활 기술

3) 역주: 양수천자는 양수를 추출하여 태아의 성별, 염색체 이상을 측정하는 방법이다.
4) 역주: 융모막검사는 태반 조직의 표본을 통해 태아를 검사하는 방법이다.

의 지원을 위해 많은 보조기구를 제공한다(8장 참조).

## 2) 수술

수술은 대개 걷기 능력의 향상과 연장을 위해 이루어진다. 다리 수술은 고관절, 슬건, 발목 인대, 그리고/혹은 다른 다리 부위의 구축을 이완하는 것까지를 포함한다. 그러나 수술을 언제 할 것인지, 어느 정도까지 할 것인지는 달라질 수 있다. 〈표 13-1〉에서와 같이 수술은 구축이 심해지기 전 다양한 부위의 초기 구축을 이완하는 것부터(초기의 확장적 보행 접근) 발목 인대의 짧아짐으로 인한 발 한쪽의 교정까지(최소의 보행 접근) 이루어진다. 손, 팔꿈치 혹은 어깨까지의 구축 교정을 위해서는 일반적으로 행해지지 않는다. 척추후만증을 동반하거나 동반하지 않는 척추측만증은 많은 뒤센형 근이영양증의 경우에 매우 심각한 수명 단축의 문제가 될 수 있다(Alman, Raza, & Biggar, 2004). 척추측만증은 대개 진행성이며 90° 이상의 굴곡을 초래할 수 있다. 이 정도의 거대한 척추의 굽음은 앉는 것을 방해하고, 피부 손상, 심장과 폐 기능에 영향을 끼칠 수도 있다.

그러므로 척추 수술과 같은 적극적인 방법(예: 척추의 융합[5]과 막대[rod] 장착)은

| 표 13-1 | 뒤센형 근이영양증에서 하체 구축 수술에 대한 Shapiro와 Specht의 분류 |
|---|---|
| **뒤센형 근이영양증에서 하체 수술** | |
| 초기의 확장적 보행 접근 | 심각한 구축 발생 이전에 실시하는 고관절, 슬건, 발목 인대의 이완과 경골근의 이동(transfer) |
| 보통의 보행 접근 | 고관절 외전근의 이완은 거의 포함하지 않으며, 수술은 여전히 보행은 가능하나 어려움이 증가할 때 실시한다. |
| 최소의 보행 접근 | 단지 첨족(발) 구축을 한 교정 |
| 회복적(복구적) 접근 | 보행이 중단된 후의 중재이지만, 수술은 보행능력의 복구를 위해 이루어진다. |
| 완화적(일시적) 접근 | 내반 첨족의 수술적 교정(뒤꿈치가 들리고 신체의 중심선에서 바깥쪽으로 틀어진 발의 변형). 전 시간 휠체어 사용이 시작된 후, 통증 경감과 신발 신기의 개선을 위해 수술이 행해진다. |

출처: Herring(2002)의 허락하에 게재.

---

5) 역주: 척추융합 수술은 인접 척추의 퇴행성 변화를 방지하려는 수술이다.

척추 변형 진행의 예방과 최상의 삶을 유지하기 위해 더 낮은 수준의 굴곡이 있을 때 시도할 수 있다(Harper, Ambler, & Edge, 2004; 척추측만에 대한 더 많은 정보는 9장 참조).

### 3) 운동과 식이요법

운동하지 않는 것은 해가 되고 악화를 촉진하기 때문에 뒤셴형 근이영양증을 가진 사람에게 운동은 중요하다. 그러나 잘못된 방법의 운동이나 지나치게 격렬한 운동은 해로울 수 있다. 현재 연구는 뒤셴형 장애를 위한 근육운동은 질환 진행의 초기에 시작해야 한다고 제안하지만, 근육 조직 손상과 심폐의 피로를 줄이기 위해 저항이 낮은 운동으로 제한되어야 한다고 말하고 있다(Ansved, 2001). 운동은 근력 유지와 구축을 최대한 오래 예방하는 데 도움이 될 것이다. 뒤셴형 장애를 가진 사람은 근육 세포의 감소와 지방 세포의 증가 때문에 더 큰 부력을 가지고 있어서 수영이 좋은 운동이다. 모든 일상생활을 위해서도 과한 운동이나 피로를 피하고, 근육의 손상을 초래하는 격렬한 운동은 삼가도록 반드시 주의해야 한다.

영양사는 균형 잡힌 식단을 제공하고, 보호자는 건강한 음식을 선택할 수 있도록 지원한다. 비만의 경향이 있을 때는 조절이 필요하기도 하다. 비만은 걸을수록 감소하고, 척추측만의 발병과 진행에 따라 증가한다. 때때로 위루술[6] 튜브가 음식 공급과 영양 유지를 위해 사용된다(위루술의 영양 공급에 대한 더 많은 정보는 19장 참조).

### 4) 약물치료

때로 뒤셴형 근이영양증을 위한 약리학적 방법이 사용된다. 프레드니손(prednisone, 부신피질 호르몬제)과 데플라자코르트(deflazacort)를 포함한 코르티코스테로이드(부신피질 호르몬 및 그와 유사한 화학물질의 총칭)는 근력의 쇠퇴를 늦추고 척추측만증의 발병과 고통을 연기할 수 있는 것으로 보고되어 왔다(Alman et al., 2004). 그러나 이러한 약물의 장기적 효과에 대한 의견의 일치는 없으며, 특히 이러한 약물의 부작

---

6) 역주: 위루술은 위벽에 구멍을 뚫어 복벽과 연결하는 수술이다.

용(예: 체중 증가와 골다공증)이 그 장점을 상쇄할 수 있다. 게다가 장시간이 지난 후에는 질병의 자연적인 진행보다 더한 약화가 일어날 수 있다(Behrman et al., 2004). 그 외의 약물은 현재 연구 중에 있다.

또한 약물은 폐나 심장에 관한 문제 때문에도 처방된다. 뒤센형 근이영양증의 경우 호흡기를 통한 병균 감염의 발병률이 증가하기 때문에 약물이 세균성 감염에 저항하기 위하여 처방된다. 감염의 위험성을 줄이기 위해 감염 확산을 방지하는 보편적인 예방 수칙을 이행하는 것이 중요하다. 근이영양증로 인해 변화되는 심장의 상태에 따라 심장박동을 줄이기 위한(부정맥), 혹은 심장의 효과적인 수축을 늘리기 위한 약물도 처방된다.

## 5) 호흡기 치료와 산소호흡기

호흡기 문제 혹은 호흡기 감염이 나타났을 때는 분비물을 청소하기 위해 흉부 물리치료를 받을 수 있다. 흉부 물리치료법은 폐 밖으로 분비물을 내보내기 위해 중력을 이용하여 자세를 다르게 하는 것(체위배액으로 알려짐)을 포함한다. 이런 자세에서 숙련된 전문가는 손으로 컵 모양을 만들어 반복해서 가슴을 두드려 호흡기의 분비물이 기도에서 분리되어 기침을 통해 나오게 하는 치료를 수행할 수 있다. 어떤 사람은 주기적으로 실시해야 해야 하는 숨쉬기 운동을 할 것이며, 보조적인 기침유도 기계를 사용할 것이다(예: 마스크가 입과 코 위를 덮고 양압을 몇 초간 불어넣고 그 뒤에 분비물을 빨아내는 음압을 불어넣는 기계; 기침유도 기계의 사진은 14장 참조).

뒤센형 근이영양증의 이후 단계는 대개 몇 년 후 이동 시 휠체어에 의존하게 되고, 호흡기능은 약화된 횡경막과 호흡기 근육으로 인해 심하게 손상되며, 흡입력과 내쉬는 힘이 쇠퇴하는 결과를 낳는다. 이 시점에서는 숨쉬는 것도 도움 없이는 불가능해진다. 산소호흡기가 뒤센형 근이영양증을 가진 청소년 혹은 성인의 수명을 연장하기 위해 선택될 수 있다(Gibson, 2001). 이것은 밤에 몸에 삽입하지 않는 비강 호흡기를 제공하는 것에서부터 하루 24시간 내내 기계적 호흡을 전달하기 위한 기관절개술의 시술에 이르기까지 진행될 수 있다.

예를 들어, 덴마크에서는 뒤센형 근이영양증을 가진 거의 모든 성인이 기계적 호흡기를 할 결심을 한다. 이러한 결정은 뒤센형 근이영양증을 가진 성인 전체 세대가 기계적 호흡기를 사용하는 결과를 낳았다. 한 연구(Rahbek et al., 2005)에서는 이러한 덴마크 성인(18~42세)을 조사하여, 전반적으로 운동능력의 경우 손이나 손가락을 움직이거나 도움 없이 앉기 정도로 심각하게 제한되며 종종 육체적 고통을 경험한다고 밝혔다. 그러나 그들은 휠체어를 끊임없이 조종하고, 글을 쓰거나 컴퓨터를 조작하며, 자신의 집에서 살고, 지역사회에 참여하고, 높은 삶의 질을 누린다고 보고했다. 덴마크는 활동보조인(하루 24시간 제공), 전용 밴, 가사도우미, 그리고 다른 종류의 지원이 가능한 복지국가다. 미국 등 다른 국가에서는 연장된 삶에 대한 삶의 질 논란이 존재한다. 보조 호흡기의 사용 또는 보류의 결정은 근이영양증을 가진 개인과 그의 가족에게 가장 어려운 일 중의 하나이며, 이러한 개개인의 선택은 존중되어야 한다.

## 6) 유전자 치료와 다른 혁신적인 치료법

뒤센형 근이영양증을 치료하는 데 있어 유전자 치료는 부상하고 있는 치료법이다. 그러나 디스트로핀 유전인자의 규모와 복잡성은 아직도 해결되지 않은 과제로 있으며 대체 혹은 체내로 주입될 수 있는 디스트로핀의 복제나 혹은 근육으로 전달하기 위한 바이러스(예: 아데노 관련 바이러스) 내에 위치시키기 등의 파생적인 어려움을 야기한다(Athanasopoulos, Graham, Foster, & Dickson, 2004; Klunkel, 2005). 디스트로핀 유전인자 전달의 문제는 그것의 크기뿐 아니라 환영받지 못하는 면역학적 반응, 세포 독성, 그리고 체내의 여러 곳으로 새로운 유전인자를 전달하기와 관련이 있다(Van Deutekom & Van Ommen, 2003). 그러나 유전자 치료에 관한 진전은 가까운 미래에 가능성이 있을 것으로 생각된다.

실험 단계에 있는 다른 치료법도 있다. 예를 들어, 정상적인 미성숙한 근육 세포의 이식(주입을 통한)은 부족한 디스트로핀 단백질을 제공하고 지방 조직을 대체하기 위해 시도되었다. 근육 모세포의 거부가 문제가 되어 왔지만, 쥐에게 근육 모세포의 이식을 하는 새로운 방법은 기대를 모으고 있다(Camirand, Rousseau, Ducharme, Rothstein, & Tremblay, 2004).

## ⑦ 다른 형태의 근이영양증 개요

학교에서 가장 쉽게 볼 수 있는 것이 뒤셴형 근이영양증이지만 학령기 아동에게 발생할 수 있는 다른 여러 종류의 근이영양증이 있다. 다음의 내용은 아동과 청소년에게서 흔하게 일어날 수 있는 몇 가지 종류에 관한 것이다. 뒤셴형 근이영양증과 마찬가지로 치료법은 없지만 다루어지는 증상에 대한 중재는 거의 비슷하다(예: 물리치료, 식이요법, 운동).

### 1) 베커 근이영양증

베커 근이영양증(Becker muscular dystrophy: BMD)은 뒤셴형처럼 디스트로핀의 결핍으로 생기는 근이영양증이다. 디스트로핀이 전혀 존재하지 않는 뒤셴형 근이영양증과는 달리, 베커 근이영양증은 소량의 디스트로핀이 존재하거나 또는 비효과적이고 비정상적인 형태로 존재한다(Ansved, 2001). 베커 근이영양증도 같은 진행 방식, 즉 다리와 고관절의 약화로부터 시작된다. 그러나 베커 근이양증은 뒤셴형 근이영양증보다 그 강도가 약하며 훨씬 늦게 시작된다.

베커 근이영양증의 발병은 대개 5~15세에 발생하지만 늦게는 40세 이후에 나타난다고 알려져 있다(Lovering et al., 2005). 그 증상은 나타나는 디스트로핀의 양에 따라 덜할 수도 있고 더 심각할 수도 있다(즉, 디스트로핀의 양이 많을 경우 증상은 덜 심각하다). 심각한 베커 근이영양증의 경우에는 청소년기에 보행기능을 상실하는 반면, 심하지 않은 경우는 40대까지도 걸을 수 있으며, 구축과 심각한 척추측만증은 일반적으로 나타나지 않는다. 근이영양증의 강도에 따라 베커 근이양증 환자는 30대나 40대에 사망할 수 있으며, 가끔 정상적인 수명을 사는 경우도 있다. 심근증(심장질환)과 부정맥(비정상적인 심장박동)은 베커 근이영양증에서 더 흔하게 발생한다.

## 2) 선천성 근이영양증

비록 모든 형태의 근이영양증이 선천적이지만, 선천성 근이영양증(congenital muscular dystrophy)은 태어날 때 확연한 특성을 가진 일련의 증상이다. 다른 근이영양증과 달리 심각한 질병의 증상과 함께 발발하지만 진행은 매우 느리거나 전혀 없다. 특징과 진행과정은 정확한 선천성 근이영양증의 종류에 따라 다르지만, 영아는 대개 심각한 근위부 근력 약화(중심부 혹은 몸통에서 가까운 근육의 약화)와 근력 저하(낮은 긴장도)를 가지고 태어난다. 그들은 종종 다발성 관절 구축(출생 시 여러 개의 구축; 10장 참조)을 가지는데, 그 이유는 태아가 자궁 안에서 움직이는 힘이 부족하기 때문이다. 지적 능력은 보통 정상이다. 그러나 처음으로 일본에서 발생한 한 다양한 선천성 근이양증(후쿠야마형 선천성 근이영양증[Fukuyama-type congenital muscular dystrophy])의 경우에는 뇌의 기형, 지적장애, 발작, 조기 사망을 유발하였다(Girgenrath, Dominov, Kostek, & Miller, 2004).

## 3) 에머리-드라이푸스 근이영양증(견갑상완형 혹은 어깨종아리 근이영양증)

에머리-드라이푸스 근이영양증(Emery-Dreifuss muscular dystrophy: EDMD, 견갑상완형 혹은 어깨종아리 근이영양증[scapulohumeral or scapuloperoneal muscular dystrophy])은 대개 아동기 중반에 시작하며 진행 속도가 느리다. '견갑상완골(scapulohumeral)' 혹은 '근갑골비골(scapuloperoneal)' 근이영양증이라는 명칭은 어깨 부위(견갑골), 팔의 위쪽(상완골), 바깥 다리(비골부)에서 근육의 약화가 발생하는 것을 나타낸다. 이 질환을 가진 대부분의 사람은 보행능력을 유지하며 정상적인 지능을 가진다. 여기에는 X염색체 관련 형질과 상염색체 우성형질(Lovering et al., 2005)의 두 가지 다른 유전자 형식이 있다. 에머리-드라이푸스 근이영양증을 가진 일부는 성인기 후반부까지 살 수 있지만, 수명은 종종 심장질환과 관련이 있다(Wessely, Seidl, & Schomig, 2005).

## 4) 안면견갑상완형 근이영양증(란도르-디제린형 근육 디스트로피)

안면견갑상완형 근이영양증(facioscapulohumeral muscular dystrophy, 란도르-디제린형 근육 디스트로피[Landouzy-Dejerine dystrophy])은 심각성의 정도가 다른 다양한 질환을 포함한다. 근육의 약화는 안면, 어깨(견갑골), 그리고 위팔(상완골)부터 시작한다(Finsterer, Stollberger, & Meng, 2005). 안면 근육의 약화는 입이 돌출되어 나타나는 주름진 입술의 원인이 된다. 휘파람 불기, 빨대로 마시기, 팔 들어 올리기, 혹은 눈을 완전히 감기가 불가능하게 되며, 장애는 고관절과 다리 부분으로 진행된다. 심각성 정도는 광범위하고 심장의 문제, 지적장애, 시각·청각 장애를 일으킨다. 대부분은 청소년기 초반에 처음 증상이 나타나 느리게 진행되고, 거의 일반적인 수명을 갖는다(Lovering et al., 2005).

## 5) 지대형 근이영양증

지대형 근이영양증(limb-girdle muscular dystrophy: LGMD)은 상염색체 우성형질(1형 LGMD) 혹은 상염색체 열성형질(2형 LGMD)로 나타나는 이질적인 그룹이다. 지대형 근이영양증은 어깨와 고관절 부분의 근육 약화를 일으키며 다른 근육으로 퍼져 나간다. 증상은 종류에 따라 태어날 때부터 중년까지 나타날 수 있다. 또한 약한 진행성을 가지는 것부터 질환의 발병 후 20년 뒤에 보행능력을 상실하는 것까지 그 종류가 다양하다. 그러나 2형 LGMD는 대개 더 심각하며 뒤센형 근이영양증과 비슷한 소수의 아류형이 있다(Lovering et al., 2005).

## 6) 근긴장성 근이영양증(슈타이너병)

근긴장성 근이영양증(myotonic muscular dystrophy, 슈타이너병[Steinert's disease])은 북미에서 두 번째로 흔하게 나타나며 성인에게서는 가장 많이 볼 수 있는 근이영양증의 종류다(Behrman et al., 2004; Ranum & Day, 2004). 이는 근육 약화와 함께 구축 후 느리게 이완되는 근긴장증을 동반한다. 그래서 그 명칭이 '근긴장성' 근이영양증이다. 이것은 아동기 초기 혹은 유아기에 존재하지만, 증상은 청년기(20대)

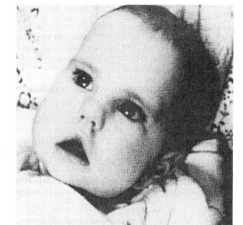

그림 13-3 안면 근육의 약화와 윗입술의 V
자형 변형은 사진에서 보이는
것처럼 영아기(8개월경 여아)에서도 나타나는 근
긴장성 근이영양증의 특징이다.
출처: *Nelson Textbook of Pediatrics,* 17th ed.,
Behrman, R. E., Kleigman, R. M., & Jenson, H.
B., p. 2065, copyright Elseveir, 2004.

혹은 그 후까지 발생하지 않는다.

근긴장성 근이영양증은 가로무늬근(수의근과 심장근)과 위장관의 평활근에 영향
을 끼친다. 위장은 천천히 비워지고 종종 변비를 일으킨다. 장 조절능력의 부족도
나타날 수 있다. 또한 내분비의 이상(예: 당뇨병), 백내장, 심장 이상, 면역결핍증,
그리고 다른 이상 증상이 여러 기관과 관련되어 나타난다.

근긴장성 근이영양증을 가진 사람은 윗입술이 V자형으로 변형되거나 야윈 뺨,
그리고 영아기 혹은 그 후에도 나타날 수 있는 안면 근육의 약화와 같은 특징을 가
진다([그림 13-3] 참조). 눈꺼풀 처짐 현상(안검하수) 또한 나타날 수 있다. 얼굴과 혀
와 관련되어 부정확한 발음을 나타내며, 무언가를 삼킬 때 어려움이 따른다. 처음
팔의 아랫부분과 다리에서부터 근육 약화가 일어나며 어깨와 목 근육으로 퍼져 나
간다. 대개 가우어 징후가 나타나며 대부분의 경우 보행능력을 상실하지 않는다.
근긴장성 근이영양증을 가진 사람 중 대략 반 정도는 평균 혹은 평균 이상의 지능을
가진다(Behrman et al., 2004).

임상적으로 근긴장성 근이영양증에는 두 가지 확연한 종류가 있다. 1형 근긴장성
근이양증(DM1)은 19번 염색체의 유전자 이상과 관련이 있으며, 2형 근긴장성 근이
영양증(DM2)은 3번 염색체의 이상과 관련이 있다(Ranum & Day, 2004). MD1 과
MD2 모두 심장, 내분비 기관, 그리고 눈에 비슷하게 영향을 미친다. 근육 약화 측
면에서 보았을 때, DM1은 DM2와 구분이 잘 가지 않는다. 그러나 DM1의 기본적
인 형태가 더 많은 말단 부분의 약화를 가지고 있고(예: 몸체나 몸통에서 떨어져 있는

근육), 반면 DM2는 대개 더 많이 몸의 중앙부와 근접한 곳의 약화를 나타낸다(예: 몸통에 가까운 근육)(Lovering et al., 2005). 또한 DM1은 많은 영아가 1년밖에 살지 못하고 사망하는 더 심각한 신생아형을 가진다(Ranum & Day, 2004).

## ⑧ 근이영양증에 대한 교육적 시사점

근이영양증과 같은 퇴행성 장애를 가진 학생의 교육환경은 다양하고 독특하고 변화되어야 할 필요성이 있다. 학생의 신체적 능력이 쇠퇴할수록 교사는 학문적인 활동과 비학문적인 활동 모두의 참여를 늘리고 적응력을 높여야 한다. 교사는 또한 근이영양증을 가진 학생에게 정서적 지지를 제공하고, 스스로도 정서적으로 대처할 준비가 되어 있어야 한다.

교사는 또한 다른 사람의 태도에도 대처할 수 있어야 한다. 예를 들어, 어떤 사람은 수명이 길지 않은 만성 질환을 가진 아동이 학교에 가고, 과제를 하고, 학업에 힘쓰는 일은 그들에게 가혹한 처사라고 생각한다. 그러나 교사는 학교가 모든 아동에게 뛰어난 정상화 요소라는 것을 설명해야 한다. 치료에 있어서 주된 목표 중 하나는 정상적인 삶과 수명의 연장이다. 학교를 그만두는 것은 모든 것이 무용지물이라는 인상을 심어 줄 수 있다(Simmons, 1994). 교사의 배려하는 태도와 협력적인 노력은 학생의 긍정적인 학교 경험에 도움이 될 것이다.

### 1) 신체 및 감각적 요구

교사가 근이영양증의 종류와 일반적인 진행 방향을 철저히 이해하는 것은 중요하다. 뒤셴형 근이영양증은 베커 근이영양증에 비해 대개 빠른 진행 속도를 가지며, 한 가지 형태라도 사람마다 매우 다른 진행 속도를 나타낸다. 이러한 지식은 교사, 학부모가 팀을 이루어 학생을 위한 현실적인 목표를 세우고, 다가올 미래에 학생의 신체적 요구 충족를 위한 선행 계획을 세우는 데에도 도움이 될 것이다.

근이영양증을 가진 학생의 신체적 요구를 적절히 충족해 주기 위해서 교사와 팀원은 학생의 능력을 신중히 지켜봐야 하고, 증상이 진행함에 따라 발생하는 이동성,

운동능력, 피로, 체력의 변화에 대해 민감해야 한다. 신체적, 건강상 문제 혹은 다양한 장애를 가진 학생에게 교실 적합화에 대한 체크리스트는 학생의 요구에 관한 기본 정보를 제공하는 데 매우 유용한 수단이 될 수 있다(12장 참조). 이동하기(예: 스스로 걷기, 지지를 위해 기구 사용, 브레이스 사용, 걷기에서의 도움 필요 여부, 수동 휠체어 또는 전동 휠체어의 사용), 계단 오르기(예: 스스로 올라가는지, 난간을 이용하는지, 도움이 필요한지, 혹은 엘리베이터 사용이 필요한지), 계단 내려가기, 그리고 의자 사용(예: 앉기, 서기, 혹은 의자를 책상 쪽으로 옮기기를 스스로 하는지 또는 도움이 필요한지) 같은 정보에 관해 특별히 점검해야 한다. 많은 종류의 근이영양증에서 팔이나 손에 문제가 발생하기 때문에, 교사는 학생의 필기도구 사용, 자판 사용, 학급 도구 사용 능력 또한 지켜봐야 한다. 일일 기록지는 기록하고 더 진전된 적합화가 필요한 부분을 알아내기 위해 교사와 다른 팀원이 주기적(또한 문제점이 발견되었을 때)으로 작성해야 한다([그림 13-4] 참조).

근이영양증을 가진 학생은 적합화와 보조공학이 필요하다. 근이영양증의 유형에 따른 상태의 악화 정도에 따라 적합화와 보조공학은 자주 갱신되어야 한다. 휠체어를 사용할 때 교실 내 학생의 위치와 교실 안에서 접근 가능한 도구를 설치하는 데 있어서 숙지해야 할 몇 가지 사항이 있다. 학생과 접근 가능한 도구(예: 휠체어가 접근할 수 있는 책상)는 모두 교실 안에 있어야 하며 다른 학생과의 교류가 가능해야 한다. 학생은 지도, 전시물, 게시판에 있는 자료, 그리고/혹은 실험을 위해 사용되는 도구를 볼 수 있어야 할 것이다. 증상이 진행함에 따라 학생은 의자에서 자세를 다시 잡거나 머리를 돌리거나 혹은 의자를 바로 하거나 하는 능력이 사라질 것이다. 그래서 무언가 학생의 앞을 가로막았을 때는 이러한 자료를 보는 것이 어려울 것이다. 교실 내 자리 배치를 할 때는 비상시에 대비해 학생이 빠르게 이동하도록 하는 것에 주의를 기울인다. 학생의 질환이 많이 진행된 상태에서는, 학생이 수업을 위해 자료실을 사용할 때 비상구 근처에 위치하도록 한다.

신체적 피로와 쇠퇴하는 지구력은 근이영양증을 가진 학생에게는 문제가 될 수 있다(특히 뒤셴형 근이영양증의 경우). 교사는 잠재적인 문제에 대해 항상 주의해야 하며 필요한 어떤 조치라도 해야 한다(예: 짧은 시험이나 짧은 작문 혹은 적은 과제). 상태가 진행될수록 학생은 종종 휴식을 취하거나 누워야 한다. 특수교사가 침대나 특수한 책상을 이러한 목적으로 교실에 들이는 일은 흔치 않은 일이다. 학생은 결과

이름: _____ 날짜: _____

교사: _____

진행과정을 보고하시오(스트레스 포함).

- 돌아다니기와 이동하기(교실, 복도, 계단, 식당, 화장실 등)
  _____
  _____

- 특수장비 사용의 용이성(브레이스, 필기도구, 식기류)
  _____
  _____

- 학업 내 기술(쓰기, 에너지 수준, 참여, 적응 장비의 필요성)
  _____
  _____

- 학문적 기술(기대치에 대한 비교, 특별한 평가 또는 물리치료, 작업치료, 언어치료, 심리
  검사 등 부수적인 도움의 필요)
  _____
  _____

- 특기사항(협의회에서 진술한 것과 하지 않은 것 모두 포함)
  _____
  _____
  _____

**그림 13-4** 퇴행성 장애아동을 위한 일화기록지(정기적 또는 필요에 따라 수시 작성)
출처: Fithian(1984), pp. 209-212의 허락하에 발췌 게재.

적으로 하루 일정을 단축하는 것을 포함한 시간표의 조정이 필요하다.

어떤 종류의 근이영양증은 감각기관에도 영향을 미친다. 백내장이나 시각 손상 혹은 청각 손상를 가진 학생은 적절한 적합화 과정이 필요하다(감각 손상에 관한 더 많은 정보는 11장 참조).

근이영양증을 가진 학생은 종종 호흡기 감염과 호흡 부족으로 사망한다. 교실에 있는 교사, 직원, 학생 모두가 감염 관리를 잘하는 것이 필수적이다. 사소한 감염 요소라 해도 학생과 직원은 전염되지 않도록 노력해야 하며 근이영양증이 많이 진행된 학생과의 직접적 접촉을 피해야 한다. 아픈 학생은 조퇴하도록 한다. 교사는 헐떡거림, 기침, 코 홀쩍임, 또는 근이영양증이 있는 부위의 열을 신중히 살펴봐야 하

며, 이를 학부모나 학교 보건간호사에게 알려야 한다. 만약 숨쉬기에 어려움이 생기면 미리 정해진 긴급 대처법에 따라 응급처치가 실행되어야 한다.

### 2) 의사소통 요구

근이영양증을 가진 대부분의 사람은 대개 말로 의사소통을 하는 것이 문제되지 않는다. 근긴장성 근이영양증에서는 발음의 문제가 있을 수 있으며, 진전된 뒤센형 근이영양증의 경우에는 목소리가 숨이 차고 약할 수 있다. 그러나 이러한 문제가 많이 심각하지 않아 보완적인 의사소통만이 필요하다.

의사소통의 많은 부분이 몸짓 언어와 비음성적인 형식이기 때문에 진행된 뒤센형 근이영양증을 가진 학생이나 안면 근육에 영향을 미치는 장애를 가진 학생은 오해받을 수 있다. 뒤센형 근이영양증에서는 안면 근육이 역기능적이며 흥미나 주의가 없다는 듯이 해석되는 단조로운 정서를 보일 수 있다. 교사와 다른 사람은 반응의 부족이 반드시 흥미가 없다는 뜻은 아니라는 것을 숙지해야 한다.

### 3) 학습 요구

앞에서도 언급했듯이, 학생의 지적 능력의 범위는 지적장애 수준부터 정상 혹은 뛰어난 수준까지 존재한다. 그러나 뒤센형 근이영양증을 가진 아동의 다수는 실제 평균 IQ가 80.2 정도로 평균보다 낮은 지능을 가지며(Cotton et al., 2001), 20~35% 정도가 지적장애의 수준에 있다(Behrman et al., 2004; Cotton et al., 2001). 또한 구어표현 능력과 낮은 언어활동 기억력을 포함한 단기기억 결핍 같은 언어적 능력의 장애가 나타난다(Hinton, DeVivo, Nereo, Goldstein, & Stern, 2000; Leibowitz & Dubowitz, 1981). 읽기, 쓰기, 계산능력 같은 학습의 장애 또한 찾아볼 수 있다(D'Angelo & Bresolin, 2006; Dorman, Desnoyers, & D'Avignon, 1988; Sollee, Latham, Kindlon, & Bresnan, 1985). 교사는 이러한 학생의 잠재력 발휘를 위해 체계적인 교수방법을 사용해야 한다. 교사가 학생의 요구에 맞는 적절하고 체계적인 교육방법을 제공하는 것은 매우 중요하며, 그들의 지적 능력은 근이영양증의 정도나 증상의 진행과 관련이 없음을 아는 것이 중요하다.

학생은 그들이 할 수 없어서가 아니라 다른 요인 때문에 과제 수행에 실패할 수도 있다. 예를 들면, 학업적 과제 수행은 적절한 시기와 장소에서 적합화가 이루어지지 않아서 영향을 받을 수 있다. 피로함 또한 과제 수행에 영향을 미칠 수 있다. 또 학생의 신체적 상태가 좋지 않을 때에도 학습에 어려움을 겪을 수 있다. 폐렴 같은 호흡기 질환이나 의사 혹은 치료사와의 약속 때문에 발생하는 결석 또한 학업 저하의 원인이 될 수 있다. 가정 수업과 여름학기 수업과 같은 추가 지도가 필요할 수 있다.

### 4) 일상생활 요구

질병의 진행에 따라 학생이 먹기, 입기, 배변 활동을 독립적으로 수행하도록 하기 위해 일상생활 기술에 관한 적합화가 또한 필요하다. 팔의 기능이 쇠퇴하면서 먹기가 어려워지고, 학생은 지지를 위해 팔꿈치를 사용하거나 수정된 팔 지지대를 사용할 것이다. 이 시점에서 씹는 근육과 삼키는 근육도 영향을 받는다. 그러므로 교사는 음식을 조각으로 자를 필요가 있는지 혹은 빨대가 필요한지를 잘 관찰해야 한다. 이후 학생은 스스로 음식을 먹을 때 이동성 팔 지지대(팔의 움직임을 보조하는 장치) 혹은 음식 공급 장치를 사용하거나 다른 사람이 먹여 주어야 할 경우도 있다. 점심 및 청소 시간에 자리 잡거나 물건을 가져오는 일에 타인의 도움이 필요하며, 동료가 적절한 최대 범위 내에서 성인 직원 대신 도와주어야 할 것이다.

옷 입기의 경우, 부모는 아동이 입고 벗기 쉬운 옷을 선택한다. 벨크로로 만들어진 옷은 만들거나 구입할 수 있으며, 쉽게 단추를 풀 수 있는 보조도구도 실용적이다. 교사와 작업치료사는 이러한 정보를 학부모에게 제공해야 한다. 근이영양증을 가진 대부분의 학생은 실금의 문제(장이나 방광 조절력의 상실)를 가지고 있지 않지만, 학생이 약해지면서 휠체어에서 좌변기로 이동하는 데 도움이 필요할 것이다. 무거운 학생을 옮길 때는 학생과 직원의 부상을 줄이기 위해 수동 혹은 자동 리프트 사용이 편리하다. 또 다른 방법은 소변기의 사용이다. 때로 화장실 보조자는 학생을 당황하게 할 수 있으며, 이로 인해 학생이 도움을 요청하지 않는 결과가 발생하기도 한다. 또한 학생은 화장실 사용을 피하기 위해 극소량의 액체만 마실 수 있다. 이러한 현상은 하루 종일 불편한 상태를 만들며, 변비와 같은 문제가 생기고 탈수

될 가능성이 있다. 교사는 학생의 상태에 대해 민감해야 하고 언제든지 학생의 선택을 고려해야 한다.

### 5) 행동 및 사회적 요구

근이영양증을 가진 사람에게는 몇 단계가 있다(특히 뒤셴형). 초기와 후기의 보행 단계, 휠체어 사용, 사망이며(Hsu & Lewis, 1981), 각각의 단계에서 다른 관점을 가질 수 있다. 초기와 후기의 보행 단계에서는 학생이 넘어지고 상처 입을 것에 대한 상당한 걱정이 있을 것이다. 어떤 시기가 되면 학생은 팀 내에서 어울리며 활발한 역할을 수행하는 데 예민한 문제가 될 수 있는 휠체어 사용을 해야 한다. 학생이 휠체어 사용으로 옮겨 갈 때의 반응은 넘어지지 않을 것에 대한 안도감부터 퇴행이라는 절망감까지 다양할 수 있다. 학생이 어떻게 일상생활과 학업생활을 해 나갈지에 대한 어려움과 관련된 실질적이고 정서적인 문제는 신체 약화가 계속됨에 따라 나타날 것이다. 적합화 과정을 통해 독립심을 키우는 방법이 중요해진다. 끝으로 학생이 신속히 퇴행함에 따라 죽음에 관한 문제가 증대되고, 죽음에 대해 준비하는 문제가 가장 중요해진다(Gossler, 1987).

불치성 질환을 가진 학생뿐 아니라 학부모, 친구, 학교 직원도 다양한 행동을 나타낸다. 일반적으로 죽음이 진행되고 있거나 불치성 질환을 가지고 있는 사람은 Kübler-Ross의 죽음에 대한 5단계—부정, 분노, 타협, 우울, 수용—를 겪는다. 때때로 더 넓은 범위의 반응이 생길 수 있다. 반응이 어떻든지 부정하는 경향이 있는 것은 일반적이다. 무언가가 실질적으로 인지되었을 때 발생하는 부정은 마치 그것이 존재하지 않았던 것처럼 다루어진다(Gossler, 1987). 부정은 무능력에 대한 걱정과 우울함을 방지하는 면에서는 긍정적이지만, 즉각적 주의가 필요할 때는 효과적이지 않다. 부정은 학생이 기능이나 상호작용에서 부정적 반응을 나타내지 않는 한 이로운 반응으로 여겨진다. 이러한 현상(그리고 임상적 우울증 같은 정서 혹은 행동 장애)이 일어났을 때 추천하는 방법은 상담이다.

교사는 언제든지 상담이 가능하다는 것을 학생이 숙지하도록 하는 것이 중요하다. 때때로 근이영양증을 가진 학생은 자신의 심정 혹은 직면하고 있는 문제(식수기 사용에 대한 문제부터 죽음에 관한 문제까지)에 대해 잘 들어주는 사람을 원한다. 만약 대화의 방향이 죽음에 관한 문제로 들어섰을 때, 교사는 학생이 인지하는 죽음이 그들 질환의 진전 수준, 문화적 차이 혹은 종교적 신념 때문에 교사가 인지하는 죽음과는 다르다는 것을 명심해야 한다. 교사는 학생이 어떻게 생각하고 무엇을 믿는지에 관한 가설을 세우지 말고 학생의 말을 경청하고 지지해 주어야 한다(퇴행성 및 불치성 질환에 관한 더 많은 정보는 15장 참조).

요약

근이영양증은 계속되는 근육 약화와 근육을 소모하는 퇴행성 질환의 한 군을 뜻한다. 근이영양증에는 여러 가지 종류가 있는데, 그중 뒤센형 근이영양증은 가장 흔하게 나타나며 가장 심각한 근이영양증의 하나다. 이 근이영양증은 다리와 고관절의 약화로 시작되며 결국 다리, 몸통, 팔, 목 근육의 심각한 약화로 진전된다. 뒤센형 근이영양증을 가진 사람은 10대 후반이나 20대에 호흡기 혹은 심장 문제로 사망하기는 하지만 개개인마다 진행 속도가 다를 수 있다. 그 외의 근이영양증은 다르게 진행되며 종종 다른 방식의 근육 약화 패턴을 보일 수 있다. 현재까지 효과적인 치료법은 없지만 치료법 발견에 관한 큰 진전이 이루어지고 있으며, 삶의 질 향상을 목표로 하는 여러 가지 치료법이 있다. 지도자는 학생의 요구 충족과 적절한 적응을 위해 질환에 관해 잘 알고 있어야 하며, 무엇보다도 정서적 지지를 해 주는 것이 중요하다.

사례    밥의 이야기

밥은 뒤센형 근이영양증을 가진 16세 소년이다. 그는 다리의 기능을 잃었으며 전동 휠체어를 사용한다. 몸통과 팔의 근육은 약하며 피로함 때문에 낮에 쉬는 시간을 가져야 한다. 수업 단축, 과제 필기 대신 자판 사용, 그리고 조정된 운동 시간을 포함한 적합화 과정이 진행되었다. 친구들은 그에게 주의를 기울이고 점심식사 가져오기를 돕는다. 밥은 방과 후에 체스 동아리에 참여하며, 자신을 이해하고 지지해 주는 몇몇 친구가 있다. 5년 전에는 뒤센형 근이영양증을 가진 형이 사망했고, 밥은 자신의 병에 관해 잘 안다. 그러나 생물 시간에 심장이 근육이라는 것을 알게 되자 매우 화를 냈다. 특수교사와 함께 하는 다음 수업 시간에 밥은 울기 시작했다. 교사는 무엇을 해야 할까?

## 참고문헌

Alman, B., Raza, N., & Steroid treatments and the development of scoliosis in males with Duchenne muscular dystrophy. *Journal of Bone and Joint Surgery, 86-A,* 519-524.

Ames, W., Hayes, J., & Crawford, M. (2005). The role of corticosteroids in Duchenne muscular dystrophy: A review for the anesthetist. *Pediatric Anesthesia, 15,* 3-8.

Ansved, T. (2001). Muscle training in muscular dystrophies. *Acta Physiolojica Scandinavica, 171,* 359-366.

Athanasopoulos, T., Graham, I. R., Foster, H., & Dickson, G. (2004). Recombinant adeno-associated viral (rAAV) vectors as therapeutic tools for Duchenne muscular dystrophy (DMD). *Gene Therapy, 11,* S109-121.

Beers, M. H., Porter, R. S., Jones, T. V., Kaplan, J. L., & Berkwits, M. (2006). *The Merck manual of diagnosis and therapy* (18th ed.). Whitehouse Station, NJ: Merck & Co.

Behrman, R. E., Kleigman, R. M., & Jenson, H. B. (2004). *Nelson textbook of pediatrics* (17th ed.). Philadelphia: W. B. Saunders.

Camirand, G., Rousseau, J., Ducharme, M., Rothstein, D. M., & Tremblay, J. P. (2004). Novel Duchenne muscular dystrophy treatment through myoblast transplantation tolerance with anti-CD45RB, anti-CD154 and mixed chimerism. *American Journal of Transplnatation, 4,* 1255-1265.

Chan, K. G., Galasko, C. S., & Delaney, C. (2001). Hip subluxation and dislocation in Duchenne muscular dystrophy. *Journal of Pediatric Orthopaedics B, 10,* 219-225.

Cotton, S., Voudouris, N. J., & Greenwood, K. M. (2001). Intelligence an Duchenne muscular dystrophy: Full-scale, verbal and performance intelligence quotient. *Developmental Medicine and Child Neurology, 43,* 497-501.

D'Angelo, M. G., & Bresolin, N. (2006). Cognitive impairment in neuromuscular disorders. *Muscle and Nerve, 34,* 16-33.

Dalkilic, I., 7 Kunkel, L. M. (2003). Muscular dystrophies: gene to pathogenesis. *Current Opinion in Genetic Development, 13,* 231-238.

Dorman, C., Desnoyers, H., & D'Avignon, J. (1988). Language and learning disorders in older boys with Duchenne muscular dystrophy. *Developmental Medicine and Child Neurology, 30,* 316-327.

Finsterer, J., Stollberger, C., & Meng, G. (2005). Cardiac involvement of facioscapulohumeral muscular dystrophy. *Cardiology, 103,* 81-83.

Fithian, J. (Ed.). (1984). *Understanding the child with a chronic illness in the classroom.* Phoenix, AZ: Oryx Press.

Gibson, B. (2001). Long-term ventilation for patients with Duchenne muscular dystrophy.

*Ethics in Cardiopulmonary Medicine, 131,* 940–946.

Girgenrath, M., Dominov, J., Kostek, C., & Miller, J. (2004). Inhibition of apoptosis improves outcome in a model of congenital muscular dystrophy. *Journal of Clinical Investigation, 114,* 1635–1639.

Gossler, S. (1987). A llok at anticipatory grief: What is healthy denial. In L. Charash, R. Lovelace, S. Wolf, A. Kutsher, D. Royce, & C. Leach (Eds.), Realities in coping with progressive neuromuscular diseases. New York: Charles Press Publishing.

Harper, C., Ambler, G., & Edge, G. (2004). The prognostic value of pre-operative predictive forced vital capacity in corrective spinal surgery for Duchenne muscular dystrophy. *Anesthesia, 59,* 1160–1162.

Heller, K. W., Alberto, P. A., Forney, P. E., & Schwartzman, M. N. (1996). *Understanding physical, sensory, and health impairments.* Pacific Grove, CA: Brookes/Cole.

Herring, J. A. (2002). *Tachdjian's pediatric orthpedics.* (3rd ed.). Philadelphia: W. B. Saunders.

Hinton, V., DeVivo, D., Fee, R., Goldstein, E., & Stern, Y. (2004). Investigating of poor academic achievement in children with Duchenne muscular dystrophy. *Learning Disability Research and Practice, 19,* 146–154.

Hinton, V., DeVivo, D., Nereo, N., Goldstein, E., & Stern, Y. (2000). Poor verbal working memory across intellectual level in boys with Duchenne dystrophy. *Neurology, 54,* 2127–2132.

Hsu, J., & Lewis, J. (1981). Challenges in the care of the retarded child with Duchenne muscular dystrophy. *Orthopedic Clinics of North America, 12,* 72–82.

Klunkel, L. (2005). Cloning the DMD gene. *American Journal of Human Genetics, 76,* 205–214.

Kübler-Ross, E. (1969). *On death and dying.* New York: Macmillan.

Laval, S., & Bushby, K. (2004). Limb-girdle muscular dystrophy+From genetics to molecular pathology. *Neuropathology and Applied Neurobiology, 30,* 91–105.

Leibowitz, D., & Dubowitz, V. (1981). Intellect and behavior in Duchenne muscular dystrophy. *Developmental Medicine and Child Neurology, 23,* 557–590.

Lovering, R., Porter, N., & Bloch, R. (2005). The muscle dystrophies: From genes to therapies. *Physical Therapy, 85,* 1372–1388.

Rahbek, J., Werge, B., Madsen, A., Marquardt, J., Steffensen, B. E., & Jeppesen, J. (2005). Adult life with Duchenne muscular dystrophy: Observations among an emerging and unforeseen patient population. *Pediatric Rehabilitation, 8,* 17–28.

Ranum, L., & Day, J. (2004). Myotonic dystrophy: RNA pathogenesis comes into focus. *American Journal of Human Genetics, 74,* 793–804.

Simmons, J. (1994). Practical issues. In A. Goldman (Ed.), *Care of the dying child* (pp. 115–131). Oxford: Oxford University Press.

Sollee, N. D., Latham, E. E., Kindlon, D. J., & Bresnan, M. J. (1985). Neuropsychological impairment in Duchenne muscular dystrophy. *Neuropsychology, 7,* 486–496.

Van Deutekom, J., & Van Ommen, G. J. (2003). Advances in Duchenne muscular dystrophy gene therapy. *Nature Reviews: Genetics, 4,* 774–783.

Wessely, R., Seidl, S., & Schomig, A. (2005). Cardiac involvement in Emery–Dreifuss muscular dystrophy. *Clinical Genetics, 67,* 220–223.

# 제14장 척수성 근위축증

_Alison Stafford, Kathryn Wolff Heller, and Morton Schwartzman_

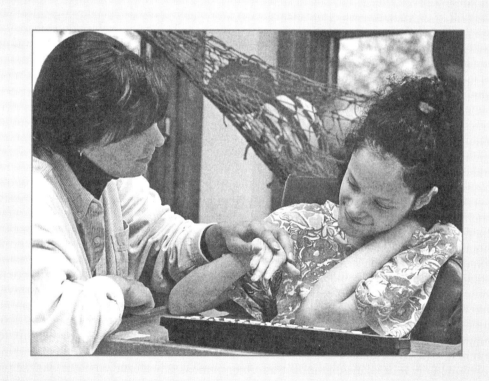

100여 년 전에 Werding과 Hoffmann은 약한 골반, 진행성 근육 허약과 위축, 7세 이전의 죽음 등의 증상을 묘사했다(Hardart & Truog, 2003; Wirth, 2002). 이 증상은 현재 척수성 근위축증(spinal muscular atrophy: SMA)으로 진단된다. 그때 이후로 몇 가지 다른 유형의 척수성 근위축증이 진단되었다. 이것은 인간에게 두 번째로 흔한 상염색체 열성장애로, 6000명~1만 명의 신생아 가운데 1명꼴로 발생하고(Nicole, Diaz, Frugier, & Melki, 2002), 35명 중 1명에서 50명 중 1명 정도가 (이 장애의) 잠재적 보유자다. 이것은 신생아의 징후 가운데 가장 자주 발생하는 유전적 원인이다(Monani, 2005).

가장 대표적인 이 질병의 형태는 근위 척수성 근위축증(proximal spinal muscular atrophy)이다. 다른 형태는 거의 발견되지 않기 때문에, 척수성 근위축증이라는 용어는 보통 근위 척수성 근위축증 형태를 말할 때 주로 쓰인다. 근위 척수성 근위축증의 높은 출현율과 이 병이 성인보다는 아동에게 미치는 영향이 더 크기 때문에, 이 장에서는 근위 척수성 근위축증에 대해 집중적으로 알아보고자 한다.

# ① 척수성 근위축증 개요

척수성 근위축증이란 운동 뉴런(신경 세포)의 퇴화 때문에 생기는 골격근의 진행성 약화와 위축으로 묘사되는 일련의 퇴행성 질병이다. 많은 종류의 척수성 근위축증과 변형된 형태의 척수성 근위축증이 있다. 아동에게 영향을 끼치는 척수성 근위축증에는 주로 유형 I, 유형 II, 유형 III의 세 가지 종류가 있다.

이들 척수성 근위축증이 서로 다른 특징과 진행과정을 갖고 있지만, 모두 다음과 같은 조건에 부합한다. (a) 신경의 문제가 있다(즉, 신경이 먼저 영향을 받는다), (b) 유전적인 요인이 있다, (c) 진행성 퇴행과정을 겪는다, (d) 척수 신경 다발에 있는 운동 뉴런이 영향을 받는다(혹은 드물게는 뇌에 있는 운동 뉴런이 영향을 받는다) (Behrman, Kleigman, & Jenson, 2004). 이 정의는 주로 근질환성(즉, 근육이 먼저 영향을 받는) 근위축증이나, 뇌의 운동 피질(혹은 기저핵이나 대뇌)에 있는 상위 운동 신경원에 영향을 받는 뇌성마비는 포함하지 않는다.

## ② 척수성 근위축증의 원인

척수성 근위축증은 유전적 원인이 있는 질병이다. 유형에 따라 다르지만, 이 질병의 발생은 서로 다른 유전자와 염색체가 원인이 된다. 아동에게 나타나는 모든 척수성 근위축증은 5q 염색체 단완(정확히는 단완 5q 11.2-13.3)에 있는 1운동 뉴런 유전자(survival of motor neuron1: SMN1)의 변이에 의해서 일어난다.

SMN1은 보통 SMN 단백질을 생성하는데, 이 단백질은 세포의 생존에 매우 결정적이다. SMN1의 결함은 이 유전자에서 제대로 기능하지 못하는 SMN 단백질이 만들어지는 결과를 초래한다. SMN2로 알려진 거의 똑같은 유전자가 존재하지만 SMN 단백질의 결핍을 완전히 보상할 수는 없다(Eggert, Chari, Laggerbauer, & Fischer, 2006). SMN2는 척수성 근위축증의 심각도에만 영향을 미친다(Monani, 2005; Wirth, Brichta, & Hahnen, 2006). 예를 들어, 한 연구에서는 유형 Ⅰ 척수성 근위축증 환자의 대다수가 1개 혹은 2개 이상의 SMN2 복사가 있었으며, 유형 Ⅱ 척수성 근위축증 환자는 3개, 그리고 유형 Ⅲ 환자는 그 유전자의 3개 혹은 4개 정도의 복사본을 갖고 있는 것으로 나타났다(Feldkotter, Schwarzer, Wirth, Wienker, & Wirth, 2002). SMN2 유전자의 복사본이 많을수록 SMN 단백질이 더 많았으며, 질병의 증상도 더 가벼워졌다. 그러나 아무리 SMN2 유전자의 복사본이 많아도 척수성 근위축증 환자의 SMN 단백질은 여전히 정상 수준에 미치지 못했다. 낮은 수준의 SMN 단백질은 척수 신경 다발에 있는 운동 뉴런에 악영향을 끼치며 세포를 죽게 만든다(Monani, 2005).

이러한 척수성 근위축증의 유전 방식은 열성 상염색체다. 상염색체 유전은 유전자가 성별과 연결되어 있지 않다는 것을 나타내며, 어머니나 아버지로부터 아들 혹은 딸에게 물려주게 된다. 유전자가 상염색체 퇴행을 갖고 있을 때, 양 부모 모두가 이 병의 잠재적 보인자이며, 이 문제 유전자를 자녀에게 유전으로 전해 줄 수 있다. 척수성 근위축증의 다른 종류로는 우성 염색체에 의한 것이 있는데, 이것은 부모 중 한 명이 아이에게 문제 유전자를 물려주게 되며, 그 부모는 자신도 척수성 근위축증이 있을 가능성이 있다는 의미다. X염색체가 연결되어 있는 형태도 드물지만 역시 존재한다.

## ③ 척수성 근위축증에 대한 이해

근위 척수성 근위축증은 척수의 전각 세포에 영향을 미친다. 전각 세포는 척수의 한 부분으로, 근육에 정보를 보내는 일을 담당한다. 운동 정보는 뇌의 일차 운동 피질 부분부터 척수까지 전달된다. 전각 세포에 자극이 닿으면, 그들은 척수 신경을 따라 척수를 떠나 말초신경계까지 전달된다. 그리고 자극이 말초신경을 떠나 근육까지 닿으면 근육이 수축한다([그림 14-1] 참조). 반면 감각 정보는 말초신경계를 떠나 자극이 척수의 후각 세포에 닿을 때까지 그 반대 방향으로 움직인다. 그곳에서 감각 정보는 척수를 타고 올라가 체성 감각 피질까지 전달된다.

신경장애가 원인인 경우 척수의 운동 세포에 영향을 주듯이, 척수성 근위축증도 척수에 악영향을 끼친다. 척수의 주요 기능 중의 하나가 근육을 포함한 몸의 여러 부분에 정보를 전달하는 것이기 때문에, 척수의 전각 세포의 퇴행은 운동 정보가 근육에 닿는 것을 막는다. 이런 상황에서 개인은 해당 근육을 수의적으로 움직이는 것이 불가능해지며, 근육의 과소 긴장(hypotonia, 낮은 근긴장도나 근육 무기력) 그리고 위축(atrophy, 줄어듦)이 생긴다(Wirth, 2002).

근이영양증이나 근육 세포가 영향을 받는 주요 근질환과는 달리 뇌에서 신경으로 정보가 전달되지 않기 때문에, 척수성 근위축증을 가진 사람은 반응을 할 수가 없다. 근조직 자체에는 실질적인 변화가 없으나, 근섬유도 근위축증 때문에 점점 줄어들며, 이것이 근력 저하를 초래한다(Brzustowicz et al., 1990). 신체적 활동의 부재로 인한 진행성 신체적 기능의 손실은 근육 구축을 야기한다(Wang, Ju, Chen, Lo, & Jong, 2004).

척수성 근위축증은 운동 정보를 관장하는 전각 세포에만 영향을 끼치고, 감각 정보를 전달하는 후각 세포에는 영향을 끼치지 않는다. 이 때문에 척수성 근위축증은 감각 손실을 일으키지 않는다. 그러므로 척수성 근위축증을 가진 아동은 근육 사용의 진행성 손실을 경험하지만, 영향을 받은 영역의 완전한 감각을 유지하게 된다.

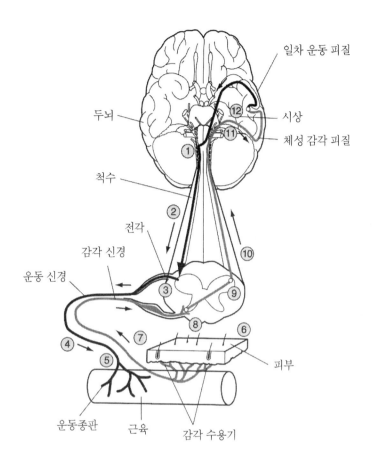

일차 운동 피질

두뇌

⑫

시상

체성 감각 피질

⑪

①

척수

②

전각

감각 신경

⑩

운동 신경

③

⑨

⑧

⑥

④

⑦

피부

⑤

운동종판   근육   감각 수용기

**그림 14-1** 운동신호가 두뇌 안의 일차 운동 피질을 떠나 상위의 운동 신경 세포를 경유하고 반대편으로 가로질러 가서(1) 척수를 통해 아래로 이동하고(2) 거기서 하위 운동 뉴런과 시냅스를 이루는데(3), 근육으로 신호를 보내는 척수의 전각 세포에서 시냅스가 이루어진다(4와 5). 피부로부터의 감각(통증)을 감지하여(6) 척수까지 이동하며(8과 9), 척수 위쪽으로 올라가서(10), 뇌의 체성감각피질에 도달(11)

## ④ 근위 척수성 근위축증의 특징 및 진행과정

근위 척수성 근위축증은 진행성 과소 긴장, 약함, 근위축증으로 특징지어지는 몇 가지 질병의 형태를 말한다. 근위(proximal) 근육, 즉 몸의 중앙에 더 가까운 근육은 원위(distal) 근육보다 영향을 더 많이 받는다. 구축, 척추측만, 고관절 부분탈구, 고관절 탈구(9장 참조)와 같은 정형외과적 문제가 빈번하게 나타난다. 심장과 직접적인 연관이 있는 것은 아니지만, 척수성 근위축증이 있는 사람은 가끔 호흡기와 관련된 증상이 나타나기도 한다(El-Matary, Kotagiri, Cameron, & Peart, 2004). 호흡 관련 문제는 호흡기의 여러 부분에 영향을 끼친다. 이것은 (a) 삼킬 때 어려움을 겪거나, 흡인성 폐렴 위험을 야기하는 비전형적인 구강운동 기능과 구강 조절, (b) 감소된 기침 반사(gag reflex)와 기도의 폐 분비물을 청소하는 능력의 감퇴를 가져오는 불충분한 호흡기 근육의 조절능력, (c) 감염이나 폐 손상을 일으키는 섹션의 보유, (d) 약해진 호흡 근육과 제한적 폐질환, 혹은 척추측만으로 인한 흉부 기형 등으로 인한 폐부피의 감소와 들이마시고 내쉬는 힘의 감퇴 등을 포함한다.

근위 척수성 근위축증을 가진 개인의 지능은 정상이다. 이는 이 질병의 진행성 악화와 관련이 없기 때문이다. 과거에는 IQ, 특히 언어 IQ가 척수성 근위축증을 가진 사람에게서 높게 나타나는 경향이 있다고 보고되었다. 이는 척수성 근위축증을 가진 아동이 인지적 기술이나 지식을 습득함으로써 그들의 장애를 보완하기 위한 효과적이고 실용적인 전략을 발달시키는 경향이 있기 때문이라고 제안되었다(D'Angelo & Bresolin, 2006; Von Gontard et al., 2002).

그들에게 발생하는 척수성 근위축증에는 유형 I, 유형 II, 유형 III의 세 가지 형태가 있다. 이 분류체계는 증상이 나타나는 연령에 근거한다(〈표 14-1〉 참조). 발병 연령이 절대적인 예측인자는 아니지만, 질병의 진행률, 증상의 심각성, 기대수명에 한 역할을 하고 있다. 저연령에 발병할수록 질병의 진행 속도는 더 빠르고, 더 심각한 증상을 나타낸다. 상세한 설명은 다음과 같다.

**표 14-1** 아동기에 발견되는 근위 척수성 근위축증의 세 가지 형태

| 근위 척수성 근위축증 | 발병 연령 | 대략적인 기대수명 |
| --- | --- | --- |
| 유형 I(급성 유아 척수성 근위축증 혹은 베르드니히-호프만병) | 출생~6개월 | 초기 유아~2세 |
| 유형 II(중간 혹은 만성 유아 척수성 근위축증) | 7~18개월 | 2세 이상 |
| 유형 III(소아 척수성 근위축증 혹은 쿠겔베르크-벨란더병). | 18개월 이후 | 정상적인 수명에 근접 |

## 1) 유형 Ⅰ : 급성 유아 척수성 근위축증

급성 유아 척수성 근위축증은 베르드니히-호프만(Werdnig-Hoffmann)병으로도 알려져 있는 가장 심각한 형태의 근위 척수성 근위축증이다. 이것은 조기에 증상이 나타나며 매우 빠른 퇴행이 나타난다. 몇몇 사례는 급성 유아 척수성 근위축증이 태아기부터 시작되지만(보통의 태아보다 적게 움직인다), 대부분은 근육 약화의 증상이 3~6개월 사이에 나타난다(Jablonka & Sendtner, 2003; Nicole et al., 2002).

유형 Ⅰ의 근위축증을 가진 영아는 근력 저하와 일반적인 허약, 심부 반사(deep reflex)의 부재, 얇은 근육 부피 등으로 특징지어진다. 운동은 손이나 발의 움직임으로 제한되어 있고 보통 매우 비활동적이다(Wessel, 1989). 유아는 보통 개구리 다리 모양을 하고 있다고 추정된다. 이러한 유아는 주로 독립적인 머리 조절 혹은 외부 도움 없이 앉기 자세 유지가 어렵다(Merlini et al., 1989). 게다가 유형 Ⅰ 척수성 근위축증의 유아는 대부분 덜 발달된 가슴 벽과 폐, 약한 기침, 그리고 약한 울음을 보인다. 이것이 보통 호흡곤란 등으로 이어진다. 또한 혀에 문제가 있거나 과도한 침 분비, 삼킬 때 어려움을 겪게 되며, 그 때문에 잠재적 포부 폐렴과 숨막힘과 연관된 섭식 어려움을 갖게 된다(Hardart & Truog, 2003). 때로는 관을 통한 섭식이 필요하다.

유형 Ⅰ 척수성 근위축증을 갖고 있는 유아는 전형적으로 증상의 심각성과 발병 진행 속도 때문에 기대수명이 길지 않다. 급속도로 약해지는 근육은 결국 호흡기능에 영향을 끼친다. 뇌간(특히 연수)에 있는 뉴런의 퇴화가 삼키는 데 어려움을 주고 호흡기 합병증을 유발하며, 이는 2세 이전에 죽음으로 주로 귀결된다. 그리하여 유형 Ⅰ 척수성 근위축증이 유전적 요인으로 인한 유아 죽음의 주원인이 된다(Hardart & Trug, 2003; Summer et al., 2003; Wang el al., 2007). 어떤 경우에는 기계 호흡에 의존해서 유형 Ⅰ 척수성 근위축증을 가진 유아의 수명을 늘리기도 하는데, 삶의 질 문제 때문에 이들에게 기계적 호흡기를 쓰게 하는 것에 대한 윤리적인 논의가 있다(Bach, Saltstein, Sinquee, Weaver, & Komaroff, 2007).

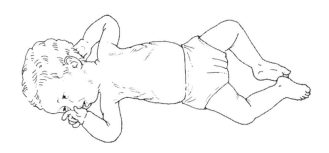

그림 14-2 유형 I(급성 유아 척수성 근위축증 혹은 베르드니히-호프만병) 아동의 전형적인 개구리 다리 형태

## 2) 유형 II: 중간 척수성 근위축증(만성 유아 척수성 근위축증)

중간(intermediate) 척수성 근위축증은 유형 II 근위축증, 만성 유아 척수성 근위축증으로도 불리며, 유형 I 척수성 근위축증보다는 느린 진행 속도를 보인다. 유형 II 척수성 근위축증은 주로 7~18개월에 발병한다(Wang et al., 2007). 약간 늦은 발병 때문에 유형 II 근위축증을 가진 유아는 앉을 수는 있으나 도움 없이 서거나 걸을 수는 없다(Jablonka & Sendtner, 2003; Wang et al., 2004). 또 삼키는 것이 어려워 체중이 잘 늘지 않기도 한다(Wang et al., 2007).

다른 유형의 척수성 근위축증과 마찬가지로, 진행성 허약과 근위 근육 허약이 말초 근육 허약보다 더 강하다. 근위 허약의 한 예로는 손의 근육 제어가 양호해서 숟가락을 집을 수 있는 유아가 어깨에 힘이 없어서 숟가락을 들어서 입으로 가져갈 수 없는 경우를 들 수 있다. 손이 근경련과 같은 미세한 경련(minipolymyoclonus로 알려진)이 있을 수 있지만, 다리는 보통 손보다 더 많은 영향을 받는다(Herring, 2002).

진행성 운동기능의 손실과 증가된 근육 허약, 골격근의 계속된 성장의 결합은 주로 골격 기형과 구축을 일으킨다(Wang et al., 2004). 유형 II 근위축증을 가진 유아에게 나타나는 골격 기형에는 척추측만과 척추후만의 두 가지가 있다. 고관절 부분 탈구 혹은 탈구, 구축 역시 일어날 수 있으며, 이러한 골격 기형은 전체적인 기능을 떨어뜨린다(9장 참조).

유형 II 척수성 근위축증으로 진단된 경우의 진행과정은 변화가 심하고 예측하기 어렵다. 질병의 진행은 몇 년이라는 기간 동안 더디고 점진적이거나, 아동이 오랜 기간의 안정기를 겪을 수도 있다. 그러나 두 경우 모두 급작스럽게 악화될 수 있다. 예후는 호흡기 근육의 약화에 좌우된다. 기대수명은 2~30세 정도다(Eggert et al., 2006).

### 3) 유형 III: 소아 척수성 근위축증(쿠겔베르크-벨란더병)

유형 III 척수성 근위축증은 쿠겔베르크-벨란더병(Kugelberg-Welander disease)으로도 알려져 있으며, 아동에게 영향을 끼치는 가장 가벼운 형태의 근위축증이다. 그 증상의 발병은 18개월 이후에 나타나며(Wang et al., 2007), 대부분의 아동은 걷거나 설 수 있지만 뛰거나 계단을 올라갈 때 어려움을 겪게 된다. 보통 30대 중반(보통 이 시기에 휠체어를 타게 된다)까지 걸을 수 있는 것과는 달리, 어떤 사람은 아동기에 걷는 능력을 상실한다(Wirth, 2002). 가벼운 손 떨림 또한 유형 III에 나타날 수 있다. 여전히 걸을 수는 있는 경우에는 척추측만이 가벼운 형태로 나타나지만, 일단 더 이상 걸을 수 없게 되면 척추측만은 심각한 문제가 된다. 많은 사람이 일반적 수명에 가깝거나 일반적인 수명을 다하지만, 호흡기 합병증이나 폐질환에 따라 달라진다.

이 유형의 척수성 근위축증은 때로 근이영양증으로 잘못 보이기도 하는데, 보통 남아 가운데서 나타난다. 이것은 어떤 증상이 비슷하기 때문이고, 또한 유형 III를 갖고 있는 경우 약 25%가량이 위축증 대신에 종아리 근육의 가성비대(pseudohypertrophy)를 나타내며, 이것이 뒤셴형 근이영양증에 나타나는 가성비대와 비슷하게 나타나기 때문이다(Behrman et al., 2004; Herring, 2002). 이러한 증상을 구별하기 위해서는 정확한 진단이 필요하다.

### 4) 다른 형태의 척수성 근위축증

다른 형태의 척수성 근위축증도 존재하는데, 예를 들면 성인일 때 발병되는 유형 IV 근위축증과 태아기에 치명적인 유형 0 근위축증이 있다(Eggert et al., 2006). 다발성 관절 구축(태어나자마자 여러 개의 구축이 나타나는)은 X염색체에 관련된 유아기 척수성 근위축증과 선천적인 척수 근위축증에 나타난다. 이 각각의 근위축증은 서로 다른 근육에 영향을 미치며 진행률, 발병 시기가 모두 다르다.

## ⑤ 근위축증의 진단

유형에 따라 다르지만, 이 질병은 서로 다른 발병 연령과 심각도 때문에 일정 시기 동안 발견되지 않거나 잘못 진단되기도 한다. 척수성 근위축증(예: 유형 I)이 심할수록 진단도 빨라진다.

유형 I 척수성 근위축증의 대부분은 영아가 심한 척추측만증과 전체적으로 허약하게 태어난다. 약 1/3 정도의 산모는 임신 3기에 태아 움직임의 변화를 감지한다. 유형 II와 III 척수성 근위축증 아동은 주로 주요 운동 발달 지표에 미치지 못하기 때문에 어떤 형태의 문제가 있다고 의심된다(Wirth, 2002).

아동의 과거 기록 및 신체검사와 함께, 진단은 주로 혈액검사를 통한 SMN유전자 검사로 행해진다. 특히 유전자검사가 음성일 때는 다른 검사도 시행할 수 있다. 근육, 신경의 근육 통제능력의 건강을 판단하기 위해 근전도검사, 신경전도 시험, 근육생체 검사 등이 행해지기도 한다.

이 질병의 보인자는 어떤 증상도 나타내지 않지만, 가정사와 검사를 통해 부모에게 보유자 상태에 대해 알릴 수 있다. 태아기에 양수천자(양수를 검사하는) 혹은 융모막 융모 표본검사(태반 조직을 추출해서 검사하는 과정)를 통해서 척수성 근위축증에 대한 진단을 할 수 있다.

## ⑥ 근위 척수성 근위축증의 치료

현재로는 척수성 근위축증을 위한 구체적인 치료법이나 치료제가 없다. 약물 사용을 통해 근육의 힘을 늘리려는 실험이 계속되고 있지만, 처방된 약은 사실상 보조적인 역할을 한다(Caruso et al., 1995). 현재로서 치료는 질병에 의한 증상을 최소화하면서 최상의 삶의 질을 유지할 수 있는 적절한 적합화를 중심으로 이루어지고 있다. 치료는 정형외과적 관리, 호흡기 관리, 영양 관리, 그리고 새로운 혁신적인 치료법에 대한 연구에 초점을 맞추고 있다.

## 1) 정형외과적 관리

근위 척수성 근위축증을 가진 아동은 물리치료와 작업치료를 자주 받는다. 물리치료는 정상적 범위의 움직임을 유지하는 것과 구축의 진행을 늦추는 데에 도움을 주고, 앉거나 설 수 없는 아동에게는 보조 의자나 보행기 같은 보조기구가 사용된다. 척수성 근위축증의 종류에 따라 어떤 아동은 스스로 설 수 있고, 어떤 아동은 목발, 보행기 혹은 휠체어가 필요하다. 물리치료사는 아동의 능력에 따라 훈련을 제공하며, 작업치료사는 학업적 도구와 일상생활 과제에 학생이 접근하는 것을 돕게 된다.

외과적 중재는 척수성 근위축증을 가진 일부 아동에게 필요할 수 있다. 구축이 진행된다 하더라도 구축에 관한 외과적 절개술은 그것이 대개 보행이 불가능한(비보행의) 아동의 기능을 증진하지 못하며 구축이 다시 발생한다는 점 때문에 논란이 되고 있다. 아동이 휠체어 사용자일 때는 고관절의 불완전 탈구 혹은 탈구가 진행되는 것이 일반적이다. 고관절의 불완전 탈구 혹은 탈구에 관한 수술이 논쟁 중이지만, 고관절의 변위는 고통을 야기할 수 있으며 수술은 이를 경감할 수 있다.

척추측만증은 앉는 자세와 호흡기능에 해로운 영향을 끼칠 수 있으며 그 증상이 심할 때에 더욱 그렇다. 이러한 경우에는 아동이 앉는 것을 견딜 수 있을 때 수술을 한다. 막대(rod) 삽입 또는 척추 융합술을 추천할 수 있다(척추측만증과 고관절의 변위에 관한 더 많은 정보는 9장 참조). 그러나 척추 수술은 운동기능의 상실과 수술 전에 아동이 할 수 있었던 일상생활 수행능력의 상실을 일으킬 수 있다. 근위 척추성 근위축증을 가진 아동은 팔 위쪽에서 나타나는 근위부의 약화 때문에 먹거나 마시거나 혹은 위생 관련 과제를 수행하기 위하여 중력에 반하여 손을 들어 올리는 것이 어렵게 된다(Herring, 2002). 만약 수술이 이루어지면, 작업치료사는 물리치료사와 함께 적절한 보조기구를 제공해야 한다.

## 2) 호흡기 관리

조기 호흡기 관리는 호흡 부족 과정의 악화로 인한 폐의 합병증을 줄이고 삶의 질을 높이는 데 중요하다. 거의 모든 척수성 근위축증의 호흡 부족의 전적인 원인은 흡입을 돕는 갈비뼈 사이의 근육(늑골 간 근육)으로 인한 것이다. 몇 안 되는 종류만이 횡경막 기능에 영향을 미친다.

빈번한 호흡기 감염은 공기의 통로를 막는 결과로 발전할 수 있다. 공기의 통로가 막혔을 때, 폐의 작은 공기 주머니(폐포) 안에 있는 공기가 혈류로 흡수되고, 막힘 때문에 공기를 받아들이는 것이 불가능할 때 폐포가 쪼그라들거나 붕괴된다(무기폐[atelectasis]로 알려져 있다). 이것은 폐렴, 공기 교환의 저하 혹은 폐부전으로 발전할 수 있다. 호흡기 감염에는 종종 항생제와 폐의 합병증을 피하기 위한 약물(예: 기관지 확장제 같은 알부테롤)이 투여된다.

기침을 도와주는 기계, 주기적인 흉부 타진법(chest percussion)과 양압으로 인한 폐의 팽창은 폐울혈과 무기폐의 위험을 줄일 수 있다(Ioos, Leclair-Richard, Mrad, Barois, & Esournet-Mathiaud, 2004). 흉부 타진법은 아동의 호흡기 분비물의 배액(drainage)을 위해 특정한 자세를 취하도록 하는 물리치료의 한 부분(체위 배액법[postural drainage]으로 알려져 있다)으로서 행해지고, 호흡기 분비물이 나오게 하기 위해 컵 모양을 한 손(혹은 기계적 배액)을 폐 부분 위에서 가볍게 두드려 주기(흉부 타진)도 한다(Wessel, 1989). 기침 보조 기계는 공기 통로로 양압과 음압(공기를 빨아

**그림 14-3**  분비물 배출을 위한 기침 보조기

들이는 진공기)을 번갈아 제공하는 편리한 도구인데, 이는 기침과 분비물 제거를 돕기 위함이다([그림 14-3] 참조). 폐의 팽창은 마우스피스를 통해 숨을 들이마시는 도움과 함께 이루어질 수 있다. 이것은 간헐적 양압 환기요법(intermittent positive pressure ventilation: IPPV)으로 알려져 있다. 어떤 사람은 밤에만 흡입의 도움이 필요할 수도 있다. 기계적 환기요법의 사용은 척수성 근위축증을 가진 아동의 삶을 연장할 수 있는데, 이러한 형식의 호흡 보조기 사용의 실행은 매우 다양하게 이루어지고 있다(Hardart & Truog, 2003).

### 3) 영양 관리

충분한 음식물을 섭취하지 않았을 때는 영양이 문제가 될 수 있다. 이것은 운동 기능의 상실, 삼키는 것의 어려움, 그리고 빈약한 구강 섭취가 원인이 될 수 있다. 이에 대해서는 반고체 음식물과 걸쭉한 액체같이 음식물의 농도를 바꿔 주는 방법을 제안할 수 있다. 더 이상 충분한 음식물을 입으로 섭취할 수 없을 때는 영양 보충이 필요하다. 이것은 대개 위루술 튜브관 영양 공급(gastrostomy tube feeding)으로 이루어진다(Wang et al., 2007; 튜브관 영양 공급에 관한 더 많은 정보는 19장 참조).

### 4) 유전자 치료와 다른 혁신적인 치료법

현재로서는 척수성 근위축증에 관한 치료법이 없지만, 지금까지의 유전자와 이러한 질병에 관한 분자생물학의 이해에서의 큰 진보로 효과적인 치료법을 찾거나 혹은 찾아낼 것이라는 전망이 있다(Winkeller, 2005). 일부 실험적이고 약물적인 치료법이 SMN 단백질 양을 늘리기 위해 SMN2 유전자를 조정하는 방법을 시도하고 있으며, 유전자 치료에 관한 몇몇 연구도 진행 중이다(예: 유전자 접합 보정과 유전자 도입 시스템; Wirth et al., 2006). 퇴행하는 뉴런을 복원하기 위해서 줄기세포를 이용한 대체요법에 관한 연구 또한 희망을 주고 있다(Corti et al., 2006).

## ⑦ 척수성 근위축증에 대한 교육적 시사점

척수성 근위축증과 같은 퇴행성 장애를 가진 학생은 그들의 퇴화하는 신체적 능력 때문에 여러 가지 요구가 생겨난다. 또한 학생의 상태가 악화됨에 따라 그들이 가능한 한 많은 활동 참여를 지속적으로 할 수 있도록 적합화가 요구된다. 교사는 정서적 지지를 제공할 준비가 되어 있어야 한다. 척수성 근위축증을 가진 많은 학생의 학습 요구는 근이영양증을 가진 다른 학생과 비슷하다(13장 참조).

### 1) 신체 및 감각적 요구

척수성 근위축증을 가진 학생의 신체적 욕구를 적절히 충족하기 위해서, 교사는 반드시 특정한 종류의 척수성 근위축증에 관한 이해를 해야 한다. 질병의 진행 속도는 척수성 근위축증의 종류와 아동 개개인의 신체적 반응에 따라 달라진다. 유형 II 척수성 근위축증을 가진 학생의 퇴행은 빠른 속도로 나타나기 때문에 유형 III 척수성 근위축증을 가진 학생보다 더 빨리 적합화 요구가 생겨난다. 교실환경 적합화 체크리스트(Classroom Adaptation Checklist)는 유용한 수단이 될 수 있다(12장 참조). 시간이 지남에 따라 서로 다른 교사가 다양한 문제를 관찰하기 때문에 근이영양증에 관한 13장에서 찾아볼 수 있는 것과 같이 일화 기록 형식을 작성하는 것이 도움이 될 수 있다.

학생이 신체적 활동에 가능한 한 오래 참여할 수 있도록 격려해야 하며, 이를 위한 적합화 과정은 필수적이다. 유형 III 척수성 근위축증을 가진 사람은 일반적으로 성인이 될 때까지 보행능력을 상실하지 않으며, 이러한 경우 취학 연령이 될 때까지 걸을 수 있으므로 신체활동에 참여하는 데에도 적합화가 덜 필요하다. 그러나 팔의 약화보다 다리의 약화가 훨씬 심하기 때문에 다리를 많이 사용하는 활동이 적합화의 첫 번째 대상이 되며, 학생을 덜 신체적인 활동에 배치해야 할 수 있다.

보조공학은 학생이 학업적인 활동과 비학업적인 활동에 참여하는 데 필요하다. 점점 더 팔이 영향을 받음에 따라 학생의 동작 범위 안에 학습 도구가 놓여야 하며(키보드 혹은 실험 도구), 시간이 지남에 따라 도구나 과제에 대한 접근을 증진하기 위해 보조공학의 사용이 필요할 것이다(예: 대체 키보드, 스캔한 책). 비학업적 영역 (예: 점심시간 혹은 화장실 사용)에서도 보조기술과 적합화가 필요할 것이다(예: 스위치 제어식 섭식 도구 혹은 좌변기 이동 시의 보조)(더 많은 정보는 8장과 12장 참조).

## 2) 의사소통 요구

의사소통은 대개 척수성 근위축증에 심각한 영향을 받지 않는다. 그러나 호흡 보조를 받기 위해 호흡기를 사용한다면 대체적 형태의 의사소통이 필요할 것이다. 직접 쓰기는 종종 신체적으로 부담이 되기 때문에 의사소통 기구가 필요할 수 있다.

## 3) 학습 요구

척수성 근위축증을 가진 학생의 지적 능력은 평균 혹은 그 이상이다(Hardart & Truog, 2003). 병의 진행 특성상 어떤 교사는 운동능력의 저하가 지적 능력의 저하를 동반하는 것으로 이해하여 학생의 학습능력에 대해 낮은 기대치를 가질 수 있다. 그러나 이것은 사실이 아니다. 교사는 증상의 진행에 대하여 잘 이해함으로써 너무 높거나 낮은 비현실적인 기대치를 가지지 않도록 해야 한다.

어떤 학생은 학습능력 이외의 요인 때문에 수행에 실패하기도 한다(2장 참조). 몇 가지 경우를 보자면, 이것은 적합화가 적절한 시기에 이루어지지 않았을 때 발생할 수 있다. 예를 들어, 시기가 늦은 경우에 학생은 필기하는 능력을 잃어 추가 자료가 필요하기도 하다. 부주의한 교사는 학생의 필기능력이 퇴행하여 학습 성과에 영향을 미칠 때까지 적합화를 제공할 시기를 놓치기도 한다. 자세한 관찰과 학생에 관한 점검은 앞으로 요구될 수 있는 여러 적합화를 위해서 꼭 필요하다. 피로뿐 아니라 우울한 기분도 학업 성과에 영향을 미칠 수 있다. 호흡기 감염, 외진 혹은 수술로 인한 결석은 학생이 뒤처지는 요인이 될 수 있으며, 학생이 자신의 학년 수준을 유지하는 것을 돕기 위해서는 추가 교수가 필요할 것이다.

## 4) 일상생활 요구

학생의 근력 약화가 진행되고 기능 수준이 낮아짐에 따라 먹기, 옷 입기, 화장실 사용하기에서 보조가 필수적일 수 있다. 교사는 이런 측면에 관해 가능한 한 학생의 독립성을 허락하는 반면 필요할 때에 중재할 수 있도록 잘 관찰해야 한다.

식사 시간 때 팔이나 팔꿈치를 지지하거나 학생을 위해서 음식물을 잘라 주는 것과 같은 일이 필요할지 항상 주의를 기울여야 한다. 수정된 접시, 식사 기구 혹은 컵과 같은 적합화 기구의 필요성 또한 관찰해야 한다. 적합화의 필요성와 구체적 유형을 결정하기 위해 물리치료사 혹은 작업치료사의 도움이 필수적이다.

부모와 교사는 옷 입기 혹은 화장실 사용하기 같은 분야에 대해 어떤 변화가 있었는지 서로에게 알려 줄 수 있는 좋은 의사소통의 장을 마련해야 한다. 예를 들어, 옷 입고 벗기에 대해 어려움을 느끼기 시작할 때 누군가에게 도움을 청하는 것에 대해 당황하여 학교에서 겉옷을 벗지 못하고, 결과적으로 하루 종일 불편하게 더운 상태를 겪어야 한다. 또 다른 예로는 운동 기능의 상실이 휠체어에서 좌변기로 이동할 수 없는 결과를 낳을 수 있다. 가정에서는 부모가 도움을 주거나 혹은 학생이 적절한 방안을 낼 수 있지만, 학교에서는 학생이 도움을 요청하는 것이 어려워 대신 화장실 사용을 피하기 위해 마시기를 제한할 수 있다. 이것은 학생을 불편하게 하고, 학습에도 영향을 미치며, 건강에도 좋지 않다. 학교와 가정 사이에 의사소통이 잘 이루어지지 않는다면, 교사는 이러한 문제에 관해 전혀 눈치를 채지 못할 수도 있다. 화장실 사용은 특히 민감한 부분임을 알아야 하며, 교사는 학생의 사생활과 존엄성을 존중하기 위해 개별적으로 계획해야 한다.

## 5) 행동 및 사회적 요구

교사는 학생의 정서적 욕구에도 주의를 기울여야 한다. 척수성 근위축증은 아동의 지적 능력에 영향을 미치지 않는다. 따라서 아동은 자신의 몸에 어떤 변화가 일어나고 있는지 잘 안다. 교사는 학생에게 필요할 때 항상 있어 주어야 하며 정기적으로 학생을 점검해야 한다. 예를 들면, 학생은 그저 얘기할 상대가 필요할 수 있고, 교사는 그 역할을 해낼 수 있을 것이다. 학교 상담사 또한 매우 도움이 되지만, 학생은 대개 퇴행성과 불치성 장애에 관한 다양한 이야기를 편하게 이야기할 수 있는 누군가를 선택할 것이다(퇴행성과 불치성 질환에 관한 더 많은 정보는 15장 참조). 때로는 전문 상담사가 필요할 수도 있다.

## 요약

척수성 근위축증은 유아기부터 성인기까지 영향을 미치는 퇴행성 신경근육 질병의 한 종류다. 이것은 척수(어떤 때는 뇌)에서 생기는 운동 뉴런의 퇴행 때문에 생기는 진행성 근긴장도 감소와 약화, 그리고 근위축이 특징이다. 근위근은 원위근보다 영향을 더 많이 받는다. 지적 능력은 떨어지지 않으며, 대부분의 사람이 평균 혹은 그 이상의 지적 능력을 가지고 있다. 유아기에 나타나는 주된 근위 척수성 근위축증의 종류에는 유형 Ⅰ(급성 유아 척수성 근위축증 혹은 베르드니히-호프만병), 유형 Ⅱ(중간 혹은 만성 유아 근위축증), 유형 Ⅲ(소아 척수성 근위축증 혹은 쿠겔베르크-벨란더병)의 세 가지가 있다. 현재는 척수성 근위축증에 대한 치료법나 약물치료 방법이 없지만, 척수성 근위축증을 가진 학생은 적합화 과정을 통해 학급 내에서 기능적인 활동을 할 수 있다.

## 사례 제프의 이야기

제프는 지금 5학년인 10세 학생이다. 제프가 7개월이 되었을 때, 그의 부모는 그가 다른 형제에 비해 발달이 느리다는 것을 알게 되었다. 사실 제프가 꽤 심각하게 지연되고 있다고 느꼈다. 몇몇 물리치료사를 만난 후, 만성 유아 척수성 근위축증(유형 Ⅱ)의 진단이 내려졌다. 제프는 과제를 조금 버거워하는 밝은 학생이다. 그는 목발(단거리 이동 시)과 휠체어의 도움으로 어려움을 잘 극복한다. 진행되는 근력의 약화 때문에 교사는 제프가 학급활동에 전적으로 참여할 수 있도록 몇 가지 적합화 방안을 강구하였다. 제프의 책상은 그의 목발과 휠체어를 구동하기에 충분한 공간을 두도록 하고, 학급 안에서 일어나는 일을 보고 들을 수 있도록 배치하였다. 진행성 근력 약화로 인해 다른 친구처럼 과제를 빨리 완성할 수 없으며, 때때로 비전형적인 방법의 사용이 필요하기도 하다. 제프의 교사가 그를 위해 만들어 준 몇 가지 적합화의 예에는 과제를 완성하는 데 더 많은 시간을 주기, 쓰기 과제를 하는 대신 말로 하기, 게시판에서 복사한 자료를 제공하기, 노트를 공유하고 그가 필요한 모든 자료를 가졌는지 확인하는 친구를 만들어 주기가 있다. 제프의 교사는 어떤 종류의 적합화가 적절할지 결정하기 위해 작업치료사, 물리치료사와 협력한다. 사용 중인 기구 중에는 컴퓨터, 독서대와 책장 넘기는 기계, 큰 책상, 녹음기가 있다. 제프는 점심시간에 독립적으로 먹기 위해서 특별한 숟가락, 접시, 컵을 사용한다. 진행성 퇴행장애를 가진 제프를 위해 교사가 해야 할 일로는 또 무엇이 있을까?

## 참고문헌

Bach, J. R., Saltstein, K., Sinquee, D., Weaver, B., & Komaroff, E. (2007). Long-term survival in Werdnig-Hoffman disease. *American Journal of Physical Medicine & Rehabilitation, 86,* 339-345.

Behrman, R. E., Kleigman, R. M., & Jenson, H. B. (2004). *Nelson textbook of pediatrics* (17th ed.). Philadelphia: W. B. Saunders.

Brzustowicz, L. M., Lehner, T., Castilla, L. H., Penchaszadeh, G. K., Wilhelmsen, K. C., Daniels, R., et al. (1990). Genetic mapping f chronic childhood-onset spinal muscular atrophy to chromosome 5q 11.2-13.3. *Nature, 344,* 540-541.

Caruso, J. F., Signorile, J. F., Perry, A. C., LeBlanc, B., Williams, R., Clark, M., et al. (1995). The effects of albuterol and isokinetic exercise on quadriceps muscle group. *Medical Science Sports Exercise, 27,* 1471-1476.

Corti, S., Locatelli, F., Papadimitriou, D., Donadoni, C., Del Bo, R., Strazzer, S., et al. (2006). Transplanted ALDH$^{hi}$ SCC$^{lo}$ neural stem cells generate motor neurons and delay disease progression of nmd mice, an animal of SMARD1. *Human Molecular Genetics, 13,* 167-187.

D'Angelo, M. G., & Bresolin, N. (2006). Cognitive impairment in neuromuscular disorders. *Muscle and Nerve, 34,* 16-33.

Eggert, C., Chari, A., Laggerbauer, B., & Fischer, U. (2006). Spinal muscular atrophy: The RNP connection. *Trends in Molecular Medicine, 12,* 113-121.

El-Matary, W., Kotagiri, S., Cameron, D., & Peart, I. (2004). Spinal muscle atrophy 1 (Wernig-Hoffman disease) with complex cardiac malformation. *European Journal of Pediatrics, 163,* 331-332.

Feldkotter, M., Schwarzer, F., Wirth, R., Wienker, T. F., & Wirth, B. (2002). Quantitative analysis of SMNI and SMN2 based on real-time LightCycler PCR: Fast and highly reliable carrier testing and prediction of severity of spinal muscular atrophy. *American Journal of Human Genetics, 70,* 358-368.

Hardart, M. K. M., & Truog, R. D. (2003). Spinal muscular atrophy+type I: The challenge of defining a child's best interest. *Archives of Disease in Childhood, 88,* 848-850.

Herring, J. A. (2002). *Tachdjian's pediatric orthopaedics* (3rd ed.). Philadelphia: W. B. Saunders.

Ioos, C., Leclair-Richard, D., Mrad, S., Barois, A., & Esournet-Mathiaud, B. (2004). Respiratory capacity course in patients with infantile spinal muscular atrophy. *Chest, 126,* 831-837.

Jablonka, S., & Sendtner, M. (2003). Molecular and cellular basis of spinal muscular atrophy.

*ALS and Other Motor Neuron Disorders, 4,* 144-149.

Merlini, L., Granata, C., Bonfiglioli, S., Marini, M. L., Vervellati, S., & Savini, R. (1989). Scoliosis in spinal muscular atrophy: Natural history and management. *Developmental Medicine and Child Neurology, 31,* 501-508.

Monani, U. R. (2005). Spinal muscular atrophy: A deficiency in a ubiquitous protein; a motor neuron-specific disease. *Neuron, 48,* 885-896.

Nicole, S., Diaz, C. C., Frugier, T., & Melki, J. (2002). Spinal muscular atrophy: Recent advances and future prospects. *Muscle and Nerve, 26,* 4-13.

Ryan, M. M., Kilham, H., Jocobe, S., Robin, B., & Isaacs, D. (2007). Spinal muscular atrophy type I: Is long-term mechanical ventilation ethical? *Journal of Paediatrics and Child Health, 43,* 237-242.

Von Gontard, A., Serres, K., Backes, M., Lauferswelier-Plass, C., Wendland, C., & Melchers, P., et al. (2002). Intelligence and cognitive function in children and adolescents with spinal muscular atrophy. *Neuromuscular Disorders, 12,* 130-136.

Wang, C. H., Finkel, R. S., Bertini, E. S., Bertini, E., Schroth, M., Simonds, A., Wong, B., Aloysius, A., Morrison, L., Main, M., Crawford, T., Trela, A., et al. (2007). Consensus statement for stand of care in spinal muscular atrophy. *Journal of Child Neurology, 22,* 1027-1049.

Wang, H. Y., Ju, Y. H., Chen, S. M., Lo, S. K., & Jong, Y. J. (2004). Joint range of motion limitations in children and young adults with spinal muscular atrophy. *Archives of Physical Medicine and Rehabilitation, 85,* 1689-1693.

Wessel, H. B. (1989). Spinal muscular atrophy. *Pediatric Annals, 18,* 421.

Winkeller, V. (2005). *A review of spinal muscular atrophy literature.* Spinal Muscular Atrophy Foundation. New York, New York.

Wirth, B. (2002). Spinal muscular atrophy: State-of-the-art and therapeutic perspectives. *ALS and Other Motor Neuron Disorders, 3,* 87-95.

Wirth, B., Brichta, L., & Hahnen, E. (2006). Spinal muscular atrophy: From gene to therapy. *Seminars in Pediatric Neurology, 13,* 121-131.

제15장 퇴행성 및
불치성 질환에 대한 대처

*Sherwood J. Best*

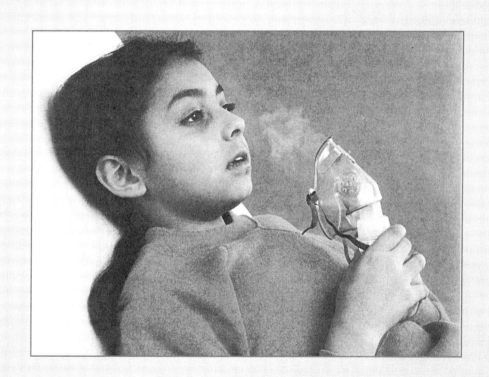

　　대부분의 지체, 건강 및 중복 장애 학생은 만성 질환을 가진다. 만성 질환(chronic illness)이란 "상당 기간 지속되는 질환으로서, 한 해에 3개월 이상 지속되거나 1개월 이상의 지속적인 입원기간을 요하는 상태"로 정의된다(Thompson & Gustafson, 1996, p. 4). 만성 질환을 가진 학생의 수는 최근 몇 가지 이유로 인해 현저히 증가했다. 천식이나 당뇨병과 같은 질환이 아동에게서 점차로 늘어가고 있는 이유는 환경 오염이나 비만과 같은 환경적 위험 요인 때문일 가능성이 많으며(Shiu, 2001; Stein & Silver, 1999), 의학이 발전하고 초기 진단 및 질병 관리가 보다 잘 이루어짐에 따라 근이영양증, 암, 겸상적혈구성 빈혈(sickle cell anemia)과 같은 질병을 가진 아동이 더 오래 살 수 있게 되었다(Hodgkinson & Lester, 2002; Tak & McCubbin, 2002; Thies & McAllister, 2001). 또한 도뇨관(catheter)이나 호흡기, 약물 제공 지원과 같은 기술이 발전됨에 따라 더 많은 만성 질환 아동이 집에서 가까운 학교에 다닐 수 있게 되었다(Lehr, 1990; Mukherjee, Lightfoot, & Sloper, 2002).

　　학교와 가정 생활을 즐기고 성인이 되는 희망을 가질 수 있는 만성 질환 아동이 늘어나고 있긴 하지만, 만성 질환은 여전히 인지적, 사회정서적, 행동적 어려움을 초래한다. 특별한 음식이나 약을 계속 먹어야 하고 입원이나 통원 치료를 받아야 하는 모든 일이 아동의 가정과 학교 생활을 힘들게 하는 요인이다. 수술이나 약물 복용으로 인해 외모나 인지능력에 변화가 생긴다면 또 다른 학업적, 사회정서적 압박을 견뎌야 된다. 학생은 자신이 만성 질환을 가지고 있다는 것이 의료적 지원에 의존하고 있는 것이며, 또래와 어딘가 다르고, 계속 건강을 위한 노력과 경계를 해야 하지만 이런 노력이 병을 낫게 할 수는 없다는 의미임을 인식하게 된다.

　　어떤 만성질환은 의료적 처치로도 영구히 안정될 수 없다. 이런 경우는 퇴행성(degenerative) 질환으로서 점점 상태가 나빠지게 되고, 보행이나 심지어 인지능력 같은 기술을 점차 잃어버리게 된다. 뒤셴형 근위축증이나 척수성 근위축증과 같은 퇴행성 질환은 예측 가능한 의학적 진행을 보인다(이 질병에 대한 더 자세한 설명은 13장과 14장 참조). 다른 퇴행성 질환은 병의 진행을 예측하기가 어려우며 급작스럽거나 심하게 악화된 후 어느 정도 안정되곤 하는 패턴을 나타낸다. 뒤셴형 근위측증과 같은 퇴행성 질환은 대개 아동 초기에 진단되는 반면, 소아 백혈병과 같은 병은 언제라도 갑자기 발병할 수 있다. 어떤 불치성 질환은 증상이 나타나지만, 어떤 경우는 많이 진행될 때까지 불치성 질환을 앓고 있다는 것이 잘 드러나지 않는다(예: cystic fibrosis). 불치성(terminal) 질환은 죽음에 이르는 것을 말한다.

퇴행성 또는 불치성 질환이 있는 학생과 그 가족은 독특한 스트레스 요인이 많다. 교사가 이러한 학생의 필요를 이해하고 도와주지 않는다면 그들의 학업 및 사회정서적 어려움을 가중하게 된다(Institute of Medicine of the National Academies, 2003; Shiu, 2001; Stillion & Papadatou, 2002).

## ① 퇴행성 및 불치성 질환의 스트레스와 대처

아동이 퇴행성 및 불치성 질환으로 진단받게 되면 온 가족이 스트레스를 받으므로 이에 대처해야 한다. McCubbin과 McCubbin(1993)은 대처하기(coping)란 "가족의 한 구성원이나 가족 전체가 가족체계에 부과되는 부담을 경감하거나 견디고자 하며, 이를 위한 자원을 가져오려는 특별한 노력(공공연하거나 은밀한)"(p. 55)이라고 정의하였다. 퇴행성 및 불치성 질환 아동의 가족은 (a) 진단받은 시기에 받는 스트레스와 (b) 아동의 의료적 필요에 관련되거나, (c) 입원과 병세의 악화와 관련된 스트레스, (d) 사춘기와 같은 발달적 전환 시기에 겪게 되는 스트레스에 대처해야 한다(Melnyk, Feinstein, Moldenhouer, & Small, 2001). 이러한 스트레스 요인은 가족이 아동의 진단에 대해 이해하고, 치료과정을 따라가며, 의료진과 의사소통하고, 슬픔과 공포 등의 감정과 싸우는 동안 수개월 혹은 수년간 지속될 수 있다.

부모는 아동의 진단과 간호에 관련된 개인적 스트레스 이외에도 다른 자녀의 반응과 스트레스에 대해서도 대처해야 하며(Cox, Marshall, Mandleco, & Olsen, 2001), 아픈 아동 본인의 스트레스도 살펴야 한다. 퇴행성 및 불치성 질환 아동을 돕는 부모와 전문가는 아동이 병과 죽음에 대해 나이와 발달 수준에 따라 다르게 이해한다는 점을 알아야 한다.

### 1) 죽음에 대한 발달적 개념 형성

아동은 질병이나 죽음에 대해 성인과 다르게 인식한다. 자신의 병이나 죽음의 위협에 대해 이해하는 것은 나이와 인지 발달 수준에 따라 달라진다. 죽음에 대한 성숙한 개념을 형성하는 것은 오랜 시간에 걸쳐 이루어지며(Speece & Brent, 1992) 죽음의 하위 요소에 대해 다음과 같은 이해를 한다는 것을 의미한다.

- 되돌릴 수 없음(irreversibility, 죽음은 되돌아오거나 회복될 수 없는 영구적인 것임)
- 최종적임(finality, 죽음은 생명의 기능이 없는 상태임)
- 보편성(universality, 모든 살아 있는 생물은 언젠가는 죽게 됨)
- 인과성, 원인이 있음(causality, 죽음은 생각이나 마술 등으로 일어나는 것이 아니며, 외적이거나 내적인 원인이 있음)(Stillion & Papadatou, 2002)

죽음은 나이에 따라 다르게 인식된다(〈표 15-1〉 참조). 표에서 보듯이, 영유아는 죽음에 대한 이해가 거의 없으며, 죽음에 대한 불안은 분리에 대한 공포로 나타난다. 유아는 죽음을 최종적인 것으로 보지 않을 수 있으며, 심지어 다시 살아날 수 있다고 믿기도 한다(Sourkes, 2000). 그러나 불치성 질환 아동은 죽음에 대해 제대로 이해하고 있지 않더라도 심한 불안이나 공포, 외로움 등을 느끼기도 한다(Waechter, 1987). 죽음에 대한 성숙한 개념을 형성하기 위한 모든 하위요소에 대한 이해는 청소년 시기가 되어야 가능해진다. 그러나 청소년도 죽음이 그들 자신에게 생기는 것으로는 인식하지 않을 수 있다.

질병과 죽음에 대한 인지적 이해 외에도, 아동의 심리사회적 이해 또한 시간과 경험에 따라 달라진다. Erikson(1950)의 연구는 이러한 발달적 변화를 이해하는 데 매우 도움이 된다. 영유아는 음식, 집, 사랑 등 삶을 지속하는 데 필요한 것을 자신

**표 15-1** 아동의 죽음에 대한 개념

| 단계 | 연령 | 죽음에 대한 인식 |
| --- | --- | --- |
| 1 | 만 3세 미만 | 거의 이해하지 못함, 분리에 대한 불안감 경험 |
| 2 | 만 3~5세 | 죽음은 떠나는 것, 일시적, 회복 가능함, 자신에게는 일어나지 않음, 타인이 죽기를 빌 수 있다고 생각함 |
| 3 | 만 6~9세 | 죽음은 최종적이며 되돌릴 수 없음, 늙은 사람에게 일어남 (이 시기 초기에는 자신은 늙지 않는다고 믿음) |
| 4 | 만 10세 이상 | 죽음은 누구에게나 언제나 일어날 수 있음, 죽음은 피할 수 없으며 보편적이며 최종적인 것이고 되돌릴 수 없음, 죽음에 대한 불안감 있음, 가끔 자신은 화를 당하지 않는다고 생각하고 위험한 활동에 참여할 수 있음 |

의 주변 사람이 제공한다고 믿는다. 만약 많이 아프게 되면 이러한 기본적인 믿음이 흔들리게 된다. 치료의 고통을 경감하고 가까이 있어 주며 영유아가 안전하다고 느끼게 하는 것은 매우 중요한 심리적 지원이다. 부모가 가까이 있을 때 아동은 두려움을 덜 느낀다. 여러 치료과정과 입원 중에 부모가 아동 곁에 있을 수 있도록 병원의 규정도 바뀌었다.

보다 성장한 아동은 세상과 중요한 주변 사람에 대한 신뢰감을 발달시키며, 점차로 독립적이고 자발적이 되어 간다. 퇴행성 및 불치성 질환 아동은 피로하거나 신체적 움직임의 제약 때문에 탐색하는 일이 어려울 수 있다. 부모가 아동을 보호하고자 하는 마음이 과잉 보호로 확대되어서 정상적인 심리사회적 발달을 방해하기도 한다. 건강과 체력이 허락하는 한에서는 아동의 놀이와 주변 환경에 대한 탐색을 허락해야 한다.

아동이 영유아기 및 아동기를 지나면 매우 생산적인 시기가 된다. 지식과 가족 바깥의 사회적 관계에 관심을 가지게 된다. 이 시기에는 학교가 매우 중요한 조직이다. 하지만 신체적 피로와 고통, 외모의 변화(예: 탈모, 화학요법에 따른 인지적 변화 등)가 학교 등교와 또래관계를 저해할 수 있다. 학생의 능력이 허락하는 한 학교생활이나 방과 후 활동에 참여함으로써 자존감을 유지하도록 하는 것이 중요하다. 학생의 체력과 건강을 해치지 않으면서 이러한 참여를 할 수 있도록 하기 위한 극도의 세심함이 필요하다.

청소년은 자아정체감과 친밀한 관계를 발달시키는 과정에 들어간다. 이 시기에는 자신의 의견과 가치를 주장하고자 하는 요구가 커지는데, 이러한 주장이 다른 가족 구성원과 다를 경우 종종 가족 간의 갈등이 생기기도 한다. 또한 신체적인 열등감 때문에 친밀한 관계를 형성할 기회를 피할 수 있고, 더욱 의미 있는 또래관계 형성에서 멀어질 수 있다. 기대수명이 짧거나 건강을 위협하는 요인이 많을 경우에는 삶의 의미를 찾도록 해야 한다(Stillion & Papadatou, 2002).

## 2) 죽음과 죽어 가는 과정에 대한 정서적 반응

죽음에 대한 연구의 선구자는 Elizaboth Kübler-Ross(1974)다. Kübler-Ross는 불치성 질환으로 진단받은 성인에 대한 많은 연구를 통해 죽음에 적응하는 5단계

(부정-분노-타협-우울-수용)에 따른 치료를 개발하였다.

### 부정

첫 단계는 불치성 질환이라는 것이 사실이 아니라고 믿는 부정과 고립으로 특징지어진다. 이 시기에는 다른 진단을 받기 위해 병원을 옮겨 다니거나 검사 결과가 잘못되었다고 단정한다(Kübler-Ross, 1969). 부정의 단계 동안 질병의 진단에 적응하는 시간을 갖게 된다.

### 분노

부정은 결국 두 번째 단계인 분노로 바뀌는데, 이는 가족과 의료진에게 향하기도 한다. 이러한 행동에 대한 가장 좋은 반응은 존중과 시간, 그리고 관심이다(Kübler-Ross, 1969). 화내는 말은 그들의 공포와 불안을 나타내는 것이므로 개인적으로 받아들이지 않도록 노력한다.

### 타협

세 번째 단계는 좋은 행위를 함으로써 생명을 연장할 수 있는 것과 같이 현실을 바꾸고자 하는 시도를 하는 것이다(Kübler-Ross, 1969). 이러한 행위는 병의 마지막 순간을 미루고, 아픈 상황에 대한 통제력을 얻고자 하는 심리적 노력이다.

### 우울

궁극적으로 타협 단계는 죽음을 피할 수 없다는 현실을 깨달음에 따라 우울함으로 변화된다. 우울은 질병 증상이 재발될 때나 입원 또는 치료가 필요할 때 나타날 수 있다. 가족에게 부담이 되고 더 이상 예전처럼 기능할 수 없을 것에 대해 걱정하며, 한편으로는 극도의 부정적 감정으로 질병에 반응할 수도 있다(Kübler-Ross, 1969). 우울은 사랑하는 사람을 잃는 것을 알고 있음을 나타내는 것이므로 즐겁게 하려고 옆에서 노력하는 것은 부적절하며, 오히려 슬픔을 표현할 수 있도록 하는 것이 가장 좋은 접근이다.

수용

우울은 마지막 단계인 수용으로 대치된다. Kübler-Ross(1969)에 따르면, 이 시기는 행복한 것이 아니라 감정이 잦아들고 잠이 늘어나는 것으로 특징지어진다. 사회적 접촉을 줄이고 말 없이 함께 있어 주는 것을 더 원한다.

퇴행성 및 불치성 질환 아동의 부모는 또한 심한 정서적 반응을 경험할 수도 있다. 한 부모는 부정의 단계를 경험하고 있는데, 다른 부모는 분노와 우울을 겪고 있을 수도 있다. 사람들은 예측 가능한 시간으로 이러한 정서적 단계를 통과해 가는 것이 아니며, 꼭 동일한 순서나 일직선적 패턴으로 진행하는 것도 아니다. 장애가 있거나 아픈 사람 또는 그 가족은 삶의 상황이 변화함에 따라 극도의 분노, 우울, 타협, 부정 등의 정서 사이를 수시로 오가기도 한다.

불치성 질환에 반응하는 복잡한 여러 가지 속성에 대해서는 단계 이론 외에도 몇 가지 고려사항이 있다. 개인의 기질(temperament)과 경험도 고려해야 한다. 퇴행성 및 불치성 질환 아동은 병원생활과 치료, 그리고 다른 아픈 친구와의 상호작용을 통해서 죽음에 대한 인식과 지식이 깊어질 수 있다(Schonfeld, 1999). 그들의 지식이 일반 또래보다 많다고 해도, 정상적 발달과정의 어려움을 겪으면서 자신의 질병 부담을 함께 짊어짐으로 인한 심리적 혼란에서 벗어날 수 있는 것은 아니다. 교사는 그들이 이러한 경험을 잘 견디고 여러 어려움을 잘 극복하도록 도울 수 있는 중요한 존재다.

## ② 교육 현장에서 퇴행성 및 불치성 질환 학생의 지원

많은 퇴행성 및 불치성 질환 학생에게 학교는 그들의 삶에서 가장 '정상적인' 부분이다. 입원해 있거나 치료를 받거나 병세가 급성으로 악화되었을 때에도, 그들은 학교활동에 참여함으로써 다른 곳으로 관심을 돌릴 수 있음을 좋아한다. 따라서 가정이나 병원에서의 교육을 포함해서 그들에게 교육을 제공할 수 있도록 모든 노력을 기울여야 한다.

## 1) 병원과 가정에서의 교육

병원 기반의 교육 서비스는 특별학급이나 학생의 침대 옆에서 이루어지며, 가정 기반의 서비스는 학생의 집에서 이루어진다. 병원에서의 교육 장소는 학생의 감염 가능성, 이동능력이나 통증 정도 및 그 외의 요인에 의해 결정된다. 가정과 병원 서비스는 대개 학생의 학교가 있는 교육청이나 병원이 소재해 있는 교육청과의 계약으로 이루어진다.

병원에서의 교육은 교사의 특별한 능력이 필요한 독특한 형태의 교육 서비스 전달체계다. 병원학교 프로그램이 의료기관에 기반을 두고 있기 때문에 의료적 처치가 교육 서비스보다 우선 순위가 높다. 교사가 교수 자료를 가지고 학생의 침상 옆에 도착했을 때, 학생은 자고 있거나 막 엑스레이를 찍으러 나가야 한다거나 심지어 목욕 중일 수도 있다. 이에 교사는 융통성 있게 대처하고 수업 시간을 재조정해야 한다. 병원학교 교사는 또한 연령과 학업 수준이 다양한 학생을 가르치게 된다. 병실로 가져가기 쉽고 생활연령에 맞는 다양한 교수 자료를 체계적으로 구비하고 관리해야 한다. 교수 자료 중에는 특정 학생에게 금지되는 것이 있다는 것도 알아야 한다. 예를 들면, 나무로 된 연필은 면역이 억제된 학생에게 위험한 박테리아가 있을 수 있으므로 다른 필기도구로 바꾸어야 한다. 병원에서 일하는 교사는 부모, 간호사, 의사, 원목 및 그 외 많은 사람과 수시로 상호작용하게 되므로 의사소통 능력이 우수해야 한다. 마지막으로 병원학교 교사는 학생 중 죽음을 맞이하는 경우가 매우 많을 것에 대해 준비되어 있어야 한다. 많은 교사가 교직 경력 전체를 통틀어서 학생의 죽음을 경험하지 못할 수도 있지만, 병원학교 교사는 1년에도 여러 차례 이러한 일을 겪고 이겨 내야 한다.

## 2) 학업적 초점을 유지하기

앞서 언급한 대로, 학교는 퇴행성 및 불치성 질환 아동에게 '정상적인' 경험이 된다. 이러한 이유로 교사는 학교생활이 그들과 그 친구들에게 가능한 한 일반적인 학교생활처럼 되도록 노력해야 한다. '이 학생이 내 수업에서 수학을 배워서 무슨 소용이 있겠어?'라든지 '저 학생은 이미 너무 많은 근심이 있으니 좀 행동 문제가 있더라도 나는 야단치거나 통제하지 않겠어.' 라는 태도는 적절하지 않다. 이 학생들을 특별히 예외적인 경우로 만드는 것은 그들에게 '너는 곧 죽을 거니까 이런 일은 아무 상관이 없어.' 라는 부정적인 메시지를 보내는 것이다. 이것은 학생과 그 가족에게 엄청난 부정적인 영향을 미친다. 학교에서의 학업적인 성취와 적절한 행동에 대한 어느 정도의 기대를 받으며 학교에 가는 정상적인 일과를 유지하는 것은 모든 아동과 청소년에게 필요한 희망, 사회적 관계, 성취감을 제공한다.

교사는 퇴행성 및 불치성 질환이 학습에 가져오는 부정적인 영향에 대해서 민감해야 한다. 학생은 피로와 약물로 인해 각성 상태와 과제 집중력이 감소될 수 있다. 수술이나 방사선치료와 같은 처치로 인해서 신체적 제한이 생길 수도 있다. 이런 경우에 교사는 교육과정 내용, 교수전략과 수업 시간표 등을 바꿔 주어야 한다. 예를 들면, 점심시간 이후 매우 피곤해지는 학생이 있다면 오전에 더 많은 학습을 할 수 있도록 한다. 아마도 반일(half day) 수업 시간표와 과제 분량 감소가 적절할 것이다. 교사는 학생을 항상 잘 점검하고, 혹시 집에서의 순회교육으로 옮기는 것이 더 적절한 교육방법인지 평가한다. 어떤 경우에든지 부모와의 의사소통은 퇴행성 및 불치성 질환 아동의 성공적인 교육 성과를 위한 가장 중요한 요소다.

가끔 학교 수업 시간에 죽음에 대한 논의가 포함된다. 교사가 죽음에 대한 설명을 해 줄 때는 생애주기(life cycle)과 관련지은 간단한 설명을 하는 것이 가장 좋다. 꽃을 심거나 교실의 어항을 통해서 꽃과 물고기가 살다가 자연스럽게 죽는 것을 보는 것은 어린 아동이 죽음을 자연스러운 현상으로 이해하도록 돕는다. 청소년은 보다 복잡한 설명이 도움이 될 수 있다.

### 3) 독서요법

독서요법(bibliotherapy)은 질병과 죽음을 설명하는 중요한 교육적 도구다. Berns(2003-2004)는 독서요법을 "숙련된 성인이 죽음에 대한 아동의 애도(grief) 반응을 정상화하고, 건설적인 대처를 도우며, 고립감을 경감하고, 창의성과 문제해결력을 강화하기 위하여 책을 활용하는 것"(p. 324)이라고 정의하였다. 학생의 발달 수준에 맞게 질병과 죽음을 다룬 책이 많이 있다. 책은 퇴행성 및 불치성 질환 아동에게 감정을 살펴보며, 통찰력을 얻고, 긍정적인 대처능력을 키울 수 있는 안전한

길을 제공한다. 또한 책의 내용을 통해 학생은 등장인물과 동일시함으로써 자신의 느낌을 타당화하고 고립감을 덜 느끼게 될 수 있다(Berns, 2003~2004). 사별의 대상이 가족, 이웃, 심지어 애완동물이 될 수도 있다(Corr, 2003~2004). 소설, 민간설화, 동화, 시, 전기, 그 외 어떤 유형이든 다 활용될 수 있다. Berns(2003~2004)는 완곡어법(예: '돌아가셨다' [pass away])이나 비유(예: '잔다')를 많이 사용하는 책은 아동을 혼란하게 하거나 공포심을 유발할 수 있으므로 사용하지 말아야 한다고 경고한다. '죽음', '슬픔', '장례식'과 같은 직접적인 용어를 사용하는 것은 괜찮다. 독서요법을 사용하는 성인은 죽음에 대한 아동의 발달적 이해 수준과 어떤 행동을 보일 때 독서요법 세션을 종료해야 하는지 잘 알아야 한다. 상담사나 의료 사회복지사는 교사가 독서요법을 하는 것을 도울 수 있다.

## 4) 치료계획 준수

퇴행성 및 불치성 질환 아동의 교사에게 중요한 한 가지 문제는 학생이 치료계획을 잘 따르도록 돕는 것이다. 치료계획을 잘 따르지 않으면 약물 효과가 줄어들거나 아주 없어질 수도 있다(Abbott & Gee, 1998). 약물 복용 계획을 잘 지키지 않으면 병이 더 빨리 진행되거나, 의료적 응급 상황이 더 자주 오거나, 약을 추가로 복용해야 할 수도 있다. Sawyer와 Aroni(2003)는 만성 질환 환자 중 약 복용이나 치료 계획을 잘 지키지 않는 경우가 많게는 50%에 이른다고 말한다.

약이나 치료 계획을 따르지 않는다고 만성 질환 학생이나 가족을 탓하는 것은 별 성과가 없다. 교사는 치료계획을 따르는 데 시간이 많이 걸린다는 것, 가족의 우선순위 간 갈등, 식단 제한, 약에 대한 문화적 신념, 새로운 치료를 시작할 때 부작용에 대한 공포 등이 가족으로 하여금 치료계획을 잘 따르지 않게 하는 요인이 될 수 있음을 이해해야 한다. 교사는 새로운 약이나 치료가 시작될 때 받게 되는 스트레스를 이해하고 인정해 줌으로써 학생과 가족을 지원할 수 있다. Sawyer와 Aroni(2003)는 치료계획을 잘 준수하도록 하기 위해 사용할 수 있는 구체적인 방법을 제안했는데, 여기에는 가능한 경우 약을 함께 복용하여 전체 복용 횟수를 줄이거나 약의 리필 시기나 치료예약 시간을 알려 주는 것 등이 포함된다. 교사는 다음과 같은 지침을 따름으로써 추가적인 도움을 줄 수 있다.

- 학생의 병과 증상에 대해 완전히 파악한다.
- 가족과의 대화를 통해 약이나 치료 계획에 대해 가족이 얼마나 알고 있는지 확인한다.
- 학생의 치료계획에 대해 알고 있어서, 이를 준수하지 않을 경우 가능한 한 빨리 파악할 수 있도록 한다.
- 가족에게 학생의 의료적 처치가 달라지면 알려 줄 것을 부탁한다.
- 치료를 잘 따라가기 위한 행동계획을 가족과 함께 작성한다. 이에는 치료 완결, 약 복용 효과의 평가 시기, 치료를 잘 따르는 것에 대한 강화 등의 장단기 목적과 목표가 포함된다.
- 학교에서 해야 하는 치료 시간표와 같이 위의 행동계획에 포함된 내용을 학교 기반의 개별화 건강관리계획에도 연결한다. 예를 들면, 점심시간이나 쉬는 시간이 약을 복용하는 편리한 시간이라서 학생이 친구들과 그 시간을 함께 즐기지 못하게 한다면, 이는 매우 배려가 없는 처사이며 학생에게는 처벌로 받아들여질 수 있다.
- 학교의 다른 교사와 행정가, 또래 학생에게 질병과 치료에 대해 교육함으로써 학교에서의 해당 학생의 행동 문제를 경감한다.
- 청소년기는 권위에 대한 의문을 제기하는 시기임을 기억해야 한다. 의료적 처치에 대한 순응 문제도 같은 맥락에서 이해될 수 있다. 자신의 의료적 처치의 관리 책임을 배우기 시작하는 청소년에게는 또래 지원 집단이 큰 도움이 된다. 아울러 개별상담 혹은 가족상담도 치료를 따르는 것에 대한 불안, 스트레스, 행동 문제 등을 경감할 수 있다(Rosina, Crisp, & Steinbeck, 2003; Sawyer & Aroni, 2003).

## ③ 퇴행성 및 불치성 질환 학생에게 정서적 지원 제공하기

퇴행성 및 불치성 질환 학생은 오랜 기간 동안의 입원 후에 학교로 돌아갈 때 세심한 계획과 지원이 필요하다. 학생의 장애와 치료계획에 대해 잘 알고, 학업적 필요를 충족해 주고 필요한 수정을 제공하는 것 외에도, 퇴행성 및 불치성 질환 학생을 가르치는 교사는 학생, 부모, 동료, 나아가 그들 자신 또한 많은 정서적 어려움에 부딪히게 된다.

## 1) 학교 복귀

퇴행성 및 불치성 질환 학생은 오랜 기간의 입원생활 후 학교로 돌아갈 때 심리적 어려움을 겪을 수 있다(Sexson & Madan-Swain, 1995; Shiu, 2001). 학교 공포증은 장기 결석을 초래하는 심각한 문제다. 또래의 따돌림에 대한 두려움, 달라진 외모, 학업 성취도의 감소 등은 모두 이런 현상에 영향을 줄 수 있다. 학교 복귀를 위한 계획은 학생이 병원에 있을 때부터 오랜 시간에 걸쳐 준비하는 것이 바람직하다(Prevatt, Heffer, & Lowe, 2000; Nabors & Lehmkuhl, 2004). 개인 또는 협력 팀이 학교와의 연결고리 역할을 할 수 있다. Rynard, Chambers, Klinck과 Gray(1998)는 이러한 전환의 역할을 맡는 사람이 다음과 같은 역할을 할 것을 제안하였다.

- 학생이 결석하지 않도록 돕는다.
- 학생과 부모에게 상담과 지원을 제공한다.
- 의료적 공포를 이기기 위한 대처전략을 가르친다.
- 약의 부작용을 견디기 위한 대처전략을 가르친다.
- 학급의 응급 상황 시 계획을 만든다.
- 약 복용 계획과 다른 치료사항 준수에 대한 계획의 수립을 돕는다.
- 학업 및 심리사회적 기능에 대한 지속적 진단을 한다.
- 정서 및 행동 문제에 대한 상담을 제공한다.

퇴행성 및 불치성 질환 학생을 학급에 받는 교사는 종종 만성 질환 학생의 지속적인 점검에서의 자신의 역할과 책임에 대한 정보를 제공받지 못한다(Harrison, Faircloth, & Yaryan, 1995; Mukherjee et al., 2002). 또 다른 문제는 사적인 정보의 보안을 유지하면서 중요한 정보를 제공해야 한다는 것이다. 학급 친구에게 퇴행성 및 불치성 질환을 가진 친구에 대해 정보를 제공하는 것이 더 강하고 세심한 지원 체계를 만들 수는 있겠지만, 그러한 교육의 내용에 대해서는 신중해야 한다. 어린 아동은 부모나 교사를 통해 정보를 제공하는 것을 선호하겠지만, 보다 연령대가 높은 학생은 또래 토론의 참여자가 되는 것을 원할 수도 있다. 개별 학생과 부모의 바람을 존중하는 것은 매우 중요하다. 학교 측과 가족 간의 솔직하고 빈번한 의사소통 역시 학교 복귀의 성공에 매우 중요하다.

학생의 학업적, 사회심리적 안녕에 대한 장기적인 추수 평가(follow-up assessment)는 학교 복귀의 중요한 요소다. Thies와 McAllister(2001)는 일관성 있는 보호자로서의 가족 구성원의 정서적 안녕이 퇴행성 및 불치성 질환 학생의 긍정적인 성과를 위해 필수적임을 지적하며, 학교 복귀 과정에서도 가족 구성원의 중요성을 인식하는 가족 중심 접근이 필요함을 강조하였다.


## 2) 심리사회적 필요

퇴행성 및 불치성 질환 학생은 우울증이 심하고 자존감이 낮을 수 있다(Key, Brown, Marsh, Spratt, & Recknor, 2001). 특정 만성 질환의 정도에 따라 학습된 무기력(learned helplessness)이라는 현상과 관련이 있다고 알려져 있는데, 이는 일상생활의 과제에서 부적절하게 타인에게 의존하며 자발성이 감소되는 것을 말한다. 이에 대해 교사는 학생이 스스로에 대해 쓸모 있고 가치 있다고 느낄 수 있는 방법을 찾도록 해야 한다. 연령에 적합하며 성취가 가능하고 타인에게 가치 있게 받아들여지는 과제를 만들어 줌으로써 자존감이 향상되도록 할 수 있다. 특정한 기술이나 전문성의 개발에 초점을 맞추어 유지해 주는 것도 학생의 자존감을 높이는 데 도움이 될 수 있다.

장애학생을 위한 사회적 지원의 최근 방법 중 하나는 반려 동물(companion animal)을 사용하는 것이다(Spence & Kaiser, 2002). 반려 동물은 친구관계, 놀이 기회, 무조건적인 사랑을 제공하며, 주저함 없이 학생의 상태를 받아들인다. 동물은 돌보아 줄 사람이 필요하기 때문에 퇴행성 및 불치성 질환 학생이 돌보아 주는 역할을 할 기회도 갖게 된다. 서로를 돌보아 주는 관계를 갖게 되면 자기효능감, 책임감, 자신감과 같은 바람직한 감정을 형성하게 된다. 어떤 반려 동물은 물건을 가져오거나 휠체어를 미는 것과 같이 주인을 위해 서비스를 제공하도록 훈련받는다. 허가를 받은 반려 동물은 학교와 같은 공공기관에도 주인과 함께 갈 수 있다. 이들 동물은 학교에서 또래와의 상호작용을 촉진하는 역할을 한다(Beck & Meyers, 1996).

건강한 또래관계는 모든 학생에게 중요하며, 특히 퇴행성 및 불치성 질환 학생에게는 질병에 대처하는 추가적인 지원으로 작용한다. 학교에서의 또래 상호작용을 통해서 그들은 자존감과 문제 해결력을 함양할 수 있는 모방과 사회적 리더십의 기회를 반복적으로 갖게 된다(Shiu, 2001). 또래관계는 청소년기에 더 중요해진다. 또래 상호작용에서 독립성과 자율성을 갖도록 부모와 교사가 독려하는 것이 중요하다. 예를 들어, 친구와 영화를 보러 간다고 할 때는 부모에게 휴대폰으로 보고하는 것을 기본 전제로 하고, 스스로 자신의 의료 절차를 하도록 함으로써 (부모가 함께 하지 않고) 친구와의 시간을 즐기며 의료적 조치도 소홀히 하지 않게 할 수 있다. 미국의 또 다른 중요한 청소년기 문화의 발달 지표는 자동차 운전이다. 운전면허를 따는 것은 앞으로 여러 해 동안 운전을 하지 않거나, 하게 될 경우 자동차의 수정이 필요하다 하더라도 학생의 자존감을 높인다.

## 3) 건강 상태의 변화

학생의 건강 상태가 변하게 되면 교사나 학급 친구는 학생을 대하는 것이 불편해지고 그 학생을 피하게 될 수도 있다. 퇴행성 및 불치성 질환에 대한 적절한 정보를 의료진이나 전문 관련 단체(예: 근육병협회)를 통해 듣는 것은 공포와 회피를 없애기 위한 중요한 첫 단계다. 퇴행성 및 불치성 질환 학생은 다른 사람에게 자신의 질병에 대한 정보를 어떻게 제공해야 하는지에 대해서도 도움이 필요하다. 어린 학생의 경우에는 "내 근육 중 어떤 것은 좀 다르고 약해."라는 간단한 설명이 또래가 이해하는 데 도움이 된다. 좀 더 학년이 높은 경우에는 더 복잡하고 자세히 설명해 줄 수 있다. 교사는 또래가 학생의 질병이 옮는 것이라는 것 등의 잘못된 오해를 하지 않도록 정보를 잘 제공해 주어야 한다. 교사는 또한 그들이 여러 학생 가운데서 긍정적이고 상호 의존적인 상호작용을 할 수 있도록 도와야 한다. 각 학생이 다른 사람의 과제를 돕는 협동학습(cooperative learning) 전략을 사용하는 집단 활동이 도움이 된다. 퇴행성 및 불치성 질환 학생이 잘하는 일을 찾아내어 강조해 줌으로써 자존감을 높일 수 있다. 관심을 보이는 또래에게 대신 책을 들어 주거나 점심 식판을 가져오는 역할을 맡길 수도 있다. 학생의 흥미에 따라 동아리 활동 참여를 독려하는 것도 좋다.

적절한 정보를 제공받더라도 또래나 교사, 심지어 부모 중에는 퇴행성 및 불치성 질환 학생과 함께 있는 것으로 인해 정서적으로 힘들게 느끼는 경우가 있다. 병이 심해짐에 따라 가까운 친구나 교사가 학생을 피하기 시작하는 경우도 드물지 않다. 어떤 친구나 교사는 예기 애도(anticipatory grief)의 단계를 지나기도 한다. 이것은 그 사람이 사망하기 전에 미리 그 사람을 잃는 것을 슬퍼하는 것이다. 예기 애도의 문제는 친구들이 슬퍼하고 종종 접촉을 피하기 때문에 아픈 사람이 외롭게 되는 것이다. 그래서 학생의 친구들을 위한 지원이 필요할 수 있다. 정보나 상담자 또는 단지 누군가 말할 사람만 있어도 그들이 퇴행성 및 불치성 질환 학생과의 만남을 지속하도록 도울 수 있을 것이다.

## 4) 가족에 대한 지원

가족, 학생, 친구, 교사, 돕는 사람을 위한 정서적 지원이 필요할 것이다. 어떤 유형의 신체적 장애건 간에 어느 정도의 부정(denial)이 나타나는 것은 흔한 일이다. 부정이란 실제로 인식한 일을 마치 일어나지 않은 것으로 간주하는 것이다(Gossler, 1987). 부정은 불안이나 심한 우울을 예방하는 대처 기제로는 건강한 것이지만, 즉각적인 조치를 요하는 일에 대해 행동하는 것을 막는다면 치명적인 것이 된다. 가족 구성원, 친구, 학생, 교사는 질병의 어떤 부분에 대해서나 또는 질병의 진행에 대해서 부정할 수도 있다. 부정은 학생의 기능을 저해하거나 학생과 상호작용하는 사람들에게 부정적인 영향을 주지 않는 한 유익한 반응으로 간주되어야 한다. 부정을 하는 현상이 나타나면 상담이 필요하다.

질병에 대한 가족의 태도나 인식이 학생이 느끼는 것과 차이를 보이기도 한다. 어떤 때 가족은 병의 다음 단계에 집중하고 있는 반면(예: 일반 휠체어에서 전동 휠체어로 바꾸어야 하는 것), 학생은 병으로 인한 죽음이라는 의미에 대해 고민하고 있을 수 있다. 가족 중에서 심한 부정의 상태를 보일 때 또 다른 격차가 나타나기도 한다. 가족은 학생이 죽을 것이라는 것을 부정하고 있는데, 학생은 이미 수용 단계에 있기도 한다. 또 다른 경우는 가족이 이미 학생이 죽을 것을 알고 수용하고 있지만, 학생에게 이를 알게 하고 싶지 않으며 학생과 이 문제에 대해 말하고 싶어 하지 않는 경우다. 병의 결과를 끝까지 학생에게 숨길 수 있는 경우는 매우 드물다. 가족의 극도의 부정과 사실을 학생에게 숨기는 것은 오히려 학생이 고립되도록 하며 유익하지 않다.

## 5) 불치성 질환에 대해 이야기하기

부모의 부정으로 인해 학생은 교사에게 말하고자 하는 경우가 있다. 이는 부모를 슬프게 하기 싫거나 혹은 자신이 병에 대해 완전히 알고 있다는 것을 알리기 싫어서일 수 있다. 교사는 학생에게 언제든지, 무슨 일이든지 의논할 것이 있으면 자신이 도와줄 것임을 확실하게 알려 주어야 한다. 학생이 교사를 비밀을 말할 수 있는 사람으로 생각한다면 이를 지지해 주어야 한다. 그 교사가 유일하게 학생이 편하게 자신의 병이나 죽음에 대해 말할 수 있는 사람일 수도 있다.

가정이나 병원에서 학생에게 어떤 말을 해 주었는지를 교사가 알고 있으면 도움이 된다. 이런 정보는 각 학년이 시작하기 전에 수집해야 한다. 만약 이러한 정보를 얻을 수 없으면 학생이 말하는 것에 의존해야 한다. 교사는 반영적 경청(reflective listening)과 질문하기 전략을 사용하여, 학생의 말을 요약하면서 그에 대한 학생의 생각을 물을 수 있다. 학생이 죽어 가고 있음을 말해 주는 것이 교사의 책임은 아니다. 일반적으로 학생은 이미 이 사실을 알거나 부정하고 있는 경우가 많다. 또는 단지 구체적으로 이야기하고 싶어 하기도 한다. 교사는 학생이 묻는 질문에 꼭 대답하지 않아도 된다. 대개 학생은 단지 지지적인 청취자가 필요한 것이다. 만약 교사가 대답할 수 없는 질문이 있으면, 솔직하게 잘 모른다고 하거나 그에 대해 학생은 어떻게 생각하는지 물어볼 수 있다.

죽음에 대해 이야기할 때, 교사는 자신의 개인적인 믿음이나 판단에 대해 말하는 것을 피해야 한다. 학생의 종교적 믿음이 교사와는 매우 다를 수 있기 때문에 이야기에 종교를 끌어들이지 않는 것은 매우 중요하다. 대신 교사는 학생이 사용하는 대처전략을 지지해 주어야 한다. 학생의 가족이 상황에 대처하는 것에 대한 판단적인 언급은 절대 해서는 안 된다. 교사가 개인적으로 자녀의 심각한 질환이나 죽음을 겪어 보지 않았다면 가족의 고통을 절대로 완전히 이해할 수 없기 때문이다. 만약 교사가 이러한 경험에서 얻은 통찰이 있다면 학생과 가족의 분투를 이해하고 지지하는 데 그 지식을 사용할 수 있을 것이다. 그러나 개인적 경험을 교수 도구로 사용하거나 대처전략의 모델로 사용한다면, 이는 단지 가족에게 교사의 경험을 지지하는 노력을 해야 한다는 추가의 짐을 지우는 것이다.

### 6) 교사에 대한 지원

연구에 따르면, 교사는 죽어 가는 학생을 가르치는 것에 대해서 학교 시스템의 지원을 별로 받지 못한다(Kliebenstein & Broome, 1995; Smith, Alberto, Briggs, & Heller, 1991). 구체적으로 교사는 (a) 해당 학생에 대한 적절한 건강 관련 정보를 얻는 일, (b) 교내에서와 학교 사이에 의료적 정보를 공유하는 일, (c) 학생에게 정서적 지원을 제공하기 위한 훈련, (d) 학생에게 특수한 보건 절차를 수행하기 위한 도움, (e) 적절한 서비스 코디네이션(Mukherjee, Lightfoot, & Sloper, 2000)과 같은 필요 사항을 보고하였다. 학교 심리학자나 상담교사는 정서적 지원을 제공하기 위한 훈련을 받고 또 실제로 이러한 지원을 제공할 수 있어야 한다. 교사는 또한 불치성 질환 학생을 가르쳤던 다른 교사에게 지원을 구하거나, 외부의 지원 네트워크(예: 친구, 가족, 종교 지도자)에 의존해야 하기도 한다. 교사는 아프고 삶이 얼마나 남아 있는지가 불확실한 학생에게 정이 들면서 겪게 되는 정서적 스트레스를 인정할 필요가 있다.

---

요약

대부분의 지체, 건강 및 중복 장애 학생이 만성적인 상태를 보이기는 하지만, 어떤 경우는 퇴행성이며 불치성이다. 질병의 불확실성, 처치의 합병증, 고통과의 싸움 등은 그들과 그 가족이 겪는 독특한 스트레스의 단지 일부분일 뿐이다. 이런 스트레스 요인과 죽음과 죽어 가는 과정에 대한 정서 반응에 대해 교사가 잘 이해하고 있는 것은 매우 중요하다. 교사는 교육적 환경에서 퇴행성 및 불치성 질환을 가진 학생을 효과적으로 지원해야 하며, 학생과 가족, 급우에게 적절한 정서적 지원도 제공해야 한다.

## 참고문헌

Abbott, J., & Gee, J. (1998). Contemporary psychosocial issues in cystic fibrosis: Treatment adherence and quality of life. *Disability Rehabilitation, 20,* 662–671.

Beck, A. M., & Meyers, N. M. (1996). Health enhancement and companion animal ownership. *Animal Review of Public Health, 17,* 247–257.

Berns, C. F. (2003–2004). Bibliotherapy: Using books to help bereaved children. *Omega: Journal of Death and Dying, 48,* 321–336.

Corr, C. A. (2003–2004). Pet loss in death-related literature for children. *Omega: Journal of Death and Dying, 48,* 399–414.

Cox, A. H., Marshall, E. S., Mandleco, B., & Olsen, S. F. (2001). Coping responses to daily life stressors of children who have a sibling with a disability. *Journal of Family Nursing, 9,* 397–413.

Erickson, E. (1950). *Childhood and society.* New York: Norton.

Gossler, S. (1987). A look at anticipatory grief: What is health denial. In L. Charash, R. Lovelace, S. Wolf, A. Kutscher, D. Royve, & C. Leach (Eds.), *Realities in coping with progressive neuromuscular diseases* (pp. 48–72). New York: Charles Press.

Harrison, B., Faircloth, J., & Yaryan, L. (1995). The impact of legislation and litigation on the role of the school nurse. *Nursing Outlook, 43,* 57–61.

Hodgkinson, R., & Lester, H. (2002). Stresses and coping strategies of mothers living with a child with cystic fibrosis: Implications for nursing professionals. *Journal of Advanced Nursing, 39,* 377–383.

Institute of Medicine of the National Academies. (2003). *When children die: Improving palliative and end-of-life care for children and their families.* Washington, DC: Author.

Key, J. D., Brown, R. T., Marsh, L. D., Spratt, E. G., & Recknor, J. C. (2001). Depressive symptoms in adolescents with a chronic illness. *Children's Health Care, 30,* 283–292.

Kliebenstein, M. A., & Broome, M. E. (1995). School re-entry for the child with chronic illness: Parent and school personnel perceptions. *Pediatric Nursing, 26,* 579–582.

Kübler-Ross, E. (1969). *On death and dying.* New York: Macmillan.

Kübler-Ross, E. (1974). The language of dying. *Journal of Clinical Child Psychology, 3,* 22–24.

Lehr, D. H. (1990). Providing education to students with complex health care needs. *Focus on Exceptional Children, 22,* 1–9.

McCubbin, M. A., & McCubbin, H. I. (1993). Families coping with illness: The resiliency model of family stress, adjustment, and adaptation. In C. B. Danielson, B. Hamel-Bissel, & P. Winstead-Fry (Eds.), *Families, health, and illness: Perspectives on coping and intervention* (pp. 21-63). St. Louis: Mosby.

Melnyk, B. M., Feinstein, N. F., Moldenhouer, Z., & Small, L. (2001). Coping in parents of children who are chronically ill: Strategies for assessment and intervention. *Pediatric Nursing, 27,* 548-558.

Mukherjee, S., Lightfoot, J., & Sloper, P. (2000). The inclusion of pupils with a chronic health condition in mainstream school: What does it mean for teachers? *Educational Research, 42,* 59-72.

Mukherjee, S., Lightfoot, J., & Sloper, P. (2002). Communication about pupils in mainstream school with special health care needs: The NHS perspective. *Child: Care, Health, and Development, 28,* 21-27.

Nabors, L. A., & Lehmkuhl, H. D. (2004). Children with chronic medical conditions: Recommendations for school mental health clinicians. *Journal of Developmental and Physical Disabilities, 16,* 1-15.

Prevatt, F. F., Heffer, R. W., & Lowe, P. A. (2000). A review of school reintegration programs for children with cancer. *Journal of School Psychology, 38,* 447-467.

Rosina, R., Crisp, J., & Steinbeck, K. (2003). Treatment adherence of young and young adults with and without a chronic illness. *Nursing and Health Sciences, 5,* 139-147.

Rynard, D. W., Chambers, A., Klinck, A. M., & Gray, J. D. (1998). School support programs for chronically ill children: Evaluating adjustment of children with cancer at school. *Child Health Care, 27,* 31-46.

Sawyer, S. M., & Aroni, R. A. (2003). The sticky issue of adherence. Journal of *Pediatrics and Child Health, 39,* 2-5.

Schonfeld, D. J. (1999). Children, terminal illness, and death. *Home Health Care Consultant, 6,* 27-29.

Sexson, S. B., & Madan-Swain, A. (1995). The chronically ill child in the school. *School Psychology Quarterly, 10,* 359-368.

Shiu, S. (2001). Issues in the education of children with chronic illness. International *Journal of Disability, Development, and Education, 48,* 269-281.

Smith, M., Alberto, P., Briggs, A., & Heller, K. W. (1991). Special educator's need for assistance in dealing with death and dying. *DPH Journal, 12*(1), 35-44.

Sourkes, B. M. (2000). Psychotherapy with the dying child. In H. M. Chochinov & W. Breitbart (Eds.), *Handbook of psychiatry in palliative medicine* (pp. 265-272). New York: Oxford University Press.

Speece, M. W., & Brent, S. B. (1992). The acquisition of a mature understanding of the three components of the concept of death. *Death Studies, 16,* 211-229.

Spence, L. J., & Kaiser, L. (2002). Companion animals and adaptation in chronically ill children. *Western Journal of Nursing Research, 24,* 639-656.

Stein, R. E., & Silver, E. J. (1999). Operationalizing a conceptually based noncategorical definition: A first look at U.S. children with chronic conditions. *Archives of Pediatric and Adolescent Medicine, 153,* 68-74.

Stillion, J. M., & Papadatou, D. (2002). Suffer the children: An examination of psychosocial issues in children and adolescents with terminal illness. *American Behavioral Scientist, 46,* 299-315.

Tak, Y. R., & McCubbin, M. (2002). Family stress, perceived social support, and coping following the diagnosis of child's congenital heart disease. *Journal of Advanced Nursing, 39,* 190-198.

Thies, K. M., & McAllister, J. W. (2001). The health and education leadership project: A school initiative for children and adolescents with chronic health conditions. *Journal of School Health, 71,* 167-171.

Thompson, R. J., & Gustafson, K. E. (1996). *Adaptation in chronic childhood illness.* Washington, DC: American Psychological Association.

Waechter, E. H. (1987). Children' s reaction to fatal illness. In T. Kurlick, B. Holiday, & I. M. Martinson (Eds.), *The child and the family facing life-threatening illness* (pp. 108-119). Philadelphia: Lippincott.

제 5 부

# 주요 건강장애

# 제16장 발작과 간질

*Kathryn Wolff Heller and Elisabeth Tucker Cohen*

발작(seizures)은 일반 아동과 마찬가지로 지체, 건강 및 중복 장애를 가진 아동에게도 영향을 미치는 가장 일반적인 신경계 장애의 하나다. 발작은 감염이나 약물 반응과 같이 잘 알려진 질환의 증상으로 나타나며, 간질이나 발작장애로 불리는 만성 질환이다. 간질의 출현율은 대략 1000명당 5~10명꼴로 추정된다(Theodore et al., 2006).

역사적으로 간질(epilepsy)에 대한 오해와 편견은 오랜 기간 동안 지속되어 왔다. 초기에는 간질이 귀신의 탓이며, 귀신이나 신에 의해 조정된 것으로 생각하기도 하였고, 두개골의 구멍에서 영혼이 빠져나가는 것이라고도 하였다. 히포크라테스는 약 2000년 전에 '성스러운 질병(The Sacred Disease)'이라는 글에서 간질에 대해 기술했다. 중세기 동안, 발작을 가진 사람은 마녀로 화형되거나 악령에 홀린 것으로 생각되었고, 20세기 전에만 해도 발작 증상을 가진 사람은 정신이상자로 인식되곤 했다. 일부 주에서는 간질이 유전된다고 생각하여 간질을 가진 사람의 법적 불임 수술에 대한 조항을 채택하였고 1971년까지도 폐지하지 않았다(Temkin, 1971).

오늘날에도 간질에 대한 많은 오해와 사회적 편견은 지속되고 있다. 질환에 대해 학습하지 못한 학생이나 성인은 간질을 가진 학생이 주변에 있는 것을 두려워한다. 또한 간질에 대한 이해가 부족한 교사는 간질과 관련된 특정 행동을 인지하지 못하거나 간질이 나타났을 때 무엇을 해야 할지 모르는 경우가 많다. 이러한 이해의 부족은 간질을 가진 아동의 교내외 활동 참여의 기회를 제한하게 될 것이며, 결국 졸업 이후의 취업 역시 그와 같은 사회적 오해와 편견 때문에 어렵게 될 것이다. 그러므로 교사는 발작과 간질에 대한 원인, 진단, 치료, 진행과정, 교육적 시사점뿐만 아니라 간질의 유형과 특징에 대한 정확한 정보와 대처 방안을 인지하는 것이 중요하다.

## ① 발작과 간질 개요

간질은 뇌의 정상적인 전기적 활동의 갑작스럽고(sudden), 불수의적이며(involuntary), 시간 제한적인(time-limited) 혼란(disruption)으로 정의된다. 일반적으로 발작은 단 몇 분간 지속된다. 영향을 받는 뇌의 부위에 따라 발작 증상은 다르게 나타난다. 그 증상으로는 불수의적인 움직임, 일탈적 감각(deviant sensation), 의식 상실(altered consciousness), 그 외의 증상이 있다(Beers, Porter, Jones, Kaplan, & Berkwits, 2006). 발작은 일회성 발작처럼 그 증상이 갑자기 나타났다가 비교적 짧은 시간에 사라지는 경우와 간질처럼 만성질환으로 나타나는 경우를 들 수 있다.

## 1) 일회성 발작

발작은 외부의 스트레스 요인 때문에 갑자기 나타났다가 사라지는 증상으로서 건강한 뇌에서 발생한다. 산소 부족, 낮은 혈당, 고열, 감염 등이 스트레스 요인이 될 수 있다. 일회성 발작은 스트레스 요인에 의해 유발되고, 일단 스트레스 요인이 제거되면 발작활동을 멈춘다.

## 2) 간질

간질이란 간질 발작을 유발할 수 있는 원인인자, 즉 전해질 불균형, 산-염기 이상, 요독증, 알코올 금단 현상, 심한 수면 박탈 상태 등 발작을 초래할 수 있는 신체적 이상이 없음에도 간질 발작이 반복적으로(24시간 이상의 간격을 두고 2회 이상) 발생하여 만성화된 질환군을 의미한다(Aicardi, 2002; Johnston, 2004).

## 3) 간질 증후군

어떤 경우에는 간질 발작이 간질 증후군(epilepsy syndrome)의 한 부분으로 나타난다. 간질 증후군은 일반적으로 함께 발생하는 증상을 말한다. 예를 들면, 지적장애나 발달장애를 동반하는 레녹스-가스토 증후군(Lennox-Gastaut syndrome)의 경우 특정 뇌전도(EEG) 패턴을 나타내며, 매우 다양한 형태의 발작을 보이고, 그 증상이 쉽게 조절되지 않으며 치료하기 어렵다.

### 4) 발작 단계

전조와 전구 증상

발작에 따라 단계가 다를 수 있다. 그러나 간질을 가진 사람의 일부는 발작을 시작하기 전에 그 시작을 나타내는 증상을 보인다. 이를 전조(aura) 또는 전구(perdromal) 증상이라고 한다. 전조는 특정한 시각, 감각 또는 다른 현상으로 나타나는 단순 부분발작(partial seizure)이다(뒤 '부분발작' 부분의 논의 참조). 전구 증상은 발작이 나타날 것이라고 개인이 유추할 수 있는 건강상 좋지 않게 이해되는 사건을 말한다. 전구 증상은 발생 30분, 1시간 또는 하루 전에 나타난다. 한 연구에서는 전구 증상의 평균 발생이 발작 전 90분이며, 가장 일반적인 증상은 불안정함, 두통, 불쾌감, 메스꺼움, 집중력 감소, 현기증, 피로 등인 것으로 나타났다(Schulze-Bonhage, Kurth, Carius, Steinhoff, & Mayer, 2006).

발작기

발작기는 발작이 나타나는 기간을 말한다. 서로 다른 특징의 다양한 유형의 발작 형태가 나타난다. 이에 대해서는 이 장의 후반부에 설명될 것이다.

발작 후 상태

발작 후 상태는 발작이 끝난 직후 의식을 잃거나 혼란을 경험하는 기간을 말한다. 또한 나른해지거나 잠들기 또는 특정 행동을 경험하게 된다. 발작의 유형은 발작 후의 상태가 어떠한지에 따라 복합 부분발작 또는 강직발작 등으로 구분된다. 발작 후 상태는 몇 분에서 몇 시간 동안 지속되는데, 한 연구(Allen, Ferrie, Livingston, & Feltbower, 2007)에서는 발작 후 아동이 의식을 회복하는 데 소요되는 시간이 평균 38분이었으며 특발성 발작(idiopathic seizure)은 평균 75분이었다.

## ② 발작과 간질의 원인

### 1) 발작의 원인

두뇌의 평상시 전기적 활동의 교란이 발작을 야기할 수 있다. 음독(poisoning), 두뇌의 외상, 소모성 열사병, 열사병,[1] 뇌종양, 약물 과다 복용, 약물 금단, 저혈당, 고혈당과 같은 대사 이상, 그리고 중추신경계의 감염과 같은 상태는 발작의 유발 조건에 속한다(Beers et al., 2006). 최근에는 유행성 감기와 같이 학교환경에서 아동에게 자주 나타나는 일반적인 전염병에서도 발작 유발 요인이 발견되었다(Newland et al., 2007).

아동기의 가장 일반적인 발작의 원인은 섭씨 39°를 넘는 고열이다. 열성 경련(febrile seizures)이라는 용어는 두뇌 감염에 의한 것이 아니라 고열에 의해 나타나는 발작을 말한다. 일반적으로 상비도염(upper respiratory infections)과 중이염과 같은 감염과 연관되어 있으며, 18개월에서 4세 사이에 가장 많이 발생한다(McBrien & Bonthius, 2000). 전형적으로 이러한 발작은 전신 긴장성-간대성 발작(generalized tonic-clonic seizures)이다.

단기간에 일시적인 증상으로서 발작이 발생할 때, 대부분의 경우는 발작이 반복되어 나타나지는 않는다. 그러나 일부 반복적 발작이 나타날 경우 뇌 조직의 손상이나 변화를 초래할 수 있다. 이러한 경우 간질로 진단이 된다. 예를 들면, 간질을 유발하는 직접적인 기제가 잘 알려지지 않았음에도 뇌의 비정상적인 전기활동을 야기할 수 있는 외상성 뇌손상이나 뇌염과 같은 중추신경계의 감염을 가진 경우에는 간질이 발생할 수 있다(Chen, Fang, & Chow, 2006).

---

1) 역주: 소모성 열사병(heat exhaustion)은 고온 다습한 장소에서 작업하거나 심한 운동을 한 뒤에 신진대사가 저해되어 체력을 모두 소모함으로써 일어나는 질환이고, 열사병(heatstroke)은 직사광선을 받는 등 고온의 장소에 장시간 노출되면서 현기증이 발생하고, 메스꺼움이나 졸도를 동반하는 질환이다.

## 2) 간질의 원인

간질은 원인 질환에 따라 그 증상이 나타나는 증후성 간질(symptomatic epilepsy)과 명확한 원인 질환 없이 나타나는 특발성 간질(idiopathic epilepsy)로 나누어 설명할 수 있다.

증후성 간질이란 임상적으로 명백한 신체질환에 의한 증상으로 간질 발작이 생기는 경우를 말한다. 증후성 간질은 뇌의 이상을 포함하는 만성질환에 의해 나타난다. 2세 전의 간질 발작은 선천적 기형, 분만 전후의 뇌손상, 대사성 질환, 뇌막염혹은 뇌염 등이 그 원인이 될 수 있다. 또한 뇌종양을 가진 아동의 경우 일반적으로 간질이 발생한다(van Breemen, Pharm, & Vecht, 2007). 드물기는 하지만 동맥류, 혈관계 이상, 두뇌의 선천적 이상도 간질을 야기할 수 있다. 어떤 증상은 태아기 발육 동안이나 후천적으로 발생한다. 이러한 증상은 중추신경계 이상에 의한 것이지만, 잠재성 간질(cryptogenic epilepsy)이나 증후성 간질이라고 부르기도 한다 (Bourgeois, 2002; Engel, 2007).

특발성 간질이란 임상적으로 원인을 규명할 수가 없고 유전적 소인이 주된 요인인 간질을 말한다. 특발성 간질은 다른 장애의 증상으로 설명하는 것과는 대조적으로 간질 그 자체를 장애(disorder)로 언급한다(Engel, 2007). 원인은 거의 알려져 있지 않으며, 대개는 유전적 영향으로 추정한다(Beers et al., 2006). 비록 특정 유전자가 확인되지 않았지만, 일부 특발성 간질의 원인은 특정 염색체로 인해 발생된다는 것이 발견되었다. 예를 들면, 소음이 점점 커지면서 울리는 청각적 증상을 가진 부분간질의 원인이 10q 염색체의 위치에 있는 것으로 밝혀졌다(Delgado-Escueta, Medina, Alonso, & Fong, 2002; Ottman, Risch, & Hauser, 1995). 이 분야의 연구는 현재도 계속 진행되고 있다.

간질은 간질만으로도 하나의 장애가 되지만 다른 장애와 중복되어 발생하기도 한다. 대부분의 간질을 가진 사람은 다른 장애를 가지고 있지 않지만, 뇌성마비, 이분척추, 외상성 뇌손상, 지적장애, 선천성 감염, 레트 증후군(Rett syndrome)을 가진 경우 간질의 발생 정도가 높다(Agrawal, Timothy, Pandit, & Manju, 2006; McBrien & Bonthius, 2000; Moser, Weber, & Lutschg, 2007; Yoshida et al., 2006). 발달지체 아동은 간질에 취약한 편인데, 중도 발달지체를 가지고 있는 아동의 25%, 최중도 발

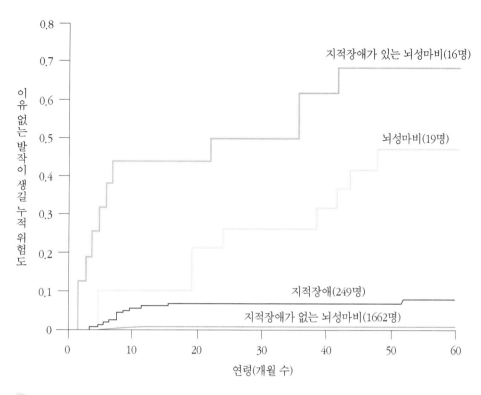

**그림 16-1**   아동발달센터(Child Development Center)에 의뢰된 1946명의 아동에게 이유 없는
발작이 생길 누적 위험도(cumulative risk). 이유 없는 발작의 위험에서의 정신지체
(MR, 지적장애)와 뇌성마비(CP)에 대한 결과. 캐플런-마이어(Kaplan-Meier) 곡선.
출처: Nevo et al. (1995), p. 239의 허락하에 게재.

달지체를 가진 아동의 50%가 간질에 취약하다(Lhatoo & Sander, 2001). [그림 16-1]
에서 볼 수 있듯이, 5세 이전에 특발성 간질을 가질 위험은 지적장애만을 가진 아동
에 비해 지적장애와 뇌성마비의 중복장애를 가진 아동에게 더 높은 비율로 나타난
다(Hollander, Sunder, & Wrobel, 2005; Nevo et al., 1995).

## ③ 발작에 대한 이해

뇌성마비를 다룬 5장에서 기술한 것처럼, 뉴런(신경 세포)은 뇌와 신체의 다른 부
분을 연결하는 것과 마찬가지로 뇌의 다양한 영역 사이의 신호를 전달한다. 신호는
전기화학적 수단에 의해 정돈된 방식으로 송·수신된다. 발작이 나타나는 동안, 이

상하고 갑작스러우며 과도하고 무질서한 두뇌 뉴런의 전기적 방출이 나타난다. 발작이 유발되는 환경에 처하면 누구나 발작을 할 수 있으나, 사람마다 발작 발생에 대한 저항력은 다르다. 모든 사람이 특정 환경에서 발작을 일으키는 자극에 대한 역치를 가지게 되는데, 이를 발작 역치(seizure threshold)라고 한다.

발작의 유형은 뇌의 어느 부분에 관련되어 있느냐에 따라 다양하게 나타난다. 뇌의 특정 부분에서의 전기적 자극은 신체의 움직임(뛰기와 같은 복잡한 움직임 포함), 손발 저림, 시각 형상, 특정 냄새와 같은 증상을 야기할 수 있다. [그림 16-2]는 부분발작과 전신발작에 대해 관련 가능성이 있는 뇌 위치를 나타낸 것이다.

발작은 상황에 따라 발생 정도가 더 심화되기도 한다. 예를 들면, 과도한 피로, 수면 부족, 병, 열, 술, 불법 의약 사용, 또는 항경련 약물의 복용에 대한 불응은 발작 발생 가능성을 높인다(Beers et al., 2006). 또한 반사 발작(reflex seizures)이라고 알려진 발작을 유발할 수 있는 특정 요소가 있다.

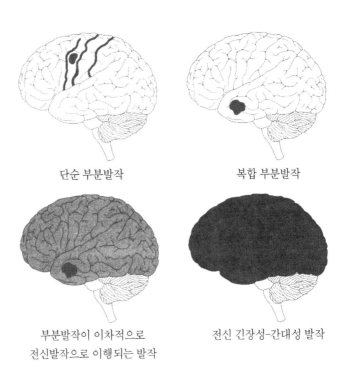

단순 부분발작　　　　복합 부분발작

부분발작이 이차적으로　　　　전신 긴장성-간대성 발작
전신발작으로 이행되는 발작

그림 16-2　발작의 유형에 대한 뇌 위치의 예

## 1) 반사 발작

반사 발작(reflex seizure)이란 시각 자극이나 청각 자극 등 지각 자극에 의해 야기되는 간질을 말한다. 반사 발작의 기본적인 유발 원인은 섬광(예: 섬광등), 시각 양식(예: 기하학적 디자인), 특정 소리(예: 화재 경보), 놀람 반응 등을 포함한다. 그 밖에도 양치질, 읽기, 체스 게임, 음악에 대한 생각 등이 유발 원인이 되기도 한다(D'Souza, O'Brien, Murphy, Trost, & Cook, 2007; Engel, 2007). 인터넷상의 특정 게임(예: 멀티플레이 온라인 롤플레잉 게임)을 하는 것에서 유발되기도 한다(Chuang, 2006). 발작의 다양한 유형(예: 부분발작, 부재 발작, 전신 긴장성-간대성 발작)은 반사 발작을 일으킬 수 있다.

## 4 발작과 간질의 특징

발작은 그 종류에 따라 다양한 특징과 치료법이 있고 그 예후가 다르다. 발작의 가장 일반적인 분류체계는 국제간질연맹(International League Against Epilepsy: ILAE)이 1981년에 발간한 『간질 발작의 분류(Classification of Epileptic Seizures)』다. 이 분류체계는 세계보건기구(WHO)와 같은 권위 있는 기구에 의해 사용되었다(Theodore et al., 2006). 2001년에 ILAE는 일부 학자가 개정된 분류체계의 제한된 상용성을 지적했음에도 개정된 분류체계를 제안했다(Okuma, 2004).

1981년과 2001년의 분류체계에서는 공통으로 발작을 두 가지 주요 범주, 즉 부분발작(partial/focal seizures)과 전신발작(generalized seizure)으로 분류하였다. 부분발작은 한쪽 대뇌 반구의 부분에서 시작하고, 전신발작은 양쪽 대뇌 반구 모두에서 시작한다. 1981년의 분류체계에 비해 2001년의 분류체계는 좀 더 상세하게 분류되고 기술된 것을 알 수 있다. 발작의 추가 하위 범주는 특정 증상의 출현에 기초하여 개정된 체계에 추가 사용되고 있다.

## 1) 부분발작

부분발작(partial seizure, 개정된 분류체계의 경우 focal seizure)은 한쪽 대뇌 반구 부분에서 발생하거나 시작하는 발작을 말한다. 부분발작은 아동기 발작의 약 20~ 40%를 차지한다(Pellock & Duchowny, 2002). 부분발작은 단순 부분발작과 복합 부분발작의 두 유형으로 나뉜다. 단순 부분발작은 의식 상실이 없으며, 복합 부분발작은 의식 상실이 나타난다. 최근에 개정된 분류체계에 기초한 부분발작의 목록은 〈표 16-1〉과 같다.

### 운동 신호를 가진 단순 부분발작

단순 부분 운동 발작은 두뇌운동 영역에서의 비정상적인 전기 방출에 의해 발생한다. 전기적 활동의 위치에 따라 얼굴, 목, 팔, 다리의 움직임이 나타나는 것이 가

**표 16-1** 최근 1981년 분류체계와 2001년 개정 분류체계에서의 부분발작의 분류

| I. 부분발작(partial seizures; ILAE 1981) | 부분발작(focal seizures; ILAE, 2001) |
|---|---|
| 단순 부분발작 | 부분 운동 발작 |
| a. 운동 신호를 가진 단순 부분발작(simple partial seizures with motor signs) | a. 초기 간헐적 경련 운동 신호를 가진<br>b. 비대칭적 강직운동 발작을 가진<br>c. 정형적(측두엽) 자동증을 가진<br>d. 과잉운동의 자동증을 가진<br>e. 초점성 음성 간대성 근경련을 가진<br>f. 운동 억제 발작을 가진 부분 감각 발작(focal sensory seizures) |
| b. 감각 증상을 가진 단순 부분발작 | 부분 감각 발작<br>a. 초기 감각 증상을 가진 |
| c. 자율 증상을 가진 단순 부분발작<br>d. 정신적 증상을 가진 단순 부분발작 | b. 경험적 감각 증상을 가진 |
| | 홍소 발작(gelastic seizures)*<br>헤미클로닉 발작(hemiclonic seizures)**<br>반사 발작(reflex seizures) |
| 복합 부분발작 | (자율 증상을 가진 부분 운동 발작과 일치함) |
| 이차성 전신발작으로 이행되는 부분발작 | 이차 전신발작 |

\* 홍소 발작: laughing seizure
\*\* 헤미클로닉 발작: 신체 편측에서 발생하는 발작(예: 오른 팔과 다리)

장 일반적이지만, 신체의 어느 부분에서건 나타날 수 있다(Johnston, 2004). 예를 들어, 만약 비정상적 전기적 활동이 팔을 움직이는 일차 운동 피질의 부분에서 발생한다면, 팔이 반사적으로 움직이거나 경직된 움직임의 형태로 발작이 나타날 것이다. 만약 비정상적 전기적 활동이 발을 통제하는 운동 피질의 상위에 가까이 발생한다면 발의 불수의적인 움직임이나 경직이 나타날 것이다. 심지어 손가락이나 얼굴 근육의 움직임을 통제하는 매우 작은 근육도 영향을 받을 수 있다.

일차 운동 피질에서 발생하는 단순 부분 운동 발작은 신체의 한 가지 선택적 영역(예: 팔이나 발)에 일어나거나 일차 운동 피질을 따라 다른 운동 영역으로 확산된다. 신체의 한 부위에서 목이나 어깨, 다리 등 점차 신체의 다른 부위로 확산된다. 이러한 경우를 '잭슨형 간질(Jacksonian epilepsy)'이나 '잭슨형 경련'이라고 한다(Guyton & Hall, 2006).

단순 부분발작은 의식 상실이 나타나지 않으며, 보통 10~30초 정도의 짧은 시간 동안 일어난다. 발작에 대해 잘 모르는 사람의 경우에는 이러한 증상을 보아도 잘 알아차리지 못할 수 있다.

### 감각 증상을 가진 단순 부분발작

감각 관련 단순 부분발작은 체감각 피질이나 뇌의 다른 감각 중추를 따라 발생하는 비정상적 전기적 방출에 기인한다. 체감각 피질에서 발생하는 단순 부분 감각 발작은 무감각, 따끔거림, 고통, 또는 어떤 신체 부분의 움직임 감각을 야기한다. 체감각 피질에서 전기적 활동이 발생할 때는 그 결과로 초래된 발작이 한 곳에 남아 있거나 인접 영역으로 이동하여 나타난다.

다른 단순 부분 감각 발작은 특정 감각 영역에서 발생하는 전기적 자극의 비정상적 폭발에서 발생한다. 예를 들어, 섬광, 색, 시야 결손과 같은 시각적 증상은 뇌 후두엽의 발작에서 발생한다. 단순 부분발작은 또한 특정 냄새를 맡거나(후각 증상) 특정 맛을 느끼는 것(미각 증상)의 원인이 된다. 단순 부분 운동 발작과 함께 의식 손상은 없다(개정된 분류체계에서는 감각 증상을 가진 단순 부분발작은 체감각, 시각, 청각 또는 후각과 같은 주로 한 가지 감각 양식을 수반하는 단순한 현상 때문에 발생하는 증상을 focal sensory seizures로 언급함).

이전에 논의했듯이, 단순 부분 감각 발작은 전조로서 발생한다. 전조는 더 복합적인 발작에 선행하는 단순 부분발작이다. 전조는 복합 부분발작(complex partial seizure)이나 긴장성-간대성 발작(tonic-clonic seizure) 전에 자주 나타난다. 전조는 더 심한 발작이 일어나기 전에 개인에게 경고의 신호가 될 수 있다.

### 자율 증상을 가진 단순 부분발작

또한 단순 부분발작이 자율신경계와 연관된다면 자율 증상이 나타난다. 증상은 빠른 심박동수, 동공 확장, '털이 곤두서는 소름(goose bumps)' 등을 포함한다. 드문 발작이긴 해도 복통이 발생한다.

### 정신적 증상을 가진 단순 부분발작

피질의 고등 기능이 수반될 때, 정신적 증상을 가진 단순 부분발작이 발생한다. 특정 감정, 환각 또는 인지적 기능의 다른 장애를 느낀다. 정신적 증상은 단순 부분발작으로 시작되지만 점차 복합 발작으로 더 자주 나타난다(2001년 개정된 분류체계에서는, 이러한 발작이 경험적 감각 증상을 가진 부분발작으로 알려짐).

### 복합 부분발작

복합 부분발작은 공식적으로는 정신운동성 발작(psychomotor seizure)이나 많은 수가 측두엽에서 발생하기 때문에 측두엽 발작(temporal lobe seizures)이라고도 한다. 복합 부분발작은 흔히 전조 증상을 느끼게 된다(Pellock & Duchowny, 2002). 의식을 상실하게 되며, 종종 다중 증상적(multisymptomatic)이며, 일반적으로 특정 운동 행동과 정신적 증상을 수반한다. 복합 부분발작은 일반적으로 2~3분 넘게 지속되지는 않지만, 몇 분 정도 의식을 잃거나 혼란을 경험하는 발작 후 상태(postictal state)를 나타낸다.

복합 부분발작이 시작되면 자기도 모르게 반복적인 행동을 보이게 되는데, 이를 자율 증상(automatism)이라고 한다. 자율 증상은 무의식적으로 나타나는 반복적 움직임을 말한다. 예를 들어, 씹는 행동을 하거나, 긁거나, 무표정을 짓거나, 어떤 몸짓을 나타내거나, 구절을 반복하는 것과 같은 단순 운동 행동을 보인다. 혼란해하며, 때로는 원을 그리며 걷거나, 물건을 집거나, 옷을 고르는 것과 같은 일정하지 않은 무의미한 활동을 하기도 한다. 자율 증상의 증상은 복합적으로 나타날 수도 있고, 그리기와 같이 하나의 행동이 반복해서 나타날 수도 있다. 개인마다 나타나는 자율 증상의 형태는 다르지만, 개인에 따라서는 일반적으로 동일한 형태가 반복되어 나타나게 된다. 또한 자율 증상은 성숙과도 연관성이 있다. 예를 들어, 빨기(sucking)와 단순 반복 몸짓은 유아에게서 자율 증상으로 나타나며, 더 복합적인 운동 행동은 연령이 높은 아동에게서 발생한다(Pellock & Duchowny, 2002). (자율 증상의 출현 때문에 개정된 분류체계가 자율 증상을 가진 부분 운동 발작이라는 용어를 사용한다.)

복합 부분발작은 정신적 증상도 동반한다. 공포, 즐거움, 당황함과 같은 감정 표현이 전조 증상으로 나타나게 되며, 환상과 환각, 환청 등이 함께 발생한다. 이러한 자율 증상 유형은 10세 후반까지의 아동을 대상으로 한 연구에서 보고된 바 있다(Pellock & Duchowny, 2002).

### 이차성 전신발작으로 이행되는 부분발작

이 범주에서는 발작이 복합 부분발작에서 시작하고 이후에 양 대뇌 반구를 가로질러 대뇌피질의 다른 부분으로 퍼진다. 이는 전신발작을 야기한다.

## 2) 전신발작

전신발작(generalized seizures)은 양측 대뇌 전체에서 동시에 발작이 시작되며, 신체 좌우 모두에서 일시에 시작되고 의식 소실을 동반하는 발작이다. 감지하기 힘든 부재 발작(absence seizure)에서부터 과장된 경련성 발작(convulsive seizure)까지 전신발작의 다양한 유형이 있다. 전신발작의 다양한 유형은 〈표 16-2〉에 제시되어 있다.

### 부재 발작

부재 발작(absence seizures)은 전에는 소발작(petit mal, '조금 나쁜'의 의미)이라고도 했다. 이 발작의 전형적인 모습은 아동이 갑자기 의식을 상실하고, 하던 일을 멈추며, 멍하게 응시하거나 눈을 위로 굴리는 행동 등을 나타내는 것이다. 고개가 앞으로 약간 숙여진 다음 자율 증상이 나타난다는 것을 제외하고는 일반적으로 움

| 표 16-2 | 최근 1981년 분류체계와 2001년 개정 분류 체계에서의 전신발작 분류 |
| --- | --- |

| Ⅱ. 전신발작(ILAE, 1981) | 전신발작(ILAE, 2001) |
| --- | --- |
| 부재<br>　a. 전형적<br>　b. 비전형 | 전형적 부재 발작<br>비전형 부재 발작<br>근간대성 부재 발작 |
| 전신 긴장성–간대성<br>간대성 | 간대성 발작<br>　a. 강직 형태로<br>　b. 강직 형태 없이 |
| 긴장성 | 긴장성 발작 |
| 근간대성 | 근간대성 발작<br>광범위한 양측 근간대<br>눈꺼풀 간대성 근경련증<br>　a. 소발작 없이<br>　b. 소발작과 함께<br>간대성 무긴장성 발작<br>음성 근간대 |
| 무긴장성 | 무긴장성 발작 |
|  | 경련<br>전신 간질에서 반사 발작 증후군<br>후두 신피질의 발작<br>신피질의 측두엽 발작 |

직임 또는 긴장이나 자세의 변화는 없다. 자율 증상이 발생할 때 자주 눈을 깜박거리거나 입술 경련 등 좀 더 복합적인 증상이 나타난다. 이러한 발작은 1초에서 1분까지 지속되기도 하나, 보통 5~10초간 지속된다. 발작이 끝나면 아무 일도 없었던 것처럼 이전의 활동을 재개한다. 부재 발작은 하루에 수백 번 발생할 수 있다(Tovia, Goldberg-Stern, Shahar, & Kramer, 2005).

　부재 발작의 시작은 갑작스럽고, 전조와 연관되지 않기 때문에 경고 없이 발생한다. 또한 발작 후 혼란이나 졸림 증상이 없이 하던 활동을 계속할 수 있다. 그러나 아동의 경우 부재 발작 후 교실에서 무슨 일이 발생했는지 혼란해할 수도 있다. 때로는 발작 후의 교실 상황을 이해하지 못하거나 좌절할 수도 있으며, 교실활동을 따분해하며 참여하지 못할 수도 있기 때문에 학업 문제가 발생할 수도 있다(McBrien & Bonthius, 2000). 예를 들면, 읽기학습을 하는 동안 부재 발작을 경험한 학생은 다음과 같은 방식으로 수업을 듣게 될 것이다.

오늘 이 시간에 우리는 .................을 할 거예요.

.............. 을 좋아하는 소년과 함께 .................

.............................................................

마가렛은 울었다. 나는 ...................................

부재 발작의 이러한 증상 때문에 아동은 수업 시간의 많은 내용을 놓치게 되며, 집중하지 못한다고 질책을 당하게 된다. 부재 발작을 하는 동안 집중하라고 요구하거나 크게 소리치는 것으로는 발작을 끝나게 할 수 없다. 그러므로 교사는 부재 발작을 하는 동안 아동을 주의 깊게 관찰해야 한다. 부재 발작을 하는 것인지 혹은 단지 허공을 응시하고 있는 것인지가 명확하지 않다면, 의심스러운 사건이 발생했을 때 아동에게 단어를 말하고 또 사건 발생 후 단어를 회상하게 하여 판단할 수 있다. 만약 부재 발작이 발생했다면 아동은 단어를 회상할 수 없을 것이다(Bourgeois, 2002). 하지만 관찰에 의해 판단할 수 없는 경우도 있으므로 이때에는 EEG를 통한 신경학적 검사가 필요하다.

여기서 기술된 부재 발작 외에도 다른 형태의 부재 발작이 있다. 비전형 부재 발작(atypical absence seizures)에서 발작의 시작과 중지는 전형적 부재 발작처럼 갑자기 나타나지는 않는다. 또한 발작의 이러한 유형은 근긴장도의 변화와 연관이 있다. 레녹스-가스토 증후군과 같은 특정한 증후군은 비전형 부재 발작이 있을 때 고려된다. 또한 부재 발작은 근간대성 발작(myoclonic seizures, 개정된 분류체계에서는 근간대성 부재 발작[myoclonic absences]으로 언급됨)을 가진다. 부재 발작의 이러한 유형에는 완전한 혼란에서 일반적으로 어깨, 팔, 그리고/또는 다리를 수반하는 양측의 근간대성 떨림(myoclonic jerks)에 의해 동반되는 부분적 혼란(partial disruption)까지의 의식 범위가 있다(Bureau & Tassinary, 2005).

## 전신 긴장성-간대성 발작

이전에 대발작(grand-mal seizures)으로 알려졌던 전신 긴장성-간대성 발작(generalized tonic-clonic seizures)은 가장 일반적인 형태의 발작이다. 격렬한 불수의적인 근수축이 나타나는 경련성 발작이다. 일부 사람은 발작이 발생할 것임을 경고하는 전조나 전구 증상을 가지기도 하며, 아무런 전조 증상이 없이 갑자기 의식을 잃고 쓰러지기도 한다. 일반적으로 발작의 이러한 유형은 발작이 끝난 후에도 발작 후 상태를 나타낸다.

전신 긴장성-간대성 발작이 발생하면 갑작스러운 의식 손상이 있다. 공기가 폐에서 강제로 배출되기 때문에 가슴과 복부 근육 수축으로 인하여 소리를 지르거나 짧은 울음, 비명이 발생하는 수가 있다. 발작은 몸이 뻣뻣해지는 강직기를 거쳐 이후에는 몸을 떠는 간대기로 진행된다. 강직기에는 팔다리가 펴지는 근육의 확산된 강직이 나타난다. 만약 학생이 서 있는 자세라면 쓰러질 것이고, 그 충격으로 부상을 입을 가능성이 있다. 이 기간 동안에는 눈이 위쪽을 향하게 되고, 불규칙적이거나 얕은 호흡으로 인한 산소 부족으로 청색증(cyanosis)이 발생하게 된다. 강직기는 일반적으로 몇 초 동안 지속되며, 서서히 간대기로 발전한다. 간대기에는 신체의 떨림 간격이 점차 벌어지면서 간질을 마치게 된다(Bourgeois, 2002).

발작을 하는 동안 불충분한 삼킴으로 인한 침의 흡입, 자신의 혀 깨물기, 구토 발생으로 인한 사고를 방지하기 위해 몸을 옆으로 몸을 돌려 주어야 한다. 발작 중에 방광 통제 기능을 상실하여 소변을 보는 경우도 자주 발생한다. 일반적으로 발작은 1~2분간 지속된다(Beers et al., 2006).

발작 후에 아동은 소진될 것이고 보통 30분에서 2시간 동안 잠들게 된다(Johnston, 2004). 아동이 일어났을 때는 혼란해하거나 무기력함을 나타낼 수 있으며, 근육통, 구토, 두통 등이 나타날 수 있다.

### 긴장성 발작

발작의 증상이 강직기만을 나타내는 형태로 나타난다. 이러한 경우의 발작은 긴장성 발작(tonic seizure)이라 한다.

### 간대성 발작

발작의 증상이 간대기만을 나타내는 형태로 나타난다. 이러한 경우의 발작은 간대성 발작(clonic seizures)이라고 한다.

### 근간대성 발작

근간대성 발작(myoclonic seizures)은 의식의 변화 없이 매우 짧은 순간(0.5초 미만) 마치 깜짝 놀라듯 전신의 근육이 순간적으로 한꺼번에 수축하는 형태로 나타난다(Bourgeois, 2002). 근간대성 발작의 격렬한 정도는 유형에 따라 다르다. 어떤 경우에는 증상을 감지하거나 인지하기 어려우며, 어떤 경우에는 아동이 쓰러지는 등의 심각한 형태로 나타난다. 일반 사람도 이와 비슷한 동작이 무의식 중에 나타나기 때문에 정상적인 동작과 근간대성 발작의 증상을 구별하기는 어렵다. 이러한 구분을 위해서는 전문가의 도움이 필요하다.

### 무긴장성 발작

무긴장성 발작(atonic seizures)은 근긴장도가 갑작스럽게 떨어지면서 정신을 잃고 쓰러지게 되는 발작이다. 근간대성 발작의 반대 증상이다.


## 3) 간질 증후군

간질 발작의 유형이 확인되면, 의사는 개인의 발작이 증후군의 부분인지 아닌지를 결정하게 된다. 발작이 증후군의 부분인지 확인하는 것은 적합한 치료를 결정하는 데 도움이 될 것이다. 간질 증후군별 특성을 살펴보면 다음과 같다.

### 중심측두엽 극파를 동반한 양성 소아간질

3～13세 아동에게서 가장 일반적으로 발생하는 간질 증후군은 중심측두엽 극파를 동반한 양성 소아간질(benign childhood epilepsy with centrotemporal spikes)과 아동기 부재 발작이다(Tovia et al., 2005). 중심측두엽 극파를 동반한 양성 소아간질에는 운동 신호를 동반한 부분발작과 종종 체감각 증상, 특정 EEG 패턴, 그리고 발병 이전의 신경학적/지적 결손이 있으며, 보통 청소년기 동안 자발적 차도를 나타낸다(Engel & Fejerman, 2005; Loiseau & Duche, 1989).

### 아동기 부재 발작

아동기 부재 발작(childhood absence epilepsy)은 유전적으로 결정되며, 연령과 관계가 있고, 장애가 없는 아동에게서 나타난다. 일반적으로 매 10초간 지속하며 하루 동안 반복적으로 발생하는 심각하며 빈번한 부재 발작이다. 아동기 부재 발작

은 보통 청소년기에 사라지지만, 긴장성-간대성 발작으로 발달될 수도 있다
(Sidenvall, Frogren, Blomquist, Heijbel, 1993; Tovia et al., 2005).

### 아동기 근간대 경련

청소년기에 발생하는 간질 증후군은 12~16세 사이에 시작하는 아동기 근간대
경련(juvenile myoclonic epilepsy, janx syndrome)이다. 일반적으로 손과 팔에 관여
되는 가벼운 발작으로 칫솔 등의 사물을 떨어뜨리거나 흘리는 형태로 나타난다. 이
러한 발작은 처음에는 청소년에 의해 무시되지만, 점차 전신 긴장성-간대성 발작으
로 발전하게 된다(Johnston, 2004). 이 간질 증후군에 대한 유전적 요인은 이미 확인
되었다(Pal et al., 2005).

### 진행성 근간대 경련

진행성 근간대 경련(progressive myoclonic epilepsies)은 유전적 질환에 의해 나타
난다. 예를 들어, 라포라병(Lafora disease)은 전신 긴장성-간대성 발작을 동반하는
질환으로 10~18세에 발병하여 그 결과로 근간대 경련이 나타난다. 정신 황폐
(mental deterioration)가 이 장애의 중요한 특징이다(Johnston, 2004).

### 레녹스-가스토 증후군

레녹스-가스토 증후군(Lennox-Gastaut syndrome)은 지적장애나 발달지체를 가진
사람에게서 발생한다. 이 간질 증후군은 발작의 복합적인 유형이다. 발작의 난치성
때문에 통제가 어려운 증후군 중 하나다. 일반적으로 발작이 하루에 대략 9~70회
의 범위로 빈번하다. 한 연구에서는 대부분의 발작이 아동이 깨어 있으면서 비활동
적인 시간 동안에 발생했으며, 반대로 아동이 깨어 있으면서 활동적인 시간에는 상
당히 낮은 비율로 발생한 것으로 나타났다(Papini, Pasquinelli, Armellini, & Orlandi,
1984). 이에 1일 발작 횟수를 줄이기 위한 방법으로 자극적 환경을 제시하는 것이 제
안되었다.

## ⑤ 발작과 간질의 진단

발작의 초기 진단에서는 발작이 실제로 발생하였는지 여부를 결정해야 한다. 어떤 증상은 거의 발작처럼 보이기도 하며, 실수로 발작으로 구분되기도 한다. 예를 들어, 실신, 편두통, 운동장애, 부정맥, 약물 과다 복용 등의 증상은 발작으로 오인되기도 한다. 발작의 유무, 원인 등을 찾기 위해 다양한 의학적 검사, 혈액검사, 일반 검사 등이 수행된다. 만약 발작이 확인된다면, 의사는 일회성 발작인지 혹은 반복적 발작에 의한 간질인지, 증후성인지 혹은 특발성인지, 그리고 발작이 간질 증후군의 부분인지를 추가로 결정해야 할 것이다.

발작을 진단하기 위한 최선의 방법 중 하나는 신경과 전문의가 직접 발작을 관찰하는 것이다. 직접관찰을 통해 전조 증상의 유무, 의식 장애나 불명, 발작하는 동안의 언어 이해능력, 자율 증상의 유무, 발작의 비대칭(신체의 한쪽에서 또는 양쪽에서 시작되었는지를 결정하기 위한)에 관한 문제 등을 판단할 수 있다(Oguni, 2004). 이러한 정보는 다른 질환을 배제하고, 발작의 유형을 결정하는 데에도 필요한 과정이다.

신경학적 검사는 비정상적 신체 요인을 판별하기 위해 수행된다. 신경과 전문의는 비정상적 머리 크기, 신체의 오른쪽과 왼쪽 사이의 반사운동에서의 차이점, 균형 문제, 그리고 감각 반응에서의 이상을 발견하게 된다. 검사를 통해 신경과 전문의는 발작을 유발할 수 있는 다른 근본적인 장애의 유무를 평가한다.

의학적 검사를 통해서도 발작과 간질에 대해 평가할 수 있다. 대사 이상, 완전 혈구 측정(complete blood count), 혈청 포도당, 폐 기능 검사, 다양한 감염에 대한 검사 등이 포함된다. 요추천자(spinal tap)와 같은 검사는 뇌수막염이 의심된다면 수행된다. 요추천자는 바늘을 척추 안으로 삽입하여 뇌척수액을 추출하여 감염 여부를 확인하는 검사다(Beers et al., 2006).

뇌전도(EEG, 뇌파)는 간질의 유무와 유형에 대한 상세한 정보를 제공한다([그림 16-3] 참조). EEG는 두피의 정확한 위치에 원형 모양의 전극을 설치하여 검사한다. 전극의 전선은 뇌의 전기적 활동을 그래프로 기록하는 EEG 기기와 연결된다. 뇌파 검사는 뇌세포가 활동할 때 생기는 전류에 의한 전위의 차이를 유도하여 수백만 배로 증폭하고 그것을 곡선으로 기록하는 검사다. 이때 나타나는 비정상적 파형을 통해 발작의 유형을 알 수 있다.

EEG를 검사할 때 발작이 일어나지 않더라도 간질파가 나타날 수 있으나, 간질 증상이 있는 많은 경우에 뇌파검사를 해도 간질파가 확인되지 않는다. 일반적으로 간질을 가진 사람의 약 50%는 EEG에서도 간질에 대한 증후가 나타나지 않는다 (Brodie & French, 2000). 그러므로 발작의 유형을 진단하기 어려울 때에는 다른 검사를 통한 진단이 필요하다.

뇌영상 기술(brain imagery techniques)은 근본적인 뇌 병리 현상의 유무를 결정하는 데 사용되다. 뇌영상 기술을 통해 종양, 위축, 석회화(calcification), 동맥류 등의 두뇌 이상 요인을 발견할 수 있다. 컴퓨터 단층촬영술로 알려진 CT 스캔 분석은 뇌영상 기법을 이용한 검사방법 중 하나로, 뇌 혈관의 시각화를 높이기 위해 혈류에 염료를 주입하여 검사하는 방법이다. 또 다른 기술은 자기공명영상(MRI)이다. 엑스레이를 사용하는 대신, MRI는 분자의 자성(magnetic qualities)을 이용하여 뇌의 다

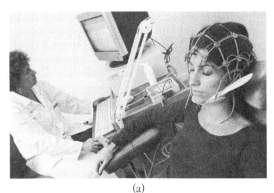
(a)

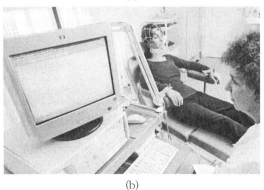
(b)

그림 16-3 EEG 기기로 판독한 내용을 모니터링하며(a), EEG는 컴퓨터 모니터에 뇌의 전기적 활동을 보여 준다(b).

른 부분을 시각화한다. 그 밖에 사용되는 기술로 양전자 방출 단층촬영(PET)과 단일광자 단층촬영(SPECT)이 있다. 이러한 검사는 소량의 방사선 물질을 주입하여, 뇌의 대사활동을 탐색하고 발작의 위치를 정확히 찾아내어 판독할 수 있도록 도움을 준다.

## ⑥ 간질의 치료

간질의 치료는 약물치료, 미주신경 자극, 그리고 실행 가능한 수술을 포함한다. 때때로 식이요법이 사용된다. 치료의 목표는 발작을 통제하는 것과 합병증을 예방하는 것이다. 만약 발작이 증후성(symptomatic)이라면 근본 질환을 통제하는 것이 목표가 될 것이다. 일반적인 치료 예방책에는 발작의 의학적 관리, 아동이 간질이 있음을 알려 주는 의학적 경고 팔찌의 사용, 낙상 등의 발작 발생에 대한 예방적 헬맷의 사용, 발작을 일으키는 특정한 외적 자극의 회피, 발작 관리와 관련한 정보 제공 등이 있다.

### 1) 항경련제

보통 간질을 가진 사람은 발작을 통제하기 위해 항경련제(antiepileptic drugs)를 복용한다. 아동이 처음 발작을 했을 때, 정상적인 검사 소견, 정상 EEG, 음성 가족 병력(negative family history)을 지녔다면 항경련성 약물의 처방을 내리지 않는다. 특별한 이유가 없는 일회성 발작은 재발의 가능성이 50%가 채 안 되기 때문이다 (Brodie & French, 2000). 하지만 아동에게 가족 병력이 있어서 발작의 위험 요인이 예측된다면 항경련성 약물이 처방된다.

약물치료의 목표는 졸림, 행동 변화, 위장 문제 등의 부작용을 최소화하는 한 가지 약을 사용하는 것이다. 만약 정상적인 생활에 어려움이 있을 정도의 졸림과 같은 부작용이 심각하다면 복용량이나 약물 자체를 바꿔야 할 것이다.

때에 따라서는 어려운 발작의 통제나 다중의 발작이 수반될 때 한 가지 약물이 아니라 여러 약물이 처방될 필요가 있다. 최근 약물치료의 경향은 단독치료를 선호하는 것이다. 즉, 간질 발작의 분류에 따라 가장 적합한 하나의 약물을 선택하여 개인에 따라 충분한 용량을 사용하는 것이다. 병합치료 시에는 약물의 약리학적 상호작용에 의한 효과 감소, 독성의 축적 현상이 나타날 수 있으므로 최대한 피하는 것이 좋다. 처음 약물치료를 시작할 때에는 소량으로 시작하나, 점차 복용량을 늘려서 발작에 효과적인 적정량을 정하게 된다. 약물의 적정량이 투입되는지를 살펴보기 위해서는 정기적인 관찰과 혈액검사가 필요하다. 약을 복용한 후에도 발작 유무, 부작용 정도를 계속적으로 점검하여, 그 결과를 바탕으로 약물을 조정하게 된다. 일단 약물로 발작이 통제된다면, 아동의 성장과 성숙에 따라 복용량의 변화가 필요하다. 약물로 인한 부정적 영향을 고려하여 의사의 신중한 관찰과 보고가 필수다.

## 2) 케톤 생성 식이요법

케톤 생성 식이요법(ketogenic diet)은 발작활동을 통제하기 위한 특정 상황에서 사용된다. 이 방법은 아동의 식사에서 탄수화물과 단백질의 양을 제한하는 대신에 대부분의 열량은 지방이 함유된 식품을 통해 제공하는 섭식방법이다. 탄수화물과 지방은 보통 1:4의 비율이다. 음식은 반드시 가중치를 두어야 하며, 각 식사는 신중히 계산되어야 한다. 식사가 발작 감소에 어떠한 영향을 주는지에 대한 정확한 기제는 완전히 밝혀지지 않았지만, 식사에서 발생하는 케톤의 축적 때문에 항경련제 효과가 나타나는 것으로 밝혀졌다.

케톤 생성 식이요법은 전신발작이나 부분발작 등 다양한 발작에 효과적인 것으로 밝혀졌다(Maydell et al., 2001). 약 30% 사람들이 식이요법으로 발작이 현저히 억제되었으며, 약 60%는 주요한 효과를 경험하였다(Ma, Berg, & Yellen, 2007; Thiele, 2003). 케톤 생성 식이요법은 그 효과 면에서 매우 우수한 방법이나, 불균형 식이를 지속하여 위험한 합병증이 따를 수 있고, 식사를 준비하는 보호자의 철저한 교육이 필요하다는 점에서 많은 어려움이 있다. 일부 부모는 식이요법이 너무 어렵다고 지적하며, 많은 아동이 식사가 즐겁지 않으며 군것질에 끌리는 등의 문제점을 나타냈다(McBrien & Bonthius, 2000).

## 3) 미주신경 자극

　발작이 약으로 통제되지 않는 사람은 미주신경 자극(vagus nerve stimulation: VNS) 치료법을 사용한다. 미주신경 자극 치료법이란 왼쪽 목 부위에 위치한 미주신경에 미세한 전기 자극을 가하여 간질을 억제하는 치료법이다. 미주신경 자극 장치는 왼쪽 가슴의 피부 밑에 이식되는 동전 크기의 작은 발전기로 구성되어 있으며, 외부의 컴퓨터로 프로그램된다([그림 16-4] 참조). 기기는 몇 분 간격으로 간헐적인 전기 자극을 미주신경에 전달한다. 미주신경 자극 치료법을 위해서는 자극 발생기(pulse generator) 및 전극 리드(bipolar lead)를 몸 속에 이식하는 수술이 선행되어야 한다. 미주신경 자극 장치 이식은 비교적 간단한 수술로 가슴 부위와 목 부위를 절개하여 장치를 삽입하며, 이식 수술 자체는 약 1시간 정도 소요된다. 이는 발작을 중단하거나 단축하는 데 매우 효과적임이 밝혀졌다(Wilfong, 2002).

　미주신경 자극의 기제는 잘 알려지지 않았지만, 부작용을 최소화하거나 소거하는 등의 긍정적인 반응을 보인다. 개인에 따라서는 효과의 크기가 다양하게 나타나지만, 1년 이상의 미주신경 자극 후에 40% 이상의 사람이 발작의 50% 이상이 감소된 것으로 보고되었다(Brodie & French, 2000). 그 밖에 부정적인 영향으로는 목소리

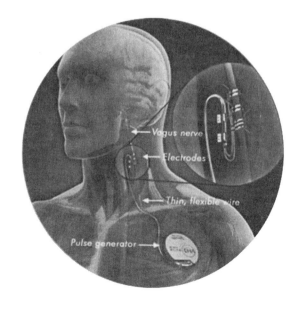

**그림 16-4**　미주신경을 따라 뻗은 도선과 왼쪽 가슴의 피부 아래에 심은 미주신경 자극 장치

의 변화, 기침, 숨가쁨, 임플란트 위치의 감염 등으로 나타났다(Wilfong, 2002).

미주신경 자극치료는 발작 통제에 어려움이 있는 지적장애나 발작장애를 가진 사람에게 효과적이다. 그 밖에 미주신경 자극치료를 할 경우 약물 복용량을 줄일 수 있고, 특정 항경련제로 인한 부정적 영향과 위험을 줄이는 데 효과적이다(Wilfong, 2002).

### 4) 수술적 치료

이상의 적절한 합리적인 약물치료에 반응을 하지 않는 경우에는 수술적 치료를 고려할 수 있다. 간질을 통제하는 데 사용되는 수술치료로는 간질 병소를 수술적으로 제거하는 방법인 병소 절제술, 그리고 대뇌반구 절제술, 뇌량 절제술 등이 사용된다. 수술적 치료는 발작을 제거하거나 줄이는 데 높은 성공률을 나타낸다.

병소 절제술은 발작을 일으키는 뇌의 국소 부분의 영역을 제거하는 것이다. 이러한 수술은 발작을 일으키는 부분을 정확히 알 수 있을 때에만 사용될 수 있다.

대뇌반구 절제술에서는 전체 대뇌 반구가 제거된다. 이 수술은 아동과 청소년에게서 주목할 만한 결과를 보여 준다. 유아를 대상으로 진행한 한 연구에서는 약 66%의 유아가 발작에서 자유로워졌으며, 또 다른 22%는 발작 빈도와 강도 면에서 90% 이상의 감소를 나타냈다(Gonzalez-Martinez et al., 2005).

뇌량 절제술은 간질 발작이 다른 뇌 부위로 파급되는 통로를 차단하는 방법이다. 이는 뇌의 다른 쪽으로 비정상적 전기적 충격의 확산을 방지한다. 이 유형의 수술은 난치의 전신 긴장성-간대성 발작, 부재 발작, 그리고 근간대 발작의 감소에 효과적이다(Jenssen et al., 2006).

### 5) 발작 발생 시 해야 할 일

언제든 발작이 발생하면 교사와 학교 관계자는 그들이 해야 할 단계를 알고 있어야 한다. 발작의 유형에 따라 지침은 다를 수 있다. 경련성 발작(예: 긴장성-간대성)과 비경련성 발작의 일반적인 지침은 다음과 같다.

## 전신 긴장성-간대성 발작에 대한 응급처치

전신 긴장성-간대성 발작이 발생했을 때, 교사는 아동을 지원하기 위하여 다음과 같이 행할 수 있다.

① 진정하고, 발작 지속기간을 측정할 수 있도록 시계를 본다.
② 부상을 당할 수 있으므로 아동을 제압하거나 움직임을 막으려는 시도를 하지 않는다.
③ 아동 주변의 가구나 다른 딱딱하거나 날카로운 물건을 치운다.
④ 호흡을 방해하는 목 주변의 어떤 것이든 느슨하게 한다.
⑤ 머리 아래에 납작하고 부드러운 것(예: 자켓 등)을 받쳐 준다.
⑥ 아동을 옆으로 눕혀 입에서 타액 배출과 호흡을 위한 기도를 확보해 준다.
⑦ 입을 억지로 벌리려 하지 않는다.
⑧ 발작이 끝날 때까지 아동과 함께 있는다.
⑨ 만약 다음과 같다면 구급차를 부른다.
   a. 발작이 5분 이상 지속됨
   b. 의식 회복 없이 즉시 중복적 발작이 발생함
   c. 발작이 처음으로 발생한 경우임
   d. 부상이 발생했거나 아동이 당뇨병을 가지고 있음
   e. 호흡곤란이 있음
   f. 발작이 물속에서 발생함(Epilepsy Foundation, 2007)
⑩ 발작 후에 아동은 혼란할 것이나 곧 안정을 찾게 될 것이다. 아동이 액체를 흡입할 수 있기 때문에 이 시간 동안 액체로 된 어떠한 것도 제공하지 않는다.
⑪ 아동이 쓰러졌다면 부상이 있는지 살펴야 하며, 필요한 경우 이에 대한 첫 번째 지원이 제공되어야 한다.
⑫ 보통 아동은 발작 후 탈진되므로 휴식을 허용한다. 또한 발작 동안과 후에 학생의 자존감을 보호해 주는 것이 중요하다. 예를 들어, 아동의 옷이 더러워졌다면 옷을 갈아입힌다.

### 비경련성 발작에 대한 응급처치

단순 부분발작, 부재 발작, 근간대 발작과 같은 비경련성 발작은 보통 어떠한 응급처치도 요하지 않는다. 하지만 무긴장성 발작과 등으로 아동이 쓰러졌다면 아동의 부상을 살펴보아야 한다.

아동이 복합 부분발작을 할 경우에는 부상이 발생할 수 있다. 이때 관찰자는 주변의 환경적 위험 요소에서 아동이 멀어지도록 조심스럽게 이끌어야 한다. 관찰자는 어떠한 구어적 지시를 따르도록 요구하지 않고 아동에게 조용히 말을 건넨다. 발작 후에는 혼란이 지속되어 발작 동안 일어난 일을 기억하지 못하므로 환경에 대한 방향 전환, 안심시키기, 그리고 이에 대한 지원이 필요하다.

## ⑦ 간질의 진행과정

간질의 예후는 그 원인과 유형에 따라 달라진다. 어떤 유형은 쉽게 통제되며, 어떤 유형은 심각한 수준으로 일생에 걸쳐 지속되기도 한다. 예를 들어, 레녹스-가스토 증후군과 뇌 기형을 가진 사람은 통제하기 어려운 발작이 나타나며, 청소년기를 통해 지속적으로 나타난다. 반면에 아동기에 부재 발작을 경험한 사람은 나이가 들면서 점차 감소되거나 없어지기도 한다. 일반적으로 발작은 치료를 받는 사람의 약 1/3은 점차 제거되며, 또 다른 1/3은 50% 이상 감소된다(Beers et al., 2006).

2년 정도 항경련성 약물을 복용하면, 일반적으로 뇌에 기질적 변화가 심한 경우가 아닌 경우 발작이 감소된다. 그러나 약물은 갑자기 중단하면 안 된다. 약물을 복용하는 사람 중 약 60%는 어느 정도 발작이 통제되어 약물을 중단하게 될 것이며 발작 없이도 생활할 수 있게 된다(Beers et al., 2006).

일반적으로는 간질이 뇌 기능에 지속적인 영향을 주지는 않는다. 하지만 매우 장기적이며 빈번한 발작을 나타내거나 산소 부족이나 두뇌 손상과 관련될 경우에는 두뇌 기능에 유해한 영향을 미친다. 일반 사람과 비교해 볼 때, 간질을 가진 사람은 사망률의 위험성이 더 크다. 그 밖에도 간질의 지속 상태, 발작으로 인한 예기치 못한 갑작스러운 죽음, 자살, 기타 사고 등으로 인해 사망 사고가 발생하는 것으로 밝혀졌다(Hitiris, Mohanraj, Norrie, & Brodie, 2007).

## ⑧ 발작에 대한 교육적 시사점

학교 관계자가 발작의 여러 가지 유형에 대해 숙지하는 것은 중요하다. 교사는 학생이 부재 발작과 같은 감지하기 힘든 발작을 나타냈을 때 발견하고 학생에게 도움을 줄 수 있는 첫 번째 사람이다. 예를 들어, 학생이 전신 긴장성-간대성 발작을 가지고 있다면, 교사와 학교 관계자는 학생을 위해 할 일과 활동을 위해 준비할 것이 무엇인지 알아야 한다. 간질 관련 기관이나 단체를 통해 유용한 정보를 얻을 수 있다.

### 1) 신체 및 감각적 요구

간질을 동반한 아동이 학교에 입학했을 때, 교사는 기초 정보를 수집해야 한다. 이러한 정보에는 발작 증상에 대한 상세한 설명을 포함한 발작의 유형, 아동의 발작을 유발하는 것으로 알려진 요인, 전구 또는 전조 증상의 존재와 형태, 최근의 발작 패턴(예: 빈도나 일반적으로 발작이 발생하는 시간 등), 발작기간, 발작 후 아동의 행동 변화 등을 포함한다. 발작의 치료는 개별적으로 다르며, 약물 이름과 발생할 수 있는 부작용에 대한 정보를 포함하여 수집한다. 수영이나 운전처럼 의식 손상이 발생했을 경우에는 생명을 위협할 수 있으므로 발작이 통제될 때까지 특정한 활동이 제한될 수 있음을 알아야 한다.

교사와 부모는 응급 사태에 대해서도 정확한 정보와 행동 수칙을 알고 있어야 한다. 어떤 상황이 응급 사태인지, 그리고 언제 구급대원을 불러야 하는지에 대하여 사전에 논의하는 것이 중요하다. 예를 들어, 강직성-간대성 발작의 경우 5분 이상 지속되거나 의식이 회복되지 않는 반복된 발작, 부상 또는 호흡곤란이 나타날 때 응급 사태로 본다. 학교 보건교사를 포함하여 교사는 의사에 의해 작성된 의학적 지침을 숙지하고 따를 필요가 있다. 교사, 보조원, 관련 교직원은 발작 발생 시 해야 할 일에 대한 훈련을 받아야 한다. 학생의 간질 관리에 대한 대처계획에는 각 단계에서 해야 할 일이 무엇이며, 어떤 사태가 응급 사태가 되는지에 대한 정확한 설명이 있어야 한다.

| 표 16-3 | 발작 관찰 기록 |
|---|---|

| | | | | |
|---|---|---|---|---|
| 학생 이름: | | | | |
| 날짜(시간) | | | | |
| 발작 시간 | | | | |
| 발작 전 관찰(행동, 유발 사건, 활동을 간단하게 목록화) | | | | |
| 의식(예/아니요/변화됨) | | | | |
| 부상(간단하게 기술) | | | | |
| 근긴장도/ 신체/움직임 | 강직성/꽉 쥐기 | | | |
| | 불수의 운동(떨림) | | | |
| | 낙상함 | | | |
| | 신체 흔들기 | | | |
| | 돌아다님 | | | |
| | 전체 신체 저림 | | | |
| 외적 움직임 | (우)팔 저림 | | | |
| | (좌)팔 저림 | | | |
| | (우)다리 저림 | | | |
| | (좌)다리 저림 | | | |
| | 불수의적인 움직임 | | | |
| 색 | 얼굴이 붉어짐 | | | |
| | 창백함 | | | |
| | 상기됨 | | | |
| 눈 | 동공 팽창 | | | |
| | 눈동자가 돌아감(우/좌) | | | |
| | 눈동자를 올림 | | | |
| | 응시/안검 반사 | | | |
| | 눈을 감음 | | | |
| 입 | 타액 분비 | | | |
| | 씹기 | | | |
| | 입맛 다시기 | | | |
| 구어적 소리(구역질, 말하기, 헛기침 등) | | | | |
| 호흡(정상적, 곤란한, 중단된, 시끄러운 등) | | | | |
| 실금(소변/배설물) | | | | |
| 발작 후 관찰 | 혼란함 | | | |
| | 졸림/피곤 | | | |
| | 두통 | | | |
| | 말끝 흐림 | | | |
| | 기타 | | | |
| 안정을 찾을 때까지 걸린 시간 | | | | |
| 부모에게 알렸는가?(통화 시간) | | | | |
| 응급차를 불렀는가?(통화 시간과 도착 시간) | | | | |
| 관찰자 이름 | | | | |

출처: Epilepsy Foundation(http://www.epilepsyfoundation.org.)의 허락하에 게재.

발작이 끝난 후에 교사는 발작의 발생에 관련된 상세 정보를 기록해야 한다. 〈표 16-3〉과 같은 발작에 대한 관찰 기록은 완성되면 가정으로 보내고, 복사본과 함께 학생 파일에 보관해 두어야 한다. 만약 학생이 1일 평균 10여 차례 발작을 한다면, 교사는 발작활동과 관련된 적절한 정보와 함께 하루에 얼마만큼 발생했는지를 기록해야 한다. 발작 발생 시 교사가 무엇을 했는지 기록한 정보는 중요하며, 이는 의사에게도 유용한 자료가 된다.

## 2) 의사소통 요구

간질을 가진 학생은 보통 이차적 장애가 있지 않는 한 의사소통 영역에서 문제가 없다. 중도의 경직형 뇌성마비 학생과 같이 의사소통 장애가 존재할 때, 교사가 발작이 일어날 것임을 나타내는 비구어적 의사소통 형식에 대하여 학생을 주의 깊게 관찰하는 것이 중요하다. 만약 학생이 발작 전 전조를 경험했다면, 교사는 학생이 발작의 발생에 대하여 몸짓이나 상징체계 등을 이용하여 효과적으로 표현할 수 있도록 지도한다.

## 3) 학습 요구

간질을 동반한 학생은 지적장애에서부터 일반적인 지능 수준을 나타내는 등 지적 능력의 범위가 넓다. 하지만 간질을 가진 아동의 경우 일반 아동에 비해 사회적, 교육적 성취가 낮은 것으로 나타났다. 한 연구(Schoenfeld et al., 1999)에 따르면, 복합 부분발작을 동반한 아동의 경우 발작이 이른 시기에 시작되고 빈번할수록 자신의 형제보다 구어적 기억, 비구어적 기억, 언어, 학업 성취, 문제 해결, 운동기술, 정신적 효율성 면에서 더 낮은 수행을 나타낸다고 하였다. 하지만 다른 연구(Berg et al., 2005)에서는 행동적, 인지적 이상이 간질의 시작보다 먼저 발생되며 간질의 결과가 언제나 낮은 학업수행을 가져오는 것은 아니라고 반박하였다.

학업적 능력은 모든 유형의 발작에 의해 직간접적인 영향을 받는다. 심지어 심각하지 않은 정도의 발작도 발작 동안 또는 후에 학생이 학습 내용을 망각하게 하는 결과를 가져온다. 교사는 발작 때문에 놓친 학습 정보에 대하여 필요한 경우 추가 교수를 제공하는 것이 필요하다. 부재 발작을 자주 하는 아동의 경우에는 발작 후에 수업의 어느 부분을 학습하고 있는지를 찾도록 도와주는 또래 도우미를 지정하여 지원해 줄 수 있다. 또래 도우미는 발작이 끝난 후 책의 어느 페이지를 읽고 있는지 찾아주는 것만으로도 학생을 지원할 수 있으며, 이는 읽기 활동 시 특히 유용하다. 투여 중인 약물이 각성도와 피로에 영향을 주어 학습 문제가 나타날 수도 있다. 만약 학교 교사가 이 사실을 모른다면 아동을 학습 부진아로 생각할 수 있다. 그러므로 교사는 이러한 약물의 부작용에 대하여 알아야 하며, 학습이 영향을 받게 된다면 부모와 의사에게 알려야 한다.

## 4) 일상생활 요구

일반적으로 교사는 학생이 간질 외의 다른 장애를 가지고 있지 않다면 일상생활 기술에 대한 특별한 교수를 제공할 필요가 없을 것이다. 청년기의 경우 운전이 금지된다면 독립성의 상실을 느낄 수 있으므로 이동 수단의 대안적 형태가 제공되고 지원되어야 한다.

## 5) 행동 및 사회적 요구

간질을 가진 학생에 대해 긍정적인 태도를 유지하는 것과 사회적 상호작용의 촉진을 지원하는 것은 교사의 책임이다. 간질이라는 만성질환은 다른 사람과의 상호작용을 방해하기 때문에 그로 인한 스트레스를 겪게 된다. 예측 불가능한 발작의 발생, 규칙적인 약물 복용의 필요, 그리고 사회적 편견은 심리사회적으로 부정적 영향을 미칠 수 있다. 독립성에 대한 제한과 통제의 상실은 자존감을 떨어뜨리며 부정적 생각과 행동을 초래한다. 그러므로 교사의 따뜻하고도 지지적인 심리적 지원과 상담이 필요하다.

만약 학생의 발작이 학교에서 발생할 경우, 교사는 차분하고 안정된 방식으로 대처해야 한다. 교사의 어조 등은 교실의 다른 학생의 반응에 영향을 미치기 때문이다. 또한 학급 학생이 발작에 관한 교육을 받을 수 있도록 계획하는 것이 필요하다. 예를 들어, 건강 관련 수업 시간에 발작과 간질에 대한 정보를 소개하거나 발작을 가진 사람을 초정하여 경험담을 듣게 하는 것도 좋은 방법이다. 일반 학생의 경우 발작과 관련된 두려움과 오해가 있을 수 있다. 일부 학생은 발작을 하고 있는 학생을 잡아 주는 것이 도와주는 것이라고 잘못 생각할 수도 있고, 경련성 발작을 하는 장면을 보면 죽음을 연상해 두려워할 수도 있다. 그리고 경련성 발작이 때로는 불수의적인 형태로 나타나는 것을 이해하지 못할 수도 있다. 교사는 학생과 다른 학교 구성원을 대상으로 그들이 가지고 있는 발작과 간질에 대한 오해와 사회적 편견이 무엇인지 구체적으로 파악한 후, 이를 바탕으로 적절하게 이해할 수 있도록 교육하는 것이 중요하다.

## 요약

발작은 중추신경계의 정상 기능의 갑작스럽고 불수의적이며 시작 제한적인 혼란이다. 간질은 다른 원인 질환 없이 발작이 장기간 반복적으로 발생하는 만성질환이다. 간질의 유형은 의식 상실의 유무, 운동활동, 감각 현상, 또는 부적절한 행동에 따라 분류할 수 있다. 발작은 보통 부분발작과 전신발작으로 분류된다. 부분발작은 뇌의 한 영역에서 발작이 시작되는 것이며, 전신발작은 양측 대뇌 반구에서 발작이 발생하는 것이다. 각 범주 내의 발작 유형에 따라 고유의 특징과 치료, 예후를 나타낸다. 교사는 교실에서 발작을 확인하며 아동의 안전을 보장하고, 교실 내에서 발작 발생 시 아동의 존엄성을 보장하기 위해 필요한 단계를 숙지하고 실행하는 중요한 역할을 맡는다.

## 사례    칼리 이야기

칼리는 12세의 학습장애를 가진 여학생이다. 중간고사를 잘 치르기 위하여 매우 열심히 공부해 왔다. 칼리는 어려운 수학 시험을 통과하기 위해 어디서든 열심히 준비했다. 칼리의 어머니는 칼리가 숙제를 마치고 시험을 준비하는 것을 지켜보면서 칼리가 받을 스트레스 정도가 심각한 수준임을 우려하여 수학 교사에게 말했다. 과제를 완수하기 위해 집에 와서도 쉬지 못하고 취침 시간도 부족하다고 교사에게 알렸다. 드디어 시험 보는 날 아침, 칼리는 탈진된 모습으로 교실에 들어왔다. 시험이 시작되었을 때 칼리는 발작을 하며 바닥에 쓰러졌다. 교사는 이처럼 중요한 날 칼리와 학급 친구를 위해 무엇을 해야 하는가? 교사가 시험 전날에 미리 고려했어야 하는 사항과 조치는 무엇인가?

## 참고문헌

Aicardi, J. (2002). What is epilepsy? In B. L. Maria (Ed.), *Current management in child neurology* (pp. 86–89). Hamilton: BC Decker.

Aicardi, J., & Chevrie, J. (1970). Convulsive status epilepticus in infants and children: study of 239 cases. *Epilepsia, 11*, 187–197.

Allen, J. E., Ferrie, C. D., Livingston, J. H., & Feltbower, R. G. (2007). Recovery of consciousness after epileptic seizures in children. *Archives of Disease in Childhood, 92*, 39–42.

Agrawal, A., Timothy, J., Pandit, L., & Manju, M. (2006). *Clinical neurology and Neurosurgery, 108*, 433–439.

Beers, M. H., Porter, R. S., Jones, T. V., Kaplan, J. L., & Berkwits, M. (2006). *The Merck manual of diagnosis and therapy* (18th ed.). Whitehouse Station, NJ: Merck & Co.

Berg, A. T., Smith, S. N., Frobish, D., Levy, S. R., Testa, F. M., Beckerman, B., et al. (2005). Special education needs of children with newly diagnosed epilepsy. *Developmental Medicine and Child Neurology, 47*, 749–753.

Bourgeois, B. (2002). Generalized seizures. In B. L. Maira (Ed.), *Current management in child neurology* (pp. 113–121). Hamilton: BC Decker.

Brodie, M., & French, J. A. (2000). Management of epilepsy in adolescents and adults. *Lancet, 356*, 323–329.

Bureau, M., & Tassinari, C. A. (2005). Epilepsy with myoclonic absences. *Brain and Development, 27*, 178–184.

Chen, Y., Fang, P., & Chow, J. (2006). Clinical characteristics and prognostic factors of postencephalitic epilepsy in children. *Journal of Child Neurology, 21*, 1047–1051.

Chuang, Y. (2006). Massively multiplayer online role-playing game-induced seizures: neglected health problem in Internet addiction. *Cyberpsychology and Behavior, 9*, 451–456.

Delgado-Escueta, A., Medina, M., Alonso, M. F., & Fong, G. (2002). Epilepsy genes: The search grows longer. In R. Guerrini, J. Aicardi, F. Andermann, & M. Hallett (Eds.), *Epilepsy and movement disorders* (pp. 421–450). New York: Cambridge University Press.

D'Souza, W. J., O'Brien, T. J., Murphy, M., Trost, N. M., & Cook, M. J. (2007). Toothbrushing-induced epilepsy with structural lesions in the primary somatosensory area. *Neurology, 68*, 769–771.

Engel, J. (2007). *A proposed diagnostic scheme for people with epileptic seizures and with epilepsy: Report of the ILAE task force on classification and terminology.* Available:

http://www.ilae-epilepsy.or/Visitors/Centre/ctf/overvie.cfm#2

Engel, J., & Fejerman, N. (2005). *Benign childhood epilepsy with centrotemporal spikes. International League Against Epilepsu.* Available: http://www.ilae-epilepsy.org/Visitors/Centre/ctf/overvie.cfm

Epilepsy Foundation. (2007). *First aid.* Epilepsy Foundation. Available: http://www.epilepsyfoundation.org/about/firstaid/index.cfm

Gonzalez-Martinez, J. A., Gupta, A., Kotagal, P., Lachwani, D., Wyllie, E., Luders, H. O., et al. (2005). Hemispherectomy for catastrophic epilepsy in infants. *Epilepsia, 46,* 1518-1525.

Guyton, A. C., & Hall, J. E. (2006). *Textbook of medical physiology* (11th ed.). Philadelphia: Elsevier/Saunders.

Hitiris, N., Mohanraj, R., Norrie, J., & Brodie, M. J. (2007). Mortality in epilepsy. *Epilepsy and Behavior, 10,* 363-376.

Hollander, E., Sunder, T. R., & Wrobel, N. R. (2005). *Management of epilepsy in persons with intellectual/developmental disabilities with or without behavioral problems.* Abbott Park, IL: Abbott Laboratories.

Jenssen, A., Sperling, M. R., Tracy, J. I., Nei, M., Joyce, L., David, G., et al. (2006). Corpus callosotomy in refractory idiopathic generalized epilepsy. *Seizure: The Journal of the British Epilepsy Association, 15,* 621-629.

Johnston, M. V. (2004). Seizures in childhood. In R. E. Behrman, R. M. Kliegman, & H. B. Jenson (Eds.), *Nelson textbook of pediatrics* (pp. 1993-2009). Philadelphia: W. B. Saunders.

Karasalİhoǧlu, S., Öner, N., ÇeLtik, C., Çelik, Y., Biner, B., Utku, U., et al. (2003). Risk factors of status epilepticus in children. *Pediatrics International, 45,* 429-434.

Lhatoo, S. D., & Sander, J. (2001). The epidemiology of epilepsy and learning disability. *Epilepsia, 42,* 6-9.

Loiseau, P., & Duche, B. (1989). Benign childhood epilepsy with centrotemporal spikes. *Cleveland Clinic Journal of Medicine, 56,* S17-S22.

Lowenstein, D. H., Bleck, T., & Macdonald, R. L. (1999). It's time to revise the definition of status epilepticus. *Epilepsia, 40,* 120-122.

Ma, W., Berg, J., & Yellen, G. (2007). Ketogenic diet metabolites reduce firing in central neurons by opening $K_{ATP}$ channels. *Journal of Neuroscience, 27,* 3618-3625.

Maydell, B. V., Wyllie, E., Akhtar, N., Kotagal, P., Powsaki, K., Cook, K., et al. (2001). Efficacy of the ketogenic diet in focal versus generalized seizures. *Pediatric Neurology, 25,* 208-212.

McBrien, D., & Bonthius, D. (2000). Seizures in infants and young children. *Infants and*

*Young Children, 13*(2), 21-31.

Meierkord, H., & Holtkamp, M. (2007). Non-convulsive status epilepticus in adults: Clinical forms and treatment. *The Lancet Neurology, 6,* 329-339.

Moser, S. J., Weber, P., & Lutschg, J. (2007). Rett syndrome: Clinical and electrophysiologic aspects. *Pediatric Neurology, 36,* 95-100.

Nevo, Y., Shinnar, S., Samuel, E., Dramer, U., Leitner, Y., Fatal, A., et al. (1995). Unprovoked seizures and developmental disabilities: Clinical characteristics of children referred to a child development center. *Pediatric Neurology, 13,* 235-241.

Newland, J., Laurich, V., Rosenquist, A., Heydon, K., Licht, D., Keren, R., et al. (2007). Neurological complications in children hospitalized with influenza: Characteristics, incidence, and risk factors. *Journal of Pediatrics, 150,* 306-310.

Oguni, H. (2004). Diagnosis and treatment of epilepsy. *Epilepsia, 45*(Suppl. 8), 13-16.

Okuma, Y. (2004). International classification of epileptic seizures, epilesies, and epileptic sundromes. *Rinsho Shinkeigaku, 44,* 970-974

Ottman, R., Risch, N., & Hauser, W. A. (1995). Localization of a gene for partial epilepsy to chromosome 10q. *Nature Genetics, 10,* 56-60.

Pal, D., Durner, M., Klotz, I., Dicker, E., Shinnar, S., Resor, S., et al. (2005). Complex inheritance and parent-of-origin effect in juveile myoclonic epilepsy. *Brain and Development, 28,* 92-98.

Papini, N., Pasquinelli, A., Armellini, M., & Orlandi, D. (1984). Alertness and incidence of seizures in patients with Lennox-Gestaut syndrome. *Epilepsia, 25,* 161-167.

Pellock, J., & Duchowny, M. (2002). Prtial seizures. In B. L. Maria (Ed.), *Current management in child neurology* (pp. 108-112). Hamilton: BC Decker.

Raspall-Chaure, M., Chin, R., Neville, B. G., & Scott, R. (2006). Outcome of paediatric convulsive status epilepticus: A systematic review. *The Lancet Neurology, 5,* 769-779.

Schoenfeld, J., Seidenberg, M., Woodard, A., Hecox, K., Inglese, C., Mack, K., et al. (1999). Neuropsychological and behavioral status of children with complex partial seizures. *Developmental Medicine and Child Neurology, 41,* 724-731.

Schulze-Bonhage, A., Kurth, K., Carius, A., Steinhoff, B. J., & Mayer, T. (2006). Seizure anticipation by patients with focal and generalized eiplepsy: A multicentre assessment of premonitory symptoms. *Epilepsy Research, 70,* 83-88.

Sidenvall, R., Frogren, L., Blomquist, H. K., & Heijbel, J. (1993). A community- based prospective incidence study of epileptic seizures in children. *Acta Pediatrics, 83,* 60-65.

Temkin, O. (1971). *The falling sickness: A history of epilepsy from the Greeks to the beginning of modern neurology* (2nd ed.). Baltimore: Johns Hopkins University Press.

Theodore, W. H., Spencer, S. S., Wiebe, S., Langfitt, J. T., Ali, A., Shafer, P. O., et al. (2006). Epilepsy in North America: A report prepared under the auspices of the Global Campaign Against Epilepsy, the International Bureau for Epilepsy, the International League Against Epilepsy and the World Health Organization. *Epilepsia, 47,* 1700–1722.

Thiele, E. A. (2003). Assessing the efficacy of antiepileptic treatments: The ketogenic diet. *Epilepsia, 44,* 26–29.

Tovia, E., Goldberg–Stern, H., Shahar, E., & Kramer, U. (2005). Outcome of children with juvenile absence epilepsy. *Journal of Child Neurology, 21,* 766–768.

van Breemen, M., Pharm, E., & Vecht, C. (2007). Epilepsy in patients with r=brain tumors: Epidemiology, mechanisms, and management. *The Lancet Neurology, 6,* 421–430.

Yoshida, F., Morioka, T., Hashiguchi, K., Kawamura, T., Miyagi, Y., Magata, S., et al. (2006). Epilepsy in patients with spina bifida in the lumbosacral region. *Neurosurgical Review, 29,* 327–332.

Wilfong, A. A. (2002). Treatment considerations: Role of vagus nerve stimulator. *Epilepsy and Behavior, 3,* S41–S44.

# 제17장  천식

*Kathryn Wolff Heller, Morton Schwartzman, and Linda Fowler*

전 세계적으로 천식(asthma)의 발생률은 점차 증가하는 추세다. 교사가 학교에서 천식을 가진 아동을 만나는 것은 흔한 일이다(Eder, Ege, & von Mutius, 2006). 미국에서는 2005년에 약 650만 명의 아동이 아동기 폐질환인 천식으로 진단되었다. 천식 아동은 어느 순간에는 아무 일도 없는 것처럼 고요해 보이지만 갑자기 숨이 가빠져서 약이 필요한 위급 상황이 된다. 천식 아동의 경우 학교의 결석률도 높아지게 된다. 그러므로 교사는 천식이란 어떤 병이며, 천식을 일으키는 요인은 무엇인지 알아야 한다. 또한 천식 증상을 보이는 아동을 위해 어떻게 대처하며, 천식으로 인해 나타날 수 있는 학교 교육에서의 부정적 영향이 무엇인지 이해해야 한다.

## ① 천식 개요

천식이란 기관지가 좁아지고 기관지에 염증이 생겨 나타나는 만성 폐질환이다. 천식은 반복적으로 나타나며 갑작스럽게 발작적으로 호흡기 증상을 일으키는 알레르기 질환이다. 주요 증상은 (a) 다양한 증상과 재발, (b) 근원적인 염증, (c) 기도의 폐색, (d) 다양한 자극에 대한 기도의 과민 반응 등이다. 과민 반응이란 곰팡이나 동물의 비듬, 운동 등의 유발 자극에 대해 너무 쉽게 발현되며, 과다하게 기도가 좁아지는 증상을 말한다. 이러한 기도의 협착은 숨쉴 때 쌕쌕거리는 소리가 나거나, 숨이 차고 가슴이 답답하거나, 기침을 하는 등의 증상을 보인다(Kavuru, Lang, & Erzurum, 2005; National Heart, Lung, and Blood Institute, 2007).

## ② 천식의 원인

천식은 다양하고 복합적인 증상을 나타내기 때문에 하나의 질환이 아닌 증후군으로 인식된다. 천식의 원인은 하나가 아닌 여러 가지며, 궁극적으로는 유전적 요인과 환경적 요인의 상호작용 결과로 나타난다(Beers, Porter, Jones, Kalpan, & Berkwits, 2006; Eder et al., 2006).

## 1) 유전적 요인

천식은 흔히 유전적 요인이 강한 질병으로 인식된다. 천식의 유전적 영향은 쌍생아를 대상으로 한 유전 연구를 통해 밝혀졌다(Liu, Spahn, & Leung, 2004). 천식은 환경적 요인에 대한 과민 반응으로 나타나는 유전적 증상의 하나인 아토피(atopy)와 관련이 있다. 예를 들어, 동물의 비듬이나 먼지, 꽃가루 등 알레르기를 일으키는 환경적 요인에 노출되었을 때 아토피를 가진 사람은 혈액 중에 면역 글로불린 E(immuno-globulin E: IgE)라고 불리는 항체가 과잉 생성된다(Conbody-Ellis, 2006). 이러한 면역 과민 반응이 지속적으로 발생하면 피부, 코, 기관지, 장 등에 이상을 초래할 수 있다. 아토피를 가진 천식과 아토피가 없는 천식은 서로 다른 기제에 의해 발생하는 것으로 알려져 있지만, 이 두 가지 형태의 원인에 대해 알려진 것은 없다(Barraclough, Devereux, Hendrick, & Stenton, 2002; Frye, Heinrich, Wjst, & Wichmann, 2001; Russell & Helms, 1997).

## 2) 환경적 요인

천식이 유전적 요인에 영향을 받는다 하더라도, 환경적 요인 역시 천식을 일으키는 데 중요한 역할을 한다. 환경적 유발인자로는 가정에서 발견할 수 있는 알레르겐(예: 비듬, 집먼지 진드기 등)과 환경적 알레르겐[1] (예: 꽃가루), 바이러스성 감염 등이 있다. 몇몇 연구는 천식을 일으키는 환경적 유발인자의 영향에 대해 상반된 견해를 나타낸다. 예를 들어, 고양이 털이나 집먼지 진드기와 같은 알레르겐에 노출되면, 신체는 이에 대항하기 위해 면역 글로불린 E를 증가시킨다. 그러나 어린 시절에 집먼지 진드기에 노출된 경우 이러한 천식은 나타나지 않는다고 지적한다(Cullinan et al., 2004; Eder et al., 2006; Layu et al., 2000). 다른 연구에서는 조기의 동물에 대한 노출은 천식을 일으킬 위험을 낮춘다고 주장하나, 학계에서 널리 인정되는 학설은 아니다(Ownby & Johnson, 2003; Remes, Castro-Rodriguez, Holberg, Martinez, & Wright, 2001).

---

1) 역주: 알레르겐(allergen)이란 알레르기를 유발할 수 있는 물질을 말한다.

천식의 환경적 원인은 매우 다양하다. 직접 혹은 간접 흡연도 아동기와 청소년기 천식의 고위험 요인이다(Strachan & Cook, 1998). 공기의 오염 역시 천식의 유발인 자이지만, 천식을 처음 일으키는 것과 오염물질 간의 관계에 대해서는 정확히 밝혀지지 않았다(Tatum & Shapiro, 2005).

또 다른 연구에서는 유아기 감염의 노출 여부가 천식의 발병과 관련이 있다고 말한다. 어린 시절에 세균이나 감염에 노출되지 않은 환경에서 자란 경우에는 성장한 후에 작은 유발인자에도 과잉 반응하여 천식이 발생할 수 있다고 말한다. 그러나 한 집에서 자란 형제라도 동일한 환경에 대한 노출기간이 동생보다 더 긴 형의 발병률이 더 높은 것을 볼 때 논쟁의 여지가 있다(Eder et al., 2006).

기도 감염도 천식을 일으키는 주요 원인 중의 하나다. 일반적인 호흡기 감염은 폐까지 연결되는 기도의 염증을 일으키며 폐렴을 유발한다. 이러한 증상은 기도를 손상하고 영아기와 아동기의 천식을 일으킨다(Liu et al., 2004). 생후 1년 동안에 발생하는 호흡기 질환 바이러스(respiratory syncytial virus: RSV)와 파라인플루엔자 바이러스(parainfluenza virus: PIV)는 천식을 유발하는 가장 흔한 호흡기 질환이다. 고위험군 천식 아동의 초기 천식 발병 요인을 살펴본 연구에서는 이러한 질병과 연관이 높은 것으로 나타났다(Lee et al., 2007).

## 3) 기타 요인

천식을 일으키는 요인은 그 밖에도 다양하다. 유아기 폐 기능의 상태가 천식 발병의 원인이 되기도 한다. 태어날 때 폐 기능이 약한 영아는 10세까지 성장하는 동안 정상적 폐 기능을 가진 영아에 비해 천식 발생률이 약 3배 이상 높은 것으로 나타났다(Haland et al., 2006). 생후 1년간 기도 저항성과 전도성, 호흡량이 감소하게 되어, 성장하면서 쌕쌕거리며 호흡하거나 만성 기관지 폐색증 등이 나타나게 된다(Ananth, Savitz, & Williams, 1996; Ananth, Smulian, Demissie, Vinzileos, & Knuppel, 2001; Ananth, Smulian, & Vintzileos, 1999; Ananth & Wilcox, 2001; El-Kady et al., 2004; Miller, Boudreaux, & Regan, 1995). 출생 직후 아동의 폐 기능에 관한 연구를 통해 신생아의 기도의 특정 특성이 이후의 천식 발병률을 높이는 요인임이 밝혀졌다.

천식은 태내기나 분만 전후의 요인과도 연관이 있다. 산모의 연령이 너무 적거나 산모의 영양 결핍, 임신 중 흡연 등 산모 관련 변인이 천식의 원인이 될 수 있다. 미성숙, 저체중 등 신생아 관련 사항도 천식의 고위험 요인에 포함된다(Beers et al., 2006).

최근에 알려진 것으로는 비만 역시 천식과 관련이 있다. 많은 연구에서 체중과 천식의 관련성에 대해 언급하였다. 체질량 지수가 남성의 경우에만 천식의 발생에 영향을 미친다는 연구가 있는 반면, 일부 연구에서는 여성의 경우에도 천식과 관련성이 있는 것으로 나타났다(Hong et al., 2006). 비만과 천식의 관계는 정확히 이해되지는 않으나, 적절한 영양을 섭취하고 과체중을 조절하는 것이 천식 환자의 폐기능 개선에 도움이 된다(Schaub & von Mutius, 2005).

결과적으로 항생제 사용의 증가와 천식 발병률의 증가는 서로 관련이 있다. 아동은 천식과 같은 질병 증상이 나타날 경우 대개 항생제 치료를 받는다. 그러나 항생제 복용은 장 내 유익한 미생물의 균형을 깨고 면역체계의 불균형을 초래하여 알레르기 반응을 유발한다(Eder et al., 2006).

천식의 원인에 대한 연구는 다양하게 제시되고 있으며, 천식에 대한 기제도 한 가지로만 설명하지는 못한다. 그러나 기도의 염증과 반응성에 대한 지적은 공통으로 나타나고 있다. 천식은 아토피와 같이 다양한 양상으로 설명되며, 하나의 질병이 아닌 증후군으로 설명된다(Eder et al., 2006; Martinez, 2001).

## ③ 천식에 대한 이해

### 1) 호흡기 개요

호흡기의 가장 중요한 기능은 공기 중의 신선한 산소를 들이마시고 몸 안의 이산화탄소를 배출하는 것이다. 폐는 근육이 없어 스스로 운동할 수 없으므로 늑골과 횡격막의 상하운동에 의해 흉강의 부피가 조절되면서 공기가 출입하게 되는 호흡을 하게 된다. 숨을 들이쉴 때(흡기) 횡격막은 수축되어 아래로 내려가고 흉강의 부피가 커진다. 다시 흉강의 부피가 작아지면 외부보다 압력이 높아지게 되어 공기가

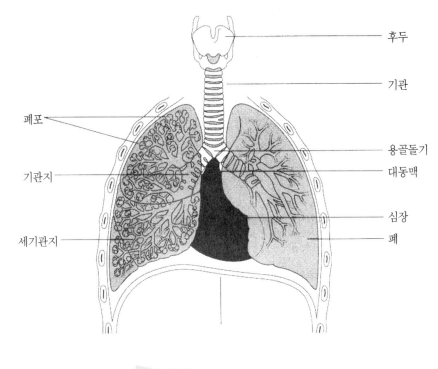

후두

기관

폐포

연골돌기

대동맥

기관지

심장

폐

세기관지

**그림 17-1**   호흡기 구조

폐에서 외부로 나간다. 이때 들이마신 공기 중의 산소는 혈액을 통해 온 몸으로 전달되고, 이산화탄소가 밖으로 배출된다.

산소는 코와 입을 지나 인두와 호흡기관을 거쳐 더 아래의 기관지로 이동된다([그림 17-1] 참조). 기관지는 기관에서 분리된 주기관지를 통해 3개의 오른쪽 폐와 2개의 왼쪽 폐로 나누어져 있다. 기관지는 코를 통해 들어온 공기가 목구멍과 성대를 지나 폐 안으로 들어가는 통로이며, 점점 가늘게 나누어져 세기관지를 통해 허파꽈리로 연결되어 있다. 관 끝에는 조그만 풍선 같은 공기 주머니인 허파꽈리가 달려 있는데, 이를 폐포라 한다. 폐포에서는 산소와 이산화탄소 등의 가스 교환이 일어난다. 들이마신 공기 중에 있는 산소를 몸속으로 흡수하고 숨을 내쉬는 동안 이산화탄소가 많이 들어 있는 공기를 몸 밖으로 내보내는 일을 한다.

폐포의 표면은 모세혈관으로 덮여 있으며 탄력 있고 얇은 한 층의 막으로 되어 있다([그림 17-2] 참조). 숨을 들이쉴 때는 흡기를 통해 신선한 산소가 세포막을 지나 쉽게 운반되며, 숨을 내쉴 때는 이산화탄소가 폐에서 나와 밖으로 배출된다. 이

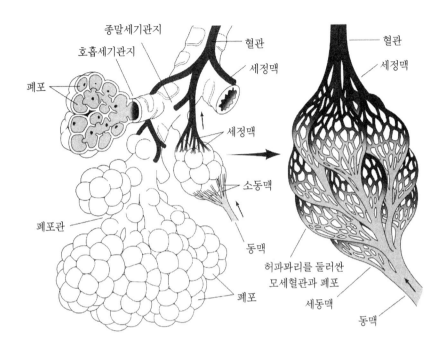

**그림 17-2**    폐의 허파꽈리와 모세관에서 일어나는 가스의 교환

러한 가스 교환이 효율적으로 이루어지기 위해서는 넓은 표면적이 필요한데, 폐포의 표면적이 넓을수록 다수의 모세혈관이 분포하고 폐포 속에 함유할 수 있는 공기의 양도 많아지므로 폐포의 면적이 호흡의 양을 결정해 준다고 볼 수 있다.

숨을 쉴 때 호흡기관과 비강에서 방해를 받게 되면 공기의 흐름에 문제가 생긴다. 우리가 들이마신 공기 속에는 먼지나 세균, 각종 이물질 등이 포함되어 있다. 그러나 콧속과 폐의 기관지 점막은 끈끈한 점액질로 덮인 섬모상피세포로 되어 있어서 그것을 방어해 준다. 또한 기관, 기관지, 세기관지의 점막도 섬모로 덮여 있어서 호흡기 내에서 분비되는 먼지나 세균을 포함한 점액물질을 밖으로 내보내며, 걸러진 이물질인 기침과 가래는 몸 밖으로 배출한다. 섬모운동이 급격히 감소하게 되면 섬모가 점액물질을 제대로 밀어내지 못하므로 외부 환경에 대한 방어 작용에 문제가 생기게 된다.

## 2) 천식과 호흡기

### 유발인자

천식 환자에게는 소위 말하는 천식 발작(asthma attack)이 일어나서 숨쉬는 것이 어렵게 된다. 천식 발작을 일으키는 유발인자는 다양하며, 사람마다 다르게 나타날 수 있다. 흔히 알려진 알레르겐(집먼지 진드기, 동물의 비듬이나 털, 꽃가루 등)을 포함하여, 바이러스성 감염이나 격렬한 운동, 날씨의 변화, 음식, 아황산염과 같은 음식의 첨가물, 아스피린과 같은 약물, 공기 오염, 위식도 역류 질환, 감정 상태 등이 천식 발작을 유발하는 요인으로 알려져 있다(Amercian Academy of Allergy, Asthma, and Immunology, 2006; Asthma Society of Canada, 2006). 그 밖에 바이러스성 질환이나 부비강염, 위식도 역류 질환이 있을 때 천식 증상은 좀 더 악화될 수 있다. 어떤 물질에 대한 과민성이 있을 경우에도 천식 증상이 나타날 수 있다.

일반적으로는 과거에 천식을 한두 번 앓았던 병력이 있는 아동은 천식 발작 없이 평소에는 건강하게 지내는 것이 보통이나, 어떤 천식 유발인자로 기도가 자극을 받으면 그로 인해 천식이 다시 나타날 수 있다. 알레르기가 있는 사람이 알레르겐에 반복적으로 노출되었을 경우에는 기도의 과민 반응이 증가될 수 있다.

### 유발인자에 대한 신체적 반응

유발인자에 노출되었을 때 천식 환자는 기도의 과민 반응이 나타난다. 기도의 과민 반응이란 유발인자에 반응하여 기도가 협착되어 기관지 수축이 일어나는 것을 말한다. 이로 인해 기도폐색이 나타나게 된다(National Heart, Lung, and Blood Institute, 2007).

천식이 비유발 자극에 의해 나타난 것이든 혹은 알레르겐에 의해 나타난 것이든 간에, 염증은 천식에 중요한 역할을 한다. 비알레르겐 반응은 발생 원인과 기제를 정확히 알 수 없지만 기도 염증과 관련 있는 것으로 알려져 있다(National Heart, Lung, and Blood Institute, 2007). 천식 발작은 두드러기와 같이 알레르기 반응이 있는 물질에 대해 나타나는 것으로 염증이 피부나 신체가 아닌 호흡기에 나타나는 것이다.

유발 자극에 노출되었을 때 화학적 물질을 배출하여 보호하려는 반응이 나타난

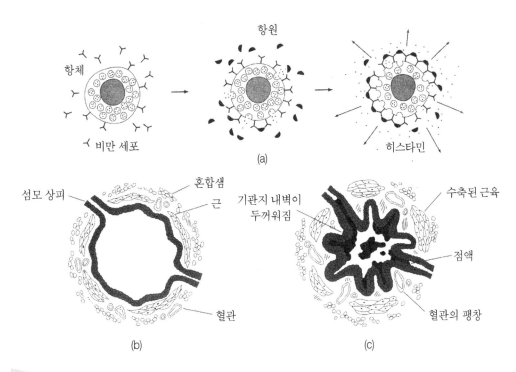

**그림 17-3**　(a) 알레르기 물질에 대한 비만(mast cell) 세포의 반응, (b) 방해받지 않은 기관지,
(c) 점액 분비에 따른 수축

다. 이러한 화학적 물질은 (a) 기관지 평활근의 수축, (b) 기관지 내 염증으로 인한
기관지 점막 및 점막하의 부종, (c) 세기관지의 점액 분비, (d) 점액전의 형성 등을
초래한다(Conboy-Ellis, 2006; Effros & Nagaraj, 2007; [그림 17-3] 참조). 기관지가 부
어서 좁아지게 되면 그 통로가 좁아지기 때문에 부분적인 폐색 증상이 나타난다.
좁아진 기관지로 공기가 통과할 때는 기관지의 압력이 높아져서 호흡이 곤란해지
고 '공기 부족(air hunger)' 상태가 나타난다. 이러한 상황이 되면 약물이나 네불라
이저 등의 의학적 조치가 필요하다.

　기도폐색은 반응 시기에 따라 두 가지의 천식 발작으로 살펴볼 수 있다. 첫 번째는
유발 자극에 대해 즉각적인 반응을 나타내는 것으로, 유발 자극에 노출된 지 15~30분
내에 바로 기관지 수축이 발생하는 것을 말한다. 두 번째는 반응 시기가 늦는 것으
로, 유발 자극에 노출된 지 4~12시간이 지난 후에 나타나는 것을 말한다. 염증이나
면역 세포의 반응으로 나타나는 증상이다. 반응 시기가 늦는 경우에는 기도의 부종
이나 팽창이 나타나며 점액의 생산이 촉진된다. 때로는 천식의 증상이 시작된 지

몇 주가 지나도 기도의 과민 반응이 지속적으로 나타나기도 한다(Liu et al., 2004).

대부분의 경우 반응 시간이 짧은 경우에 나타나는 증상은 약물로 빠르게 회복될 수 있다. 그러나 반응 시간이 늦는 경우에는 몇 시간 후에 증상이 나타나므로 유발 인자를 입증하기 어렵고 심각한 결과를 보인다(Liu et al., 2004). 어떤 경우에는 며칠 혹은 몇 주 동안 증상이 지속되기도 한다. 기도의 상피 조직 내부의 상해로 인한 염증 때문인 경우에는 회복 시간이 더 길어질 수 있다. 염증이 제거되어 상피 조직이 회복되고 점액이 원활히 이동될 때까지는 시간이 필요하다(Suddarth, 1991).

### 영구적 폐의 변화

천식 발작이 장시간 지속되면 영구적인 폐의 손상을 가져온다. 영구적 기도협착에 의해 기관지와 말초기관지의 직경이 2밀리미터 이하로 좁아져서 기도폐쇄가 자주 일어나게 된다. 영구적인 협착은 호흡할 때에 기도 내로 통과할 수 있는 공기의 양을 제한하게 되어 저항을 높인다. 폐가 손상되면 호흡곤란과 극도의 피로감으로 소진하게 되고, 치료가 실패한다면 호흡이 불가능하게 된다(Conboy-Ellis, 2006).

## ④ 천식의 특징

아동의 80%가 6세 이전에 천식을 경험한다. 천식 발작의 전형적인 증상은 사람에 따라 다르다. 천식 증상은 천명, 기침(천명이 있는 기침과 천명이 없는 기침), 짧은 호흡, 점액의 증가, 가쁜 호흡, 창백함, 식은땀, 푸르스름한 손톱, 가슴의 답답함 등이다. 아동기의 연령에서는 기침 그 자체만으로도 천식의 증상이 될 수 있다(National Heart, Lung, and Blood Institute, 2007).

가벼운 천식은 개인에 따라 증상이 거의 나타나지 않거나 약한 스트레스 정도로 나타난다. 그러나 심한 경우에는 천식 발작이 나타나는 동안 심한 무호흡으로 말하기도 힘들고 아무 일도 하지 못할 정도가 된다. 발작이 나타나면 숨쉬는 데 에너지를 다 소모하게 되며, 평평한 곳에 누워 있기조차 힘들게 된다. 그러므로 앉은 자세에서 숨을 쉬도록 해 주어야 한다. 식사를 하거나 옷을 입거나 일상생활에서 활동을 할 때에도 급성으로 천식 발작이 나타날 때에는 아무 일도 하지 못하게 된다

(Bevelaqua, 2005). 증상은 몇 분에서 며칠 동안 나타나기도 하고 그 이상 지속될 수도 있다. 이러한 증상이 지속되지 못하도록 조기에 충분한 치료와 중재를 제공하고 유해한 상황을 피할 수 있도록 하는 것이 중요하다. 드물기는 하나, 극단적인 예로 천식이 사망으로 이어질 수도 있다.

## 1) 천식의 정도와 유형

소아천식은 유발인자에 따라 몇 가지 유형으로 구별된다. (a) 알레르기성 천식, (b) 호흡기 질환으로 인한 감염성 천식, (c) 사춘기 비만과 관련된 천식, (d) 직업성 천식, (e) 3증후군 천식, (f) 운동 유발성 천식 등이다. 가장 흔한 천식은 알레르기로 인해 발생하는 천식이며, 아동기 후기 혹은 성인기까지도 그 증상이 계속되기도 한다. 호흡기 질환으로 인한 천식은 아동기의 바이러스성 호흡기 감염이나 질환으로 인해 숨을 헐떡이게 되는 천식이다. 사춘기 비만과 관련된 천식은 사춘기 초기(11세 정도)의 비만 여학생에게 나타나는 천식이다. 직업성 천식은 작업장의 유발인자에 일정 기간 노출된 후에 발생하는 천식을 말한다. 집 안에서 동물을 키우는 경우 혹은 농장에 자주 가는 아동의 경우 발생하는 천식이다. 아동기에 드물게 나타나기는 하지만 세 가지 증후로 특징되는 아스피린 천식은 부비강염(축농증)이나 코 안의 용종증(폴립), 아스피린과 비스테로이드성 소염 진통제에 대한 과민 반응으로 발작이 나타나는 천식이다(Liu et al., 2004). 그 밖에 운동으로 인해 유발되는 천식이 있다.

천식은 현재의 손상 정도와 미래의 위험도에 따라 분류하며, (a) 간헐성 천식, (b) 지속성 경도 천식, (c) 지속성 중등도 천식, (d) 지속성 중도 천식(〈표 17-1〉 참조)의 네 가지 범주로 나눈다. 간헐성 천식은 가장 경증이며, 1주에 2회 이하의 증상이 나타나는 경우다. 야간에 나타나는 증상도 2회 이하이며, 증상 역시 경미하여 정상적인 활동이 가능하다. 천식의 증상별 분류는 약물의 사용 빈도와 증상의 출현 빈도에 따라 점점 심해지는 것으로 분류된다. 가장 심한 형태인 지속성 중도 천식은 하루 종일 증상이 지속되고, 야간에도 증상이 자주 나타나며, 거의 모든 활동에 제한을 받는다(Liu et al., 2004; National Heart, Lung, & Blood Institute, 2007). 이 분류체계에 따르면 지속성 중등도 천식의 아동은 매일 치료가 필요하다. 약물의 종류는 매우 다양하다. 약은 아동의 천식이 어느 범주에 해당하며 치료의 효과가 어떻

| 표 17-1 | 초등학교 학령기 아동의 정도에 따른 천식의 분류 |

|  | 증상 | 약 처방 * | 폐 기능 ** | 활동 |
|---|---|---|---|---|
| 간헐성 천식 | • 주 2회 이상 발작되지 않음<br>• 야간 수면성 천식이 월 2회 이상 발작되지 않음 | 주 2일 이하 | • 기류의 제한 정도가 정상과 경도 사이 | 거의 제한 없음 |
| 지속성 경도 천식 | • 주 2회 이상 나타남<br>• 야간 수면성 천식이 월 3~4회 나타남 | 주 2일 이상 (매일은 아님) | • 경도의 기류 제한 | 약간의 제한이 있음 |
| 지속성 중등도 천식 | • 천식의 증상이 매일 나타남<br>• 야간 수면성 천식이 주 1회 발작됨 | 매일 | • 두 가지 범주 이상 에서의 기류의 폐색이 나타남 | 다소 제한이 있음 |
| 지속성 중도 천식 | • 낮 동안에 천식의 증상이 항상 나타남<br>• 때로는 매일 밤 나타나기도 함 | 하루에 수차례 | • 모든 범위에서 기류의 폐색이 나타남 | 극도로 제한됨 |

* 약 처방은 천식 증상을 치료하기 위해 속성 치료제를 사용하는 횟수를 말함.
** 폐 기능은 공기의 저항을 측정하기 위해 공기를 최대 한도로 들이마신 후 최대 한도로 내쉰 공기의 양을 측정함.

게 나타나는가에 따라 다르게 사용된다. 초기의 치료계획은 증상이 어느 범주에 속하는지 증상의 정도에 따라 결정되지만, 천식의 증상이나 치료 후 과민 반응 정도 등을 고려하여 몇 달이나 몇 년에 걸쳐 치료방법이 바뀔 수 있다. 개인의 증상과 치료 경과에 따라 치료법, 약물 사용 등을 결정하는 것이 더 효과적이기 때문이다 (Humbert, Holgate, Boulet, & Bousquet, 2007).

## ⑤ 천식의 진단

천식은 의학적 병력, 신체검사, 상세한 폐기능 검사 등을 통해 진단한다. 병력은 호흡기 증상이 일어났을 때 어떤 치료를 받았으며, 어떻게 해결했는지를 조사한다. 신체검사는 호흡기 계통, 흉부, 피부 등을 검사한다. 그 밖의 검사는 천식의 가능성으로 추측되는 모든 조건에 대한 검사를 말한다. 부비강(두개골 속의 코 안쪽으로 이어지는 구멍)이나 폐의 비정상성을 관찰할 수 있도록 엑스레이나 CT 촬영 등의 검사를 한다. 혈액검사를 통해서는 빈혈증이나 감염의 유무를 확인할 수 있다. 피부검사는 알레르기의 원인을 찾아내는 혈액검사와 같이 알레르겐, 즉 집먼지 진드기, 꽃가루, 곰팡이, 각종 털 종류의 성분을 잘 정제하여 시약으로 만든 후, 그것을 몸에 바르고 바늘로 긁고 과민 반응 정도를 보는 검사다. 폐기능 검사는 폐에 질병이 있는지 검사하는 것으로, 숨을 내쉴 때 공기의 흐름, 힘, 반응성 등 폐 기능의 정도를 알아보는 검사다. 운동으로 인한 천식은 운동하는 동안의 호흡기능을 점검하는 것으로 천식 정도를 평가할 수 있다.

영아기와 아동기의 천식은 진단하기 어렵거나 잘못 진단되는 사례가 자주 발생한다. 그 이유는 전통적인 폐기능 검사 등의 절차만으로는 평가하기 어렵기 때문이다. 그러나 소아천식 아동을 위한 다음의 몇 가지 검사를 포함한다면 진단이 가능하다. (a) 호흡기계를 통한 호흡의 저항 측정(forced oscillometry), (b) 비침습적 염증 검사(예: 천식 아동이 숨을 내쉴 때 산화질소 수치 측정하기), (c) 백혈구 수치를 확인하는 검사 등이다(Covar, Spahn, & Szefler, 2003; Sterling & El-Dahr, 2006).

## ⑥ 천식의 치료

천식을 치료하는 방법은 두 가지다. (a) 천식 발작의 발생 원인을 예방하는 것 (b) 천식이 발생했을 때 천식 발작의 증상을 치료하는 것이다. 이 두 가지 치료법은 모두 아동과 가족, 학교의 모든 사람이 정확히 알고 천식에 대해 잘 이해하고 있어야 가능하다.

### 1) 천식에 영향을 주는 요인과 유발인자 조절하기

천식 발작을 예방하기 위해서는 유발인자를 찾아내는 것이 중요하다. 피부 진단이나 혈액 알레르기 검사는 알레르겐이 무엇인지를 밝혀낸다. 유발인자가 무엇인지 알게 되면 적절한 중재를 통해 염증을 일으키는 물질이나 알레르겐을 피할 수 있다(Kieckhefer & Ratcliffe, 2004). 만약에 집먼지 진드기가 유발인자라면 피하는 것이 어려울 것이나, 고양이나 개가 유발인자라면 쉽게 피할 수 있을 것이다.

알레르기 치료(알레르겐 면역치료 혹은 과민반응 치료로 알려짐)는 유발 자극에 대한 사람의 과민 반응을 줄이는 치료다. 알레르기 치료에서는 처음에 소량의 알레르겐에 노출하고 점차 그 양을 늘려서 과민 반응을 줄인다. 알레르겐에 대한 과민 반응을 줄이고 항체를 만들게 하는 치료법이다.

공기의 오염이나 고양이 털과 같은 유발 자극이 공기 중에 있는 천식 아동을 위해서는 환경 적합화가 필요하다. 침실에 공기청정기를 두어서 유발인자를 차단할 수 있다. 일반적으로 공기 중의 미립자를 여과하는 고성능 장치인 헤파(high efficiency particulate air: HEPA) 필터가 사용되는데, 이 필터는 0.3마이크론($\mu$m)의 입자를 1회 통과시켰을 때 99.97퍼센트 이상 제거한다고 알려져 있다. 필터는 에어컨이나 실내난방기 등에 사용된다. 침대 매트리스와 베개 커버는 특수 커버를 사용하여 집먼지진드기를 제거해 준다. 진공청소기는 공기 중의 알레르겐이나 먼지가 순환되거나 재투입되지 않도록 특수한 필터가 장착된 것을 사용한다.

환경 요인을 조절하기 위해서는 몇 가지 사전 주의사항을 지켜야 한다. 천식 아동의 경우 담배 연기나 기타 호흡을 방해하는 공기의 오염물질을 제거해 주어야 한다. 공기의 오염 정도가 높은 수준일 경우에는 외부에서의 운동을 피해야 한다(National Heart, Lung, and Blood Institute, 2007).

천식의 심각성은 일반적인 대처방법으로 줄일 수 있으나, 비강 내의 염증이나 비염, 위식도 역류 등이 있을 경우에는 심각성이 더 심화될 수 있다. 이러한 증상을 효과적으로 관리하는 방법은 질병을 먼저 치료하여 증상을 완화하는 것이다(Liu et al., 2004).

## 2) 속효성 약물치료

천식의 유발인자를 찾아서 줄여 주면 증상이 악화되거나 혹은 발생 횟수가 늘어나지는 않지만 증상은 그대로 계속 남아 있게 된다. 천식 아동에게는 발작이 시작되는 징후가 무엇인지 자각할 수 있도록 가르치는 일이 필요하다. 흉부의 압박, 천명이나 짧은 호흡, 연속적으로 터져 나오는 폭발할 듯한 기침 등이 그 징후다. 약물을 처방하는 목적은 빠른 경감, 개선, 혹은 약물치료를 통해 천식의 발작을 멈추게 하는 것이다. 기관지 확장제는 수축된 기관지 근육에 작용하여 빠른 시간 내에 기도를 넓혀 준다. 이는 천식 발작을 단시간에 줄일 수 있는 효과적인 방법이다. 때로는 외

그림 17-4　흡입기 사용 모습

부에서 운동을 하기 전에 기관지 확장제를 미리 사용하여 예방하는 방법도 있다.

속효성(quick-relief) 기관지 확장제는 에어로졸 형태의 흡입기 형태로 사용된다. 흡입기는 약물 조절이 가능한 작은 휴대용 도구다. 흡입기에는 작은 플라스틱 통 안에 약물과 추진제가 함께 들어 있는데, 이 추진제가 폭발적으로 증발하면서 약물을 미립자 형태로 만들어 빠른 속도로 밖으로 나오게 한다. 이때 흡입기의 마우스피스 부분을 입에 물고 약물이 분출되는 시기에 숨을 깊이 들이마셔서 약물이 기관지로 흡입되게 한다([그림 17-4] 참조). 흡입기는 흡입하는 방법에 따라 여러 가지 모양과 종류가 있다. 흡입기를 정확한 방법으로 사용하지 못할 경우에는 적정량의 약물을 흡입하지 못하게 되어 증상을 완화하는 데 도움이 되지 않는다([그림 17-5]의 올바른 흡입기 사용방법을 숙지하라).

천식의 약은 네뷸라이저(nebulizer)를 이용하여 사용할 수도 있다. 네뷸라이저는 작은 크기의 모터를 이용한 압축 공기로 약물을 마치 안개같이 작은 입자 형태로 뿜어내는 기구다. 흡입기 사용이 어려운 영유아에게 사용할 수 있다. 마우스피스를 물거나 마스크를 하고 평상시와 같이 호흡을 하면 약물이 기관지까지 들어가도록 한다. 이 장 시작 부분의 사진 속 아동이 네뷸라이저를 사용하고 있다.

그 밖의 치료법으로는 천식 아동이 있는 환경에서 공기 중의 수분을 높이고 음료를 많이 마시게 하는 방법이다. 이러한 방법은 기관지 내 점액의 농도를 낮추어 좀

---

**흡입기 사용의 단계**

1. 2~5초간 흡입기를 흔든다.
2. 흡입기를 스페이서에 끼운다.
3. 마우스피스가 있는 부분이 위로 향하게 든다.
4. 숨을 충분히 내쉬어 폐 안의 공기를 뺀다.
5. 스페이서를 치아 사이에 문 뒤 입술을 오므려 닫는다.
6. 흡입기를 눌러 약을 분사한 뒤 천천히 길게 숨을 들이쉰다.
7. 계속해서 천천히 3~5초간 숨을 쉰다.
8. 약 10초간 숨을 참은 뒤 천천히 내쉰다.
9. 한 번 더 흡입해야 할 때는 의사가 지시한 시간 간격을 두고 기다린다.
10. 흡입기를 사용한 후에는 세균 감염을 예방하기 위해 입을 헹군다.

**그림 17-5**    흡입기의 바른 사용 방법

---

더 쉽게 호흡할 수 있도록 해 준다. 기관지 내에 가래가 가득 차 있을 경우에는 가슴 윗부분을 오므린 손으로 쳐 주어 기침을 하면서 뱉어 낼 수 있게 한다. 깊게 호흡하는 방법과 편안하게 이완하는 방법을 익혀서 천식이 일어날 때의 두려움을 줄이도록 돕는 것도 좋은 방법이다.


### 3) 장기적 약물치료

일부 아동의 경우 속효성 약물치료로 천식 증상을 조절하지 못할 수도 있다. 이 경우에는 장기적인 약물치료 방법을 병행한다. 장기적인 약물의 조절은 천식 발작이 나타났을 때 사용하는 것이 아니라 매일 혹은 일정한 시간에 사용하는 것을 말한다. 이 약물 역시 사용 목적은 천식 발작을 예방하거나 증상을 완화하기 위한 것이다.

장기적인 약물 치료제로 사용되는 약에는 여러 가지가 있다. 장기간 지속성을 나타내며 기도의 평활근을 확장하는 기관지 확장제로는 베타2 작용제, 흡입 코르티코스테로이드(inhaled corticosteroid), 전신성 코르티코스테로이드, 비만 세포 안정제(mast cell stabilizer), 류코트리엔 조절제(leukotriene modifier), 메틸산틴(methylxanthine) 등이다. 스테로이드 부작용이 거의 없는 시클레소나이드(Ciclesonide), 기관지 확장 효과와 장시간 지속성을 가지는 선택적 베타2 작용제인

포르모테롤(Formoterol), 항면역 글로불린 E의 결합을 억제하는 오말리주맙(Omalizumab) 등의 신약이 계속 개발되고 있다.

### 4) 천식의 상태 변화에 대한 점검

천식 아동은 가정용 최대호기 유량계(peak-flow meter)를 이용하여 자신의 증상을 점검하는 것을 배운다. 이 휴대용 기기는 폐 안에 들어오는 공기의 양을 측정하는 것으로 손쉽게 사용할 수 있다. 최대호기 유량계로 호흡을 측정할 때에는 깊은 숨을 들이마신 후 최대한 빠르고 강하게 불어야 한다. 천식의 증상과 호흡곤란의 정도는 환자마다 느끼는 정도가 다르다. 천식의 상태를 객관적으로 평가하기 위해 이 방법이 사용되며, 하루에 2회 측정한다. 이 결과를 바탕으로 약물의 효과를 평가하며 약물의 사용량을 조절한다. 최대 호기를 매일 2회씩 그래프로 기록하여 개인에 따른 질병의 경향을 파악하고 점검하도록 지도하는 것이 필요하다.

## ⑦ 천식의 진행과정

천식 증상의 대부분은 유발인자를 회피하는 것과 직접적인 약물치료를 통해서 관리된다. 그러나 어떤 천식은 속효성 흡입기에도 반응을 보이지 않고 병원에서 치료를 받아야만 하는 경우도 있다. 천식에 의해 사망하는 경우가 드물기는 하지만, 미국에서는 매해 5000명 이상이 천식으로 사망한다. 이러한 경우에도 치료를 통해 예방이 가능하다(Beers et al., 2006). 통계적으로 이러한 죽음은 중도 천식의 경우 계속적인 치료와 약물을 사용하지만 경도의 지속성 천식과 중등도 천식의 경우 제대로 치료를 받지 않거나 주의사항을 준수하지 않아서 생기는 것으로 나타난다.

어린 시절 천식으로 진단된 아동의 대다수는 성장해서도 그 증상이 지속된다. 천식 병력을 가진 아동의 약 25%는 성인이 되어서도 그 증상이 나타날 것이며 계속해서 재발한다(Beers et al., 2006). 일부는 만성적 부비강염과 같은 질병을 갖게 된다. 만약에 천식 증상이 계속된다면 가슴의 모양이 새가슴처럼 확장되는 흉곽 이상이나 호흡곤란 등의 만성적인 변이가 나타나게 된다.

## ⑧ 천식에 대한 교육적 시사점

천식은 매우 예측할 수 없는 질병이다. 천식은 원상태로 다시 회복될 수 없는 비가역적인 특성으로 정의되며, 치명적이며, 일생에 거쳐 계속해서 나타나는 만성 폐쇄성 질환이다. 천식은 질병으로 알려져 있지만 감정 상태와 정서 상태에 따라서도 매우 많은 영향을 받는 증상이다. 그러므로 학교의 교사는 천식 학생의 지도를 위해 천식의 증상, 천식의 적절한 관리와 지침 등에 대한 정확한 이해가 필요하다.

### 1) 신체 및 감각적 요구

천식 치료의 가장 큰 어려움은 학교에서 천식에 대한 교육이 부족하다는 점이다. 교사는 천식 증상이나 천식이 나타나는 신호를 지각할 수 있는 교육을 거의 받지 못하며, 아동이 심각한 사태에 빠지게 될 때까지도 그냥 지켜보는 경우도 있다(Major et al., 2006). 천식은 학생 스스로가 신속하게 약물을 사용하지 않는다면 효과적으로 치료하기가 어렵다. 학교의 모든 사람이 천식에 대한 지식을 갖추고 각각의 아동을 위해 지원해 줄 수 있는 방법을 아는 것이 중요하다.

#### 천식의 발작 감지

천식 발작은 개인에 따라 그 정도와 유형이 다양하게 나타난다. 천식 발작을 시작하면 기침, 쌕쌕거리는 숨소리, 짧은 호흡, 호흡곤란 등이 나타나고, 숨쉴 때 코를 벌렁거리거나 입술 또는 손톱 아래가 푸르스름한 색을 띠게 된다. 호흡이 짧기 때문에 숨을 쉬거나 말하는 것이 어렵다. 교사는 천식 아동이 발작을 시작할 때 전형적으로 보이는 징후가 무엇인지 아는 것이 중요하다. 대부분의 경우에는 아동과 가까운 거리에 있으면 숨을 쉴 때 쌕쌕거리는 소리를 들을 수 있으며, 직접 호흡곤란을 호소한다. 이러한 징후를 명확하게 나타나는 아동도 있지만 어떤 경우에는 매우 다른 형태의 징후를 나타내기도 한다. 중도의 천식 발작 아동의 경우에는 한 번에 폐로 숨을 쉬는 양이 제한되기 때문에 말하는 것이 무척 힘들고, 숨쉬는 데 신경을 써서 집중하기 때문에 꼼짝하지 않고 책상 앞에 앉아 학습하는 것이 힘들 수 있다. 교사는 천식 발작이 일어났을 때 학생이 할 수 있는 일과 교사가 해야 할 일에 대해서 사전에 인지하고 있어야 한다. 교사는 학생이 최대한 편안한 자세를 취할 수 있도록 해 준다. 대개는 누워 있는 자세보다 앉은 자세가 숨을 쉬는 데 더 편한 자세다. 그리고 각 학생마다 개별화된 건강관리계획이나 행동계획을 세워서 이행하도록 지도한다(건강관리계획에 대한 부가 정보는 다음 장에서 다룰 것이다).

## 약물사용

천식의 치료제인 속효성 약물은 필요한 때에 언제든지 바로 사용할 수 있도록 학생의 주변에 비치한다. 학교의 평상시 일과 외에 현장학습과 같은 특별한 교육활동을 할 때에도 늘 사용할 수 있도록 손이 닿는 가까운 곳에 준비한다. 속효성 약물은 천식 발작이 나타날 때 바로 사용할 수 있도록 관리하는 것이 매우 중요하다. 천식 발작이 일어났을 때 항상 부모가 옆에 있는 것이 아니므로 필요한 때에 스스로 약물을 사용할 수 있도록 자신의 몸 상태에 대해 책임감을 가지고 행동하도록 지도한다. 필요한 때에 흡입기를 사용할 수 없는 학생이 발생되지 않도록 '숨 쉴 권리'에 대한 캠페인을 통해 지원한다.

교사는 학생이 사용하는 천식 약물의 부작용, 흡입기와 네뷸라이저를 올바르게 사용하는 방법과 관리 절차를 알아야 한다. 학생 스스로가 천식 증상에 대한 처치를 할 경우에는 정확하게 잘 사용하는지 옆에서 지켜보면서 틀린 점을 교정해 주고 도와준다. 교사는 흡입기 내의 약물이 적당량 채워져 있는지, 하루에 사용하는 횟수와 양을 제대로 이행하고 있는지에 대한 관찰과 점검을 한다. 흡입기 약물의 적정량을 확인하기 위해 흔들어 보는 것은 올바른 방법은 아니다. 약제가 들어 있는 통을 플라스틱 틀에서 빼내어 물이 담긴 그릇에 담가 보면 그 용량을 확인할 수 있다. 물 속으로 가라앉는다면 약물이 가득 차 있는 것이다. 물속에 넣었을 때 병이 세워져서 뜬다면 반만 채워져 있는 것이며, 물 위에 뜬다면 비어 있는 것이다(Heller, Forney, Alberto, Schwartzman, & Goeckel, 2000). 어떤 흡입기의 통은 약제의 소모량을 알 수 있도록 표시되는 것도 있다.

## 천식에 대한 행동 계획

천식이 있는 학생에게는 천식 증상과 치료법에 대한 상세한 정보가 담겨 있는 행동계획이 필요하다. 행동계획에는 천식을 일으킬 수 있는 유발인자와 필요한 경우 적합화되어야 할 환경에 대한 내용이 포함된다. 활동의 제한이 필요하다면 그에 대한 내용도 기술한다. 의료진은 학생이 사용하는 약물의 부작용에 대한 내용도 상세히 기술해 주어야 한다.

계획서에는 천식 발작이 나타났을 때의 초기 증상과 다음 단계의 증상을 상세히 기록한다. 천식 발작이 나타났을 때 누구에게 통보하고, 누가 기록하며, 어떤 약을 제공할 것인지에 대해서도 기록한다. 계획서에는 약을 제공해도 증상이 계속되거나 약의 효과가 나타나지 않을 경우에 대한 행동계획도 반드시 포함해야 한다. 의료진은 속효성 흡입제를 사용하고 한 번 더 사용해도 증상이 지속될 때는 응급차를 불러서 응급실로 가도록 지시한다. 학생에 따라 천식 증상과 치료법, 행동 지침은 다를 수 있다. 그러므로 개별화된 행동계획을 상세히 기술하는 것이 무엇보다 중요하다.

### 환경 적합화

환경 적합화는 천식 발작을 예방하는 데 도움이 된다. 교사는 천식을 일으키는 유발인자와 유발인자에 대한 노출을 줄일 수 있도록 적절한 환경 적합화 전략을 알아야 한다. 예를 들어, 교실에서 키우는 애완동물로 인해 천식이 나타나는 것이라면 학생에게 가까이 오지 못하게 해야 한다.

천식이 있는 학생을 위해서는 HEPA 필터를 사용하여 교실이나 가정의 유발인자를 제거해 주어야 한다. 그 밖에 환경에 대한 예방책으로는 집먼지 진드기 방지용 이불이나 특수 베개 커버, HEPA 필터가 있는 청소기 등을 사용하는 것이 도움이 된다. 먼지가 천식의 유발인자인 경우에는 먼지가 쌓이기 쉬운 커튼이나 블라인드, 주름이 있는 전등 갓, 카펫 등을 최대한 제거해 준다. 꽃가루에 노출되는 것이 유발인자라면 꽃가루가 많은 시간 동안에는 외출을 줄이거나 창문을 닫고, 잔디를 자주 깎아 주어 꽃가루가 발생하지 않도록 한다. 곰팡이가 유발인자인 경우에는 화장실 청소를 철저히 한 후 습기를 없애고 건조한다. 천식의 유발인자와 환경 간의 상호작용을 잘 파악하여 환경을 적합화해 주는 것이 증상을 예방할 수 있다.

어떤 경우에는 학생의 활동 참여 수준의 적합화가 필요하다. 일반적으로 운동은 천식 학생에게 도움이 된다. 그러나 중등도와 중도의 천식 학생은 일반 학생에 비해서 운동능력이 현저히 저하되며(Alioglu, Ertugrul, & Unal, 2007) 체력이 떨어지기 때문에 격렬한 운동은 제한해 주는 것이 좋다. 천식이 있는 학생도 수영을 하거나 실내운동, 레슬링을 하기도 한다. 이때 천식 발작을 줄이기 위해 운동하기 전에 준비운동을 하는 것이 도움이 된다. 만약에 운동으로 인한 천식 발작을 하는 학생이라면, 운동을 제한해 주거나 운동 전에 약물을 흡입하게 하는 것이 천식 발작을 줄이는 데 도움이 된다. 때로는 의료진도 천식 학생에게 적절한 운동을 권유하기도 한다. 그러므로 체육 교사는 천식 학생의 체력 상태를 잘 점검하여 적절한 수준의 참여를 권장하는 것이 바람직하다. 학생 스스로도 운동이나 스포츠 경기를 할 때 나타날 수 있는 천식 발작의 신호를 감지하는 것이 중요하다. 예를 들어, 어떤 학생은 레슬링 경기 도중 천식 발작이 일어나도 감지하지 못해서 어떻게 해야 하는지 모르는 상태에서 호흡곤란으로 이어질 수 있기 때문이다.

## 2) 의사소통 요구

호흡곤란 등의 심각한 천식 발작으로 의사소통 능력을 상실할 경우 자신의 증상을 다른 사람에게 알리지 못하게 된다면 심각한 문제가 발생하게 된다. 이런 일이 발생된다면 대개 응급 상황이다. 이 경우 학생이 교사에게 문제가 있다는 신호를 전할 수 있도록 하는 시스템을 마련하는 것이 중요하다. 한 예로, 9세 학생이 천식 발작을 일으켜 의사소통 능력을 상실했을 때 당황하지 않고 주머니에서 "선생님, 도와주세요. 저(학생 이름) 지금 천식 발작이 일어났어요."라고 적힌 카드를 꺼내 교사에게 보여 준다면 이러한 의사소통 문제는 해결될 것이다. 이러한 카드의 사용은 발작이 나타났을 때 호흡기를 사용해도 천식 발작이 멈추지 않을 때 특히 중요하다. 모든 교사가 응급조치에 대한 방법을 숙지하고 있더라도 카드의 뒷면에 응급조치 방법에 대한 내용을 적어 놓는다면 효과적으로 사용할 수 있을 것이다.

## 3) 학습 요구

천식은 학생의 학교 성적에 영향을 미칠 수도 있다. 천식은 미국의 경우 학교 결석의 가장 큰 원인 중 하나다(Rodehorst, 2003). 학생은 천식 발작이 나타나면 며칠

씩 결석하기도 하고 치료로 인한 입원으로 몇 주씩 수업에 불참하기도 한다. 이러한 경우에 교사는 학생의 누락된 수업을 보충하는 방법을 선택해야 한다.

천식의 약 중에는 잠재적 부작용으로 인해 학교 성적에 영향을 미치는 약도 있다. 기관지 확장제는 신체를 떨게 하는 부작용 때문에 글씨를 쓰는 데 방해가 된다. 기관지 확장제는 학생의 집중력과 행동에 영향을 미치는 것으로 알려져 있지만 모든 경우가 그런 것은 아니다. 교사는 이런 부작용을 인지하고 대책을 수립해야 한다.

천식이 있는 학생은 질환과 그 관리에 대한 교육이 필요하다. 학생 스스로가 자신이 피해야 할 자극(애완동물의 털 등)이 무엇인지 알아야 한다. 또한 천식 발작의 징조나 증상, 대처하기 위한 흡입기 사용법, 네뷸라이저와 최대호기 유량계의 사용법을 익혀야 한다.

## 4) 일상생활 요구

천식 발작이 며칠 혹은 몇 주 동안 지속되면 일상생활 능력을 발휘하지 못하게 된다. 이 경우 학생은 세수하기와 이 닦기 등의 일반적인 활동을 하지 못할 수 있으며, 가정에서의 모든 활동에 지원이 필요하게 된다. 또한 천식이 있는 아동은 자신이 사용할 흡입기와 네뷸라이저의 사용법과 관리법을 알아야 한다. 흡입기의 경우 연결방법을 알아야 하며, 네뷸라이저의 경우 약물을 투입하는 방법과 청결하게 사용하는 방법을 익혀야 한다.

## 5) 행동 및 사회적 요구

천식은 학생의 정서와 사회생활에 부정적 영향을 미친다. 어떤 학생은 천식 발작에 대한 두려움을 가지며, 약물치료에 관해 그들 자신이 타인과 다르다고 느껴 사회적으로 소외된다고 느낀다. 어떤 학생은 약물의 부작용과 죽음에 대해 걱정하는 것으로 나타났다(Bloomberg & Strunk, 1992). 천식 아동의 경우 천식의 심각도와 정서 및 행동적인 증상의 상관관계는 없으나, 심리적인 문제의 위험 요인은 높은 것으로 밝혀졌다(Goldbeck, Koffmane, Lecheler, Thiessen, & Fegert, 2006). 교사는 학생의 관심사에 대해 민감하게 반응해 주어야 하며, 부모와의 상담을 통해 이러한 문제를 해결해야 한다. 학생은 현재 가지고 있는 심리적 어려움에 대해 도움을 요청할 수 있어야 한다.

천식에 대해 일반 학생은 잘 모르기 때문에 천식 학생이 자주 결석하고, 일부 활동의 참여가 어려운 상황에 대해 이해하지 못하여 오해와 편견을 가지게 되고, 그 결과 사회적 관계에서 부정적 영향이 나타나는 경우가 종종 있다. 이러한 경우 체육이나 건강 관련 교육과정 안에 천식이라는 만성질환에 대한 내용을 삽입하여 교육하는 것이 문제를 해결할 수 있다.

천식이 있는 학생은 사회적으로 고립감을 느낄 수 있기 때문에 사회적 관계를 격려할 필요가 있다. 학교의 다양한 활동과 동아리 활동을 통해 신체적 제약과 상관없이 가볍게 즐기고 즐겁게 참여할 수 있도록 지원하는 것이 필요하다.

만약 학생이 약물치료를 하는 것을 꺼리거나 부끄럽게 생각한다면 교사, 간호사, 학생의 의논하에 약물치료에 대한 최선의 방법을 결정할 수 있다. 약물치료를 하기 위해 학생이 보건실에 가야 할 경우, 수업 시간에도 방해되지 않게 언제든지 필요할 때 갈 수 있도록 허용한다. 수업 시간에도 약물치료가 필요할 때에는 언제든지 부담 없이 약을 사용하기 위해 교실 안에서 그냥 사용하거나 혹은 개인 장소로 이동해 사용할 수 있도록 가장 편안한 방법으로 하도록 지원한다. 가장 중요한 것은 천식 발작이 나타났을 때 신속하게 사용하도록 하는 것이다. 학생의 수치심은 최소화하고 학생의 요구사항은 최대한 존중하여 지원하는 것이 필요하다.

감정적으로 흥분하게 되면 천식 발작이 일어날 수도 있다. 이는 교사와 학생의 관계에서 교사의 접근방법에 따라 일어날 수도 있다. 천식을 가진 학생에게 교실에서 지켜야 할 규칙에 대해 다른 학생과는 달리 지나치게 허용하거나 별도의 기준으로 다르게 다루어서는 안 된다. 천식 발작이 있거나 호흡곤란이 있는 아동의 어려움에 대해서도 신중하게 받아들이는 것이 중요하다.

천식이 있는 학생은 과잉보호되기 쉽고 주변에서 질병에 관해 지나치게 걱정하는 경향이 있다. 학생과 학부모를 위한 천식 지원 단체는 많은 도움이 될 수 있으며, 필요한 경우 별도의 상담을 통한 지원을 제공한다.

## 요약

천식은 기도의 협착과 염증에 의한 과민 반응으로 나타나는 질병이다. 천식은 경도의 질환이기도 하지만, 중도의 호흡기 질환을 일으키는 매우 심각한 질병이기도 하다. 천식 발작은 발작이 시작될 때 즉각적으로 약물을 사용하여 치료하는 것이 효과적이다. 천식 학생을 위해서는 적절한 행동계획이 필요하다. 행동계획에는 효과적인 약물 사용법 등 학생의 천식 관리에 필요한 상세한 정보를 기술해 놓아야 한다. 무엇보다 교사의 태도와 지식, 지원 정도가 학생의 수행력에 큰 영향을 미칠 수 있다.

## 사례  링 이야기

천식을 앓고 있는 8세의 링은 행동적인 문제를 가지고 있다. 수학 시험이 시작되었을 때, 링은 교사에게 천식 때문에 시험을 볼 수 없다고 말하였다. 링은 교실 앞으로 나가서 흡입기를 사용했다. 그러나 아직도 숨쉬기가 어려운 상태다. 교사는 링의 증상이 호전된 것으로 생각했다. 교사가 해 주어야 할 일은 무엇일까?

## 참고문헌

Alioglu, B., Ertugrul, T., & Unal, M. (2007). Cardiopulmonary responses of asthmatic children to exercise: Analysis of systolic and diastolic cardiac function. *Pediatric Pulmonology, 42*, 283-289.

American Academy of Allergy, Asthma, and Immunology. (2006). *Avoid springtime allergens to reduce symptoms of asthma*. Retrieved December 12, 2006, from http://www.aaaai.org/media/news_releases/2006/04/040106.stm

Ananth, C. V., Savitz, D. A., & Williams, M. A. (1996). Placental abruption and its association with hypertension and prolonged rupture of membranes: A methodological review and meta-analysis. *Obstetrics and Gynecology, 88*, 309-318.

Ananth, C. V., Smulian, J. C., Demissie, K., Vinzileos, A. M., & Knuppel, R. A. (2001).

Placental abruption among singleton and twin births in the United States: Risk factor profiles. *American Journal of Epidemiology, 153,* 771-778.

Ananth, C. V., Smulian, J. C., & Vinzileos, A. M. (1999), Incidence of placental abruption in relation to cigarette smoking and hypertensive disorders during pregnancy: A meta-analysis of observational studies. *Obstetrics and Gynecology, 93,* 622-628.

Ananth, C. V., & Wilcox, A. J. (2001). Placental abruption and perinatal mortality in the United States. *American Journal of Epidemiology, 158,* 332-337.

Asthma Society of Canada. (2006). *About asthma.* Retrieved December 12, 2006, from http://www.asthma.ca/adults/about/whatIsAsthma.php

Barraclough, R., Devereux, G., Hendrick, D. J., & Stenton, S. C. (2002). Apparent but not real increase in asthma prevalence during the 1990s. *European Respiratory Journal, 20,* 826-833.

Beers, M. H., Porter, R. S., Jones, T. V., Kaplan, J. L., & Berkwits, M. (2006). *The Merck manual of diagnosis and therapy* (18th ed.). Whitehouse Station, NJ: Merck & Co.

Bevelaqua, F. A. (2005). Pulmonary disorders. In H. H. Zaretsky, E. F. Richter, & M. G. Eisenberg (Eds.), *Medical aspects of disability* (3rd ed., pp. 543-562). New York: Springer.

Bloomberg, G. R., & Strunk, R. C. (1992). Crisis in asthma care. *Pediatric Clinics of North America, 39,* 1225-1241.

Conboy-Ellis, K. (2006). Asthma pathogenesis and management. *The Nurse Practitioner, 31*(11), 24-37.

Covar, R., Spahn, J., & Szefler, S. (2003). Special considerations for infnats and young children. In D. Leung, H. Sampson, R. Geha, & S. Szefler (Eds.), *Pediatric allergy: Principles and practice* (pp. 379-391). St. Louis: Mosby.

Cullinan, P., MacNeill, S. J., Harris, J. M., Moffat, S., Whiste, C., Mills, P., et al. (2004). Early allergen exposure, skin prick responses, and atopic wheeze at age 5 in English children: A cohort study. *Thorax, 59,* 855-861.

Eder, W., Ege, M. J., & von Mutius, E. (2006). The asthma epidemic. *New England Journal of Medicine, 355,* 2226-2235.

Effros, R. M., & Nagaraj, H. (2007). Asthma: New developments concerning immune mechanisms, diagnosis and treatment. *Current Opinion in Pulmonary Medicine, 13,* 37-43.

El-Kady, D., Gilbert, W. M., Anderson, J., Danielsen, B., Towner, D., & Smith, L. H. (2004). Trauma during pregnancy: An analysis of maternal and fetal outcomes in a large population. *American Journal of Obstetrics and Gynecology, 190,* 1661-1668.

Frye, C., Heinrich, J., Wjst, M., & Wichmann, H. E. (2001). Increasing prevalence of bronchial hyperresponsiveness in three selected areas in East Germany. *European Respiratory Journal, 18,* 451-458.

Goldbeck, L., Koffmane, K., Lecheler, J., Thiessen, K., & Fegert, F. M. (2006). Disease severity, mental health, and quality of life of children and adolescents with asthma. *Pediatric Pulmonology, 42,* 15-22.

Green, R. H., Brightling, C. E., Bradding, P. (2007). The reclassification of asthma based on subphenotypes. *Current Opinion in Allergy and Clinical Immunology, 7,* 43-50.

Haland, G., Carlsen, K. C. L., Snadvik, L., Devulpalli, C. S., Munthe-Kaas, M. C. M Pettersen, M., et al. (2006). Reduced lung function at birth and the risk of asthma at 10 years of age. *New England Journal of Medicine, 16,* 1682-1689.

Heller, K. W., Forney, P., Alberto, P., Schwartzman, M., & Goeckel, T. (2000). *Meeting physical and health needs of children with disabilities.* Belmont, CA: Wadsworth/Thomson Learning.

Hill, M., Szefler, S. J., & Larsen, g. l. (1992). Asthma pathogenesis and the implications for therapy in children. *Pediatric Clinics of North America, 39,* 1205-1225.

Hoffjan, S., Nicolae, D., & Ober, C. (2003, December). Association studies for asthma and atopic diseases: A comprehensive review of the literature. *Respiratory Research, 4,* 1-12.

Hong, S., Lee, M., Lee, S., Ahn, K., Oh, J., Kim, K., et al. (2006). High body mass index and dietary pattern are associated with childhood asthma. *Pediatric Pulmonology, 41,* 1118-1124.

Humbert, M., Holgate, S., Boulet, L., & Bousquet, J. (2007). Asthma control or severity: That is the question. *Allergy, 62,* 95-101.

Karmaus, W., & Botezan, C. (2002). Does a higher number of siblings protect against the development of allergy and asthma? A review. *Journal of Epidemiology and Community Health, 56,* 209-217.

Kavuru, M. S., Lang, D. M., & Erzurum, S. C. (2005). *Asthma.* The Cleveland Clinic. Retrieved December 20, 2006, from http://www.clevelandclinicmeded.com/DISEASEMANAGEMENT/pulmonary/asthma/asthma.htm

Kiechhefer, G., & Ratcliffe, M. (2004). Asthma. In P. J. Allen & J. A. Vessey (Eds.), *Primary care of the child with a chronic condition* (4th ed., pp. 174-197). Philadelphia: Mosby.

Kiley, J., Smith, R., & Noel, P. (2007). Asthma phenotypes. *Current Opinion in Pulmonary Medicine, 13,* 19-23.

Layu, S., Illi, S., Sommerfeld, C., Niggemann, B., Bergmann, R., von Mutius, E., et al. (2000). Early exposure to house-dust mite and cat allergens and development of childhood asthma: A cohort study. *Lancet, 356,* 1392-1397.

Lee, K. K., Hegele, R. G., Manfreda, J., Wooldrage, K., Becker, A. S., Ferguson, A. C., et al. (2007). Relationship of early childhood viral exposures to respiratory symptoms, onset of possible asthma and atopy in high risk children: The Canadian asthma primary prevention study. *Pediatric Pulmonology, 42,* 290-297.

Liu, A. H., Spahn, J. D., & Leung, D. Y. (2004). Childhood asthma. In R. E. Behrman, R. M. Kliegman, & H. B. Jenson (Eds.), *Nelson textbook of pediatrics* (pp. 760-774). Philadelphia: W. B. Saunders.

Major, D. A., Clarke, S. M., Cardenas, R. A., Taylor-Fishwick, J., Kelly, C. S., & Butterfoss, F. D. (2006). Providing asthma care in elementary schools: Understanding barriers to determine best practices. *Family Community Health, 29,* 256-265.

Martinez, F. D. (2001). Links between pediatric and adult asthma. *Journal of Allergy and Clinical Immunology, 107,* 449-455.

Miller, J. M., Jr., Boudreaux, M. C., & Regan, F. A. (1995). A case-control study of cocaine use in pregnancy. *American Journal of Obstetrics and Gynecology, 172,* 180-185.

National Heart, Lung, and Blood Institute. (2007). *National Asthma Education and Prevention Program Expert Panel Report 3. Guidelines for the diagnosis and management of asthma* (NIH Publication No. 07-4051). Bethesda, MD: NHLBI Health Information Center.

Ownby, D. R., & Johnson, C. C. (2003). Does exposure to dogs and cats in the first year of life influence the development of allergic sensitization? *Current Opinion in Allergy and Clinical Immunology, 3,* 517-522.

Remes, S. T., Castro-Rodriguez, J. A., Holberg, C. J., Martinez, F. D., & Wright, A. L. (2001). Dog exposure in infancy decreases the subsequent risk of frequent wheeze but not of atopy. *Journal of Allergy and Clinical Immunology, 108,* 509-515.

Rodehosrt, T. K. (2003). Rural elementary school teachers' intent to manage children with asthma symptoms. *Pediatric Nursing, 29,* 184-194.

Russell, G., & Helms, P. J. (1997). Trends in occurrence of asthma among children and young adults: Rporting of common respiratory and atopic symptoms has increased. *British Medical Journal, 315,* 1014-1015.

Schaub, B., & von Mutius, E. (2005). Obesity and asthma, what are the links? *Current Opinion in Allergy and Clinical Immunology, 5,* 185-193.

Sterling, Y. S., & El-Dahr, J. M. (2006). Wheezing and asthma in early childhood: An update. *Pediatric Nursing, 32,* 27-34.

Strachan, D. P., & Cook, D. G. (1998). Health effects of passive smoking. 6. Parental smoking and childhood asthma: Longitudinal and case-control studies. *Thorax, 53,* 204-212.

Suddarth, D. (1991). *The Lippincott manual of nursing practice.* Philadelphia: Lippincott.

Tatum, A. J., & Shapiro, G. G. (2005). The effects of outdoor air pollution and tobacco smoke on asthma. *Immunology and Allergy Clinics of North America, 25,* 15-30.

# 제18장  당뇨

*Kathryn Wolff Heller*

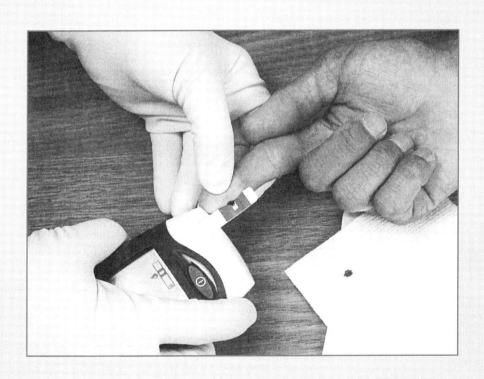

당뇨는 인슐린 생산과 사용에 영향을 미치는 만성 질환이다. 아동기에 발생하는 1형 당뇨는 청소년기와 어린 시절에 나타나는 가장 흔한 내분비 신진대사장애다 (Alemzedeh & Wyatt, 2004). 아동과 청소년 400~600명당 1명 정도가 이 병을 가지고 있고 전체 인구의 7% 정도가 당뇨다(American Diabetes Association, 2007). 1형 당뇨는 적절한 관리만 이루어진다면 일반적 증상이 나타나지 않으며 생활하는 데 지장이 없다. 일반적으로는 1형 당뇨를 가진 아동을 위해 적절한 관리 프로그램의 중재가 제공되지만, 예기치 않은 상황에서의 응급 사태가 발생할 수도 있다. 그러므로 당뇨가 있는 학생을 담당하는 교사의 경우 당뇨에 대한 적절한 관리방법을 이해하고 응급 상황에 대한 인지와 정확한 대처 방안을 숙지해야 한다.

당뇨를 가진 아동과 청소년에게 가장 많이 나타나는 유형은 1형 당뇨로 전체의 약 60~70%를 차지한다. 두 번째로 흔하게 나타나는 유형은 2형 당뇨로 약 30~40%다(Boland & Grey 2004). 이 장에서는 당뇨의 여러 유형에 대한 설명 후에 먼저 아동기에 더 많은 빈도로 발생하는 1형 당뇨에 대해 집중적으로 다룰 것이다.

# ① 당뇨 개요

멜리투스 당뇨(diabetes mellitus)라고도 불리는 당뇨는 인슐린 분비 또는 인슐린 작용의 장애로 발생하는 대사질환이다. 포도당의 대부분이 세포 내로 흡수되지 못하고 혈액 속에 증가하는 고혈당이 특징이며, 당, 단백질 및 지질 대사의 장애가 동반된다. 고혈당과 체중 감소, 케톤혈증 등의 증상과 그 밖의 심각한 합병증을 일으킬 수 있다.

당뇨는 몇 가지 다른 유형으로 나누어진다. 이것은 1형 당뇨(Type 1 DM), 2형 당뇨(Type 2 DM), 비전형적 당뇨, 이차성 당뇨, 그 밖에 임신성 당뇨와 신생아 당뇨 등이 있다(Alemzadeh & Wyatt, 2004; Botero & Wolfsdorf, 2005).

## 1) 1형 당뇨

1형 당뇨는 대개 소아 당뇨와 인슐린 의존형 당뇨로 알려져 있다. 그러나 아동기와 청소년기의 당뇨가 다양한 형태로 나타나기 때문에 이 용어는 더 이상 쓰이지 않는다. 1형 당뇨는 소년기에 나타나는 가장 일반적인 당뇨다. 인슐린 의존형인 1형 당뇨는 체내에서 혈당을 조절하는 인슐린이 거의 분비되지 않아 인슐린 주사에 의존해야 하는 경우를 말한다.

## 2) 2형 당뇨

2형 당뇨는 성인 당뇨 혹은 인슐린 비의존형 당뇨로 불린다. 2형 당뇨는 주로 성인에게만 발병하는 것으로 알려져 왔으며, 아동기의 발병률은 거의 없었다. 그러나 10~20년 전부터는 전 세계적으로 2형 당뇨의 발병률이 아동에게서도 점차 급증했다. 이러한 추세는 최근 아동의 비만 증가 추세와 관련이 있다(Botero & Wolfsdorf, 2005). 혈당 수치가 정상보다는 높지만 당뇨라고 분류할 수 있을 만큼 높지 않은 상황은 전당뇨(prediabetes) 혹은 당뇨 전증이라고 부른다.

## 3) 비전형적 당뇨

비전형적 당뇨는 주로 아프리카나 아시아계 사람에게서 발견된다. 1형과 2형 당뇨의 구분이 어려운 비전형적 당뇨는 특발적(원인 불명) 1형 당뇨, 혹은 1.5형 당뇨로 불린다. 이러한 당뇨는 대부분 자가 면역력이 없지만 간헐적 케토산증을 나타낸다(Banerji, 2002; Botero & Wolfsdorf, 2005; Kitabchi, 2003; Winter et al., 1987). 이 유형의 경우 일본의 아동에게서 발견된 새로운 비전형적 형태도 있으며, 1형 당뇨가 느리게 진행되는 형태로 케토산증을 유발하지는 않는다(Ohtsu et al., 2005).

## 4) 이차성 당뇨

이차성 당뇨는 낭포성 섬유증과 같은 다른 질병이나 선천적 풍진과 같은 감염, 갑상선 호르몬 등의 약물 유발로 발병하는 당뇨를 말한다(Alemzadeh & Wyatt, 2004). 또한 이차성 당뇨는 다운증후군과 같은 특정한 유전적 이상과 관련된 당뇨를 포함한다(Gillespie et al., 2006).

## 5) 기타 형태의 당뇨

그 밖의 다른 형태의 당뇨는 임신성 당뇨와 신생아 당뇨 등이 있다. 임신성 당뇨는 고혈당의 정도와 무관하게 임신 중 발견되는 당뇨다. 신생아 당뇨는 생후 1개월경에 희귀하게 발병하는 당뇨로, 저절로 낫거나 영구적으로 병에 걸릴 수 있는 매우 다양한 예후를 지닌다(Muhlendah & Herkenhoff, 1995).

## ② 1형 당뇨의 원인

우리 몸은 정상적으로 음식물을 섭취하게 되면 대부분 흡수되어 포도당 형태로 혈중으로 운반된다. 이때 포도당이 세포로 이동하기 위해서는 인슐린이 필요하다. 인슐린은 췌장의 랑게르한스섬의 베타세포에서 분비되는 호르몬으로서, 세포에 결합해 포도당이 세포로 이동하여 에너지원으로 쓰이게 도와주는 역할을 한다.[1]

1형 당뇨는 췌장의 베타세포의 파괴로 인해 인슐린이 분비가 되지 않거나 분비가 되더라도 저항성으로 인해 포도당이 세포 내로 들어가지 못해 혈당이 올라가서 발생하는 병이다. 자가면역 질환에 의한 1형 당뇨는 유전적 요인도 가지고 있다. 유전적으로 취약한 경우 환경적 요인에 노출될 경우 발생할 수 있다(Beers, Porter, Jones, Kaplan, & Berkwits, 2006).

1형 당뇨는 인슐린 의존형으로, 항체가 췌장의 베타세포를 몸에 좋지 않은 병원체로 오인하고 공격해서 인슐린을 분비하지 못해 생기는 질환이다. 병원체를 정상적인 세포와 구별하는 면역체계가 너무 활발해서 정상적인 자기 세포를 공격하는 문제가 발생하는데, 이를 자가면역 질환이라 한다. 신체의 항체가 랑게르한스섬을 병원체로 인식하여 공격하여 세포가 점차적으로 파괴되면서 인슐린 분비 작용의 손상이 생긴다. 자가면역 질환의 증상은 임상적인 증후가 나타나기 전(예: 몇 달, 몇 년 혹은 10년 후)부터 발생된다. 당뇨의 임상 증후는 대략 80~90%의 세포가 파괴되었을 때 시작된다(Alemzadeh & Wyatt, 2004).

---

1) 역주: 이 문단의 내용은 독자의 이해를 돕기 위해 추가한 것임.

1형 당뇨는 환경적 요인에 의해 그 증상이 심화될 수 있다. 청소년기에 밀에 있는 글루텐의 습관적 소비와 박테리아성, 바이러스성 기생충에 의한 감염은 자가면역 체계를 파괴하는 데 핵심 역할을 한다(Barbeau, Bassaganya-Riera, & Hontecillas, 2007). 우유의 단백질과 식수의 질산염, 비타민 D의 섭취 부족 등은 당뇨의 발병에 영향을 미치는 것으로 알려져 있다. 풍진, 거대세포 바이러스, 엡스타인-바 (Epstein-Barr) 바이러스, 유행성 이하선염 등의 바이러스 또한 발병에 영향을 미칠 수 있다. 그 밖에 화학약품, 약물치료, 혹은 계절적 요인 또한 병의 진행과 관련이 있다(Alemzadeh & Wyatt, 2004).

## ③ 1형 당뇨에 대한 이해

### 1) 내분비선

내분비 체계는 여러 개의 혈류에 직접적으로 영향을 주는 호르몬을 분비하는 내

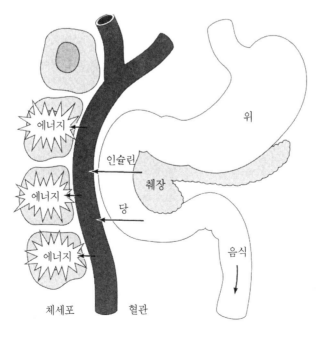

그림 18-1    혈관에서 체세포로 당을 이동하는 인슐린

분비선으로 이루어져 있다. 내분비선에 속하는 것으로는 뇌하수체, 갑상선, 부신, 송과선, 흉선, 난소, 정소, 췌장 등이 있다. 내분비선에서는 혈액이나 림프관을 통해 호르몬을 분비하고, 분비된 호르몬은 체내를 순환하면서 각 기관의 조절 작용을 일으킨다. 이 중 췌장 같은 일부 샘은 인슐린, 글루카곤 등의 호르몬을 만드는 내분비 기능만 하는 것이 아니라 소화 효소를 분비하는 외분비 기능도 같이 하고 있다.

췌장은 위 바로 옆에 위치한다. 음식을 먹을 때 음식은 위에서 소화되고, 일부 음식은 당으로 분해되어 혈액 속에 흡수된다. 인슐린은 혈액 속의 포도당을 인체의 세포로 운반하는 역할을 한다. 운반된 포도당은 세포의 에너지원으로 이용된다.

## 2) 당뇨의 췌장 기능에 대한 영향

당뇨에서 췌장의 베타세포는 자가면역 작용으로 파괴된다. 베타세포의 상당한 부분이 파괴되었을 때 인슐린은 더 이상 생산되지 않으며, 이로 인해 식사 후 혈당이 증가하면 인슐린은 더 이상 포도당을 인체의 세포로 운반할 수 없게 된다. 이것이 혈중 포도당이 상승하는 고혈당증(hyperglycemia)이다.

포도당이 혈류에서 정체되면 신체의 기관에서 필요한 포도당을 받을 수 없다. 인슐린의 부족으로 포도당 수치가 낮아지면 체내에서는 포도당이 더 필요한 것으로 해석하여, 간은 포도당을 더 흡수되기 쉬운 형태로 분해한다. 이때 간에서의 포도당 생산은 산성 부산물인 케톤을 형성한다. 인체의 세포가 충분한 양의 포도당을 계속 공급받지 못하면 간의 포도당 생산은 증가하여 과도한 양의 케톤이 배출되고, 케톤의 축적은 산성증을 야기한다. 이것이 케톤산증이다. 이는 심각한 결과를 초래하고 치료하지 않을 시 혼수상태와 사망에 이르게 할 수 있다.

## ④  1형 당뇨의 특징

### 1) 고혈당증

고혈당증(hyperglycemia)는 혈중 당의 수치가 과도하게 높게 나타나는 증상이며,

인슐린의 부족으로 혈당이 올라가는 당뇨의 초기 증상이다.

일반적으로 고혈당증의 증상으로는 다뇨, 다음, 다식의 세 가지 특징이 나타난다. 다뇨증은 제일 먼저 나타나는 증상으로 소변량이 많아지는 것이다. 인체가 혈액에서 과도한 포도당 수치를 감지하면 소변의 노폐물을 통해 포도당을 방출하여 포도당의 양을 줄이게 된다. 두 번째로 나타나는 증상인 과도한 수분 섭취다. 소변이 과도하게 배출되면서 갈증을 느끼고 탈수 증상을 막기 위해 과도한 수분을 섭취하게 된다. 세 번째 증상은 소변을 통해 소모된 열량을 보충하기 위해 음식을 과도하게 섭취하게 되는 증상을 말한다.

그 밖의 증상으로 체중 감소, 피로감, 의욕 상실이 나타난다. 에너지원인 당질이 소변을 통해 빠져나가므로 몸이 쉽게 피로해지며, 탈수 현상과 체중 감소가 나타난다. 만약 아동의 음식물 섭취가 소변으로 소모된 열량을 보충하지 못한다면 체지방이 감소하여 체중이 줄어든다. 예를 들어, 당뇨가 있는 10세 아동의 경우 적절한 치료를 받지 못한다면 소변으로 하루 칼로리 섭취량의 절반을 소모할 수 있으며(Alemzadeh & Wyatt, 2004), 탈수증이 발생할 수 있다.

## 2) 케톤산증

만약 세 가지 일반적 증상이 진단되고 치료되지 않는다면 케톤산증(ketoacidosis)이 나타난다. 케톤산증이란 혈중에 케톤체가 축적하고 산증을 나타내는 상태를 말한다. 세포에서 부족한 포도당을 보충하기 위해 간에서 포도당을 분해할 때 부산물로 산성의 케톤을 생산하게 되는데, 이때 케톤이 축적되면 케톤산증의 증상이 나타난다.

케톤산증의 초기 증상은 복통, 구역질, 구토 등이며, 이때 소모된 수분을 보충할 능력이 떨어져 탈수증이 가속화된다. 케톤산증이 진행되면 쿠스마울 호흡(Kussmaul respirations)이라고 부르는 가쁘고 깊은 호흡을 하고, 호흡을 할 때 입에서 아세톤 냄새를 풍기며 신경인지 능력이 훼손된다. 나른함, 의식장애, 혼수상태가 발생할 수 있다. 케톤산증이 발생하면 적절한 응급처치와 인슐린 관리, 그리고 정밀검사가 필요하다. 아동 중 약 20~40%의 경우에서 당뇨로 진단되기 전에 케톤산증이 진행된다(Alemzadeh & Wyatt, 2004).

## ⑤ 1형 당뇨의 진단

당뇨의 발병을 가장 확실하게 확인할 수 있는 임상적 증상은 고혈당증과 케톤산증이다. 그러나 정확한 진단을 위해서는 혈액검사를 실시하여 혈당 수치를 통해 그 정도를 진단하게 된다. 혈당 수치는 8~12시간의 단식 후 공복 상태에서 측정된다. 고혈당증에 양성 반응을 보이면 당뇨로 진단하며(Beers er al., 2006), 더 자세히 진단하기 위해서는 당뇨성 케톤산증, 탈수증, 전해질 불균형성 등을 점검한다. 직계가족 중에 당뇨의 가족력을 가진 경우에는 좀 더 상세한 검사를 실시한다.

## ⑥ 1형 당뇨의 치료

1형 당뇨의 치료는 치료, 식이요법, 그리고 운동의 균형을 유지하는 것으로 구성된다. 포도당을 살펴보는 것도 혈당 수치를 조절하기 위한 인슐린 투약량을 정하는 데 있어 필수다. 당뇨의 긍정적 조절을 위해서는 처방된 치료계획을 엄격하게 지키는 것이 필수적이다. 치료방법을 엄격히 준수하더라도 어떤 사람은 당뇨를 조절하는 데 어려움을 느낀다. 고혈당증이나 저혈당증이 발생할 수 있고, 즉각적인 개입이 필요하다.

### 1) 인슐린, 식이요법과 운동

#### 인슐린

인슐린은 1형 당뇨를 조절하기 위해 사용된다. 인슐린은 환자의 증상이나 요구에 따라 다르게 처방될 수 있으며 작용 시간에 따라 투여방법이 다르다. 인슐린은 작용 양상에 따라 초속효성(rapid acting), 속효성(short acting), 중간형(intermediate acting), 지속형(long acting) 등이 있다. 초속효성 인슐린은 투여 후 5~15분 이내에 대부분 효과를 나타내기 시작한다. 따라서 식사 직후나 직전에 투여하며, 식후 혈당을 조절하는 데 용이하다. 인슐린 리스프로(lispro), 인슐린 아스파르트(aspart) 등이 이에 속한다. 속효성 인슐린은 초속효성 인슐린이 나오기 전까지 식후 혈당을 조절하기 위해 사용하던 인슐린으로, 레귤러 인슐린(regular insulin)이 이에 속한다. 보통 투여 후 30분에서 1시간 후에 효과를 나타내며, 약효는 보통 2~4시간 지속된다. 1형 당뇨 아동은 적절한 포도당 수치를 유지하기 위해 대개 복합적 유형(예: 속효성과 중간형 인슐린, 혹은 속효성과 지속형 인슐린)을 택한다. 인슐린은 인슐린 펌프를 통해 투약하거나 섭취, 흡입을 통해 전달된다.

**인슐린 투여**　　인슐린은 1일 수차례 투여된다. 인슐린은 주사약으로 나와 있어 다른 사람이 주사를 놓거나 직접 투여한다. 인슐린은 주사약처럼 일정량을 측정할 필요가 없는 충전식으로 되어 있는 형태의 인슐린 도구와 스프링식(spring-loaded)의 자가투여 기구가 있다.

인슐린은 복부, 상완부, 대퇴부와 같은 피하층에 투여하는 것을 원칙으로 하며, 스스로에게 인슐린을 투여하도록 교육한다([그림 18-2] 참조). 아동에 따라서 투약의 양과 빈도를 계획한다. 예를 들어, 식전에 포도당을 늘리기 위해 초속효성과 속효성 인슐린을 처방받은 경우 하루에 여러 번 투약하는 반면, 중간형 인슐린과 지속형 인슐린을 처방받은 경우에는 하루에 한두 번만 투약한다(Boland & Grey, 2004).

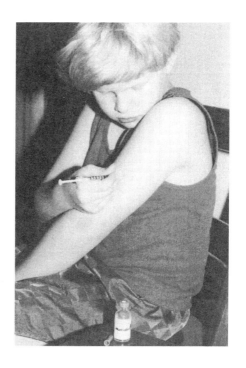

**그림 18-2**　인슐린을 직접 투여하고 있는 모습

**인슐린 펌프**    인슐린은 외부의 인슐린 펌프를 통해 전달되는데, 이것은 인슐린 펌프 치료법 혹은 지속적 피하 인슐린 주입법(continuous subcutaneous insulin infusion: CSII)으로 알려져 있다([그림 18-3] 참조). 모든 인슐린 펌프는 (a) 펌프, (b) 인슐린 저장소, (c) 주입 장비의 세 부분으로 구성되어 있다. 펌프는 무선호출기만한 크기로 인슐린을 투여할 수 있는 여러 개의 버튼이 있다. 펌프는 속옷이나 주머니, 허리띠, 양말이나 특수 제작된 도구를 의류에 고정하여 사용한다. 펌프 안에는 인슐린을 저장하는 일회용 저장소와 주입 장비가 있다. 인슐린 펌프는 복부나 둔부의 피하층에 작은 바늘을 통해 주입하도록 되어 있으며, 이 위치는 2~3일에 한 번씩 혹은 의사의 진단에 따라 주입 장비가 교체될 때 다른 위치로 이동된다(Boland & Grey, 2004). 또한 인슐린 펌프에는 차단 장치가 있어서 수영 등의 활동을 할 때에는 펌프를 차단할 수 있다.

인슐린 펌프는 작고 좁은 연결관과 캐뉼러(cannula, 몸속에 삽입하는 튜브)를 통해 저장소에서 인체로 인슐린을 전달한다. 인슐린 펌프는 하루 24시간 체내에 인슐린을 전달하고, 아동의 운동량과 식사량, 또는 질병의 상태에 따라 인슐린의 투입량을 다양화할 수 있도록 프로그램되어 있다. 예를 들어, 한 아동의 경우 평상시에는 3분마다 소량의 인슐린이 투입되며, 식사 시에는 포도당이 증가함에 따라 이를 조절하기 위해 더 많은 양의 인슐린을 투입하도록 프로그램되어 있다. 만약 혈당 수

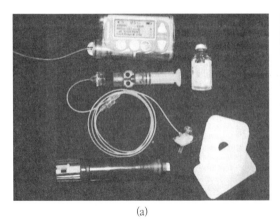

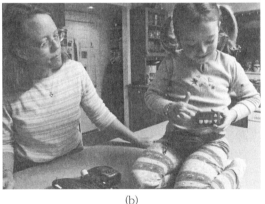

(a)                                    (b)

**그림 18-3**   위에서부터 인슐린 펌프, 인슐린이 담긴 주사 약병과 인슐린 펌프에 달린 저장소, 고정용 테이프와 주입 장비, 그리고 피하층에 주입할 수 있는 바늘과 주입 장치(a), 인슐린 펌프의 사용법을 배우고 있는 장면(b)

치가 높다면 수정이나 추가 인슐린 알약을 통해 혈당 수치를 조절할 수 있다.

　일반적으로 아동에게 인슐린 펌프는 흔히 사용되지 않지만 크기가 작고, 사용하기 쉬우며, 다양한 알람기능(예: 튜브 차단기, 잊어버린 식사 알약을 알려 주는 알람)이 있고, 소량씩 주입량을 조절할 수 있으며, 인슐린 주입량(컴퓨터에서 다운로드할 수 있는)에 따른 정보를 저장하는 등 다양한 기능으로 인해 그 사용이 늘고 있다. 인슐린 펌프는 새로운 면에서 진화를 거듭한다. 어떤 인슐린 펌프는 낮은 혈당 수치를 감시할 수 있을 뿐만 아니라, 밤의 혈당 수치에 따른 중요한 정보를 제공하는 것을 보조하는 지속적 포도당 증가량 감시 시스템을 가지고 있다(Tamborlane, Sikes, Steffen, & Weinzimer, 2006). 인슐린 펌프와 지속적 포도당 감시 시스템에 의해 측정된 포도당 수치는 센서에서 인슐린 펌프로 매분 무선 전송된다. 포도당 수치가 너무 높거나 낮으면 알람이 울린다. 게다가 어떤 인슐린 펌프는 포도당 수치, 대상의 혈당, 인슐린과 탄수화물의 비율뿐만 아니라 입력된 다른 정보를 바탕으로 포도당 수치가 너무 높을 때 필요한 인슐린 알약의 수를 계산할 수 있다. 최근의 인슐린 장비는 신체 내에 매립하는 형태도 개발되었다.

　인슐린 펌프 치료는 당뇨를 가지지 않은 사람의 전형적인 인슐린 수치와 비슷한 근사치를 제공한다. 이와 함께 포도당 조절기능이 향상되었고, 저혈당증의 위험성은 감소되어 왔다(Pickup, 2006; Tamborlane et al., 2006). 초기의 인슐린 펌프 모델과 달리, 새로 개발된 최근의 펌프는 다중 인슐린 투여와 비교했을 때 인슐린 펌프 치료에서 나타나는 급성 합병증의 위험성 증가를 보이지 않았다(Guerci, 2006). 부모와 아동은 인슐린 펌프 치료가 그들에게 예전의 삶을 되찾고, 당뇨 관리의 구속(예: 엄격한 인슐린 투여계획, 정해진 식사 시간, 기상 시간과 인슐린 투여 시간)에서 자유롭게 해 주었다고 말했다(Tamborlane et al., 2006).

**흡입식, 경구성, 그리고 경피성의 인슐린 치료**　　인슐린은 피하주사 이외의 형태로도 전달된다. 경구의 인슐린을 포함한 경구성 치료법은 치료의 일부였지만, 주로 2형 당뇨에 사용되었다. 인슐린의 흡입 형태도 발전되어 왔고, 1형 당뇨와 2형 당뇨에 적용·평가하고 있다. 경피성 인슐린 전달(패치) 형태의 실험 또한 진행되고 있다.

## 식사계획

인슐린 관리는 당뇨를 단기적으로 조절할 뿐이므로 반드시 식생활도 개선이 필요하다. 1형 당뇨 아동은 적절한 포도당 수치를 유지하고 정상적인 성장·발달을 할 수 있도록 충분한 열량 및 영양소를 섭취하도록 한다. 식사계획은 주로 55%의 탄수화물, 10~20%의 단백질, 그리고 10~20%의 지방, 10% 미만의 포화지방으로 구성된다(Boland & Grey, 2004). 특히 지방 섭취를 줄이는 것이 중요한데, 혈액 내 지방이 증가하면 인슐린의 저항성을 높일 위험이 높기 때문이다.

식사계획은 영양가 계산을 간소화하는 식품 교환법을 이용하는 것이 도움이 된다. 식품 교환법이란 우리가 일상에서 섭취하고 있는 식품을 영양소의 구성이 비슷한 것끼리 여섯 가지 식품군으로 나누어 묶은 표를 활용하는 방법으로, 영양소 조성이 비슷한 식품을 대체하거나 교환하여 섭취할 수 있도록 돕는다. 이는 당뇨를 가진 사람을 위한 식단 구성을 위해 개발된 방법이다.

아동은 식사계획에 따라 규칙적인 시간에 식사를 하는 것이 중요하다. 어떤 경우에는 당뇨가 있는 아동이 정상 혈당 수준을 유지하기 위해 하루 중 특별한 시간에 간식을 먹어야 할 수도 있다. 식사나 간식을 거르게 되면 저혈당증과 같은 심각한 결과를 초래할 수 있다. 과체중이 되면 인슐린이 더 많이 필요하여 당뇨 관리를 어렵게 하므로 체중 관리도 중요하다.

## 운동계획

운동은 심리적인 효과와 생리학적인 효과뿐만 아니라 당뇨를 조절하는 데 가장 중요한 역할을 한다. 운동은 혈액 속의 포도당 이용도를 높이고 인슐린 감수성을 향상하여 인슐린과 포도당의 균형을 맞추는 데 효과적이다. 꾸준한 운동을 통해 근육량이 증가되면 근혈류량이 증가될 뿐 아니라, 근육의 인슐린 저항성이 개선됨으로써 결과적으로 운동이 혈당 조절에 기여하게 된다. 비만의 경우 인슐린에 대한 감수성이 떨어져서 인슐린 저항성이 생기게 되는데, 운동을 하면 이러한 인슐린 저항성이 감소하게 된다. 그러나 운동할 때 몇 가지 주의할 사항이 있다. 만약 당뇨를 가진 아동이 평상시보다 더 많은 운동을 하게 된다면 저혈당증이 나타날 수 있다. 이 경우 간식을 섭취하도록 해야 하며, 의사가 권고한 지시대로 운동에 필요한 인슐린을 조절해 주어야 한다. 당뇨가 조절되지 않고 고혈당증이나 케토산증이 나타날 때에는 운동을 하지 않는 것이 좋다.

## 2) 혈당 조절

혈당의 수준을 정상 범위로 유지하기 위해서는 각 개인의 혈당 수준에 적절한 인슐린과 혈당 수치에 대한 정기적인 점검이 필요하다. 일반적으로 혈당 조절의 목표는 청소년기나 성인의 경우 공복 시 혈당을 90~130mg/dl 수준으로 유지하는 것이다(American Diabetes Assouiation, 2007). 의료진은 혈당을 적절하게 유지하기 위해서는 증상이 나타날 때뿐만 아니라 1일 4회의 혈당검사가 필요하다고 권고한다.

혈당검사는 스스로 할 수 있다. 채혈침을 이용하여 손가락 끝을 찌른 후 손바닥부터 손가락까지 다른 손으로 부드럽게 짜 주어 혈액이 나오게 한다. 손가락 끝에서 나온 혈액은 당을 측정할 수 있는 부분에 놓고 혈당 수치를 읽으면 된다([그림 18-4] 참조). 혈당 측정기에는 여러 가지 종류가 있는데, 수치를 나타내는 화면의 크기, 결과가 나오는 속도(예: 5초 혹은 30초)에 따라 다양하다.

**그림 18-4** 학생이 혈당 측정기를 이용하여 직접 혈당 수치를 측정하고 있는 모습

## 3) 고혈당증과 저혈당증의 예방

### 고혈당증

당뇨는 신체 운동량과 인슐린의 양, 음식을 통한 당의 섭취가 서로 균형을 이루게 하는 것이 중요하다. 만약 당의 양이 과다하고 인슐린의 양은 적으면 고혈당증이 나타난다. 고혈당증의 증상은 1시간이나 하루 혹은 일주일에 걸쳐 나타날 수 있다. 〈표 18-1〉은 고혈당 증상을 표로 나타낸 것이다.

고혈당증과 케톤산증은 인슐린이 부적절하거나 혹은 식단의 당이 과도할 때에도 발생할 수 있으며, 당뇨로 진단되지 않은 경우에도 발생할 수 있다. 또한 질병과 상해, 정신적 스트레스와 같은 요인은 신진대사를 저해하고 고혈당증을 유발한다 (Boland & Grey, 2004).

**표 18-1　고혈당증과 저혈당증의 증상, 원인, 처치**

| 유형 | 증상 | 원인 | 처치 |
|---|---|---|---|
| 고혈당증과 케톤산증 | • 혈당 수준이 높게 나타남<br>• 증상이 서서히 나타남<br>• 고혈당의 초기 증상: 다뇨증, 다음, 다식, 피로와 허약<br>• 케톤산증의 증후: 구토, 구취, 가쁘고 깊은 호흡, 주의집중 문제와 혼란, 당뇨성 혼수 | • 인슐린 부족<br>• 질병, 상해, 심리적 스트레스 등 | • 인슐린 투여<br>• 치료 이행 |
| 저혈당증 | • 포도당의 수치 저하<br>• 증상이 빠르게 나타남<br>• 경도 저혈당증: 땀, 발작, 허기, 두통, 어지럼증과 현기증, 행동 변화<br>• 중등도 저혈당증: 성격 변화, 언어 문제, 나른함, 혼란<br>• 중도 저혈당증: 발작과 당뇨성 혼수 | • 인슐린 과다<br>• 식사 시간 지연, 심한 운동 | • 포도당 섭취<br>• 치료 이행 |

**고혈당증의 치료**　　고혈당증은 인슐린을 투약하여 관리할 수 있다. 당뇨 치료과정에서 고혈당증이 발생할 경우 치료계획을 체계적으로 검토해야 한다. 치료계획을 따르지 않거나 부적절한 섭식, 필요시의 인슐린 용량 조절 불이행 등으로 인해 고혈당증이 발생한다면 추가 교육이 필요할 것이다.

저혈당증

저혈당증이란 여러 가지 원인에 의해서 혈당이 정상 수치 이하로 감소함으로써 신체기관에 공급되는 포도당의 양이 감소하여 다양한 증상을 나타내는 상태를 일컫는다. 당뇨 증상 중 응급 상황을 야기하는 증상이며 인슐린 반응이라고도 한다. 저혈당증의 증상은 매우 빠르게 나타나며, 15분에서 1시간가량 나타난다. 초기 증상으로는 발한, 떨림, 두통, 공복감, 어지럼증이 나타나며, 두려움과 눈물, 공격성 등의 행동 변화가 나타난다. 결국 이러한 증상은 중도의 저혈당증을 발생시키며 점차로 어지럼증과 혼란감을 느낀다. 중재가 되지 않을 경우 발작과 당뇨성 혼수를 발생시키는 심한 저혈당증으로 발전되며, 결국 사망에 이르게 된다(Alemzadeh & Wyatt, 2004).

저혈당증은 식사 시간이 늦어지거나 음식을 너무 적게 섭취한 경우, 혹은 장기간 극심한 운동을 할 때 인슐린이 과다하여 나타난다. 10대 청소년의 알코올 섭취가 인슐린의 영향을 증대하고, 그 결과 저혈당증이 발생할 수 있다. 저혈당증과 알코올중독의 증세는 유사하기 때문에 증상이 심화될 때까지 치료가 지연될 수 있다. 청소년기, 아동기의 학생에게는 저혈당증을 알릴 수 있는 당뇨 인식 카드를 소지하게 하여 즉각적인 진단과 신속한 치료가 이루어지도록 해야 한다.

**저혈당증의 응급치료**    저혈당증의 치료방법은 음식 섭취를 통한 혈당 증가, 포도당 알약의 복용, 글루카곤 주사나 정맥주사 등이 있다. 예를 들어, 오렌지 주스나 소다 같은 당이 많이 함유된 음식을 섭취함으로써 혈당 수치를 높일 수 있다.

무의식 상태에 빠진 심한 저혈당증에는 글루카곤 응급 장비가 필요하다. 글루카곤은 췌장 내 알파세포에서 분비되는 호르몬으로서 혈액 내 포도당 수치를 올린다. 저혈당증에 글루카곤이 투여되면 신속하게 혈당 수치가 올라간다. 심한 저혈당증의 다른 치료방법은 포도당 정맥주사로서 응급 상황에 사용된다.

## 4) 장기 이식과 줄기세포 연구

1형 당뇨는 인슐린이 분비되지 않아 인슐린 치료가 계속 필요하며, 인슐린 치료에도 불구하고 신부전, 망막병변, 신경병변 등의 합병증이 수반된다. 그러므로 이러한 문제점을 해결하기 위하여 췌장이식 수술이 시행된다. 이식 후 자리를 잡으면 인슐린을 만들어 혈당 수치를 낮춘다(Sassa et al., 2006). 췌장 이식은 궁극적으로는 1형 당뇨의 대표적인 치료법이 될 수 있다(Kim, 2004). 그러나 이 방법이 상용화되기 위해서는 장기를 대체할 줄기세포에 대한 심화된 연구가 필요하다(Otonkoski, Gao, & Lundin, 2005).

췌장 이식은 뇌사자의 전체 췌장 이식과 생체의 부분 췌장 이식 모두 가능하다. 당뇨가 장기적으로 나타날 경우 신장에 악영향을 미친다. 당뇨와 신부전이 동반된 경우에는 췌장과 신장의 동시이식 수술을 시행한다. 또한 인슐린의 치료에도 불구하고 혈당 조절이 잘 안 되거나 당뇨의 합병증이 수술 후의 부작용보다 중하거나 중함이 예상되는 경우에는 췌장단독 이식을 한다. 이식 후에는 장기 이식에서 야기되는 거부 반응을 예방하기 위하여 면역 억제제를 매일 복용하여야 하며, 이식한 췌장이 기능을 유지하는 한 계속 복용한다(Kim, 2004).

## ⑦ 1형 당뇨의 진행과정

당뇨를 가진 사람은 인슐린 치료와 식이요법, 운동요법을 엄격하게 시행해도 계속해서 정상적인 혈당 수준을 지키는 것이 어렵다. 또한 당뇨가 장기간 지속되면 고혈당증과 관련된 합병증이 나타난다. 당뇨의 합병증 중 가장 중요한 것이 혈관 합병증인데, 가장 흔한 합병증은 (a) 큰 혈관, (b) 작은 혈관, (c) 신경계의 손상이다.

큰 혈관의 손상은 심장, 뇌, 팔다리를 포함한 모든 부위에 손상을 가져올 수 있다. 당뇨를 가진 사람은 동맥경화증, 콜레스테롤과 지질의 영향으로 인해 미소순환계 손상이 나타나게 된다. 또한 관상동맥 질환도 나타나며, 심장병을 유발한다. 당뇨 환자는 혈액 순환이 잘 되지 않아 말초신경이 둔감해지고 혈관에 손상을 입기 쉽기 때문에, 발에 조그마한 상처가 생겨도 이를 잘 감지하지 못해 발에 심각한 염증이 발생하는 경우가 많다. 족부의 괴사나 궤양이 나타나며 심한 경우에는 절단을 하게 된다. 통계에 따르면, 당뇨 환자의 60% 이상은 하족부의 괴사로 인해 절단을 하게 된다(American Diabetes Association, 2007b). 또한 두뇌의 혈관폐색으로 인한 사고도 증가하고 있다.

작은 혈관의 합병증으로는 망막증, 당뇨성 신증 및 심근질환 등이 있다. 이 중 망막증은 심한 경우 망막경색, 망막출혈, 망막박리 혹은 초자체 출혈 등으로 시력장애 또는 완전 실명 상태까지 이를 수 있다. 미국에서는 성인기 실명의 가장 흔한 원인이 당뇨다. 1형 당뇨의 약 98% 정도가 이러한 위험에 처하게 된다(Alemzadeh & Wyatt, 2004). 작은 혈관의 당뇨성 신증은 초기에는 특별한 증상은 없으나 점차 서서히 만성 신부전증으로 진행하여 요독증에 관련된 증상과 심한 부종, 심부전증 등의 심각한 결과가 초래된다. 그리하여 인공신장기의 사용이나 복막 투석 혹은 신장 이식이 불가피한 경우가 발생할 수 있다.

이 외에 당뇨성 신증으로 팔다리 저림, 감각 이상, 심한 통증, 감각마비 혹은 뇌신경장애가 초래되고, 또한 자율신경의 부전증으로 앉았다가 일어날 때의 어지러럼증이나 맥박이 몹시 빠르거나 불규칙한 경우, 발한 이상, 배뇨장애, 발기장애, 위장관 운동장애 등이 발생할 수 있다(Beers et al., 2006).

1형 당뇨를 가진 사람은 당뇨가 없는 사람에 비해 수명이 10년 정도 짧다(Alemzadeh & Wyatt, 2004). 당뇨의 합병증은 위험 요인을 잘 관리한다 해도 자주 나타나며, 조기 사망의 원인은 심장혈관 질환이나 당뇨성 신증 등이다.

## ⑧ 2형 당뇨

1형 당뇨는 아동기에 많이 발생하는 당뇨다. 그러나 최근에는 2형 당뇨 역시 아동기의 발병이 점차 증가하고 있는 것으로 보고되고 있다. 아동기의 2형 당뇨는 비만과 연관성이 높으며 약 22~45%가 2형 당뇨로 진단되고 있다. 그들은 대부분 과체중이거나 비만이다(Alemzadeh & Wyatt, 2004; Boland & Grey, 2004). 2형 당뇨는 아프리카계 미국인 청소년에게 많이 발생하며, 멕시코계 미국인, 아메리카 원주민, 백인 청소년에게도 나타난다(Botero & Wolfsdorf, 2005).

2형 당뇨의 유전적 기제는 완벽하게 밝혀지지는 않았으나 고열량, 고지질 식사나 신체 활동 부족 등의 환경적 요인에 의한 것으로 보고 있다. 2형 당뇨는 인슐린의 분비는 정상 수준이었으나 점차로 당이 증가하게 되어 인슐린이 부족하게 되거나 인슐린 저항성(신체가 인슐린을 적절히 사용하지 못함)으로 인해 발생하는 당뇨다.

2형 당뇨의 기본 결함은 인슐린 저항성과 베타세포 부전에 의해 인슐린 분비가 결핍되어 나타난다. 이들은 상호 연관되어 인슐린 저항성이 고인슐린혈증을 동반하게 되고, 고인슐린혈증은 간장에서 지방 합성을 촉진하여 포도당 흡수와 글리코겐 합성을 저하하고 고혈당과 더불어 베타세포의 기능을 약화한다(Alemzadeh & Wyatt, 2004; Boland & Grey, 2004). 이 형태의 당뇨가 발생할 위험도는 나이, 비만도, 운동 부족에 비례하여 증가된다.

2형 당뇨의 증상은 1형 당뇨와 매우 유사하다. 다뇨, 다음, 다식의 3다 특성을 나타내며 비만이나 흑색가시세포증(acanthosis nigricans)이 당뇨의 신호가 될 수 있다. 흑색가시세포증은 겨드랑이나 사타구니 같은 접히는 부위에 주로 양쪽으로 회색 혹은 갈색의 색소 침착이 생기고, 사마귀 모양으로 피부가 두꺼워지며 주름이 생기는 것을 특징으로 한다. 어떤 경우에는 당뇨의 증상이 나타나지 않기도 한다. 때로는 합병증이 나타나거나 1년마다 실시하는 정기 검진을 할 때까지 발견하지 못할 수도 있다. 2형 당뇨의 진단은 1형 당뇨의 진단과 유사하다.

당뇨의 관리와 운동은 2형 당뇨를 가진 사람에게도 매우 중요하다. 생활 습관을 바꾸는 것이 필요하며 체중을 줄이는 것이 인슐린의 민감성을 향상하는 데 도움이 된다(Ludwig & Ebbeling, 2001). 생활 습관을 바꾸어도 당뇨가 조절되지 않는다면 약물치료가 필요하다.

## ⑨ 교육적 시사점

### 1) 신체 및 감각적 요구

교사가 당뇨를 가진 학생을 지원하기 위해서는 학생의 질병을 이해하고 치료법, 식이요법, 운동요법, 혈당 점검 등에 대한 내용을 정확히 이해해야 한다. 교사는 아동이 계획된 시간에 식사를 할 수 있도록 해야 하며, 간식의 필요성을 알고 있어야 한다. 현장학습과 같이 평상시보다 더 많은 활동이 요구되는 일과에서는 식사나 인슐린 투약 등을 점검할 수 있어야 한다. 교사는 학생이 언제 혈당을 점검하며 언제, 어떻게 투약하는지 정확히 이해해야 한다. 만약에 인슐린 펌프를 이용하는 학생이라면 펌프에 대한 기본 지식을 갖추고 최소한 펌프 알람음의 의미 정도는 이해할 수 있어야 한다.

또한 당뇨 학생과 접할 수 있는 모든 사람이 고혈당증과 저혈당증의 징후와 증상을 알고 발생했을 때의 대처 방안을 숙지해야 한다. 대개는 학생 스스로 해결할 수 있으며, 교사에게 증상의 발생을 알릴 수 있다. 그러나 어떤 경우에는 증상이 너무 빠르게 나타나서 교사에게 알릴 수 없는 상황이 발생하거나, 학생이 가지는 다른 장애로 인해 적절한 대처를 하지 못하는 경우가 있으므로 항상 유의해야 한다. 각각의 증상에 대해서는 〈표 18-1〉에 제시한 내용을 참조하라.

만약에 학교에서 학생의 식사 시간이 지연되거나, 평상시보다 격한 운동을 하거나, 인슐린 투입이 과다하다면 저혈당증이 나타난다. 저혈당증이 발생되면 음식이나 당이 들어간 음료, 포도당 알약 또는 약물 등을 제공한다. 학생에 따라 저혈당 증상에 유용한 것을 가지고 다니게 하며, 교사는 이를 알고 있어야 한다. 저혈당증을 치료하기 위해서는 글루카곤 응급 장비도 유용하다. 교사는 이 장비의 사용법과 어떻게 관리되고 있는지 알아야 한다.

만약에 학교에서 학생이 인슐린 부족으로 고혈당증이 나타난다면 교사는 이에 대해서도 잘 이해하고 있어야 한다. 학생이 인슐린 주사를 언제 투여하는지 기록할 수 있도록 지도한다. 고혈당증이 나타날 때에는 즉각적으로 인슐린을 투여한다.

당뇨의 합병증으로 단뇨성 망막병증이 나타날 수 있으므로 교사는 학생의 시각적 어려움이나 증상이 없는지 잘 관찰한다. 현재는 시각적 문제가 발견되지 않더라도 평상시의 눈 점검을 통해 조기에 문제를 발견하고 대처하는 자세가 필요하다.

학급에 당뇨 학생이 있는 경우 당뇨의 증상에 따른 대처 방안에 대한 행동계획을 수립해 놓는다면 많은 도움이 된다. 새 학기가 시작될 때에 부모, 학생, 간호사, 교사, 의사가 함께 계획을 수립하는 것이 필요하다.

## 2) 학습 요구

당뇨 학생의 경우 지적장애나 학습장애를 나타내는 경우는 드물며, 대부분은 일반적인 지적 수준을 가지고 있다. 1형 당뇨 아동에게서 경미한 신경학적 결함이 발견되었으나, 학교에서의 수행능력에 반드시 영향을 주는 것은 아니다(McCarthy,

Lindgren, Mengeling, Tsalikian, & Engvall, 2002).

저학년 학생의 경우 당뇨가 잘 조절되지 않을 경우에는 고혈당증과 저혈당증의 증세가 주의 집중력의 어려움을 초래한다(Boland & Grey, 2004). 교사는 학교에서 학생 혈당 검사의 수행 변화를 잘 알아차리고 문제점을 기록하는 것이 중요하다. 학생의 경우 자신의 당을 스스로 측정하고 기록하도록 지도한다. 당뇨는 결석률이 높고 학년이 낮은 학생일수록 적절한 관리가 이루어지지 않는 것으로 나타난다(Yu, Kail, Hagen, & Wolters, 2000).

### 3) 의사소통 요구

당뇨를 가진 학생의 경우 의사소통의 어려움은 나타나지 않는다. 그러나 아동의 경우 간혹 고혈당증과 저혈당증의 증상과 징후에 대한 경험을 말로 표현하는 것을 어려워한다면, 교사는 아동이 표현하지 못하기 때문에 당의 비정상적인 상태로 인해 나타나는 증상을 유심히 관찰하고 경계해야 한다. 특히 저혈당과도 관련이 있는 찡얼대거나, 버릇없이 굴거나, 공격성을 보이는 등의 당뇨 증상과 관련된 행동 변화를 관찰하는 것이 중요하다.

### 4) 일상생활 요구

아동은 일상생활에서의 식이요법, 혈당 검사, 인슐린 투여법 등을 알아야 한다. 특히 자신이 가진 당뇨와 적절한 관리법에 대해 알아야 한다. 8세경에는 스스로 혈당검사를 하는 방법을 배우게 되며, 13세경에는 스스로 인슐린을 관리하는 법을 배우게 된다(Amercian Diabetes Association, 1999; Gretch, Bhukhanwata, & Neuharth-Pritchett, 2007). 교사와 학교 간호사는 학생의 의학적 상태에 따라 스스로 질환을 관리하는 방법을 배울 수 있도록 지도해야 한다.

### 5) 행동 및 사회적 요구

아동기와 청소년기의 당뇨는 극복하기 어려운 질환이다. 근본적인 완치가 불가능하고, 혈당 조절을 위한 병 관리가 많은 절제를 요구하므로 심리적인 어려움에 부딪히기가 쉽다. 또한 당뇨는 건강의 여러 측면에서도 부정적 영향을 미치며 낮은 자기존중감을 갖게 한다. 당뇨에 대한 정보와 책의 소개는 학생을 지지해 줄 수 있다. 필요한 도움을 논의하고 제공해 주는 것도 도움이 된다. 학생의 사회적 상호작용은 또래가 가지는 질병에 대한 편견과 오해로 인해 방해를 받는다. 그러므로 또래의 교육을 통해 지지적인 환경을 만드는 것이 필요하다. 건강 수업의 한 부분으로서 당뇨에 대해 학습하거나 당뇨협회의 관계자를 초청하여 강연을 듣는 것도 좋은 방법이다.

질병 조절과 관리에 대한 책임감은 학생과 가족에게 있다. 교사는 혈당을 정기적으로 검사하고 식이요법과 운동요법 등 인슐린에 대한 엄격한 관리 수칙을 지킬 수 있도록 격려한다. 당뇨는 교육적 수준과 연령 외에 가족과 사회적 지지의 정도에 따라 그 예후가 달라진다. 당뇨가 잘 조절되더라도 시력을 상실하거나 신장 기능의 문제가 발생할 수 있으므로, 이차적인 합병증에 대해서도 극복하도록 대비하는 것이 필요하다. 일반인에 비해 당뇨를 가진 경우 우울 증상이 높은 수준으로 나타난다(Hood et al., 2006). 그러므로 우울감이나 행동상의 문제를 해결할 수 있도록 하는 상담도 중요하다. 적절한 지원과 상담은 이차적인 합병증의 확률이 증가하고 생명이 위협받는 상황에서도 극복할 수 있는 힘이 된다.

요약

당뇨는 인슐린의 생산과 사용의 문제가 있는 질환이다. 최근에는 2형 당뇨도 아동기에 발생되고 있지만, 아동기에 나타나는 가장 일반적인 유형은 1형 당뇨다. 두 가지 당뇨에서 모두 혈액 속의 당이 과다하여 고혈당증이 나타난다. 치료는 정기적인 혈당 검사와 인슐린 투여를 통해 이루어진다. 운동과 식이요법 또한 치료의 중요한 부분이다. 당뇨는 장기적으로 이차적인 합병증이 나타나며 시력이나 신장 기능 등 신체의 다른 기관에도 영향을 미친다. 교사는 학생에게 고혈당증이나 저혈당증이 일어났을 때 무엇을 해야 하는지, 그리고 치료계획을 알고 준수할 수 있도록 학생을 지도해야 한다.

사례

## 사례　　카를로스 이야기

　　카를로스는 1형 당뇨를 가진 10세 남학생이다. 카를로스는 치료계획에 따라 혈당을 검사하고 스스로 인슐린 주사를 투여하는 것을 배우고 있다. 어느 날 아침 보결 교사가 학급에 들어와서 수업을 하는 중에 간식 시간을 뒤로 미루게 되었다. 카를로스는 두통과 어지럼증이 시작되었지만 교사의 수업을 중단할 수 없었다. 몇 분 후에 카를로스는 의자에서 바닥으로 떨어졌고, 알아들을 수 없는 발음으로 말하며 혼수 상태가 시작되었다. 이 상황에서 교사는 무엇을 해야 하는가? 이러한 상황이 일어나지 않게 하려면 어떻게 해야 했을까?

## 참고문헌

Alemzadeh, R., & Wyatt, D. T. (2004). Diabetes mellitus in children. In R. E. Behrman, R. M. Kliegman, & H. B. Jenson, (Eds.), *Nelson textbook of pediatrics* (pp. 1947-1972). Philadelphia: W. B. Saunders.

American Diabetes Association. (1999). Care of children with diabetes in the school and day care setting+A position statement. *Diabetes Care, 22,* 163-166.

American Diabetes Association. (2007). Standards of medical care in diabetes+2007. *Diabetes Care, 30,* S4-S41.

American Diabetes Association. (2007a). *All about diabetes.* Avaliable: http://www.diabetes.org/about-diabetes.jsp

American Diabetes Association. (2007b). *Type 1 diabetes complication.* Avaliable: http://www.diabetes.org/type-a-diabetes/complications.jsp

Banerji, M. (2002). Impaired beta-cell and alpha-cell function in African-American children with type 2 diabetes mellitus-Flatbush diabetes. *Journal of Pediatric Endocrinology Metabolism, 15,* 493-501.

Barbeau, W. E., Bassaganya-Riera, J., & Hontecillas, R. (2007). Putting the pieces of the puzzle together+A series of hypotheses on the etiology and pathogenesis of type 1 diabetes. *Medical Hypotheses, 68,* 607-619.

Beers, M. H., Porter, R. S., Jones, T. V., Kaplan, J. L., & Berkwits, M. (2006). *The Merck manual of diagnosis and therapy* (18th ed.). Whitehouse Station, NJ: Merck & Co.

Boland, E. A., & Grey, M. (2004). Diabetes mellitus type 1 and 2. In P. J. Allen & J. A. Vessey (Eds.), *Primary care of the child with a chronic condition* (4th ed., pp. 426-444). Philadelphia: Mosby.

Botero, D., & Wolfsdorf, J. I. (2005). Diabetes mellitus in children and adolescents. *Archives of Medical Research, 36,* 281-290.

Gillespie, K. M., Dix, R., Williams, A., Newton, R., Robinson, Z., Binhley, P., et al. (2006). Islet autoimmunity in children with Down's syndrome. *Diabetes, 55,* 3185-3188.

Gretch, Y., Bhukhanwata, F., & Neuharth-Pritchett, S. (2007). Strategies for helping children with diabetes in elementary and middle school. *Teaching Exceptional Children, 39*(3), 46-51.

Guerci, B. (2006). Acute complications of insulin pump therapy. *Diabetes Research and Clinical Practice, 74,* S104-S107.

Hood, K. K., Huestis, S., Maher, A., Butler, D., Volkening, L., & Laffel, L. (2006). Depressive symptoms in children and adolescents with type 1 diabetes. *Diabetes Care, 29,* 1389.

Kim, K. (2004). Islet transplantation: A relaistic alternative for the treatment of insulin deficient diabetes mellitus. *Diabetes Research and Clinical Practice, 66*(Suppl.), S11-S17.

Kitabchi, A. E. (2003). Ketosis-prone diabetes+New subgroup of patients with atypical type 1 and type 2 diabetes? *Journal of Clinical Endocrinology Metabolism, 88,* 5087-5089.

Ludwig, D. S., & Ebbeling, C. B. (2001). Type 2 diabetes mellitus in children: Primary care and public health considerations. *Journal of the American Medical Association, 286,* 1427-1430.

McCarthy, A. M., Lindgren, S., Mengeling, M. A., Tsalikian, E., & Engvall, J. C. (2002). Effects of diabetes on learning in children. *Pediatrics, 109,* 1-9.

Muhlendah, K., & Herkenhoff, H. (1995). Long-term course of neonatal diabetes. *New England Journal of Medicine, 333,* 704-708.

Ohtsu, S., Takubo, N., Kazahari, M., Nomoto, K., Yokota, F., Kikuchi, N., et al. (2005). Slowly progressing from of type d diabetes mellitus in children: Genetic analysis compared with other forms of diabetes mellitus in Japanese children. *Pediatric Diabetes, 6,* 221-229.

Otonkoski, T., Gao, R., & Lundin, K. (2005). Stem cells in the treatment of diabetes. *Annals of Medicine, 37,* 513-520.

Pickup, J. C. (2006). Long-term use of continuous subcutaneous insulin infusion. *Diabetes Research and Clinical Practice, 74,* S101-S103.

Sassa, M., Fukuda, K., Fujimoto, S., Toyoda, K., Fujita, Y., Matsumoto, S., et al. (2006). A single transplantation of the islets can produce hleycemic stability and reduction of basal insulin requirement. *Diabetes Research and Clinical Practice, 73,* 235-240.

Tamborlane, W. V., Sikes, K. A., Steffen, A. T., & Weinzimer, S. A. (2006). Continuous subcutaneous insulin infusion (CSII) in children with type 1 diabetes. *Diabetes Research and Clinical Practice, 74,* S112-S115.

Winter, W. E., Maclaren, N. K., Riley, W. J., Clarke, D. W., Kappy, M. S., & Spillar, R. P. (1987). Maturity-onset diabetes of youth in black Americans. *New England Journal of Medicine, 316,* 285-291.

Yu, S., Kail, R., Hagen, J. W., & Wolters, C. A. (2000). Academic and social experiences of children with insulin-dependent diabetes mellitus. *Children's Health Care, 29,* 189-207.

# 제19장 장애의 점검과 개별화 건강관리계획

*Kathryn Wolff Heller*

　지체, 건강 또는 중복 장애를 가진 학생은 교사의 점검이 필요한 상황이 종종 발생한다. 이것은 퇴행성 장애(예: 근이영양증)의 특징에 따른 상황 변화에 대한 관찰이나 특정한 조건(예: 주의력결핍 과잉행동장애)에 대한 약물치료의 효능 점검 등을 포함한다. 어떤 경우에는 면밀한 점검을 통해 의료 문제를 신속히 찾아내고 적절한 처치를 제공할 수 있다(예: 저혈당증이나 막힌 션트). 학생에 따라서는 교사가 알고 실행해야 할 건강관리 절차(예: 청결한 간헐적 도뇨관이나 튜브 영양 공급)를 갖고 있을 수도 있다. 이러한 각각의 경우에서 교사는 찾아내야 할 것이 무엇인지 알고 의료 문제가 발생할 시의 행동계획을 가지고 있어야 한다.

## ① 급성 증상과 합병증을 위한 점검

　갑자기 증상이 나타나거나 신속한 대처가 필요한 상황이 있다. 학교 직원은 특정 학생의 상태를 이해하는 것과 발병할 증상 혹은 합병증에 대해 어떤 행동을 취해야 하는지를 아는 것이 중요하다. 간호사가 중요한 역할을 한다 하더라도 때로는 즉각적인 행동이 필수적이며, 이는 교사가 무엇을 해야 하는지를 알아야 한다는 뜻이다. 급성 증상과 합병증은 간질, 천식, 당뇨, 겸상적혈구성 빈혈, 혈우병, 척수 손상과 같은 상황에서 발생할 수 있다.

### 1) 간질

　발작의 종류에는 여러 가지가 있는데, 이는 심각성이나 처치에 따라 달라질 수 있다(발작과 간질을 다룬 16장 참조). 교사가 학생의 발작에 대해 나타난 상황, 지속성, 빈도에 관한 정확한 정보를 가지는 것은 중요하다. 부재발작과 같은 어떤 발작의 경우는 상황에 대한 적절한 정보가 없다면 쉽게 놓칠 수 있다. 학생의 발작을 유도하는 특정한 자극(예: 빛의 깜박거림)이 있는지, 그리고 발작이 일어나려고 할 때 학생이 어떤 조짐(예: 전조 증상)을 보이는지에 대해 아는 것도 중요하다.

　발작에 대한 처치는 관찰부터 약물까지 다양하다. 예를 들어, 긴장성-간대성 발작을 가진 학생의 경우 교사는 경련성 발작이 발생했을 때 이를 대비하기 위한 지침을 따라야 한다(예: 학생을 옆에 두고 돌아보거나 점검하기; 긴장성-간대성 발작이 일어났을 때 취해야 할 모든 단계에 대한 설명은 16장 참조). 또 다른 학생은 발작이 일어났을 때 약물을 주는 것이 필요할 것이다. 미주신경 자극기를 가진 학생은 발작이 일어났을 때 교사가 그 기구 위로 자석을 흔들어 주는 것이 필요할 것이다. 또한 각각의 경우에 교사가 구급차를 언제 불러야 하는지(예: 긴장성-간대성 발작은 5분 이상 지속됨)와 어떤 적절한 행동을 취해야 하는지를 아는 것 또한 필요하다. 간질을 가진 학생의 경우에는 해당 아동을 위해 취해야 할 특정한 행동에 대한 정보를 주는 행동계획을 가지고 있어야 하며, 언제 구급차를 불러야 하는지에 관한 정보도 알고 있어야 한다(행동계획에 관한 더 많은 정보는 이 장 뒷부분에서 다루어진다).

## 2) 천식

교사가 천식을 가진 학생이 있는 반을 담당할 때에는 천식 발작을 일으킬 수 있는 모든 잠재적 요인을 제거해야 한다(예: 애완용 쥐를 옮기거나, 운동 수준을 점검하거나, 높은 스모그 경보가 있는 날 학생을 실내에 있게 함; Kieckhefer & Ratcliffe, 2004). 또한 교사는 천식 발작을 인지할 수 있어야 하며 학생에 따라서 증상 또한 다를 수 있다는 것을 깨달아야 한다. 주로 쌔근거림, 기침, 짧은 호흡, 괴로운 호흡, 넓어지는 콧구멍, 헐떡이는 목소리, 창백함, 식은땀, 흉부 압박감, 파래진 손톱 등의 증상이 나타날 수 있다. 천식 발작이 발생했을 때, 어떤 단계를 취해야 하는지 아는 것도 중요하다. 만약 빠른 진정제(구조 흡입기)가 필요하다면, 교사는 학생이 그것을 올바르게 사용하고 있는지 확인하기 위해 흡입기의 정확한 사용법을 알고 있어야 한다. 학생이 계속해서 호흡곤란을 겪는 때는 구급차를 불러야 한다(천식에 대해서는 17장 참조).

## 3) 당뇨

1형 당뇨를 가진 학생은 인슐린, 식이요법, 운동 사이의 균형을 유지해야 한다. 만약 이 균형이 깨진다면 저혈당증 같은 응급 상황이 발생한다. 저혈당증(Hypoglecemia)은 당뇨의 합병증으로, 체내에 포도당이 너무 적고 인슐린이 너무 많을 때 발생한다. 이것은 인슐린 약을 먹고 음식을 먹지 않았을 경우, 인슐린 투여의 조절 없이 과도한 운동을 한 경우, 또는 인슐린을 과다 섭취했을 때 발생할 수 있다. 땀, 떨림, 두통, 행동 변화, 둔함, 혼란, 발작, 의식 불명, 혼수상태와 같은 증상을 나타낼 수 있다(Alemzadeh & Wyatt, 2004). 이 합병증은 빠른 속도로 진행되므로 교사가 초기 처치를 하기 위하여 학생을 면밀히 관찰해야 한다. 저혈당증은 포도당을 투여해서 처치를 하는데, 이는 고당도의 음식물을 섭취하거나(혹은 액체 마시기), 포도당 알약이나 과일설탕조림을 먹거나, 의식이 없는 학생의 경우에는 근육 내 글루카곤 투여, 혹은 정맥 내로 포도당을 투여해 줄 의료 보조자를 불러서 포도당을 줄 수 있다. 교사는 그 외 문제에 대해서도 경계해야 한다(예: 고혈당증; 당뇨에 대해서는 18장 참조).

## 4) 겸상적혈구성 빈혈

겸상적혈구성 빈혈은 겸상 세포 질병 중 하나로, 빈혈(피로), 통증(예: 혈관폐색 위기 혹은 겸상화 위기), 합병증(예: 눈병, 비장기능장애, 신장기능장애, 뇌졸중)으로 이루어진다. 이러한 유전성 질병에서는 비정상적인 유형의 헤모글로빈(HbS)이 나타난다. 이것은 몇몇 적혈구 세포를 가운데가 들어간 정상 디스크 모양 적혈구 세포가 아닌 낫 모양(초승달)의 세포가 되게 한다([그림 19-1] 참조). 이렇게 불완전하게 생긴 겸상적혈구는 더 짧은 수명을 가지는데, 대개 적혈구의 정상 수명이 120일인 데 비해 이들은 약 20일 내에 부서진다(Jakubik & Thompson, 2000). 이것은 만성빈혈과 계속되는 피로를 야기한다.

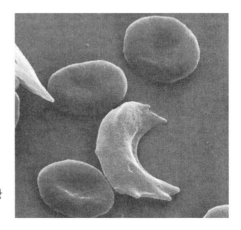

그림 19-1 정상 적혈구 세포 옆에 있는 겸상 적혈구 세포

교사는 혈관폐색 위기의 원인을 예방하려고 노력해야 하며 그 발생에 대해서도 점검해야 한다. 혈관폐색 위기는 강도 높은 운동, 추운 날씨, 탈수, 감염, 혹은 높은 지대와 같은 산소가 감소하는 상황에서 유발될 수 있다. 혈관폐색 위기가 시작될 때 몇몇 적혈구가 겸상적혈구 세포로 변한다. 이렇게 변형된 세포는 체내의 작은 혈관을 막을 수 있으며 그 부분 조직의 저산소증(소량의 산소)을 가져오는데, 이는 겸상적혈구 세포를 심화한다. 폐색은 혈관에서 발생하여 조직을 죽게 한다(Dorman, 2005).

혈관폐색 위기를 가진 아동에게서 찾을 수 있는 주된 특징은 통증이다. 통증이 어디서 생기는지는 혈관폐색 위기가 어디서 발생하는가에 달려 있다. 겸상화는 영향을 받은 부위에서 심각한 통증과 함께 뼈에서 빈번히 발생한다. 혈관폐색 위기가 간, 비장 혹은 췌장에서 발생했을 때, 아동은 대개 심각한 복부 통증을 느낀다. 폐에서의 겸상화는 통증, 기침, 호흡 부족을 일으킨다. 특히 심각한 것은 뇌에서 발생하는 혈관폐색 위기인데 이는 뇌졸중, 반부전 마비, 영구 손상을 가져오기 때문이다. 이런 위기의 삼각성과 빈도는 개인에 따라 다르다. 만약 혈관폐색 위기가 발생했다면, 특히 심각한 위기라면 교사는 구급차의 호출을 포함한 정해진 행동계획을 따라야만 한다. 처치는 대개 휴식, 재수화(再水和), 진통제, 합병증 관리, 그리고 때에 따라 수혈(뇌졸중을 예방하기 위한)을 포함한다(Dorman, 2005).

## 5) 혈우병

혈우병(hemophilia)은 유전적 출혈성 질환의 하나이며, 핏속에 부적절한 양의 응고인자가 있다는 것을 의미한다. 실제로 몇 가지 다른 종류의 응고인자가 모여 출혈이 일어났을 때 그것을 멈추는 역할을 하기 때문에, 하나의 응고인자라도 없다면(혹은 불충분하다면) 출혈이 과도하게 일어난다.

혈우병에도 몇 가지 다른 종류가 있다. 이들은 어떤 응고인자가 없는지에 따라 분류된다. 가장 흔한 종류의 혈우병은 A형 혈우병(제8인자 결핍증 혹은 전형적인 혈우병이라고도 알려짐)이다. 이 종류의 혈우병에서는 VIII 응고인자가 충분치 않다.

혈우병의 심각성은 응고인자가 나타내는 비율에 따르며, 경도(mild), 중등도(moderate), 중도(severe)로 나누어진다. 경도 혈우병을 가진 아동(5% 이상의 정상 응고인자)은 대개 수술 중이나 혹은 심각한 외상을 입었을 때 장기 출혈을 일으킨다.

이것은 종종 아동이 발치나 장기 출혈 같은 과정을 겪기 전까지 모르기도 한다. 중등도 혈우병을 가진 아동(1~5%의 정상적인 응고인자)은 대개 상처를 입거나 수술 후에만 피를 흘리며, 치명적인 출혈은 적절한 처치가 되지 않았을 때 발생할 수 있다. 중도 혈우병을 가진 아동(1% 미만의 응고인자)은 어떠한 상처 없이 자연발생적으로 출혈을 일으키기도 한다. 경미한 외상이 심각하고 장기간의 출혈을 가져올 수 있다. 출혈이 가장 잘 일어나는 부분 중 하나는 관절이며, 이것은 움직임 때문에 발생할 수 있다. 시간이 지나면서 심각한 관절 질환이 관절의 출혈 증상에서 발생할 수 있다.

출혈 증상이 발생했을 때는 응고인자의 교체가 필요하다. 일반적으로 아동 후기와 청년기 학생은 출혈 증상 초기부터 스스로 응고인자를 주입하는 법을 배운다. 응고인자는 출혈 예방을 위하여 미리 주어질 수 있다(Bolton-Maggs, 2006). 운동이 혈우병을 가진 개인에게 일반적으로 유익하다 하더라도 종종 몇 가지 활동 제한이 있을 수 있다(예: 접촉이 없는 운동).

교사는 출혈 증상에 대해 항상 경계해야 하며, 만약 발생했다면 적절한 관리 단계를 알아야 한다. 피부의 틈을 통해 출혈이 생겼을 때는 명확히 알 수 있으나 체내 출혈은 명확하지 않을 수 있다. 관절에서 출혈이 생겼을 때, 그 부위는 초기에 기포나 저릿저릿함을 갖고 있으며 잇달아 관절 부위의 통증과 팽창이 일어나고 만졌을 때 따뜻하다. 다른 부위에서 출혈이 일어났을 때의 주된 증상은 통증이다. 출혈이 의심될 때는 즉시 응고인자를 투입해야 한다. 만약 어떤 의심이라도 생겼을 때는 일반적으로 처치를 제공하기를 추천한다(예: 머리 쪽의 충격은 생명을 위협하는 두개 내 출혈을 일으킬 수 있으니 출혈 증상이 확립되기 전에 처치가 이루어져야 한다). 교사는 정확하게 밟아야 할 절차를 설명하는 적절한 행동계획을 가지고 있어야 한다.

교사는 또한 학생이 출혈이 일어났다고 해서 항상 교사에게 알리는 것은 아니라는 것을 명심해야 한다. 한 연구에 따르면, 청소년의 1/3 미만이 1시간 내에 출혈 증상을 처치받는데, 이는 그들이 출혈 증상을 느끼지 못하고 심각하다고 생각하지 않거나, 응고인자를 가지고 있지 않기 때문이다(Nazzaro, Owens, Hoots, & Larson, 2006). 지연된 처치는 합병증을 유발할 수 있기 때문에 교사, 양호교사, 부모, 그리고 학생 모두가 함께 출혈 증상이 어떤지, 개개인이 하는 활동이 출혈 증상을 발생시키는지에 대해 이해하고 확신하는 것이 중요하다.

## 6) 척수 손상

어떠한 상황은 합병증의 잠재성을 가지고 있는데, 이는 질환의 특성 때문이다. 한 예는 자율신경성 반사부전증(autonomic dysreflexia)으로, 6번 흉추(T6) 수준 위쪽의 척수 손상(spinal cord injury)을 가진 사람에게 발생할 수 있는 혈압의 위험하고 빠른 상승이다. 자율신경성 반사부전증은 손상 부위 아래에서 발생하는 모든 유해한 자극 때문에 생긴다(예: 넓어진 방광, 심한 변비, 욕창). 심한 두통, 땀 흘림, 시야 흐림, 비강의 충혈, 불안감 등의 증상을 나타낼 수 있다. 교사는 자율신경성 반사부전증의 증후가 무엇인지 알아야 하며 유해한 자극을 즉시 제거하고 행동계획을 따라야 한다. 만약 교사가 즉시 행동하지 않는다면 뇌출혈이 일어날 수 있으며, 결과는 치명적이 될 수 있다(Dunn, 2004; Karlsson, 2006).

## ② 약물 효과 및 기기 오작동에 대한 점검

때로 교사는 기기 오작동에 대한 관찰력이 예리해야 한다. 예를 들어, 이분척추와 수두증을 가진 학생은 과도한 뇌 척수액을 빼내기 위해 션트(shunt)를 삽입하게 되는데, 막히거나 기능을 하지 못하는 션트의 신호에 대해 교사가 알고 있어야 그로 인한 응급 상황에 바르게 대처할 수 있기 때문이다(션트에 관한 더 많은 정보는 6장 참조). 심한 척수 손상이나 진행성 근이영양증을 가지고 있는 학생에게 필요한 인공호흡기와 같은 장치는 학생의 체외에 있다. 이때 인공호흡기가 적절하게 잘 기능하고 있는지, 학생이 편안하게 숨을 쉬고 있는지 확인하기 위한 점검이 필요하다. 양호교사는 혹시 일어날 수 있는 잠재적 기기 오작동을 확인하기 위해 교사 가까이에서 일해야 한다. 교사는 학생이 복용하는 약이 제 기능을 하고 있는지에 대한 관찰을 부탁받을 수 있다. 발작이 얼마나 잘 통제되느냐에 기초하여 약물의 적절한 종류와 투약이 결정되기 때문에, 투약하는 동안 일어나는 발작의 종류와 수에 대한 교사의 관찰 정보는 매우 중요하다. 투약 효과에 대한 점검은 몇몇 다른 종류의 장애(예: 주의력결핍 과잉행동장애)에도 중요하다.

## 1) 주의력결핍 과잉행동장애

주의력결핍 과잉행동장애(ADHD)는 주의력결핍 우세형, 과잉행동-충동 우세형, 복합형의 세 가지 주된 종류로 나누어지는 흔한 증상이다. 주의력결핍 우세형은 아동이 특정 과제에 집중하는 데 문제가 있다. 그들은 엉뚱한 자극에 의해 쉽게 산만해지며, 완성되지 않은 과제에서 다른 과제로 넘어가거나, 주의력 집중이 필요한 과제는 피하는 경향이 있다. 과잉행동-충동 우세형은 아동이 끊임없이 움직이는 것처럼 보이며(예: 불안해한다거나 앉아 있는 것에 어려움을 느낀다) 행동하기 전에 생각하는 것을 어려워한다(예: 불쑥 대답을 하고, 남을 방해하거나 불필요한 발언을 한다)(Noorbala & Akhondzadeh, 2006).

ADHD 치료법은 일반적으로 환경 적합화, 행동 전략, 그리고 약물 투여의 복합적 방법으로 이루어진다. 가장 널리 쓰이는 약물은 각성제(예: 리탈린)다. 그러나 이러한 약품은 (그리고 다른 약품도) 원하지 않는 부작용(예: 불면증, 우울증, 두통)을 일으킬 수 있다. 교사는 학생이 복용하는 약물이 최소의 부작용으로 원하는 효과를 얻을 수 있는지 점검하는 것이 중요하다(Zentall, 2005). 교사는 대상 학생, 학교 과제, 그리고 그들의 행동을 관찰하기 위한 독특한 위치에 있다. 약물의 조정 여부를 결정하기 위해 학생의 행동에 대한 교사의 관찰을 부모와 물리치료사와 공유하는 것이 중요하다.

## ③ 퇴행성 변화에 대한 점검

신체 및 건강, 그리고 때로는 인지 상태의 저하를 유발하는 여러 다른 퇴행성 질환이 있다. 교사는 퇴행성 장애를 가진 학생의 변화를 면밀히 점검하여, 적절한 의료적 변화(예: 약물 투여 혹은 치료)와 교육적 변화(예: 교육과정의 적합화 또는 변화), 그리고 기술적 변화(예: 대체적 컴퓨터 접근법, 전동 휠체어)를 적용할 수 있도록 다른 사람에게 정보를 알려 주어야한다. 팀 접근법은 퇴행성 장애를 가진 학생에게 특히 중요하다. 퇴행성(혹은 신경 발달) 변화를 가진 질환의 예로는 뒤셴형 근이영양증, 척수성 근위축증, 레트 증후군, 그리고 유전성 소뇌장애가 있다.

## 1) 뒤센형 근이영양증과 척수성 근위축증

뒤센형 근이영양증과 척수성 근위축증은 신체적 기능의 쇠퇴와 조기 사망을 유발하는 두 가지 병이다. 이 두 가지 병에서는 정신적 퇴행은 없고 오직 신체적 쇠퇴만 발생한다. 교사는 학생의 변화를 면밀히 관찰해야 하며, 적절한 적합화와 정보를 나머지 교육 팀원에게 제공해야 한다(이러한 사항에 대한 더 많은 정보는 13장과 14장 참조).

## 2) 레트 증후군

레트 증후군(Rett syndrome)은 전반적 발달장애로 분류되는 신경발달장애다. 이 것은 거의 대부분 여성에게만 영향을 주며 X염색체의 MECP2 유전자 돌연변이에 의해 생긴다(Walker-Date, 2006). 레트 증후군에는 네 가지 단계가 있다. 1단계에서는 몇몇 불특정 증상을 제외하고는 태아기와 영유아기의 경우 일반적으로 정상이다. 2단계는 일반적으로 1~3세로, 발달에 정체가 생기고 머리둘레가 평균 이하로 떨어진다. 이 시기에는 운동기능이나 말하기 기능이 떨어지거나 상실되고 손 상동증이 생기는 퇴행기가 나타난다. 3단계는 일반적으로 2~10세다. 이 시기에는 의사소통 능력 발달이 이루어질 수 있으며 어떤 자동 반응(예: 스크래치하기)은 유지되기도 하지만, 신경운동에 관한 문제는 경직성이 증가하고 기능적 목적(예: 먹기 혹은 장난감 조작하기)으로 손을 사용하는 것의 불능이 증가된다. 발작은 이 단계에서 빈번히 증가한다.

다른 아동은 운동 퇴화가 심해지는 4단계로 진행하는 반면, 어떤 아동은 3단계에서 머물기도 한다. 초기에 보행이 가능했던 여아는 이 단계에서 보행능력을 상실한다. 눈 맞춤의 어려움(주변 시력을 사용함)이나 구축, 불규칙적인 호흡, 숨 멈추기, 멍한 상태(간질로 혼동될 수 있음), 섭식의 어려움(질식, 폐렴의 위험), 사람과의 접촉이나 음악 듣기를 좋아하며, 지적장애와 같은 다른 문제가 발생할 수 있다(Hagberg, 2002; Hagberg & Witt-Engerstrorm, 1986; Moser, Weber, & Lutschg, 2007; Walker-Date, 2006). 교사는 이러한 학생을 면밀히 점검해야 하며 변화가 일어날 때마다 적절한 적합화를 해야 한다.

## 3) 유전성 퇴행성 소뇌장애(프리드리히 운동실조증)

소뇌 손상에서 오는 비진행성 운동실조 뇌성마비와는 달리, 소뇌에 영향을 주는 여러 가지 유전 질환은 퇴행성이다. 그 원인으로는 미토콘드리아의 문제(예: 프리드리히 운동실조증[Friedreich's ataxia]), DNA 복구의 결함(예: 운동실조증-모세혈관 확장증[ataxia-telangiectasia]), 그리고 비정상적인 단백질 폴딩(단백질 접힘)과 저하(예: Charlevoix-Sagnenay 유형의 상염색체 퇴행 경련성 운동실조증) 등 여러 가지가 있다 (Cocozza, 2004). 가장 일반적인 유전적 운동실조증은 프리드리히 운동실조증이다.

프리드리히 운동실조증은 일반적으로 5~25세 사이에 시작된다(Fogel & Perlman, 2007). 등장하는 첫 번째 현상은 불안정한 걸음걸이다. 다음으로 운동실조증은 팔다리(근육 불협응)까지 진행되는데, 이것이 걸음걸이의 이상이나 팔이 협응적인 움직임이 힘들어지는 것으로 이어진다. 또한 다음과 같은 따라 증상이 포함될 수 있다. 심각한 마비말장애(빈약한 조음), 위치 및 진동 감각의 손상, 비정상적인 눈동자의 움직임(예: 안구의 고정 또는 떨림), 시각 손상(예: 시신경 위축), 청각 손상(감각신경), 척추측만증, 당뇨병 등이다. 시간이 지남에 따라 운동실조증에 걸린 사람은 걷는 능력을 잃게 된다. 정신기능의 감소가 발생할 수 있으며, 대부분 심장 근육병증(심장 확대)으로 사망한다(Alper & Narayanan, 2003; Beers, Porter, Jones, Kaplan, & Berkwits, 2006). 교사는 학생의 퇴행성 변화뿐만 아니라 학생이 가질 수 있는 가능한 합병증(예: 시각 손상이나 청각 손상) 또한 잘 점검해야 한다.

## ④ 피로감 및 운동의 어려움에 대한 점검

일부 학생은 쉽게 피로가 발생하거나 치료의 부작용으로 인해 쉽게 피로 상태가 된다. 또한 다른 학생은 운동으로 쉽게 피로해지거나 신체활동을 견디기 어려워하기도 한다. 각각의 경우에 교사는 학생의 피로도를 관찰하고 필요한 휴식을 제공하거나 피로도에 알맞게 휴식을 취하게 해야 한다. 지금까지 제시되었던 많은 질환(예: 겸상적혈구성 빈혈, 간질 치료를 위한 특정 약물)의 증상 중 하나가 피로감이다. 선천성 심장 결함, 소아암, 신부전을 포함한 몇 가지 다른 질환 등의 증상도 피로감이다.

## 1) 선천성 심장 결함

선천성 심장 결함(congenital heart defects: CHD)은 심장에 선천적으로 모양이나 기능의 장애가 있는 경우를 일컫는다. 예를 들어, 심방에 구멍이 생기거나, 심장 혈관의 잘못된 배치, 기형 등 많은 장애가 있을 수 있다. 태아의 발달과정에서 유전적 요인이나 증후군(예: 다운증후군), 불우한 환경이나 산모의 상태(모성, 풍진), 또는 종종 알 수 없는 다른 요인 때문에 심장에 구조적 이상이 발생한다. 일부 결함은 사소해서 종종 자체 해결되기도 하지만, 수술이 필요한 경우도 있다.

정상적인 심장은 산화되지 않은 피가 오른쪽 심장(우심방 다음 우심실)과 폐동맥을 통해 폐로 흘러간다. 다음으로 폐에서 산화된 피는 다시 왼쪽 심장(좌심방 다음 좌심실)과 대동맥을 통해 온 몸으로 펴져 가게 된다([그림 19-2] 참조).

심장 결함의 위치에 따라 비청색성 심장 결함이나 청색증 심장 결함으로 나뉠 수 있다([그림 19-2] 참조). 비청색성 심장 결함(청색증이 없는 결함을 의미)은 왼쪽 심장에서 흐르는 산화된 혈액이 산화되지 않은 피를 받는 오른쪽 심장 쪽으로 잘못 흘러가는 것이다(심장 측면 두 면 사이에 구멍이 생김). 이것은 심장에 압력을 주거나 양 과부하에 의한 긴장을 주는 원인이 되어 울혈성 심부전으로 이어질 수 있다(즉, 심장에서 공급되는 혈액이 심각하게 감소하면서 신체의 요구를 충분하게 충족하지 못한다). 청색증 심장 결함은 심장의 오른쪽에서 나온 비산화된 혈액이 몸 쪽으로 흘러감에 따라 점막과 피부(청색증)가 청색화되는 것이다(Cook & Higgins, 2004).

선천성 심장 결함을 가진 학생이 복구 수술을 받지 않았거나, 현재 여러 복구 수술이 진행 중이라면 심장에 무리가 가는 일이 없는지 면밀히 관찰해야 한다. 아동은 매우 심하게 걷거나, 장시간 놀거나 계단을 오르거나 뛰면 숨이 가빠지고 쉽게 피로가 오기 때문에 활동에 자주 제한을 받게 된다(Cook & Higgins, 2004). 이에 대한 적합화 방법은 필요할 때 계단 대신 엘리베이터를 사용하는 것이다. 청색증 심장 결함을 가진 학생은 유산소 운동(예: 달리기) 후에는 주기적으로 편하게 숨을 내쉬면서 편히 앉는 자세를 취해야 하고, 교사는 그렇게 하도록 허락을 해야 한다. 그 밖에도 청색증혈 발작(흔히 무산소 발작이라고 알려져 있음)이라는 증상이 있다. 이 증상은 불안해지고 숨이 막힐 듯하고, 호흡이 가빠지고, 산소 결핍에 의한 신체의 청색증 증가로 인해 산소 농도가 갑자기 떨어진다. 이들은 정해진 행동계획에 따라 휴식을 취

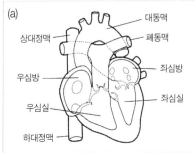

## 정상적인 심장

산화되지 않은 혈액은 하대정맥과 상대정맥을 통해 우측 심장으로 들어온다. 심장으로 들어온 혈액은 우심방과 우심실을 통과하여 폐동맥을 통해 폐로 들어가게 된다. 폐에서 산화된 혈액은 다시 좌심방과 좌심실을 통해 좌측 심장으로 들어오게 된다. 심장으로 들어온 혈액은 다음 대동맥을 통해 몸 구석구석으로 퍼진다.

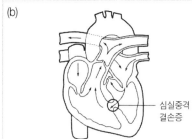

## 심실중격결손증: 비청색성 심장 결함

우심실과 좌심실 사이에 비정상적으로 구멍이 생김으로 인해 압력이 높은 좌심실의 산화된 혈액의 일부가 우심실로 흘러들어 가게 되는 현상이다. 이로 인해 좌측 심장이 일을 더 많이 하게 되어, 결과적으로 구멍의 크기에 따라 울혈성 심부전이 오게 될 수도 있다. 어떤 경우에는 구멍이 너무 작아 스스로 막히는 경우도 있다.

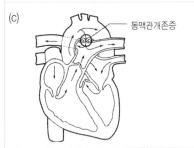

## 동맥관개존증: 비청색성 심장 결함

태아의 동맥(ductus ateriosus)이 출산 이후에 닫히지 않아서 대동맥의 산화된 혈액이 폐동맥으로 흘러들어 가게 되는 경우다. 이 또한 좌측 심장에 무리를 주어 울혈성 심부전으로 이어질 수도 있다.

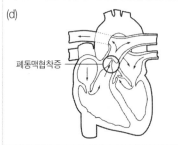

## 폐동맥협착증: 비청색성 심장 결함

폐동맥의 입구가 좁아져 좌심실로 하여금 일을 더 하게 만드는 경우다. 좁아진 정도에 따라서 증상이 없을 수도 있고 많은 문제가 있을 수도 있다.

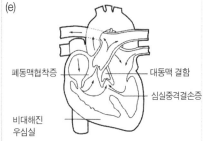

## 팔로 증후군: 청색성 심장 결함

심실중격결손증, 폐동맥협착증, 대동맥 결함, 비대해진 우심실 등 많은 결함이 한 번에 생기는 경우다. 산화되지 않은 피가 우심실에서 흘러나와 대동맥으로 들어가서 청색증이나 저산소증을 유발한다.

---

**그림 19-2**    정상적인 심장(a), 비청색성 심장 결함(b~d), 청색성 심장 결함(e)

출처: Cook & Higgins(2004), pp. 382-403의 허락하에 발췌 게재.

할 수도 있고 산소를 공급받거나 응급의료 서비스를 받을 수도 있다.

선천성 심장 결함을 치료받은 아동은 일반적으로 어떤 움직임의 제약도 받지 않는다. 하지만 복합적인 심장 결함의 치료나 청색증 치료를 받은 아동은 치료 후 운동능력 결함과 수행능력 저하를 보인다(Norozi, Gravenhorst, Hobbiebruken, & Wessel, 2005). 결함이 완전히 치료되었는지, 또는 학교에서의 점검이 필요한지에 대해 부모와 확실히 확인해야 한다.

## 2) 소아암

암은 때때로 멀리 떨어져 있는 조직의 영역까지도 과도하게 침범해서 성장을 하는 독특한 특성과 폭넓은 다양성을 가진 질병이다. 암은 조직이나 장기에 침범해서 필요한 기능을 방해하고 조직이나 장기에 손상을 준다. 암의 종류는 암이 어떻게 퍼지는지, 몸속에 어떻게 자리 잡는지에 따라 다양하다. 아동은 뇌(뇌종양)와 골수에 암(백혈병)이 생긴다. 일부 다른 암은 림프절(예: 호지킨 같은 림프종 질환 등), 신장(예: 빌름스 종양, Wilm' tumor), 눈(예: 망막모세포종), 뼈(예: 골육종)에 영향을 줄 수 있다. 암의 종류에 따라 몸에 미치는 영향, 치료 형태와 예후가 결정된다.

소아암 학생은 암으로 인한 죽음과 죽어 가는 것에 대한 두려움을 가지기는 하지만, 어떤 암(급성 백혈병과 같은)은 높은 치료율을 보이고 있고 장기 치료로 소실될 수 있다는 것을 기억해야 한다.

암은 화학적 치료나 방사선 치료로 치료를 받게 된다. 교사는 이들 치료의 부작용에 대해 적절한 적합화를 지원하거나 잘 관찰해야 한다. 예를 들어, 백혈병으로 화학적 치료를 받는 아동에게 나타나는 부작용은 통증, 구토, 수면장애나 피로감 등이다(Gedaly-Duff, Lee, Nail, Nicholson, & Johnson, 2006). 교사는 이러한 현상을 잘 관찰하며, 휴식을 제공하고 추후 학생이 더 편안하고 각성된 상태일 때 반복 지도를 하도록 한다. 피로감과 기타 증상은 종종 말기 암 단계의 아동에게 나타나는데(Mooney-Doyle, 2006), 이러한 경우에는 몇 가지 적합화 방법이 필요하다(예: 여분의 휴식 시간, 일과 단축, 가정방문 서비스). 또한 암 치료를 받는 아동은 전반적으로 감염에 더 민감하다. 그러므로 교사는 다른 학생의 병에 민감해야 하며 암을 앓는 학생이 감염되지 않도록 병이 난 학생은 집으로 돌려보내야 한다.

## 3) 만성 신부전

만성 신부전(chronic renal failure)은 신장이 더 이상 제대로 작동하지 않는 병이다. 혈액에서 버려져야 할 노폐물이 있어도 더 이상 신장에서 효과적으로 거르는 기능을 진행하지 않는 것이다. 신장의 다른 기능으로는 혈압 조절, 전해질의 균형(예: 나트륨과 칼륨), 수분 축적, 빈혈, 그리고 심리적 장애, 산-염기의 균형 조절이 있다(Gerson et al., 2006). 수십 년 전까지만 해도 만성 신부전을 앓는 사람은 대부분 사망하였다. 하지만 현재 만성 신부전을 앓는 사람은 투석이나 신장 이식을 통해서 풍부한 삶을 영위할 수 있다.

여러 다른 투석방식이 있는데, 모든 투석은 혈액이 정상적으로 기능을 하는 신장과 비슷하게 될 수 있도록 하는 데 목표를 둔다. 혈액투석은 혈액 구성 수치를 정상범위(예: 나트륨과 칼륨의 정상 수준 농도) 내로 유지하고 혈액 속의 불순물을 깨끗하게 하는 혈액 투석기로 뽑아 올리는 것이다([그림 19-3] 참조).

복막투석에서는 살균 용액을 투입한 튜브를 복강(복막 구멍)에 삽입하고, 노폐물을 끌어내기 위해 잠시 두었다가 튜브를 통해서 뽑아 버린다. 가능한 한 투석은 학교활동이 끝난 뒤에, 학교 수업 시간 가까이에 스케줄을 잡도록 하지만 일부 학교수업을 놓칠 수도 있다.

교사는 학생의 식단과 피로 수준을 점검해야 한다. 일부 투석을 하는 학생은 음식 제한이 있고 (또는) 불충분한 양의 음식을 섭취하고 있을 수 있는데, 교사는 그들의 음식 섭취량을 점검하고 그들의 섭취 요구를 도와줄 수 있다. 일부 학생은 투석 치료 후 피로를 느낄 수 있다(Fischbach, Terzic, Laugel, Helms, & Livolsi, 2004). 이러한 경우 교사는 학생의 치료 후 피로감을 점검하고 적절한 적합화를 제공해야 한다. 또한 신장이식 수술을 한 학생의 경우는 감염에 더욱 취약하게 되므로 면역 약물을 복용하게 해야 한다. 교사는 다른 질병에 걸린 학생이 있다면 신장 이식 학생은 물론이고 다른 모든 학생에게 감염의 확산을 막기 위해서 해당 학생을 집으로 돌려보내야 한다.

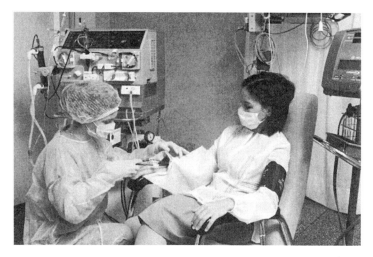

**그림 19-3**　　(투석이 진행되는 동안) 학생이 앉는 의자가 있는 혈액 투석기

## ⑤ 건강관리 절차의 문제점에 대한 점검

　지체 및 중복 장애 학생은 때로는 신체적 건강관리 절차가 필요하다. 한 예로, 이 분척추증(척추수막류)을 가진 학생은 청결한 간헐적 도뇨관 삽입(intermittent catheterization)이 필요하며, 먹거나 삼키는 데 심각한 장애를 가진 학생(특히 심각한 경직형 사지 뇌성마비 학생)은 튜브 영양 공급(feeding)이 필요하다. 학교에서 이루어지는 다른 치료의 예로는 인공항문 처치, 흡착(suctioning), 산소 공급, 인공호흡기 관리 등이 있다.

　건강관리 절차는 종종 학교에 있는 동안 수행해야 할 때가 있다. 대부분 건강관리 절차는 학교 간호사, 학생, 그리고 자격증을 소지한 학교 직원(교사, 보조원, 혹은 특정 학생에 대한 자격이 있는 간호사에게서 적절한 교육을 받고 또 학생에 대한 관리 절차를 처리하는 데 있어서 적합하다고 명문화된 다른 일반인 포함)에 의해서 수행된다. 이런 절차를 누가 관리하는가에 관계없이, 교사는 단순 혹은 복잡한 문제 발생 시 필요한 건강관리 절차에 대해 알아야 하고 또 무엇을 해야 하는지도 잘 알아야 한다. 동시에 교사는 학생 스스로가 자신의 건강관리 절차를 수행(혹은 수행하는 데 참여)할 수 있도록 교육하는 역할도 해야 한다. 학교 상황에서 수행될 수 있는 여러 다양한 건강관리 절차 중에서 지체나 중복 장애를 가진 학생에게 가장 중요한 두 가지는 튜브 영양 공급과 청결한 간헐적 도뇨관 삽입이다.

## 1) 튜브 영양 공급

입으로 적절한 영양 공급을 받지 못하는 학생은 튜브를 통한 영양 공급이 필요하다. 튜브 영양 공급을 받는 학생은 위루관 튜브(gastrostomy tube, 직접 위로 가거나 피부를 통해 장으로 가는) 혹은 위루관 버튼(복벽을 통해 위로 가도록 하는 조그맣고 둥근 실리콘 장비로서 거의 피부에 붙어 있는)과 같은 피부에 부착된 장비가 필요하다. 이러한 위루관 튜브(혹은 피부에 부착된 장치에 붙어 있는 튜브)를 통해 유동성 영양 공급이 이루어지며, 영양물은 직접 위장이나 소장으로 간다([그림 19-4] 참조).

영양 공급은 간헐적으로(예: 다량을 간헐적으로 공급하기, 높은 곳에서 간헐적으로 떨어뜨리기, 펌프를 사용해 간헐적으로 공급하기 방법을 통해) 또는 지속적으로 제공된다. 비록 학교 직원이 튜브 영양 공급에 대한 특정 절차를 따르는 것이 필요하지만, [그림 19-5]는 간헐적인 방법으로 다량의 튜브 영양 공급을 제공하는 전형적인 절차를 보여 준다.

튜브 영양 공급을 하는 동안 또는 공급 후에 나타날 수 있는 여러 가지 문제점이 있다. 그것은 흡인, 튜브 이탈, 메스꺼움, 구토 및 경련, 설사, 부위 감염, 위 내용물

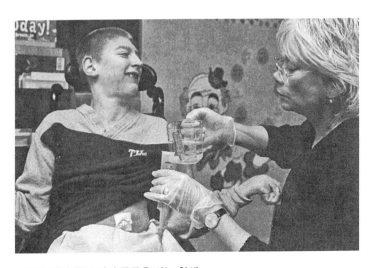

**그림 19-4**  버튼을 통해 튜브 영양 공급을 받는 학생

1. 장비를 모으고, 손을 씻고, 학생을 정위치시킨다. 흡인의 위험 때문에 등을 대고 누운 상태에서 학생에 대한 튜브 영양 공급을 하는 것은 절대 금한다. 학생은 앉아 있거나 등이 곧바로 된 상태에 있어야 한다.
2. 주사기통 부착
   a. G튜브용: 튜브를 비틀어서 단단하게 조인 상태를 유지하면서 주사기 통을 영양 공급 튜브에 부착한다.
   b. 위루관 버튼(피부 접착 장치)용: 우선 확장용 튜브를 주사기통에 부착한다. 그리고 주사기 통에 물을 넣는다. 다음에 그 물이 확장용 튜브로 흘러가게 해서 전체가 물로 가득 차게 한다. 위루관 버튼의 플러그를 열고 확장용 튜브를 위루관 버튼에 부착한다.
3. 유동성/정해진 방식 음식을 주사기 통에 따른다. 주사기 통은 위장에서 약 15센티미터 정도 상부에 위치시킨다. 분유가 위장으로 흘러가도록 튜브를 연다.
4. 정해진 방식으로 흐르는 것을 점검하고 유동식이 위장으로 천천히 흘러들어 가도록 주의하면서 학생을 관찰한다(주사기 통을 낮게 할수록 유동식은 천천히 흘러들어 간다).
5. 유동식의 표시가 주사기 통의 바닥에 근접하면 유동식을 추가한다. 위장으로 공기가 들어가는 것을 막기 위해서 절대로 주사기 통이 빈 상태가 되어서는 안 된다. 준비된 유동식을 마칠 때까지 반복한다.
6. 유동식을 마칠 때쯤 되면 튜브를 씻어 내기 위해서 튜브에 물을 20~30밀리리터 더 넣는다.
7. 공급 중단하기
   a. 유동식을 마치고 튜브가 제자리에 있을 때 튜브에 물이 약간 남아 있는 상태에서 튜브를 조여 잠근다. 약간의 물이 튜브에 남아 있기 때문에 다음 유동식 공급 때에 위장에 공기가 들어가는 것을 막을 수 있다.
   b. 위루관 버튼(피부 접착 장치)용: 확장용 튜브를 제거하고 플러그를 닫는다.
8. 구토나 흡인 등을 방지하기 위해서 유동식 공급 후 약 30분간 학생을 일으킨 상태로 반드시 유지한다.
9. 절차는 끝났으며, 다른 문제가 있는지 학생을 관찰한다.

**그림 19-5** 간헐적 투여방법을 사용한 튜브 영양 공급의 간단한 절차 예시

출처: Heller, Forney, Alberto, Schwartzman, & Goeckel(2000), pp. 230-231의 허락하에 발췌 게재.

유출, 튜브 막힘 등이다(Heller, Forney, Alberto, Schwartzman, & Goeckel, 2000). 행동계획에 의해 실행된다 할지라도, 이런 점을 어떻게 다루어야 할지에 대한 몇 가지 표준 고려사항이 있어야 한다.

### 흡인

튜브 영양 공급에 있어서 흡인(사레, aspiration)은 폐로 음식이나 물이 들어가는 것과 관련이 있다. 이런 경우는 학생이 구토를 하거나, 역류(위 내용물이 역으로 흐름)가 발생하거나 물속에서 호흡하거나 할 때 발생할 수 있다. 이는 특히 학생이 등을 대고 누워서 영양 공급을 받을 때 발생할 수 있다(이러한 이유로 학생을 들어 올려서 안거나 앉아 있도록 한 후 튜브 영양 공급을 해야 한다).

얼마나 많은 유동성 음식이 흡인되느냐에 따라 생명을 위협하는 상황이 될 수도

있다. 흡인을 나타내는 미세한 증상은 빠른 심장박동, 짧은 호흡, 빠른 호흡, 숨쉬기 어려움, 기침, 발열, 천명 등이다. 만약 튜브 영양 공급 중에 다량의 흡인이 발생하면 호흡곤란과 청색증(입과 손톱 주변에서 볼 수 있는 푸르스름한 색)을 동반하는 심각한 호흡장애가 나타난다.

만약 흡인이 의심되면 즉각 튜브 영양 공급을 멈추고 즉시 행동계획에 따라 움직여야 한다(이 장 마지막 부분의 논의 참조). 소량의 흡인이라도 확인을 위해서 엑스-레이를 찍어야 한다. 하지만 다량의 흡인은 호흡부전을 초래하고 높은 사망률과 관련이 있다. 다량의 흡인이 의심되거나 약간의 호흡곤란이 있을 경우에는 즉각 구급차를 불러야 한다.

### 튜브 이탈(tube displacement)

위루관 튜브와 피부에 부착된 장치는 사용하지 않을 때에도 제자리에 두어야 한다. 하지만 학생이나 다른 사람의 실수로 튜브 또는 장치가 빠지는 사고가 발생할 수 있으며, 이때는 즉각적인 조치가 이루어져야 한다. 일부 위루관은 튜브나 장치가 대체되지 않을 경우 수시간 내에 닫혀 버리기 때문이다. 만약 이런 일이 발생하면 빠진 부위를 깨끗이 하고, 마른 드레싱으로 부위를 덮어야 한다. 튜브나 장치를 교체(혹은 재삽입)할지에 대해 사전에 지정된 사람과 즉각적으로 연락하거나 병원 또는 의사 진료실로 이송할 수 있다. 미리 행동계획에는 누구와 접촉해야 하는지, 그리고 이런 사건이 발생하면 취해야 할 필요성이 있는 절차에 대해 자세하게 명시해야 한다.

### 메스꺼움, 구토 및 경련

교사는 메스꺼움, 구토 및 경련을 잘 관찰하고 발생 시 행동계획에 따라 행동한다. 만약 튜브 영양 공급이 투여되고 있는 동안 이러한 일이 발생하면 흡인의 가능성을 막기 위해 영양 공급을 중단해야 한다(구토가 발생할 때).

튜브 영양 공급을 너무 빨리 하거나 혹은 튜브와 위장 안으로 공기가 들어가는 등 절차상 실수로 인해 메스꺼움, 구토, 경련이 발생할 수 있다. 이러한 증상은 학생의 위장 내에 있는 음식물이 빨리 비워지지 않을 때나 너무 과도한 양이 주어질 때도 발생한다. 또한 유동식이 너무 빨리 공급될 때도 마찬가지다. 어떤 경우에는 유통기한이 지났거나 오염된 유동식이 공급될 때도 발생한다.

### 설사

설사의 경우도 위의 메스꺼움, 구토 및 경련과 같은 이유로 발생할 수 있다. 만약 그것이 문제의 원인이라면 유동식에 더 많은 섬유질을 포함해야 한다. 어떤 경우에는 튜브 영양 공급이 설사와 전혀 관계가 없을 수도 있다. 교사는 학생에게 설사 증상이 나타나면 탈수 상태가 되지 않도록 주의를 기울여야 한다. 동시에 학생이 아프거나 튜브 영양 공급이 잘못되고 있다면 간호사가 확인할 수 있도록 연락해야 한다.

### 부위 감염

튜브 영양 공급 부분에 대해 정밀 검사하는 것은 부위(site) 감염에 대한 초기 징후를 발견할 수 있기 때문에 매우 중요하다. 발적, 염증, 배농, 출혈, 악취 등에 대한 적절한 치료를 받도록 하기 위해 부모나 학교 간호사 등과 같은 적절한 사람에게 보고해야 한다.

### 위 내용물 유출

음식물 공급 튜브나 피부 접착 장치가 안전하게 닫히지 않을 경우, 위 속의 내용물이 유출될 수 있다. 음식물 공급 튜브는 보통 확실하게 닫히게 하기 위한 조임 장치가 달려 있다. 대부분의 피부 접착 장치는 작동 시 위장의 내용물이 역류하지 않도록 하기 위한 단방향 밸브가 있다. 뿐만 아니라 피부 접착 장치는 더 이상의 유출이 되지 않도록 그 장치를 닫아 주는 뚜껑이 달려 있다. 교사는 유출이 발생될 경우 튜브나 장치에서의 유출을 막기 위한 적절한 안전조치 방법을 알고 있어야 한다. 때에 따라서는 옷을 갈아입히는 것이 필요하다. 만약 대부분의 공급한 음식물이 유실되었다면, 왜 이러한 일이 되풀이되는지 확인하기 위해 누구와 접촉해야 하는지를 알고 있어야 한다. 또한 튜브 주위에 (튜브를 통해서가 아닌) 유실물이 있다면 주목해야 한다.

### 튜브 막힘

때때로 튜브나 장치의 막힘(clogged)으로 물이나 다른 유동식이 장치를 통해 흐르지 못하는 경우가 발생한다. 이러한 경우는 주로 유아용 유동식 찌꺼기나 알약 조각, 약물 간의 불화합성, 잘 섞이지 않은 유아용 유동식 등으로 인해 발생한다. 이러한 경우가 발생하지 않도록 하기 위하여 음식 공급 후나 이유식을 갈아 주는 사이에 튜브를 물로 씻어야 한다. 막힌 튜브를 뚫는 데 활용할 수 있는 다양한 기술이 있다(예: 확장 튜브를 피부 접착 장치에서 분리해 물로 씻어내기, 주사기 통을 비우고 통에다 물을 넣고 플런저[배수관 청소기]를 조금씩 밀고 당기면서 막힌 부분을 뚫기). 튜브 영양 공급 제공 담당자는 튜브가 막히는 상황이 발생할 경우 어떤 조치를 취해야 하는지에 대한 훈련이 잘되어 있어야 한다. 튜브가 막힐 경우 사용되는 가장 적합한 행동계획이 지정되어 있어야 한다.

## 2) 청결한 간헐적 도뇨관 삽입

척수수막류나 척수 손상으로 인한 신경성 방광을 갖고 있는 학생은 청결한 간헐적 도뇨관 삽입이 필요하다. 청결한 간헐적 도뇨관 삽입은 소변을 배출하기 위해 방광에 작은 관을 삽입하는 (요도를 통하거나 방광을 특수하게 연결하는 것을 통해서)과정을 말한다. 그러므로 청결한 도뇨관 삽입은 정기적으로(예: 4시간마다) 해 줘야 한다([그림 19-6] 참조).

1. 장비를 챙긴다. 손을 씻는다. 사적인 공간(좌변기 있는 화장실 등)으로 이동한다.
2. 도뇨관 삽입을 준비한다. 장갑을 낀다(학생은 제외). 평소 생식기 주변은 깨끗이 씻는다. 도뇨관에 윤활제를 사용하기도 한다(예: 도뇨관 끝부분에 약 5센티미터 정도 수용성 윤활제를 바른다)
3. 오줌관 끝 열린 곳으로 도뇨관을 부드럽게 삽입한다. 쉽게 안으로 밀려 들어갈 것이다. (여성의 경우 처음 삽입할 때는 도뇨관을 약간 위쪽으로 밀어 넣는다. 남성의 경우는 음경을 끝날 때까지 약 90° 세운다. 포경이 아닐 경우는 포피를 부드럽게 뒤로 밀어 둔다.)
4. 소변이 흐르기 시작하면 도뇨관을 2.5센티미터나 5센티미터 정도 더 밀어 넣는다.
5. 소변 흐름이 멈추면 도뇨관을 천천히 빼낸다. (도뇨관을 제거할 때 포경인 남성은 포피를 부드럽게 뒤로 밀어 둔다.)
6. 도뇨관이 제거되면 화장지로 생식기 주변을 닦는다. 학생은 옷을 입고 손을 씻는다. 보조요원은 장갑을 벗고 손을 씻는다.
7. 절차가 끝났으면 학생에게 문제점이 있는지 살펴본다.

**그림 19-6**  청결한 간헐적 도뇨관 삽입 절차 예시

출처: Heller, Forney, Alberto, Schwartzman, & Goeckel(2000, pp. 270-273)의 허락하에 발췌 게재.

청결한 간헐적 도뇨관 삽입은 여러 가능한 문제점 혹은 합병증이 발생할 수 있다. 감염, 도뇨관 통과 불능, 도뇨관 탈락, 도뇨관 삽입으로 소변 불능, 도뇨관 삽입 사이의 배뇨, 통증, 부종, 분비물, 출혈 등이 있다(Helller et al., 2000).

### 감염

교사는 요로 감염의 징후에 대해 경계하고 있어야 한다. 이러한 증상으로는 뿌연 소변, 악취 나는 소변, 도뇨관 삽입 사이의 배뇨, 소변 색의 변화 등이 있다(척수수 막류나 척수 손상 학생은 감각이 결여된 경우 소변을 볼 때 아픈 현상이 잘 나타나지 않는다). 이러한 증상 중에 어느 하나라도 나타나면 행동 절차 요령상에 지정된 사람에게 즉각 보고해야 하며 행동계획에 주어진 지시를 따라야 한다.

### 도뇨관 통과 불능

도뇨관을 강제로 밀어 넣어서는 절대 안 된다. 남성의 경우 도뇨관이 방광 괄약근을 통과할 때 일정하고 견고한 압력이 필요한 경우가 있기는 하지만, 도뇨관은 부드럽게 집어넣어야 한다. 저항이 있을 경우 도뇨관 통과를 도와줄 수 있는 여러 기술이 있다(예: 학생이 심호흡을 하고 편안한 상태를 유지하게 하거나 도뇨관을 뒤로 빼면서 약간 비틀어 다시 앞으로 집어넣는다). 하지만 이런 상태가 발생할 경우 어떤 행동을 해야 하는지 훈련되어 있어야 하며 적절한 단계를 취하도록 행동계획이 정해져야 한다.

### 도뇨관 삽입 생략

도뇨관 삽입은 일과 중 일정하게 정해진 시간에 해야 한다. 만약 건너뛰거나 잊어버리게 되면 방광이 과잉 팽창되고, 어떤 경우에는 신장으로 소변이 역류하여 심각한 문제를 야기할 수도 있다. 따라서 도뇨관 삽입은 시간을 지키는 것이 중요하다. 만약 부주의로 인해 도뇨관 삽입을 건너뛴 경우, 그것이 발견되는 즉시 도뇨관 삽입이 이루어져야 한다.

### 도뇨관 삽입 중 소변 안 봄

신장은 끊임없이 소변을 생성하기 때문에 도뇨관 삽입 시간이 되면 소변이 나와야 한다. 만약 도뇨관을 통해 소변이 나오지 않는다면, 여성의 경우는 잘못된 위치로 삽입이 되었을 가능성이 있으며, 남성의 경우는 충분히 삽입되지 않았을 가능성이 있다. 그럴 경우에는 도뇨관의 위치를 재확인해야 하며, 그래도 소변이 나오지 않는다면 행동계획에 따라야 한다.

### 도뇨관 삽입 사이의 배뇨

도뇨관 삽입을 하는 사이에 배뇨가 있어서는 안 된다. 그것은 감염의 징후이거나 방광 상태의 변화를 의미한다. 이런 상태가 발생하면 관계자에게 통보해야 한다.

### 부종, 염증, 분비물 또는 출혈

삽입구 부분에 나타나는 어떤 부종, 염증, 분비물 또는 출혈은 잘못된 도뇨관 삽입 기술에 기인하거나(예: 충분치 못한 윤활제 사용 등) 감염의 가능성이 있다. 이런 경우 관계자에게 연락해야 한다. 하지만 과도한 출혈은 응급 상황이므로 병원으로 가야 한다. 그리고 어떤 경우에도 행동계획에 따라야 한다.

## ⑥ 개별화 건강관리계획 및 행동계획

장애 학생에 대해 안전하고 건강한 환경을 유지하려면, 교사는 학생을 어떻게 점검해야 하는가에 대한 충분한 이해가 있어야 하며 문제가 발생할 경우 적절한 조치를 취할 수 있어야 한다. 이러한 필요를 충족하는 데 도움을 주기 위해서 행동계획(action plan)이 개별화 건강관리계획의 일부로 개발되어야 하며, 독립된 문서로서 작성되어야 한다. 이러한 계획은 교육 팀 또는 학교 간호사에 의해 개발된다. 행동계획에는 누가 무엇을 해야 하는지가 명확하게 명시되어 있어야 한다.

### 1) 학교 직원의 행동계획

장애 학생에 대한 점검의 필요성이 제기되거나 학교 수업 중에도 건강관리 절차를 받아야 하는 상황이 될 때는 행동계획이 개발되어야 한다. 비록 그로 인해 학생의 이력이나 정보가 노출된다 하더라도 행동계획은 작성되어야 한다. 행동계획은

학교 직원의 행동계획
1. 점검이 요구되는 상태
   – 특정 조건
   – 지켜봐야 할 증상
   – 취해야 할 조치
2. 건강관리 절차
   – 건강관리 절차 유형
   – 절차상 특별히 유의해야 할 정보(예, 구비 장비, 일정, 특정 아동용 절차 등)
   – 일반적 문제와 응급 상황

**그림 19-7** 행동계획의 일반적인 구성 요소

(a) 점검이 요구되는 상태에 대한 설명, (b) 건강관리 절차의 두 부분으로 구성되어 있다([그림 19-7] 참조).

### 점검이 요구되는 상태

행동계획의 첫 부분에는 점검이 필요한 상태에 대한 목록이 정리되어 있으며, 증상이 나타나면 다음에 취해야 할 행동에 대한 설명이 있어야 한다. 예를 들어, 당뇨가 있는 학생에 대해서는 고혈당증과 저혈당증에 대한 관찰을 해야만 한다. 각각의 증상은 목록에 적혀 있어야 하며 증상이 나타나면 곧바로 취해야 할 적절한 행동에 대해서도 적혀 있어야 한다. 어떤 상황에서는 누가 조치를 취해야 하는지도 행동계획에 포함되어야 할 것이다(예: 인슐린 주사가 필요하다면 행동계획에는 훈련된 교사나 학교 간호사가 주사를 놔야 한다는 것이 명시되어 있어야 한다).

### 건강관리 절차

행동계획의 두 번째 단계는 장애 학생을 위한 건강관리 절차 내용이다(예: 튜브 영양 공급이나 청결한 간헐적 도뇨관 삽입). 이 단계는 일반적으로 두 부분으로 나누어져 있다. 첫째는 절차에 대해 특별히 주어지는 정보에 관한 것이다. 예를 들어, 청결한 간헐적 도뇨관 삽입에 관한 것이라면 도뇨관의 크기, 도뇨관 삽입 일정, 특정 아동용 절차, 학생의 라텍스 알레르기 여부 등에 대한 정보가 나와 있다. 건강관리 절차의 두 번째 부분은 일반적인 문제점과 상황이 벌어질 때 취해야 할 조치가 포함된

응급 상황에 관한 것이다(물론 여기에는 확실하지 않은 조건에서 나타나는 증상이 포함된다). 예를 들면, 건강관리 절차가 청결한 간헐적 도뇨관 삽입에 관한 것이라면 일반적인 문제점과 응급 상황 내용으로 감염, 도뇨관 통과 불능, 도뇨관 삽입 생략, 도뇨관 삽입 중 소변 안 봄, 도뇨관 삽입 사이의 배뇨, 염증, 부종, 분비물 또는 출혈 등이 포함된다.

## 2) 개별화 건강관리계획

병원 상황에서는 간호사가 환자의 특정한 필요에 대하여 다른 간호사와의 의사소통 방법으로 간호관리계획을 개발하여 사용한다. 학교 내에서의 간호계획은 장애 학생에게 맞는 개별화 건강관리계획(individualized health care plan: IHP)으로 수정되었다. 개별화 건강관리계획은 학생에게 필요한 건강 관련 중요한 정보를 제공하며 건강상의 요구에 대해 계획하고 관리하고 소통하는 좋은 전달 수단이 될 수 있다.

개별화 건강관리계획은 학교 직원의 행동계획으로 확대될 수 있다. 이것은 특히 교사에게 필요한 개별화 건강관리계획(IHP)이다. 왜냐하면 IHP는 점검에 필요한 정보 및 다양한 문제점과 합병증이 발생할 때 취해야 할 특정 행동에 대한 정보를 제공해 주기 때문이다. 행동계획을 포함할 정도로 확장된 IHP는 (a) 학생 양육사 및 정보, (b) 간호관리계획(간호 평가, 간호 진단, 목표, 중재, 결과), (c) 학교 직원의 행동계획, (d) 응급계획의 네 항목으로 구성된다. 이 중에서 응급계획은 별도의 문서로 작성되기도 하지만 대체로 IHP에 포함된다. 응급계획은 응급이 아닌 일반적인 문제점이 포함되는 행동계획과는 구별된다. 위의 네 항목이 포함된 IHP의 예가 [그림 19-8]에 제시되어 있다.

학교 간호사는 건강에 문제가 있는 학생에 대한 IHP의 작성 여부에 대해서 다양한 의견을 갖고 있다. 하지만 한 연구에는 대부분의 학교 간호사와 특수교육 교사는 만약 IHP가 학교 직원의 행동계획을 포함하고 있다면 IHP를 갖고 있는 것을 선호한다고 보고하였다(Heller & Tumlin, 2004).

이름: T.R.          생년월일: 1994년 3월 12일          나이: 9세

학교명: JE 포레스트 초등학교                학년: 3학년

학교 전화번호: XXX-XXXX                학교 팩스 번호: XXX-XXXX

보호자: 조와 헬렌 레이                응급 호출 번호: XXX-XXXX

다른 보호자: 조지 레이(할머니), XXX-XXXX

주치의: 그린 박사          전문 분야: 신경학          전화번호: XXX-XXX

이 IHP에 관해 문의할 사람: R. N. 스미스

계획 승인 날짜: 2002년 9월 3일      갱신 주기: 매년      마지막 갱신 날짜: 2003년 12월 16일

## 1. 학생 양육사 및 정보

T.R.은 9세의 여자 아동으로 경직형 소아 뇌성마비, 경직성-간헐적 발작과 중등도 정신지체를 판정받았다. 이 아동은 2세 때 심한 위식도 역류 질환으로 인해 위루관을 삽입하였다. 아동의 주치의는 아동의 입을 적시기 위해 소량의 물을 마셔도 된다고 하였다.

### 현재 학생 정보
a. 복용 중인 약과 절차: 테그레톨(첨부 자료 확인), 튜브 음식 공급
b. 알레르기: 없음
c. 식이요법(먹는 방법, 식단 등): 튜브 음식 공급
d. 제한된 활동: 특별히 없음
e. 자세와 움직일 때 필요한 도움: 수동식 휠체어(밀어 주어야 함), 최소 2시간마다 의자에서 내려와야 함. (자세 잡기를 위한 도구는 PT 보고서 참조)
f. 의사소통: 몸짓 신호 예/아니요, 다이나복스(Dynavox) 의사소통 도구를 사용함
g. 교통수단 필요사항: 휠체어 리프트 버스, 휴대폰이 있는 버스 운전기사

## 2. 돌봄 양육계획

### 양육 평가
T.R.은 현재까지 영양 공급을 잘 받아 오고 있으며 약간의 변비와 설사가 있었다. 이 여아는 몸무게는 평균의 45%이며 키는 평균의 50% 이내다. 위식도 역류 질환 진단으로 인해 입으로는 먹을 수 없으며, 이에 따라 튜브로 영양 공급을 받는다. 이 아동은 지난 2년간 발작을 일으킨 적이 없다.

### 양육 진단
• 튜브 영양 공급과 발작으로 인한 흡인의 위험성
• 제대로 이루어지지 않는 튜브 영양 공급 또는 발작 동안 올 수 있는 경직성-간헐적 경련성 외상

### 돌봄 양육 목표
• 튜브 영양 공급 또는 발작으로 인한 흡인 방지
• 발작과 발작에서 비롯되는 외상 최소화

양육방법:

a. 흡인 주의

　1. 대상자의 상체를 최대한 90°로 일으켜 세운다.

　2. 튜브에 잔여물이 많으면 공급을 삼간다.

　3. 음식 공급 이후 최대한 세워져 있게 한다.

b. 튜브 관리

　1. 당사자, 관련 가족, 학교 직원에게 튜브에 대한 관리, 튜브 영양 공급법, 흡인 방지 방법을 가르친다.

c. 발작 대처

　1. 외상 방지

　2. 발작 중 학생과 같이 있기

　3. 주치의가 처방해 준 항발작성 약물 투여

예상되는 학생의 결과

a. 호흡이 편안하고, 위험이 없고, 스스로 자세를 잡음

b. 가족과 학교 직원이 튜브에 대한 관리, 튜브 음식물 공급 방법 및 흡인 방지 방법에 대해 알고 있음

c. 발작이 빈번하게 증가하거나 외상이 생기는 경우 즉시 의학적 조치를 함

## 3. 학교 직원의 행동계획

### 점검이 요구되는 상태

• 점검 조건: 경직성-간헐적 경련성 발작

• 증상: 경직되는 몸, 이후 몸이 심하게 떨림. 방광 조절이 힘들어질 수 있으며 의식을 잃을 수도 있음

• 취해야 할 조치: 발작이 일어날 때에 취해야 할 조치를 참고하며(첨부됨), 발작이 5분 이상 지속될 경우(또는 멈췄다가 바로 시작되는 경우) 119를 부름

### 건강관리 절차: 튜브 영양 공급에 대한 특별한 정보

• 튜브 영양 공급 경로: 위루관 삽입

• 튜브 종류: 볼루스(Bolus) 방법

• 내용물: 인슈어(Ensure) 한 통, 말린 유아식과 물 1통, 튜브를 씻을 때나 수분 공급을 위한 여분의 물

• 내용물 준비 방법: 유아식 상자에 쓰인 대로 물 첨가

• 공급 시간: 4시간마다(오전 9:00시, 오후 1:00시)

• 아동용 특별 절차 첨부 여부: _____ 예 _____ 아니요

### 튜브 영양 공급 중 문제와 응급 상황 발생 시 취해야 할 행동

a. 흡인: 흡인이 일어나는 것은 인슈어, 마른 유아식 또는 물을 들이마셔야 한다는 것을 뜻한다. 증상으로는 심박수가 빠르고, 호흡이 짧아지고, 호흡이 빨라지고, 숨쉬기가 어려워지고, 재채기, 고열 및 천명 등이 있다. 흡인의 증상을 보이는 경우 공급을 즉시 중단하고 학교

간호사를 부른다. 호흡곤란 증상이 올 경우는 119를 부른다.

b. 튜브 이탈: 튜브 영양 공급을 즉시 중단한다. 학생의 어머니를 즉시 호출해 튜브를 대체하도록 한다. 연락이 되지 않을 경우에는 학교 행정가에게 연락해 병원으로 이송될 수 있게 한다.

c. 메스꺼움, 구토 및 경련: 튜브 영양 공급을 즉시 중단한다. 다음 사항을 확인한다. 내용물의 준비가 잘되었는지의 여부 확인, 공급 속도가 너무 빨랐는지 확인, 복부에 공기가 들어갔는지 여부 확인, 내용물의 온도 확인(실온이어야 함). 그 외 아픈 증상이 보이면 학교 간호사를 부른다.

d. 설사: 어지러움, 구토 및 경련에 명시되어 있는 절차를 따른다.

e. 감염: 만약 튜브 주변에 빨갛거나 의심스러운 곳이 있으면 위생 보고서를 작성한 다음 학교 간호사와 부모에게 제출한다. 학교 간호사가 그에 맞는 조치를 취할 것이다.

f. 위 속 내용물 유출: 클램프가 꽉 닫혀 있는지 확인한 후, 닫혀 있는데도 새고 있으면 학교 간호사를 부른다.

g. 튜브 막힘: 일단 튜브를 짜내는 정확한 절차를 실행한다. 그 방법이 작용하지 않을 경우에는 주사기에 물을 넣은 다음 튜브에 꽂아 막힌 부분을 뚫어 준다(첫 훈련 때 보여 준 것처럼). 그래도 막혀 있다면 학교 간호사에게 연락한다.

**그림 19-8** 개별화 건강관리계획 예시

출처: Heller & Tumlin(2004, p. 156, Table I)의 허락하에 게재.

## 요약

교사는 자기 학생의 장애에 대해 충분히 이해하고 있어야 한다. 점검이 필요한 상태에는 여러 가지가 있는데, 이에는 급성 증상과 합병증(예: 간질 발작, 천식 발작, 저혈당증 등), 약물 효과나 기기 오작동(예: 뇌수종이 있는 척수수막류 학생에 있어서 분로가 막히는 것 등), 퇴행성 변화(예: 뒤셴형 근이양증을 가진 학생이 서는 데 어려움을 겪는 것 등), 피로감 및 운동의 어려움(예: 선천적 심장 결함 학생이 갖는 운동의 어려움)에 대한 관찰이 포함된다. 학생은 또한 학교에서의 수행에 필요한 건강 관리 요구(예: 튜브 영양 공급)가 있을 것이며, 교사는 일어날 수 있는 일반적인 문제와 응급 상황을 관찰해야 한다. 문제가 생겼을 때 바른 처치를 할 수 있도록 교사를 돕기 위한, 행동계획이나 확장된 개별화 건강관리계획(IHP)에는 특정 증상, 문제, 특정 학생을 위해 취해야 할 행동 등이 작성되어 있어야 한다.

## 참고문헌

Alemzadeh, R., & Wyatt, D. T. (2004). 아abetes mellitus in children In R. E. Behrman, .R M. Kliegman, & H. B. Jenson (Eds.), *Nelson textbook of pediatrics* (pp. 1947–1972). Philadelphia: W. B. Saunders.

Alper, G., & Narayanan, V. (2003). Friedreich's ataxia. *Pediatrics Neurology, 28,* 335–341.

Beers, M. H., Porter, R. S., Jones, T. V., Kaplan, J. L., & Berkwits, M. (2006). *The Merck manual of diagnosis and therapy* (18th ed.). White house Station, NJ: Merck & Co.

Bolton-Maggs, P. (2006). Optimal haemophilia care versus the reality. *British Journal of Haematology, 132,* 671–682.

Cocozza, S. (2004). A pathogenetic classification of hereditary ataxias: Is the time ripe? *Journal of Neurology, 251,* 913–922.

Cook, E. H., & Higgibs, S. S. (2004). Congenital heart disease. In P. J. Allen & J. A. Vessey (Eds.), *Primary care of the child with a chronic condition* (4th ed., pp. 382–403). St. Louis: Mosby.

Dorman, K. (2005). *Sickle cell crisis.* RN, 68, 33–36.

Dunn, K. L. (2004). Identification and management of autonomic dysreflexia in the emergency department. *Topics in Emergency Medicine, 26,* 254–259.

Fischbach, M., Terzic, J., Laugel, V., Helms, P., & Livolsi, A. (2004). Clinical experiences in daily online hemofiltration: Rescue dialysis modality for children. *Hemodialysis International, 8,* 107.

Fogel, B., & Perlman, S. (2007). Clinical features and molecular genetics of autosomal recessive cerebellar ataxias. *The Lancet Neurology, 6,* 245–257.

Gedaly-Duff, V., Lee, K. A., Nail, L. M., Nicholson, S., & Johnson, K. P. (2006). Pain, sleep disturbance, and fatigue in children with leukemia and their parents: A pilot study. *Oncology Nursing Forum, 33,* 641–646.

Gerson, A. C., Butler, R., Moxey-Mims, M., Wentz, A., Shinnar, S., Lande, M., et al. (2006). Neurocognitive outcomes in children with chronic kidney disease: Current findings and contemporary endeavors. *Mental Retardation and Developmental Disabilities Research Reviews, 12,* 208–215.

Hagberg, B. (2002). Clinical manifestation and stages of Rett syndrome. *Mental Retardation and Developmental Disabilities Review, 8,* 61–65.

Haeberg, B., & Witt-Engerstrom, I. (1986). A suggested staging system for describing impairment profile with increasing age towards adolescence. *American Journal of Medical Genetics, 26,* 47–59.

Heller, K. W., Forney, P. E., Alberto, P. A., Schwartzman, M. N., & Goeckel, T. (2000).

*Meeting physical and health needs of children with disabilities: Teaching student participation and management.* Belmont, CA: Wadsworth.

Heller, K. W., & Tumlin, J. (2004). Using expanded individualized healthcare plans to assist teachers of students with complex healthcare needs. *Journal of School Nursing, 20,* 150–160.

Iizuka, T., & Sakai, F. (2005). Pathogenesis of stroke-like episodes in MELAS: Analysis of neurovascular cellular mechanisms. *Current Neurovascular Research, 2,* 29–45.

Jakubik, L. D., & Thompson, M. (2000). Care of the child with sickle cell disease: Acute complications. *Pediatric Nursing, 26,* 373–379.

Karlsson, A. (2006). Autonomic dysfunction in spinal cord injury: Clinical presentation of symptoms and signs. *Progress in Brain Research, 152,* 1–8.

Kieckhefer, G., & Ratcliffe, M. (2004). Asthma. In P. J. Allen & J. A. Vessey (Eds.), *Primary care of the child with a chronic condition* (4th ed., pp. 174–197). Philadelphia: Mosby.

Mooney-Doyle, K. (2006). An examination of fatigue in advanced childhood cancer. *Journal of Pediatric Oncology Nursing, 23,* 305–310.

Moser, S. J., Weber, P., & Lutschg, J. (2007). Rett syndrome: Clinical and electrophysiological aspects. *Pediatric Neurology, 36,* 95–100.

Nazzaro, A., Owens, S., Hoots, K., & Larson, K. L. (2006). Knowledge, attitudes, and behaviors of youths in the US hemophilia population: Results of a national survey. *American Journal of Pubic Health, 96,* 1618–1622.

Noorbala, A., & Akhondzadeh, S. (2006). Attention-deficit/hyperactivity disorder: Etiology and pharmacotherapy. *Archives of Iranian Medicine, 9,* 374–380.

Norozi, K., Gravenhorst, V., Hobbiebrunken, E., & Wessel, A. (2005). Normality of cardiopulmonary capacity in children operated on to correct congenital heart defects. *Archives of Pediatrics and Adolescent Medicine, 159,* 1063–1068.

Patel, I. B., Sidani, M., & Zoorob, R. (2007). Mitochondrial encephalopathy, lactic acidosis, and stroke-like syndrome(MELAS): A care report, presentation, and management. *Southern Medical Association, 100,* 70–72.

Walker-Date, S. (2006, April 7). Managing the child with Rett syndrome. *General Practitioner,* pp. 38–39.

Zentall, S. S. (2005). Theory and evidence-based strategies for children with attentional problems. *Psychology in the Schools, 42,* 821–838.

# 찾아보기

## 〈내 용〉

## 저자 소개

• Kathryn Wolff Heller, R.N., Ph.D.

헬러 박사는 조지아 주립대학 특수교육과 교수이며, 지체 및 건강 장애 대학원과 정을 지도하고 있다. 5년 동안 소아과 중환자실에서 간호사로 일했으며, 그 후 특수교육으로 석사와 박사 학위를 받았다. 지체장애, 중도 지적장애, 외상성 뇌손상, 시각 및 중복 장애 학생을 가르치는 교사로도 재직하였다. 주된 연구관심 분야는 지체, 감각, 건강 및 중복 장애 학생을 위한 효과적인 교수전략과 건강관리 분야다.

• Paula E. Forney, M.M.Sc, PT

폴라 포니는 조지아 주의 조기개입 프로그램의 전문 지원가로서 조지아 주 전역에 조기개입 프로그램 관련 자문과 훈련을 해 주고 있다. 물리치료학으로 학사학위를 받고 다시 소아 물리치료로 석사학위를 받아 감각통합과 소아 신경발달적 중재(NDT)에 대한 자격을 취득하였다. 병원, 학교, 조기개입 환경에서의 물리치료 경험이 30년 이상 되며, 주된 연구관심 분야는 장애아동과 가족, 교사에게 적절한 지원과 서비스를 제공하기 위한 전문가 협력에 대한 것이다.

• Paul A. Alberto, Ph.D.

알베르토 박사는 조지아 주립대학 특수교육과와 교육심리학과 교수이며, 중도 중복장애 교사양성 과정을 지도하고 있다. 지적장애 학생을 가르치는 교사로도 재직했으며, 교사를 위한 응용행동분석 교재를 공저하였다. 중도 장애 학생을 위한 지역사회 중심 교수전략과 중등교육, 전환교육에 대한 연구 및 저술이 있다.

• Sherwood J. Best, Ph.D.

베스트 박사는 캘리포니아 주에서 지체 및 건강 장애 학생의 교사로 일했으며, 특수교육 및 교육심리학으로 학위를 취득한 후, LA 소재 캘리포니아 주립대학에 재직하였다. CEC의 지체 및 건강 장애 분과의 부회장 및 회장을 역임했으며, 많은 관련 논문을 발표하였다.

• Morton N. Schwartzman, M.D.

슈워츠만 박사는 폐질환이 전문인 소아과 의사로서, 만성 질환 학생에 대한 치료와 관리, 그룹홈에 있는 장애인에 대한 의학적 자문 등 의학적 필요가 있는 장애인을 위한 다양한 역할을 플로리다 주를 중심으로 수행해 왔다. 주된 연구관심 분야는 지체 및 지적 장애가 있는 아동과 그 외 의학적 필요가 있는 아동과 청소년을 위한 돌봄을 향상하는 방법에 대한 것이다.

## 역자 소개

• 박은혜

특수교육 전공으로 석사와 박사 학위를 받았으며, 현재는 이화여자대학교 특수교육과 교수로 재직하고 있다. 연구관심 분야는 지체 및 중복장애아 교육이며, 특히 비구어 장애아동을 위한 보완대체의사소통/보조공학, 통합교육, 장애학생을 위한 고등교육에 관한 연구를 다수 수행하였다.

• 강혜경

특수교육 전공으로 석사와 박사 학위를 받았으며, 특수학교 교사와 교육부 연구사, 특수학교 교감 등 다양한 경험을 쌓은 후 현재는 나사렛대학교 중등특수교육과 교수로 재직하고 있다. 연구관심 분야는 중도중복장애학생 교육이며, 특히 전문가 간 협력, 장애학생 대상의 PBL 연구에 관한 연구를 수행하였다.

• 이명희

유아교육 전공으로 석사학위를, 특수교육 전공으로 박사학위를 받았으며, 다년간 통합유치원과 어린이집의 기관장으로 일한 후 현재는 중부대학교 유아특수교육과 교수로 재직하고 있다. 연구관심 분야는 지체 및 중복 장애아교육, 장애유아 통합교육 및 장애인 가족지원이며, 이에 대한 프로젝트를 진행하고 자료를 개발하였다.

• 김정연

특수교육 전공으로 석사와 박사 학위를 받았으며, 국립지체장애 특수학교 교사로 근무한 후 현재는 조선대학교 특수교육과 교수로 재직하고 있다. 연구관심 분야는 지체장애와 건강장애학생 교육이며, 중도 중복장애 교육과정 및 보조공학을 활용한 AAC 적용에 관한 연구를 수행하였다.

• 표윤희

특수교육 전공으로 석사와 박사 학위를 받았으며, 지체장애 특수학교에서 근무한 후 현재는 위덕대학교 특수교육학부 교수로 재직하고 있다. 연구관심 분야는 지체 및 중도·중복 장애학생 교육이며, 특히 협력적 팀접근, AAC, 교육환경 내에서의 치료지원에 관한 연구를 수행하였다.

• 임장현

교육공학 전공으로 석사학위를, 특수교육 전공으로 박사학위를 받았으며, 지체장애 특수학교에서 교사로 근무한 후 현재는 이화여자대학교 특수교육연구소 박사후연구원으로 재직하고 있다. 연구관심 분야는 중도 중복장애 학생의 통합, AAC, 하이테크 보조공학의 교수방법 적용이다.

• 김경양

특수교육 전공으로 석사학위를 받고 박사학위 과정을 수료하였으며, 특수학급교사 및 우송대학교 아동발달연구소 특수교육 팀장으로 근무한 후 현재는 이화여자대학교 QoLT 연구원으로 재직하고 있다. 연구관심 분야는 지체 및 중복장애 아동 교육, 가족 지원, 보완대체의사소통, 자폐범주성 장애아동 교육이다.

# 지체, 건강 및 중복 장애 학생에 대한 이해

## Understanding Physical, Health, and Multiple Disabilities(2nd ed.)

2012년 9월 10일 1판 1쇄 발행
2020년 9월 25일 1판 3쇄 발행

지은이 • Kathryn Wolff Heller · Paula E. Forney · Paul A. Alberto
　　　　Sherwood J. Best · Morton N. Schwartzman
옮긴이 • 박은혜 · 강혜경 · 이명희 · 김정연 · 표윤희 · 임장현 · 김경양
펴낸이 • 김 진 환
펴낸곳 • (주)**학지사**

　　　　04031 서울특별시 마포구 양화로 15길 20 마인드월드빌딩 5층
대표전화 • 02) 330-5114　　　팩스 • 02) 324-2345
등록번호 • 제313-2006-000265호
홈페이지 • http://www.hakjisa.co.kr
페이스북 • https://www.facebook.com/hakjisabook

ISBN 978-89-6330-946-0 93370

정가 **23,000**원

출판 · 교육 · 미디어기업 **학지사**

간호보건의학출판 **학지사메디컬** www.hakjisamd.co.kr
심리검사연구소 **인싸이트** www.inpsyt.co.kr
학술논문서비스 **뉴논문** www.newnonmun.com
원격교육연수원 **카운피아** www.counpia.com